2

北宋陈氏四令公史述

政协南部县委员会 编

四川民族出版社

《北宋陈氏四令公史述》编委会

主　　任：时春英　廖先民
副 主 任：彭　勇　罗加瑞　何　榕　杜小平　何邦良
顾　　问：蔡东洲　何希凡　杨小平
委　　员：向维智　刘　静　王　剑　莫小东　刘　川
　　　　　杜卫东　易登科　雍晓东　刘一凡　赵　林
　　　　　王泽松　杨光斌　李鹏飞　邓太忠　史今律
　　　　　衡立峰　杜明权　陈　刚　陈世民　陈仕列
　　　　　陈仕贵　陈扬鑫　沈　鸿

《北宋陈氏四令公史述》编辑部

主　　编：罗加瑞
执行主编：莫小东
副 主 编：刘　川　衡立峰　杜明权
编　　辑：刘松乔　利炳元　杜安成　何　芘　高　明
　　　　　陈晓华　敬丕勇　蒋　继
摄　　影：易登科　衡立峰
绘　　画：杨秀竹

① 陈省华画像
② 陈氏族谱中陈省华画像
③ 崇孝寺陈省华塑像
④ 陈省华遗像（来源：网络）

① 陈尧叟画像
② 明朝陈尧叟画像（来源：网络）

宋太子太師文惠公像

① 陈尧佐画像
② 陈尧佐遗像（来源：网络）

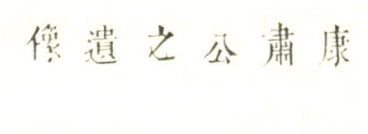

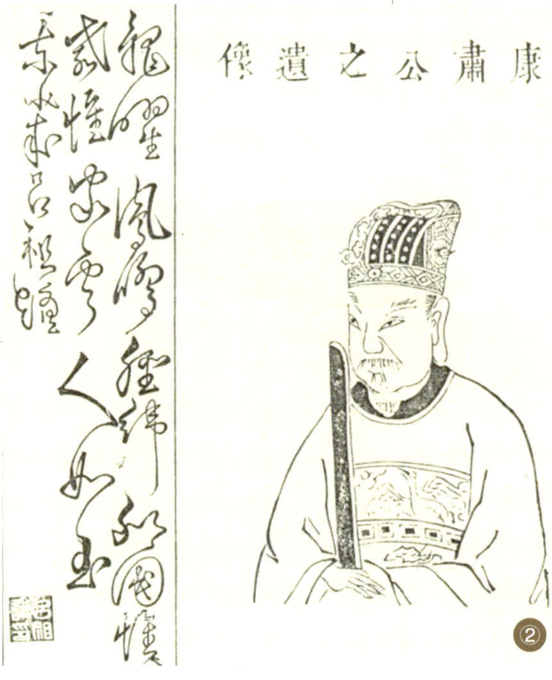

北宋陈氏四令公史述

① 陈尧咨画像
② 陈尧咨遗像（来源：网络）

南部县·陈翔墓

南部县·陈昭文墓

南部县·陈翊墓

漱玉岩题刻　　　　　　　　　　　　　　漱玉岩洞顶

南部县·漱玉岩

阆中市·南岩石刻

济源市·龙潭

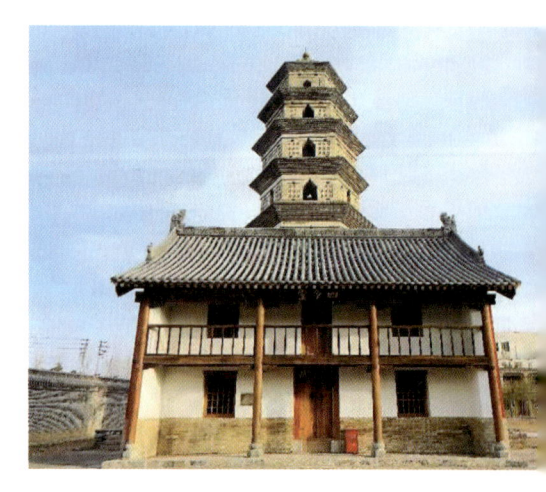

济源市·延庆寺

济源市·四令公祠

开封市 · 题名记碑

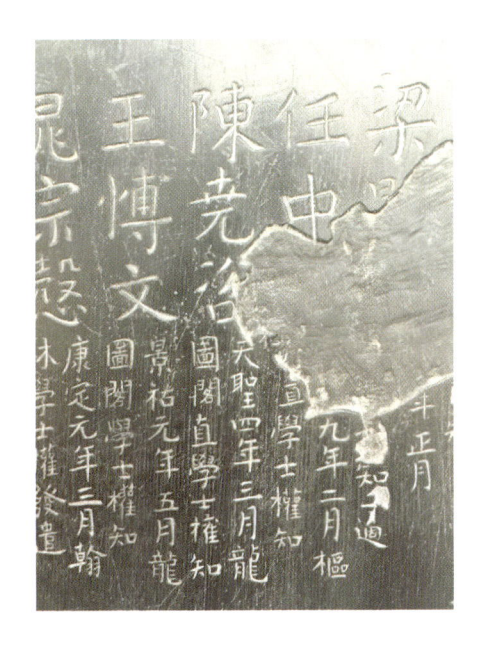

新郑市·崇孝寺

新郑市·陈省华神道碑铭

新郑市·陈省华墓 　　新郑市·陈尧叟墓 　　新郑市·陈尧佐墓 　　新郑市·陈尧咨墓

序

南部县政协主席　时春英

西汉初（前206），南部县为充国县地，东汉献帝初平四年（193）分充国县置南充国县，南朝宋元嘉八年（431）改南充国县为南国县，梁武帝天监二年（503）改南国县为南部县，沿用至今。南部县钟天地之灵秀，毓山川之华物，山有龙盘、虎覆之胜，香柱、禹迹之奇；水有西河、嘉陵江之清，升钟、八尔湖之秀。

在南部县2229平方公里秀美土地上，状元文化、成汉文化、红色盐乡文化、嘉陵江文化、民间传统文化、现代品牌文化……灿若星河；节孝、选举、乡贤、名宦……代不乏人。新井陈氏一门，崇文尚武，笃行明伦。其一门二相，四世六公，昆季双魁，兄弟多士，叔伯继率百僚，子孙咸列仕籍。欧阳修称赏于前，司马光赞颂于后，曾巩传其事，韩维书其祠，吕公著题其额，陆九渊序其谱。

"玉在山而草木润，渊生珠而崖不枯。"陈氏一门的德业文章彪炳史册、流芳千古、泽被天下、福荫后世。政协南部县委员会文史同仁仰慕先贤之风范，推崇大家之教化，兼收博采，校对核实，爰以注解，辅以图像，在西华师范大学历史文化学院的指导下，历时三载，数易其稿，完成了《北宋陈氏四令公史述》的编纂工作，其志可嘉，其情可感！

"陈氏四令公"指北宋利州路阆州新井县（治今四川省南部县大桥镇）陈氏家族中的秦国公（陈省华）、英国公（陈尧叟）、郑国公（陈尧佐）、崇国公（陈尧咨）父子四人。司马光在《陈氏四令公祠堂记》中首次提出这一称谓。他们出身布衣、仕宦天下、参调鼎鼐、辅弼朝堂，为国开太平，为民谋福祉。陈省华勤政励治，颇有政声，数得奖擢，终官京尹。他悉心教子，开创基业，对陈氏的昌盛有定鼎之功。陈尧叟入仕后，为朝廷器重，先后到陕西、京西、西川、河北、河东、广西等地察访、赈灾、劝农，又到广西为转运使，多有惠政；其伟姿强力，奏对明辨，多任知数，久典机密，累擢枢密使、同平章事。陈尧佐"为人少处先登第，举族贫时已为官"，他十典大州，六为转运，居官无大小，所至必闻，优拜同平章事、集贤殿大学士。陈尧咨进士高科，文武双全，遍历词臣，屡镇边关，敕封武信军节度使。

不仅如此，陈尧叟蟾宫摘桂，擅赋长文，宋真宗赞其"文苑昭清誉，朝端仰盛才"。陈尧佐"不试而知制诰""工为二韵"，司马光、沈括、杨慎、纪昀赞其诗"诗意清远""词调隽永""曲尽东南之美""自然萧散"。陈尧咨未第时，与南阳茂才张君房对诗，"联句律诗自十二韵至二十韵四章，凡五百八十言"；文彦博赞其《渚宫集》"垂诸不朽，比岘山而名高；竟以相传，致洛都之纸贵"。此外，他们对书、乐、射等也通晓透彻，冠绝群伦。"陈尧叟善草隶""陈尧咨书宝"，朝野皆知，陈尧佐独创"堆墨书"，人莫能及。陈尧佐对音律琴技也颇为精通。"陈康肃公尧咨善射，当世无双"，世称"小由基"。

《北宋陈氏四令公史述》以传统文化为纲，以人文资源为本，以历史名宦为鉴，它的编辑、出版、发行是南部县文化事业具有里程碑意义的一件大事。它对弘扬中华优秀传统文化，增强文化自信；对树立社会主义核心价值观，提升行政效能；对推动南部县文旅融合发展，助力乡村振兴，都有十分重要的意义。

以传统文化为纲，增强文化自信。中华文化源远流长，积淀着中华民族最深层的精神追求，代表着中华民族独特的精神标识，为中华民族生生不息、发展壮大提供了丰厚滋养。中华优秀传统文化是中华民族的生存之本、精神之魂，是社会主义核心价值观最深厚的文化基因、精神纽带，是我们在世界文化激荡中站稳脚跟的根基。其有着天下大同的社会理想，团结统一的家国意识，民为邦本的治理理念，追求和谐的价值取向，厚德载物的道德精神；有着重仁守信、爱好和平、匡正扶善、自强不息的优秀品德。很多思想理念和道德规范，不论过去还是现在，都有其永不褪色的价值。"陈氏四令公"上忠于君、下惠于民、入孝于亲、出悌于幼的精神与社会主义核心价值观中的"爱国、敬业、诚信、友善"一脉相承，异曲同工。其世代绵延的家教家风，尤其值得今人学习借鉴。继承和弘扬这些优秀传统文化，就能增强文化自信，实现文化自觉，提升文化品味。

以历史名宦为鉴，提升行政效能。"陈氏四令公"是中国科举史上的盛世"豪门"，是南部县的千古"名宦"，是我们学习和借鉴的榜样。一是情系百姓，教化民众，以身作则。陈省华知郓州时，"礼义之设，所以牗民，终乃教化"。陈尧叟任广西转运使时，"病者祷神不服药，尧叟有《集验方》，刻石桂州驿"。陈尧佐通判潮州时，"修孔子庙，建韩公（韩愈）祠，率其州民之秀者，就于学"；知寿州，遭岁大饥，"自出米为糜以食饿者。吏民以公故，皆争出米，其活数万人"，佐曰："盖以令率人，不若身先而使其从之乐也。"二是因地制宜，精准施政，德政千秋。陈省华在栎阳，"尽去郑白渠壅遏，水利均及，民皆赖之"。陈尧叟在广西"以地气蒸暑，为植树凿井，每三二十里置亭舍，具饮器，人免渴死""以所种麻苎顷亩折桑枣之"，并发展交通，规划海运。黄河在滑州决口，水力悍甚，陈尧佐创"木龙"以杀水怒；在杭州，"易钱塘江堤以薪土"；在河东，"凿泽州路"，在河北，"凿怀州路"，而太行之险通，并曰："吾岂为今日利哉！"陈尧咨守长安时，"地斥卤，无甘泉，其疏龙首渠注城中，民利之"；知郓州时，"浚新河自鱼山至下柏，以导积水"；"天雄城壁器械，久不治，尧咨至，并加完葺"。三是改革吏治，知人善任，清正廉洁。陈尧叟同知枢密院时，"请以孙冕同领议减三司烦冗，参决滞务"。陈尧佐任两浙转运使时，"表周启明行义于朝""赐林逋粟帛"，提出的"检法事"为宋真宗采纳，至今为廉政建设所借鉴。陈尧咨同判吏部流内铨时，"寒士无以进，尧咨进其可擢者"。以史为鉴，资于政道，学习和借鉴"陈氏四令公"的民本情怀、执政理念、经验智慧，能够提升我们的行政效能，更好地为人民服务。

以人文资源为本，助力乡村振兴。"陈氏四令公"不仅惠及当世，而且泽被后人。在他们出生、学习、生活的南部县大桥镇，至今保存着漱玉岩、金鱼桥、陈翔墓、瑞笋堂、思乡井、慈光院等大量遗迹；流传着"天生瑞笋""悬梁刺股""尧咨善射""杖坠金鱼"等经典故事。在他们学习的阆中市大象山南岩，至今保存着状元洞、紫薇亭、捧砚亭、将相堂等遗迹；流传着"紫微高照""龙爪显现"等传说。在他们的发祥之地济源市延庆寺，至今有舍利塔、四令祠、龙潭等遗迹；流传着"不求金玉贵,但愿子孙贤"的千古名言,元代剧作家关汉卿创作有《状元堂陈母教子》杂剧。在他们的归葬之地新郑市宰相陈村,至今完好地保存着"四令公"及其妻室和部分子孙的墓葬,完整地保存着陈省华神道碑、崇孝寺、陈尧佐自制墓碑等珍贵文物。除此以外,在广西桂林有四令公祠堂,在潮州有灵护王庙、尧佐亭,在惠州有文惠公祠堂,在苏州有陈尧佐祠堂,等等。这些独特、宝贵的人文资源和文化遗产,是文旅融合的重要载体,是繁荣地域文化的不竭源泉,是助力乡村振兴的丰厚土壤。充分挖掘和再现这些资源和遗产,并使之"活"起来,就会成为当代人们的精神食粮,激励后人奋发有为;也会为自然生态旅游产业铸造灵魂,为"水韵南部"张贴厚重的历史标签。

是为序,以发潜德之光,以启后来之秀!

2021年10月

凡　例

一、《北宋陈氏四令公史述》坚持习近平新时代中国特色社会主义思想为指导，坚持辩证唯物主义与历史唯物主义基本原则，遵循实事求是的编纂理念，全书以正史、地方史志、古人记录、文物遗址等文字资料及实物图片资料为依据，力争还原北宋阆州新井县（治今南部县大桥镇）陈氏四令公籍贯、生平、仕宦、行迹、功过、文学、艺术等历史文化风貌。

二、《北宋陈氏四令公史述》以中国古纪年法与公元纪年法两种方法纪年，以公元纪年法为主干，全书每章节以时间先后、辈分长幼或资料本身的内在逻辑为顺序进行编纂。

三、《北宋陈氏四令公史述》为章节体结构，章下分节，节下若有更小的层次，该词条以字体大小粗细标识，全书一般限定在三个层次之内。

四、凡古文献中缺字遗字，用"□"标识。为了方便读者阅读，除了必要的叙述文字而外，编辑做了一定的努力，添加了"注释""编按""补证""解析""翻译""增录"等内容。"补证"大多引自古籍原文抑或点明出处，作用相当于"注解"。

五、对古文献中辨误存疑的少量文字，用"编按"于页下作注，抑或以"按"字加括号随文存疑，以此方式区别于古文献中古人的辨析文字。"注释"置本页行文之下。资料"补证""解析""翻译"诸内容作为正文，紧置于该古文献之后。

六、全书行文中的"注释""编按""补证"等类目，词条均以序号标明。

七、与章节内容相关的补充附加资料作为"附录"部分，置于该章节末。

八、第一章为综述部分，概述北宋阆州新井县陈氏四令公家族风貌以及历史文化价值；第二章以正史、地方史志、古人记录等信史资料为依据，详细梳理北宋阆州新井县陈氏四令公之生平简介、纪事年谱、从政履历；第三章收录各类古文献中有关南部县北宋陈氏四令公生平事迹的碑、传、诏、敕等文献资料；第四章完整辑录北宋阆州新井县陈氏四令公的诗文、书法、乐射等文学艺术，并适当给予注释和解析，追寻其心性、志趣、仕宦、游历、才华诸般轨迹，力求排除阅读障碍；第五章以正史、地方史志、古人记录等古文献资料为依据，以田野调查为补充，进一步探究和梳理陈氏四令公的仕宦沉浮、履历行踪、遗存古迹、贻误与政绩。

目录 CONTENTS

第一章　概　述

第一节　"陈氏四令公"由来　... 002
第二节　"陈氏四令公"事功　... 003
第三节　"四令公史述"价值　... 011

第二章　履历年谱

第一节　生平简介　... 016
第二节　纪事年谱　... 019
第三节　从政履历　... 120

第三章　碑传诏敕

第一节　伯仲铭祖　... 128
第二节　真宗封使　... 148
第三节　仁宗拜相　... 154
第四节　永叔撰碑　... 159
第五节　赵祯赐衔　... 174
第六节　子固传事　... 181
第七节　季平修史　... 192
第八节　大用立传　... 201

第四章　艺文征略

第一节　省华咏春　　　　　　　... 232
第二节　尧叟撰颂　　　　　　　... 232
第三节　尧叟和韵　　　　　　　... 254
第四节　尧叟镌歌　　　　　　　... 263
第五节　尧佐明志　　　　　　　... 264
第六节　尧佐献诗　　　　　　　... 291
第七节　尧佐堆墨　　　　　　　... 361
第八节　尧佐抚琴　　　　　　　... 364
第九节　尧咨宏文　　　　　　　... 365
第十节　尧咨联句　　　　　　　... 368
第十一节　尧咨书宝　　　　　　... 371
第十二节　尧咨善射　　　　　　... 372

第五章　仕宦行迹

第一节　漱玉阆州　　　　　　　... 376
第二节　入仕中原　　　　　　　... 395
第三节　坐镇陕西　　　　　　　... 409
第四节　治理河朔　　　　　　　... 422
第五节　出知淮南　　　　　　　... 438
第六节　节制荆湖　　　　　　　... 444
第七节　转运江浙　　　　　　　... 448
第八节　惠泽广南　　　　　　　... 462
第九节　题留多地　　　　　　　... 473

后　记　　　　　　　　　　　　... 477

第一章 概 述

"状元,科第之极选;宰相,人臣之极品。"① "陈氏四令公"科第屡中,出将入相,声名远播,不仅家庭教育典范长存,德行业绩永垂不朽,其文艺成就也彪炳史册,为我们留下了宝贵的人文资源和文化遗产。

---

① 熊相《重修读书岩三陈书院记》,见于道光《保宁府志》卷五十六。

第一节 "陈氏四令公"由来

"陈氏四令公"是指北宋利州路（公元1001年前为峡西路）阆州新井县（治今四川省南部县大桥镇）陈氏家族中的秦国公（陈省华）、英国公（陈尧叟）、郑国公（陈尧佐）、崇国公（陈尧咨）父子四人。

北宋熙宁七年（1074），司马光在《陈氏四令公祠堂记》中，首次提出"陈氏四令公"的称谓。其原文如下：

故左谏议大夫，赠太师、尚书令秦国陈公省华有三子：长曰英国文忠公尧叟，官至枢密使、同平章事、左仆射[①]；仲曰郑国文惠公尧佐，官至户部侍郎、平章事，太子太师致仕；季曰崇国康肃公尧咨，官至枢密武宁军[②]节度使。皆赠太师、尚书令兼中书令。

始秦国公为济源令，县西龙潭有延庆佛舍，三子学其中，既而相继登进士科。文忠、康肃公并居群士之首，遂接踵为将相，始大其家。子孙蕃衍，多以才能居显官，棋布中外，故当世称衣冠之盛者推陈氏。其后，文忠公自枢密判河阳；文忠公[③]与其子主客郎中述古、孙虞部员外郎知俭、康肃公之子祠部郎中宗古，前后皆为京西转运使；主客君之子知素，复为济源尉。

[①]编按：司马光《陈氏四令公祠堂记》中"左仆射"应为"右仆射"。曾巩《隆平集》卷五记载："九年以疾出为右仆射，知河阳。"李焘《续资治通鉴长编》卷八十七记载："宋真宗大中祥符九年（1016）八月丙戌，枢密、同平章事陈尧叟罢为右仆射。"脱脱等《宋史·本纪·真宗三》记载："八月丙戌，以陈尧叟为右仆射。"

[②]编按："武宁军"应为"武信军"。曾巩《隆平集》卷五记载："加留后、进武信军节度使，再知天雄军。"王称《东都事略·列传·陈尧咨传》记载："拜武信军节度使，知澶州，复知天雄军。"脱脱等《宋史·列传·陈尧咨传》记载："拜武信军节度使、知河阳，徙澶州，又徙天雄军。"

[③]编按："文忠公"应为"文惠公"。欧阳修《陈公（尧佐）神道碑铭并序》曰："子男十人：长曰述古，次曰比部员外郎求古，主客员外郎学古，虞部员外郎道古，大理评事馆阁校勘博古，殿中丞修古，秘书正字履古，光禄寺丞游古，大理寺丞袭古，太常寺太祝象古。"李焘《续资治通鉴长编》卷八十二记载："参知政事丁谓主言者以绌尧佐，尧佐争不已，谓既徙纶扬州。（宋真宗大中祥符七年）五月癸未，又徙尧佐京西路。"

济源，河阳之属邑。河阳，京西之属郡也。四世凡七人[①]莅于是，故济源之人，被陈氏之德政为多。秦公尤有恩于民，能使其民既去而思之。其虞部君尝行部之济源，游龙潭佛舍，见秦公善政，真宗皇帝赐文忠公诗，主客君题名，皆刻于石，叹曰："吾家所以显大于世，非曾祖父勤施于民，三祖父力学以光大门闾，何从而致之乎？至于今，子孙蒙禄不绝，岂可不知其所自也！"乃构祠堂于佛舍之侧，画四公之像，使子孙至者皆有所瞻奉拜稽，并集诸石刻置刹下，且属光为之记。光曰："光之文不足以发扬先君子之美，不敢为。"虞部君曰："不然，知俭之为此祠，不敢自矜。弈世之美，盖欲来者见之，知爱民好学，可以大其家，有以劝也。"光曰："如君之言，其见远，其益大矣，光何敢辞！若夫四公之世业，则有国史在，光不敢及也。"

熙宁七年三月辛酉

第二节 "陈氏四令公"事功

关于"陈氏四令公"的事功，欧阳修称赏于前，司马光赞颂于后，曾巩传其事，韩维书其祠，吕公著题其额，陆九渊序其谱。

一、名曜千古

中国自隋炀帝大业元年（605）开设进士科起，至清光绪三十一年（1905）废进士科止，1300年间共产生状元700多名，其中文状元592名，四川共19名（唐6名、五代2名、宋8名、元明清共3名）。在四川的19名状元中，南部县占3名，都产生于北宋时期，他们分别是宋太宗端拱二年（989）己丑科陈尧叟、

[①] 编按：司马光《陈氏四令公祠堂记》中"七人"应为"八人"。陈省华于宋太宗太平兴国六年（981）知济源；陈尧叟与陈尧咨分别于宋真宗大中祥符九年（1016）、宋仁宗明道二年（1033）知河阳三城节度使；陈尧佐于宋真宗大中祥符七年（1014）任京西转运使，陈述古于宋仁宗宝元元年（1038）任三门发运使，陈宗古于宋仁宗至和元年（1054）任京西转运使，陈知俭于宋英宗熙宁五年（1072）任京西转运副使；陈知素于宋英宗治平三年（1066）任济源县县尉。

宋真宗咸平三年（1000）庚子科陈尧咨、宋元祐六年（1091）辛未科马涓。不仅如此，陈尧叟与陈尧咨更是同胞兄弟，这与唐朝阆中的"兄弟状元"——尹枢、尹极同属凤毛麟角，加上陈尧佐及一块儿长大的堂兄陈尧封进士及第，"一门四进士"被时人誉为科举奇观。

中国1300多年的科举史上，产生近11万名进士，而南部县有籍可查的进士有162名。在这162名进士中，宋朝以前仅4名，而在宋朝竟多达82名，这除了宋朝科举开科频繁、取士众多外，更主要是因为宋初的陈氏家族为宋朝科举树立了标杆，其家族成员中的12名进士更是南部县科举史上的旗帜，以至于被后来的蒲氏家族（产生进士16名）、雍氏家族（产生进士21名）等大家族奉为圭臬，成为后世学子的楷模。

从入仕的角度，在中国几千年的封建社会中，"兄弟宰相"屈指可数，除北魏冯诞与冯修，唐朝韦承庆与韦嗣立、郑覃与郑朗这三对"兄弟宰相"外，从平民阶层跃升为"宰相"的陈尧叟与陈尧佐兄弟是绝无仅有的一对。

二、足涉八荒

宋太宗至道三年（997），定天下为十五路，分别为陕西路、河东路、河北路、京东路、京西路、峡西路、西川路、荆湖北路、荆湖南路、淮南路、江南路、两浙路、福建路、广南西路、广南东路。"陈氏四令公"从江南水乡到塞北边陲，从泰山之巅到大海之滨，足迹遍及其中的十四路。尤其是陈尧佐"十典大州，六为转运"[①]，并在各地留下了不少吟咏和题刻。

有些行政区域，其父子还先后多次主政。例如：陈尧叟任广南路转运使，后又任广南西路转运使，任广南东、西两路安抚使；"三至堂，在州治，陈文惠公三守是邦，故名"[②]；陈尧咨两度出知大名府天雄军；陈省华与陈尧咨先后知郓州；陈尧咨与陈尧佐先后知河南府；陈尧叟与陈尧咨先后判（知）河阳三城节度使；陈尧叟巡抚陕西，陈尧咨知京兆府永兴军，陈尧佐三知（判）京兆府永兴军；陈省华、陈尧咨、陈尧佐先后权知开封府等。

---

①欧阳修《欧阳文忠公集》卷二十《陈公（尧佐）神道碑铭并序》。
②祝穆《方舆胜览》卷四十八。

三、博通三教

　　三教泛指儒教、道教、佛教。"陈氏四令公"怀揣儒家"修身、齐家、治国、平天下"的崇高理想踏入仕途，辅弼朝堂，历宋太祖、宋太宗、宋真宗、宋仁宗四朝，为国开太平，为民谋福祉。同时，他们崇尚"自然之然"[①]"无为而无不为"的道教理念，使天道性命之学、内圣成德之教，重新光显于世。

　　在三兄弟还是少年的时候，其父陈省华就带着他们访道陈抟[②]。在陈尧佐青年之时，曾拜师种放[③]。入仕以后，兄弟们跟当时的道家名士也多有交集，这在他们的诗文中得以体现。例如：陈尧叟《送张无梦归天台》、陈尧佐《送天柱冯先生》《张公洞》《洞霄宫》《茅山清真观》、陈尧咨《赠贺兰真人》等。张无梦、冯得之、贺兰栖真等皆为当时道家名士，有些还被皇家御赐封号和经书。张公洞、洞霄宫、清真观皆为当时的道教名刹。陈尧佐为人治学皆类陈抟，其"三教不二，九流归一"[④]的思想与清雅飘逸、俭朴好古的行为，都打上了陈抟、种放等人的印记。

　　陈氏兄弟以政治家的身份跟佛家之人也有密切的交往。例如：陈尧叟《送崇教大师南归》、陈尧佐《游湖上昭庆寺》《寄书上人》、陈尧咨《普济院》等诗中都叙述了与当世高僧的交往情况，这对后辈的文化思想开放起到了重要的作用。

四、才贯六艺

　　陈尧叟蟾宫摘桂，擅赋长文，宋真宗赞其"文苑昭清誉，朝端仰盛才"[⑤]。"知制诰者常先试其文辞，天子以公（陈尧佐）文学天下所知，不复

[①] 陈尧佐《洞霄宫鼎铭》。
[②] 陈抟：（？—989），五代宋初道士。字图南，自号扶摇子，亳州真源（今河南鹿邑东）人。生于唐末，后唐长兴中，举进士不第，隐居武当山，服气辟谷，后移居华山，宋太宗赐号希夷先生。著有《无极图》（刻于华山石壁）和《先天图》，认为万物一体，只有超绝万有的"一大理法"存在。其学说经后人推演，成为宋代理学的组成部分。
[③] 种放：（？—1015），字名逸，自称退士，洛阳人。沉默好学，奉母隐居终南山，以讲习为业，真宗时被征赴阙，寻以母命还山。著有诗集、蒙书等。
[④] 陈尧佐《新修大成殿记》。
[⑤] 宋真宗《赐尚书陈尧叟出判河阳》。

命试，自国朝以来，不试而知制诰者，惟杨亿及公二人而已"[1]。陈尧佐"工二韵诗"[2]，"自潮还，献诗百篇"[3]，在两浙路任转运使期间遍访名山大川，留下无数佳作。司马光记其诗为"吴江体"[4]；沈括述其诗"诗意清远"[5]；马端临称其诗"词调清警隽永"[6]；杨慎赞其诗"曲尽东南之美，后之作者无复措手"[7]；纪昀夸其诗"自然萧散"[8]；许印芳评其诗"起、承、转、合，章法极老成"[9]。陈尧咨未第时，与南阳茂才张君房对诗，"赓唱迭咏终宴，为联句律诗自十二韵至二十韵四章，凡五百八十言"[10]；文彦博赞其《渚宫集》"垂诸不朽，比岘山而名高；竞以相传，致洛都之纸贵……贻之千载，勒成一家"[11]。

"陈氏四令公"除了诗文优异以外，其对"六艺"中的书、乐、射等也通晓透彻，冠绝群伦。

陈尧叟和陈尧咨都写得一手好字，得到朝野上下公认，脱脱等《宋史·列传·陈尧叟传》和李焘《续资治通鉴长编》卷九十二各有记载。跟兄弟们的书法比起来，陈尧佐更是独创了"堆墨书"，人莫能及。刘攽《中山诗话》、王辟之《渑水燕谈录》、脱脱等《宋史·列传·陈尧佐传》、董史《皇宋书录》均有记载。其"点画肥重"的"堆墨书"，不仅同僚戏谑，连伶人也知晓。

陈尧佐在《林处士水亭》诗中写道："怜君留我意，重叠取琴弹。"陈尧佐去亭入室，寄余兴于琴弦，弹了一曲又一曲，以感激林翁深情挽留的美意。陈尧佐是"镇静百度，周知天下之良苦"[12]的政治家，也是宋朝第一流的水利专家，其早年投名师种放门下，琴技自然也不含糊，这一点在他的《独游亭记》《杭州喜江南梅度支至》等诗文中也得到了证实。

"陈康肃公尧咨善射，当世无双"，除了欧阳修《归田录》卷一有记载

---

[1] 欧阳修《欧阳文忠公集》卷二十《陈公（尧佐）神道碑铭并序》。
[2] 曾巩《隆平集》卷五。
[3] 欧阳修《欧阳文忠公集》卷二十《陈公（尧佐）神道碑铭并序》。
[4] 司马光《温公续诗话》。
[5] 沈括《梦溪笔谈》。
[6] 马端临《文献通考》卷二百三十四。
[7] 杨慎《升庵诗话》卷七。
[8] 纪昀《瀛奎律髓汇评》卷四十七。
[9] 许印芳《诗法萃编》。
[10] 崔端《苏州四瑞联句诗序》。
[11] 文彦博《文潞公文集》卷十《谢陈龙图谏议惠渚宫集启》
[12] 文莹《湘山野录》卷中。

外，王辟之《渑水燕谈录》、李焘《续资治通鉴长编》卷一百零五、朱熹《名臣言行录》等文献均有记载。

五、惠及天下

"陈氏四令公"出身布衣，以才能至显官，一路走来，为官一任，均造福一方。

"陈省华智辩有吏干"①，所到之处颇有治声：在栎阳，"县之郑白渠为邻邑强族所据，省华尽去壅遏，水利均及，民皆赖之"②；在济源，"秦公尤有恩于民，能使其民既去而思之"③，以至陈氏子孙将陈氏家族的显贵都归功于秦公之"德政"；在苏州，"复流民数千户，痒者悉瘳之，诏书褒美"④；在开封，"以府事繁剧，请禁宾友相过，从之"⑤。自入宋以后，陈省华由小小的主簿一路晋升为京尹，且数得朝廷奖掖，并能得到真宗皇帝的破例优宠，"旧制，卿监坐于东厢，不升殿，时光禄卿陈省华权知开封府，特升于两省五品之南，别设位"⑥，其诚可鉴，其惠可感。

陈尧叟入仕后，为朝廷器重，先后以临时差遣在陕西、京西、西川、河北、河东、广西等地察访、赈灾、劝农，又以转运使的身份到广西做官。所到之处，多有惠政，在广西尤为突出，主要表现在：推广医药，纠正陋俗，"岭南风俗，病者祷神不服药，尧叟有《集验方》，刻石桂州驿"⑦，此举深得朝廷赏识，宋真宗曾亲为《集验方》作序，令官府刻印，颁发道州等地；改善环境，植树凿井，"又以地气蒸暑，为植树凿井，每三二十里置亭舍，具饮器，人免渴死"⑧；发展交通，规划海运，"海北岸有递角场，正与琼对，伺风便一日可达，与雷、化、高、太平四州地水路接近，尧叟因规度移四州民租米输于场，第令琼州遣蜑兵具舟自取，人以为便"⑨；调整经济，以麻换桑，"欲

---

① 脱脱等《宋史·列传·陈省华传》。
② 脱脱等《宋史·列传·陈省华传》。
③ 司马光《温国文正公文集》卷六十六《陈氏四令公祠堂记》。
④ 脱脱等《宋史·列传·陈省华传》。
⑤ 脱脱等《宋史·列传·陈省华传》。
⑥ 李焘《续资治通鉴长编》卷五十八，景德元年十月乙巳。
⑦ 脱脱等《宋史·列传·陈尧叟传》。
⑧ 脱脱等《宋史·列传·陈尧叟传》。
⑨ 脱脱等《宋史·列传·陈尧叟传》。

望自今许以所种麻苎顷亩,折桑枣之数……如此则布帛上供,泉货下流,公私交济,其利甚博"[1];整肃吏治,睦邻安边,"尧叟悉捕亡命归桓,桓感恩,并捕海贼为谢"[2]。

陈尧佐是陈氏三兄弟中最先入仕者,"居官无大小,所至必闻"[3]:在潮州,"修孔子庙,建韩愈祠,率其州民之秀者就于学"[4];在寿州,时逢大饥,"自出米为糜以食饿者,吏民以公故,皆争出米,其活数万人"[5];在杭州,钱塘江堤不数岁辄坏,"议易以薪土"[6],尽管丁谓反对而暂辍,但卒如其议;在河东,"凿泽州路"[7],在河北,"凿怀州路"[8],而太行之险通;在滑州,黄河决口,毁废民田屋舍,其"躬自暴露,昼夜督促"[9],创"木龙"以杀水怒,堤成又为长堤以护其外,滑人复得其居所,命名"陈公堤"。

陈尧咨尽管"性豪侈,不循法度"[10],但守长安时,"地斥卤,无甘泉,尧咨疏龙首渠注城中,民利之"[11]。

六、泽被后世

"陈氏四令公"不仅惠及当世,而且泽被后人。

在他们出生、学习、生活的地方——古新井县治,至今保存着漱玉岩、金鱼桥、陈翔墓、瑞笋堂、思乡井、慈光院等大量遗迹,流传着"天生瑞笋""悬梁刺股""尧咨善射""杖坠金鱼"等经典故事。

在他们学习过的地方——阆中市大象山南岩,至今保存着状元洞、紫薇亭、捧砚亭、将相堂等人文遗址,流传着"紫微高照""龙爪显现"等传说。

在他们的发祥之地——济源市延庆寺,至今有舍利塔、四令祠、龙潭等遗

---

[1] 脱脱等《宋史·列传·陈尧叟传》。
[2] 脱脱等《宋史·列传·陈尧叟传》。
[3] 欧阳修《欧阳文忠公集》卷二十《陈公(尧佐)神道碑铭并序》。
[4] 欧阳修《欧阳文忠公集》卷二十《陈公(尧佐)神道碑铭并序》。
[5] 欧阳修《欧阳文忠公集》卷二十《陈公(尧佐)神道碑铭并序》。
[6] 欧阳修《欧阳文忠公集》卷二十《陈公(尧佐)神道碑铭并序》。
[7] 欧阳修《欧阳文忠公集》卷二十《陈公(尧佐)神道碑铭并序》。
[8] 欧阳修《欧阳文忠公集》卷二十《陈公(尧佐)神道碑铭并序》。
[9] 欧阳修《欧阳文忠公集》卷二十《陈公(尧佐)神道碑铭并序》。
[10] 脱脱等《宋史·列传·陈尧咨传》。
[11] 脱脱等《宋史·列传·陈尧咨传》。

迹，为河南省文物保护单位，流传着陈母祷夜香"不求金玉贵，但愿子孙贤"的千古名言。

在他们的归葬之地——新郑市宰相陈村，"四令公"及其妻室和部分子孙的墓葬、陈省华神道碑、崇孝寺、陈尧佐自制墓碑等文物，2008年被河南省人民政府列为文物保护单位。

除此以外，在桂林有四令公祠堂，在潮州有灵护王庙、尧佐亭，在惠州有文惠公祠堂，在苏州有陈尧佐祠堂等，这些陈氏遗迹不仅推动着当地文旅产业的发展，而且潜移默化地影响着一代又一代陈氏后裔和当地百姓，为他们带来无限福泽。

附：

南部县进士名录

唐天宝年间（742—756）：鲜于仲通（新政）、鲜于叔明（新政）

唐元和年间（806—820）：任畴（新井）、任畹（新井）

宋端拱元年（988）戊子科：陈尧佐（新井）

宋端拱二年（989）己丑科：陈尧叟（状元，新井）

宋淳化三年（992）壬辰科：陈尧封（新井）、陈渐（新井）

宋咸平三年（1000）庚子科：陈尧咨（状元，新井）、鲜于端夫

宋景德二年（1005）乙巳科：陈状（新井）、陈元（新井）

宋大中祥符八年（1015）乙卯科：陈师古（新井）

宋天圣八年（1030）庚午科：陈宗古（新井）、蒲显道

宋景祐元年（1034）甲戌科：鲜于侁（新政）、雍明远、冯大学

宋庆历二年（1042）壬午科：冯文举、陈博古（新井）

宋庆历三年（1043）癸未科：王纲

宋庆历八年（1048）戊子科：蒲清

宋庆历年间（1041—1048）：李奎、蒲芝

宋皇祐元年（1049）己丑科：陈公锡（新井）、蒲翊、蒲之道

宋皇祐五年（1053）癸巳科：蒲宗孟（新井）、雍子方（新井）、母丘会（新井）、蒲宗闵（新井）、冯资之

宋嘉祐六年（1061）辛丑科：陈鹏

宋嘉祐年间（1056—1063）：蒲卤

宋治平二年（1065）乙巳科：雍明章、冯采

宋熙宁三年（1070）庚戌科：雍之琦

宋熙宁九年（1076）丙辰科：雍黄中

宋元丰二年（1079）己未科：宇文千之、雍机

宋元祐二年（1087）丁卯科：雍子定、冯子厚

宋元祐六年（1091）辛未科：马涓（状元）

宋绍圣元年（1094）甲戌科：雍周、雍周复

宋绍圣四年（1097）丁丑科：邓公权

宋崇宁二年（1103）癸未科：雍孝闻（会元）、雍本章、罗公荧

宋崇宁五年（1106）丙戌科：袁仲规、冯迥、何永、雍钺

宋政和二年（1112）壬辰科：雍观复、王秉钧

宋政和八年（1118）戊戌科：何伯益、母丘俨、何竦

宋政和年间（1111—1118）：蒲和卿、雍凉

宋宣和三年（1121）辛丑科：母丘斌、蒲赞

宋宣和年间（1119—1125）：鲜于举

宋绍兴二年（1132）壬子科：袁当年

宋绍兴五年（1135）乙卯科：李斌

宋绍兴十五年（1145）乙丑科：蒲蒙、雍周卿

宋绍兴十八年（1148）戊辰科：朱衣裔

宋绍兴三十年（1160）庚辰科：蒲锡、蒲冲

宋绍兴年间（1131—1162）：母丘拾

宋乾道五年（1169）己丑科：宇文华

宋庆元年间（1195—1200）：何缪

宋绍定年间（1228—1233）：蒲仲、师汉杰

宋宝祐四年（1256）丙辰科：蒲震樵、蒲洪玉、刘应炳（新政）

宋代无年可考者：刘悦、郑大任、雍巨用、雍时敏、雍元衡、雍永年、雍汶、雍子卞

元泰定元年（1324）甲子科：冯传心

元至正十一年（1351）辛卯科：冯友明

元代无年可考者：雍元散、雍震年、雍昌房、王文佐、宋汝砺、赵载、张炎、杜启安、杜凌汉、冯友能、鲜于天、冯希文、张天隆、张天埜

明洪武年间（1368—1398）孝廉：李延昌

明永乐四年（1406）丙戌科：冯翼（赐同进士出身）

明弘治六年（1493）癸丑科：李玘（正三品吏部右侍郎）

明正德六年（1511）辛未科：李文灿（正三品湖广布政司使）

明嘉靖十四年（1535）乙未科：李时达（从三品江西左参议）

明嘉靖二十九年（1550）庚戌科：许公高

明嘉靖四十一年（1562）壬戌科：马会（赐同进士出身）

明嘉靖四十四年（1565）乙丑科：许公大、杜友兰

明崇祯四年（1631）辛未科：杨芳蚕

明代无年可考者：邓徽、文时中、文彬、冯希彝、李廷相、赵坤、赵思忠、王德一、李纲、卢一麟、王克恭、王瑜、马冲、徐成德、杨以渐、任思义、陈彪、雍宜南、何琮、孙钟麟、高愿、毕永昌、许倬、杨浚、徐廷言、文阶、李成阳、王拱仁、郑元亨、雍世哲、王秉、刑继先、侯旻、孙讲、冯旦、沈昌胤、张振远、刘振益、冯禺、李希侗、苟之鳌、李希晟

清顺治九年（1652）壬辰科：杨继生

清顺治十六年（1659）己亥科：李允登

清乾隆七年（1742）壬戌科：邓作弼

清乾隆十三年（1748）戊辰科：苟华南（莲峰）

清咸丰二年（1852）壬子科：张莢（文楷）

清同治二年（1863）癸亥科：王懋昭

清恩例：苟古鳌、赵吉祥

第三节 "四令公史述"价值

战国著名思想家荀子说："玉在山而草木润，渊生珠而崖不枯。""陈氏四令公"的德业文章彪炳史册，流芳千古，泽被天下，福荫后世。《北宋陈氏四令公史述》编委会仰慕先贤之风范，推崇大家之教化，博采冥收，爰以注解，欲挖掘传统文化之精髓，弘扬核心价值之要旨，服务地方文旅之发展。

一、《北宋陈氏四令公史述》是传播传统文化的重要介质

习近平曾反复强调传统文化的重要性:"中华传统文化源远流长,积淀着中华民族最深层的精神追求,代表着中华民族独特的精神标识,滋养着中华民族生生不息、发展壮大"[1];"中华优秀传统文化是我们最深厚的文化软实力,也是中国特色社会主义植根的文化沃土"[2];"中华优秀传统文化中很多思想理念和道德规范,不论过去还是现在,都有其永不褪色的价值"[3];"中国传统文化博大精深,学习和掌握其中的各种思想精华,对树立正确的世界观、人生观、价值观很有益处"[4]。

党的十八大以来,党中央高度重视中华优秀传统文化的传承发展,始终从中华民族最深沉精神追求的深度看待优秀传统文化,从国家战略资源的高度继承优秀传统文化,从推动中华民族现代化进程的角度创新发展优秀传统文化,使之成为实现"两个一百年"奋斗目标和中华民族伟大复兴中国梦的根本性力量。

党的十九大以来,党中央将中华优秀传统文化提升到崭新阶段,赋予中华优秀传统文化时代内涵,运用中华优秀传统文化治国理政,阐发中华优秀传统文化应对国内外重大挑战,将中华优秀传统文化转化为实现中华民族伟大复兴、构建"人类命运共同体"的强大精神力量。

作为中华优秀传统文化的有机组成部分和重要介质——《北宋陈氏四令公史述》是记录"陈氏四令公"留给南部人民宝贵而独特的人文资源和文化遗产,它以人们耳熟能详的故事内容为主,以人们喜闻乐见的方式传播传承,它的编辑、出版、发行、推广将为中华优秀传统文化建设锦上添花。

二、《北宋陈氏四令公史述》是弘扬核心价值观的优秀载体

"核心价值观是文化软实力的灵魂、文化软实力建设的重点。这是决定文化性质和方向的最深层次要素。一个国家的文化软实力,从根本上说,取决于

---

[1] 引自习近平2014年2月24日在中共中央政治局第十三次集体学习时的讲话。
[2] 引自习近平2013年8月19日在全国宣传思想工作会议上的讲话。
[3] 引自习近平2014年10月15日在文艺工作座谈会上的讲话。
[4] 引自习近平2013年3月1日在中央党校建校80周年庆祝大会暨2013年春季学期开学典礼上的讲话。

其核心价值观的生命力、凝聚力、感召力。培育和弘扬核心价值观，有效整合社会意识，是社会系统得以正常运转、社会秩序得以有效维护的重要途径，也是国家治理体系和治理能力的重要方面。历史和现实都表明，构建具有强大感召力的核心价值观，关系社会和谐稳定，关系国家长治久安。"①

"培育和弘扬社会主义核心价值观必须立足中华优秀传统文化。牢固的核心价值观，都有其固有的根本。抛弃传统、丢掉根本，就等于割断了自己的精神命脉。博大精深的中华优秀传统文化是我们在世界文化激荡中站稳脚跟的根基。"②中华优秀传统文化讲究"天下兴亡，匹夫有责"，讲究"食人之禄，忠人之事"，讲究"礼、义、仁、智、信"，讲究"仁恕之道，正德之本"，"陈氏四令公"上忠于君、下惠于民、入孝于亲、出悌于幼的精神追求，与当代社会主义核心价值观"爱国、敬业、诚信、友善"一脉相承，异曲同工。《北宋陈氏四令公史述》以文载道、以文化人，它的编辑、出版、发行、推广将引导人们热爱祖国、热爱人民、爱岗敬业、忠于职守、孝顺父母、尊敬长辈、诚实守信、友善待人，是弘扬社会主义核心价值观的优秀载体。

三、《北宋陈氏四令公史述》是文旅融合的卓越产物

在文化和旅游大融合的背景下，如何通过文化升华旅游体验内容，如何通过旅游体验传播发展文化，从而实现文化和旅游产业的协同发展，是我们面临的一个新课题。

习近平指出："历史文化是城市的灵魂，要像爱惜自己的生命一样保护好城市历史文化遗产。"③《北宋陈氏四令公史述》就是在这样的背景下应运而生的，它将为南部县自然生态旅游产业铸造灵魂，为"水韵南部"张贴悠久的历史标签，为"乡村振兴"注入厚重的文化底蕴，它将是南部县文旅史上里程碑式的大事件，将极大地促进南部县文旅事业的蓬勃发展。

---

①引自习近平2014年2月24日在中共中央政治局第十三次集体学习时的讲话。
②引自习近平2014年2月24日在中共中央政治局第十三次集体学习时的讲话。
③引自习近平2014年2月25日在北京市考察工作时的讲话。

第二章　履历年谱

北宋阆州新井县陈氏一世祖陈翔，为颍川陈氏后裔，其祖上"因官为家，占籍博州"[①]。唐大顺二年（891），陈翔随唐末侍卫清道使王建入川。后王建占成都，据西川，为检校司徒成都尹、西川节度使兼云南观察招抚使，陈翔为军营参谋兼掌书记。唐天祐四年（907），王建欲称帝于蜀，陈翔以逆顺祸福劝诫，王建不听，贬陈翔为阆州新井令，陈翔遂安家于此。二世祖陈诩仕蜀为遣运使，至宋以孙贵，追封齐国公，开府仪同三司、太师、尚书令兼中书令。陈诩有子陈昭汶、陈玿汶，皆遵祖父遗训，抗志遁俗，林卧家食，为三世祖。至宋，陈昭汶以孙贵追封楚国公，开府仪同三司、太师、尚书令兼中书令。陈昭汶生子陈省华、陈省恭。陈省华生子陈尧叟、陈尧佐、陈尧咨，陈省恭生子陈尧封。宋太宗太平兴国六年（981），陈省华之母徐夫人仙逝后，其妻冯氏携三子赴济源随任课读。阆州新井陈氏一族自一世祖陈翔定居于此，至"三尧"北上，共历五代75年。

---

①陈升《云门陈氏家谱序》。

第一节　生平简介

阆州新井陈氏是中国古代社会在士族门阀衰落后因科举考试制度而崛起的一个典型家族，其一门二相，四世六公，昆季双魁，兄弟多士，叔伯继率百僚，子孙咸列仕籍，史官记之，时人诵之，"天下皆以陈公教子为法，以陈氏世家为荣"[①]。

一、省华简介

陈省华（939—1006），字善则，后蜀广政二十六年（963），为后蜀阆州西水县尉。宋太祖乾德三年（965），后蜀入宋，大小蜀官随孟昶归宋，陈省华任陕西陇城县主簿。宋太祖开宝二年（969），知栎阳县，继而知济源县、楼烦县。宋太宗淳化元年（990），擢太子中允。宋太宗淳化二年（991），任盐铁判官。宋太宗至道元年（995），知鄄州，迁京东转运使，继知苏州。宋太宗至道三年（997），入户部，任员外郎。宋真宗咸平元年（998），知潭州，入掌左藏库，判吏部。宋真宗咸平四年（1001），迁鸿胪寺少卿。宋真宗景德元年（1004），以光禄卿权知开封府。宋真宗景德二年（1005），拜左谏议大夫。宋真宗景德三年（1006）五月，陈省华卒，终年六十八岁，赠太子少师。后朝廷又追赠太师、尚书令兼中书令，封秦国公。

二、尧叟简介

陈尧叟（961—1017），字唐夫，宋太宗端拱二年（989），己丑科状元，授光禄寺丞、直史馆。宋太宗淳化元年（990），迁秘书丞。宋太宗淳化四年（993），巡抚陕西。宋太宗淳化五年（994），充三司河南东道判官，赈灾献犁。宋太宗至道元年（995），迁度支判官，上《郑白渠利害疏》，再迁工部

[①]阎苍舒《将相堂记》，见于《全蜀艺文志》卷三十四中。

员外郎，任广南路转运使。宋太宗至道二年（996），知端州。宋真宗咸平元年（998），任广南西路转运使，加刑部员外郎，再任广南东、西路安抚使，迁兵部。宋真宗咸平二年（999），西川体量公事。宋真宗咸平三年（1000），陕西体量公事，拜枢密直学士，为河北、河东宣抚副使，任髃牧使。宋真宗咸平四年（1001），为给事中，同知枢密院事。宋真宗景德元年（1004），签书枢密院事，迁工部侍郎。宋真宗景德二年（1005），加刑部侍郎。宋真宗景德三年（1006），知枢密院事，为兵部侍郎。宋真宗景德四年（1007），任东京留守，修国史。宋真宗大中祥符元年（1008），为卤簿使，陪宋真宗封禅泰山，加尚书左丞。宋真宗大中祥符三年（1010），进工部尚书，为祀汾阴经度制置使，判河中府。宋真宗大中祥符四年（1011），加户部尚书。宋真宗大中祥符五年（1012），以户部尚书、知枢密院事，加检校太傅、同平章事，充枢密使，集军权与政权于一身。宋真宗大中祥符七年（1014），罢为户部尚书。宋真宗大中祥符八年（1015），复枢密使，同平章事。宋真宗大中祥符九年（1016）四月，以足疾请求退位，宋真宗不许，陈尧叟多次请求，宋真宗亲自到其宅邸慰问。同年八月，罢为右仆射，出判河阳三城节度使。宋真宗天禧元年（1017）四月，陈尧叟卒，年五十七岁。宋真宗悲伤不已，特辍朝二日，赠侍中，谥"文忠"。后朝廷又追赠陈尧叟为太师、尚书令兼中书令，封英国公。

三、尧佐简介

陈尧佐（963—1044），字希元，宋太宗端拱元年（988），叶齐榜（或者程宿榜）进士，历任魏县尉、中牟县尉、朝邑知县、朝邑主簿、下邳主簿、真源知县。迁太常丞，知开封府录事参军，用理狱有能绩，迁开封府推官。宋真宗咸平元年（998），以言事切直，贬为潮州通判。宋真宗咸平三年（1000），权守惠州。宋真宗咸平四年（1001），还，献诗数百篇，而大臣亦荐其文学，得直史馆。宋真宗景德元年（1004），知寿州，徙庐州。宋真宗景德二年（1005），提点开封府界诸县公事。宋真宗大中祥符元年（1008），判三司都察勾院，任两浙转运使。宋真宗大中祥符四年（1011），为起居郎。宋真宗大中祥符七年（1014），调任京西转运使。宋真宗大中祥符八年（1015），由京西转运使换河东转运使。宋真宗天禧元年（1017），徙河北转运使。宋真宗天禧二年（1018），迁工部郎中，纠察在京刑狱，出使契丹正旦使。宋真宗天禧三年（1019），任考官失职，责起居郎，监鄂州茶场，丁母忧，未至。宋真宗天禧四年（1020），起复，知滑州，治水。宋仁宗乾兴元年（1022），徙京西转运使，入为三司副度支，修《真宗实录》。宋仁宗天圣元年（1023），加兵部员外郎，拜知制诰。宋仁宗天圣二年（1024），同知贡举，迁枢密直学士，知河南府。宋仁宗天圣三年（1025），徙并州。宋仁宗天圣五年（1027），权知开封府，拜翰林学士。宋仁宗天圣七年（1029），拜龙图阁学士，升枢密副使，加给事中，其年八月，改参知政事。宋仁宗天圣八年（1030），迁吏部侍郎。宋仁宗明道元年（1032），加礼部侍郎。宋仁宗明道二年（1033），罢为户部侍郎，知永兴军，徙庐州，又徙同州。宋仁宗景祐元年（1034），复徙永兴军。宋仁宗景祐三年（1036），徙渭州，又徙郑州。宋仁宗景祐四年（1037）四月，召拜同中书门下平章事、集贤殿大学士。宋仁宗宝元元年（1038）三月，罢为淮康军节度使、检校太傅、同平章事、判郑州。宋仁宗宝元二年（1039），判永兴军，复判郑州。宋仁宗康定元年（1040）五月，以太子太师致仕。宋仁宗庆历四年（1044）十月，陈尧佐以疾卒于家，赠司空兼侍中，谥"文惠"。后朝廷又追赠太师、尚书令兼中书令，封郑国公。

四、尧咨简介

陈尧咨（970—1034），字嘉谟，宋真宗咸平三年（1000）庚子科状元，授将作监丞、通判济州。宋真宗咸平五年（1002），迁著作郎、直史馆。宋真宗咸平六年（1003），判三司勾院。宋真宗景德元年（1004），任知制诰，擢右正言。宋真宗景德二年（1005），因当考官舞弊，被贬为单州团练副使。宋真宗大中祥符元年（1008），复著作郎，知光州。宋真宗大中祥符三年（1010），复右正言、知制诰，知荆南。宋真宗大中祥符五年（1012），改起居舍人，同判吏部流内铨。宋真宗大中祥符六年（1013），迁集贤院，为工部郎中，又迁龙图阁直学士、知永兴军。宋真宗大中祥符八年（1015），调知河南府，徙邓州，复知制诰，判登闻检院。宋真宗天禧三年（1019），复龙图阁直学士，坐失举，降兵部员外郎。宋真宗天禧四年（1020），迁龙图阁学士，修尚书省，巡抚边关十一州，犒官吏将校，访民间利害。官吏能否，功过以闻。宋真宗天禧五年（1021），知秦州，加右谏议大夫。宋仁宗天圣元年（1023），徙同州。宋仁宗天圣四年（1026），以工部侍郎权知开封府。宋仁宗天圣五年（1027），以翰林学士、龙图阁学士、权知开封府换宿州观察使、知天雄军。宋仁宗天圣八年（1030），以安国军节度观察留后知郓州。宋仁宗明道元年（1032），改武胜军留后。宋仁宗明道二年（1033），拜武信军节度使，知河阳，徙澶州，再知天雄军。宋仁宗景祐元年（1034），陈尧咨卒，赠太尉，谥"康肃"。后朝廷又追赠太师、尚书令兼中书令，封崇国公。

第二节　纪事年谱

陈氏四令公年谱以纪年为序，在程瑞钊、史今律、郭万邦《陈尧佐诗辑佚注析》附录，蔡东洲《阆州陈氏研究》第十章，胡鹏《陈尧佐年谱》的基础上，以曾巩《隆平集》、李焘《续资治通鉴长编》、王称《东都事略》、马端临《文献通考》、脱脱等《宋史》、李贤《大明一统志》、陈邦瞻《宋史纪事本末》、徐松《宋会要辑稿》以及陈省华、陈尧佐神道碑文等原始资料为主要依据，呈现自陈省华出生到陈尧佐逝世共116年的家族大事。

每年均以陈省华、陈尧叟、陈尧佐、陈尧咨的长幼为序，每人均以时间先后为序，每事均以史料远近为序。凡某一史料与其他史料不符之处，本着"时近则迹真，地近则易核"的原则，编按于当页页脚，凡前人编按一律在正文中加括号处理。

陈氏家族纪事年谱

后晋天福四年（后蜀广政二年，939）

陈省华生

王举正《陈公（省华）神道碑铭并序》记载："呜呼！□□如是，主知如是，体其□□心□□□□□□□□国事而尚少，天何不慭，迫乃冥数？以景德三年五月丁未，颓然委化，启手足于东京安定坊之私第，享年六十八。"

李焘《续资治通鉴长编》卷六十三记载："宋真宗景德三年（1006）五月丙午，左谏议大夫陈省华卒。省华辩智有吏干，妻冯氏性严，训诸子尤力。尧叟既贵，孝谨益不衰。本富家，禄赐且厚，然不许诸子事华侈。尧叟掌枢密时，弟尧佐直史馆，尧咨知制诰，与省华同在北省，诸孙任官者十数人，宗亲登科者又数人，荣盛无比。客至，尧叟等皆侍立其侧，客多不遑，引去。旧制，登枢近者，母、妻即封郡夫人。尧叟初拜，以父在朝，止封其妻，而母但从夫邑封。尧叟表让，朝廷以彝制，不听。省华卒既逾年，上欲褒封其母，以问王旦，旦曰：'虽私门礼制未阕，公朝降命，亦无嫌也。'乃封为上党郡太夫人，后进封滕国，年八十余尚无恙。"

脱脱等《宋史·列传·陈省华传》记载："景德三年，卒，年六十八，特赠太子少师。"

综上推之，陈省华生于公元939年。

后周广顺元年（后蜀广政十四年，951）

陈省华父亲陈昭汶去世

王举正《陈公（省华）神道碑铭并序》记载："严考讳昭汶，抗志遁俗，林卧家食。奕世令德，兹焉发祥，累赠俱跻极品。

"公十三而孤，端诚力学，奋节不倚，□□□□□闻其名，召为阆州西水□□□无所，遂委质焉。"

后周显德六年（后蜀广政二十二年，959）

陈省华娶冯氏

王举正《陈公（省华）神道碑铭并序》记载："□□冯氏柔□□□□□□□□□□以严以□荐绅之谈，谓之孟母。年八十□□□□□□□五岁终，□封燕国太夫人。"

欧阳修《陈公（尧佐）神道碑铭并序》记载："自翔已下三世不显于蜀，至秦公始事圣朝，为左谏议大夫。其配曰燕国太夫人冯氏。"

曾巩《隆平集》卷五记载："性俭素，事亲至孝。母冯性严，尧叟未尝忤其意。"

脱脱等《宋史·列传·陈尧叟传》记载："母冯氏，性严，尧叟事亲孝谨，怡声侍侧，不敢以贵自处。家本富，禄赐且厚，冯氏不许诸子事华侈。景德中，尧叟掌枢机，弟尧佐直史馆，尧咨知制诰，与省华同在北省，诸孙任官者十数人，宗亲登科者又数人，荣盛无比。宾客至，尧叟兄弟侍立省华侧，客不自安，多引去。旧制登枢近者，母妻即封郡夫人。尧叟以父在朝母止从父封，遂以妻封表让于母，朝廷援制不许。父既卒，帝欲褒封其母，以问王旦。旦曰：'虽私门礼制未阕，公朝降命，亦无嫌也。'乃封上党郡太夫人，进封滕国，年八十余无恙，后尧叟数年卒。"

北宋建隆元年（后蜀广政二十三年，960）

后周爆发"陈桥兵变"，宋太祖赵匡胤建立宋朝。

北宋建隆二年（后蜀广政二十四年，961）

陈尧叟生

曾巩《隆平集》卷五记载："疾甚，求还至京。卒，年五十七，赠侍中，谥文忠。"

李焘《续资治通鉴长编》卷八十九记载："宋真宗天禧元年（1017）四月庚辰，右仆射陈尧叟卒，赠侍中，谥文惠。（惠为刊刻之误，当为文忠。《宋朝要录》记载：'尧叟强力明辨，勤于官局，有材用，多智术，久典机密，军马之籍，悉能周记。'）"

脱脱等《宋史·本纪·真宗三》记载："宋真宗天禧元年夏四月庚辰，陈尧叟卒。"

脱脱等《宋史·列传·陈尧叟传》记载："天禧初，病疽，召其子执笔，口占奏章，求还辇下，诏许之。肩舆至京师，卒，年五十七。废朝二日，赠侍中，谥曰文忠。录其孙知言、知章为将作监主簿。长子师古赐进士出身，后为都官员外郎。希古至太子中舍，坐事除籍。"

徐松《宋会要辑稿·礼四十一》记载："陈尧叟，天禧元年四月，辍朝二日。"

李焘《续资治通鉴长编》卷八十七记载："宋真宗大中祥符九年（1016）五月乙丑（二十二日），陈尧叟言以疾在告，请停生日恩赐。诏辍宴，而赐物如例。"

李心传《朝野杂记》记载："陈尧叟二十九岁中状元，时为宋太宗端拱二年（989）。"

综上推之，陈尧叟生于公元961年。

宋太祖乾德元年（后蜀广政二十六年，963）

陈省华任后蜀西水尉

王举正《陈公（省华）神道碑铭并序》记载："公十三而孤，端诚力学，奋节不倚，□□□□闻其名，召为阆州西水□□□无所，遂委质焉。"

脱脱等《宋史·列传·陈省华传》记载："陈省华，字善则，事孟昶为西水尉。"

李贤《大明一统志》卷六十八记载："陈省华，阆中人，智辩有吏干。初，事孟昶为西水尉，蜀平归宋，累官光禄卿，拜谏议大夫，卒赠太子少师。"

陈尧佐生

欧阳修《陈公（尧佐）神道碑铭并序》记载："康定元年（1040）五月，以太子太师致仕。诏大朝会立宰相班。遂居于郑，其起居饮食，康宁如少者。后四年，八十有二，以疾卒于家。"

曾巩《隆平集》卷五记载："宋仁宗庆历四年（1044）卒，赠司空兼侍中，谥文惠，后事皆豫备，自志其墓曰：'有宋颍川生尧佐，字希元，号知余子，寿年八十二不为夭，官一品不为贱，使相纳禄不为辱，三者粗可归息于父母栖神之域矣。'"

李焘《续资治通鉴长编》卷一百五十二记载："宋仁宗庆历四年十月辛卯，赠司空兼侍中，谥文惠陈尧佐卒。"

脱脱等《宋史·本纪·仁宗三》记载："冬十月庚寅，赐曩霄[①]誓诏，岁赐银、绢、茶、彩凡二十五万五千。陈尧佐薨。丙申，命范仲淹提举三馆秘阁缮校书籍。"

徐松《宋会要辑稿·礼五十九》记载："陈尧佐，谥文惠。"

综上推之，陈尧佐生于公元963年。

宋太祖乾德三年（965）

后蜀入宋

陈省华随孟昶入宋，改任陇城县主簿

王举正《陈公（省华）神道碑铭并序》记载："会巨宋开国，伪昶纳籍。公不俟驾而首觐阙下。初命秦州陇城簿，累改京兆府栎阳令。"

脱脱等《宋史·列传·陈省华传》记载："蜀平，授陇城主簿，累迁栎阳令。"

陈尧叟、陈尧佐、陈尧封启蒙于漱玉岩

陈尧咨《题三桂亭》："不夸六印满腰悬，二顷仍寻负郭田。当日弟兄皆刷羽，如今鸿雁尽摩天。扶疏已问新栽柳，清浅犹寻旧漱泉。大尹今来还又去，夕阳旌旆复翩翩。"

---

① 曩（nǎng）霄：西夏国主名。本名元昊，宋赐姓赵。后不甘臣宋，于公元1038年称帝，国号大夏，在位十一年卒。

熙宁元年（1068）都官外郎、知新井县事焦廷坚《漱玉书岩序》："漱玉岩前花木春，情怀吟对蕙兰熏。剩移萧萧修茎竹，高卧层峰一片云。露鹤恋阴常戢处，墨客寻胜尽成群。利名多少轮蹄客，问着前路撼羡君。"

黄廷桂《四川通志》卷二十六记载："陈氏石室，在废新井县，宋陈尧叟兄弟读书处，其地有三石笋，相传三陈读书于此，平地突出此石。"

《大清一统志》卷二百九十八记载："陈氏石室，在南部县西，宋陈尧叟兄弟读书处。"

宋太祖开宝二年（969）

陈省华知栎阳县

王举正《陈公（省华）神道碑铭并序》记载："初命秦州陇城簿，累改京兆府栎阳令。郑白之沃，为邑膏雨，惠久而吏蠹，政慢而□□，□□□□专利□□□□盗□□□□□□。公一心农畴，勉力渠事，且令□□□□日□娄民□金之敛，岁输强家，非所以为铜墨之大夫也，必将争之，不胜不止。"

脱脱等《宋史·列传·陈省华传》记载："累迁栎阳令。县之郑白渠为邻邑强族所据，省华尽去壅遏，水利均及，民皆赖之，徙楼烦令。"

李贤《大明一统志》卷三十三记载："陈省华知栎阳县，县之郑白渠为邻邑强族所据，省华尽去壅遏，水利均及，民皆赖之。"

宋太祖开宝三年（970）

陈尧咨生

曾巩《隆平集》卷五记载："加留后、进武信军节度使，再知天雄军。卒，年六十五，赠太尉，谥康肃。"

魏泰《东轩笔录》卷十四记载："王沂公曾青州发解，及南省、程试，皆为首冠。中山刘子仪为翰林学士，戏语之曰：'状元试三场，一生吃着不尽。'沂公正色答曰：'曾平生之志不在温饱。'本朝状元多同岁，比于星历，必有可推者，但数问术士，无能晓之尔。前徐、梁固皆生于乙酉，王曾、张师德皆生于戊寅，吕溱、杨置皆生于甲寅，贾黯、郑獬皆生于壬戌，彭汝砺、许安世皆生于辛巳，陈尧咨、王整皆生于庚午。"

陈鹄《耆旧续闻》卷十记载："本朝状元多同岁，但数问术者，无从晓之尔。徐奭、梁固皆生于乙酉，王曾、张师德皆生于戊寅，吕溱、杨置皆生于甲寅，贾黯、郑獬皆生于壬戌，彭汝砺、许安世皆生于辛巳，陈尧佐[①]、王整皆生于庚午。"

陈尧叟、陈尧佐出生后最近的庚午年即公元970年。

脱脱等《宋史·列传·陈尧咨传》记载："拜武信军节度使、知河阳，徙澶州，又徙天雄军。所居栋摧，大星陨于庭，散为白气。已而卒，赠太尉，谥曰康肃。"

徐松《宋会要辑稿·礼四十一》记载："武信军节度使陈尧咨，景祐元年三月；崇信军节度使钱惟演，七月，并辍一日。"

徐松《宋会要辑稿·礼五十九》记载："武信军节度使陈尧咨，谥康肃。"

综上推之，陈尧咨生于公元970年。

宋太宗太平兴国元年（976）

陈尧叟、陈尧佐、陈尧封、陈尧咨就读于阆中南岩

祝穆《方舆胜览》卷六十七记载："南岩，在阆中县东南五里。有曰大像山，乃南唐高士安隐居之所。太平兴国中，陈尧叟兄弟读书于此。亦曰台星岩。"

王象之《舆地纪胜·阆州·风俗形胜》记载："南岩，南唐高士安隐居之所，太平兴国中，陈尧叟、尧咨、尧佐、尧封兄弟读书于此。"

脱脱等《宋史·列传·陈尧佐传》记载："尧佐少好学，父授诸子经，其兄未卒业，尧佐窃听已成诵。初肄业锦屏山，后从种放于终南山，及贵，读书不辍。"

李贤《大明一统志》卷六十八记载："南岩，在府城南锦屏山后，一名'台星岩'。宋陈尧叟兄弟肄业之所，又城东有东岩，城北有北岩，俱去城五里。"

嘉靖《保宁府志》卷九记载："南岩，在锦屏之东三里。一名大象山，（按：今称大佛岩、东山园林。）乃南唐高士安隐居之所，陈尧叟兄弟读书于此。尝有紫微星见，故又名台星岩，今通呼为读书岩。下有将相堂、瑞莲池、捧砚亭。"

宋太宗太平兴国六年（981）

陈省华知济源县

司马光《陈氏四令祠堂记》记载："始，秦国公为济源令，县西龙潭有延庆佛舍，三子学其中，既而相继登进士科，文忠、康肃公并居群士之首，遂接

[①] 编按：陈鹄《耆旧续闻》卷十中"陈尧佐"应为"陈尧咨"。

踵为将相，始大其家，子孙藩衍，多以才能居显官，棋布中外，故当世称衣冠之盛者，推陈氏。"

李贤《大明一统志》卷二十八记载："陈省华知济源县，勤政施仁，惠及黎庶，其后遂家于济源。"

陈尧叟、陈尧佐、陈尧咨就读县西延庆寺

陈尧佐《和范坦诗并序》记载："三城侍郎（范坦）寄示《留题延庆寺》二韵诗二首。顷岁，予肄业于此，遗景尽在。幸会之迹，首唱之序详矣。谨依命攀和，但于首章增为四韵，盖浅陋之才，不觉费辞。因遣稚子赞善大夫通判邠州事学古，写于此碑，以永嘉赐。"

钱大昕《潜研堂金石文跋尾》卷十三《陈述古题名》云："太平兴国六年，先祖太师、中书令、秦国公宰邑兹土，时孟父中令、大人太尉相公、季父太尉康肃公并肄业精舍。"

宋太宗太平兴国八年（983）

陈尧佐拜师种放

脱脱等《宋史·列传·陈尧佐传》记载："初肄业锦屏山，后从种放于终南山。"

宋太宗端拱元年（988）

陈尧佐登第，任魏县尉

曾巩《隆平集》卷五记载："尧佐，端拱元年登进士第。"

李焘《续资治通鉴长编》卷二十九记载："先是，翰林学士、礼部侍郎宋白知贡举，放进士程宿以下二十八人，诸科一百人。榜既出，而谤议蜂起，或击登闻鼓求别试。上疑其遗才，壬寅，召下第人覆试于崇政殿，得进士马国祥以下及诸科凡七百人，令枢密院用白纸为牒赐之，以试中为目，令权知诸县簿、尉。谓枢密副使张宏曰：'朕自即位以来，亲选贡士，大者为栋梁，小者为榱桷①。今封疆万里，人无弃材，日思孜孜，庶臻上理也。卿与吕蒙正等，曩②者颇为大臣所沮，非朕独断，则不及此矣。'宏顿首谢。白凡三掌贡士，所取如苏易简、王禹偁辈皆知名，而罢黜者众，因致谤议。时知制诰李沆亦同

---

①榱桷（cuī jué）：屋椽。与栋梁相对，喻指次要人物。
②曩：以往，从前，过去的。

知贡举，谤议独所不及。"

张世南《游宦纪闻》卷二记载："陈文惠公尧佐，字希元，端拱元年，举进士第十六人。"

马端临《文献通考·选举考三》记载："端拱元年二十八人，自程宿以下，但权知诸县簿、尉。"

脱脱等《宋史·列传·陈尧佐传》记载："历魏县、中牟尉，为《海喻》一篇，人奇其志。"

嘉靖《保宁府志》卷九记载："陈尧佐，新井人，端拱元年陈宿榜。见乡贤。（注：陈宿，应为'程宿'。又：道光府志载为叶齐榜。又按：《八闽通志》载：叶齐字思可。建阳人。端拱初，举进士下第，有旨复试，齐擢第一。是年，礼部放进士榜，状元程宿。）"

徐松《宋会要辑稿·选举一》记载："端拱元年三月二十三日，以翰林学士宋白权知贡举，知制诰李沆权同知贡举，准诏令放合格进士诸科程宿已下一百二十人……六月，又命右正言王世则等召诸下第进士及诸科于武成王庙重试，得合格数百人。上覆试诗赋，又拔进士叶齐以下三十一人，诸科八十九人，并赐及第。"

宋太宗端拱二年（989）

陈省华知楼烦县

王举正《陈公（省华）神道碑铭并序》记载："□□□从宪□楼烦令。时长子尧叟举进士状元登第。□□□□□□□□□气磊落。太宗临试，深所瞩目，因询其家世。辅臣素知公之才德，遽以名对，上曰：'见其子，知其父矣。'"

脱脱等《宋史·列传·陈省华传》记载："徙楼烦令。"

陈尧叟状元及第，授光禄寺丞、直史馆

曾巩《隆平集》卷五记载："兄尧叟字唐夫，端拱二年登进士甲科，太宗常询，其父省华犹在常调，遂召用之。"

李焘《续资治通鉴长编》卷三十记载："宋太宗端拱二年三月壬寅，上御崇政殿试合格举人，得进士阆中陈尧叟，晋江曾会等一百八十六人，并赐及第；诸科博平孙奭等四百五十人，亦赐及第，七十三人，同出身。赐宴，始令两制、三馆文臣皆预。赐尧叟等箴一首，勉以修身谨行，稽古暛[①]官之意。尧

[①] 暛（suǒ）：明朗。

叟及会并授光禄寺丞、直史馆，第三人以下分授职事、州县官。越州进士刘少逸者，年十三中选，既覆试，又别试御题赋诗数章，皆有旨趣，授校书郎，令于三馆读书。时中书令史、守当官陈贻庆举周易学究及第，既而上知之，令追夺所授敕牒，释其罪，勒归本局。"

李心传《朝野杂记》记载："陈尧叟二十九岁中状元，时为宋太宗端拱二年（989）。"

马端临《文献通考·选举考三》记载："二年一百八十六人，陈尧叟、曾会至得光禄丞、直使馆，而第三人姚揆，但防御推官。淳化三年三百五十三人，孙何以下二人将作丞，二人评事，第五人以下皆吏部注拟。"

马端临《文献通考·选举考五》记载："二年进士一百八十六人，诸科四百七十八人。省元陈尧叟，状元同。"

脱脱等《宋史·列传·陈尧叟传》记载："解褐光禄寺丞、直史馆。"

朱希召《宋历科状元录卷一·陈尧叟》记载："端拱二年己丑状元陈尧叟，四川阆州人。"

徐松《宋会要辑稿·选举一》记载："端拱二年正月十一日，以知制诰苏易简、宋准权知贡举，合格奏名进士陈尧叟已下三百六十八人。初，内殿策士，例赐御诗以宠之。至陈尧叟，始易以箴。"

徐松《宋会要辑稿·选举七》记载："二年三月二十一日，帝御崇政殿试礼部奏名进士，内出'圣人不尚贤'赋，'五色一何鲜'诗，'禹拜昌言'论题，得陈尧叟以下百八十六人并赐及第。翌日，试诸科得九经孙奭以下四百七十八人并赐本科及第出身。时越州进士刘少逸年十三中礼部之选，及帝临轩亲试少逸，诗赋之外召升殿别赐御题诗数章，皆有旨趣，特授校书郎，令于三馆读书。"

徐松《宋会要辑稿·选举二》记载："端拱二年三月二十五日，赐新及第进士御制箴一首。四月初八日以新及第进士第一人陈尧叟、第二人曾会并为光禄寺丞、直史馆，第三人姚揆为颍州团练推官，后数日以揆恩命未优，改曹州观察推官。"

陈尧佐任中牟尉

脱脱等《宋史·列传·陈尧佐传》记载："历魏县、中牟尉，为《海喻》一篇，人奇其志。"

宋太宗淳化元年（990）

陈省华擢太子中允

王举正《陈公（省华）神道碑铭并序》记载："擢太子中允。制曰：'且欲劝天下之为人父者。'"

曾巩《隆平集》卷五记载："明年，父子同日赐绯。"

李焘《续资治通鉴长编》卷三十一记载："宋太宗淳化元年四月乙巳，赐太子中允陈省华及其子光禄寺丞、直史馆尧叟五品服。先是，尧叟举进士，中甲科，占谢，词气明辨。上问宰相：'此谁子？'吕蒙正等以省华对。省华时为楼烦令，即召见，擢太子中允，于是父子又同日面赐章服。"

陈尧叟迁秘书丞

脱脱等《宋史·列传·陈尧叟传》记载："与省华同日赐绯，迁秘书丞。"

宋太宗淳化二年（991）

陈省华任盐铁判官

王举正《陈公（省华）神道碑铭并序》记载："□□□□□□□□□盐铁判官。"

脱脱等《宋史·列传·陈省华传》记载："即召省华为太子中允，俄判三司都凭由司，改盐铁判官，迁殿中丞。"

陈尧佐试校书郎，知朝邑县

脱脱等《宋史·列传·陈尧佐传》记载："以试秘书省校书郎知朝邑县。"

宋太宗淳化四年（993）

陈尧叟巡抚陕西

脱脱等《宋史·列传·陈尧佐传》记载："会其兄尧叟使陕西。"

万历《宾州志》卷十四记载："卜日华，陈州人，愚按卜当作卞，宋《余襄公文集》有礼，宾副使。卞君墓志铭：'日华，曹州□句人，淳化四年以大理评事知宾州，军事安抚使陈尧叟奏其治绩尤著云。'今改正。"

徐松《宋会要辑稿·职官四十九》记载："太宗淳化四年二月，分遣使于诸路巡抚。工部郎中、直昭文馆韩援，考功员外郎、直秘阁潘慎修淮南；司封员外郎、直昭文馆李蕤，水部员外郎、直史馆乐史两浙；翰林侍读、左司谏吕文仲，秘书丞、直史馆陈尧叟陕西；殿中侍御史陈载，右司谏、直史馆冯起江南，皆赐缗钱以遣之。"

徐松《宋会要辑稿·职官六十四》记载："四年闰十月十三日，翰林侍读、左司谏吕文仲直秘阁，免侍读之职。文仲先受诏与秘书丞、直史馆陈尧叟同巡抚关右。"

陈尧佐降朝邑县主簿

脱脱等《宋史·列传·陈尧佐传》记载："会其兄尧叟使陕西，发中人方保吉罪，保吉怨之，诬尧佐以事，降本县主簿。"

徐松《宋会要辑稿·职官六十四》记载："四年闰十月十三日，翰林侍读、左司谏吕文仲直秘阁，免侍读之职。文仲先受诏与秘书丞、直史馆陈尧叟同巡抚关右，关右民讼宦官方保吉，聚敛掊克①，凡献状者百余人。文仲等以其事闻，帝怒，急召保吉。至，反为保吉所讼。因下御史府，验问文仲等。所坐皆细事，而保吉增酒榷及他事以困民受弊文仲，文吏巽愞②耻与保吉对，但俯伏请罪，因解职，尧叟亦罚铜免罪。既而帝知其故，复有此命。"

宋太宗淳化五年（994）

陈尧叟充三司河南东道判官，赈灾献犁

马端临《文献通考·国用考四》记载："宋太宗淳化五年，命直史馆陈尧叟等往宋、亳、陈、颍等州，出粟以贷饥民。每州五千石及万石，仍更不理纳。"

脱脱等《宋史·列传·陈尧叟传》记载："久之，充三司河南东道判官。时宋、亳、陈、颍民饥，命尧叟及赵况等分振之。"

徐松《宋会要辑稿·食货五十七》记载："五年正月十六日，命直史馆陈尧叟、赵况、曾会、王纶等并内臣四人往宋、亳、陈、颍等州，出粟以贷饥民。每州五千石及万石，仍更不理纳。"

李焘《续资治通鉴长编》卷三十五记载："宋太宗淳化五年三月甲寅，宋、亳民市牛江、淮间，未至，上以时雨沾足，虑其耕稼失时。会太子中允武允成（允成，未见）献踏犁，以人力运之，不用牛，上亟令秘书丞、直史馆陈尧叟等往宋州，依其制造成以给民，民甚赖焉。"

---

① 掊（póu）克：聚敛，搜括。
② 巽愞（xùn nuò）：亦作"巽懦"。卑顺；怯懦。

徐松《宋会要辑稿·食货六十三》记载："五年三月，以宋、亳、陈、颍州民无牛畜者，自挽犁而耕，因令逐处人户团甲，每一牛官借钱三千，令自于江、浙市之。又命直史馆陈尧叟，先赍踏犁数千具，往宋州委本处铸造，以赐人户。先是，太子中允武允成常进踏犁，至是，令搜访其制犹存，因命铸造赐焉。尧叟还奏，踏犁之用，可代牛耕之功半，比锸耕之功则倍。"

陈尧佐徙下邽县

脱脱等《宋史·列传·陈尧佐传》记载："徙下邽。"

宋太宗至道元年（995）

陈省华知郓州，迁京东转运使，继知苏州

王举正《陈公（省华）神道碑铭并序》记载："郓州为东夏巨屏，□□□□国家慎柬，□□公首其选而□命焉。濒河之邦，分□□□□□□之□□□防川□，礼义之设，所以牖民，□□□□□□何从而略焉？始乎缮完，终乃教化，事靡□素，人率蒙惠。惟苟简之弗任，顾灭裂而何有，就委京东转运使。

"至道初，越绝凶饥，苏台特甚。如□惨急之吏未恤伤痍之□。诏还，赐三品，□□□□□□而绥□□□□□□泽之区绵载不□□□□□□□道馑之苦，裕人约己，兹可忽乎！由是炳忠厚之诚，谕轻惰之俗。明罚敕法，举其大略；情恕理遣，宥夫小过。夷易煦妪，如热斯濯，治效著闻，玺札垂奖。"

范成大《吴郡志》卷十一记载："陈省华，朝散大夫、行在尚书吏部员外郎，至道委庠，谏议大夫。"

脱脱等《宋史·列传·陈省华传》记载："河决郓州，命省华领州事。俄为京东转运使，超拜祠部员外郎、知苏州，赐金紫。时遇水灾，省华复流民数千户，殍者悉瘗之，诏书褒美。"

洪武《苏州府志》卷十九记载："陈省华，按国史，至道元年自京东转运使超拜祠部员外郎，知苏州，赐金紫。"

李贤《大明一统志》卷八记载："陈省华知苏州时，遇水灾，省华复流民数千户，殍者悉瘗之，诏书褒美。"

钱谷《吴都文粹续集》之陈振《重修瞻仪堂记》记载："至道陈公，字善则，三子两登辅佐，其后更人政。"

嘉庆《大清一统志·苏州府名宦》记载："陈省华至道中知苏州。"

陈尧叟迁度支判官，上《陈许等州垦田疏》；再迁工部员外郎，任广南路转运使

李焘《续资治通鉴长编》卷三十七记载："宋太宗至道元年正月戊申朔，德音改元……度支判官陈尧叟、梁鼎上言：'唐季以来，农政多废，民率弃本，不务力田，是以家鲜余粮，地有遗利。臣等每于农亩之业，精求利害之理，必在乎修垦田之制，建用水之法，讨论典籍，备穷本末。自汉、魏、晋、唐以来，于陈、许、邓、颍暨蔡、宿、亳至于寿春，用水利垦田，陈迹具在。望选稽古通方之士，分为诸州长吏，兼管农事，大开公田，以通水利，发江、淮下军散卒及募民以充役。每千人人给牛一头，治田五万亩，虽古制一夫百亩，今且垦其半，俟久而古制可复也。亩约收三斛，岁可得十五万斛，凡七州之间，置二十屯，岁可得三百万斛，因而益之，不知其极矣，行之二三年，必可致仓廪充实，省江、淮漕运。其民田之未辟者，官为种植，公田之未垦者，募民垦之，岁登所取，其数如民间主客之例，此又敦本劝农之要道也。傅子曰："命县于天，人力虽修，苟水旱之不时，则一年之功弃矣。水田之制由人力，人力苟修，则地利可尽也。"且虫灾之害又少于陆，水田既修，其利兼倍，与陆田不侔矣。'上览奏嘉之，即遣大理寺丞皇甫选、光禄寺丞何亮驰传往诸州按视，经度其事。选，庐江人；亮，南充人也。"

脱脱等《宋史·志·河渠四》记载："元年正月，度支判官梁鼎、陈尧叟上《郑白渠利害》：'按旧史，郑渠元引泾水，自仲山西抵瓠，并北山东注洛，三百余里，溉田四万顷，亩收一钟。白渠亦引泾水，起谷，入栎阳，注渭水，长二百余里，溉田四千五百顷。两渠溉田凡四万四千五百顷，今所存者不及二千顷，皆近代改修渠堰，浸隳旧防，繇是灌溉之利，绝少于古矣。郑渠难为兴工，今请遣使先诣三白渠行视，复修旧迹。'于是诏大理寺丞皇甫选、光禄寺丞何亮乘传经度。"

脱脱等《宋史·志·食货上三》记载："度支判官陈尧叟等亦言：'汉、魏、晋、唐于陈、许、邓、颍、暨蔡、宿、亳至于寿春，用水利垦田，陈迹具在。请选官大开屯田，以通水利，发江淮下军散卒及募民充役，给官钱市牛，置耕具，导沟渎，筑防堰。每屯千人人给一牛，治田五十亩，虽古制一夫百亩，今且垦其半，俟久而古制可复也。亩约收三斛，岁可收十五万斛。七州之间置二十屯，可得三百万斛，因而益之数年，可使仓廪充实，省江、淮漕运。民田未辟，官为种植，公田未垦，募民垦之，岁登所取，并如民间主客之例。傅子曰："陆田命悬于天，人力虽修，苟水旱不时，则一年之功弃矣。水田之制由人力，人力苟修，则地利可尽。"且虫灾之害亦少。'"

陈邦瞻《宋史纪事本末》卷三记载："度支判官陈尧叟等亦言：'汉、魏、晋、唐于陈、许、邓、颍暨蔡、宿、亳至于寿春，用水利垦田，陈迹具在。请选官大开屯田，以通水利，发江淮下军散卒及募民充役，给官钱市牛，置耕具，导沟渎，筑防堰。每屯十人人给一牛，治田五十亩，虽古制一夫百亩，今且恳其半，俟久而古制可复也。亩约收三斛，岁可收十五万斛。七州之间置二十屯，可得三百万斛，因而益之数年，可使仓廪充实，省江、淮漕运。民田未辟，官为种植，公田未垦，募民垦之，岁登所取，并如民间主客之例。傅子曰："陆田命悬于天，人力虽修，苟水旱不时，则一年之功弃矣。水田之制由人力，人力苟修，则地利可尽。"且虫灾之害亦少于陆田，水田既修，其利兼倍矣。'帝览奏嘉之。遣大理寺丞皇甫选、光禄寺丞何亮按视经度，然不果行。"

徐松《宋会要辑稿·食货六》记载："太宗至道元年正月五日，度支判官梁鼎、陈尧叟言乞兴三白渠及南阳、陈、颍、寿春、沛郡、襄阳水田，复邵信臣邓艾、羊佑之制以广农作，诏光禄寺丞何亮等经度之。"

脱脱等《宋史·列传·陈尧叟传》记载："先是，岁调雷、化、高、藤、容、白诸州兵，使辇军粮泛海给琼州。其兵不习水利，率多沉溺，咸苦之。海北岸有递角场，正与琼对，伺风便一日可达，与雷、化、高、太平四州地水路接近。尧叟因规度移四州民租米输于场，第令琼州遣蜑兵具舟自取，人以为便。"

脱脱等《宋史·列传·交趾》记载："先是，钦州如洪、咄步、如昔等三镇皆濒海，交州潮阳民卜文勇等杀人，并家亡命至如昔镇，镇将黄令德等匿之。桓令潮阳镇将黄成雅移牒来捕，令德固不遣，因兹海贼连年剽掠。二年，以工部员外郎、直史馆陈尧叟为转运使，因赐桓诏书。尧叟始至，遣摄雷州海康县尉李建中赍诏劳问桓。尧叟又至如昔，诘得匿文勇之由，尽擒其男女老少一百三十口，召潮阳镇吏付之，且戒勿加酷法。成雅得其人，以状谢尧叟。桓遂上章感恩，并捕海贼二十五人送于尧叟，且言已约勒溪洞首领，不得骚动。"

李贤《大明一统志》卷八十二记载："陈尧叟广南转运使。先是，岁调兵运粮泛海给琼州，率多沉溺，尧叟以海北岸递角场，正与琼对，风便一日可达。乃规度诸州民租米输于场，令琼州遣蜑兵自取，人以为便。"

正德《琼台志》卷三十三记载："陈尧叟，阆州人，至道间迁工部员外郎，广南西路①转运使。先是，岁调雷、化、高、藤、容、白诸州兵，使辇车粮泛海给琼州，其兵不习水利，率多沉溺，咸苦之。海北岸有递角场，正与琼对，伺风便一日可达，与雷、化、高、太平四州地水路接近。尧叟因规度，移四州民租米输于场第，令琼州遣蛋兵具舟自取，人以为便。又海贼频年入寇，尧叟悉捕亡命，桓维恩，并捕海贼为谢。"

徐松《宋会要辑稿·蕃夷四》记载："是夏，命工部员外郎、直史馆陈尧叟充广南转运使，因赐黎桓书，尧叟遣摄海康尉李建中赍往。先是，钦州如洪、咄步、如昔三镇皆濒海，交州潮阳镇民卜文勇等杀人，并家亡命至如昔镇，镇将黄令德等匿文勇。桓令潮阳镇将黄成雅将牒来捕，令德固不遣，因是海贼连年剽掠，是尧叟至如昔，诘得藏匿之由，乃尽擒获，凡男女老小百三十口，召潮阳吏付之。成雅得其人，以状请尧叟。桓遂上章感恩，其言已约，溪洞不复动矣。"

陈尧佐迁秘书郎，知真源县

脱脱等《宋史·列传·陈尧佐传》记载："迁秘书郎、知真源县。"

宋太宗至道二年（996）

陈尧叟知端州

嘉靖《广东通志初稿》卷八记载："肇庆府唐郡守李绅、崔虾、司马收；宋郡守冯拯、包拯、陈尧叟、林景童、张渐、郑端义、郑起法、毛行、曹揔、王宪之、廖颙、郭祥正、冯夢炎、朱之、范德勤、李麟、翁彦。"

万历《广东通志》卷四十八记载："宋端州知军州事：潘夙，大名人，冯拯，淳化年任；陈尧叟，赵元谏，至道二年任；范雍，祥符年任；贾守文，天圣戊辰任；包拯，合肥人，康定任；崔宪直，博陵人，朱显之，庆历年任；江东之，皇祐五年任；翁彦升，莆田人，进士，嘉祐庚午任；郑敦义，皇甫宗宪，治平乙巳任；蒋续，熙宁年任……"

崇祯《肇庆府志》卷四记载："宋，端州知军州事：潘夙，大名人，有传；陈尧叟，至道年任，有传；范雍，祥符年任；包拯，合肥人，康定年任，有传；冯拯，淳化年任，有传；赵元谏，至道三年任；贾守文，天圣戊辰任；

---

①编按：正德《琼台志》卷三十三中"广南西路"应为"广南路"。宋代在岭南先设置广南路，宋太宗至道三年（997），析广南路为广南东路和广南西路，今广西大部属广南西路，广西之名源于此。

崔宪直，博陵人，庆历以朝议。"

崇祯《肇庆府志》卷十九记载："陈尧叟，字唐夫，阆中人，端拱三年①登甲科，解褐光禄寺丞，直史馆，与父省华同日赐绯，迁秘书丞。至道中，知端州。"

宋太宗至道三年（997）

陈省华入户部，任员外郎

脱脱等《宋史·列传·陈省华传》记载："历户部、吏部二员外郎。"

陈尧佐迁太常丞，知开封府录事参军，迁府推官

欧阳修《陈公（尧佐）神道碑铭并序》记载："累迁太常丞、知开封府录事参军。用理狱有能绩，迁府推官。"

脱脱等《宋史·列传·陈尧佐传》记载："开封府司录参军事，迁府推官。"

徐松《宋会要辑稿·选举十八》记载："至道三年九月二十一日，命直集贤院李建中、直史馆盛元、太常丞陈尧佐考试开封府举人，直史馆路振、殿中丞杜寿隆考试国子监举人。"

陈尧咨苏州"四瑞联句"

崔端《苏州四瑞联句诗序》记载："休祥之出，必俟乎时，感应之证，亦系乎政。政或为乂，物理宁通？时既会昌，神灵斯格。苏台四瑞，其殆庶乎。而况分连斗牛，地控江湖，壤赋繁剧，里门雄盛，郡守之选，古难其人。昔太宗有命，俾我良牧吏部员外郎陈公镇抚之。公自下车，决政之壅，伸民之无告，挫猾吏之锋，削刑禁之滥，靡劳于刃，厥功告成。嘉瑞荐臻，休祥杂沓，花芳连萼，竹笋双茎，白龟见乎崑丘，甘露零乎佛庙。斯乃我后重离继照、有开必先之灵感也。历观藩邸，未有若斯之昭报焉。以进士陈公（名尧咨）与南阳茂才张公（名君房，字尹方）诗敌者也。丁酉孟夏之夕，会宿于郡斋，酒酣据席，言及四瑞，且曰：'非笔墨无以纪郡政，而颂圣德。'由是，赓唱迭咏。终宴，为联句律诗自十二韵止二十韵，四章，凡五百八十言。"

宋真宗咸平元年（998）

陈省华知潭州，入掌左藏库，判吏部

王举正《陈公（省华）神道碑铭并序》记载："真庙继圣，眷乃方面，又

---

①编按：崇祯《肇庆府志》卷十九中"端拱三年"应为"端拱二年"。

进吏部，移□潭州，长沙奥区，列郡都会，控要荒而作翰，亘舳舻而赡国。启迪孝悌之训，尊隆清净之化，精力匪□□□□□有矩度。"

脱脱等《宋史·列传·陈省华传》记载："历户部、吏部二员外郎，改知潭州。省华智辨有吏干，入掌左藏库，判吏部南曹。"

陈尧叟任广南西路转运使，加刑部员外郎，再任广南东、西路安抚使，迁兵部

曾巩《隆平集》卷五记载："常为广西转运使，其俗有疾不服药，唯祷神。尧叟以《集验方》刻石桂州驿舍，是后始有服药者。岭外少林木、井泉，尧叟为植木道旁、凿井、置停舍[①]，至今为利。"

脱脱等《宋史·列传·陈尧叟传》记载："岭南风俗，病者祷神不服药，尧叟有《集验方》刻石桂州驿。又以地气蒸暑，为植树凿井，每三二十里置亭舍，具饮器，人免渴死。会加恩黎桓，为交州国信使。初，将命者必获赠遗数千缗，桓责赋敛于民，往往断其手及足趾。尧叟知之，遂奏召桓子，授以朝命，而却其私觌。又桓界先有亡命来奔者，多匿不遣，因是海贼频年入寇。尧叟悉捕亡命归桓，桓感恩，并捕海贼为谢。"

李贤《大明一统志》卷八十三记载："陈尧叟，咸平初为广西转运使，岭外地气蒸暑，为植树道旁，凿井置亭舍，民免渴死。其俗，病者祷神不服药，尧叟以《集验方》刻石桂州驿。自是，始有服药者矣。"

李焘《续资治通鉴长编》卷四十三记载："咸平元年七月壬戌，先是，有诏诸路课民种桑枣，广西转运使陈尧叟上言曰：'臣所部诸州，土风本异，田多山石，地少桑蚕，昔云"八蚕之绵"，谅非五岭之俗，度其所产，恐在安南。今其民除耕水田外，财利之博者，惟麻苎耳。麻苎所种，与桑柘不殊，既成宿根，旋擢新干，俟枝叶裁茂，则刈获是闻，周岁之间，三收其苎，复因其本，十年不衰。始离田畴，即可纺绩。然布出之市，每端止售百钱，盖织者众而市者少，故地有遗利而民艰资金。臣以国家军须所急，布帛为先，因劝谕部民广植麻苎，以钱盐折变收市之，未及二年，已得三十七万余匹。自朝廷克平交、广，布帛之供，岁止及万，较今所得，何止十倍其多。今树艺之民，相率竞劝，杼轴之功，日以滋广。欲望自今许以所种麻苎顷亩，折桑枣之数，诸县令佐依例书历为课，民以布赴官卖者，免其算税。如此，则布帛上供，泉货下流，公私交济，其利甚博。'诏从之。先是，黎桓加恩，为交州国信使者，必

[①] 编按：曾巩《隆平集》卷五中"停舍"应为"亭舍"。

获赠遗数千缗，桓责赋敛，往往断民手足趾。尧叟知之，遂奏请召其子，授以朝命，而漤其私觌。又言：'岭表炎蒸，又多瘴疠，请官给纸墨，写摄生药方，散付诸州。'从之。"

脱脱等《宋史·列传·陈尧叟传》记载："咸平初，诏诸路课民种桑枣，尧叟上言曰：'臣所部诸州，土风本异，田多山石，地少桑蚕。昔云八蚕之绵，谅非五岭之俗，度其所产，恐在安南。今其民除耕水田外，地利之博者惟麻苎尔。麻苎所种，与桑柘不殊，既成宿根，旋擢新干，俟枝叶裁茂则刈获之，周岁之间三收其苎。复一固其本，十年不衰。始离田畴，即可纺绩。然布之出，每端止售百钱，盖织者众、市者少。故地有遗利，民艰资金。臣以国家军须所急，布帛为先，因劝谕部民广植麻苎，以钱盐折变收市之，未及二年，已得三十七万余匹。自朝廷克平交、广，布帛之供，岁止及万，较今所得，何止十倍。今树艺之民，相率竞劝；杼轴之功，日以滋广。欲望自今许以所种麻苎顷亩，折桑枣之数，诸县令佐依例书历为课，民以布赴官卖者，免其算税。如此则布帛上供，泉货下流，公私交济，其利甚博。'诏从之。代还，加刑部员外郎。"

脱脱等《宋史·志·食货上三》记载："咸平初广南西路转运使陈尧叟言：'准诏课植桑枣，岭外唯产苎麻，许令折数，仍听织布赴官场博市，匹为钱百五十至二百。'至是，三司请以布偿刍直。登、莱、端布为钱千三百六十，沂布千一百。仁宗[①]以取直过厚，命差减其数，自西边用兵军，须绸绢多出，益、梓、利三路岁增所输之数，兵罢其费乃减。"

徐松《宋会要辑稿·食货六十四》记载："真宗咸平元年七月，广南西路转运使陈尧叟言：'准诏劝课人民栽种桑枣，切缘岭外惟产苎麻，望令折数许官吏书历为课，仍许织布赴官场以钱博市，每匹准钱百五十至二百，仍免其算税，如私自贸易，不在免限。'从之。"

嘉庆《大清一统志·广西省名宦》记载："陈尧叟咸平初任广南西路转运使。"

脱脱等《宋史·列传·陈尧叟传》记载："未几，会抚水蛮酋蒙令国杀使臣扰动，命尧叟为广南东、西两路安抚使，赐金紫遣之。事平，迁兵部。"

李贤《大明一统志》卷七十四记载："谢德权，文节子，自南唐归宋，补殿前承旨。咸平初，宜州蛮叛，从陈尧叟经度，单骑入蛮境，谕以朝旨，众咸

[①]编按：脱脱等《宋史·志第一百二十八·食货上三》中"仁宗"应为"真宗"。

听命，累迁西染院使，知泗州。德权清苦，干事多所经画，见官吏徇私者，必面斥之，所至整肃。"

李贤《大明一统志》卷八十四记载："陈尧叟，广西巡检使。咸平中，安辑宜蛮，真宗尝嘉其能。"

陈尧佐通判潮州

王举正《陈公（省华）神道碑铭并序》记载："□□□□□□□□之□□□□□□判官。以蛮徼俶扰，充□□□□□任开封府推官，以章奏指切，出潮州通判，同气二人咸处岭外。朝廷意公上言，亲党愿公有请。公曰："兄之行也，分招徕式，□□□□□□□直□□□□□□□为□□□□□祥，吾不为恶，岂□□□□□□□□□忧，吾以此卜昭昭之鉴，其食言乎？"后果严召，俱跻膴仕，信己不惑，有如是焉。"

欧阳修《陈公（尧佐）神道碑铭并序》记载："累迁太常丞、知开封府录事参军。用理狱有能绩，迁府推官。以言事切直，贬通判潮州。

"潮州恶溪，鳄鱼食人，不可近，公命捕得，鸣鼓于市，以文告而戮之，其患屏息。潮人叹曰：'昔韩公谕鳄而听，今公戮鳄而惧，所为虽异，其能使异物丑类革化而利人一也。吾潮三百年而得二公，幸矣！'在潮修孔子庙、韩公祠，率其州民之秀者就于学。"

曾巩《隆平集》卷五记载："初，尧佐为开封府推官，以言事贬通判潮州。潮俗鄙陋，始至为修宣圣庙，作韩吏部祠堂，人始知学。有张氏子年十六，为其母浣衣恶溪，为鳄鱼所噬，尧佐慕韩吏部投文恶溪，因捕获，以文戮之于市。"

李焘《续资治通鉴长编》卷四十九记载："咸平初，太常丞陈尧佐为开封府推官，坐言事切直，贬潮州通判。潮去京七千里，民俗鄙陋，尧佐至州，修孔子庙，作韩愈祠堂，率其民之秀者使就学。时张氏子年十六，与其母濯于恶溪，为鳄鱼所噬，尧佐以谓昔韩愈患鳄之害，以文投溪中，而鳄为远去，今复害人，不可不除。卒使捕得，更为文，鸣鼓于市而戮之，潮人以比韩愈。三岁召还，献诗数百篇，大臣亦称其文学，于是，命直史馆。（欧阳修墓碑云：尧佐贬潮，其所言事，盖人臣所难言者。不知何事，当考。据尧佐集，戊戌冬贬潮州，戊戌，咸平元年也。）"

脱脱等《宋史·列传·陈尧佐传》记载："坐言事忤旨，降通判潮州。修孔子庙，作韩吏部祠，以风示潮人。民张氏子与其母濯于江，鳄鱼尾而食之，母弗能救。尧佐闻而伤之，命二吏挐小舟操网往捕。鳄至暴，非可网得，至是，鳄弭受网，作文示诸市而烹之，人皆惊异。"

李贤《大明一统志》卷八十记载："宋陈尧佐通判潮州，修孔子庙，作韩文公祠，以风示潮人，以鳄鱼食人，命吏督渔者，网而得之，鸣鼓告其罪，戮之于市，人皆惊异。

"宋许申，潮阳人，大中祥符间举贤良。陈尧佐倅潮，与语，奇之，及观所为文，益器重其才。真宗东巡献赋颂，召试学士院，擢第一，授校书郎，知邺县。历官广西等路转运副使，尝言事极诋时弊，有直臣风，所著有《高阳集》，许族居官者，三十有八人，申其始云。"

修建"积庆楼"

张守约《积庆院记》记载："咸平元年六月七日，敕降藏御书凡二十轴。"

嘉靖《保宁府志》记载："积庆楼，在县西三十里，乃三陈母冯氏故宅。冯受封，以其宅为佛寺。咸平元年，敕降御书二十轴，因作楼以藏之。真宗赐额，尧咨撰文，岁久文蚀。"

宋真宗咸平二年（999）

陈尧叟西川体量公事

李焘《续资治通鉴长编》卷四十五记载："宋真宗咸平二年七月壬寅，陈尧叟自广南使还，上言西路诸州旱。命国子博士彭文宝往权转运司事，量所损蠲其租赋，赈饥民。（彭文宝，未见。）"

徐松《宋会要辑稿·食货五十七》记载："真宗咸平二年七月，度支判官陈尧叟广南使还，言西路诸州旱。命国子博士彭文宝往权转运司事，赈饥民。"

李焘《续资治通鉴长编》卷四十五记载："宋真宗咸平二年八月戊寅，度支判官、兵部员外郎陈尧叟，供奉官、合门祗候陈采，户部判官、太常博士丁谓，右侍禁、合门祗候焦守节，分至西川及峡路体量公事。守节，继勋子也。（陈采，未见。）"

徐松《宋会要辑稿·职官五十二》记载："真宗咸平二年八月二十八日，命度支判官、兵部员外郎、直史馆陈尧叟，供奉官、合门祗候陈采西川体量公事；户部判官、太常博士、直史馆丁谓，右侍禁、合门祗候焦守节峡路体量公事。"

宋真宗咸平三年（1000）

陈尧叟陕西体量公事，拜枢密直学士，为河北、河东宣抚副使，任䯄牧使

李焘《续资治通鉴长编》卷四十六记载："宋真宗咸平三年正月壬寅，命度支判官、兵部员外郎陈尧叟，供奉官、合门祗候杜承睿，往陕西路体量公事。（承睿，未见。）"

曾巩《隆平集》卷五记载："尧叟累擢枢密直学士。"

脱脱等《宋史·列传·陈尧叟传》记载："拜枢密直学士、知三班兼银台通进封驳司。"

李焘《续资治通鉴长编》卷四十七记载："宋真宗咸平三年六月，上以大兵之后，议遣重臣巡慰两河。初命宰相张齐贤，辞不行。丁卯，命参知政事向敏中为河北、河东宣抚大使，枢密直学士冯拯、陈尧叟为副大使，发禁兵万人翼从。所至访民疾苦，宴犒官吏。（百官表云缘边宣抚使，无'大'字。）"

脱脱等《宋史·列传·陈尧叟传》记载："河决澶州王陵口，诏往护塞之。遂与冯拯同为河北、河东安抚副使。"

徐松《宋会要辑稿·礼四十五》记载："六月二十四日，参知政事向敏中为河北、河东沿边宣抚大使，枢密直学士冯拯、陈尧叟为副大使，辞宴饯于长春殿。"

徐松《宋会要辑稿·职官四十一》记载："真宗咸平三年六月，诏曰：'兵威未戢，边候多虞，王师效攻守之劳，邑民苦馈饷之役。每念及此，予怀恻然，临遣大臣，特加轸问。宜令参知政事向敏中充河北、河东沿边宣抚大使，枢密直学士冯拯、陈尧叟充副大使。按巡郡国，存问官吏、将校、僧道、耆老、百姓等，式宣宽大之恩，副兹惨怛①之意。'真宗御长春殿，置晏以遣之。"

李焘《续资治通鉴长编》卷四十七记载："宋真宗咸平三年九月庚寅，始置䯄牧司，命枢密直学士陈尧叟为制置使。马政旧皆骐骥两院监官专之，于是内外厩牧之事，自骐骥院而下，悉听命于䯄牧司也。十月乙卯，制置䯄牧使陈尧叟请令诸州有牧监处，知州、通判并兼管内䯄牧事，从之。"

徐松《宋会要辑稿·职官二十三》记载："旧制，国马之政皆骐骥二院监官专之。咸平三年，置群牧司②领内外厩牧之政，自骐骥院而下皆听焉群牧制

---

①惨怛（dá）：悲痛；忧伤。民有菜色，惨怛于心。
②编按：徐松《宋会要辑稿·职官二十三》中"群牧司"应为"䯄牧司"；"群牧使"应为"䯄牧使"。

置使。十月，制置群牧使陈尧叟请令诸有监牧处，知州、知军、通判兼管内群牧事，从之。"

陈尧佐权守惠州

陈尧佐《罗浮图赞》记载："罗浮山，惠州之望也。按《本经》云：'山高三千六百丈，周回五百二十七里。'然罗山，一山也；浮山，即蓬莱之别岛也，尧时洪水浮至，依罗山而止，固有'罗浮'之号焉。又曰'第七洞天'，即此一山也。戊戌冬，仆出官潮阳。庚子春，权牧兹郡（庚子年即宋真宗咸平三年）。"

李贤《大明一统志》卷八十记载："宋陈尧佐，咸平初以潮州通判权惠州，治以诚信，凡事减省，吏民化服，尝手植荔枝于州治，人不忍伤。"

嘉庆《大清一统志·惠州府名宦》记载："宋真宗咸平三年，陈尧佐以潮州通判权知惠州，治以诚信，事从省约，吏民化服。"

陈尧咨状元及第，授将作监丞，通判济州

曾巩《隆平集》卷五记载："弟尧咨字嘉谟，咸平三年登进士甲科，累擢知制诰。"

李焘《续资治通鉴长编》卷四十六记载："宋真宗咸平三年三月甲午，上御崇政殿亲试，命翰林学士承旨宋白等与馆阁、王府、三司官二十一人于殿后西阁考覆，国子博士雷说（说，见开宝八年）、著作佐郎梅询封印卷首。亲览入等者，赐陈尧咨以下二百七十一人进士及第，一百四十三人同本科及三传学究出身。尧咨，尧叟之弟也。又命翰林侍讲学士邢昺等十五人，考校诸科得四百三十二人，赐及第、同出身。又试进士五举、诸科八举及尝经御试或年逾五十者论一篇，得进士二百六十人，诸科六百九十七人，赐同出身及试校书郎、将作监主簿。赐宴日，以御诗褒宠之。以尧咨等五人，并为将作监丞、通判。第一等并九经为大理评事，知大县，第二等为节、察、防、团推官，余为判、司、簿、尉，试衔者守选。上连三日临轩，初无倦怠之色。所擢凡千八百余人，其中有自晋天福中随计者，校艺之详，推恩之广，近代所未有也。"

马端临《文献通考·选举考三》记载："三年，亲试举人，上临轩三日无倦色，得进士陈尧咨以下四百九人，诸科四百三十余人。又试进士五举、诸科八举及尝经御试或年逾五十者，得进士及诸科凡九百余人，共千八百余人。其中有晋天福随计者，较艺之详，推恩之广，近代未有也。

"咸平元年，孙仅但得防推。二年，孙暨以下但免选注官。盖此两榜，真宗在谅暗，礼部所放，故杀其礼。及三年陈尧咨登第，然后六人将作丞，四十二人评事，第二甲一百三十四人节使推官、军事判官，第三甲八十人防团

军事推官。"

脱脱等《宋史·列传·陈尧咨传》记载:"陈尧咨,字嘉谟,举进士第一,授将作监丞、通判济州。"

徐松《宋会要辑稿·选举七》记载:"真宗咸平三年三月十七日,帝御崇政殿试礼部奏名进士,内出《观人文以化成天下》赋、《崇德报功》诗、《为政宽猛先后》论题,得陈尧咨以下三百六十五人。"

脱脱等《宋史·本纪·真宗一》记载:"夏四月戊申朔,赐进士陈尧咨等袍笏。"

徐松《宋会要辑稿·选举二》记载:"三年四月二十三日,赐新及第进士御制五七言诗二首,自此后每所榜即赐诗。二十七日,以新及第进士第一人陈尧咨、第二人周起、第三人胡用、第四人宋巽、第五人李颖、锁听人李绎并为将作监丞、通判诸州。第一等四十二人并九经关头为大理评事、知县;第二等节察、推官;第三等初幕职,余判、司、簿、尉,试御令归乡守选。六月五日,宴新及第进士齐华等于琼林苑,帝作诗赐之。十日,赐以绿袍、靴笏。"

徐松《宋会要辑稿·选举七》记载:"咸平三年,陈尧咨登第,然后六人将作丞,四十二人评事,第二甲一百三十四人节使推官、军事判官,第三甲八十人防团军事推官。"

李贤《大明一统志》卷二十三记载:"陈尧咨通判济州,以气节自任。"

宋真宗咸平四年(1001)

陈省华授鸿胪少卿,判吏部流内铨

王举正《陈公(省华)神道碑铭并序》记载:"授鸿胪少卿,判南曹。俄同判吏部流内铨。"

李焘《续资治通鉴长编》卷四十八记载:"宋真宗咸平四年四月丁未,以吏部员外郎陈省华为鸿胪少卿,时省华子尧叟权任枢密,故特优宠之。"

陈尧叟给事中,同知枢密院事

李焘《续资治通鉴长编》卷四十八记载:"宋真宗咸平四年正月甲申,中外官上封事者甚众,诏密直学士冯拯、陈尧叟详定利害以闻。"

脱脱等《宋史·本纪·真宗一》记载:"四年春正月甲申,命枢密直学士冯拯、陈尧叟详中外封事。"

脱脱等《宋史·列传·陈尧叟传》记载:"时中外上封奏者甚众,命与拯详定利害,及与三司议减冗事。"

徐松《宋会要辑稿·仪制七》记载:"四年正月十一日,诏内外官上封事者,委枢密直学士冯拯、陈尧叟详定以闻。"

李焘《续资治通鉴长编》卷四十八记载:"宋真宗咸平四年二月壬戌,枢密直学士冯拯、陈尧叟上言:'请令群臣子弟奏补京官或出身者,并试读一经,写家状,以精熟为合格。'从之。

"秘书丞、知金州陈彭年上疏。疏奏,诏冯拯、陈尧叟参详之。"

马端临《文献通考·选举考十一》记载:"真宗咸平二年①,秘书郎陈彭年请复举官自代之制,诏秘书直学士②冯拯、陈尧叟参详之。拯等上言:'窃详往制,常参官及节度、观察、防御使、刺史、少尹、畿赤令并七品以上清望官,授讫三日。内于四方馆上表,让一人以自代,其表付中书门下,每官阙,则以见举多者量而授之。今缘官品制度沿革不同,伏请令两省、御史台、官尚书省六品以上,诸司四品以上,授讫具表让一人自代于阁门投下,方得入谢。在外者,授记三日内具表附驿以闻。'诏可。"

脱脱等《宋史·志·选举六》记载:"咸平间,秘书丞陈彭年请用唐故事举官自代。诏枢密直学士冯拯、陈尧叟参详之。拯等上言:'往制,常参官及节度、观察、防御、刺史、少尹、畿赤令并七品以上清望官,授讫三日内,于四方馆上表让一人以自代。其表付中书门下,每官阙,以见举多者量而授之。今官品制度沿革不同,请令两省、御史台、尚书省六品以上,诸司四品以上,授讫,具表让一人自代,于阁门投下,方得入谢。在外者,授讫三月内,具表附驿以闻。'遂著为令。"

脱脱等《宋史·本纪·真宗一》记载:"三月辛巳,分川峡转运使为益、利、梓、夔四路。召终南隐士种放,辞疾不至。庚寅,左仆射吕蒙正、兵部侍郎向敏中并平章事,中书侍郎、平章事李沆加门下侍郎。"

曾巩《隆平集》卷五记载:"咸平四年同知枢密院事。"

李焘《续资治通鉴长编》卷四十八记载:"宋真宗咸平四年三月辛卯,兵部侍郎、参知政事王化基罢为工部尚书。化基任中书,不以荫补诸子官,然能训导,皆有所立。以给事中、同知枢密事王旦为工部侍郎、参知政事。枢密直学士冯拯、陈尧叟并为给事中、同知枢密院事。"

王称《东都事略·本纪》卷四记载:"四年春三月庚寅,吕蒙正、向敏中

---

①编按:马端临《文献通考·选举考十一》中"咸平二年"应为"咸平四年"。
②编按:"秘书直学士"应为"枢密直学士"。

并同中书门下平章事。辛卯，王化基罢；王旦参知政事；冯拯、陈尧叟同知枢密院事。"

脱脱等《宋史·本纪·真宗一》记载："三月辛卯，以参知政事王化基为工部尚书、同知枢密院事，王旦为工部侍郎、参知政事，枢密直学士冯拯、陈尧叟并为右谏议大夫、同知枢密院事。"

脱脱等《宋史·列传·陈尧叟传》记载："俄与拯并拜右谏议大夫、同知枢密院事。"

李焘《续资治通鉴长编》卷四十八记载："上以盐铁使张雍龊龊小心，三司事重，宜有裁制，五月庚寅，命户部使王嗣宗代为盐铁使。雍在三司置簿籍，有'案前急''马前急''急中急'之目，颇为时论所诮。其出典藩镇，务裁节宴犒，聚公钱为羡余，以输官帑，集会僚佐，粝食①而已。上封者言：'三司官吏积习依违，天下文牒，有经五七岁不为裁决者，案牍凝滞，吏民抑塞，水旱灾诊，多由此致。自今请委逐部判官呈覆向来诸路州军所申请及本司所积滞事，疾速与夺然后诣判使会议，别白施行。如更有稽滞，即许诸路转运使及本州岛岛军闻奏，命官推鞫，以警弛慢。'乃诏同知枢密院事冯拯、陈尧叟举常参官干敏者，与三司使议减冗事，及参决滞务，拯等请以秘书丞、直史馆、判度支勾院孙冕同领其事。"

脱脱等《宋史·列传·陈尧叟传》记载："有言三司官吏积习依违，文牒有经五七岁不决者，吏民抑塞，水旱灾诊，多由此致。请委逐部判官检覆判决。如复稽滞，许本路转运使闻奏，命官推鞫，以警弛慢。乃诏尧叟与拯举常参官干敏者，同三司使议减烦冗，参决滞务。尧叟请以秘书丞、直史馆孙冕同领其事。"

李焘《续资治通鉴长编》卷四十九记载："上语近臣曰：'近者庆州地再震，昨司天奏荧惑犯舆鬼，秦分野当有灾，宜戒边将以静镇之。且上天垂象示戒，惟虑不知，今既知之，可不恐惧修省。'知枢密院王继英曰：'妖不胜德。'上曰：'朕何德可恃？'同知枢密院陈尧叟曰：'天文谪见，实欲昭示时君，楚庄王惧无灾政，恐其获罪于天，弗容自警耳。今陛下克己爱民，常虑一物失所，河防十余，溢而不决，岁复大稔，此圣德格天所致也。'上曰：'天不欲困生灵耳，岂朕德能感之！自此益须防慎，如荆湖比年艰食，灾诊滋甚，尤可恤也。'上又曰：'自清远军失守，遂屯兵于洪德寨，常忧其

---

①粝（lì）食：粗粝的饭食。

暴露原野，薪刍乏少。属使臣自彼来言，环、庆今兹大熟，薪刍尤贱，差慰意也。'"

李焘《续资治通鉴长编》卷五十记载："先是，边臣请城绥州，大屯兵积谷，以遏党项，朝臣互执利害，久而未决。诏中书、枢密院会议，而吕蒙正、王旦、王钦若以为修之不便；李沆言修之便，但恐劳民；向敏中、周莹、王继英、冯拯、陈尧叟皆曰修之便。上以境土遐邈，不可遥度其事，乃命比部员外郎、直史馆洪湛，侍禁、合门祗候程顺奇同往按视焉（程顺奇，未见）。闰十二月，洪湛等使还，言城绥州，其利有七而害有二。丙戌，筑绥州城。"

徐松《宋会要辑稿·方域八》记载："绥德城在陕西鄜延路，熙宁二年废绥州置。咸平四年闰十二月十日，命比部员外郎、直史馆洪湛，侍禁阁门祗候程顺奇乘传按视城绥州，利害以闻。初，帝与辅臣谋修此州，而群议不一。至是，诏中书、枢密院会议，而吕蒙正、王旦、王钦若以为修之不便；李沆言修之便，然恐劳民；向敏中、周莹、王继英、冯拯、陈尧叟皆以修之便。帝以境土遐邈，未能周知其事，命湛等往视之。十九日，诏筑绥州城时，程顺奇使还，言于石隰州沿边相度建城询于吏民，其利有七，而害有二。帝召宰臣于便殿出湛等奏曰：'利害昭然，卿等所见如何？'蒙正曰：'利多害少，乞行与修。'故命筑之。"

李焘《续资治通鉴长编》卷五十记载："知静戎军王能言：'本军鲍河，自姜女庙以东，水极深阔，其狭处不过三四里，今岁敌骑不能逾越而南侵者，亦限此水故也。今请于本军之西，姜女庙东，决北流入阎台淀，复于军东塞之，使北流三台小李村，其水溢入长城口而南流，若发三二千人塞其口，俾自长城北而东入于雄州，则犹可以隔限敌骑，计其功五日可毕。'上曰：'朕观人画图，鲍河之北至阎台淀，地形稍高，必通流不远。'同知枢密院事冯拯、陈尧叟曰：'臣尝奉使至彼，目验地形，实如圣旨。'乃诏除阎台淀地高不可决北流外，余从所请。（景德元年六月耿斌所言，与此相关。）"

陈尧佐直史馆

欧阳修《陈公（尧佐）神道碑铭并序》记载："自潮还献诗数百篇，而大臣亦荐其文学，得直史馆。"

徐松《宋会要辑稿·职官七十七》记载："四年五月，以翰林学士、吏部郎中朱昂为工部侍郎致仕。帝以昂久在左右，特加优礼……发日又赐晏于玉津园，翰林学士、侍读、侍讲学士、知制诰、三馆秘阁官皆预，仍诏赋诗饯行……吴淑赠行诗有'汉殿夜凉初阁笔，诸宫秋晚得悬车'之句，尤为中的。

陈文惠公尧佐'部吏百函通爵里，送兵千骑过荆门'之篇四十八篇皆警绝一体，朝论荣之。弟协亦同隐，皆享眉寿，家林相接，谓之诸宫二疏，荆帅陈康肃尧咨表其居，为'东西致仕坊'。"

李焘《续资治通鉴长编》卷四十九记载："宋真宗咸平四年八月壬子，咸平初，太常丞陈尧佐为开封府推官，坐言事切直，贬潮州通判。潮去京七千里，民俗鄙陋，尧佐至州，修孔子庙，作韩愈祠堂，率其民之秀者使就学。时张氏子年十六，与其母濯于恶溪，为鳄鱼所噬，尧佐以谓昔韩愈患鳄之害，以文投溪中，而鳄为远去，今复害人，不可不除。卒使捕得，更为文，鸣鼓于市而戮之，潮人以比韩愈。三岁召还，献诗数百篇，大臣亦称其文学，于是，命直史馆。（欧阳修墓碑云：尧佐贬潮，其所言事，盖人臣所难言者。不知何事，当考。据尧佐集，戊戌冬贬潮州，戊戌，咸平元年也。）"

徐松《宋会要辑稿·选举三十二》记载："四年二月二日，西川转运使、兵部员外郎马亮直史馆，领使如故。五日，太仆少卿钱惟演上表献东京赋，诏直秘阁。八月十三日，太常丞陈尧佐直史馆。"

徐松《宋会要辑稿·崇儒三》记载："咸平，真宗谓宰臣曰：'太宗崇尚文史，而三史版本如闻，当时校勘未精当，再刊正。'乃命直史馆陈尧佐、周起，直集贤院孙僅、丁逊覆校史记。寻而尧佐出知寿州，起任三司判官，又以直集贤院任随领之。"

徐松《宋会要辑稿·选举十九》记载："四年九月二十六日，命直集贤院田锡、梅询、直史馆孙冕考试开封府举人，直史馆刘蒙叟、直集贤院李建中考试国子监举人，蒙叟兄亡以直史馆陈尧佐代。"

宋真宗咸平五年（1002）

陈尧叟劝勉种放

李焘《续资治通鉴长编》卷五十二记载："宋真宗咸平五年五月庚子，冯拯、陈尧叟言，与孙冕同省去三司积滞文账及诸州无例施行文字二十一万五千余道，减河北勾当京朝官使臣、幕职七十五员。时以聚兵防边，供馈甚广，乃命本路转运使条经费之数，大凡出多而入少，上虑河南民输送益劳弊，故令籍州县之少户口及数员共厘一务者并省之。（四月五日拯等初领此事。）"

脱脱等《宋史·列传·陈尧叟传》记载："凡省去烦冗文账二十一万五千余道，又减河北冗官七十五员。"

李焘《续资治通鉴长编》卷五十二记载："宋真宗咸平五年九月戊申，种放以幅巾入见于崇政殿，命坐与语，询以民政边事。放曰：'明王之治，爱民而已，惟徐而化之。'余皆谦让不对。即日授左司谏、直昭文馆，赐冠带、袍笏，馆于都亭驿，大官供膳。上谓宰臣曰：'放亦有就禄仕意，且言迹孤。朕谕以俟升班列，必见朝廷清肃，排摈之事，无敢为者，赏一人可劝天下矣。'

"九月己酉，放表辞恩命，上令宰臣召问之；又知放与同知枢密院陈尧叟有旧，令谕旨，且曰：'朕求茂异，以广视听，资治道。如放终未乐仕，亦可遂其请也。'放至中书，为宰臣言：'主上虚怀待士，旰食忧民如此，放固不敢以羁束为念。'宰臣以闻，诏遂不许其让。居数日，复召见，赐绯衣、象笏、犀带、银鱼及御制五言诗，又赐昭庆坊第一区，加帷帐什物，银器五百两，钱三十万。中谢日，赐酒食于学士院。光宠之盛，近所未有也。"

陈尧咨为著作郎、直史馆

脱脱等《宋史·列传·陈尧咨传》记载："召为秘书省著作郎、直史馆。"

徐松《宋会要辑稿·选举三十二》记载："五年二月三十日，将作监丞陈尧咨为著作郎、直史馆，赐绯。"

宋真宗咸平六年（1003）

陈尧叟言"禁盐事"

李焘《续资治通鉴长编》卷五十四记载："宋真宗咸平六年正月壬寅，以度支使、右谏议大夫梁鼎为陕西制置使；屯田郎中杨覃为陕西转运使，左司谏张贺副之，赐覃、贺金紫。又以内殿崇班、合门祗候杜承睿同制置陕西青白盐事。先是，鼎上言陕西盐禁事。诏以鼎状下辅臣议，陈尧叟言盐禁所利甚博，吕蒙正等言鼎忧职徇公，所言可助边费，请从之。覃、贺皆鼎所荐，而承睿亦言解盐事与鼎同，故并命焉。"

徐松《宋会要辑稿·食货二十三》记载："诏以鼎状令辅臣议，陈尧叟言禁盐所利甚博，吕蒙正等言鼎忧职徇公，所言可助边费，请从之。仍以鼎为陕西制置使，内殿重班阁门祗候杜承睿同置青白盐，鼎至陕西即禁止盐商既运盐，公私大有烦费，上封者多言非便。既而，鼎始谋多沮，因请复旧通商，乃命太常博士林特乘传与知永兴军张咏会议，咸请依旧通商，既从之。而鼎以前议非当，五月罢使职。"

陈尧咨判三司勾院

李焘《续资治通鉴长编》卷五十五记载："宋真宗咸平六年七月甲辰，复并三司盐铁、度支、户部勾院为一，命著作郎、直史馆陈尧咨兼判之。从尧咨所请也。"

脱脱等《宋史·列传·陈尧咨传》记载："判三司度支勾院，始合三部勾院兼总之。"

徐松《宋会要辑稿·职官五》记载："真宗咸平六年七月，以著作郎、直史馆、判三司盐铁、度支勾院陈尧咨兼判户部勾院。时尧咨上言，三部勾院可合为一，仍愿就领其事，故以命之。"

宋真宗景德元年（1004）

陈省华权知开封府，迁光禄卿

王举正《陈公（省华）神道碑铭并序》记载："景德初，知开封府。□□□□尚威免，公则不然。□以□□□□处□俾耻格而无犯，谓驯致之□□□□縠之□□夏民或钩距辨智□不能也。上喜其然，谓可大受，就迁光禄卿。"

徐松《宋会要辑稿·礼三十一》记载："五月二十七日，以宰臣李沆为皇太后葬事园陵使，翰林学士承旨宋白为礼仪使，御史中丞吕文仲为仪仗使，吏部侍郎郭贽为卤簿使，翰林学士知开封府梁颢为桥道顿递使，沆卒，宰臣毕士安代，颢卒，光禄卿权知开封府陈省华代。"

徐松《宋会要辑稿·职官三十七》记载："景德元年七月，诏开封府知府等，不得于府廨内接见宾客。从权知府陈省华之请也。"

李焘《续资治通鉴长编》五十八记载："宋真宗景德元年十月乙巳，宴于崇德殿，不举乐。旧制，卿、监坐于东厢，不升殿。时光禄卿陈省华权知开封府，特升于两省五品之南，别设位。"

徐松《宋会要辑稿·职官三十七》记载："十月，宴崇德殿。旧制。卿、监坐于东厢，不升殿。时光禄卿陈省华权知府，特命升于两省五品之南，别设位。"

徐松《宋会要辑稿·礼四十五》记载："二十五日，宴群臣于崇德殿，不举乐，以明德皇后园陵毕也。旧制，卿、监坐于东厢，不升殿。时光禄卿陈省华权知开封府。特升于两省五品之南，别设位。"

徐松《宋会要辑稿·仪制三》记载："二十五日，宴近臣于崇德殿，升光禄卿权知开封府陈省华于两省五品之南，别设位。旧制，卿、监坐于东厢，不升殿，特命之。"

陈尧叟签书枢密院事，迁工部侍郎

曾巩《隆平集》卷五记载："景德元年改签书，三年知院事。"

李焘《续资治通鉴长编》卷五十七记载："宋真宗景德元年八月己未，以参知政事吏部侍郎毕士安、三司使兵部侍郎寇准并依前官平章事。宣徽南院使、知枢密院事王继英为枢密使，同知枢密院事冯拯、陈尧叟并为签书枢密院事，仍诏拯、尧叟俸秩恩例并同枢密副使。继英小心谨靖，以勤敏称，上倚爱之。旧制，枢密祖母、母止追封郡太夫人，特诏悉加国封。"

王称《东都事略·本纪》卷四记载："景德元年秋七月丙戌，李沆薨。庚寅，毕士安参知政事。八月己未，毕士安、寇准并同中书门下平章事；王继英枢密使；冯拯、陈尧叟并改签书枢密院事。"

脱脱等《宋史·本纪·真宗二》记载："景德元年八月己未，以毕士安、寇准并平章事、宣徽南院使、王继英为枢密使，同知枢密院事冯拯、陈尧叟并签署枢密院事。"

脱脱等《宋史·列传·陈尧叟传》记载："会王继英为枢密使，以尧叟签署院事，奉秩恩例悉同副使，迁工部侍郎。"

李焘《续资治通鉴长编》卷五十七记载："先是，寇准已决亲征之议，参知政事王钦若以寇深入，密言于上，请幸金陵，签书枢密院事陈尧叟请幸成都。上复以问准，时钦若、尧叟在旁，准心知钦若江南人，故请南幸，尧叟蜀人，故请西幸，乃阳为不知，曰：'谁为陛下画此策者？罪可斩也。今天子神武，而将帅协和，若车驾亲征，彼自当遁去，不然，则出奇以挠其谋，坚守以老其众。劳逸之势，我得胜算矣，奈何欲委弃宗社，远之楚、蜀耶！'上乃止，二人由是怨准。钦若多智，准惧其妄有关说，疑沮大事，图所以去之。会上欲择大臣使镇大名，准因言钦若可任，钦若亦自请行。乙亥，以钦若判天雄军府兼都部署、提举河北转运司，与周莹同议守御。"

陈邦瞻《宋史纪事本末》卷三记载："九月契丹大举入侵，时以敌军深入，中外震骇，召群臣问方略。王钦若，临江人，请幸金陵。陈尧叟，阆州人，请幸成都。帝以问准，准曰：'不知谁为陛下画此二防？'帝曰：'卿姑断其可否，勿问其人也。'准曰：'臣欲得献防之人，斩以衅鼓，然后北伐耳。陛下神武，将臣协和，若大驾亲征，敌当自遁。不然，出奇以挠其谋，坚守以老其师，劳佚之势，我得胜算矣。奈何弃庙社，欲幸楚、蜀，所在人心奔溃，敌乘胜深入，天下可复保耶！'帝意乃决，因问准曰：'今敌骑驰突，而天雄军实为重镇，万一陷没，则河朔皆敌地也，孰可为守？'准以王钦若荐且曰：'宜速召面谕授敕俾行。'钦若至，未及有言，准遽曰：'主上亲征，非臣子辞难之日，参政为国柄臣，当体此意。'钦若惊惧，不敢辞。"

李焘《续资治通鉴长编》卷六十一记载："宋真宗景德元年十一月癸酉，上之驻跸澶渊也，枢密使陈尧叟虑敌骑侵轶，建议令缘河悉撤桥梁，毁船舫，稽缓者论以军法。河阳、河中、陕府皆被诏，监察御史王济时知河中，独持其诏不下，曰：'陕西有关防隔碍，舳舻连属，军储数万，奈何一旦沉之？且动摇民心。'因密疏奏寝其事。上深嘉叹，遣使褒谕。甲午，诏拜工部员外郎、兼侍御史知杂事，赐金紫。"

脱脱等《宋史·列传·陈尧叟传》记载："真宗幸澶渊，命乘传先赴北寨按视戎事，许以便宜。"

徐松《宋会要辑稿·兵七》记载："十二月二十四日，晨发极寒，左右进貂帽毳裘。帝曰：'臣下皆冒寒沍，朕不须此。'却而不御。次卫南，北戎遣使致书乞和。帝谓宰臣曰：'戎人虽有善意，国家以安民息战为念，固已详之。然彼尚率腥膻深入吾土，又河冰已合，戎马可渡，亦宜过为之备。朕已决成算，亲励全师。况狄人贪婪，不顾德义，若盟约之际，别有邀求，当决于一战，殄兹①丑虏。上天景灵，谅必助顺。可再督诸路将帅速会驾前。'仍命陈尧叟乘传赴澶州北寨，密谕将帅，整饬戎容，以便宜从事。"

陈尧佐知寿州、徙庐州

欧阳修《陈公（尧佐）神道碑铭并序》记载："知寿、庐二州，提点府界诸县公事。

"知寿州，遭岁大饥，公自出米为糜以食饿者，吏民以公故，皆争出米，其活数万人。公曰：'吾岂以是为私惠邪？盖以令率人，不若身先而使其从之乐也。'"

李焘《续资治通鉴长编》卷五十七记载："宋真宗景德元年八月庚申，知寿州陈尧佐上言：'饥民劫窖藏粟麦者，凡七十余人，以强盗计赃法当死。'诏并决杖黥面配牢城，为首者隶五百里外，余隶本州岛。尧佐在州，自出米为糜以食饿者，而吏民皆争出米，共活数万人。尧佐曰：'吾非行私惠，盖以令率人，不若身先而使其从之乐也。'"

李贤《大明一统志》卷七记载："陈尧佐知寿州，岁大饥，出俸米为糜粥食饿者，吏人悉献米，至振数万人。"

---

①殄（tiǎn）：尽，绝。殄灭，殄歼。

徐松《宋会要辑稿·刑法六》记载:"真宗景德元年八月八日,知寿州陈尧佐言:'饥民劫窖藏粟麦者,凡七十余人,以强盗计赃并合处死。'诏并决脊黥面配牢城,为首隶五百里外,余隶本城。"

脱脱等《宋史·列传·陈尧佐传》记载:"召还,直史馆、知寿州。岁大饥,出奉米为糜粥食饿者,吏人悉献米,至振数万人。徙庐州,以父疾请归,提点开封府界事,后为两浙转运副使。"

陈尧咨知制诰,擢右正言

脱脱等《宋史·列传·陈尧咨传》记载:"擢右正言、知制诰。"

李焘《续资治通鉴长编》卷五十六记载:"宋真宗景德元年六月壬戌,命知制诰陈尧咨诣北岳祈雨。"

徐松《宋会要辑稿·礼十八》记载:"景德元年四月二十七日,以京城旱,命知制诰晁迥诣北岳祷雨。五月十一日,遣常参官诣王岳四渎祈雨,是日,大雨沾足不遣。六月九日,命知制诰陈尧咨北岳祈雨。七月六日,大雨。翌日,帝谓侍臣曰:'近颇亢旱,有西州入贡胡僧自言善咒龙祈雨,朕今于精舍中试其术,果有符应,事虽不经,然为民救旱,亦无避也。'"

李焘《续资治通鉴长编》卷五十八记载:"宋真宗景德元年十二月丙戌,分遣知制诰陈尧咨、侍御史知杂事李浚、都官员外郎王砺、秘书丞许洞抚谕怀、孟、泽、潞、滑、郑等州,放强壮归农。(浚,信都人也。)"

徐松《宋会要辑稿·职官四十一》记载:"十二月七日,命右正言、知制诰陈尧咨,御史知杂李浚安抚河阳、怀、卫、泽、潞等州;都官员外郎王砺,秘书丞许洞安抚开封府界滑、郑等州,以戎人遁去,告谕闾里所至,放强壮归农。"

徐松《宋会要辑稿·兵七》记载:"十二月七日,命右正言、知制诰陈尧咨,虞部员外郎兼侍御史知杂事李浚安抚河阳、怀、卫、泽、潞等州;都官员外郎王砺,秘书丞许洞安抚开封府界滑、郑等州,以戎人遁去,告谕闾里所至,放强壮归农。"

宋真宗景德二年(1005)

陈省华特授左谏议大夫

王举正《陈公(省华)神道碑铭并序》记载:"上方乐近耆德,函诏敦谕,特授左谏议大夫,允解府绶。"

脱脱等《宋史·列传·陈省华传》记载:"未几,因疾求解任,拜左谏议大夫，再表乞骸骨，不许，手诏存问，亲阅方药赐之。"

陈尧叟加刑部侍郎

李焘《续资治通鉴长编》卷六十一记载："宋真宗景德二年十一月癸亥，兵部侍郎、平章事寇准加中书侍郎，兼工部尚书；楚王元佐加检校太师、右卫上将军；彭城郡王元偓为静难、彰化节度使，进封宁王；安定郡王元偁为宣德、保宁节度使，进封舒王；曹国公元俨进封广陵郡王、武信节度使；安定郡王惟吉加同平章事；枢密使、检校太保王继英加检校太傅；兵部侍郎、参知政事王旦为尚书左丞；工部侍郎、参知政事冯拯，签书枢密院事陈尧叟，并为刑部侍郎。自余群臣，各以序进秩，或加阶勋、爵邑有差。"

脱脱等《宋史·列传·陈尧叟传》记载："景德中迁刑部、兵部二侍郎，与王钦若并知枢密院事。"

陈尧佐开封府提点刑狱

欧阳修《陈公（尧佐）神道碑铭并序》记载："提点府界诸县公事。"

李焘《续资治通鉴长编》卷六十一记载："宋真宗景德二年十二月乙未，命虞部员外郎权盐铁判官冯亮、太常丞直史馆陈尧佐、内殿崇班合门祗候高继忠、侍其振，分诣开封府界提点刑狱、钱帛。继忠，琼之子也，尝因对，言：'开封府司录王简遣人畿县督事，因缘乞取，未审何人论荐，得为京秩。'上笑曰：'简无人论荐，朕以其尝鞠盛梁狱，故有此授。'继忠曰：'臣不识此人，亦非受人意旨，但众言贪黩①尤甚。'上曰：'臣下如此言事，甚嘉。'逾月简罢。"

徐松《宋会要辑稿·刑法五》记载："三年②十二月二十二日，命盐铁判官冯亮、直史馆陈尧佐、阁门祗候高维忠、侍其振，分开封府界提点刑狱。"

陈尧咨贬单州团练副使

徐松《宋会要辑稿·食货三十九》记载："三年③正月十九日，罢晋、绛等七州博籴刍粟。从右正言、知制诰陈尧咨等之请也。"

曾巩《隆平集》卷五记载："景德三年④殿试进士，与刘几道于试卷中为密号，贬郓州团练副使。"

李焘《续资治通鉴长编》卷五十九记载："宋真宗景德二年四月丁酉，枢

---

①贪黩（dú）：贪污。亦指贪污者。
②编按：徐松《宋会要辑稿·刑法五》中"三年"应为"景德二年"。
③编按：徐松《宋会要辑稿·食货三十九》中"三年"应为"景德二年"。
④编按：曾巩《隆平集》卷五中"景德三年"应为"景德二年"；"郓州"应为"单州"。

密直学士刘师道责授忠武行军司马，知制诰陈尧咨单州团练副使。先是，师道弟几道举进士，礼部奏名将廷试。近制，悉糊名校等。尧咨为考官，教几道于卷中密为识号。几道既擢第，或告其事，诏落籍，永不得预举。上初欲含容，不复穷理其事，而师道固求辩理，诏东上合门使曹利用、兵部郎中边肃、内侍副都知阎承翰诣御史府杂治之，坐论奏诬罔，与尧咨并及于责。大理寺丞王湛者，咸平五年登进士第，与几道同，至于狱词连及，亦削官。（王游《御史记》有湛，系西充人，咸平二年及第，非此王湛也。）"

脱脱等《宋史·本纪·真宗二》记载："夏四月，赐进士李迪等琼林宴。丁酉，枢密直学士刘师道责授忠武军行军司马，右正言、知制诰陈尧咨单州团练使，俱坐考试不公。"

脱脱等《宋史·列传·陈尧咨传》记载："崇政殿试进士，尧咨为考官，三司使刘师道属弟几道以试卷为识验。坐贬单州团练副使。"

徐松《宋会要辑稿·职官六十四》记载："二年四月二十日，枢密直学士、工部郎中、权三司使刘师道责忠武军节度行军司马，仍不得签书本州事；右正言、知制诰陈尧咨责单州团练使。先是，师道弟几道进士，礼部奏名将预殿试。近例，糊名考较。尧咨尝为卷使，刺针眼为识验，既擢第，事泄，诏落几道名籍，永不得预举。帝含容，不复穷理，师道故求辩对，乃命东上阁门使曹利用、内侍省副都知阎承翰、兵部郎中边肃就御史台杂治之。师道坐诬罔论奏，尧咨引次前事故，有是责。"

宋真宗景德三年（1006）
陈省华卒，赠太子少师

王举正《陈公（省华）神道碑铭并序》记载："呜呼！□□如是，主知如是，体其□□心□□□□□□□□国事而尚少，天何不慭，迫乃冥数？以景德三年五月丁未，颓然委化，启手足于东京安定坊之私第，享年六十八。"

李焘《续资治通鉴长编》卷六十三记载："宋真宗景德三年五月丙午，左谏议大夫陈省华卒。省华辩智有吏干，妻冯氏性严，训诸子尤力。尧叟既贵，孝谨益不衰。本富家，禄赐且厚，然不许诸子事华侈。尧叟掌枢密时，弟尧佐直史馆，尧咨知制诰，与省华同在北省，诸孙任官者十数人，宗亲登科者又数人，荣盛无比。客至，尧叟等皆侍立其侧，客多不遑，引去。旧制，登枢近者，母、妻即封郡夫人。尧叟初拜，以父在朝，止封其妻，而母但从夫邑封。尧叟表让，朝廷以彝制，不听。省华卒既逾年，上欲褒封其母，以问王旦，旦曰：'虽私门礼制未阕，公朝降命，亦无嫌也。'乃封为上党郡太夫人，后进封滕国，年八十余尚无恙。"

脱脱等《宋史·列传·陈省华传》记载："景德三年，卒，年六十八，特赠太子少师。"

陈尧叟为兵部侍郎，知枢密院事

李焘《续资治通鉴长编》卷六十二记载："宋真宗景德三年二月己亥，刑部侍郎、参知政事冯拯为兵部侍郎；资政殿大学士、兵部侍郎王钦若为尚书左丞；刑部侍郎、签署枢密院事陈尧叟为兵部侍郎，并知枢密院事。翰林学士、工部员外郎、知制诰赵安仁为右谏议大夫、参知政事。枢密都承旨、四方馆使韩崇训，东上合门使马知节并签署枢密院事，崇训为检校太傅，知节检校太保。诏叙班以钦若、拯、尧叟、安仁、崇训、知节为次，令即日视事。"

王称《东都事略·本纪》卷四记载："三年春二月丁亥，王继英薨。戊戌，寇准罢，王旦同中书门下平章事。己亥，王钦若、陈尧叟并知枢密院事；赵安仁参知政事；韩崇训、马知节金书枢密院事。"

脱脱等《宋史·本纪·真宗二》记载："景德三年二月丁亥，王继英卒。戊戌，以中书侍郎兼工部尚书、平章事寇准为刑部尚书，左丞、参知政事王旦为工部尚书、平章事。己亥，王钦若、陈尧叟并知枢密院事，翰林学士赵安仁参知政事，枢密都承旨韩崇训、马知节并签署枢密院事。"

徐松《宋会要辑稿·仪制三》记载："三年二月二十六日，以刑部侍郎、参知政事冯拯进兵部如故；资政殿大学士、兵部侍郎王钦若进尚书左丞，刑部侍郎、签书枢密院事陈尧叟进兵部，并知枢密院事；翰林学士、工部员外郎赵安仁进右谏议大夫、参知政事；枢密都承旨、四方馆使韩崇训，东上合门使马知节进检校太傅、太保，并签书枢密院事。诏序班以钦若、拯、尧叟、安仁、崇训、知节为次。"

李焘《续资治通鉴长编》卷六十三记载："宋真宗景德三年五月丙午，命知枢密院王钦若、陈尧叟同修《时政记》，每次月十五日送中书。"

李心传《旧闻正误》卷一按语："五月丙午，枢密院始置《时政记》，月终送中书，用王文穆、陈文忠之请也。"

徐松《宋会要辑稿·职官六》记载："真宗景德三年五月，诏枢密所修《时政记》，每至次月十五日送中书，时命王钦若、陈尧叟同修。"

李焘《续资治通鉴长编》卷六十三记载："宋真宗景德三年五月戊午，知枢密院事陈尧叟起复故官。尧叟表请终丧，不允。

"八月戊子，向敏中等与赵德明议朝廷所降要约事，德明累遣人告敏中等云：'遣亲弟宿卫，上世未有此例，其他则愿遵承。'仍欲以良马橐驼[①]千计入贡，辞意恳切。己丑，敏中等具其事以闻，且言要约未备，故不敢请行封爵。上曰：'远方之俗，本贵羁縻耳。'乃诏谕敏中等：'如德明再遣人至，果不欲令亲弟宿卫，则所乞回图往来及放行青盐之禁，朝廷并不许，然不阻其归顺之志也。'陈尧叟言：'青盐如置榷场，官亦不可买之，盖平夏青盐甚多，若官买必须官卖，既乱禁法，且解州两池盐不复行矣。'上曰：'德明如遣子弟宿卫，则许放行青盐，岂是不乱禁法也？今榷场既不为买，当先以文告谕之，若异时德明复有恳请，则当令榷场量定分数收市。'"

徐松《宋会要辑稿·食货二十三》记载："三年五月五日，三司度支副使李士衡言：'关右自不禁解盐已来，计司以卖盐年额钱分配永兴、同、华、耀四州军，而永兴最多，于民不便，请减十分之四。'帝以陕西诸州皆免禁法，诏悉除之。八月十九日，陈尧叟言：'青盐如置榷场，官亦不可买之，盖平夏青盐甚多，若官买必须官卖，既乱禁法，且解州两池盐不复行矣。'帝曰：'德明如遣弟宿卫，则许放行青盐，官岂是不乱禁法也？今榷场既不为买，当先以文告谕之，若异时德明复有恳请，则当今榷场量定分数收市。'十一月八日增陵井监工役人。月给钱米，闻其劳故也。"

赐名"积庆院"

张守约《积庆院记》记载："真宗皇帝景德三年十二月，枢密文忠公奏请曰：'般若院岩麓幽奇，村落崇奉，原是臣外祖所尝乞赐名额。'考冯氏乃文忠公之母（母）。考乘知，文忠公外祖即彦升六世祖也。院之肇基，盖见于此。真宗既允请，遂以'积庆'赐名，仍命臣尧佐挥翰以揭额。"

宋真宗景德四年（1007）

陈尧叟任东京留守，兼群牧制置使，修国史

李焘《续资治通鉴长编》卷六十五记载："宋真宗景德四年春正月己亥朔，御朝元殿受朝，德音降京畿流罪以下囚。遣工部尚书王化基乘驿诣河中祭后土庙，用大祠礼，告将朝陵也。甲辰，以知枢密院事陈尧叟为东京留守。"

王称《东都事略·本纪》卷四记载："四年春正月甲辰，陈尧叟留守京师。己未，皇帝朝谒诸陵，发京师。丙寅，奠献永安陵、永昌陵、永熙陵及

---

①橐（tuó）驼：即骆驼。

诸后陵。"

脱脱等《宋史·本纪·真宗二》记载："四年春正月己亥朔，御朝元殿受朝。诏京畿系囚流以下减一等。甲辰，以陈尧叟为东京留守。"

脱脱等《宋史·列传·陈尧叟传》记载："真宗朝陵，权东京留守。"

李焘《续资治通鉴长编》卷六十五记载："宋真宗景德四年二月戊辰朔，车驾遂如西京，夕次偃师县，始复奏严。上犹服靴袍，不举乐。初，朝拜前连日阴晦，及礼毕，天地澄廓，气候晏温，咸以上仁孝之感。龙图阁待制陈彭年请以事付史官及颁示中外，从之。陈尧叟言狱空，诏奖之。尧叟居守，虽大辟罪亦止面问状，亟决遣之，未尝留狱。上曰：'尧叟素有裁断，然重事宜付有司案鞫详察。'因密加诏谕焉。"

脱脱等《宋史·列传·陈尧叟传》记载："每裁剸刑禁，虽大辟亦止面取状，亟决遣之，以故狱无系囚。真宗曰：'尧叟素有裁断，然重事宜付有司按鞫而详察之。'因密加诏谕。"

王称《东都事略·本纪》卷四记载："二月己巳，幸西京。辛卯，发西京。甲午。次郑州，遣使谒周嵩、庆二陵。三月己亥，皇帝至自西京。"

李焘《续资治通鉴长编》卷六十五记载："宋真宗景德四年五月庚子，雄州李允则于城外疏治渠田，边臣奏渠通界河，虑为戎人所疑。陈尧叟请亟罢之。上曰：'决渠障边，乃防遏所须，然誓书旧约不可不守也。'"

徐松《宋会要辑稿·兵二七》记载："二月帝宣示宰臣王旦等臣言：'雄州李允则于州城外决渠为水，田渠通界河，于理非便，请令罢之。'枢密陈尧叟曰：'今天下和平，忽决渠境上，戎人岂不疑此，诚不便。'帝曰：'可令凡寨、栅、渠，不以大小，无得创造。'"

李焘《续资治通鉴长编》卷六十六记载："自罢兵之后，议者颇以国马烦耗，岁费缣缯，虽市得尤众，而损失亦多。知枢密院事陈尧叟独谓：'群牧之设，国家巨防，今愚浅之说以马为不急之务，则士卒亦当遣而还农也。'作《群牧议》以献，勒石大名监。乙巳，置群牧制置使，命尧叟兼之。尧叟初为群牧使，及掌枢密，即罢其任。于是，内侍副都知阎承翰为都监。尧叟自陈职居近密，而与承翰联事，合避物议。上曰：'国马戎事之本，宜得大臣总领，不可避也。'尧叟寻以本司事多，请但署检，其帖牒委使副、判官印署施行，从之。寻又增置判官一员。增置判官在九月丁亥，今并书之。"

马端临《文献通考·兵考十二》记载："景德四年，以知枢密院陈尧叟为群牧制置使，又置群牧使副、都监，增判官为二员。凡厩牧之政，皆出于群牧司，自骐骥院而下，皆听命焉。其二院所管坊、监仍旧。诸州有牧监，知通判兼领之，诸监各置勾当官二人，又有左右厢提点，并以三班为之，其修创规制纤悉备具。其后，又诏左右骐骥院诸坊、监监官自今并，以三年为满，如习知马事欲留者，群牧司保荐以闻，当徙莅他监。"

脱脱等《宋史·列传·陈尧叟传》记载："俄兼群牧制置使。始置使，即以尧叟为之，及掌枢密，即罢其任。至是以国马戎事之本，宜得大臣总领，故又委尧叟焉。自是多立条约。又着《监牧议》，述马政之重。预修国史。"

徐松《宋会要辑稿·职官二十三》记载："景德四年八月，以兵部侍郎、知枢密院事陈尧叟兼群牧制置使，时内侍省副都知阎承翰为都监。真宗议以尧叟充使，尧叟自陈居近密之职，而与承翰联事，合选舆议。帝曰：'国马戎事之本，宜得大臣总领，不可辞也。'自是常以枢臣领之。

"景德四年十月，群牧制置使陈尧叟言，本司事多，其常程文字请止书检其帖牒，令郡牧使副、判官印书施行，从之。"

李焘《续资治通鉴长编》卷六十六记载："宋真宗景德四年八月丁巳，诏修太祖、太宗正史，宰臣王旦监修国史，知枢密院事王钦若、陈尧叟、参知政事赵安仁、翰林学士晁迥、杨亿并修国史。景德二年毕士安卒时，寇准止领集贤殿大学士，旦以参知政事权领史馆事，及旦为相，虽未兼监修，其领史职如故。于是，始正其名。

李焘《续资治通鉴长编》卷六十七记载："十月甲辰，右谏议大夫种放自终南山来朝，召之也。上谓辅臣曰：'放比高尚其事，每询访多有可采。朝廷虽加爵秩，而未能大用，即物议未厌。'因令陈尧叟谕意，且曰：'朕虑放卷而怀之，能副朝旨，诚为美也。'既而尧叟言，放云：'自被聘召及迁谏署，无所补报，其幸已甚。今主上圣明，朝无阙政，若更处之显位，则重其过矣。'尧叟复手笔讯之，放答疏如前。上曰遣内侍赍诏赐放，略曰：'卿宜体兹眷遇，罄乃诚明，叙经国之大猷，述致君之远略，尽形奏牍，以沃朕心，副凉德之倚毗，襄外朝之观听，乃司枢务，式洽至公。'放上表固让。上曰：'放能守分，益可嘉也！'

"十月甲寅，先是，中书进拟赦曲条目，有云：'溃散贼徒，听其首露释罪，军卒仍付所管。'上曰：'比令曹利用相度裁处，此与前敕不相应会。'马知节曰：'军卒婴城叛命，若许释罪，恐似太轻。'上曰：'既已溃散，须有所归，倘擒之不尽，岂无后患？'陈尧叟请元谋同恶者不赦。知节又曰：'军中合势，迫害长吏，聚党避罪，恣扰乡间，今获赦宥，恐为恶者不悛。'

上曰：'顷年西川谋害韩景祐者，所部皆禁旅，亦止诛首恶，其徒自首者移隶诸军。今澄海，州兵耳，苟元情重，徙置远郡可也。'知节执议如前。王旦请改云：'溃散贼徒，限一月首露释罪，所在收录奏裁。'上可之。

"十月庚申，张崇贵言：'准诏赐赵德明冬服及仪天历，令延州遣牙校赍往。比闻德明葺道路馆舍以俟使命，若遣牙校，似失所望。'上曰：'向不欲遣使，盖虑其劳。崇贵今有是奏，从之可也。'德明又请诣五台寺修设，追荐其母。陈尧叟欲令张崇贵谕以路由河东，多涉军垒不便，听由镇州路往。上曰：'宜令崇贵答以不敢闻奏，若诚愿则听致施物于鄜延，委崇贵差人送五台也。'

"十一月甲戌，省南奶酪院。旧置南、北二院，群牧使言其烦费，故省其一。

"河东转运使言：'唐龙镇来璘、来美等为西路契丹所掠。美即璘之季父，久依府州，与来怀正同族，不相能，故怀正召戎破之以报怨。'陈尧叟曰：'璘、美等亦穷而款塞者，尝持两端，本非富强之族。但据险阻，恣为观望，朝廷征之则趋河之东，地曰东缠，契丹兵加之则趋河之西，地曰西缠，介卒骑兵所不能及。'上曰：'契丹使到，可令馆伴使言其事。'仍令转运使鲍中和与并州刘综等商度，索所掠璘、美人畜。"

徐松《宋会要辑稿·蕃夷一》记载："十一月，河东转运使言：'唐龙镇来璘、来美等为西路契丹所掠。美即璘之季父，久依府州，与来怀正同族，不相能，故怀正召戎破之以报怨。'枢密陈尧叟曰：'璘、美等亦穷而款塞早者，常持两端，且非富强之族，但据险阻，恣为观望，朝廷征之则趋河之东，地曰东缠，契丹加兵则趋河之西，地曰西缠，界卒骑兵所不能及。'诏候契丹使至以其事谕之。"

李焘《续资治通鉴长编》卷六十七记载："宋真宗景德四年十一月丁丑，刑部尚书宋白为兵部尚书致仕。白年逾耳顺，图进不休。御史中丞王嗣宗，屡使人讽之。知枢密院事陈尧叟，其子婿也，亦数恳劝。白不得已始上表，上犹以旧臣眷然未许。再表，乃许焉。

"十一月戊寅，上谓王钦若等曰：'近有西北使还者，言顺安军西至定州，旷土尽恳辟，苗稼丰茂，民无差扰，物价甚贱。惟当慎择守臣，使不生边隙也。'马知节曰：'西北二方，久为外患。今契丹求盟，夏台请吏，皆陛下威德所致。且如唐室贞观、开元，称为治世，然措置兵甲，树立屏翰，皆不得其宜，终成尾大之患。当今，兵柄尽出陛下掌握，至于一命之士，皆由旨授。'上曰：'前代求治之君亦多，如德宗思欲威加天下，知书自任，群臣虽复上言，多所不惬，以是人颇循默，此亦可深戒。'陈尧叟曰：'唐太宗与臣僚论事，有不出太宗意者，退有忧色。盖以天下至广，深居九重，不能周悉，而群臣之见，亦未及远，此太宗所以忧也。今陛下听断如流，尚以为戒，兹实天下幸甚。'

"十一月癸未，殿前司骁骑小校张信弃市。信诉指挥使盖赞御下严急，鞭挞过当。陈尧叟曰：'都虞侯李继和言士伍不禀所部，合从军令。'上曰：'如罪在士伍，可以严断；若捶挞过当，安可不尽其理耶？'马知节曰：'太祖朝每命将校，必取刚方有断，士伍畏威者。'上曰：'此盖彼时所宜尔。'即下吏案劾，信款云：'赞乘醉教习，决责部下。'信遂以弓弰拥卒四十余，厉声曰：'我辈终为指挥使乘醉所鞭杀。'即径诣马军司陈告。赞云：'虽日饮酒，而所鞭卒，皆有过者。'继和请斩告者十余人，余配沙门岛，罚指挥使、都虞侯。诏诛信，余决杖配隶外州，轻者复隶本州，赞决杖配许州，其都虞侯不能觉察、副指挥使不能裨赞，并下本司决罚。"

徐松《宋会要辑稿·刑法六》记载："四年十一月二十日，骁骑小校张信弃市，余配隶外州。信诉指挥使盖赞御下严急，鞭挞过当。陈尧叟曰：'都虞侯李继和言士卒不禀所部，合从军令。'帝曰：'如罪在士卒，可以严断，若捶挞过当，安可不尽其理耶？'马知节曰：'太祖朝每命将校，唯取刚方有断，士卒畏威者。'帝曰：'此盖时所宜尔。'即下吏按劾，信款云：'赞饮酒后教习，决责部下。'信遂以弓弰拥卒四十余，厉声曰：'我辈终为指挥使乘醉所鞭杀。'即径诣马军司陈告。赞曰：'虽饮酒，而所鞭士卒皆有过者。'继和请斩告者十余人，余配沙门岛，罚指挥使、都虞侯。诏诛信，余决杖配隶外州，轻者复隶本军，赞决配许州，员僚直其都虞侯不能觉察，副指挥使不能裨赞，并下本州岛决罚。"

李焘《续资治通鉴长编》卷六十七记载："宋真宗景德四年十一月戊子，令枢密院条上南郊、承天节皇族诸亲延赏恩例。先是，每有朝庆，皇族皆过希宠泽。上谓陈尧叟等曰：'若尽遂所请，即勤劳王事之臣，能不以此为辞？自今有越例者，即令尚书、内省勿下。'尧叟等曰：'顷岁，陈国长公主为男求近地刺史，已有官者求岁岁改转，诸院回图舟车求免抽税。去年，程继宗掌致远务，坐事制鞫，晋国长公主为奏求代。凡似此事，臣等以其国戚但取进止，陛下皆寝而不报。自此，所保任亲戚有官者，限以品秩，各定所止，中外之人，尽知国家推公以待臣下。'上曰：'诸亲中亦有引太祖、太宗朝事为言者，朕但答以祖宗功业至大，安可比拟？况庶事皆有制度，朕遵守之，何敢失坠？迩来渐亦知非，各安其分也。'"

徐松《宋会要辑稿·职官二十三》记载："十一月二十二日，群牧制置使请易河北诸军牝马三千余匹，送诸监，从之。"

徐松《宋会要辑稿·兵二十一》记载："景德四年十一月，陈尧叟奏请以东京右养马务人员兵士送河南府牧龙坊牧养在京送去少嫩马，仍改为洛阳监。"

陈母冯氏封上党郡太夫人

李焘《续资治通鉴长编》卷六十三记载："旧制，登枢近者，母、妻即封郡夫人。尧叟初拜，以父在朝，止封其妻，而母但从夫邑封。尧叟表让，朝廷以彝制，不听。省华卒既逾年，上欲褒封其母，以问王旦，旦曰：'虽私门礼制未阕，公朝降命，亦无嫌也。'乃封为上党郡太夫人，后进封滕国，年八十余尚无恙。"

脱脱等《宋史·列传·陈尧叟传》记载："旧制登枢近者，母妻即封郡夫人。尧叟以父在朝，母止从父封，遂以妻封表让于母，朝廷援制不许。父既卒，帝欲褒封其母，以问王旦。旦曰：'虽私门礼制未阕，公朝降命亦无嫌也。'乃封上党郡太夫人，进封滕国，年八十余无恙，后尧叟数年卒。"

徐松《宋会要辑稿·仪制十》记载："景德四年十一月，封兵部侍郎、知枢密院事陈尧叟母冯氏为上党郡夫人①。初，冯氏从夫之故，未加郡号。尧叟父既卒，至是帝欲褒封之，以问宰臣王旦，旦曰：'虽私门礼制未阕，然公朝降命，亦无嫌也。'故有是命。"

宋真宗大中祥符元年（1008）

陈尧叟为卤簿使，陪宋真宗封禅泰山，加尚书左丞

李焘《续资治通鉴长编》卷六十八记载："宋真宗大中祥符元年正月乙丑，真宗受天书。上即步至承天门，焚香拜望，命内侍周怀政、皇甫继明升屋对捧以降。王旦跪进，上再拜受，置书舆上，复与旦等步导，却伞盖，彻警跸，至道场，授知枢密院陈尧叟启封，帛上有文，曰：'赵受命，兴于宋，付于恒。（案原本作"付于讳"，盖恒即真宗讳也，今仍改本字而附识，以存其旧。）居其器，守于正。世七百，九九定。'既去帛启缄，命尧叟读之。其书黄字三幅，辞类尚书洪范、老子道德经，始言上能以至孝至道绍世，次谕以清

---

①编按：徐松《宋会要辑稿·仪制十》中"上党郡夫人"应为"上党郡太夫人"。

净简俭，终述世祚延永之意。读讫，藏于金匮。旦等称贺于殿之北庑。是夕，命旦宿斋中书，晚诣道场，旦趋往而上已先至。怀政，并州人；继明，开封人也。"

陈邦瞻《宋史纪事本末》卷四记载："至道场，授陈尧叟启封，帛上有文，曰：'赵受命，兴于宋，付于恒，居其器，守于正，世七百，九九定。'帝跪受。复命尧叟读之。其书黄字三幅，词类洪范、道德经，始言帝能以至孝至道绍世，次谕以清净简俭，终述世祚延永之意。读讫，帝复跪奉，韫以所缄帛盛以金匮。群臣入贺于崇政殿，赐宴，帝与辅臣皆蔬食，遣官告天地、宗庙、社稷，大赦，改元，群臣加恩，赐京师酺五日，改左承天门为承天祥符，置天书仪卫扶侍使，有大礼即命宰执近臣兼之，钦若之计。既行，陈尧叟、陈彭年、丁谓、杜镐益以经义附和，而天下争言祥瑞矣。独龙图阁待制孙奭言于帝曰：'以臣愚所闻天何言哉，岂有书也？'帝默然。"

徐松《宋会要辑稿·礼五十一》记载："旦自舆殿捧天书，帝跪受讫，付陈尧叟启封，帛上有文，曰：'赵受命，兴于宋，付于恒，居其器，守于正。世七百，九九定。'既去帛，缄书甚密，纸坚润不与常类，厥以利刀久而方启。启讫，跪进，帝亦跪捧，复受尧叟命读之。其书黄字三幅，词类尚书洪范、老子道德经，始言帝能以致孝至道治世，次谕以清净节俭，终述世祚延永之意。"

李焘《续资治通鉴长编》卷六十八记载："宋真宗大中祥符元年正月乙亥，髃牧制置使言：'京城坊、监马病，即送养马务，素无赏丝之格，以故废惰多死，愈者百无三四。自今请勒本坊、监养疗，岁终籍数，以为殿最。'又请刻印医马诸方并牧法，颁示坊、监及诸军。从之。

"四月丙申，命王旦为大礼使，王钦若为礼仪使，冯拯为仪仗使，陈尧叟为卤簿使，赵安仁为桥道顿递使，其礼仪、桥道顿递使事，令拯泊尧叟分掌之。钦若、安仁并判兖州，仍更迭往乾封县。"

脱脱等《宋史·本纪·真宗二》记载："夏四月甲午，诏以十月有事于泰山，遣官告天地、宗庙、岳渎诸祠。乙未，以知枢密院事王钦若、参知政事赵安仁为泰山封禅经度制置使。丙申，以王旦为封禅大礼使，冯拯、陈尧叟分掌礼仪使。"

脱脱等《宋史·志·礼六》记载："四月丙申，命王旦为大礼使，王钦若为礼仪使，参知政事冯拯为仪仗使，知枢密院陈尧叟为卤簿使，赵安仁为桥道顿递使，仍铸五使印及经度制置使印给之。"

陈邦瞻《宋史纪事本末》卷四记载："夏四月乙未，以王钦若参知政事。

丙申，以王旦为封禅大礼使，王钦若等为经度制置使。冯拯、陈尧叟为分掌礼仪使。丁谓等计度财用，谓时权三司使，遂着《景德会计录》以献，因条大礼经费，以备参校优，诏奖之。"

李焘《续资治通鉴长编》卷六十八记载："宋真宗大中祥符元年四月乙巳，庄穆皇后丧。始期，上谓近臣曰：'宫中几筵，于礼可撤乎？'王旦曰：'当遵孝明故事。'上曰：'孝明再期而撤。'旦曰：'若以虞练事神，既葬祔庙，则几筵之设非古也。然孝明上仙，已用家人礼葬。庄穆母仪天下，十年于兹，酌于人情，宜守故事。'王钦若曰：'几筵之设，典礼所无，况及期年，撤之可矣。'上曰：'但情所不忍耳。'马知节曰：'今士大夫未及周岁，已再娶矣，尚肯设几筵乎？'冯拯曰：'此等自伤礼法，何足为言。'陈尧叟曰：'中宫不可虚位，若建长秋，而庄穆几筵尚在，于礼难安。'上曰：'万安宫距正寝甚远，宫中行服，朝夕供养，自可从便，设几筵固无妨也。'冯拯曰：'若此，情理皆为称矣。'钦若固请撤之，上曰：'礼缘人情，朕守祖宗故事，若即除去，岂礼意乎？'钦若曰：'虽祖宗故事如诏敕，有未便事，亦须更改。此典礼所无，政恐书之简册，反生异议。'上曰：'不过云用家人礼，庸何伤乎？'卒再期乃撤。"

徐松《宋会要辑稿·礼三十一》记载："大中祥符元年三月三十一日，帝以后丧俟及期年议撤宫中所奉几筵，访于宰臣，且言孝明再期而撤。王旦曰：'若以虞练事神，既葬祔庙，则几筵之设非古也。然国家孝明上仙，已用家人之礼行之三载。庄穆母仪天下十年，酌于人情，宜守故事。'王钦若等曰：'几筵之设，典礼所无，况及期年，撤之可也。'帝曰：'但以情所不忍耳。'陈尧叟曰：'中宫不可虚位，若建长秋，而庄穆几筵尚在，于礼难安。'帝曰：'万安宫自亦远于正寝，况人行服寻已宫除，晨夕供养，无哭泣之哀，且礼沿人情，国朝已来素行此礼，朕守祖宗故事，便议除去，岂为礼意乎。'遂至再期而撤。"

李焘《续资治通鉴长编》卷六十九记载："王钦若奏：'六月甲午，木工董祚于醴泉亭北见黄素曳草上，有字不能识，言于皇城使王居正，居正见其上有御名，驰告钦若，钦若等就取得之。遂建道场。明日，跪授中使捧诣阙。'奏至，上亟召王旦等谕其事，欲自出奉迎，即命旦为导卫使。己亥，旦与扶侍使而下具仪仗，奉迎天书，入含芳园之西门。庚子，群臣诣园，迎导升殿。辛丑，上致斋。壬寅，备銮驾以出，北面拜殿下，导卫、扶侍使自殿上奉天书置上前，上再拜授陈尧叟跪读，其文曰：'汝崇孝奉吾，育民广福。赐尔嘉瑞，黎庶咸知。秘守斯言，善解吾意。国祚延永，寿历遐岁。'读讫，召百官示之，复奉以升殿。酌献毕，上先还。旦等导卫、扶侍至朝元殿，上迎拜入内。时久雨顿晴，景色澄廓，苑中有云五色，读天书次，黄气如凤驻殿上。"

陈邦瞻《宋史纪事本末》卷四记载："六月乙未，王钦若至乾封上言，泰山醴泉出，锡山苍龙见。未几，木工董祚于醴泉亭北，见黄帛曳林，木上有字不能识，言于皇城使王居正，居正见其上有御名，驰告钦若，钦若奉至社首，跪授中使驰捧诣阙。帝御崇政殿趣召群臣曰：'朕五月丙子夜，复梦向者神人言，来月上旬当赐天书于泰山，即密谕钦若等，凡有祥异即上闻，今果与梦协，上天眷佑，惟惧不称。'王旦等再拜称贺，乃迎奉含芳园之正殿，帝斋戒备法驾诣殿拜受之，授陈尧叟启封，其文曰：'汝崇孝奉吾，育民广福。锡尔嘉瑞，黎庶咸知。秘守斯言，善解吾意。国祚延永，寿历遐岁。'读讫，复奉以升殿。于是，群臣表上尊号曰：'崇文广武仪天尊道宝应章感圣明仁孝皇帝。'未几钦若献芝草八千本，赵安仁献五色金玉丹、紫芝八千七百余本，诸州上芝草、嘉禾、瑞木、三脊茅等不可称纪。"

徐松《宋会要辑稿·礼五十一》记载："即命旦为奉迎天书导卫使，丁谓为扶持使，蓝继宗为都监。十日，天书至自泰山，扶持使而下其仪卫奉迎安于含芳园之西门。命王旦诣园斋宿，晨夕焚香，道众作法事。十一日，群臣诣含芳园门迎导天书升园之正殿。帝斋于长春殿，翌日备銮驾，赴含芳园，改服通天冠、绛纱袍，百官朝服序班。帝出大次于殿下，北面再拜讫，导卫、扶持使自殿上奉天书而下置帝前，再拜而受，付陈尧叟启封，跪读，其文曰：'汝崇孝奉吾，育民广福，锡尔嘉瑞，黎庶咸知。'"

李焘《续资治通鉴长编》卷六十九记载："宋真宗大中祥符元年八月甲午，知枢密院事陈尧叟落起复。"

陈邦瞻《宋史纪事本末》卷四记载："九月令有司勿奏大辟案，以天书告于太庙。乙酉，亲习封禅仪于崇德殿，作玉清诏应宫奉天书也。知制诰王曾、都虞侯张旻皆上疏谏，不听。"

李焘《续资治通鉴长编》卷七十记载："十月庚戌，昼漏未上五刻，上服通天冠、绛纱袍，乘金辂，备法驾，至山门，改服靴袍，乘步辇以登，卤簿、仗卫列于山下。黄麾仗卫士、亲从卒，自山址盘道至太平顶，凡两步一人，彩绣相间。供奉马止于中路御帐。亚献宁王元偓、终献舒王元偁、卤簿使陈尧叟从登。有黄云覆辇，上道经险峻，必降辇步进。有司议益侍卫，皆却之。导从者或至疲顿，而上辞气益壮。至御幄，召近臣观玉女泉及唐高宗、明皇二碑。

前一夕，山上大风，裂帟幕，迟明未已。及上至，天气温和，纤罗不动，奉祀官、点馔习仪于圆台，祥光瑞云，交相辉映。是夕，山下罢警场。"

陈邦瞻《宋史纪事本末》卷四记载："冬十月辛卯，帝发京师，以玉辂载天书先道，凡十七日至泰山，王钦若等献芝草三万八千余本。斋戒三日登山，道经险峻，降辇步进。卤簿、仪卫列于山下，享昊天上，帝于圆台陈天书于左，以太祖、太宗配命群臣，享五方帝及诸神于山下封祀坛。帝饮福酒，摄中书令王旦跪称曰：'天赐皇帝太一神符，周而复始，永绥兆人。'三献毕，封金玉匮，王旦奉玉匮置于石𥕳。摄太尉冯拯奉金匮以降，将作监领徒封𥕳。帝登圆台阅视讫，还御幄，宰相率从官称贺。"

徐松《宋会要辑稿·礼二十二》记载："御帐、亚献宁王元偓、终献舒王元偁、卤簿使陈尧叟从升。"

马端临《文献通考·郊社考十七》记载："癸丑，御朝觐坛大赦天下，改乾封县曰奉符，诏王旦撰《封祀坛颂》，王钦若撰《社首坛颂》，陈尧叟撰《朝觐坛颂》，改太平顶曰天平顶。先是，泰山多阴翳雷雨，及工徒升山，景气晴爽。上之巡祭也，往还四十七日，未尝遇雨雪严冬之候，景气怡和，祥应纷委，咸以为诚感昭格天意助顺之致也。"

脱脱等《宋史·志·礼七》记载："十月癸丑，诏王旦撰《封祀坛颂》，王钦若撰《社首坛颂》，陈尧叟撰《朝觐坛颂》。"

徐松《宋会要辑稿·礼二十二》记载："二十五日，命王旦撰《封祀坛颂》，王钦若撰《社首坛颂》，陈尧叟撰《朝觐坛颂》。"

李焘《续资治通鉴长编》卷七十记载："宋真宗大中祥符元年十二月癸卯，知枢密院事王钦若、参知政事冯拯、知枢密院事陈尧叟、参知政事赵安仁、签署枢密院事马知节并进官一等，太子太师、莱国公吕蒙正进封徐国公，群臣并以次覃恩。"

脱脱等《宋史·列传·陈尧叟传》记载："大中祥符初，东封，加尚书左丞。诏撰《朝觐坛碑》。"

陈邦瞻《宋史纪事本末》卷四记载："十二月辛卯，帝御朝元殿受尊号，宰相王旦等各进秩有差。"

徐松《宋会要辑稿·方域四》记载："大中祥符元年十二月二十四日，诏赐枢密使陈尧叟安定坊宅一区。"

陈尧佐判三司都察勾院，两浙转运使

欧阳修《陈公（尧佐）神道碑铭并序》记载："丁秦公忧，服除，判三司都察勾院、两浙转运使。"

陈尧咨复著作郎，知光州

脱脱等《宋史·列传·陈尧咨传》记载："复著作郎、知光州。"

赐芝草于"积庆院"

张守约《积庆院记》记载："大中祥符元年六月，降赐芝草一函，凡十一本。"

宋真宗大中祥符二年（1009）

陈尧叟《泰山封禅朝觐坛碑》立碑

李焘《续资治通鉴长编》卷七十一记载："宋真宗大中祥符二年正月乙酉，命户部尚书温仲舒、右丞向敏中与吏部流内铨注拟选人。先是，上谓辅臣曰：'吏部铨引对群吏，或经旬不入，何也？'陈尧叟曰：'选人甚多，极闻稽滞。'因言旧有锁铨之制，上曰：'今员多阙少，四时许选犹虑壅塞，况锁铨乎？'尧叟又请取旧省员，复置如六曹官，凡百州，乃得六百员。王旦曰：'今选集待阙者二千余人，纵增二三百员亦无益也。'乃诏仲舒等同领选事以督之。

"正月丙戌，群牧制置使陈尧叟言：'京东西、河北、陕西路除系官牧地外，有逃土闲田可以放牧，而与民家接者，请官和市之，或易以沃壤，无妨其农种，仍遣官巡视标定。'诏从其请。"

徐松《宋会要辑稿·兵二十一》记载："大中祥符二年正月，群牧制置使陈尧叟等言，准诏旨群牧岁息马及万则分为两监，监摽牧马地，令臣等规画以闻。"

陈尧叟《泰山封禅朝觐坛碑》记载："宋真宗大中祥符二年七月十五日，刻石立碑。"

李焘《续资治通鉴长编》卷七十二记载："宋真宗大中祥符二年七月庚午，上谕宰臣曰：'京朝官诸司使副将赴外任，有上殿者，朕皆谕以当行之事，期以举职；其不上殿者，自今宜为辞诫励，摹印赐之。'知枢密院陈尧叟言：'幕职、州县官，亦望诫励。'从之。帝曰：'先朝尝以儒行篇赐臣僚，今亦当复赐也。'（会要七月十七日事。十七日，庚午也。）"

徐松《宋会要辑稿·仪制六》记载："二年七月十七日，帝谕宰臣曰：'京朝官诸司使副将赴外任，有上殿者，朕皆谕以当行之事，期以举职；其不上殿者，今后宜为辞戒励，摹印赐之。'知枢密院陈尧叟言：'幕职、州县官，亦望诫励。'从之。帝曰：'先朝尝以儒行篇赐臣僚，今当复赐之。'"

李焘《续资治通鉴长编》卷七十二记载："宋真宗大中祥符二年冬十月癸未，雄州奏契丹改筑新城。上谓辅臣曰：'景德誓书有无创修城池之约，今此何也？'陈尧叟曰：'彼先违誓修城，亦此之利也。'上曰：'岂若遗利而敦信乎？且以此为始，是当有渐。宜令边臣诘其违约，止之，则抚驭远俗，不失其欢心矣。'"

徐松《宋会要辑稿·蕃夷二》记载："五月①边臣言契丹为黑水所侵而遁，时雄州言契丹改筑新城。宰臣王旦曰：'契丹所纳誓书，有无创修城池之言？'枢密陈尧叟曰：'彼先违誓修之，亦此之利也。'帝曰：'岂若遗利而敦信乎？且以为如是，当有渐也，宜令边臣遣人告其违约以止之，则抚御远俗，不失其欢心也。'"

李焘《续资治通鉴长编》卷七十二记载："宋真宗大中祥符二年十一月甲子，诏诸路官吏有蠹政害民，辨鞫②得实，本路转运使、提点刑狱官不能举察者论其罪。上尝谓宰相曰：'为国之要，在乎赏当其功，罚当其罪。不任情于其间，则赏罚必当，惩劝必行，万方必理，和气必生，自然天地降祥，四方无事。以此思之，可不戒乎？'又言：'闻陇州推官陈渐，不能谨洁，转运使以尧叟诸侄，不即按举，昨因违越被劾，尧叟特为请令罢任。自今倘如此，必正其罪，不复贷矣。'（此二事据宝训，前属元年，后属二年，今并附此。与监司不能举察官吏事，或相类尔，当考。）"

宋真宗大中祥符三年（1010）
陈尧叟进工部尚书，为祀汾阴经度制置使，判河中府

李焘《续资治通鉴长编》卷七十三记载："宋真宗大中祥符三年正月甲戌，种放归终南山。有使来自秦雍者，得放答陈尧叟诗五章以闻，上嘉之，谓宰相曰：'放隐居力学，尝言古今殊时，不当背时效古，此最近于理。'乃诏放赴阙。放表乞赐告，上许之，诏答云：'倘再召，勿复辞也。'又作歌以赐，并赉衣服、器币，令京兆府每季遣幕职就山存问。放为弟汶求官，即授秘书省正字。"

脱脱等《宋史·列传·陈尧叟传》记载："献《封禅圣制颂》，帝作歌答之。"

---

①编按：徐松《宋会要辑稿·蕃夷二》中"五月"应为"十月"。
②鞫（jū）：审问犯人；穷究。

徐松《宋会要辑稿·礼六十二》记载："三年二月丙子，知枢密院陈尧叟上《泰山封禅圣制颂》，诏答之。上又以其词有规切之意，作歌以赐。"

李焘《续资治通鉴长编》卷七十三记载："宋真宗大中祥符三年二月己亥，上封者言孙正辞等不能以方略招诱诸蛮，入其境，行无斥堠，粮馈有被夺者。内出其状示辅臣，陈尧叟曰：'已降诏督责。然昨遣嘉州小校往彼招诱，虑其邀功，未即悉心谕蛮人以朝旨，致其疑而未复。今请加申戒，若蛮人安集则赏，否则部送阙下，使有所畏惧。'上然之。

"三月甲辰，上谓辅臣曰：'将帅才难。今文武中固亦有人，盖不经战阵，无由知之。虽天下无事，然兵不可去，战不可忘，古之道也。'马知节曰：'将帅之才，非可坐而知之，顾临事机变如何耳。咸平中，将帅才略无闻，措置未便，不能擒戮戎寇，盖以未得其人故也。今朝廷士马雄盛，城垒坚固，器甲犀利，苟契丹渝盟，边候有警，陛下得人，授之成算，可使无噍类①矣。'上曰：'自顷契丹入寇，备御之策，无日不讲求，而将帅不能决胜，陈尧叟尽知此事。'尧叟曰：'咸平中，契丹侵轶亭障，国家岁岁防秋。六年，举国而来，群议咸请大为之防，陛下亲降手剳，询于中外，虽继上谋画，皆未尽善，乃特出圣断，控守险要，排布行阵，又择锐卒散为奇兵，俟戎首南侵，即命诸路直赴幽燕，取其车帐，俾边郡援应，皆以方略示之，而将帅非其人，故殊勋不集。'上曰：'知节久任边防，以为御戎之策，何者为善？'知节曰：'边防之地，横亘虽长，然据要以扼其来路。惟顺安军至西山不过二百里，若列陈于此，多设应兵，使其久莫能进，众将疲敝，时以奇兵轻骑逼而扰之，如敢来犯，即命将深入力战，彼必颠覆不暇。今诸将喜用骑兵，以多为胜，且骑兵之多者布满川谷，而用之有限，苟前进而小有不利，则莫之能止，非所谓节制之师也。臣尝谓善用骑兵者，不以多为贵，但能设伏，观戎寇之多少，度地形之险易，寇少则邀而击之，众则聚而攻之，常依城邑以为旋师之所，无不捷矣。'因自陈年齿未暮，五七年间，尚可驱策，如边候有警，愿预其行，但得副部署名目及良马数匹、轻甲一联足矣。上曰：'诚知卿可属此任，但愿四方无事。'乃命制钢铁锁子甲以赐焉。

"四月甲戌，旦加兵部尚书，钦若户部尚书，尧叟工部尚书，颂成示赏也。初，封泰山，命宰相王旦撰《封祀坛颂》，知枢密院王钦若撰《社首坛颂》，陈尧叟撰《朝觐坛颂》。"

---

① 噍（jiào）类：能吃东西的物类，通常指活着的人。

脱脱等《宋史·本纪·真宗二》记载："大中祥符三年四月甲戌，加王旦兵部尚书，王钦若户部尚书，陈尧叟工部尚书。"

脱脱等《宋史·列传·陈尧叟传》记载："进工部尚书。"

李焘《续资治通鉴长编》卷七十三记载："宋真宗大中祥符三年五月壬午，上谓辅臣曰：'西鄙盐犯者甚众，当更宽之。'马知节曰：'宽之则犯者愈多，不若减解池盐价。'陈尧叟曰：'解池盐已行商，不容官减其价。诚能减之，则青盐之禁不必宽也。'"

李焘《续资治通鉴长编》卷七十四记载："八月戊申，以知枢密院事陈尧叟为祀汾阴经度制置使，翰林学士李宗谔副之。尧叟权判河中府，宗谔权同知府事。枢密直学士戚纶、昭宣使刘承珪计度转运事。纶寻出知杭州，以龙图阁待制王曙代之。客省使曹利用、西京左藏库使张景宗、供备库使蓝继宗修行宫、道路。"

王称《东都事略·本纪》卷四记载："三年八月诏以来年春有事于汾阴，以陈尧叟为祀汾阴经度制置使。"

脱脱等《宋史·本纪·真宗二》记载："八月丁未朔，诏明年春有事于汾阴，州府长吏勿以修贡助祭烦民。戊申，陈尧叟为祀汾阴经度制置使。己酉，王旦为祀汾阴大礼使，王钦若为礼仪使。"

脱脱等《宋史·列传·陈尧叟传》记载："祀汾阴，为经度制置使、判河中府。"

脱脱等《宋史·志·礼七》记载："诏明年春有事于汾阴后土，命知枢密院陈尧叟为祀汾阴经度制置使，翰林学士李宗谔副之。枢密直学士戚纶、昭宣使刘承珪计度发运，河北转运使李士衡、盐铁副使林特计度粮草，龙图阁待制王曙、西京左藏库使张景宗、供备库使蓝继宗修治行宫、道路。宰臣王旦为大礼使，知枢密院王钦若为礼仪使，参知政事冯拯为仪仗使，赵安仁为卤簿使，陈尧叟为桥道顿递使。"

陈邦瞻《宋史纪事本末》卷四记载："三年六月，河中府进士薛南及父老僧道千二百人请祀后土于汾阴。八月丁未，诏明年春有事于汾阴。戊申，以知枢密院事陈尧叟为祀汾阴经度制置使，以王旦为大礼使，王钦若为礼仪使。"

徐松《宋会要辑稿·礼一》记载："景德三年[①]八月二日，命知枢密院事陈尧叟为祀汾阴经度制置使，权判河中府，翰林学士李宗谔副之，仍权同知府

---

①编按：徐松《宋会要辑稿·礼一》中"景德三年"应为"大中祥符三年"。

事。河北转运使李士衡、三司盐铁副使林特、计度度粮草、提举京西陕西转运司事。枢密直学士戚纶、昭宣使刘承珪计度发运。纶，知杭州，以龙图合待制王曙代。客省使曹利用、西京左藏库使张景宗、供备库使蓝继宗相度行宫、道路。"

徐松《宋会要辑稿·方域十三》记载："三年八月，工部尚书、知枢密院事陈尧叟言：'同州新市镇渭河造浮梁，有沙滩且岸峡，不若严信仓水狭岸平，为梁甚便。'从之。"

李焘《续资治通鉴长编》卷七十四记载："宋真宗大中祥符三年八月甲子，赐大理评事苏耆进士及第。耆，易简子，宰相王旦女婿也。耆先举进士，及唱第，格在诸科，知枢密院陈尧叟为上具言之，上顾问旦，旦却立不对。耆曰：'愿且修学。'既出，尧叟谓旦曰：'公一言则耆及第矣。'旦笑曰：'上亲临轩试天下士，示至公也。旦为宰相，自荐亲属于冕旒之前，士子盈庭，得无失体！'尧叟愧谢之，曰：'乃知宰相真自有体。'至是，耆献所为文，召试学士院，而有是命。（八月甲子日事。旦答尧叟，据遗事录。）

"八月乙丑，遣入内都知秦翰赍诏汾阴劳赐陈尧叟等，遂往西面经度边事。仍谕鄜延、环庆、泾原路部署得翰移文即发兵应之。寻以翰为河西兵马钤辖。及翰至，蕃落安堵如故，兵不复出，翰即还行在。（翰为河西钤辖，实录在戊辰日，今并书之。）"

徐松《宋会要辑稿·礼二十八》记载："十九日，遣入内都知秦翰赍诏书茶药诣汾阴劳陈尧叟，以下仍加宴设。"

李焘《续资治通鉴长编》卷七十四记载："宋真宗大中祥符三年八月丙寅，诏陈尧叟祭西海。又遣中使于三亭渡等处祭河，以渡河舟车阗咽[1]故也。

"八月戊辰，陈尧叟言：'昨将至陕州，传言稍旱，苗稼甚薄。及入境，亲见实不至此，但人虑有差役，以此为言耳。已各面谕及移牒转运司勿得擅有差役，民间闻此，皆望阙欢呼，至有感泣者。'

"八月庚午，陈尧叟言：'曹利用等称陕、郑廨署，正门低小，街衢窄隘。若将驻跸，望别降朝旨。'上曰：'但仍其旧，勿以劳人。'

"八月癸酉，陈尧叟言河中府管内秋苗茂盛，谷价至贱，刍一围四钱，仍撷禾菽以献。乙亥，河中府父老千七百人诣关迎驾，上劳问之，赐以缗钱帛。旧制，假日合门无辞见之例，上以其众远来，特引对遣还。自京师往河中府有

---

[1] 阗咽（tián yàn）：堵塞；拥挤；喧闹。

二路，一由陕州浮梁历白径岭，一由三亭渡渡河。司天保章正贾周，言二路岩险湍迅，不若出潼关，过渭、洛二水趋蒲津，地颇平坦，虽兴工，不过数十里。事下陈尧叟等，请如周所议。"

徐松《宋会要辑稿·礼二十八》记载："二十六日，陈尧叟等言，相度洪流涧移稠桑道路，自高原经过初上处斗峻，寻命工开修，今自灵宝县由虢州路至亟谷关却合汉武帝庙前道路宽平，已行修治，从之。先是，往河中有二路，一由陕州浮梁历白径岭，一由三亭渡黄河。司天保章正贾周，言二路岩险湍迅，不如出潼关，过渭、洛二水趋蒲津，地颇平坦，虽兴工，不过十数里。事下尧叟等。请如周议。"

李焘《续资治通鉴长编》卷七十四记载："宋真宗大中祥符三年九月庚辰，解池盐自生凡数十里，陈尧叟等所献凡四千七百斤。辛巳，分赐近臣及三馆、祕阁官。河东转运使、兵部郎中陈若拙请以所部缯帛刍粟十万转输河中，以助经费，许之。"

脱脱等《宋史·志·五行一下》记载："大中祥符三年八月，解州盐池紫泉场，水次二十里许，不种自生，其味特嘉，命屯田员外郎何敏中往祭池庙。八月，东池水自成盐，仅半池，洁白成块，晶莹异常，祀汾阴经度制置使陈尧叟，继献凡四千七百斤，分赐近臣及诸列校。"

李焘《续资治通鉴长编》卷七十四记载："宋真宗大中祥符三年九月癸未，陈尧叟言筑坛于脽上，如方丘之制。庙北古双柏旁起堆阜，即就用其地焉。

"九月庚寅，陈尧叟至汾阴，数奏云物之祥。辛卯，群臣诣合拜表称贺。壬辰，诏应水陆路运祀汾阴物军士并赐缗钱。

"初，有司议祠宇旁难行觐礼，欲俟还至河中，朝会肆赦。于是陈尧叟等，言宝鼎行宫之前，可以设坛壝，如东封之制。诏如尧叟等奏。"

徐松《宋会要辑稿·礼二十八》记载："九月六日，陈尧叟等言，河东转运使陈若拙请以缗钱、刍粟十万，由晋、绛赴河中以助大礼。缘比奉诏旨，不得扰民，其缗帛可以轻赍，望令辇送其刍粟，令绛州以秋税就输宝鼎县，从之。"

脱脱等《宋史·列传·陈尧叟传》记载："时诏王钦若为《朝觐坛颂》，表让尧叟，不许。别命尧叟撰《亲谒太宁庙颂》，加特进，赐功臣。又以尧叟善草隶，诏写途中御制歌诗刻石。"

徐松《宋会要辑稿·礼二十八》记载："九月十九日，命王旦撰《祀汾阴坛颂》，王钦若撰《朝觐坛颂》，陈尧叟撰《亲谒后土庙颂》。初，帝以御笔写'后土庙颂'字示宰相，命陈尧叟撰此颂，王旦曰：'《东封泰山铭》，是御制御书，此铭非臣下可为。'帝曰：'朕更不属文，尧叟未有文字，不必如此。'既而，王钦若又上表请令尧叟撰《朝觐坛颂》，遂诏尧叟为《亲谒颂》，而帝自制配飨铭焉。"

脱脱等《宋史·志·河渠一》记载："大中祥符三年十月，判河中府陈尧叟言：'白浮图村河水决溢，为南风激还故道。'明年，遣使滑州，经度西岸，开减水河。"

徐松《宋会要辑稿·礼二十八》记载："冬十月丙午朔，陈尧叟奏河决白浮图村，方修塞之，为南风所激，即归故道。宰臣等奉表称贺。河中府民巨沼诣陈尧叟，言五世祖诚，在德宗时，夜梦人谓曰：'中条山苍陵谷有灵宝真文，以金札之，明当往取。俟天书赤篆出，可用参会。'如其言入谷三四里，夜睹黄光下有块石，碎之，得黄金一斤、卷帛书，取藏于家，诚手等为识。后二百余年，屡经大兵、饥，家独无苦。其帛长二丈，广九寸，通判曹谷验之，云篆文非常，体词类道经。"

李焘《续资治通鉴长编》卷七十四记载："宋真宗大中祥符三年十月庚戌，尧叟附中使赵敦信入献。以沼为本府助教，赐衣服、银带、器帛。（曹谷，未见。是年为度判者别一人。）陈尧叟又言解州父老欲诣阙奉迎车驾，诏尧叟谕止之。

"十月乙亥，礼仪使王钦若言祀后土地细节。诏付陈尧叟等详定，即请就正殿下安匦，仍设槛护净，奏可。钦若又请车驾所经路坊市三日禁止丧事，从之。"

徐松《宋会要辑稿·礼二十五》记载："礼仪使王钦若请依仪注于前殿栏楯之下，皇帝板位之西奉安石匮，以藏玉册。诏尧叟复议，请依钦若所定，礼官详定，亦请如尧叟议于正殿直南安置，仍别设栏槛遮护。"

徐松《宋会要辑稿·礼二十六》记载："真宗景德三年[①]十月二十四日，内出脽上后土庙图，令陈尧叟量加修饰，仍诏汾阴坛后土黄琮、神州地祇两圭有邸，令文思院以美玉制之。"

李焘《续资治通鉴长编》卷七十四记载："宋真宗大中祥符三年十二月乙巳朔，陈尧叟自汾阴来朝，宴于长春殿。故事，内殿曲宴，三司使不预，时丁谓计度粮草还，特召预焉。"

[①] 编按：徐松《宋会要辑稿·礼二十六》中"景德三年"应为"大中祥符三年"。

徐松《宋会要辑稿·礼二十八》记载："四日，陈尧叟等辞于长春殿，赐宴及鞍马、袭衣、金犀带、缗钱有差。"

徐松《宋会要辑稿·礼二》记载："十二月三日，礼仪使王钦若言：'汾阴路应车驾经由前三日坊市禁止丧事。'从之。陈尧叟等言：'硖石程路多山险，少居舍。'诏俟至新安日驾前军先赴，张茅驾后军马。上石壕，令御前忠佐鹿信、韩琼于驾前。"

陈尧佐上"检法事"

李焘《续资治通鉴长编》卷七十三记载："宋真宗大中祥符三年四月丙辰，诏诸州司法参军，有检法不当，出入徒流已上罪者，具案以闻，经三次误错者，替日，令守选，及委长吏察举。从两浙转运使陈尧佐之请也。因谓辅臣曰：'详明平允，由性识耳。如穷经之士，讽读虽久，有不能通其义者。法官能晓律意，犹学者之能达经旨，纵与时事不同，但依之亦可尚也。'"

陈尧咨复右正言、知制诰，知荆南

祝穆《方舆胜览》卷二十七记载："皇朝陈尧咨，祥符中知荆南，母冯氏问曰：'汝典郡，有何治效？'尧咨曰：'稍精于射。'母曰：'汝不务仁政而专一夫之技。'杖而击之。"

脱脱等《宋史·列传·陈尧咨传》记载："寻复右正言、知制诰，知荆南。"

脱脱等《宋史·志·五行》记载："三年二月，江陵公安县民田获稻生稻四百斛。《文献通考》。八月，江陵县民张仲家竹自根上分干，其一干又分三茎；九月，江陵府永泰寺竹出地七节，分为两茎，长丈余，知府陈尧咨以闻。"

李贤《大明一统志》卷六十二记载："陈尧咨仁宗[①]时知荆南府，母冯氏问曰：'汝典名郡，有何治效？'对曰：'稍精于射。'母曰：'汝父训汝以忠孝，今不务仁政而颛卒伍末技，岂汝父意耶！'以杖击之，金鱼坠地。"

宋真宗大中祥符四年（1011）

陈尧叟陪宋真宗祭祀汾阴，加户部尚书

脱脱等《宋史·本纪·真宗三》记载："四年春正月辛巳，诏执事汾阴懈怠者，罪勿原。乙酉，习祀后土仪。丁亥，将祀汾阴，谒启圣院太宗神御殿、普安院元德皇后圣容。丙申，诏以六月六日天书再降日为天贶节。丁酉，奉天

[①] 编按：李贤《大明一统志》卷六十二中"仁宗"应为"真宗"。

书发京师。日上有黄气如匹素，五色云如盖，紫气翼仗。庚子，右仆射、判河阳张齐贤见于汜水顿。陈尧叟献白鹿。辛丑，陈幄殿于訾村，望拜诸陵。甲辰，至慈涧顿，赐道傍耕民茶荈。"

脱脱等《宋史·志·礼五》记载："及祀汾阴，命陈尧叟祭西海，曹利用祭汾河。车驾至潼关，遣官祠西岳及河渎，并用太牢，备三献礼。庚午，亲谒华阴西岳庙，群臣陪位，庙垣内外列黄麾仗，遣官分奠庙内诸神，加号岳神为顺圣金天王。还至河中，亲谒奠河渎庙及西海望祭坛。"

李焘《续资治通鉴长编》卷七十五记载："宋真宗大中祥符四年二月甲子，次河中府，赐扈驾诸军缗钱。幸舜庙，赐舜井名广孝泉，亲作赞。渡河桥，观铁牛，又幸河渎庙，庙西有西海望祭坛，上顾其坛制非广，令有司讨典故增筑。登后亭，见民有操舟而渔、秉耒而耕者，上曰：'百姓作业其乐乎！使吏无侵扰，则日用而不知矣。'遂幸开元寺、紫极宫、逍遥楼，赋诗赐从臣。召草泽李渎、刘巽，渎以疾辞，授巽大理评事致仕。渎，莹子，淳澹好古，王旦、李宗谔与之世旧，每劝其仕，渎皆不答。于是直史馆孙冕言其隐操，陈尧叟复荐之。既辞疾不至，遣内侍劳问，令长吏岁时存抚。赐西京、河中府、陕郑二州缗钱，为宴犒肴酒之费也。"

徐松《宋会要辑稿·方域四》记载："四年二月，诏改河中府'克覆楼'曰'熏风楼'，在市中。唐广明岁节度使王重荣败黄巢，伪将赵璋、李祥尝誓众于此，因为名。帝曰：'克复者一时之事，不若因舜都为之号，乃赐名焉，命陈尧叟为记。'"

李焘《续资治通鉴长编》卷七十五记载："宋真宗大中祥符四年三月甲申，陈尧叟、李宗谔自河中府来朝，言初经度祀事至礼毕，凡土木工三百九十万余，止役军士辇送粮草，供应顿递，亦未尝差扰边民。上称善。"

脱脱等《宋史·本纪·真宗三》记载："四月甲子，王旦加右仆射，元佐为太尉，元偓进封相王。乙丑，幸元偓宫视疾。葺尚书省。加王钦若吏部尚书，陈尧叟户部尚书，冯拯工部尚书。"

脱脱等《宋史·列传·陈尧叟传》记载："礼成，进户部尚书。"

陈邦瞻《宋史纪事本末》卷四记载："夏四月甲辰朔，帝至自汾阴宰相、亲王以下进秩有差。"

徐松《宋会要辑稿·礼三十七》之三记载："五月七日，祀汾阴经度制置使陈尧叟言：'永安县居民阙汲水用，若导南山下青龙涧水泉循山以入县城，可济乏阙。'诏诸陵都监江守训相度，守训言：'可以开修。'帝以近陵寝，慎于兴工,命司天监集官定议,司天监亦称其便,始从之。"

李焘《续资治通鉴长编》卷七十六记载:"宋真宗大中祥符四年七月,群牧副使阎承翰与勾当估马司赵守伦虽素为姻家,又联职任,然不相得,遂各讼诉,并付御史台鞫问。承翰坐擅用公钱,当赎金三十斤;守伦坐违制移估马司,当免所居官,典吏当杖脊。乙酉,诏宽其罚,承翰赎金十斤,守伦赎二十斤,典吏亦降从杖。群牧都监张继能、判官陈越而下并释罪,制置使陈尧叟特免按问。所用公钱悉蠲之。

"十一月壬午,知河南府冯拯言官市刍粟,望增给其直。陈尧叟曰:'增直以市,不若徙马他所。京师马旧留二万,今留七千,自余悉付外监。仍欲于七千之中更以四千付淳泽监,岁可省刍粟三百余万。若有给赐,朝取夕至矣。'从之。(《会要》于明年四月始载尧叟言,又马数不同,今从《实录》。)"

徐松《宋会要辑稿·食货三十七》记载:"四年十一月,知河南府冯拯言官市刍槁,望增给其直。枢密陈尧叟曰:'增价以市,不若徙马他所。京师马旧留二万,今留七千,自余悉付外监。仍欲于七千之中更以四千付淳泽监,可省辇下刍秣之费。'帝然之。"

陈尧佐为起居郎

李焘《续资治通鉴长编》卷七十五记载:"宋真宗大中祥符四年四月己巳,上谓宰相曰:'朕阅《唐六典》,起居郎、舍人、司谏、正言凡十二员,近者此官多阙,可因覃庆,选有才望、为中外所知者补之。'于是直史馆陈尧佐、乐黄目、盛玄、王随、路振、崔遵度、陈知微、李咨、陈越等九人,悉授两省官。盛玄,余杭人,后改名度。"

徐松《宋会要辑稿·职官三》记载:"四年四月,祀汾覃庆,真宗谓宰臣曰:'朕阅《六典》,起居郎、舍人、司谏、正言凡十二员,近日此官名阙,当选有才望、为中外所知者补之。'遂以工部员外郎、直史馆陈尧佐,乐黄目为起居郎;屯田员外郎、直史馆盛玄,太常博士、直史馆王随为起居舍人;太常博士、直史馆路振、崔遵度为左司谏;直史馆陈知微为右司谏;太常丞、值集贤院李咨,直集贤馆陈越并为左正言,职如故。"

李焘《续资治通鉴长编》卷七十六记载:"宋真宗大中祥符四年七月庚辰,诏奖淮南、江、浙、荆湖制置发运使李溥,两浙转运使陈尧佐,荆湖南路转运使孙冕,知温州胡则,知郴州袁延庆,知濠州定远县王仲微,以规画供修玉清昭应宫材木无阙故也。(袁延庆,未见。)

"九月壬午,两浙转运使陈尧佐言,淮南庐、寿等州有流民至常、润州,已依诏旨发廪粟减直出粜。"

宋真宗大中祥符五年（1012）
陈尧叟加检校太傅、同平章事，充枢密使

李焘《续资治通鉴长编》卷七十七记载："宋真宗大中祥符五年正月乙酉，并州上刍粟之数可给四五年，上曰：'河东仍岁丰穰，储偫①尤广，自今诸路稔岁，宜以时积谷，为凶年之备。'因言蜀中储蓄甚鲜，陈尧叟曰：'两川地皆肥饶，而民不务储蓄，或小歉，则每以蔬芋充食。'上曰：'河东、北非粟不可，务农宝谷，乃国家养民之道也。'

"初命王旦撰《祀汾阴坛颂》，王钦若撰《朝觐坛颂》，陈尧叟撰《亲谒后土庙颂》。二月庚戌，旦等以颂成，并加特进、邑封。旦自集贤殿大学士改昭文馆大学士，上将如东封例，并迁其官，旦等固辞得免。"

徐松《宋会要辑稿·兵二十四》记载："五年三月，帝谓宰臣等曰：'群牧马数亦当岁较其耗，登诸蕃马，月奏其数，但无比较，且以去岁所奏比日近奏数约少二万。'制置使陈尧叟曰：'盖已给诸军矣。亦虑去岁遇雪，马有死损者多，自前牧马，虽经冬不给刍膏，臣近已指挥坊监如遇雪有妨牧，则量给之。'四月群牧制置使言：'近置中牟县淳泽监，在京自来岁留准备供使马多至万七千匹，少亦不减万余匹于左右骐骥院，及六坊监养饲。岁费刍粟不啻四百余万石，今欲分定色额在京每岁各比留二千匹，约拨马五千匹赴淳泽监牧养，或京师要马填阙拘抽止，经宿便到，岁可减草三百余万束粟豆。'称是。"

李焘《续资治通鉴长编》卷七十八记载："宋真宗大中祥符五年六月壬戌，令枢密院修《时政记》，月送史馆。先是，枢密院月录附史事送中书，编于《时政记》。及是，王钦若、陈尧叟请别撰，许之。《枢密院时政记》始此。"

马端临《文献通考·职官考五》记载："五代以来，中书、枢密院皆致时政记，枢密院直学士编修。太平兴国八年，苏易简为参政，自是中书皆参政编录，唯吕蒙正尝以宰相领其事。端拱以后，枢密院事皆送中书同修为一书。及王钦若、陈尧叟始，乞别撰，不关中书，直送史馆。"

徐松《宋会要辑稿·职官六》记载："大中祥符五年六月，诏枢密院所修

---
①储偫（zhì）：储备，特指存储物资以备需用，泛指积聚储存知识或人才等。

《时政记》，月送史馆。先是，枢密院月录附史事送中书，编于《时政记》。及是，王钦若、陈尧叟始请别撰。"

曾巩《隆平集》卷五记载："大中祥符五年，加平章事、枢密使兼群牧使。"

李焘《续资治通鉴长编》卷七十八记载："宋真宗大中祥符五年九月戊子，以吏部尚书、知枢密院事王钦若，户部尚书、知枢密院事陈尧叟，并依前官加检校太傅、同平章事，充枢密使，签署枢密院事马知节为副使。学士晁迥草制，误削去钦若、尧叟本官，诏各存之，遂改制而行。儒臣领枢密兼使相，自钦若、尧叟始。"

王称《东都事略·本纪》卷四记载："五年九月戊子，王钦若、陈尧叟并枢密使同平章事；马知节枢密副使；丁谓参知政事；赵安仁罢。"

马端临《文献通考·职官考十二》记载："大中祥符五年，以知枢密院王钦若、陈尧叟同中书门下平章事，充枢密使。儒臣为枢使兼使相，自此始也。

"宋兴始以枢密与中书对持文武二柄，号称二府。然后，枢密院之设，始专有职掌，不为赘疣。然祖宗时，枢密院官虽曰掌兵亦未尝不兼任宰相之事。景德四年，中书命秘书丞杨士元，通判凤翔府。枢密院命之掌内香药库。两府不相知，宣敕各下。乃诏自今中书所行事关军机及内职者，报枢密院，枢密院所行关民政及京朝官者，报中书，是枢密院得以预除授之事也。又是年，命宰臣王旦监修两朝正史，知枢密王钦若、陈尧叟，参知政事赵安仁并修国史，是枢密院可以预文史之事也。"

脱脱等《宋史·本纪·真宗三》记载："九月戊子，王钦若、陈尧叟并为枢密使、同平章事，丁谓为户部侍郎、参知政事。"

脱脱等《宋史·列传·陈尧叟传》记载："五年，与钦若并以本官检校太傅、同平章事，充枢密使，加检校太尉。"

陈邦瞻《宋史纪事本末》卷四记载："五年九月戊子，以王钦若、陈尧叟并为枢密使，丁谓参知政事，马知节为枢密副使。时天下乂安，王钦若、丁谓导帝以封祀，眷遇日隆。钦若自以深达道教多所建明，而谓附会之，与陈彭年、刘承珪等搜讲坠典，大修宫观，以林特有心计，使为三司使，以干财利五人，交通踪迹诡秘，时号'五鬼'。王旦欲谏，则业已同之，欲去，则上遇之厚。追思李沆之先识，叹曰：'李文靖真圣人也。'钦若状貌短小，项有附疣，时人目为'瘿相'，性倾巧敢为，矫诞然智数过人，每朝廷有兴作，能委曲迁就，以中帝意。知节以众方竞言祥瑞，深不然之，每言于帝曰：'天下虽安不可忘战，去兵也。'"

李焘《续资治通鉴长编》卷七十九记载："宋真宗大中祥符五年冬十月乙未朔，诏枢密使带检校官、平章事，不告引，止于本厅赞喝。时王钦若、陈尧叟上言请定常制。先是，魏仁浦以宰相兼枢密使，告引，曹彬以枢密使兼相不告引，故止用彬例。"

徐松《宋会要辑稿·仪制四》记载："大中祥符五年十月，诏枢密使带检校官、平章事，若不告引，止于本厅赞喝。时王钦若、陈尧叟以检校兼正官同平章事充枢密使，请立常例。有司言，魏仁浦以宰相兼枢密使故，告引。曹彬以枢密使兼相不告引。遂定此例。"

李焘《续资治通鉴长编》卷七十九记载："宋真宗大中祥符五年闰十月丁卯，命王旦为躬谢太庙大礼使，向敏中为礼仪使，王钦若为仪仗使，陈尧叟为卤簿使，马知节为桥道顿递使。故事，每大礼，以宰相领大礼使，而礼仪等使皆署申状。东封岁，上特命中书、枢密院领五使，汾阴亦如之。于是王旦言：'顷岁，臣叨备相位，钦若以下皆知枢密院，参知政事。今敏中、钦若、尧叟悉同平章事，询于事体，颇似非宜。'上曰：'第依近制可也。'旦又曰：'东封、汾阴告庙日，皆奉天书，所以表奉符行事。今兹告庙，天书重于举动，望不出内。'诏可。"

徐松《宋会要辑稿·帝系一》记载："大中祥符五年闰十月十八日，中书门下与礼官等参议，请加上僖祖曰文献睿和，顺祖曰惠元睿明，翼祖曰简恭睿德，宣祖曰昭武睿圣，太祖曰启运立极英武睿文神德圣功至明大孝，太宗曰至仁应道神功圣德文武睿烈大明广孝，诏恭依仍俟上圣祖册礼毕奉上。命枢密使王钦苦撰僖祖册文，陈尧叟撰顺祖册文，参知政事丁谓撰翼祖册文，宰臣王旦撰宣祖册文，向敏中撰太祖册文，王钦若撰太宗册文并书。"

陈尧佐在两浙多举措

李焘《续资治通鉴长编》卷七十七记载："宋真宗大中祥符五年春正月癸酉，杭州言浙江坏岸，渐逼州城，望遣使自京部埽匠、壕寨赴州葳役，从之。仍令驰驿而往，转运使更互检校。

"正月乙亥，赐处州处士周启明粟帛。东封初，启明举贤良，既罢归，遂不复有仕进意，教授弟子百余人，时号处士。于是转运使陈尧佐表其行义于朝，故赐之。"

脱脱等《宋史·本纪·真宗三》记载："五年正月乙亥，赐处州进士周启明粟帛。"

李贤《大明一统志》卷四十四记载："人物宋周启明，龙泉人，举进士又举贤良方正，既而罢归，教授子弟百余人，不复仕进，时号处士。转运使陈尧佐表其行义，诏赐粟帛，仁宗时除试助教，迁至太常丞，所著有诗赋杂文千六百余篇。"

李焘《续资治通鉴长编》卷七十七记载："宋真宗大中祥符五年二月甲辰，两浙转运使陈尧佐言：'部内诸州民以饮博频犯法者，有司籍其名，每有争讼，不计曲直，即重行决罚，使民无由改过。自今望令诸州察其易行自新者，依理区分，犯三次以上，情重奏裁。'从之。"

李焘《续资治通鉴长编》卷七十八记载："宋真宗大中祥符五年，钱塘人林逋，少孤力学，不为章句。性恬淡好古，不趋荣利，家贫衣食不足，晏如也。初泛游江湖间，久之，归杭州，结庐西湖之孤山，二十年足不及城市。转运使陈尧佐以其名闻，六月庚申，诏赐粟帛，长吏岁时劳问。

"癸亥，诏诸州转卖金箔人并减原犯人罪一等决讫，令众半月。时杭州民周承裕私炼金为箔，有郑仁泽者，尝市得千枚转鬻于人，事败，全家徙配。及是，本路转运使陈尧佐上言：'情异罚同，咸徙远郡，恐伤钦恤之意。'故有是诏。

"九月癸未，诏两浙诸州，三大户自今令正身勾当，其挟名替者，先科欺罔之罪，复追正身断决。从转运使陈尧佐之请也。"

陈尧佐《新修大成殿记》记载："大中祥符五年岁次壬子仲春十一日，两浙诸州水陆计度转运使、直史馆陈尧佐记。"

陈尧咨改起居舍人，权同判吏部流内铨

李焘《续资治通鉴长编》卷七十九记载："宋真宗大中祥符五年十月丁巳，以知制诰陈尧咨权同判吏部流内铨。旧制，选人皆用奏举乃得京官，而士有孤寒不为人知者，尧咨特为陈其功状而升擢之。"

脱脱等《宋史·列传·陈尧咨传》记载："改起居舍人，同判吏部流内铨。旧格，选人用举者数迁官，而寒士无以进。尧咨进其可擢者，帝特迁之。"

李焘《续资治通鉴长编》卷七十九记载："宋真宗大中祥符五年闰十月丁丑，谒启圣院太宗神御殿。礼毕，诏于龙图阁取太平兴国中舒州所获'志公'石以示辅臣，上作诗纪其符应，又作赞，目曰'神告帝统石'。乃加谥志公曰'真觉'，遣知制诰陈尧咨诣蒋山致告。其后又加谥曰'道林真觉'，令公私无得斥志公名。"

至大《金陵新志》卷三中之中记载："遣知制诰陈尧咨致告，加宝志，谥曰'真觉大师'，作五岳观。"

宋真宗大中祥符六年（1013）

陈尧叟献策"平定夷人叛乱"

李焘《续资治通鉴长编》卷八十记载："宋真宗大中祥符六年二月癸亥朔，向敏中、陈尧叟、马知节、丁谓等言，自今圣制歌诗，望各赐一本，从之。先是，每赐惟及班首，故敏中等有是请。"

徐松《宋会要辑稿·礼四十五》记载："大中祥符六年二月十八日，清明节宴近臣于陈尧叟第，宗室于潜龙园。又二日，宴帅臣于本司，内职于军器库。凡赐近臣会者，旧止待制以上，三司副使止与判官同会，是岁始复令预焉。"

李焘《续资治通鉴长编》卷八十一记载："宋真宗大中祥符六年七月乙未，先是，晏州多刚县夷人斗望行牌率众劫淯井监，杀驻泊借职平言，大掠孳畜。知泸州江安县奉职文信领兵趋之，遇害。民皆惊扰，走保戎州……乃诏内殿崇班王怀信为嘉、眉、戎、泸等州水陆都巡检使，合门祗候康训、符承训为同都巡检使。及发陕西虎翼、神虎等兵三千余人，令怀信与转运使寇瑊商度进讨。上因谓枢密使陈尧叟曰：'往时孙正辞讨蛮，有虎翼小校率众冒险者三人，朕志其姓名，今以配怀信。正辞尝料简乡丁，号白芳子弟，以其识山川险要，遂为乡道，今赤令怀信召募。又益州有忠勇军士二百，前讨王均有功，可给怀信为先锋。又使臣宋贲屡规画溪洞事，中适机会，可迁其秩，使知江安县，令怀信等每与同议。'（《实录》不载命怀信等出军，但有上谓陈尧叟等语，今取《会要》及《正史》增入。然《会要》及《正史》并以出军为九月事，今因上语陈尧叟等并载之于此。符承训，彦卿孙，昭愿子。）"

徐松《宋会要辑稿·蕃夷五》记载："九月，诏怀信为嘉、眉、戎、泸等州水陆都巡检使，合门祗候康训、符承训为都同巡检使。及发虎翼、神虎等兵三千余人，令与瑊商度进讨蛮人，非同恶者，倍加安抚，无使惊扰。帝语枢密使陈尧叟曰：'往特孙正辞讨蛮，有虎翼小校率众冒险者三人，朕志其姓名，今以配怀信。正辞尝料简乡丁，号白芳子兵，以其识山川险恶，遂为乡道。今日亦令怀信召募，又使臣宋贲屡规画溪峒事，中适机要，以贲知江安县与怀信等议事。'"

李焘《续资治通鉴长编》卷八十一记载："宋真宗大中祥符六年八月庚申

朔，诏以来春亲谒亳州太清宫，先于东京置坛，回日恭谢天地，如南郊之制。辛酉，以参知政事丁谓为奉祀经度制置使，翰林学士陈彭年副之。谓仍判亳州。又命五使及遣计度刍粮、详定仪注、部修行宫治道、增置亳州官属，如汾阴之制。"

脱脱等《宋史·志·礼七》记载："以王旦为奉祀大礼使，向敏中为仪仗使，王钦若为礼仪使，陈尧叟为卤簿使，丁谓为桥道顿递使。又以王旦为天书仪卫使，王钦若同仪卫使，丁谓副之，兵部侍郎赵安仁为扶侍使，入内副都知张继能为扶侍都监。帝朝谒玉清昭应宫，赐亳州真源县行宫名曰奉元，殿曰迎禧。"

徐松《宋会要辑稿·礼五十一》记载："十月九日，以宰臣王旦为奉祀大礼使，向敏中为仪仗使，枢密使、同中书门下平章事王钦若为礼仪使，陈尧叟为卤簿使，参知政事丁谓为桥道顿递使。以王旦为天书仪卫使，王钦若为同仪卫使，丁谓为副使，兵部侍郎赵安仁为扶侍使，入内副都知张继能为扶侍都监。诏朝谒太清宫，天下禁屠宰十日，以明年正月十四日为始。"

陈尧佐言"禁米商"

李焘《续资治通鉴长编》卷八十记载："宋真宗大中祥符六年正月乙巳，两浙转运使陈尧佐，言杭、润等州米斗钱六十，盖淮泗不稔，行商贩鬻，致有增价，乞行禁止。诏不许，仍令发廪贱粜，以济贫民。"

陈尧咨迁集贤院、为工部郎中，又迁龙图阁直学士、知永兴军

曾巩《隆平集》卷五记载："迁集贤院，又迁龙图阁直学士、知永兴军。"

李焘《续资治通鉴长编》卷八十一记载："宋真宗大中祥符六年八月己巳，以起居舍人、知制诰陈尧咨为工部郎中、龙图阁直学士、知永兴军府。长安多仕族，子弟恃荫纵横，二千石鲜能治之。有李大监者，尧咨旧交，其子尤为强暴。一日，以事自至府庭。尧咨问其父兄宦游何方，得安信否，语甚勤至。既而让之曰：'汝不肖，亡赖如是，汝家不能与汝言，官法又不能及汝，终无耻矣。我与尔父兄善，犹骨肉，当代汝父兄训之。'乃引于便坐，手自杖之。由是，子弟亡赖者皆惕息。然其用刑过酷，有博戏者，杖讫桎梏列于市，置死马其旁，腐臭气中疮辄死。后来者系于先死者之足。其残忍如此。"

脱脱等《宋史·列传·陈尧咨传》记载："改右谏议大夫、集贤院学士，以龙图阁直学士、尚书工部郎中知永兴军。"

李焘《续资治通鉴长编》卷八十一记载："宋真宗大中祥符六年九月丁巳，诏龙图阁学士、直学士结衔在本官之上。初，杜镐、陈彭年之为是职也，职在官下。至是，陈尧咨建言，故更之。"

徐松《宋会要辑稿·职官七》记载："六年九月，诏龙图阁学士、直学士结御在本官之上。初，杜镐、陈彭年之为是职也，职在官下。至是，陈尧咨上言，故更之。"

宋真宗大中祥符七年（1014）
陈尧叟陪宋真宗谒太清宫，罢为户部尚书

脱脱等《宋史·列传·陈尧叟传》记载："从幸太清宫，加开府仪同三司。"

脱脱等《宋史·志·礼七》记载："七年正月十五日，发京师。十九日，至奉元宫，斋于迎禧殿。二十一日，帝服通天冠、绛纱袍，奉上太上老君混元上德皇帝加号册宝。夜漏上五刻，天书扶侍使奉天书赴太清宫。二鼓，帝乘玉辂，驻大次。三鼓，奉天书升殿，改服衮冕，行朝谒之礼，相王元偓为亚献，荣王元俨为终献。帝还大次，太尉奉册宝于玉匮，缠以金绳，封以金泥，印以受命之宝，纳于醮坛石匮，将作监加石盖其上。群臣称贺于大次。分命辅臣荐献诸殿，改奉元宫曰明道宫，奉安玉皇大帝像，改真源曰卫真县。车驾次亳州城西，诣新立圣祖殿朝拜。至应天府朝拜圣祖殿，诏号曰鸿庆宫，仍奉安太祖、太宗像。驾至自亳州，百官迎对于太一宫西之幄殿，有司以卫真灵芝二百舆洎白鹿前导天书而入。帝服靴袍，乘大辇，备仪卫还宫。"

徐松《宋会要辑稿·礼五十一》记载："七年正月十五日，仪卫使等具鼓吹、仗卫、道门威仪、坊教（教坊）乐，奉天书升玉辂。少顷，帝乘辇出干元门，留司百官、京畿父老奉辞于南熏门外。改御逍遥辇进发，夕次咸平县，赐僧道、父老时服、茶绢。自是所过皆然。自咸平县历围城（圉城）、太康县、鹿邑县至真源县，凡五置顿。十六日，命陈彭年赴太清宫醮告。十七日，王旦告至于太清宫。二十一日，帝服通天冠绛纱袍，于迎禧殿庭奉太上老君混元上德皇帝加号册宝，再拜。摄太尉王旦奉以升玉辂，持节乘车，具本卤簿诣太清宫。摄中书令丁谓读册文，夜漏上五刻，天书扶侍使奉天书赴太清宫。自行宫夹路设笼灯燎台，左右执炬以间之，参映仪卫，照灼如昼。二鼓，帝服通天冠、绛纱袍，乘玉辂，具法驾继进，驻大坎。二十三（二）日三鼓，奉天书升殿，服衮冕行朝谒之礼。相王元墦为亚献，荣王元俨为三献。帝还大次，太尉奉加号册宝于玉匮。缠以金绳，封以金泥，印以金绶（受）命之宝；纳于醮坛石匮，填以石泥，印以天下同文之宝。将作监领徒加石盖其上。臣称贺于大

次。分命辅臣荐献诸殿。少顷，帝复谐（诣）先天观元始天尊殿、广灵宫、玉皇大帝殿、洞霄宫、先天太后殿，焚香再拜。复至上清宫，周览灵井瑞桧。至真武殿，赤蛇见于甃间。又诏亳州、应天府各赐酺三日。公宇门楼，亳州以奉元均庆，应天府以重熙颁庆为名。赐丁谓以下袭衣、金带、器币有差。"

李焘《续资治通鉴长编》卷八十二记载："宋真宗大中祥符七年六月丙寅，诏天书刻玉使副等诣内殿观待诏盛亮摹写本三函，上皆跪受置案，向敏中、陈尧叟、丁谓、赵安仁捧持，王旦与王钦若对读，陈彭年详字体。初，有司且仪，上览之，增跪受、亲启封，又加上香者三、再拜者八。"

曾巩《隆平集》卷五记载："七年罢。"

李焘《续资治通鉴长编》卷八十二记载："六月乙亥，枢密使王钦若罢为吏部尚书，陈尧叟为户部尚书，副使马知节为颍州防御使。

"钦若性倾巧，敢为矫诞，知节薄其为人，未尝诡随。上尝以喜雪诗赐近臣，而误用旁韵。王旦欲白上，钦若曰：'天子诗，岂当以礼部格校之！'旦遂止。钦若退，遽密以闻。已而上谕二府曰：'前所赐诗，微钦若言，几为众笑。'旦唯唯，知节具斥其奸状，上亦不罪也。钦若每奏事，或怀数奏，但出其一二，其余皆匿之。既退，则以己意称上旨行之。知节尝于上前顾钦若曰：'怀中奏何不尽出？'钦若宠顾方深，知节愈不为之下，争于上前者数矣。

"及王怀信等上平蛮功，枢密院议行赏，钦若、尧叟请转一资，知节云：'边臣久无立功者，请重赏以激其余。议久不决。'上趣之，知节忿恚，因面评钦若之短。既而不暇奏牒，即超授怀信等官。上怒，谓向敏中等曰：'钦若等议怀信赏典，坚称与侍其旭例不同，当须加等。朕语之曰："爵赏有劳，国家不惜。"盖怀信来告，枢密院略无酬奖，止望依侍其旭例为幸。钦若等奏，当具取进止。今乃并与所奏不同，不具札子，亦不进卷，便直札送中书，怀信与供备库副使。始则稽留不行，终又擅自超擢，敢以爵赏之柄高下为己任，近位如此，朕须束手也。'又曰：'钦若等异常不和，事无大小，动辄争竞。朕于臣下止可如此尔，其如事君之礼人所具瞻何！知节又历诋朝列，审刑、审官、两制、三馆、谏官，御史，都无其人，其薄人厚己也如此！'于是三人者俱罢。钦若、尧叟，各守本官。知节以检校太傅、宣徽北院使兼副使，但除防御使，寻出知潞州。（王旦遗事录载旦叱钦若及劝上还内事，与正史不同。按此时旦方出使兖州，若数月前，上初无罢钦若等意也。上所以罢钦若等，实缘不候奏牒擅除官耳，不专坐对上忿争也，恐遗事录未可全信，今不取，取西府拜罢录陈绎所载上语具书之。）"

王称《东都事略·本纪》卷四记载:"七年六月乙亥,王钦若、陈尧叟、马知节罢。寇准枢密使。"

脱脱等《宋史·本纪·真宗三》记载:"六月乙亥,枢密使王钦若罢为吏部尚书,陈尧叟为户部尚书,以寇准为枢密使、同平章事。"

脱脱等《宋史·列传·陈尧叟传》记载:"未几,与钦若罢守本官。"

徐松《宋会要辑稿·职官七十八》记载:"大中祥符七年六月二十一日,枢密使、吏部尚书、检校太尉、同中书门下平章事、监修国史王钦若,枢密使、户部尚书、检校太傅兼群牧制置使陈尧叟并罢本官,宣徽北院使兼枢密副使马知节罢为颍州防御使。"

李焘《续资治通鉴长编》卷八十三记载:"宋真宗大中祥符七年七月庚寅,复以户部尚书陈尧叟为群牧制置使。

"辛亥,诏吏部尚书王钦若、户部尚书陈尧叟月俸并支实钱,仍增给三十千。"

脱脱等《宋史·列传·陈尧叟传》记载:"仍领群牧。"

徐松《宋会要辑稿·职官五十七》记载:"七年七月,诏吏部尚书王钦若、户部尚书陈尧叟月俸支实钱仍添给三十千。以钦若编修《册府元龟》及校《道经》,尧叟充群牧制置使。故有是命。"

李焘《续资治通鉴长编》卷八十三记载:"宋真宗大中祥符七年十一月壬辰,户部尚书陈尧叟上《汾阴奉祀记》三卷。有诏褒答。

"十二月丙辰,令王钦若、陈尧叟、冯拯、赵安仁洎林特等各举京朝、幕职、州县官详练刑典、晓时务,任边寄者二人。"

徐松《宋会要辑稿·选举二十七》记载:"十二月,诏王钦若、尧叟、冯拯、赵安仁、林特各于见任京朝、幕职、州县官内共举两人,或博知民政,或更练刑章,或可莅繁剧之司,或可守边防之寄并须自来无赃滥及幕职、州县官考限合得元敕者,各具所长堪何任使,如任用后犯入已赃并当同罪,其余赃私罪及不如所举状,亦当连坐,仍限十日内,具名以闻。"

陈尧佐调任京西转运使

徐松《宋会要辑稿·刑法二》记载:"七年五月四日,诏两浙诸州有屠牛充膳自非通议烹宰其因缘买者,悉不问罪。初,司勋员外郎孔宗闵上言:'浙民以牛肉为上味,不逞之辈竞于屠杀,事发即逮捕,滋广请释不问罪。'状下,两浙转运使陈尧佐悉同其议,故有是诏。"

欧阳修《陈公(尧佐)神道碑铭并序》记载:"徙京西、河东、河北三路。

"钱塘江堤,以竹笼石,而潮啮之,不数岁,辄坏而复理。公叹曰:'堤以捍患,而反病民。'乃议易以薪土,而害公政者言于朝,以为非便。是时丁晋公参知政事,主言者以黜公。公争不已,乃徙公京西。而笼石为堤,数岁功不就,民力大困。卒用公议,堤乃成。"

李焘《续资治通鉴长编》卷八十二记载:"初,钱塘江堤以竹笼石,而潮啮之,不数岁,辄坏而复理。转运使陈尧佐曰:'堤以捍患,而反病民。'乃与知杭州戚纶议易以薪土。有害其政者言于朝,以为不便。参知政事丁谓主言者以绌尧佐,尧佐争不已。谓既徙纶扬州,五月癸未,又徙尧佐京西路。发运使李溥请复笼石为堤,数岁功不就,民力大困,卒用尧佐议,堤乃成。"

李贤《大明一统志》卷三十八记载:"陈尧佐为两浙转运副使[①],钱塘江篝石为堤,堤再岁辄坏,尧佐请下薪实土乃可坚久,丁谓不以为是,后卒如尧佐议。"

徐松《宋会要辑稿·方域十七》记载:"大中祥符七年十月,江淮发运使李溥言准诏,与内供奉官卢守勤按视杭州江岸,请依钱氏旧制立木积石以捍湖波,从之,仍令守勤专掌其事。初,江潮悍激止及西兴,至是直抵州城,知州戚纶、转运使陈尧佐请累梢为岸。既成,会纶等徙任,或言其非便故,令溥等视而改之。"

陈尧咨导"龙首渠"

李焘《续资治通鉴长编》卷八十二记载:"宋真宗大中祥符七年四月庚申,上谓宰相曰:'闻永兴陈尧咨用刑峻酷。关中近方丰稔,郡县尤藉绥抚,不宜严急。有窦随者,提点本路刑狱,颇复伺察人过以激怒之,欲使内外畏惮,成其威望,此不可不责也。'辛酉,徙随京西路。后数月,尧咨言导龙首渠入城以给民用,有诏嘉奖,因曰:'决渠济之,不若省刑以安之,乃副朕意也。'"

脱脱等《宋史·列传·陈尧咨传》记载:"长安地斥卤,无甘泉,尧咨疏龙首渠注城中,民利之。然豪侈不循法度,敞武库,建视草堂,开三门,筑甬道,出入列禁兵自卫。用刑惨急,数有杖死者。"

李贤《大明一统志》卷三十三记载:"陈尧咨知永兴军,长安地斥卤无甘泉,尧咨疏龙首渠注城中,民利之。"

[①]编按:李贤《大明一统志》卷三十八中"转运副使"应为"转运使"。

徐松《宋会要辑稿·食货八》记载："祥符七年六月，知永兴陈尧叟[①]导龙首渠入城，民便之，诏嘉奖。"

宋真宗大中祥符八年（1015）

陈尧叟复枢密使、同平章事

李焘《续资治通鉴长编》卷八十四记载："宋真宗大中祥符八年正月庚戌，诏王钦若、陈尧叟、冯拯、赵安仁及林特等各举供奉官至殿直有武干者一人。"

徐松《宋会要辑稿·选举二十七》记载："七年[②]正月，诏枢密院王钦若、陈尧叟、御史中丞冯拯、吏部侍郎林特各于见任供奉官侍禁殿直内举一人。素谨行藏兼资武勇，或励精民政，或练习军机，勤干可以剸烦，智能足以取众，并须无赃滥及习识文字，明具所长，堪何任使，限一月内以闻。"

李焘《续资治通鉴长编》卷八十四记载："宋真宗大中祥符八年四月癸丑，召宰相观书玉宸殿，阅御制皇王、帝霸、五臣等论，遂临水轩赋诗，各赐衣带、器币，吏部尚书王钦若、户部尚书陈尧叟、刑部尚书冯拯、兵部侍郎赵安仁与焉。"

脱脱等《宋史·本纪·真宗三》记载："夏四月辛酉，赐宰相《五臣论》。"

徐松《宋会要辑稿·礼四十五》记载："八年四月一日，诏辅臣观书于玉宸殿，吏部尚书王钦若、户部尚书陈尧叟、刑部尚书兼御史中丞冯拯、兵部侍郎赵安仁预焉。始观太宗御书，移御制别殿，观御制皇帝、王霸及良臣、正臣、忠臣、奸臣、权臣等论，复幸水轩垂钓，命侍臣赋诗，各赐袭衣、金带、器币。"

徐松《宋会要辑稿·礼五十一》记载："八年四月十五日，命王旦撰《亳州明道宫记》，向敏中撰《太清宫颂》，王钦若撰《崇真桥记》，陈尧叟撰《灵津桥记》，丁谓撰《应天府安跸桥记》，王嗣宗撰《陈留县凝祥桥记》，知亳州李迪撰《明道宫观妙亭记》。"

曾巩《隆平集》卷五记载："八年复旧官职。"

李焘《续资治通鉴长编》卷八十四记载："宋真宗大中祥符八年四月壬

---

①编按：徐松《宋会要辑稿·食货八》中"陈尧叟"应为"陈尧咨"。
②编按：徐松《宋会要辑稿·选举二十七》中"七年"应为"八年"。

戌，以枢密使、同平章事寇准为武胜军节度、同平章事。以吏部尚书王钦若、户部尚书陈尧叟并为枢密使、同平章事。"

脱脱等《宋史·本纪·真宗三》记载："四月壬戌，以寇准为武胜军节度使、同平章事，王钦若、陈尧叟并为枢密使、同平章事。"

脱脱等《宋史·列传·陈尧叟传》记载："明年，复与钦若以本官检校太尉、同平章事，充枢密使。"

徐松《宋会要辑稿·礼五十八》记载："八年四月十五日，枢密院言新枢密使王钦若、陈尧叟及武胜军节度使寇准各上表辞恩。命其允批答。"

李焘《续资治通鉴长编》卷八十五记载："宋真宗大中祥符八年闰六月庚寅，上谓辅臣曰：'屡有人言，所改茶法不便，钱额增损，兹亦常事，如闻不利小商。'王旦等曰：'改法已来，亦未见不便事，所降元敕无厘革小商之文。如上言者实有所长，则望付中书施行。或欲杜绝群言，则须别命朝臣较量利害。'上复以问王钦若，钦若言：'素不详其本末。'陈尧叟言：'但得物物入库，即是课利。'丁谓曰：'河北、陕西入得刍粮，即是官物入库，缘江榷场无剩茶，即是法行也。其余琐细风传之词，不足凭信。或有章奏望一一宣示，可以商榷。大抵未改法日，官中岁亏茶本钱九千余贯，改法之后，岁所收利常不下二百余万贯，边防储蓄不阙，榷场无陈积，此其大较也。'乃诏刑部尚书冯拯、翰林学士王曾与三司同详定。（《本志》以丁谓对旧法岁亏官本钱九千余贯系之明年正月，今从《实录》。）"

徐松《宋会要辑稿·食货三十》记载："八年闰六月十二日，帝曰：'屡有人言，所改茶法不便，钱额增损常事，如闻不利小商。'王旦等曰：'改法以来，亦未见不便事，所降元敕无厘革小商之文。如上言者实有所长，则望付中书施行。或欲杜绝群臣，则须别命朝臣较量利害。'帝复以问枢密院王钦若，言：'素不详其本末。'陈尧叟言：'但得钱物入库，即便是课利。'丁谓曰：'河北、陕西入得刍粮，即是官物入库，沿江榷场无剩茶是茶法行也。其余琐细风传之词，不足凭信。或有章奏望一一宣示，可以商榷。大抵未改法日，官中岁亏茶本钱九千余贯，改法之后，岁所收利常不足二百余万贯。'"

陈尧佐由京西转运使换河东转运使

李焘《续资治通鉴长编》卷八十四记载："宋真宗大中祥符八年二月甲寅，京西转运使陈尧佐议开滑州小河以分水势，河北转运使李士衡以为流患魏、博，请罢之。上曰：'各庇所部，非公也。'丙辰，命户部副使李及、西上合门使夏守赟视河利害。及等还，言开河便，乃规度自杨村北治之，复开汊河于上游，以泄其壅塞，诏可。"

徐松《宋会要辑稿·方域十四》记载："八年二月，命三司户部副使李及、西上合门使夏守赟驰传诣滑州，与河北、京西转运使议开减水河利害。先是，京西转运使陈尧佐等请于滑州开小河以分水势，河北转运使李士衡等言将为魏、博民患，请罢之。帝曰：'各疵所部，非公也。'故命及等覆视。及等使回，请于三迎阳村北开河，仍于新河别开汊河，如河水湍激，即令兵卒之习水者决导，从之。"

欧阳修《陈公（尧佐）神道碑铭并序》记载："徙京西、河东、河北三路。"

徐松《宋会要辑稿·职官六十一》记载："八年二月二十八日，诏河东转运使段惟几，京西转运使陈尧佐交换其任，以弟尧咨亲嫌故也。先是，尧咨知永兴军与转运使乐黄目不协，乃徙知河南府，因有是命。"

陈尧咨调知河南府，徙邓州，复知制诰，判登闻检院

李焘《续资治通鉴长编》卷八十四记载："知永兴军、龙图阁直学士陈尧咨，好以气凌人，转运使乐黄目表陈，因求解职，诏不许。二月己卯，徙尧咨知河南府兼留守司事。上闻尧咨多纵恣不法，诏黄目察之，尽得其实。上不欲穷治，止落职，徙知邓州。他日，上谓宰相曰：'或言黄目在陕西条约边事，虽主将亦罕饶假。'王旦曰：'太祖朝边臣横恣，或得一儒臣稍振纪纲，便为称职。'上曰：'近闻外官多事依违，黄目苟能如此，亦可嘉也。然不可过当生事，宜密戒之。'（尧咨徙邓州乃四月壬申，今并书之。）"

脱脱等《宋史·列传·陈尧咨传》记载："尝以气凌转运使乐黄目，黄目不能堪，求解去，遂徙尧咨知河南府。"

曾巩《隆平集》卷五记载："所为多不法，上不欲穷治，止罢学士，徙邓州。复知制诰，常为人所倾，尧叟乞示以所犯，使知上保全之意。因诏切责之，乃引谢，久之复职。"

脱脱等《宋史·列传·陈尧咨传》记载："既而有发尧咨守长安不法者，帝不欲穷治，止削职徙邓州，才数月，复知制诰。"

李贤《大明一统志》卷三十记载："陈尧咨真宗时知邓州，有政最吏民怀之。"

李焘《续资治通鉴长编》卷八十五记载："宋真宗大中祥符八年九月庚戌，以工部郎中、知邓州陈尧咨守本官知制诰。先是，尧咨兄枢密使尧叟因奏事，言尧咨会赦，当复龙图阁直学士。上曰：'学士清近之职，非会赦可

复。'尧咨请用苏易简例,易简前自知制诰落职,未几,复为知制诰。上不许,因曰:'尧咨亦尝为知制诰,且授此职可也。'尧咨性刚戾,数被挫辱,忽忽无聊。上闻之,复以问尧叟,尧叟曰:'尧咨初不知上恩所以保佑者,自谓遭谗至此。望取原犯事尤重者切责之,使知悔惧。'遂诏尧咨曰:'卿知永兴日,所为乖当,非独用刑惨酷也。如擅置武库,建视草堂,开三门,筑甬道,出入列禁兵自卫,此岂人臣所宜!众论甚喧,不但乐黄目奏也。朕念卿母氏耆年,尧叟朝夕近侍,未欲穷究,姑示薄责,旋加甄叙。成命既出,群言愈欢。卿曾不内省,但曰为人所倾。自今宜体国恩,改过迁善,不然,当以前后事状,尽付有司。'尧咨乃惶恐称谢。"

宋真宗大中祥符九年(1016)

陈尧叟罢为右仆射,判河阳三城节度使

李焘《续资治通鉴长编》卷八十六记载:"宋真宗大中祥符九年二月丁亥,监修国史王旦等上《两朝国史》一百二十卷,优诏答之。戊子,加旦守司徒,修史官赵安仁、晁迥、陈彭年、夏竦、崔遵并进秩、赐物有差。王钦若、陈尧叟、杨亿尝预修史,亦赐之。

"四月戊戌,枢密使、同平章事陈尧叟以足疾请逊位,诏不许。尧叟久在告。庚子,车驾幸其第,劳赐加等。"

脱脱等《宋史·本纪·真宗三》记载:"夏四月庚子,幸陈尧叟第视疾。"

脱脱等《宋史·列传·陈尧叟传》记载:"尧叟素有足疾,屡请告。九年夏,帝临问,劳赐加等。"

李焘《续资治通鉴长编》卷八十七记载:"宋真宗大中祥符九年五月乙丑,陈尧叟言以疾在告,请停生日恩赐。诏辍宴,而赐物如例。"

曾巩《隆平集》卷五记载:"九年以疾出为右仆射、知河阳。"

李焘《续资治通鉴长编》卷八十七记载:"宋真宗大中祥符九年八月丙戌,枢密使、同平章事陈尧叟罢为右仆射。尧叟以久疾求领外任,上遣合门使杨崇勋至第抚慰,且询其意。尧叟词志恳确,乃从之。召尧叟子就赐告牒,寻命判河阳,月给实俸,岁赐公使钱百万。其河堤事令通判专领。尧叟力疾求入辞,肩舆至便殿,许其子卫尉寺丞希古扶掖而升,有诏勿拜,赐坐久之,别赉钱二百万,赐希古绯,又作诗饯其行。尧叟伟姿貌,强力,奏对明辩,多任智数,久典机密,军马之籍能周记云。"

王称《东都事略·本纪》卷四记载:"九年八月丙戌,陈尧叟罢。"

脱脱等《宋史·本纪·真宗三》记载:"八月丙戌,制玉皇圣号册文,以陈尧叟为右仆射。"

脱脱等《宋史·列传·陈尧叟传》记载:"疾甚,表求避位,遣合门使杨崇勋至第抚慰,以询其意。尧叟词志颇确,优拜右仆射、知河阳。肩舆入辞,至便坐,许三子扶掖升殿,赐诗为饯。又赐仲子希古绯服。"

徐松《宋会要辑稿·礼五十九》记载:"九年八月十三日,枢密使、同平章事陈尧叟罢为右仆射,表辞恩命。答诏不允,遣使臣赍赐第,召尧叟子赐之。"

徐松《宋会要辑稿·职官五十七》记载:"八月,以右仆射陈尧叟判河阳,月给实俸,岁赐公用钱百万。其河堤事,令通判专领。"

李贤《大明一统志》卷二十八记载:"陈尧叟知河阳县,临事有断。"

徐松《宋会要辑稿·职官四十七》记载:"九年八月,以右仆射陈尧叟判河阳,河堤事专委通判已下修护,尧叟提总之。尧叟以疾求补外,故有是旨,优大臣也。"

陈尧佐奏"除其税"

欧阳修《陈公(尧佐)神道碑铭并序》记载:"徙京西、河东、河北三路。

"河东地寒而民贫,奏除石炭税,减官冶铁课岁数十万以便民,曰:'转运,征利之官也。利有本末,下有余则上足,吾岂为俗吏哉!'"

李贤《大明一统志》卷二十一记载:"陈尧佐河东路转运使,以地寒民贫,仰石炭以生,奏除其税,又减泽州大广冶铁课数十万。"

嘉庆《大清一统志·陕西省名宦》记载:"陈尧佐,真宗时为河东路转运使,地寒民贫,仰石炭为生。奏除其税,又减泽州大广冶铁课数十万。"

李焘《续资治通鉴长编》卷八十七记载:"宋真宗大中祥符九年七月戊午,河东转运使陈尧佐言:'本路屯兵,旧以两川辇运帛匹充衣赐,今请于本路自备。今年冬衣,计省绵绢五十余万,以为上供。'丁谓曰:'河东本无绵绢,非可筹划。此盖转运司每岁大计其数,故积羡尔。'(此可见丁谓与尧佐不相能也。)

"丙寅,京兆府、华州并言田谷滋茂,蝗飞越境有自死者。上曰:'诸州奏牍多云飞往西北,朕虑聚于山谷,蝻虫滋多,宜令河东转运使陈尧佐规度焚窖,无使复生。'"

宋真宗天禧元年（1017）

陈尧叟卒，赠侍中谥文忠

曾巩《隆平集》卷五记载："疾甚，求还至京。卒，年五十七，赠侍中，谥文忠。"

李焘《续资治通鉴长编》卷八十九记载："宋真宗天禧元年四月庚辰，右仆射陈尧叟卒，赠侍中，谥文惠。（惠为刊刻之误，当为文忠。《宋朝要录》记载：'尧叟强力明辨，勤于官局，有材用，多智术，久典机密军马之籍，悉能周记。'）"

脱脱等《宋史·本纪·真宗三》记载："夏四月庚辰，陈尧叟卒。"

脱脱等《宋史·列传·陈尧叟传》记载："天禧初，病疽，召其子执笔，口占奏章，求还辇下，诏许之。肩舆至京师，卒，年五十七。废朝二日，赠侍中，谥曰文忠。"

徐松《宋会要辑稿·礼四十一》记载："陈尧叟，天禧元年四月，辍朝二日。"

陈尧佐徙河北，运粟怀州

李焘《续资治通鉴长编》卷八十九记载："宋真宗天禧元年四月己丑，河东转运使陈尧佐，言河阳、怀、卫等州去秋灾伤，本路绛、泽州皆有余羡，欲运泽州粟五万石赴怀州，绛州粟二十万石赴河阳，从之。"

欧阳修《陈公（尧佐）神道碑铭并序》记载："徙京西、河东、河北三路。

"太行山当河东、河北两路之界，公以谓晋至前世为险国，常先叛而后服者，恃此也。其在河东，凿泽州路，后徙河北，凿怀州路，而太行之险通。行者德公以为利，公曰：'吾岂为今日利哉！'"

陈师古①赐进士出身

脱脱等《宋史·列传·陈尧叟传》记载："录其孙知言、知章为将作监主簿。长子师古赐进士出身，后为都官员外郎。希古至太子中舍，坐事除籍。"

宋真宗天禧二年（1018）

陈尧佐迁工部郎中，纠察在京刑狱，出使契丹正旦使

欧阳修《陈公（尧佐）神道碑铭并序》记载："纠察在京刑狱。"

---

① 编按：陈师古为陈尧叟长子。

李焘《续资治通鉴长编》卷九十二记载："宋真宗天禧二年九月甲申，起居舍人吕夷简为契丹国主生辰使，供奉官、合门祗候曹琮副之。工部郎中、直史馆陈尧佐为正旦使，侍禁、合门祗候张君平副之。琮，彬幼子。君平，滏阳人。"

陈尧咨再试国子监及太常寺进士

李焘《续资治通鉴长编》卷九十二记载："宋真宗天禧二年八月乙巳，以翰林学士晁迥为册立皇太子礼仪使，命秘书监杨亿撰皇太子册文，知制诰盛度书册，陈尧咨书宝。

"十一月丁亥，命翰林学士承旨晁迥、知制诰陈尧咨于秘阁再考国子监及太常寺别试进士文卷，上其名。诏国子监从上解二十人、太常寺六人。开封府、国子监、太常寺发解官皆坐荐举不实，责监诸州酒税屯田员外郎、判度支勾院任布，邓州；著作郎、直集贤院徐奭，洪州；太子中允、直集贤院麻温其，池州；度支判官、太子中允、直集贤院杨侃，汝州；太子中允、直集贤院丁度，齐州。太常少卿、直史馆张复罚铜十斤。"

徐松《宋会要辑稿·选举十五》记载："二年十月三日，开封府发解官任布等上言，望依南省例，誊录进士试卷及前一日先进诗、赋、论题目，御笔点定。诏题目依奏进入，余不许。十一月二十九日，命翰林学士钱惟演、盛度、枢密直学士王晓[①]、龙图阁待判李虚已、李行简于秘阁覆考，定开封府得解举人，试卷令秘阁校理王准封弥，定为三等，具名以闻。十二月二日惟演等覆考，定试卷以闻。诏从上依定百五十人与解。五日，命翰林学士承旨晁迥、知制诰陈尧咨于秘阁再考校国子监解过及落进士文卷。八日，迥等覆考，定试卷以闻。诏国子监从上解二十人，太常寺六人。"

陈尧叟《集验方》刊板模印

李焘《续资治通鉴长编》卷九十二记载："宋真宗天禧二年八月丁未，内出郑景岫《四时摄生论》、陈尧叟所集方一卷示辅臣，上作序，命刊板模印付合门，赐授任广南臣僚，仍分给诸道州军。"

宋真宗天禧三年（1019）

陈尧佐任考官失职，责起居郎，监鄂州茶场

欧阳修《陈公（尧佐）神道碑铭并序》记载："天禧三年，编次御试进士，坐误差其第，贬监鄂州茶场。未至，丁燕国太夫人忧。"

[①]编按：徐松《宋会要辑稿·选举一五》中"王晓"应为"王曙"。

李焘《续资治通鉴长编》卷九十三记载:"宋真宗天禧三年三月己卯,工部郎中陈尧佐、右正言陈执中,并夺一官。尧佐为起居郎,依前直史馆,监鄂州茶场。执中卫尉寺丞,监岳州酒税。初,上累定考试条制,举人纳试卷,即先付编排官,去其卷首乡贯状,以字号第之,封弥官誊写校勘,始付考官定等讫,复封弥送覆考官再定等,乃送详定官启封,阅其同异,参验著定,始付编排官取乡贯状字号合之,即第其姓名差次,并试卷以闻,遂临轩发榜焉。大抵欲考校、详定官不获见举人姓名、书翰,编排官虽见姓名,而不复升降,用绝情弊。而尧佐、执中为编排官,不详此制,复改易其等级。翌日,内廷覆验,多所同异,遂悉付中书,命直龙图阁冯元、太子右谕德鲁宗道阅视,仍召尧佐、执中泊考校、详定官对辨之,尧佐等具伏。王钦若等言:'尧佐等所犯,诚合严谴。若属吏议,其责甚重,请止据罪降黜。'从之。而宗道又请以尧佐等妄去留者,明谕贡举人。乃诏礼部揭榜贡院,其元定合格为编排误落者,并赐附榜及第;元定不合格,误编排及第者,并追敕更令修学;元定稍及第者,量免省试。凡已落复及第者,进士、诸科各二人,免省试者,进士十四人,诸科二十三人。已及第、出身而追夺者二十一人。(本志云:先是,编排官兼详定仍许点检差失。是岁,分编排、详定为二,而尧佐、执中不详诏意,得详定试卷,复更升降,放及第毕,禁中参验,多所同异。故尧佐、执中坐黜责。与实录所载差别,今且从实录,当考。王举正志尧佐墓云:编次文卷有差舛,宰相王钦若持其事,降秩左史,司茗权于鄂渚,未至,丁内艰。)"

徐松《宋会要辑稿·职官六十四》记载:"三年三月二十二日,工部郎中陈尧佐责起居郎,依前直史馆,监鄂州茶场。右正言陈执中责卫尉寺丞,监岳州酒务。先是,定考试条制,举人纳试卷,即先付编排官,去其卷首乡贯状,以字号第之,付封弥官誊写校勘,始付考官定等讫,复封弥送覆考官再定等,乃送详定官启封,阅其同异,参验着定,始付编排官取乡贯状字号合之,则第其姓名差次,并试卷以闻,遂临轩发榜焉。而尧佐、执中不详此制,复改易其等级。翌日,内庭覆验,多所同异,遂悉付中书,命鲁宗道、冯元阅视之,具言其差互。诏宗道,召尧佐、执中泊考校详官对辨之,尧佐等具伏命。御史劾问法官定罪,宰臣等言尧佐等所犯,诚合严谴。然属吏议,其责尤重,请止据罪降黜。故有是命。"

陈尧咨复龙图阁直学士,坐失举,降兵部员外郎

脱脱等《宋史·列传·陈尧咨传》记载:"复龙图阁直学士。"

徐松《宋会要辑稿·职官五十四》记载:"天禧三年正月,以翰林学士盛度权管勾会灵观判官公事。是月，以玉清昭应宫判官、知制诰陈尧咨为龙图阁直学士，官职如故。"

徐松《宋会要辑稿·选举十九》记载："三年正月九日，以翰林学士钱惟演等权知贡举，命国子监直讲马龟符、刑部详覆官王名与御名音同、大理寺丞张峤、大理寺详断官赵继武、国子监说书卢自明、冯诚为考试官，户部员外郎兼太子右谕德鲁宗道、直龙图阁冯元封印卷首，秘阁校理李垂、国子监丞王准点检试卷，集贤校理陈宽、馆阁校勘晁宗悫覆考诸科试卷，直史馆陈从易、国子博士李成务考试知举官亲戚举人。

"二月十四日，礼部下第举人陈损诣登闻鼓院，诉贡举不公，诏龙图阁学士①陈尧咨、左谏议大夫朱巽、起居舍人吕夷简等于尚书都省召损等，令具析所陈事理，及索视文卷，看详考校定夺以闻。继而，进士黄异等复讼武成王庙考试官陈从易不公，诏尧咨等如前诏详定。尧咨等言：'礼部所送进士内五人文理稍次，武成王庙进士内二人文理荒谬，损等所讼亦有虚妄。'诏损、异等决杖配隶，连状人并殿两举，惟演等递降一官。"

徐松《宋会要辑稿·选举七》记载："天喜三年②三月九日，帝御崇政殿试礼部奏名进士，内出《君子以厚德载物》赋、《君子居易以俟命》诗、《日宣三德》论题得王整以下二百四十人。第为五等，并赐及第、同出身、同学究出身。翌日，试诸科得九经以下一百五十四人，并赐本科及第、同出身，覆试监、簿。

"命翰林学士承旨晁迥、学士盛度、龙图阁直学士陈尧咨、谏议大夫朱巽、张士逊、王随、知制诰宋绶、张师德、直史馆张复、直集贤院祖士衡为考官，直史馆崔遵度、兵部员外郎李若谷、都官员外郎张谷、屯田员外郎上言秘郑立、直史馆麻温舒、右正言刘烨、太常博士郭弁、太常丞富言、著作郎张暐为覆考官；知制诰晏殊、起居舍人吕夷简为参详官，太常博士邱梦松、萧贺为封弥官，直史馆陈尧佐、右正言陈执中为编排官，设次于崇正殿。之后，帝作七言诗赐考官符，又出别本以赐辅臣，乃皇太子书也，咸各次韵。十日，幸考较官幕次，抚问久之。是岁，尧佐、执中辄有所改易。翌日，内定覆验多不同，尽出卷子付中书，命鲁宗道、冯元审验，召尧佐等泊元考、覆考官对辨，具伏卤莽之咎，各夺官厘务。其已落复收及第者，进士二人，诸科二人，免省试者，进士十四人，诸

---

① 编按：徐松《宋会要辑稿·选举一九》中"龙图阁学士"应为"龙图阁直学士"。
② 编按：徐松《宋会要辑稿·选举七》中"天喜三年"应为"天禧三年"。

科二十三人。免解者进士十四人。已及第、出身而复追夺者二十一人。"

李焘《续资治通鉴长编》卷九十三记载："宋真宗天禧三年三月癸未，翰林学士钱惟演、枢密直学士王曙、工部侍郎杨亿、知制诰李咨、直史馆陈从易，并降一官。进士陈损、黄异等五人，并决杖配隶诸州，其连状人并殿一举。初，损、异等率众伐登闻鼓，诉惟演等考校不公。命龙图阁直学士陈尧咨、左谏议大夫朱巽、起居舍人吕夷简于尚书省召损、异等，令具析所陈事，及阅视试卷以闻。尧咨等言惟演等贡院所送进士内五人文理稍次，从易别头所送进士内三人文理荒缪，自余合格，而损、异等所讼有虚妄，故并责焉。

"四月癸巳，免鄜延路钤辖、西上合门使、昭州团练使高继勋，仍削一任。都监曹仁用、监押胡从式并除名，配隶虢州、金州。仁用等坐贩易交引，继勋市马亏直也。龙图阁直学士、工部郎中陈尧咨尝举仁用，责授兵部员外郎，职如故。"

脱脱等《宋史·列传·陈尧咨传》记载："坐失举，降兵部员外郎。"

徐松《宋会要辑稿·职官六十四》记载："五月九日，龙图阁直学士、工部郎中陈尧咨降兵部员外郎，充职，坐举曹仁用犯赃故也。"

李焘《续资治通鉴长编》卷九十四记载："宋真宗天禧三年十一月辛未，河北河东陕西缘边监当、京朝官、使臣、幕职、州县官，自今并许携家赴任。川峡广南监押、巡检、驻泊捉贼、监当使臣，并与二年一替。川峡幕职、州县官得替不押纲运者，并给仓券。供奉官以下充合门祗候者，自今五年考课。其三班使臣合磨勘者，虽外任亦许施行。见在铨曹幕职、令录未注拟者，两任五考以上无赃罪者，皆以名闻。乃诏翰林学士盛度、枢密直学士王曙、左谏议大夫王随与判铨陈尧咨、宋绶同试身、言、书、判优者与京官，次则幕职，循资令录与幕职，又次者皆补近便大处。自是每有郊恩悉然。"

徐松《宋会要辑稿·选举十》记载："十二月，诏翰林学士盛度、枢密直学士王曙、右谏议大夫①王随与判铨陈尧咨、宋绶同试。度等以所试闻令送中书，其判优者与京官，次到幕职，循资令录与幕职，又次者补近便大郡官。"

陈母冯氏卒，晋封燕国太夫人

王举正《陈公（省华）神道碑铭并序》记载："□□冯氏柔□□□□□□□□□□以严以□，荐绅之谈，谓之孟母。年八十□□□□□五岁终，□封燕国太夫人。"

---

① 编按：徐松《宋会要辑稿·选举十》中"右谏议大夫"应为"左谏议大夫"。

欧阳修《陈公（尧佐）神道碑铭并序》记载："自翔已下，三世不显于蜀。至秦公，始事圣朝，为左谏议大夫。其配曰燕国太夫人冯氏。"

脱脱等《宋史·列传·陈尧叟传》记载："母冯氏性严，尧叟事亲孝谨，怡声侍侧不敢以贵自处。乃封上党郡太夫人，进封滕国，年八十余无恙，后尧叟数年卒。"

宋真宗天禧四年（1020）

陈尧佐起复，知滑州

欧阳修《陈公（尧佐）神道碑铭并序》记载："明年，河决滑州，天子念非公不可塞，乃起公知滑州。

"河决坏滑州，水力悍甚，每埽下湍激，并人以没，不见踪迹者不可胜数。公躬自暴露，昼夜督促，创为木龙，以巨木骈齿浮水上下，杀其暴，堤乃成，又为长堤以护其外。滑人得复其居，相戒曰：'不可使后人忘我陈公。'因号其堤为'陈公堤'。"

李焘《续资治通鉴长编》卷九十六记载："宋真宗天禧四年十月己丑，以前起居郎、直史馆陈尧佐免持服，知滑州。时三司使李士衡言滑州方召徒筑堤，尧佐素干事，望专委之，故有是命。尧佐创木龙以杀水怒，堤乃可筑，既又作长堤以护之，人号为'陈公堤'。

"闰十二月癸亥，知滑州陈尧佐请令兵马部署同管勾河堤事，从之。"

王圻《续文献通考·田赋考》记载："天禧五年，水啮滑城西北。知州陈尧佐筑堤立埽，并河开支，水怒少解。"

李贤《大明一统志》卷四记载："陈尧佐真宗时知滑州，治水有功，滑人德之，号其堤为'陈公堤'。"

陈邦瞻《宋史纪事本末》卷一记载："天禧五年春正月，知滑州陈尧佐以西北水坏城无外御，筑大堤，又叠埽于城北防州中居民，复就凿横木下垂木数条，置水旁以防岸，谓之'木龙'，当时赖焉。复并旧河，开枝流，以分导水势。有诏嘉奖。"

陈尧咨迁龙图阁学士，修尚书省，巡抚边关十一州

李焘《续资治通鉴长编》卷九十五记载："宋真宗天禧四年六月戊申，判吏部流内铨陈尧咨言：'旧制，河北、河东缘边幕职、州县官，不许挈家赴任，代还日，免其守选。近准赦文并许挈家赴任，倘官满日，仍旧免选注近官，颇为优幸。请自今依江、浙、荆湖远地得替例守选。'从之。"

李焘《续资治通鉴长编》卷九十六记载:"宋真宗天禧四年九月己酉,诏翰材侍读学士张知白,玉清昭应宫副使林特,三司使李士衡,龙图阁学士陈尧咨,枢密直学士薛映、李及、马元方、张士逊,兵部侍郎马亮,给事中李应机、王随,右谏议大夫段晔,各举常参官堪钱谷任使者二人。工部尚书晁迥,翰林学士杨亿、刘筠、晏殊,龙图阁直学士吕夷简,户部侍郎李维,知制诰李咨、宋绶、张师德,各举文学优长、履行清素者二人。给事中乐黄目、孙奭,右谏议大夫赵稹,龙图阁待制李虚己、李行简,少府监薛颜,太常少卿赵湘,各举可守大藩者二人。知制诰祖士衡、钱易,知杂御史刘烨,直龙图阁鲁宗道、冯元,各举堪御史者二人。诸路转运使副、劝农使各举幕职、州县官堪京官知县者二人。限十日内具名以闻。"

徐松《宋会要辑稿·选举二十七》记载:"四年九月,诏翰林侍读学士张知白等一十二人,玉清昭应宫副使林特,三司使李士衡,龙图阁学士陈尧咨,枢密直学士薛映、李及、马元方、张士逊,兵部侍郎马亮,给事中李应机、王随,右谏议大夫段晔,于朝官内各举堪充钱谷刑狱任使二人。工部尚书晁迥等九人,翰林学士杨亿、刘筠、晏殊,龙图阁直学士吕夷简,户部侍郎李维,知制诰李咨、宋绶、张师德于朝官内各举文学优长,履行清素二人。给事中乐黄目、孙奭等八人,右谏议大夫赵祯,龙图阁待制李虚己、李行简,少府监薛颜,太常少卿赵湘,于朝官内各举堪充大藩郡知州各二人。转运使、副使、劝农使,于前任见任幕职、州县官内各举堪京官知县二人。知制诰祖士衡、钱易等五人,知杂御史刘烨,直龙图阁鲁宗道、冯元,于太常博士已上各举材堪御史者一人。所举须素无赃滥,如迁擢后犯赃并当同罪,不如所举亦从连坐,限十日内,具名以闻。"

李焘《续资治通鉴长编》卷九十六记载:"宋真宗天禧四年十月戊戌,权判吏部流内铨陈尧咨言:'近准敕放选,投状选人并多,其间有司士、文学诸色出身,流外人入官资序已定,向来承例引对,虚烦圣听。请自今比类未入令录者,更不引对,依格注拟。'从之。

"十一月壬子,陈尧咨又言,幕职阙员百余,见集人资序应入者少,欲以令录有出身人无过犯者权充,代还,理本资序。诏令录初仕者权初等幕职,两任者权节察推官、军事判官。

"乙卯,修尚书省,命龙图阁学士陈尧咨总其事。"

徐松《宋会要辑稿·职官四》记载:"天禧四年十一月八日,诏修尚书省,以龙图阁学士陈尧咨总其事。"

李焘《续资治通鉴长编》卷九十六记载："宋真宗天禧四年闰十二月丁卯，命龙图阁学士陈尧咨为鄜延、邠宁环庆、泾原仪渭、秦州路巡抚使，皇城使刘永宗副之，所至犒设官吏、将校，访民间利害，官吏能否、功过以闻。或有陈诉屈枉，经转运、提点司区断不当，即按鞫诣实，杖已下亟决遣之，徒已上飞驿以闻。仍取系囚，躬亲录问，催促论决。"

脱脱等《宋史·本纪·真宗三》记载："闰十二月丁卯，以唃厮啰为边患，诏陈尧咨等巡抚。"

脱脱等《宋史·列传·陈尧咨传》记载："边臣飞奏唃厮啰立文法召蕃部欲侵边，以为陕西缘边安抚使。"

徐松《宋会要辑稿·职官五十》记载："天禧四年闰十二月，以龙图阁学士陈尧咨为鄜延、邠宁环庆、泾原仪秦、渭州等路巡抚使，皇诚使刘承宗①为副。时边臣言，唃厮啰作文法，窃恐为患。曹玮又言，其文法已散，必无生事，颇致异同。故遣使抚察。"

宋真宗天禧五年（1021）

陈尧佐滑州治水成功

李焘《续资治通鉴长编》卷九十七记载："宋真宗天禧五年六月癸亥，诏奖知滑州陈尧佐，尧佐浚旧河，分水势，护州城有劳也。"

陈尧咨迁右谏议大夫，知秦州

李焘《续资治通鉴长编》卷九十七记载："宋真宗天禧五年二月甲戌，即命陈尧咨知秦州；加右谏议大夫刘丞宗为钤辖，迁西上阁门使。"

脱脱等《宋史·列传·陈尧咨传》记载："再迁右谏议大夫、知秦州。"

李焘《续资治通鉴长编》卷九十七记载："宋真宗天禧五年三月戊戌，命供奉官、合门祗候张岩率步骑五百五十人往蔡州捕贼。陈尧咨等言泾、原、环、庆等州蕃部族帐并各安居。

"四月壬戌，知秦州陈尧咨言，庆州监押系奉职，而所屯军厢主、忠佐、都虞侯并系统摄，事体非便。诏三班院自今差陕西缘边州军监押，须择曾经边防任使、少壮有武勇、殿直以上使臣充。"

徐松《宋会要辑稿·职官四十九》记载："五年四月，知秦州陈尧咨上言：'庆州监押以奉职，而所屯军校多军厢主、忠佐都虞侯，并系统摄，事体

---

①编按：徐松《宋会要辑稿·职官五十》中"刘承宗"应为"刘永宗"。

非便。'诏三班院自今差陕西沿边州军兵马监押，须慎择曾经边防任使，少壮有武勇，殿直以上使臣充。"

宋真宗乾兴元年（1022）

陈尧佐作永定陵，徙京西转运使，入为三司副度支，修撰《真宗实录》

欧阳修《陈公（尧佐）神道碑铭并序》记载："乾兴元年，作永定陵，徙公京西转运使以办其事。入为三司户部副使，徙副度支。"

脱脱等《宋史·列传·陈尧佐传》记载："初营永定陵，复徙京西转运使，入为三司户部副使，徙度支，同修《真宗实录》。"

李焘《续资治通鉴长编》卷九十九记载："宋真宗乾兴元年十一月癸酉，命翰林学士承旨李维、翰林学士晏殊修《真宗实录》。寻复命翰林侍讲学士孙奭、知制诰宋绶、度支副使陈尧佐同修，仍令内侍谕以一朝大典，当谨笔削之意。"

宋仁宗天圣元年（1023）

陈尧佐加兵部员外郎，知制诰

欧阳修《陈公（尧佐）神道碑铭并序》记载："拜知制诰，兼史馆修撰。"

李焘《续资治通鉴长编》卷一百记载："宋仁宗天圣元年正月壬午，以度支副使、兵部员外郎陈尧佐为知制诰、史馆修撰。故事，知制诰皆先召试于中书，尧佐预修《真宗实录》，特免试焉。"

马端临《文献通考·职官考五》记载："宋初，中书舍人为所迁官，实不任职，复置知制诰及直舍人院。故事，入西阁皆中书诏试制诰三篇，惟梁周翰不召试而授，其后杨亿、陈尧佐、欧阳修亦如此例。"

马端临《文献通考·经籍考二十一》记载："《真宗实录》一百五十卷，晁氏曰：'皇朝王钦若等撰，起藩邸，止乾兴元年壬戌二月，凡二十六年。乾兴元年，诏李维、晏殊、孙奭、宋绶、陈尧佐、王举正、李淑同修，冯拯监修。拯卒，钦若代。'"

陈尧咨徙同州

徐松《宋会要辑稿·礼五》记载："仁宗天圣元年九月，知秦州陈尧咨言：'秦州城中右道观名紫极宫，后为天庆观，置殿奉安圣祖像。近又奉诏于城北更修天庆观，亦有圣祖殿。其城北观元是古寿山寺，最为胜迹，昨因造观，摽占三分之二。缘当州司有天庆观（"司"疑当作"已"）。乞将观地依旧创寿山寺，余材木添修当州南山妙胜院。况本院有天水池，乃国家郡望，实宜崇饰。'诏从之，其妙胜院内天水池令常爱护。"

脱脱等《宋史·列传·陈尧咨传》记载："徙同州。"

宋仁宗天圣二年（1024）

陈尧佐同知贡举，迁枢密直学士，知河南府

欧阳修《陈公（尧佐）神道碑铭并序》记载："同知天圣二年贡举，知通进银台司。"

徐松《宋会要辑稿·选举一》记载："天圣二年正月十四日，以御史中丞刘筠权知贡举，知制诰宋绶、陈尧佐，龙图阁待制刘烨权同知贡举，合格奏名进士吴感已下二百人。"

李焘《续资治通鉴长编》卷一百零二记载："宋仁宗天圣二年三月癸卯，王钦若等上《真宗实录》一百五十卷。上与太后设香案，阅视涕泣，命钦若等坐，劳问者久之，赐燕于编修院，降诏褒谕。先是，冯拯监修，拯卒，钦若代之。于是，钦若加司徒，修撰官李维、晏殊、孙奭、宋绶、陈尧佐，检讨官王举正、李淑各迁秩，赐器币、袭衣、金犀带、鞍勒马，管勾内臣周文质、刘崇超赏亦及焉。录冯拯子宫苑副使端已为如京使。淑，若谷子也。"

马端临《文献通考·经籍考二十一》记载："天圣二年，书成奏御。陈氏曰：'学士承旨肥乡李维仲方，学士临川晏殊同叔撰。'"

欧阳修《陈公（尧佐）神道碑铭并序》记载："知河南府。"

李贤《大明一统志》卷二十九记载："陈尧佐知河南府，初为京西转运使，有治声，及守洛阳，人称其政。"

宋仁宗天圣三年（1025）

陈尧佐徙并州

欧阳修《陈公（尧佐）神道碑铭并序》记载："知河南府，徙并州。"

李焘《续资治通鉴长编》卷一百零三记载："宋仁宗天圣三年三月丙子，徙知河南府、枢密直学士陈尧佐知并州。每汾水涨，州人忧溺，尧佐为筑堤，植柳数万本，作柳溪亭，民赖其利。"

李贤《大明一统志》卷十九记载："陈尧佐天禧[①]中知并州，每汾水暴涨，民辄忧挠，尧佐为筑堤，植柳数万本，作柳溪，民赖其利。"

[①] 编按：李贤《大明一统志》卷十九中"天禧"应为"天圣"。

宋仁宗天圣四年（1026）

陈尧咨以工部侍郎权知开封府

脱脱等《宋史·列传·陈尧咨传》记载："以尚书工部侍郎权知开封府。"

李贤《大明一统志》卷二十六记载："陈尧佐仁宗时与弟尧咨相继知开封，皆有政绩。"

宋仁宗天圣五年（1027）

陈尧佐知开封府，拜翰林学士

李焘《续资治通鉴长编》卷一百零五记载："宋仁宗天圣五年二月癸酉，命参知政事吕夷简、枢密副使夏竦修《真宗国史》，翰林学士宋绶、枢密直学士刘筠、陈尧佐同修，宰臣王曾提举。初，内出劄子，以先朝正史，久而未修，虑年祀浸远，事或沦坠，宜令王曾修纂之。故事，宰臣自领监修国史，至是，以曾提举，乃别降敕焉。（《会要》云，修两朝史时，王旦未领监修，故特授敕，曾以监修而再授敕为提举，盖一时之制也。）"

马端临《文献通考·经籍考十九》记载："《三朝国史》一百五十卷，晁氏曰：'皇朝国史纪十卷、志六十卷、列传八十卷，吕夷简等撰。初，景德中诏王旦、先文元、杨亿等九人撰太祖、太宗两朝史，至天圣五年诏夷简、宋绶、刘筠、陈尧佐、王举正、李淑、黄鉴、谢绛、冯元加入真宗朝史，王曾监修，曾罢，夷简代。八年书成，计七百余传。比之二朝实录，增者大半，事核文赡，褒贬得宜，百世之所考信云。'"

乾隆《河南府志》卷一百一十三记载："《三朝国史》存，《通考一百五十卷》晁公武曰：'皇朝国史，纪十卷，志六十卷，列传八十卷，吕夷简等撰。初，景德中记王旦、先文元、杨亿等九人撰太祖、太宗两朝史。至天圣五年，诏夷简、宋绶、刘筠、陈尧佐、王举正、李淑、黄鉴、谢绛、冯元加入，真宗朝史王曾监修，曾罢夷简代，八年书成。计七百余传，比之二朝宝录，增者大半，事核文赡，褒贬得宜，百世之所考信云。'富弼《三朝圣政录》存，《通考一卷》晁公武曰：'皇朝富弼上言，乞选官置局，将三朝典故编成一书，即命王洙、余靖、孙复、欧阳修……'"

欧阳修《陈公（尧佐）神道碑铭并序》记载："知开封府，拜翰林学士。"

徐松《宋会要辑稿·礼二十八》记载："五年七月十三日，以亲郊命宰臣王曾为大礼使，翰林学士承旨刘筠为礼仪使，翰林学士宋绶为仪仗使，龙图阁学士冯元为卤簿使,翰林学士、权知开封府陈尧咨为桥道顿递使。八月,尧咨知天雄军,以枢密直学士、权知开封府陈尧佐代。"

陈尧咨拜翰林学士,换宿州观察使,知天雄军

曾巩《隆平集》卷五记载:"仁宗即位,擢知开封府,除翰林学士、龙图学士。"

李焘《续资治通鉴长编》卷一百零五记载:"宋仁宗天圣五年二月甲戌,龙图阁学士、工部侍郎、权知开封府陈尧咨为翰林学士,仍以尧咨先朝初榜第一人,特班蔡齐上。"

脱脱等《宋史·列传·陈尧咨传》记载:"入为翰林学士,以先朝初榜甲科,特诏班旧学士蔡齐之上。"

徐松《宋会要辑稿·仪制三》记载:"五年二月二日,龙图阁学士陈尧咨为翰林学士,知开封府,诏位蔡齐之上,时学士有刘筠、宋绶、蔡齐、章得象,以尧咨先朝初榜状元及第,特令位齐之上。"

徐松《宋会要辑稿·礼二十八》记载:"五年七月十三日,以亲郊命宰臣王曾为大礼使,翰林学士承旨刘筠为礼仪使,翰林学士宋绶为仪仗使,龙图阁学士冯元为卤簿使,翰林学士、权知开封府陈尧咨为桥道顿递使。八月,尧咨知天雄军,以枢密直学士、权知开封府陈尧佐代。"

曾巩《隆平集》卷五记载:"换观察使,知天雄军,固辞,不得已,受之。"

李焘《续资治通鉴长编》卷一百零五记载:"宋仁宗天圣五年八月丙戌,以翰林学士、兼龙图阁学士、权知开封府陈尧咨为宿州观察使、知天雄军,枢密直学士陈尧佐权知开封府。尧咨自负其能,冀速登用,颇不快于执政者,尝有谤言达于上。太后惑焉,他日以问王曾等,曾既具对,且曰:'臣等职在弼谐,敢不心存公正,然谗人罔极,亦不可不察也。'太后犹未信,曾曰:'是非曲直,在于听断之审,请以药物谕之,医方谓药有相使相反恶者,而甘草为国老,以其性能和众药,故汤剂中不以寒温多用之。而斑蝥①有毒,若与众药同用,必致杀人。此其验也。'太后大悟,不数日,尧咨有换官出镇之命。尧咨内不平,上章固辞。时太后当以双日垂帘,特用只日召见,敦谕之,不得已乃拜受。

"尧咨善射,尝取钱为的,一发贯其中。于兄弟间最为少文,任气节。真

---

①斑蝥(máo):昆虫,触角呈鞭状,腿细长,鞘翅上有黄黑色斑纹,成虫危害大豆、棉花、茄子等农作物。可入药。

宗尝欲授以武职，尧咨母不可，乃止。或谓太后此除，实用真宗遗意也。寻有诏，尧咨遇契丹使过大名，权位丞郎上，及岁增公使钱百万。天雄城壁器械，自契丹修好，久不治，尧咨至，并加完葺，然须索烦扰，多暴怒，列军士持大挺侍前，吏民语不中意，立至困仆。（尧咨谗谤事，据《言行录》。《百一编》又云尧咨晚年，以其兄尧佐妨己进用，颇出怨言。《国史》并不载，或修史者阴有所庇，盖蒲宗孟与尧咨实同州里也。不然，王氏父兄雅不喜尧咨，故云尔。当考。又《王沿传》云：知开封府陈尧咨、判官张宗晦，日嗜酒废事，沿皆奏弹之。亦当考）。"

王称《东都事略·列传·陈尧咨传》记载："除翰林学士、龙图阁学士，换宿州观察使，知天雄军。尧咨固辞，因自陈'以儒臣而易武守，所惜者腰无金鱼耳。'仁宗特命佩鱼，以示优恩。"

脱脱等《宋史·列传·陈尧咨传》记载："换宿州观察使，知天雄军，位丞郎上。尧咨内不平，上章固辞，皇太后特以只日召见，敦谕之，不得已，拜命。自契丹修好，城壁器械久不治，尧咨葺完之。然须索烦扰，多暴怒，列军士持大梃侍前，吏民语不中意，立至困仆。"

李贤《大明一统志》卷四记载："陈尧咨仁宗时，知天雄军，特命佩鱼以示优恩，改判澶州，令行禁止，境内肃然。"

徐松《宋会要辑稿·职官六十一》记载："五年八月，以翰林学士兼龙图阁学士、工部侍郎、知制诰、权知开封府陈尧咨为宿州观察使、知天雄军。"

徐松《宋会要辑稿·仪制三》记载："八月二十六日，诏宿州观察使、知大名府陈尧咨，每契丹使经过，其座次权在丞郎之上，尧咨自翰林学士、工部侍郎特换观察使故也。"

宋仁宗天圣六年（1028）

陈尧佐诫京师恶少

欧阳修《陈公（尧佐）神道碑铭并序》记载："开封府治京师，公以谓治烦之术，任威以击强，尽察以防奸，譬于激水而欲其澄也。故公为政，一以诚信。每岁正月，夜放灯，则悉籍恶少年禁锢之。公召少年，谕曰：'尹以恶人待汝，汝安得为善？吾以善人待汝，汝其为恶邪！'因尽纵之，凡五夜，无一人犯法者。"

宋仁宗天圣七年（1029）

陈尧佐加龙图阁学士、升枢密副使，给事中、改参知政事

欧阳修《陈公（尧佐）神道碑铭并序》记载："七年，拜枢密副使。"

曾巩《隆平集》卷五记载："天圣七年枢密副使改参知政事。"

李焘《续资治通鉴长编》卷一百零七记载："宋仁宗天圣七年二月丁卯，以枢密副使、给事中夏竦为参知政事，翰林学士兼龙图阁学士、右谏议大夫、权知开封府陈尧佐为枢密副使，龙图阁学士、右谏议大夫、权三司使事薛奎为参知政事。奎入谢，上谕奎曰：'先帝尝以卿为可任，今用卿，先帝意也。'"

脱脱等《宋史·本纪·仁宗一》记载："二月丙寅，张士逊罢，以吕夷简同中书门下平章事、集贤殿大学士。丁卯，以夏竦、薛奎参知政事，陈尧佐为枢密副使。癸酉，贬曹利用为崇信军节度副使、房州安置，未至，自杀。"

欧阳修《陈公（尧佐）神道碑铭并序》记载："太常博士陈诂知祥符县，县吏恶其明察，欲中以事，而诂公廉，事不可得，乃欲以奇动京师，自录事以下，空一县皆逃去。京师果宣言诂政苛暴。是时章献明肃太后犹听政，怒诂，欲加以罪。公为枢密副使，力争之，以谓罪诂则奸人得计而沮能吏，诂由是获免。"

李焘《续资治通鉴长编》卷一百零七记载："宋仁宗天圣七年三月戊寅，祠部员外郎、秘阁校理陈诂知祥符县，治严急，吏欲动朝廷使罪诂，乃空一县逃去，太后果怒。而诂妻，宰相吕夷简妹也，执政以嫌不敢辨。事下枢密院，副使陈尧佐独曰：'罪诂则奸吏得计，后谁敢复绳吏者。'诂由是获免，徙知开封县。诂辞，乃命权判吏部南曹。"

欧阳修《陈公（尧佐）神道碑铭并序》记载："七年八月，参知政事。"

李焘《续资治通鉴长编》卷一百零八记载："宋仁宗天圣七年八月辛卯，枢密使张旻改山南东道节度使，参知政事夏竦加刑部侍郎，复为枢密副使，枢密副使范雍、姜遵、陈尧佐并加给事中，尧佐改参知政事。竦与夷简不相悦，故以尧佐易之。"

王称《东都事略·本纪》卷五记载："七年二月庚申朔，鲁宗道薨。丙寅，张士逊罢；吕夷简同中书门下平章事；夏竦、薛奎参知政事；陈尧佐枢密副使。秋八月辛卯，夏竦枢密副使；陈尧佐、王曙并参知政事。"

脱脱等《宋史·本纪·仁宗一》记载："八月丁亥朔，日有食之。诏罢天下职田，官收其入，以所直均给之。己丑，以吕夷简为昭文馆大学士。辛卯，夏竦复为枢密副使，陈尧佐、王曙并参知政事。己亥，诏命官犯正入赃，毋使亲民。"

宋仁宗天圣八年（1030）

陈尧佐迁吏部侍郎

脱脱等《宋史·列传·陈尧佐传》记载："以给事中参知政事，迁尚书吏部侍郎。"

陈尧咨以安国军节度观察留后知郓州

脱脱等《宋史·列传·陈尧咨传》记载："以安国军节度观察留后知郓州。建请浚新河，自鱼山至下杷以导积水。"

李贤《大明一统志》卷二十三记载："陈尧咨知郓州，建请浚新河，自鱼山至下杞①以导积水。"

宋仁宗天圣九年（1031）

陈尧佐言"增抄书笔吏"

徐松《宋会要辑稿·职官十八》记载："九年三月十一日，参知政事陈尧佐言：'馆阁抄书笔吏数少，请增募五十人。'从之。"

贾昌朝②辞中书职事

李焘《续资治通鉴长编》卷一百一十记载："宋仁宗天圣九年三月己巳，翰林侍讲学士孙奭、试太常博士国子监直讲贾昌朝、秘书丞诸王府侍讲赵希言、殿中丞国子监直讲郭稹、左替善大夫国子监直讲杨安国讲说于中书。奭前判国子监，会诸博士讲说，独谓昌朝有师法。他日，书《路随、韦处厚传》示昌朝曰：'君当以经术进，如二公。'及试中书，稹固辞，而昌朝亦以参知政事陈尧佐嫌报罢。（《龙川别志》云：世谓奭知人，然昌朝与路、韦名位俱类矣，而其邪正则不同。若知其贵贱，此但相师所能耳。）希言，禹城人也。"

宋仁宗明道元年（1032）

陈尧佐加礼部侍郎

李焘《续资治通鉴长编》卷一百一十一记载："宋仁宗明道元年九月庚

---
① 编按：李贤《大明一统志》卷二十三记中"下杞"应为"下杷"。
② 编按：贾昌朝为陈尧咨女婿。

寅，重作宝册，命参知政事陈尧佐书皇帝受命册宝，参知政事薛奎书尊号册宝，宰臣张士逊书上为皇太子册宝，参知政事晏殊书皇太后尊号册宝，以旧册宝为宫火所焚也。既而有司言重作册宝，其沿宝法物，凡用黄金二千七百两，诏易以银而金涂之。（二年正月十七日、景祐二年八月十七日可考。）"

马端临《文献通考·王礼考十》记载："仁宗明道元年，禁中火，宝册悉焚，其年九月，改作宝及册，命参知政事陈尧佐书受命宝，薛奎书尊号册宝，宰臣张士逊书仁宗为皇太子册，参知政事晏殊书皇太后尊号册宝。二年册宝成，三司言：'用黄金二千七百两为法宝法物。'诏易以银而涂黄金。初，真宗尝为'昭受乾符之宝'，前此亦焚，遂诏宰相陈执中书'钦崇国祀之宝'刻之，以代'昭受乾符之宝'，凡斋醮表章用焉。"

李焘《续资治通鉴长编》卷一百一十一记载："宋仁宗明道元年十一月癸未，宰臣吕夷简加右仆射、兼门下侍郎，张士逊加中书侍郎、兼兵部尚书。夷简固辞所加官，乃令翰林贴麻，改门下侍郎、兼吏部尚书。镇安忠武节度使、太尉、尚书令、兼中书令镇王元俨为河阳三城、武成节度使，守太师，徙封孟王。枢密使张耆改为昭德节度使、兼侍中，副使杨崇勋改山南东道节度使，夏竦为尚书左丞，赵稹为吏部侍郎。参知政事晏殊为尚书左丞，陈尧佐、薛奎并为礼部侍郎。定难节度使、守太傅、尚书令、兼中书令西平王赵德明封夏王。"

陈尧咨改武胜军留后

王称《东都事略·列传·陈尧咨传》记载："改武胜军留后。"

宋仁宗明道二年（1033）

陈尧佐罢为户部侍郎，知永兴军，徙庐州，又徙同州

徐松《宋会要辑稿·礼三十二》记载："仁宗明道二年三月二十七日夜三鼓，皇太后崩于宝慈殿，迁座于皇仪殿。三十日，太常礼院言：'宗室削杖，不散发，余如乾兴之制。中书、枢密、使相比宗室，去斜巾、垂帽、首绖及杖。翰林学士至龙图学士以上，并节使度，两省、御史台中丞、文武百官已下，诸军指挥使副、兵马使、三班殿直已下，四脚、副巾、连裳、腰绖，文武二品已上，又去中单及绖。中书、枢密院主事以下，前后殿都知押班已下，亦如之。'从之。

"四月六日，太常礼院言：'准明德皇太后园陵礼例，凶仗合用六十事。'诏增造二十事，于建隆观制造。八日，成服，群臣衰服入临，奉慰如

仪。是日，攒涂①于皇仪殿，群臣复进名奉慰。命宰臣张士逊撰《哀册文》，参知政事陈尧佐撰《谥册文》并书册宝，翰林学士冯元议谥号。

"四月十五日，诏中书门下曰：'朕哀制之中，未遑议政。皇太后谓朕曰："宸妃早事先帝，尤推懿恭，膺降诞之符，守谦冲之德。至于奉侍陵寝，聿周禫祥，归奉母仪，克勤辅佐。兴居合礼，言动有常。两朝徽音，九御承宪。淹悲沦谢，俄历岁华，权厝梵宫，未崇位号。当遵旧典，祗上尊名，别卜寝园，用光世范。况今大行太后方议山陵，宜因兹时，式便修奉。"朕仰承慈旨，惕念劬劳，怆慕之怀，夙宵罔措，敢忘燕翼，以奉诲言！宜令中书门下依先朝追荣元德皇后礼典，追崇宸妃尊谥、位号及营奉园陵。'制曰：'王者抚育黎元，务恢要道。盖孝笃于己则化之厚，感发于天则报必隆。有怀顾复之恩，爰举尊崇之典。故宸妃李氏辅佐先圣，诞育眇躬，空流彤管之音，未正星轩之位。是用顺稽旧礼，恭荐徽名，庶申创慕之思，以称劬劳之德。宜追尊为皇太后。仍令有司择日备礼奉册。'宰臣率百官诣西上合门进名奉慰。八日，诏大行皇太后山陵五使、修奉都监、总管，并兼园陵之名，命翰林学士冯元议谥号，西京作坊副使张永和为园陵按行使。是后仪制同庄献明肃皇太后者，不重录。九日，命宰臣李迪撰《哀册文》并书，参知政事陈尧佐撰《谥册文》并书册宝。二十七日，翰林学士冯元请上尊谥曰庄懿皇太后。"

欧阳修《陈公（尧佐）神道碑铭并序》记载："明道二年，罢知永兴军，行过郑州，为狂人所诬，御史中丞范讽辨公无罪。"

曾巩《隆平集》卷五记载："明道二年罢。"

李焘《续资治通鉴长编》卷一百一十二记载："宋仁宗明道二年四月己未，门下侍郎、兼吏部尚书、平章事吕夷简罢为武胜节度使、同平章事、判澶州；枢密使、昭德节度使、右仆射、检校太师兼侍中张耆罢为左仆射、检校太师兼侍中、护国军节度使，判许州，寻改陈州；枢密副使、尚书左丞夏竦罢为礼部尚书，知襄州，寻改颍州；礼部侍郎、参知政事陈尧佐罢为户部侍郎，知永兴军；枢密副使、礼部侍郎范雍罢为户部侍郎，知荆南府，寻改扬州，又改陕州；枢密副使、吏部侍郎赵稹罢为尚书左丞，知河中府；尚书右丞、参知政事晏殊罢为礼部尚书，知江宁府，寻改亳州。"

王称《东都事略·本纪》卷五记载："夏四月己未，吕夷简、张耆罢；李迪同中书门下平章事；夏竦、陈尧佐、范雍、赵稹、晏殊罢；王随参知政事；

---

①攒（cuán）涂：古代停殡礼仪的一种。聚木于棺的四周，以泥涂之，谓之"攒涂"。

李咨枢密副使；王德用金书枢密院事。"

脱脱等《宋史·本纪·仁宗二》记载："夏四月己未，吕夷简、张耆、夏竦、陈尧佐、范雍、赵稹、晏殊皆罢。以张士逊为昭文馆大学士，李迪同中书门下平章事、集贤殿大学士，王随参知政事，李谘为枢密副使，王德用签书枢密院事。"

陈邦瞻《宋史纪事本末》卷四记载："明道二年夏四月，吕夷简、张耆、夏竦、陈尧佐、范雍、赵稹、晏殊罢。先是，夷简手防陈八事曰：'正朝纲、塞邪径、禁贿赂、辨佞壬、绝女谒、疎近习、罢力役、节冗费'劝帝，语甚切，帝因与夷简谋，以张耆等皆附太后，欲悉罢之，夷简以为然。帝退，语于皇后，后曰：'夷简独不附太后，但多机巧善应变耳。'由是，夷简亦罢。制下，夷简方押班闻唱名，大骇，不知其故，因令素所厚内侍都知阎文应诇之，乃知事由郭后也。由是，深憾于后。"

欧阳修《陈公（尧佐）神道碑铭并序》记载："徙知庐州。"

李焘《续资治通鉴长编》卷一百一十二记载："宋仁宗明道二年七月癸未，降知永兴军陈尧佐知庐州，为狂人王文吉所诬也。尧佐罢政，过郑，文吉挟故怨告尧佐谋反。上遣中官讯问，复以属御史台。中丞范讽夜半被旨，诘旦得其诬状上之，尧佐犹坐是左降。"

欧阳修《陈公（尧佐）神道碑铭并序》记载："徙知庐州，又徙同州。"

脱脱等《宋史·列传·陈尧佐传》记载："改知庐州，徙同州。"

嘉靖《陕西通志》卷二十记载："陈尧佐，字希元，阆中人。第进士，以试秘书省校书郎，知朝邑，邑人方保吉诬以事，降徙下邽主簿。未几，迁秘书郎。明道中，知同州，复徙永兴军，有善政。"

天启《同州志》卷七记载："陈尧佐，字希元，阆中人。明道中，自庐州徙知同州，复徙永兴军，有善政，后拜平章事、集贤殿大学士。"

陈尧咨拜武信军节度使，知河阳三城节度使，徙澶州，再知天雄军

李焘《续资治通鉴长编》卷一百一十二记载："宋仁宗明道二年正月癸巳，武胜军留后陈尧咨言：'梁泺积水，废民田数万顷，不能疏导，至郓州徙城以避之。向者臣守郓，孙奭守兖，同相视，自鱼台下杷凿河四十余里，决泊水注河，由德、博东入于海，可以纾水患，通漕于河北。宜岁调夫乘春浚之。'朝廷从其说。然污泽自具地形，终不能大耗也。"

徐松《宋会要辑稿·礼三十二》记载："仁宗明道二年三月二十七日夜三鼓，皇太后崩于宝慈殿，迁座于皇仪殿。三十日，工部尚书李迪、太子少傅致仕晁迥、御史中丞蔡齐、两使留后陈尧咨并曾任近职，请依学士例破服。馆阁读书、翰林待诏、技术官，并给孝服。宰相、文武百官朝晡临三日，内外命妇朝临三日。"

曾巩《隆平集》卷五记载："加留后、进武信军节度使，再知天雄军。"

王称《东都事略·列传·陈尧咨传》记载："拜武信军节度使，知澶州，复知天雄军。"

脱脱等《宋史·列传·陈尧咨传》记载："拜武信军节度使、知河阳，徙澶州，又徙天雄军。"

李焘《续资治通鉴长编》卷一百一十三记载："宋仁宗明道二年十一月己卯，徙判天雄军王曾判河南府。始，陈尧咨与曾有隙，曾实代尧咨于天雄，政有不便者，徐更之，弥缝不见其迹。及去，尧咨复继曾后，见府署及什器皆因尧咨旧规，但完葺无所改，叹曰：'王公宜其为宰相，我度量诚不及也！'"

陈宗古[①]赐进士出身

徐松《宋会要辑稿·选举九》记载："明道二年六月八日，赐大理寺丞陈宗古进士出身。"

宋仁宗景祐元年（1034）

陈尧佐复徙永兴军

欧阳修《陈公（尧佐）神道碑铭并序》记载："复徙永兴。"

脱脱等《宋史·列传·陈尧佐传》记载："复徙永兴军。"

李贤《大明一统志》卷三十三记载："徙永兴军，有善政。"

嘉靖《陕西通志》卷二十记载："复徙永兴军，有善政。"

天启《同州志》卷七记载："复徙永兴军，有善政，后拜平章事、集贤殿大学士。"

陈尧咨卒，赠太尉谥康肃

曾巩《隆平集》卷五记载："卒，年六十五，赠太尉，谥康肃。"

王称《东都事略·列传·陈尧咨传》记载："卒，年六十五，赠太尉，谥曰康靖[②]。"

脱脱等《宋史·列传·陈尧咨传》记载："所居栋摧，大星陨于庭，散为

[①]编按：陈宗古为陈尧咨之子。
[②]编按：王称《东都事略·列传·陈尧咨传》中的"康靖"应为"康肃"。

白气。已而卒，赠太尉，谥曰康肃。"

徐松《宋会要辑稿·仪制十一》记载："武胜军①节度使陈尧咨，景祐元年三月。"

徐松《宋会要辑稿·礼四十一》记载："武信军节度使陈尧咨，景祐元年三月；崇信军节度使钱惟演，七月，并辍一日。"

徐松《宋会要辑稿·礼五十八》记载："武信军节度使陈尧咨，谥康肃。"

宋仁宗景祐二年（1035）

陈尧佐上《请完护唐贤臣墓石奏》

李焘《续资治通鉴长编》卷一百一十七记载："宋仁宗景祐二年八月辛未，诏陕西诸州前代名臣坟墓碑碣、林木，委官司常检视，从知永兴军陈尧佐之言也。初，章献遣官起浮屠于京兆城中，姜遵尽毁古碑碣为用。尧佐奏曰：'唐贤臣墓石，十且亡七八矣。始其子孙意美石善书，欲传千载，而一旦与砖甓同，诚亦可惜，其未毁者，愿敕所在完护。'"

脱脱等《宋史·列传·陈尧佐传》记载："初，太后遣宦者起浮图京兆城中，前守姜遵尽毁古碑碣充砖甓用，尧佐奏曰：'唐贤臣墓石，今十亡七八矣。子孙深刻大书，欲传之千载，乃一旦与瓦砾等，诚可惜也。其未毁者，愿敕州县完护之。'"

李贤《大明一统志》卷三十三记载："陈尧佐明道中知同州，徙永兴军，有善政。初，太后遣宦者起浮图京兆城中，前守姜遵尽毁古碑碣，充砖甓用。尧佐奏，唐贤臣墓石其子孙深刻大书，欲传之千载，乃一旦与瓦砾等，诚可惜也。其未毁者，愿敕州县完护之。"

嘉靖《雍大记》卷二十三记载："陈尧佐真宗②时，知同州，复徙永兴军，有善政。初，太后遣宦者起浮屠京兆城中，前守姜遵尽毁古碑碣充砖瓦用，尧佐奏曰：'唐贤臣墓石十亡七八矣，子孙深刻大书，欲传之千载，乃一旦与瓦砾等，诚可惜也，其未毁者，愿敕州县完护之。'"

---

①编按：徐松《宋会要辑稿·仪制十一》中"武胜军"应为"武信军"。
②编按：嘉靖《雍大记》卷二十三中"真宗"应为"仁宗"。

宋仁宗景祐三年（1036）

陈尧佐徙渭州、又徙郑州

王称《东都事略·列传·陈尧佐传》记载："起知渭州。"

李贤《大明一统志》卷三十五记载："陈尧佐知渭州，有惠政，边界安静。"

嘉靖《陕西通》卷二十二记载："陈尧佐，字希元，阆州人。知渭州，有惠政，边境赖以安。"

嘉靖《雍大记》卷二十三记载："又知渭州，有惠政，边境安静。"

欧阳修《陈公（尧佐）神道碑铭并序》记载："复徙永兴，又徙郑州。"

脱脱等《宋史·列传·陈尧佐传》记载："徙郑州。"

宋仁宗景祐四年（1037）

陈尧佐召拜同中书门下平章事，集贤殿大学士

欧阳修《陈公（尧佐）神道碑铭并序》记载："累官至户部侍郎。景祐四年四月，召拜同中书门下平章事。"

李焘《续资治通鉴长编》卷一百二十记载："宋仁宗景祐四年四月甲子，右仆射、兼门下侍郎、平章事吕夷简罢为镇安节度使、同平章事、判许州，右仆射、兼门下侍郎、平章事王曾罢为左仆射、资政殿大学士、判郓州，吏部侍郎、参知政事宋绶罢为尚书左丞、资政殿学士，礼部侍郎、参知政事蔡齐罢为吏部侍郎，归班。

"天圣中，曾为首相，夷简参知政事，事曾甚谨。曾力荐夷简为亚相，未几曾罢，夷简为首相，居五年罢，不半岁，复位。李迪为次相，与夷简不协，夷简欲倾迪，乃援曾入使枢密。不半岁，迪罢，曾即代之。始曾久外，有复入意，绶实为曾达意于夷简，夷简即奏召曾。及将以曾代迪，绶谓夷简曰：'孝先于公，事契不薄，宜善待之，勿如复古也。'夷简笑诺其言，绶曰：'公已位昭文，处孝先以集贤可也。'夷简曰：'不然，吾虽少下之，何害？'遂请用曾为首相，帝不可，乃为亚相。既而夷简专决，事不少让，曾不能堪，论议多不合，曾数求去，夷简亦屡乞罢。上疑焉，问曾曰：'卿亦有所不足耶？'曾言：'夷简招权市恩。'时外传夷简纳知秦州王继明馈赂，曾因及之。帝诘夷简，至交论帝前，夷简乞置对，而曾言亦有失实者。帝不悦，绶素与夷简善，齐议事间附曾，故并绶、齐皆罢。初命曾以左仆射知青州，既入

谢。求改郓州，乃下学士院贴麻，加资政殿大学士、判郓州。盖仆射典州，当云'判'，不当云'知'，翰林学士丁度失之也。（《龙川志》载，王曾复入相，由宋绶及吕夷简事，当不误。然所称岁月及人姓名颇差殊，今据《国史》略如删润，庶得其实。）

"吏部侍郎、知枢密院事王随，户部侍郎、知郑州陈尧佐，并为平章事，随加门下侍郎，尧佐守本官，吕夷简尝密荐二人可用故也。自薛居正后，初相无越迁门下侍郎者，丁度始误草制，因不复改。礼部侍郎、参知政事盛度知枢密院事。工部侍郎、同知枢密院事韩亿，三司使、吏部侍郎程琳，翰林学士承旨、兼龙图阁学士石中立，并为参知政事。枢密直学士、左司郎中王鬷为右谏议大夫、同知枢密院事。"

王称《东都事略·本纪》卷五记载："四年夏四月甲子，吕夷简、王曾、宋绶、蔡齐罢；王随、陈尧佐并同中书门下平章事；盛度知枢密院事；韩亿、程琳、石中立并参知政事；王鬷同知枢密院事。"

脱脱等《宋史·本纪·仁宗二》记载："夏四月乙巳，吕夷简上《景祐法宝新录》。甲子，吕夷简、王曾、宋绶、蔡齐罢，以王随为门下侍郎、同中书门下平章事、昭文馆大学士，陈尧佐同中书门下平章事、集贤殿大学士，盛度知枢密院事，韩亿、程琳、石中立参知政事，王鬷同知枢密院事。"

脱脱等《宋史·列传·陈尧佐传》记载："会作章惠太后园陵，州供张甚严，赐书褒谕。既而拜同中书门下平章事、集贤殿大学士。"

李焘《续资治通鉴长编》卷一百二十记载："宋仁宗景祐四年九月丁卯，密州大姓王澥私酿酒，邻人往捕之，澥绐奴曰：'此盗也。'使尽杀其父子四人，州论奴以法，而澥独不死。大理寺详断官郑人蒋偕当澥及奴皆大辟，宰相陈尧佐右澥，知审刑院宋郊力争，卒抵澥死，尧佐不悦。

"十月乙未，同知枢密院事章得象言，开封府进士章仲昌，臣乡里疏属，实无艺业，近闻讼诉发解不公事，请牒归其家，从之。时锁厅，应举人特多，开封府投牒者至数百，国子监及诸州不在焉。及出榜，而宰相陈尧佐之子博古为解元，参知政事韩亿子孙四人皆无落者，故嘲谤群起。然殿中侍御史萧定基与直集贤院韩琦、吴育、王拱辰实司试事，非有所私也。（章仲昌事，《实录》偶脱，据司马光《朔历》及范镇《东斋记事》追附，并取光《记闻》。《记闻》所载，或与记事不同，则记闻误，记事不误也。）"

徐松《宋会要辑稿·选举十四》记载："景祐四年，锁庭人最盛，开封府投牒者至数百，国子监及诸州者不在焉。是时，陈尧佐为宰相，韩亿为枢密副使。既而解榜出。尧佐子博古为解元，忆子孙四人皆无落者，众议喧然，作《河满子》词以嘲之，流闻达于禁中。殿中侍御史萧定基时掌誊录，因奏事，上问《河满子》之词，定基因诵之。"

王举正[①]改龙图阁待制

李焘《续资治通鉴长编》卷一百二十记载："宋仁宗景祐四年闰四月乙亥，知制诰王举正，以宰臣陈尧佐之婿，引故事避嫌，戊寅，改为龙图阁待制。时龙图阁待制张逸权知开封府，请仍旧班举正下，从之。"

陈学古[②]延庆寺立碑

毕沅《中州金石记》卷四记载："宋仁宗景祐四年十一月，陈学古立碑刻石陈尧佐诗于济源延庆寺。"

宋仁宗宝元元年（1038）

陈尧佐罢为淮康军节度使、检校太傅、同平章事，判郑州

欧阳修《陈公（尧佐）神道碑铭并序》记载："明年三月，拜淮康军节度使、检校太傅、同中书门下平章事，判郑州。"

曾巩《隆平集》卷五记载："景祐四年与王随同相，次年谏官论政事错谬，以宰相非其人，遂与王随同请罢，并除使相，尧佐判定州[③]。"

李焘《续资治通鉴长编》卷一百二十一记载："宋仁宗宝元元年三月戊戌朔，门下侍郎、平章事王随罢为彰信节度使、同平章事，户部侍郎、平章事陈尧佐罢为淮康节度使、同平章事、判郑州，户部侍郎、参知政事韩亿罢归本班，礼部侍郎、参知政事石中立罢为户部侍郎、资政殿学士。初，吕夷简罢，密荐随与尧佐二人为相，其意拔引非才，居己下者用之，觊他日上意见思而复相己。及随与尧佐、亿、中立等议政，数忿争于中书。随寻属疾在告，诏五日一朝，日赴中书视事，而尧佐复年高，事多不举，时有'中书翻为养病坊'之语。又转运使王轸求三路于随，随以间阎鄙词骂之。一日，随方膳，堂吏白事忤意，随食未及下咽而遽斥之，羹污其面，中外耻笑。会灾异仍见，琦论随等疏凡十上，尧佐亦先自援汉故事求策免，于是四人者俱罢。（王岩叟作《韩魏公遗事录》云：公言天下事，不能必如人意。仁宗时，王随、陈尧佐为宰相，

---

①编按：王举正为陈尧佐女婿。
②编按：陈学古为陈尧佐之子。
③编按：曾巩《隆平集》卷五中"定州"应为"郑州"。

皆老病，又不和，中书事多不决。韩亿、石中立二人又颇以私害公。公时为谏官，屡疏不纳。后物议益喧，公复上章乞廷辨。上迫于正论，罢四人者。当时天下之望在王沂公、吕申公、杜祁公、范希文，而公亦引荐之。及宣麻日，乃张士逊昭文，章得象集贤，宋庠、晁宗悫参政，天下大失望。公曰：'事固不可知，人意亦不能必也。'按岩叟此录谬误，宋庠参政在宝元二年十一月，晁宗悫参政在康定元年九月，不与士逊、得象同入中书明甚。宗悫此时在翰苑才二年，庠实初除翰苑。然上意本用庠，偶以谗止，更一年余卒用之。或传闻疑似致此。而范希文二年前权知开封，坐谗落天章阁待制，去冬补外，方自饶徙润，犹未复职，骤迁政府，恐亦无此例。魏公自言必不差，岩叟听之不审，又不加参考，遽笔之于书耳。又汪藻《书陈尧佐旧事》云：文惠陈公相仁宗，每内批夜下，不过十刻，忽夜分有御封至于私第，公不启封，来日，袖至榻前屏奏曰：'今中宫虚位，张贵妃有宠，恐奸人附会，请正母仪，非陛下本意，有不得已者。若诚此事，臣不敢启封以示同列。'仁宗首肯曰：'姑置之。'贵妃即追册温成后也。当时于墓刻神道碑不敢书。公薨百余年，公之曾孙右中大夫、直秘阁衮始录以示人。呜呼，兹举也，天下之治乱系焉。文惠公不动声色，开悟转移于谈笑之顷，一旦致其主于唐、汉贤君之上，使当时有秋毫容悦之心，其失可胜计哉！可谓仁人之言，而一言兴邦矣。自古妃匹之爱，父不能得之子，君不能得之臣，所为难言骨肉之闲者也。文惠公及此，固社稷之臣，非吾仁宗有从谏之圣，亦安能容其臣如是之大乎。后世于此，可以观一时君臣之盛，而为万世法矣。按文惠以景祐四年四月拜相，宝元元年三月罢。温成以康定元年十月自侍御迁才人，距文惠罢相凡二年余，虽当时已被宠幸，不应谀臣便有正位中宫之请。汪藻所见，恐文惠之孙饰说，非事实也，今不取。）"

王称《东都事略·本纪》卷五记载："宝元元年三月戊戌，王随、陈尧佐、韩亿、石中立罢；张士逊、章得象并同中书门下平章事；王鬷、李若谷并参知政事；王博文、陈执中并同知枢密院事。"

脱脱等《宋史·本纪·仁宗二》记载："三月戊戌朔，王随、陈尧佐、韩亿、石中立罢，以张士逊为门下侍郎、同中书门下平章事、昭文馆大学士，章得象同中书门下平章事、集贤殿大学士，王鬷、李若谷并参知政事，王博文、陈执中同知枢密院事。"

徐松《宋会要辑稿·职官七十八》记载："五年[①]三月一日，门下侍郎、

[①]编按：徐松《宋会要辑稿·职官七八》中"五年"应为"宝元元年"。

同中书门下平章事、昭文馆大学士王随罢为检校太傅、同中书门下平章事、彰信军节度使；户部侍郎、同中书门下平章事、集贤殿大学士陈尧佐罢为检校太傅、同中书门下平章事、淮康军节度使，判郑州；户部侍郎、参知政事韩亿罢守本官归班；礼部侍郎、参知政事石中立罢为户部侍郎、资政殿学士。制书以随'龌厉精而宣力，久结疾以愆和，叠贡奏函，恳辞魁柄'，尧佐'遽因灾异，继有奏陈，援汉家赐策之文，探羲《易》劳谦之旨'。时灾异屡发，谏官韩琦言随久被病，而尧佐复高年，政事不修；韩亿子综为群牧判官，不当请以其兄纲代之，又石中立诙谐无大臣体，故并罢之。"

宋仁宗宝元二年（1039）

陈尧佐判永兴军，复判郑州

李焘《续资治通鉴长编》卷一百二十四记载："宋仁宗宝元二年七月戊午，徙判郑州陈尧佐判永兴军，知永兴军夏竦知泾州、兼泾原秦凤路缘边经略安抚使、泾原路都部署，知延州范雍兼鄜延环庆路缘边经略安抚使、鄜延路都部署。

"八月甲子，新判永兴军陈尧佐复判郑州。时御史言方西边用兵，宜得重望大臣以镇关中。尧佐因自陈与范雍为亲家而力辞之。"

陈尧佐子孙游延庆禅院

钱大昕《潜研堂金石跋尾》卷十三记载："宋仁宗宝元二年九月，白波漕运使述古、殿省丞求古率诸子知雄、知方、知白等游延庆禅院，题名为记①。"

宋仁宗康定元年（1040）

陈尧佐以太子太师致仕

欧阳修《陈公（尧佐）神道碑铭并序》记载："康定元年五月，以太子太师致仕，诏大朝会立宰相班，遂居于郑。其起居饮食，康宁如少者。"

曾巩《隆平集》卷五记载："康定元年以太子太师致仕，居郑州四年。"

李焘《续资治通鉴长编》卷一百二十七记载："宋仁宗康定元年五月戊辰，淮康节度使、同平章事、判郑州陈尧佐为太子太师致仕，大朝会缀中书门下班。"

---

① 编按：陈述古、陈求古皆陈尧佐之子，陈知雄、陈知方、陈知白皆陈述古之子、陈尧佐之孙。

徐松《宋会要辑稿·礼四十一》记载："东宫一品致仕太子太师，陈尧佐庆历四年正月[①]。"

宋仁宗康定二年（十一月改为庆历元年，1041）

王举正参知政事

脱脱等《宋史·本纪·仁宗三》记载："五月丁巳，录系囚。甲子，出内藏缗钱一百万助军费。乙丑，追封皇长子为褒王，赐名昉。丁卯，罢陕西经略安抚沿边招讨都监。辛未，宋庠、郑戬罢，以王举正参知政事，任中师、任布为枢密副使。诏夏竦屯军鄘州，陈执中屯军泾州。癸酉，阅试卫士。"

陈博古[②]充馆阁校勘

徐松《宋会要辑稿·选举三十一》记载："七月，学士院试大理评事陈博古，赋三上、诗三下，诏充馆阁校勘。"

宋仁宗庆历三年（1043）

贾昌朝参知政事

脱脱等《宋史·本纪·仁宗三》记载："三月壬申，阅卫士武技。戊子，吕夷简罢为司徒、监修国史，与议军国大事。以章得象为昭文馆大学士，晏殊为集贤殿大学士并兼枢密使，夏竦为枢密使，贾昌朝参知政事。"

王举正罢参知政事

脱脱等《宋史·本纪·仁宗三》记载："秋七月辛未，诏许二府不限奏事常制，得敷陈留对。丙子，王举正罢。壬午，罢陕西管内营田。甲申，命任中师宣抚河东，范仲淹宣抚陕西。乙酉，获王伦。"

宋仁宗庆历四年（1044）

陈尧佐卒，赠司空兼侍中谥文惠

欧阳修《陈公（尧佐）神道碑铭并序》记载："后四年，年八十有二，以疾卒于家。"

曾巩《隆平集》卷五记载："四年卒，赠司空兼侍中，谥文惠，后事皆豫备，自志其墓曰：'有宋颍川生尧佐，字希元，号知余子，寿年八十二不为

[①]编按：徐松《宋会要辑稿·礼四十一》中"庆历四年正月"应为"康定元年五月"。
[②]编按：陈博古为陈尧佐之子。

夭，官一品不为贱，使相纳禄不为辱，三者粗可归息于父母栖神之域矣。'"

李焘《续资治通鉴长编》卷一百五十二记载："宋仁宗庆历四年十月辛卯，赠司空兼侍中，谥文惠陈尧佐卒。"

脱脱等《宋史·本纪·仁宗三》记载："冬十月庚寅，赐襄霄誓诏，岁赐银、绢、茶、彩凡二十五万五千。陈尧佐薨。丙申，命范仲淹提举三馆秘阁缮校书籍。癸丑，桂阳蛮降，授蛮酋三人奉职。"

脱脱等《宋史·列传·陈尧佐传》记载："卒，赠司空兼侍中，谥文惠。"

徐松《宋会要辑稿·礼五十八》记载："陈尧佐，谥文惠。"

陈宗古任三司勾当公事

徐松《宋会要辑稿·帝系八》记载："庆历四年四月三日，令入内侍省刘从愿与三司勾当公事陈宗古检点柴宗庆家财现数，约度支给外，官为检校。以宗庆二女尚幼故也。"

陈荣古[①]提点三司草场

徐松《宋会要辑稿·方域十三》记载："四月二十一日，夺陈留县移桥官吏。先是，催纲右侍禁李舜举请移陈留南镇上桥于近南旧弛桥处，以免倾覆舟船之患。开封从其请，而移桥则废县大姓之氏（邸）舍，遂因缘以言于三司使王尧臣，以为无利害而徒费。三司遣提点仓草场陈荣古相之，荣古请于旧桥西展水岸五十步，擗水入大洪，而罢移桥。知府吴育固争之，朝廷遣御史按之，御史言移桥便，且系三司受请，置司推勘。于是自尧臣以下皆罚金焉。"

陈述古知蔡州

李焘《续资治通鉴长编》卷一百五十一记载："宋仁宗庆历四年八月戊申，宦者阎士良以供备库副使为蔡州都监，颇挟势骄倨，承前贵人多优容之。及司勋员外郎陈述古知蔡州，独不加礼，士良恚恨。会去冬雨木冰，述古言：'是所谓木稼，亦木介也。木有稼，达官怕。木介，革兵之象，其占在国家。'士良摘其语闻上。述古因发士良阴事，既劾置许州，而士良不伏，乃命监察御史刘湜再往鞫之。己酉，士良坐受所监临赃，夺二官。述古亦坐所言不实，罚铜七斤，罢。述古，尧佐子也。"

贾昌朝为枢密使

脱脱等《宋史·本纪·仁宗三》记载："八月辛卯，命贾昌朝领天下农

[①] 编按：陈荣古为陈尧咨之子。

田，范仲淹领刑法事。甲午，富弼宣抚河北。戊戌，命右正言余靖报使契丹。保州云翼军杀官吏、据城叛。庚子，命右正言田况度视保州，仍听便宜行事。丙午，进宗室官有差。戊午，诏辅臣所荐官毋以为谏官、御史。

"九月辛酉，保州平。壬戌，诏保州官吏死乱兵而无亲属者，官为殡敛，兵官被害及战没，并优赐其家。民田遭蹂践者，蠲其租。癸亥，以真宗贤妃沈氏为德妃，婉仪杜氏为贤妃。戊辰，吕夷简薨。庚午，晏殊罢。乙亥，遣使安抚湖南。甲申，以杜衍同中书门下平章事兼枢密使、集贤殿大学士，贾昌朝为枢密使，陈执中参知政事。丁亥，宴宗室太清楼，射于苑中。"

陈邦瞻《宋史纪事本末》卷五记载："九月甲申，以杜衍为平章事兼枢密使，贾昌朝为枢密使，陈执中参知政事。"

增录

宋仁宗庆历五年（1045）

贾昌朝同中书门下平章事兼枢密使，集贤殿大学士、昭文馆大学士

脱脱等《宋史·本纪·仁宗三》记载："五年春正月甲戌，罢河东、陕西诸路招讨使。乙亥，复置言事御史。丙子，契丹遣使来告伐夏国还。庚辰，命知制诰余靖报使契丹。癸未，诏京朝官因被弹奏，虽不曾责罚，但有改移差遣，并四周年磨勘。乙酉，范仲淹、富弼罢。丙戌，杜衍罢，以贾昌朝同中书门下平章事兼枢密使、集贤殿大学士，王贻永为枢密使，宋庠参知政事，吴育、庞籍并为枢密副使。"

陈邦瞻《宋史纪事本末》卷五记载："五年春正月乙酉，杜衍、范仲淹、富弼罢。以贾昌朝同平章事兼枢密使，宋庠参知政事，王贻永为枢密使，吴育、庞籍为副使。"

脱脱等《宋史·本纪·仁宗三》记载："夏四月丁亥朔，司天言日当食，阴晦不见。录系囚，遣官录三京囚。辛卯，曩霄初遣人来贺乾元节。戊申，章得象罢，以贾昌朝为昭文馆大学士，陈执中同中书门下平章事、集贤殿大学士兼枢密使。庚戌，以吴育参知政事，丁度为枢密副使。"

宋仁宗庆历七年（1047）

贾昌朝罢相

脱脱等《宋史·本纪·仁宗三》记载："三月乙未，贾昌朝罢，以陈执中为昭文馆大学士，夏竦同中书门下平章事、集贤殿大学士，吴育为给事中归班，文彦博为枢密副使。罢出猎。丁酉，以夏竦为枢密使，文彦博参知政事，高若讷为枢密副使。辛丑，祈雨于西太一宫，及还，遂雨。壬寅，陈执中、宋庠、丁度以旱，降官一等。"

宋仁宗至和元年（1054）

陈宗古直史馆

徐松《宋会要辑稿·选举三十三》记载："至和元年十一月二十四日，京西转运使、刑部郎中陈宗古直史馆，再任。"

宋仁宗嘉祐六年（1061）

陈道古①任两浙路提点刑狱

徐松《宋会要辑稿·职官六十五》记载："六年七月一日，光禄寺丞、知苏州长洲县夏噩特勒停，坐私贷民钱。噩中制科，以本路提点刑狱陈道古恶其轻傲，捃其事而按发之。"

宋英宗治平二年（1065）

陈述古降少府监，知忻州

徐松《宋会要辑稿·职官六十五》记载："二月十六日，陕西路都转运使、光禄卿陈述古降少府监、知忻州。初，述古权渭州，夏人围同家堡，副总管刘凡请出两将援之，述古不肯。凡与诸将连状请，又不肯。凡以手诏趣，述古怒，移凡权知凤翔，而奏凡生事，稍为军人所怨怒。又尝无名出兵致寇。朝廷以总管非转运司所得擅移，方劾而刘凡又自言为述古所诬，于是遣御史林大年劾，述古所言皆无实状，故贬之。"

宋神宗熙宁元年（1068）

陈述古纠察在京刑狱

徐松《宋会要辑稿·仪制三》记载："七月四日，合门言：'秘书监陈述古差权纠察在京刑狱，立位取旨。'诏述古班于三司副使之上，用祥符中卫尉卿慎从吉例也。"

---

① 编按：陈道古为陈尧佐之子。

附：

主要参考文献编纂者简介

1. 李焘（1115—1184），字仁甫，一字子真，号巽岩。眉州丹棱（今四川省眉山市丹棱县）人。南宋官员、历史学家、目录学家、诗人，唐太宗第十四子曹王李明之后。

绍兴八年（1138），李焘登进士第，授华阳县主簿，未就任，于丹棱龙鹄山读书，至绍兴十二年（1142）方才赴任。其后历官州县及朝廷史职，宋孝宗朝仕至同修国史，终高、孝二朝，始终未受重用。淳熙十一年（1184），以敷文阁学士致仕，不久后逝世，年七十。累赠太师、温国公，谥号"文简"。李焘以名节、学术著称，长于吏治，关心民瘼。又博览典籍，仿照司马光《资治通鉴》体例，以四十年时间撰成《续资治通鉴长编》九百八十卷，对南宋儒学和史学的发展有很大贡献。一生著述宏富，除《续资治通鉴长编》外，另有《巽岩文集》《四朝通史》《春秋学》《六朝制敌得失通鉴博议》《说文解字五音韵谱》等五十多种著述，多已佚失。《两宋名贤小集》《全宋诗》等录有其诗。

2. 祝穆（？—1255），字和甫，初名丙，其先新安（今安徽歙县或曰建阳）人，徙居崇安（今属福建）。与弟癸同从朱熹受业，后被荐为迪功郎。祝穆少年丧父，读书于朱熹家塾。二十岁时，朱熹命黄干为他举行冠礼。乾道初，祝穆与其弟一起随朱熹到建阳云谷晦庵就读，受黄干、蔡元定教诲。他嗜书，手不释卷，于书无所不读。青年时，往来于吴、越、荆、楚之间，所到必登高探幽，临水揽胜，遍访民情风俗。

晚年卜居建阳县麻沙水南，名其庐"南溪樟隐"，集朱熹生前手迹，挂匾于厅堂楣额。在厅右小屋取朱熹生前所书"岁寒"二大字，以表古樟之雅。与隐庐相对，又筑小楼四楹，取张南轩所书"藏书楼"三大字，揭匾楼上。在这优美舒适的环境，开始他晚年的著作生涯。凡经、史、子、集，稗官野史，金石刻，列郡志，"有可采摭，辄抄录"。祝穆善于写文章，"下笔顷刻数百言"。在麻沙水南隐居期间，撰成两部文献巨著，一是类书《事文类聚》一百七十卷；一是综合性地理志《方舆胜览》七十卷。

3. 马端临（约1254—1323），宋末元初饶州乐平（今属江西）人，字贵与，号竹洲，宋末史学家。父廷鸾，为宋右丞相，曾任南宋国史院编修官与实录院检讨官，以忤贾似道归里。端临侍父家居，博览群书，并从朱熹后学曹泾问学。咸淳九年（1273）漕试第一，荫补承事郎。宋亡，隐居不仕，后为慈湖、柯山两书院山长，台州儒学教授。元大德十一年（1307），编成《文献通考》，总汇宋宁宗以前历代典章制度，以类相从，原始要终，指出其沿革。尤承郑樵"会通"之意，申论历代"变通张弛之故"，说明典章制度演变之历史联系。反对"灾祥"之说，主张对史事与人物持客观态度，反对违反"实录"的褒贬观点。在史学史上，开启由文献编纂转为历史研究之端绪。尚著有《多识录》《义根守墨》等，均佚。

4. 李贤（1408—1467），字原德，谥文达，邓州（今河南邓州市）人。一生从政三十余年，为官清廉正直，政绩卓著，为一代治世良臣。官至少保、吏部尚书、大学士，廉洁奉公，政绩卓著。曾奉敕编《大明一统志》，并著有《鉴古录》《体验录》《看书录》《天顺日录》《古穰文集》等书。

5. 陈邦瞻（1557—1628），字德远，号匡左，江西高安荷岭上寨村人。明万历二十六年（1598）进士，史学家，明朝重臣。历任南京大理寺评事、兵部右侍郎、总督两广军务兼巡抚广东、兵部左侍郎兼户工两部侍郎等职。天启三年（1628）卒于任上，诏赠兵部尚书。陈邦瞻"平生无他嗜好，而独好书""尤精于史学和诗词"。他的代表作品有《宋史纪事本末》《元史纪事本末》和《莲华房集》。陈氏在诗文领域影响亦大，史评其诗文"敦厚有气，得唐体文章根本"。

6. 徐松（1781—1848），字星伯，原籍为浙江上虞（今绍兴市上虞区），后迁顺天大兴（今北京大兴县），清代著名地理学家。嘉庆十三年（1808），以进士任翰林院编修，道光年间任礼部主事、江西道监察御史等。徐松利用编纂《全唐文》之便，从《永乐大典》中辑出《宋会要辑稿（五百卷）》《河南志》《中兴礼书》，又撰写《唐两京城坊考》《登科记考》。嘉庆十五年（1810），被降职至新疆，得机会考察新疆各地，撰写了《西域水道记（五卷）》《汉书西域传补注（二卷）》《新疆识略（十二卷）》等。嘉庆二十四年（1819），回京。

第三节 从政履历

陈氏四令公仕宦通达，经历繁富，足迹遍神州，嘉惠及天下。陈氏四令公从政履历以陈氏四令公纪事年谱为依据，列表如下。

陈氏四令公从政履历表

时间	陈省华	陈尧叟	陈尧佐	陈尧咨	陈母冯氏	其他
后晋天福三年（后蜀广政元年，938）					出生	
后晋天福四年（后蜀广政二年，939）	出生					
后周广顺元年（后蜀广政十四年，951）	父亲去世					
后周显德六年（后蜀广政二十二年，959）	娶妻				出嫁	
北宋建隆元年（后蜀广政二十三年，960）						宋朝建立
北宋建隆二年（后蜀广政二十四年，961）		出生				
宋太祖乾德元年（后蜀广政二十六年，963）	后蜀西水尉		出生			
宋太祖乾德三年（965）	入宋，陇城县主簿	启蒙于新井县漱玉岩	启蒙于新井县漱玉岩			后蜀入宋
宋太祖开宝二年（969）	知栎阳县					
宋太祖开宝三年（970）				出生		
宋太宗太平兴国元年（976）		就读于阆中南岩	就读于阆中南岩	就读于阆中南岩		
宋太宗太平兴国六年（981）	知济源县	就读于济源延庆寺	就读于济源延庆寺	就读于济源延庆寺		
宋太宗太平兴国八年（983）			终南山拜师种放			

续表

时间	陈省华	陈尧叟	陈尧佐	陈尧咨	陈母冯氏	其他
宋太宗端拱元年（988）			登第，任魏县尉			
宋太宗端拱二年（989）	知楼烦县	状元及第，授光禄寺丞、直史馆	任中牟尉			
宋太宗淳化元年（990年）	擢太子中允	迁秘书丞				
宋太宗淳化二年（991）	任盐铁判官		试校书郎，知朝邑县			
宋太宗淳化四年（993）		巡抚陕西	降朝邑县主簿			
宋太宗淳化五年（994）		充三司河南东道判官，赈灾献犁	徙下邽县			
宋太宗至道元年（995）	知郓州，迁京东转运使，继知苏州	迁度支判官，上《陈许等州垦田疏》，再迁工部员外郎，任广南路转运使	迁秘书郎，知真源县			
宋太宗至道二年（996）		知端州				
宋太宗至道三年（997）	入户部，任员外郎		迁太常丞，知开封府录事参军，迁府推官	苏州"四瑞联句"		
宋真宗咸平元年（公元998年）	知潭州，入掌左藏库，判吏部	任广南西路转运使，加刑部员外郎，再任广南东、西路安抚使，迁兵部	通判潮州			修建"积庆楼"

续表

时间	陈省华	陈尧叟	陈尧佐	陈尧咨	陈母冯氏	其他
宋真宗咸平二年（999）		西川体量公事				
宋真宗咸平三年（1000）		陕西体量公事，拜枢密直学士，为河北、河东宣抚副使，任髃牧使	权守惠州	状元及第，授将作监丞，通判济州		
宋真宗咸平四年（1001）	授鸿胪少卿，判吏部流内铨	为给事中，同知枢密院事	直史馆			
宋真宗咸平五年（1002）		劝勉种放		为著作郎、直史馆		
宋真宗咸平六年（1003）		言"禁盐事"		判三司勾院		
宋真宗景德元年（1004）	权知开封府，迁光禄卿	签书枢密院事，迁工部侍郎	知寿州，徙庐州	知制诰，擢右正言		
宋真宗景德二年（1005）	特授左谏议大夫	加刑部侍郎	开封府提点刑狱	贬单州团练副使		
宋真宗景德三年（1006）	卒，赠太子少师	为兵部侍郎，知枢密院事	持服居家	持服居家		赐名"积庆院"
宋真宗景德四年（1007）		任东京留守，修国史			封上党郡太夫人	
宋真宗大中祥符元年（1008）		为卤簿使，陪宋真宗封禅泰山，加尚书左丞	判三司都察勾院，两浙转运使	复著作郎，知光州		赐芝草于"积庆院"
宋真宗大中祥符二年（1009）		《泰山封禅朝觐坛碑》立碑				
宋真宗大中祥符三年（1010）		进工部尚书，为祀汾阴经度制置使，判河中府	上"检法事"	复右正言、知制诰，知荆南		

续表

时间	陈省华	陈尧叟	陈尧佐	陈尧咨	陈母冯氏	其他
宋真宗大中祥符四年（1011）		陪宋真宗祭祀汾阴，加户部尚书	为起居郎			
宋真宗大中祥符五年（1012）		加检校太傅、同平章事，充枢密使	在两浙多举措	改起居舍人，权同判吏部流内铨		
宋真宗大中祥符六年（1013）		献策"平定夷人叛乱"	言"禁米商"	迁集贤院，为工部郎中，又迁龙图阁直学士、知京兆府永兴军		
宋真宗大中祥符七年（1014）		陪宋真宗谒太清宫，罢为户部尚书	调任京西转运使	导"龙首渠"		
宋真宗大中祥符八年（1015）		复枢密使、同平章事	由京西转运使换河东转运使	调知河南府，徙邓州，复知制诰，判登闻检院		
宋真宗大中祥符九年（1016）		罢为右仆射，判河阳三城节度使	奏"除其税"			
宋真宗天禧元年（1017）		卒，赠侍中，谥文忠	徙河北转运使，运粟怀州			陈师古赐进士出身
宋真宗天禧二年（1018）			迁工部郎中，纠察在京刑狱，出使契丹正旦使	再试国子监及太常寺进士		陈尧叟《集验方》刊版模印
宋真宗天禧三年（1019）			任考官失职，责起居郎，监鄂州茶场	复龙图阁直学士，坐失举，降兵部员外郎	卒，晋封燕国太夫人	

123

续表

时间	陈省华	陈尧叟	陈尧佐	陈尧咨	陈母冯氏	其他
宋真宗天禧四年（1020）			起复，知滑州	迁龙图阁学士，修尚书省，巡抚边关十一州		
宋真宗天禧五年（1021）			滑州治水成功	迁右谏议大夫，知秦州		
宋真宗乾兴元年（1022）			作永定陵，徙京西转运使，入为三司副度支，修撰《真宗实录》			
宋仁宗天圣元年（1023）			加兵部员外郎，知制诰	徙同州		
宋仁宗天圣二年（1024）			同知贡举，迁枢密直学士，知河南府			
宋仁宗天圣三年（1025）			徙并州			
宋仁宗天圣四年（1026）				以工部侍郎权知开封府		
宋仁宗天圣五年（1027）			知开封府，拜翰林学士	拜翰林学士，换宿州观察使，知大名府天雄军		
宋仁宗天圣六年（1028）			诫京师恶少			
宋仁宗天圣七年（1029）			加龙图阁学士、升枢密副使，给事中、改参知政事			

续表

时间	陈省华	陈尧叟	陈尧佐	陈尧咨	陈母冯氏	其他
宋仁宗天圣八年（1030）			迁吏部侍郎	以安国军节度观察留后知郓州		
宋仁宗天圣九年（1031）			言"增抄书笔吏"			贾昌朝辞中书职事
宋仁宗明道元年（1032）			加礼部侍郎	改武胜军留后		
宋仁宗明道二年（1033）			罢为户部侍郎，知京兆府永兴军，徙庐州，又徙同州	拜武信军节度使，知河阳，徙澶州，再知大名府天雄军		陈宗古赐进士出身
宋仁宗景祐元年（1034）			复徙京兆府永兴军	卒，赠太尉，谥康肃		
宋仁宗景祐二年（1035）			上《请完护唐贤臣墓石奏》			
宋仁宗景祐三年（1036）			徙渭州、又徙郑州			
宋仁宗景祐四年（1037）			召拜同中书门下平章事，集贤殿大学士			王举正改龙图阁待制
						陈学古延庆寺立碑
宋仁宗宝元元年（1038）			罢为淮康军节度使、检校太傅、同平章事，判郑州			
宋仁宗宝元二年（1039）			判京兆府永兴军，复判郑州			陈尧佐子孙游延庆禅院
宋仁宗康定元年（1040）			以太子太师致仕			

续表

时间	陈省华	陈尧叟	陈尧佐	陈尧咨	陈母冯氏	其他
宋仁宗康定二年（十一月改为庆历元年，1041）						王举正参知政事 陈博古充馆阁校勘
宋仁宗庆历三年（1043）						王举正罢参知政事 贾昌朝参知政事
宋仁宗庆历四年（1044）				卒，赠司空兼侍中，谥文惠		陈荣古提点三司草场 陈述古知蔡州 陈宗古任三司勾当公事 贾昌朝为枢密使
宋仁宗庆历五年（1045）						贾昌朝同中书门下平章事兼枢密使，集贤殿大学士、昭文馆大学士
宋仁宗庆历七年（1047）						贾昌朝罢相
宋仁宗至和元年（1054）						陈宗古直史馆
宋仁宗嘉祐六年（1061）						陈道古任两浙路提点刑狱
宋英宗治平二年（1065）						陈述古降少府监，知忻州
宋神宗熙宁元年（1068）						陈述古纠察在京刑狱

第三章 碑传诏敕

　　宋朝所作的与"陈氏四令公"有关的行状、神道碑、墓志铭以及当世皇帝颁给他们的诏敕和后世史学家为他们所作的正史本传，是研究"陈氏四令公"的第一手资料。本章收集整理王举正《陈公（省华）神道碑铭并序》、宋真宗《陈尧叟拜枢密使制》、宋仁宗《陈尧佐拜集贤相制》、欧阳修《陈公（尧佐）神道碑铭并序》、宋仁宗《陈尧咨武信军节度使知河阳制》、曾巩《隆平集·陈尧佐传（附陈尧叟传、陈尧咨传）》、王称《东都事略·列传·陈尧叟传（附陈尧佐传、陈尧咨传）》、脱脱等《宋史·列传·陈尧佐传（附陈省华传、陈尧叟传、陈尧咨传）》等八篇碑传。

　　每篇先简介作者及写作背景，然后加以注释和补证，文末均附有译文。

第一节　伯仲铭祖

　　王举正（991—1060），字伯仲，真定（今河北正定）人，参知政事王化基长子，陈尧佐女婿。以荫补秘书省校书郎，后进士及第，累官至参知政事，以太子少傅致仕。作为陈省华孙女婿，王举正所写《陈公（省华）神道碑铭并序》，是研究陈省华本人及其家族最翔实、最可信的资料。但这篇碑文宋元重要文献俱不收载，故鲜为人知。铭文"凡二千四百九十一字，内缺五百二十七字"，此据黄本诚乾隆《新郑县志》收录、标点、注释、补证、翻译，并综合其他史料将译文进行了补充。

王举正《陈公（省华）神道碑铭并序》[1]

原文

　　大宋故中散大夫、左谏议大夫、轻车都尉、临颍县开国男、食邑三百户、赐紫金鱼袋、累赠开府仪同三司、太师、尚书令兼中书令、追封秦国公神道碑铭并序[2]

　　朝散大夫、尚书兵部郎中、知制诰、同勾当三班院、上轻车都尉、赐紫金鱼袋王举正撰[3]

　　朝散大夫、行尚书膳部员外郎、知国子临书学兼判吏部南曹、轻车都尉周越书并篆额[4]

　　夫云上于天，霈甘泽①而润下；士志②于道，蔼余庆③而昌后。若乃④向

---

①霈甘泽：霈，（雨、雪等）盛大的样子，也作"沛"；李白《明堂赋》有"于斯之时，云油雨霈句"。甘泽，甘雨；《后汉书·循吏传·孟尝》记载："昔东海孝妇，感天致旱，于公一言，甘泽时降。"
②志：志抱，志向和抱负；志尚，志向，理想。
③蔼（ǎi）余庆：蔼，茂盛貌，盛多的样子。余庆，指留给子孙后辈的德泽；《易·坤》曰："积善之家，必有余庆。"《南史·齐高帝诸子论》曰："梁武革齐，弗取前辙，子恪兄弟，并皆录用，虽见梁武之弘裕，亦表文献之余庆。"
④若乃：至于。用于句子开头，表示另起一事；班固《西都赋》有"若乃观其四郊，浮游近县，则南望杜霸，北眺五陵"句。

用五福①，浚明②三德③，辉光④炳《大畜》⑤之旨，博厚⑥服《中庸》⑦之训，亘代作范，诒谋⑧俾肖⑨，□□□□□君□□□□。公讳省华，字善则，其先颍川人。妫满受封，权舆⑩胙⑪姓[5]，隐耀储祉⑫，才英间出，纷纶卓荦⑬，熏灼方册⑭。曾王父⑮讳翔，唐末补并门⑯记室⑰，王建守益部[6]，□□幕下。时建恃险，□□□□□记□讽以大义，建不能用，投劾谢□⑱，遂为□□□□□□□□□[7]。王父讳诩，仕蜀为遣运使[8]。严考讳昭汶，抗

---

① 五福：《尚书·洪范》把"寿、富、康宁、攸好德、考终命"称为"五福"。
② 浚明：治理清明；《书·皋陶谟》曰："日宣三德，夙夜浚明有家，日严祗敬六德，亮采有邦。"
③ 三德：《尚书·洪范》把"正直、刚克、柔克"称为"三德"；《史记·中庸》曰"知、仁、勇三者，天下之达德也。"
④ 辉光：光辉，光芒。
⑤ 大畜：《周易》六十四卦之一。
⑥ 博厚：指广大深厚，宽宏朴厚。《礼记·中庸》曰："博厚所以载物也，高明所以覆物也。"
⑦ 中庸：《礼记》之一篇，宋儒将其独立出来，与《大学》《论语》《孟子》构成《四书》。
⑧ 诒谋（yí móu）：同"诒燕"，为子孙妥善谋划，使子孙安乐。唐李德裕《序》曰："臣伏思太宗往日之惧，致我唐百代之隆，则圣祖诒谋，可谓深矣。"
⑨ 俾肖：俾，门人、门役。肖，《说文》曰："骨肉相似也。不似其先，故曰'不肖'也。"
⑩ 权舆：起始，开始。
⑪ 胙（zuò）：赐予。
⑫ 隐耀储祉（chǔ zhǐ）：隐藏光彩，积累福分。
⑬ 纷纶卓荦（zhuó luò）：渊博华美，卓绝超群。纷纶，渊博，华美；《史记·司马相如列传》记载："纷纶葳蕤，堙灭而不称者，不可胜数也。"卓荦，卓越，突出；班固《两都赋》有"卓荦诸夏，兼其所有"句。
⑭ 熏灼方册：指在史册上赫赫有名。熏灼，比喻声威气势逼人；《陈书·皇后传论》记载："于是张孔之势，熏灼四方，大臣执政，亦从风而靡。"方册，简牍，典籍；汉蔡邕《东鼎铭》有"保乂帝家，勋在方册"句。
⑮ 曾王父：即曾祖父。
⑯ 并门：指并州。唐开元十一年（723）改为太原府。
⑰ 记室：职官名，掌书记。
⑱ 投劾谢□：递交辞职报告，辞去官职。投劾，呈递弹劾自己的状文；《东观汉记·崔篆传》记载："'吾闻伐国不问仁人，战阵不访儒士，此举奚至哉？'遂投劾归。"谢□，此处应为谢官，指辞去官职；王维《送张五归山》有"当亦谢官去，岂令心事违"句。

志遁俗①，林卧家食②。奕世令德③，兹焉发祥，累赠俱跻极品[9]。

公十三而孤，端诚力学④，奋节不倚⑤。□□□□□闻其名，召为阆州西水□□□无所，遂委质⑥焉[10]。尝济夹江，始及中流，□□□□□舟覆□□公伏于马上，与之沉浮，观者骇焉，谓之必溺。俄有渔者飞楫而拯，因而获全。识者谓非有德者乃无生矣，阴护幽赞⑦，孰知其然？异时昌大，讵⑧可知也？□□□□□以□□得而为行益敏⑨，□□□□之道，吾知之矣。且□□□不□□□□□自他有耀，予□行矣。

会巨宋开国，伪昶纳籍[11]，公不俟驾⑩而首觐阙下⑪。初命秦州陇城簿，累改京兆府栎阳令。郑白之沃，为邑膏雨。惠久而吏蠹⑫，政慢而□□，□□□□专利□□□□盗□□□□□[12]。公一心农畴，戮力渠事，且令

---

①抗志遁俗：志向高尚，不落俗套。抗志，志向高尚不屈；《六韬·文韬·上贤》曰："士有抗志高节，以为气势。"。遁俗，逃避世俗。
②家食：闲，不食公家俸禄。《易·大畜》曰："大畜，利贞，不家食，吉，利涉大川。"孔颖达疏曰："'不家食吉'者，已有大畜之资，当使养顺贤人，不使贤人在家自食，如此乃吉也。"
③奕世令德：累世美德。奕世，累代；《后汉书·杨秉传》记载："臣奕世受恩，得备纳言，又以薄学，充在讲劝。"令德，美德；《左传·襄公二十四年》记载："子产寓书于子西，以告宣子曰：'子为晋国，四邻诸侯不闻令德，而闻重币，侨也惑之。'"
④端诚力学：正直真诚，勤奋好学。端，端正，正直；《荀子·非相》曰："谈说之术，矜庄以莅之，端诚以处之。"力：努力，竭力。
⑤奋节不倚：自守节操，处事公正。奋节，以英勇、壮烈行为表现其节操。《后汉书·冯衍传下》记载："李广奋节于匈奴，见排于卫青，此忠臣之常所为流涕也。"不倚，表示中立或公正，原指儒家的中庸之道，现指不偏袒任何一方。
⑥委质：古时始仕，必先书其名于策，委死之质于君，表示必死之节，忠于国君，称为"委质"。
⑦阴护幽赞：祖先保佑，神明佐助。幽赞，即"幽赞"，谓暗中受神明佐助；《易·说卦》曰："昔者圣人之作《易》也，幽赞于神明而生蓍。"高亨注："言圣人作《易》，暗中受神明之赞助，故生蓍草，以为占筮之用。"
⑧讵（jù）：岂，怎，难道；用于表示反问。
⑨益敏：勤勉；《论语·述而》曰："吾非生而知之者，好古，敏以求之者也。"
⑩不俟（sì）驾：《论语·乡党》曰："君命召，不俟驾行矣。"谓国君召唤，孔子不等车辆驾好马，立即先步行。后以"不俟驾"指急于应召。
⑪首觐阙下：首先到京城朝拜宋皇。首，紧要，首要。觐，朝见（君主），朝觐。阙下，借指京城。贾岛《寄毗陵彻公》有"别离从阙下，道路向山阴"句。
⑫吏蠹：指吏胥的弊害。叶适《法度总论三·吏胥》曰："今世吏胥之害，无问乎官之得其人与不得其人，而要以为当革而已矣……京师纲纪之首，吏曹清，则诸司州县之吏蠹亦必少异于今日。"

□□□□曰□娄民□金之敛,岁输强家①,非所以为铜墨②之大夫也,必将争之,不胜不止。彼营营之飞③,狺狺之声④,祇益其咎尔,胡足畏也?邻壤违公之言,□公之心□□□□□□□复乃渗漉⑤之润□□□之稼□食,邦赋充衍⑥不匮。人到于今□□□□里之俗,尚乎晚葬,父母昆弟率从蒿瘗⑦,木已拱⑧矣,视之恬然⑨。公职化长人,思有以劝,乃谓民犹水也,系夫所导,孔子曰:"死民之卒事吾从周[13]。"盖美夫送葬之礼,具□□□□草葬,忘□霜露,诲之自我,能无□□□□之氓⑩以感以泣,悉曰:"使往者有归,□□□魄,公之心仁于我也厚矣。"相与周急⑪,勉奉⑫其事,未期月而葬者过半,逮⑬公改邑,仅无遗矣。公乃曰:"谓民无知,不亦欺⑭乎!"

□□□从宪□楼烦令[14],时长子尧叟举进士状元登第。□□□□□□□□气磊落⑮,太宗临试,深所属目⑯,因询其家世。辅臣素知公之才德,遽⑰以名对,上曰:"见其子,知其父矣。"擢太子中允[15]。制曰:

---

①岁输强家:税赋每年都流入强家大族。输,缴纳(贡品和赋税)。强家,亦作"强家",势力强盛的卿大夫。《左传·昭公五年》记载:"箕襄、邢带、叔禽、叔椒、子羽,皆大家也。韩赋七邑,皆成县也。羊舌四族,皆强家也。"
②铜墨:铜印黑绶,借指县令。《汉书·西域传下》记载:"责大禄、大吏、大监以雌栗靡见杀状,夺金印紫绶,更与铜墨云。"欧阳修《送馀姚陈寺丞》有"铜墨佩腰间,中流望若仙"句。
③营营之飞:向苍蝇一样到处乱飞。营营,纷乱错杂貌。
④狺狺(yín yín)之声:犬吠声;比喻议论中伤之声喧嚷。
⑤渗漉(shèn lù):比喻恩泽下施。
⑥充衍:充盈,丰足。
⑦蒿瘗(hāo yì):用蒿草裹住掩埋。蒿,二年生草本植物,叶如丝状,有特殊的气味,开黄绿色小花,可入药(亦称"青蒿""香蒿")。瘗,掩埋,埋葬。
⑧拱:两手合围,此指树木已长得很大。
⑨恬然:安然,不在意貌。《荀子·强国》曰:"观其朝廷,其朝闲,听决百事不留,恬然如无治者,古之朝也。"
⑩氓:同"民"。
⑪周急:周济困急。《论语·雍也》曰:"吾闻之也,君子周急不继富。朱熹集注:急,穷迫也;周者,补不足。"
⑫勉奉:贯彻,执行。
⑬逮(dài):到,及。
⑭欺:污蔑。
⑮磊落:壮伟,俊伟的样子。
⑯属目:注目,注视;被深深吸引。《左传·定公十四年》记载:"师属之目,越子因而伐之,大败之。"
⑰遽(jù):遂,就。

"且①欲劝天下之为人父者。"□□□□□□□□盐铁判官，迁殿中丞，锡□□□□□□为光禄丞。□属东观②，促同召赐，拜前拜后，葳蕤簪绂③，朝伦仰止④，儒苑增□。

郓州⑤为东夏巨屏⑥，□□□□国家慎柬，□□公首其选而□命焉[16]。濒河之邦，分□□□□□□之□□□防川□，礼义之设，所以牖民⑦，□□□□□□何从而略焉？始乎缮完⑧，终乃教化，事靡□素，人率蒙惠。惟苟简⑨之弗任，顾灭裂⑩而何有，就委京东转运使。

至道初，越绝凶饥⑪，苏台⑫特甚[17]，如□惨急之吏未恤伤痍⑬之□。诏还，赐三品，□□□□□□而绥□□□□□□泽之区绵载不□□□□□□□□道馑⑭之苦，裕人约己⑮，兹可忽乎？由是炳忠厚之诚⑯，

---

①且：将。
②东观：是中国东汉宫廷中贮藏档案、典籍和从事校书、著述的处所，位于洛阳南宫，后辟为近臣习读经传的地方。此代指近臣。
③葳蕤簪绂（wēi ruí zān fú）：人才济济，富贵荣显。葳蕤，枝叶繁密，草木茂盛的样子。东方朔《七谏·初放》有"便娟之修竹兮，寄生乎江潭。上葳蕤而防露兮，下泠泠而来风"句。簪绂，冠簪缨绂，簪绂为仕宦者的礼服佩饰，比喻荣显富贵。
④朝伦仰止：朝中没有人不仰慕。朝伦，犹朝班，泛指朝廷官员。仰止，仰慕，向往；《诗·小雅·车舝》曰："高山仰止，景行行止。"
⑤郓州：京东路下辖州，为东平郡，天平军节度，治须城县。
⑥巨屏：屏障。
⑦牖（yǒu）民：诱导人民，开化人民。《诗·大雅·板》有"天之牖民，如埙如篪"句。孔颖达疏："牖与'诱'古字通用，故以为导也。"
⑧缮完：修缮墙垣。完，通"院"，垣。《左传·襄公三十一年》记载："以敝邑之为盟主，缮完葺墙，以待宾客。"杨伯峻注："完借为院……《广雅·释宫》云：'院，垣也。'"
⑨苟简：苟且简略；草率简陋。《庄子·天运》曰："食于苟简之田，立于不贷之圃。"
⑩灭裂：草率，粗略。《庄子·则阳》曰："君为政焉勿卤莽，治民焉勿灭裂。"
⑪越绝凶饥：越地大饥荒。越绝，越地的边境。凶饥，凶荒，灾荒。
⑫苏台：姑苏台，因其地处苏州，常用以借指苏州。宋吴处厚《青箱杂记》卷八曰："苏有姑苏台，故苏州谓之苏台。"
⑬未恤伤痍：不能周济创伤。恤，周济；《周书·大宗伯》有"以恤礼哀寇乱。"句。伤痍，亦作"伤夷"，创伤；多喻指疾苦；《史记·刘敬叔孙通列传》记载："哭泣之声未绝，伤痍者未起。"
⑭馑：荒年，饥饿。
⑮裕人约己：宽以待人，严于律己。裕，《说文》曰："裕，衣物饶也。"后引申为丰富、从容。约，约束。
⑯炳忠厚之诚：发扬、彰显忠实、厚道、诚信的品质。炳，明显，昭著；扬雄《法言·君子》有"或问圣人之言，炳若丹青"句。忠厚，忠实厚道。

谕轻惰之俗①。明罚敕法②，举其大略；情恕理遣③，宥夫小过。夷易煦妪④，如热斯濯⑤，治效著闻，玺札垂奖。

真庙继圣，眷乃方面，又进吏部，移□潭州⑥。长沙奥区，列郡都会，控要荒⑦而作翰⑧，亘舳舻⑨而赡国。启迪孝悌之训，尊隆清净之化，精力匪□□□□□□有矩度。□□□□□□□□之□□□□□□判官，以蛮徼俶扰⑩，充□□□□□。□□任开封府推官，以章奏指切⑪，出潮州通判，同气二人⑫咸处岭外[18]。朝廷意公上言，亲党愿公有请。公曰："兄之行也，分招徕⑬式，□□□□□□直□□□□□□为□□□□□祥，吾不为恶，岂□□□□□□□忧，吾以此卜昭昭⑭之鉴，其食言乎？"后果

---

① 谕轻惰之俗：告诉人们不要浮荡懒惰。谕，告诉，使人知道，一般用于上对下。轻惰，亦作"轻嫷"，浮荡懒惰；《商君书·垦令》曰："轻惰之民，不游军市，则农民不淫，国粟不劳，则草必垦矣。"
② 明罚敕法：严明刑罚，整顿法度。明，严明。罚，刑罚。敕，整饬。
③ 情恕理遣：以情相恕，以理排遣；指待人接物宽厚平和。恕，原谅。遣，排遣。《晋书·卫玠传》记载："玠尝以人有不及，可以情恕；非意相干，可以理遣，故终身不见喜愠之容。"
④ 夷易煦妪（xù yù）：平易近人，爱护百姓。夷易，平易，平正；平和谦逊。煦妪，亦作"煦姁"，抚育，爱护；《礼记·乐记》曰："天地欣合，阴阳相得，煦妪覆育万物。"郑玄注："气曰煦，体曰妪。"孔颖达疏："天以气煦之，地以形妪之，是天煦覆而地妪育，故言煦妪覆育万物也。"
⑤ 如热斯濯：情意深厚。
⑥ 潭州：荆湖南路下辖州，为长沙郡，武安军节度，治长沙县。
⑦ 要荒：古称王畿外极远之地；亦泛指远方之国。要，要服。荒，荒服。《文选·班固〈典引〉》曰："卓荦乎方州，洋溢乎要荒。"李周翰注："要荒，违国也。"
⑧ 作翰：柱石重臣。翰，桢干。刘禹锡《代慰王太尉薨表》有"方膺作翰之寄，遽迫归泉之期"句。
⑨ 舳舻（zhú lú）：船头和船尾的并称。多泛指前后首尾相接的船。
⑩ 蛮徼俶扰：边区骚乱。蛮徼，蛮地、边徼，泛指边远地区；王明清《挥麈三录》卷一记载："其为谏官，不避诛责，极陈中宫废立之失，远贬蛮徼，非知有今日之报也。"俶扰，骚扰；扰乱。
⑪ 指切：指摘，指责；《东观汉记·崔骃传》记载："骃为主簿，前后奏记数十，指切长短，宪不能容。"
⑫ 同气："同气"一般指兄弟关系，或者指志趣、意见相同的人互相响应，自然地结合在一起。《易·乾》曰："同声相应，同气相求。水流湿，火就燥。"
⑬ 招徕（zhāo lái）：招抚；亦作"招来""招揽"，招揽；《史记·孝武本纪》记载："乃作通天台，置祠具其下，将招来神僊之属。"
⑭ 昭昭（zhāo zhāo）：明亮，光明，"烂昭昭兮未央"；清楚，明白；"以其昏昏，使人昭昭。"

严召①，俱跻膴仕②。信己不惑，有如是焉。陟明③，授鸿胪少卿④，判南曹⑤，俄同判吏部流内铨⑥。

景德初，知开封府。□□□□□尚威免，公则不然。□以□□□□处□俾耻格⑦而无犯，谓驯致⑧之□□□□毂之⑨□□夏民或钩距⑩辨智⑪不能也[19]。上喜其然，谓可大受⑫，就迁光禄卿。时尧叟为枢密使，尧佐直史馆，尧咨知制诰，腰金鸣玉⑬，早暮温清⑭，□□□光□□士族。公以久次⑮之风望，荷□圣之器任⑯，宠深而□□，□□而不侈。尝□谓郄曲⑰乃□，支离⑱者寿，稽纵

---

①严召：指君命征召。
②俱跻膴（wǔ）仕：都升迁高官，享受厚禄。跻，登，上升。膴仕，高官厚禄。《诗·小雅·节南山》曰："琐琐姻亚，则无膴仕。"
③陟明：进贤用能；《书·舜典》曰："黜陟幽明。"
④鸿胪少卿：鸿胪寺副主官，主要掌管朝会仪节等。
⑤南曹：唐时吏部员外郎主管选院，因其署在尚书省之南，故称南曹。北宋前期沿唐制设判南曹事一员，负责审核官吏的档案和政绩，并向上级呈报，以为升迁的依据。
⑥流内铨：北宋前期隶属吏部的官署，设判流内铨事二员，主管文官自初仕至幕职、州县官之铨选注拟和对换差遣、磨勘功过等事。
⑦耻格：知羞耻而归于正。《论语·为政》曰："道之以德，齐之以礼，有耻且格。"邢昺疏："民有愧耻而不犯礼且能自修而归正也。"
⑧驯致：亦作"驯至"，逐渐达到；逐渐招致。《易·坤》曰："履霜坚冰，阴始凝也；驯致其道，至坚冰也。"
⑨辇毂之下：代指京城。辇毂，皇帝的车舆。
⑩钩距：辗转推问，究得情实；犹机谋。
⑪辨智：明辨事理，有才智。刘向《说苑·权谋》记载："郑桓公将欲袭郐，先问郐之辨智果敢之士，书其姓名。"
⑫大受：承担重任；委以重任。《论语·卫灵公》曰："君子不可小知，而可大受也。"
⑬腰金鸣玉：腰佩紫金鱼带，玉饰珍玩；借指身份高贵，地位显赫。金，指金印或金鱼袋。岑文本《三元颂》有"腰金鸣玉，执赞奉璋"句。鸣玉，古人在腰间佩带玉饰，行走时使之相击发声；《国语·楚语下》记载："王孙圉聘于晋，定公飨之。赵简子鸣玉以相。"韦昭注："鸣玉，鸣其佩玉以相礼也。比喻出仕在朝。"
⑭温清：冬温夏清的省称，温被凉席，随时问候。
⑮久次：指年资长短；《史记·儒林列传》记载："孝景时（董仲舒）为博士，下帷讲诵，弟子传以久次相受业，或莫见其面。"也可作"久居官次"，《后汉书·黄琬传》记载："旧制光禄举三署郎，以高功久次才德尤异者为茂才四行。"
⑯器任：器重，信任；《后汉书·袁绍传》记载："绍乃以丰（田丰）为别驾，配（审配）为治中，甚见器任。"
⑰郄曲（xì qǔ）：亦作"郤曲"，曲折，屈曲；戴凯之《竹谱》曰："弓竹如藤，其节郄曲，生多卧土，立则依木，长几百寻，状若相续。"
⑱支离：谓残缺而不中用。《庄子·人间世》曰："夫支离其形者，犹足以养其身，终其天年，又况支离其德者乎！"

心①而请老，遂剡奏②而还印。上方乐近耆德③，函诏敦谕④，特授左谏议大夫，允解府绶。俄镇□□□□□路北狩□□□□□□□□□□□□□□复适循进退之度，□□寒署□痰复三□□□□官□□□□恻□素，未获俞可⑤之报，而乃宸翰中降⑥，示以图任之意，略曰："卿但清心养气，勿弗过虑，谅冀渐谐于康愈，即当别俟于□□。"渥眷⑦无伦，□□□□□□□□□□久□□腆厚⑧，方引退而决去，岂苟□□□□愿罢□请□□奏弗许，命有司趣给⑨如故。旋又缄⑩御药而加赐，走国医而接踵⑪，密诲临抚⑫，曾无虚日[20]。公恭愿之度⑬，发于天性，□王人降□，必力疾⑭西向稽首，□□□命加服□□不爽⑮臣礼。迨乎寝剧⑯，中使旁□，左右掖之而兴⑰，□□能言，但□□颐指⑱，若有所蕴，家人弗晓，乃复之曰："是不欲南面⑲乎？"公颔焉，遂复西

---

①稽纵心：至纵任心意。稽，至。纵心，纵任心意；张衡《归田赋》曰："苟纵心于物外，安知荣辱之所如。"
②剡（yǎn）奏：古代大臣奏事，预先写在削好的木简上。后因称向皇帝进言、上书为剡奏。
③耆德：年高德劭、素孚众望者之称。《书·伊训》》曰："敢有侮圣言，逆忠直，远耆德，比顽童，时谓乱风。"
④敦谕：亦作"敦喻"，劝勉晓喻。《晋书·李胤传》记载："以吴会初平，大臣多有勋劳，宜有登进，乃上疏逊位。帝不听，遣侍中宣旨，优诏敦谕，绝其章表。"
⑤俞可：表示允许。
⑥宸翰中降：真宗皇帝亲致书信。宸翰，帝王的墨迹；沉佺期《立春日内出彩花应制》有"花迎宸翰发，叶待御莚披"句。中降，赐给，给予。
⑦渥眷（wò juàn）：厚爱，特别照顾；张时彻《诚意伯刘公神道碑铭》曰："又请逮琏置狱，复不许。于时非得上渥眷，公且族矣。"
⑧腆厚：丰厚。
⑨趣给：督促供给。趣，同"促"，敦促、督促。给，供给。
⑩缄（jiān）：捆东西的绳索；这里指包捆着（皇帝用的药）。
⑪接踵：御医来来往往，摩肩接踵。
⑫密诲临抚：暗中叮嘱，亲临抚慰。
⑬恭愿之度：恭谨诚笃的胸襟。恭愿，恭谨诚笃；《尚书·皋陶谟》曰："愿而恭。"孔颖达疏："愿者，悫谨良善之名。"度，胸襟；器度；《战国策·燕策》有"群臣惊愕，卒起不意，尽失其度"句。
⑭力疾：勉强支撑病体。《三国志·魏志·曹爽传》记载："臣辄力疾，将兵屯洛水浮桥，伺察非常。"
⑮不爽：不失。
⑯寝剧：寝疾严重。寝，寝疾，卧病。剧，重。
⑰掖之而兴：扶持着坐起来。掖，扶持别人。兴，起来。
⑱颐指：犹示意。刘禹锡《武陵北亭记》曰："自天而胜者列于骋望，由我而美者生于颐指。"
⑲南面：古代以坐北朝南为尊位，故天子、诸侯见群臣，或卿大夫见僚属，皆面南而坐。

135

向。自感疾至于属纩①，未始一日忘其然也。

呜呼！□□如是，主知如是，体其□□心□□□□□□□□□国事而尚少，天何不慭②，迫乃冥数？以景德三年五月丁未，颓然委化③，启手足④于东京安定坊之私第，享年六十八[21]。□□皇上悼叹⑤，追赠太子少师，法赗⑥加等，遣中贵人就第申吊，复□□□护葬，皆非常例也。以是年七月二十七日归□□郑州新郑县临洧乡抱章山之侧。噫！太祖握符⑦，公即被遇⑧，绸缪⑨中外之任，咺赫⑩始终之节，生荣殁⑪显，世罔偕⑫者。累赠开府仪同三司、太师、尚书令兼中书令、秦国公。

□□冯氏柔□□□□□□□□□□以严以□，荐绅⑬之谈，谓之孟母，年八十□□□□□□□五岁终，□封燕国太夫人[22]。子三人悉所长也，列秀竞爽⑭，高大阀阅⑮。尧叟仕至枢密使、户部尚书、同中书门下平章事，出为右仆射，判河阳[23]。尧佐仕至户部侍郎、同中书门下□□□、集贤□□□，出为

---

①属纩：指临终。鲍照《松柏篇》有"属纩生望尽，阖棺世业埋"句。
②不慭（yìn）：即"不慭遗"，不愿留。《诗·小雅·十月之交》曰："不慭遗一老，俾守我王。"后用作对大臣逝世表示哀悼之辞。蔡邕《陈太丘碑文》有"天不慭遗老，俾屏我王"句。
③颓然委化：衰老去世。颓然，衰老的样子。委化，任自然的变化，引申为死的婉词。
④启手足："启手启足"简称。《论语·泰伯》记载："曾子有疾，召门弟子曰：'启予足！启予手！'"朱熹集注："曾子平日，以为身体受于父母，不敢毁伤，故于此使弟子开其衾而视之。"后因以"启手启足"为善终的代称。
⑤悼叹：哀伤叹息；《后汉书·安帝纪》记载："奉承鸿业，不能宣流风化，而感逆阴阳，至令百姓饥荒，更相噉食。永怀悼叹，若坠渊水。"
⑥法赗（fèng）：送财物助人作法办丧事；助人作法办丧事的财物。
⑦握符：谓即帝位。符，指帝王受命于天的符命。班固《东都赋》曰："圣皇乃握干符，阐坤珍，披皇图，稽帝文。"
⑧被遇：谓蒙受的恩遇。刘义庆《世说新语·言语》记载："李弘度常叹不被遇。"
⑨绸缪（chóu móu）：连绵不断。《文选·张衡〈思玄赋〉》曰："倚招摇、摄提以低回剹流兮，察二纪、五纬之绸缪遹皇。" 李善注："绸缪，连绵也。" 刘过《六州歌头》词曰："怅望金陵宅，丹阳郡，山不断绸缪。"
⑩并有名称：意犹把他们的功名和声望合起来。
⑪殁（mò）：死。
⑫罔偕：没有偕同（的人）。罔，无也；《易·晋卦》曰："贞吉罔孚。"
⑬荐绅：即"缙绅"，古代高级官吏的装束；亦指有官职或做过官的人。荐，通"缙"。
⑭列秀竞爽：一字排开，一个比一个英俊、帅气。列，排列。竞爽，媲美；争胜；《左传·昭公三年》记载："齐公孙灶辛。司马灶见晏子曰：'又丧子雅矣。'晏子曰：'惜也，子旗不免，殆哉！姜族弱矣，而妫将始昌。二惠竞爽，犹可，又弱一个焉，姜其危哉！'"
⑮阀阅（fá yuè）：指有功勋的世家。

淮康军节度使、同中书门下平章事[24]。□□□□□□□□□□冠科级，仕至翰林学士、龙图阁学士、工部侍郎、知开封府，出为武信军节度使、知天雄军[25]。顷岁①，咸以雄文伟学②，□□太史③，通才敏识④，互尹京兆[26]。唯叔出季处之政⑤，□前张后王⑥，□□□□□亦尝莅其任，内史⑦之选，出于一门。□□□□□□□第者凡八□□十九人，犹子⑧尧封洎侄孙渐、渊三榜[27]，复六百七十二人，无不拜公于丈人行⑨也。昔万石之家⑩举集光宠⑪，荀氏之子⑫并有名称⑬，以今方⑭古，彼或缺焉。女五人：长适□中□□□，次适□州支使崔保绪，次适□□外郑□庆，次适起居□□□□□，次适度支郎中严诰[28]。孙十五人，咸列仕籍⑮。诜诜雁行⑯，济济鹭序⑰，章明⑱似续，取重轩

---

①顷岁：昔年。权德舆《拜昭陵过咸阳墅》有"顷岁辱明命，铭勋镂贞坚"句。
②雄文伟学：优美的诗文，渊博的学识。雄文，内容精深、气势雄伟的诗文，常用为他人诗文之美称；李逢吉《送令狐秀才赴举》有"子有雄文藻思繁，蚍年射策向金门"句。
③太史：官名，西周、春秋时太史掌记载史事、编写史书、起草文书，兼管国家典籍和天文历法等；这里指修撰史书。
④通才敏识：多才多艺，精明能干。通才，指学识广博兼备多种才能；《六韬·王翼》曰："通才三人，主拾遗补过，应对宾客，议论谈语，消患解结。"敏识，精明能干。
⑤叔出季处之政：指兄弟俩的施政策略。
⑥前张后王：前面姓张，后面姓王，意指迥然不同。
⑦内史：隋炀帝在诸郡设通守，为太守之副，在京兆、河南者称内史。
⑧犹子：像儿子一样的侄子。
⑨丈人行：犹言父辈、长辈、老前辈。
⑩万石之家：指年俸禄达到一万石的家族。这里指家族中居高官、食厚禄的人很多。
⑪举集光宠：意指列举出全部荣耀和恩惠。
⑫荀氏：颍川荀氏是汉晋时期的主要士族之一，家族中见于史籍记载者达一百多人，且在中央做文职高官的很多，是典型的"名门望族"。
⑬并有名称：意指把他们的功名和声望合起来。
⑭方：比拟、比较，《礼记·檀弓》有"方丧三年"句，疏："谓比方也。"
⑮咸列仕籍：犹指都出仕为官。仕籍，旧指记载官吏名籍的簿册。
⑯诜诜（shēn shēn）雁行：朝堂上人才众多。诜诜，同"莘莘"，众多的样子；《诗·周南·螽斯》曰："螽斯羽，诜诜兮；宜尔子孙，振振兮。"雁行，指在朝廷上的排班；《南史·张缅传》记载："殿中郎缺，帝谓徐勉曰：'此曹旧用文学，且雁行之首，宜详择其人。'勉举缅充选。"
⑰济济鹭序：像白鹭一样排班有序。济济，整齐美好貌；《诗·齐风·载驱》有"四骊济济，垂辔濔濔"句。鹭序，白鹭群飞有序，因用以比喻朝官的班次；《禽经》曰："寀寮雝雝，鸿仪鹭序。"张华注："鹭，白鹭也。小不逾大，飞有次序，百官缙绅之象。"
⑱章明：昭著；显扬。

冕①。今年淮康□罢相府，言镇圃泽②，展示松槚之域③，缅怀金石之刻④。谓举正迹涉外姻，耳目事实，见托论譔⑤，以备邱谷。大惧孤陋之作，徒贻⑥质俚⑦之诮。□□□□□□□□□□之旨也。铭曰：

惟圣御天，惟贤辅圣。殁有令名，是曰流庆。显允公，太邱之裔。诗礼趋庭⑧，芝兰生砌。宰邑斯勤，守土惟仁。铨管京兆，衡平鉴新。公尝有言，孔父之旨。造次弗违，□□而已。□□□□，□□□□。千载风云，一门龙虎。有子维何，曰将曰相。有孙维何，友直友谅。《洪范》五福，皋陶三德。公实兼之，可颂可则。既毕婚嫁，乃营亭榭。世谓贤□，人推达者。年未纵心，□□□□。□□□□，□□□□。临洧之乡，抱章之坂。南望邢山，如见子产。二公为臣，忧国忧民。岂曰世异，今为德邻。乔木森森，冥途阴阴。贲乃真宅⑨，光兹孝心。

宝元二年岁次己卯八月庚申朔中秋日甲戌建[29]。

补证

[1] 此文见于《新郑县志》卷二十九《金石志》。

[2] 黄本诚《新郑金石志》记载："碑在墓南二百余步，高二丈许，阔八尺。"

---

①取重轩冕：得到国君重视。取重，得到重视；苏舜钦《应制科上省使叶道卿书》曰："故儒其名者，必奔走贵势之门，以希光宠而取重焉。"轩冕，指国君或显贵者；《管子·轻重甲》曰："故轩冕立于朝，爵禄不随，臣不为忠。"
②言镇圃泽：意犹退居郑州。言，虚词，词头。镇，退居。圃泽，犹甫田，大田；钱起《送马使君赴郑州》有"膏雨带荥水，归人耕圃田"句。
③松槚（jiǎ）之域：指陈省华墓地。松、槚二树常被栽植墓前，亦作墓地的代称；《北史·隋纪上·文帝纪论》曰："坟土未干，子孙继踵为戮；松槚纔列，天下已非隋有。"
④金石之刻：指在钟鼎碑碣镌刻文字以颂功纪事；孙诒让间诂曰："《吕氏春秋·求人》篇云：'功绩铭乎金石，着于盘盂。'高注云：'金，钟鼎也；石，丰碑也。'"
⑤见托论譔：委托我论说叙录。见托，委托；《初刻拍案惊奇》卷十四有："感蒙不弃，若有见托，必当尽心"句。论譔，亦作"论撰"，论说叙录。
⑥贻（yí）：遗留，留下。
⑦质俚：质朴俚俗。刘攽刘恕等《旧本目录序》曰："而修史者言词质俚，取舍失衷，其文不直，其事不核。"
⑧趋庭：指孔子之子伯鱼趋而过庭，并闻孔子言诗礼事，见《论语·季氏》，后引申为晚辈接受长辈的教诲。
⑨贲乃真宅：装扮墓地。贲，华美；光彩貌；《书·盘庚》有"用宏兹贲"句。真宅，谓人死后的真正归宿；《列子·天瑞》曰："鬼，归也，归其真宅。"

可见此碑高大雄伟，至清朝时尚立于墓前，应为神道碑。碑额"陈"后所缺3字应为"公神道"，"并"后所缺1字应为"序"。

[3] 王举正，字伯仲，真定人，参知政事王化基长子，仕宦显达，仁宗朝亦拜参知政事。

李焘《续资治通鉴长编》卷一百二十记载："宋仁宗景祐四年（1037）闰四月乙亥，知制诰王举正，以宰臣陈尧佐之婿，引故事避嫌，戊寅，改为龙图阁待制。时龙图阁待制张逸权知开封府，请仍旧班举正下，从之。"

脱脱等《宋史·本纪·仁宗三》记载："五月辛未，宋庠、郑戬罢，以王举正参知政事，任中师、任布为枢密副使。"

脱脱等《宋史·列传·王举正传》记载，王举正乃陈尧佐女婿，陈尧佐拜相前以度支员外郎知制诰，因陈尧佐拜相而改龙图阁待制。陈尧佐罢相，以兵部郎中复知制诰，后升翰林学士。撰本文时官差为"兵部郎中知制诰"。

作为陈尧佐女婿，王举正所撰之文固然有溢美之词，然所记墓主行事及家族历史则可信无疑。

[4] 周越，字子发，一字清臣，淄州人，累官至主客郎中。北宋著名书法家，天圣、庆历间以书显，落笔劲沉着，真行入妙，草字入能。"集古今人书，并所更体法，为《书苑》十卷。"《宋史》卷二百八十八有传。

[5] 其先颍川人，是上溯至陈姓始祖。周武王分封诸侯时曾封虞舜后裔胡公妫满于陈，以奉舜祀，此即西周陈国之由来。从此，有虞氏遂以国为姓，此即陈姓之始，这就是碑文所谓"妫满受封，权与胙姓"。至春秋时，陈国为楚国所灭。秦置颍川郡，后世或作陈州，或作淮阳，其地约相当今河南周口地区。

欧阳修《陈公（尧佐）神道碑铭并序》记载："自公五世以上，为博州人。"

欧阳修《尚书比部员外郎陈君（汉卿）墓志铭》记载："君讳汉卿，字师黯，世居阆中。其先博州人，因事伪蜀，为县令，遂留家焉。其曾叔祖省华，官至谏议大夫，生尧叟、尧佐、尧咨，先后为将相，而君自曾祖而下，三世不显。曾祖讳省恭，不仕。祖讳尧封，举进士，为虢县主簿。"

称博州人，是因为陈翔祖上曾在博州为官，因官为家，占籍为博州人。

[6] 王建（847—918），字光图，陈州项城（今河南沈丘）人，一作许州舞阳（今河南舞阳西）人，五代十国时前蜀皇帝，903—918年在位。少时以屠牛、盗驴、贩私盐为生，后投忠武军（治许州，今河南许昌）。唐僖宗为避

黄巢起义军兵锋而逃奔成都，王建等五都头率兵入蜀，被号为"随驾五都"，归宦官田令孜指挥。令孜认其为养子，后分典神策军。宦官杨复恭掌禁军，疑王建，出之为壁州（一作利州）刺史。王建招集溪洞酋豪，组织起800人的队伍，逐步扩大地盘，占领成都西、南诸州。大顺二年（891），攻占成都，杀陈敬瑄、田令孜。乾宁四年（897），破梓州（东川节度使治所），占有东西两川之地。天复二年（902）取山南西道。三年，唐封王建为蜀王。王建北有汉中，东有三峡，割据蜀地的基础稳固。后梁开平元年（907），王建在成都称帝，国号蜀，史称前蜀。

[7] 陈翔入蜀后出为新井令，文献记载基本一致。

[8] 陈诩在孟蜀有官职（遣运使）仅见于此，无其他文献记载。

[9] 欧阳修《陈公（尧佐）神道碑铭并序》记载："皇曾祖齐国公讳诩，皇祖楚国公讳昭汶，皇考秦国公讳省华，皆开府仪同三司、太师、尚书令兼中书令。"

陈诩、陈昭汶及陈省华本人皆因陈尧佐显贵而追赠。

[10] "西水"后所缺3字，使全句意思不明。据《宋史》记载，陈省华"事孟昶为西水尉"。西水，宋时为阆州之属县（治今南部县西水镇），元代并入南部县。

[11] 建隆元年（960），赵匡胤取代后周，建立宋朝。乾德三年（965），宋军入川，孟蜀归宋。

[12] 脱脱等《宋史·列传·陈省华传》记载："累迁栎阳令。县之郑白渠为邻邑强族所据，省华尽去壅遏，水利均及，民皆赖之。"

[13] 所缺孔子语，出自《论语》，作"死民之卒事吾从周"。

[14] 嘉靖《河南通志》卷二十五记载："宋陈省华，字善则，阆州阆中人。太宗时为济源令，勤政施仁，惠及黎庶，后遂家焉。子尧叟、尧佐、尧咨相继登第，因立'四令祠'。"

武亿《授堂金石文字续跋》卷九所录《陈述古题名》云："太平兴国六年先祖太师中书令秦国公宰邑兹土。"

综上，陈省华知楼烦县前曾为济源令，陈氏视济源为发祥地。

[15] 李焘《续资治通鉴长编》卷三十一记载："宋太宗淳化元年（990）四月乙巳，赐太子中允陈省华及其子光禄寺丞、直史馆尧叟五品服。先是，尧叟举进士，中甲科，占谢，词气明辨。上问宰相：'此谁子？'吕蒙正等以省华对。省华时为楼烦令，即召见，擢太子中允，于是父子又同日面赐章服。"

可知,"太子中"后所缺字为"允"。

[16]范成大《吴郡志》卷十一记载:"陈省华,朝散大夫、行在尚书吏部员外郎,至道委庠,谏议大夫。"

[17]崔端《苏州四瑞联句诗序》(《吴都文粹》卷十)记载:"太宗命俾我良牧吏部员外郎公镇抚之。公自下车,决政之壅,伸民之冤,挫猾吏之锋,削刑禁之滥,靡劳于力,厥功告成。"

陈振《重修瞻仪堂记》载《吴都文粹续集》卷八记载,苏州始建瞻仪堂于绍兴辛巳(1161),图历任太守像于壁,其中有"至道陈公,字善则,三子两登辅佐,其后更人政"。

范成大《吴郡志》卷十一记载:"朝散大夫陈省华,至道初,知苏州。"

[18]曾巩《隆平集》卷五记载:"陈尧叟常为广西转运使。"

李贤《大明一统志》卷八十三也记载:"陈尧叟,咸平初为广西转运使。"

李焘《续资治通鉴长编》卷四十九记载:"咸平初,太常丞陈尧佐为开封府推官,坐言事切直,贬潮州通判。

所以说,兄弟二人都在岭外偏远之地任职。

[19]脱脱等《宋史·列传·陈省华传》记载:"景德初,判吏部铨,权知开封府,转光禄卿。旧制,卿监坐朵殿,太宗以省华权莅京府,别设其位,升于两省五品之南。省华以府事繁剧,请禁宾友相过,从之。"

徐松《宋会要辑稿·礼三十一》记载:"宋真宗景德元年(1004)五月二十七日,以翰林学士知开封府梁颢为桥道顿递使,颢卒,光禄卿权知开封府陈省华代。"

徐松《宋会要辑稿·职官三十七》记载:"景德元年七月,诏开封府知府等,不得于府廨内接见宾客。从权知府陈省华之请也。"

[20]脱脱等《宋史·列传·陈省华传》记载:"未几,因疾求解任,拜左谏议大夫,再表乞骸骨,不许,手诏存问,亲阅方药赐之。"

[21]李焘《续资治通鉴长编》卷六十三记载:"宋真宗景德三年(1006)五月丙午,左谏议大夫陈省华卒。"

是月壬寅为朔,丙午即初五,次日则丁未,由此可知,碑文"三年"后所缺3字当为"五月丁"。

[22]李焘《续资治通鉴长编》卷六十三记载:"妻冯氏性严,训诸子尤力。尧叟既贵,孝谨益不衰。本富家禄赐且厚,然不许诸子事华侈。尧叟掌枢密时,弟尧佐直史馆,尧咨知制诰,与省华同在北省,诸孙任官者十数人,宗

亲登科者又数人，荣盛无比。客至，尧叟等皆侍立其侧，客多不遑，引去。旧制，登枢近者，母、妻即封郡夫人。尧叟初拜，以父在朝，止封其妻，而母但从夫邑封。尧叟表让，朝廷以彝制，不听。省华卒既逾年，上欲褒封其母，以问王旦，旦曰：'虽私门礼制未阕，公朝降命，亦无嫌也。'乃封为上党郡太夫人，后进封滕国，年八十余尚无恙。"

张守约《积庆院记》记载："阆之南部西二十里曰富井，环居士族，皆上党之冯也。里有院曰'积庆'，即冯氏之先所以崇奉浮图之地。冯为三陈外家，三陈为先朝鼎辅。余自廿岁闻故父老言曰：'阆中陈氏外家之贤，人曰"慈母教子，金鱼坠地。"'"

[23] 宋制，宰执大臣罢政典地方多称"判"。河阳，宋时属于京西路，本孟州，河阳三城节度，治河阳县。

[24] 脱脱等《宋史·本纪·仁宗二》记载："宋仁宗景祐四年（1037）夏四月乙巳，吕夷简上《景祐法宝新录》。甲子，吕夷简、王曾、宋绶、蔡齐罢，以王随为门下侍郎、同中书门下平章事、昭文馆大学士，陈尧佐同中书门下平章事、集贤殿大学士，盛度知枢密院事，韩亿、程琳、石中立参知政事，王鬷同知枢密院事。"

由上可知，"下"字后所缺三字，应是"平章事"；"集贤"后所缺四字，应是"殿大学士"。宋时淮康军节度使司设在蔡州汝南郡，治汝阳县。

[25] 武信军节度使、知天雄军，宋时置武信军节度使司于遂州遂宁郡。唐置魏博节度使于魏州，后改天雄军。宋庆历二年（1042）升北京大名府，治元城县。

[26] 脱脱等《宋史·列传·陈尧咨传》记载："宋仁宗天圣四年（1026），以尚书工部侍郎权知开封府。"

李贤《大明一统志》卷二十六记载："陈尧佐仁宗时与弟尧咨相继知开封，皆有政绩。"

[27] 据欧阳修《尚书比部员外郎陈君（汉卿）墓志铭》和王恺《陈府君（安祖）墓志铭》记载，陈尧封是陈省华弟陈省恭之子，陈尧封二子陈渐、陈渊，皆进士。渐子名世卿，孙名安祖；渊子名汉卿，孙名安期，俱有一官半职。

[28] 宋代文献资料备载省华有三子，不及其女。此碑载，省华有五女。

[29] 陈省华卒于景德三年丙午（1006）五月丁未，而此碑撰立于宝元二年（1039），盖此时陈尧佐功成名就，以宰相罢政判郑州，有声望、财力和精力成就此事。

译文

  阳气上腾，雾蔚云蒸，下降为甘霖滋润广阔的原野；有志之士，坚守理想，奋发而为，留给后世丰厚的福泽。用"五福"劝人为善，让"三德"发扬光大，彰显《易》之《大畜》的意旨，悦服《中庸》精深博大的训诫，先人树立榜样，谋划绸缪，使子孙接踵前代，昌耀后世。公讳省华，字善则，祖先为颍川人。陈氏祖先妫满是帝舜的儿子，周武王灭商建周后，封妫满于陈国，开启了陈氏繁衍的序幕，历代潜隐光芒，集聚福祉，英才辈出，卓越异常，声威显赫，虎炳史册。曾祖父陈翔，唐朝末代补位并门记室，王建镇守益州，投其麾下。当时潘镇割据，战乱频仍，王建依仗益州天险，割据一方，曾祖用正义之言讽谏王建，被王建拒绝，于是上书退隐，出为阆州新井令。祖父陈诩，曾在蜀任过遣运使。父亲陈昭汶志向高远，拒绝入仕，隐居山林，自食其力。陈氏累世集聚了美好的德行，从此开始兴旺发达，后因儿孙显贵，祖父陈诩被封为齐国公，父亲陈昭汶被封为楚国公，公被封为秦国公，皆开府仪同三司、太师、尚书令兼中书令。

  公十三岁时就失去了父亲，但公正直好学，刚正不阿，据守中庸。（西水县令）听说了公的美名，欲征召为西水（县尉），公当时无所事事，就答应了西水县令的邀请，并忠心相随。公曾乘船横渡夹江，船到江中心的时候，（水势猛涨），打翻了渡船，公匍匐于马背上，随波沉浮，看见的人惊恐万状，认为公必死无疑。忽然，远处一只打渔船飞奔而来，竭力救起了公，公终于脱险，保全了性命。凡是认识公的人都说，若不是公德行高远，绝没有生还的希望，这究竟是祖先保佑，还是神灵助佐，谁说得清呢？陈氏后来昌盛发达，难道不能提前预知吗？（从此以后），公做事更加勤勉，（"大难不死必有后福"）的道理，我已经知晓了。（至于后来的）无比光耀，（只不过是笃志）躬行的结果罢了。

  恰逢大宋立国，后蜀归顺，公急于应召，首批到达京城。起初朝廷任命公为秦州陇城县主簿，后经过多次迁升任京兆府栎阳县县令。栎阳县有古代著名的郑渠和白渠，浇灌着肥沃的关中原野，如同三秦的甘霖滋养着这一方水土，由于条件优越，地方官吏的弊害因此而生，他们怠慢政事（而不知耻），（巧取豪夺有如）强盗。公到任后，一心扑在农事上，着力抓修水渠，而且下令（"水利均及"）。地方上的赋税，每年都流入当地强家大族，这是县令不能容忍的，公一定会与他们斗争，不取得胜利绝不罢休。那些蝇营狗苟之徒，四处飞驰般造谣，发出"汪汪"犬吠之声，在公看来，这只不过是他们自取其辱罢了，又哪会畏惧呢？邻县违背了对公的诺言，辜负了公的心愿，公却（以宽阔的心胸包容他们)。由于(时和岁丰,风调雨顺),加上皇恩浩荡,恩泽下施,人民丰衣足食,财政充盈不匮。那里的人民到今天(都遵循)旧风陋俗,崇尚"晚葬",父母兄弟死了,就用蒿草简单包裹,直到树木长得要双手合抱了,都不入土埋葬,亲人们都安然自在,毫不在意。公恪尽职守,教化民众,认为人民如同河水,一定要正确地引导他们。孔子说过:"处理丧事我遵从周代的礼仪。"这就是赞美送葬的礼节,于是公(常常深入)民间,排除一切艰难困苦劝导人们土葬亲人,遇到麻烦就自己开导自己,致使百姓受到教化,感激涕零,都说"使死者魂魄有归,(入土为安),陈公的仁人之心比我们深厚啊!"于是,老百姓相互劝慰,相互帮助,积极遵循号召,不到一个月,入土下葬者超过半数,等到了公调任的时候,尸体就全部掩埋了。公于是说:"说老百姓没有见识,这不是污蔑他们吗?"

(宋太宗端拱年间)公到宪州楼烦县当县令,长子尧叟考中了状元,要入殿致谢。(尧叟器宇轩昂)英气逼人,太宗皇帝来到现场,被尧叟深深地吸引住了,凝视良久,于是询问尧叟家世。朝辅大臣素知公的高才俊德,就向皇上报告了公的名字,皇上说:"看见他的儿子,就知道父亲的为人了。"于是,擢升公为太子中允。皇帝还下诏说:"做父亲的都应该向陈公学习啊。"(不久,公由判三司都凭由司改为)盐铁判官,后来又升迁为殿中丞,同时赐(尧叟五品官服)为光禄丞。(父子二人)同为近臣,一同召赐,纷纷加官进爵,陈氏一家人才济济,富贵荣显,朝廷官员没有不仰慕的,士林也为之增色不少。

郓州是华夏的天然屏障,(出任官员)朝廷往往谨慎选择,而公被首先选中,并出任知州。(濒临黄河的州郡,官府一般以防御黄河水患为主)而疏于礼仪教化,而公认为(古来礼仪的推行,是用来诱导民众的),怎么能够简略呢?于是开始修缮祭庙、祭器,隆重举行祭拜仪式,最终使老百姓受到教育感化,大多蒙恩受惠。而公自己却居室简陋,生活简朴,不久就被委任为京东转运使。

至道初年,越地闹大饥荒,苏州尤其厉害,苛刻峻急的官吏,毫不周济怜恤百姓的疾苦。朝廷把公诏回,赐给三品官阶(让公去苏州安抚、赈济百姓)。(公带着朝廷的恩泽,把饿死的人都安葬入土,把好几千户流难的老百姓都安置妥当,使他们免受颠沛流离、受冻挨饿的痛苦)。公一直重视宽以待人,严于律己的品性,于是发扬、彰显忠实、厚道、诚信的品质,告诉人们不要轻浮懒惰。公严明刑罚,整顿法度,以情相恕,以理排遣,宽宥小的过失,平易近人,爱抚百姓,对老百姓情深意厚,由于政绩卓著,太宗皇帝亲自写信予以褒奖。

真宗皇帝继位后,又擢升公为吏部员外郎,改任潭州知州。长沙是大宋腹地，周边郡县的都市，控制着边远地区，只有柱石重臣才能胜任，那里货船首尾相接，源源不断地给国家供给物资。公用孝悌的思想去开导、启发百姓，用清净无为的宗旨来约束官吏（使他们身体力行），守规矩，讲法度。那个时候，因为广西边境骚乱，（尧叟由度支判官升迁为工部员外郎，任广南西路转运使）（尧佐由太常丞、开封府录事参军）升任为开封府判官，后因奏章言辞过于激切，指责太过，被贬为潮州通判。兄弟二人，都被派往岭南偏远之地任职。朝廷猜想公会上书辩驳，亲朋好友希望公能请求皇上开恩。公却说："尧叟出行，是招抚叛逆（为国分忧，是大好事，我可不想坏他的好事）。（至于尧佐，我曾虔诚地算过一卦，卦辞清楚明白地说：'他该有此劫，此劫过后就会吉祥）。'我把此卦当作明亮的镜子，它怎么会言而无信呢？"后来，兄弟俩果然受到君命征召，一齐升迁高官，享受厚禄。亲朋好友都深信不疑，认为的确如此。后来朝廷进贤用能，公被任命为鸿胪少卿、吏部员外郎，负责审核官吏的档案和政绩，并向上级呈报，以为升迁的依据，不久又掌管幕职、州县官以下注拟、磨勘等事，负责京官七品以下流内官员的任免、考课等。

　　景德初年，公任开封府知府。（历任知府）都崇尚威刑罢免，而公却不以为然。（公以为应该使老百姓）知耻而归正，守法而无犯，公说："（在天子脚下，皇城根里，要循序渐进，慢慢教化）遇事要辗转推究，明辨事理。"皇上对此大为赞赏，认为公可堪大任，立刻升迁公为光禄卿。当时，尧叟作枢密使，尧佐任直史馆，尧咨任知制诰，父子四人腰佩紫金鱼带，玉饰珍玩，兄弟三早晚问候，温被凉席（是当时十分光耀显赫的公卿士族）。公德高望重，久负盛名，深受皇上器重和信任，而公恩宠深厚而（不骄傲），（俸禄丰厚）却不奢侈。常常告诫后人："屈曲的事物才能长久，残缺的身体往往长寿。"至于纵任心意而请求退休养老，于是上书朝廷而请求归还官印。皇上刚好亲近年高德劭、素孚众望者，便亲自写书信诚心诚意挽留，特地授命公为左谏议大夫，允许公辞去开封府府尹的职务。不久，（契丹犯境），皇上北巡，（公又请求按升降任免制度退职）依然不允，寒暑易节，公病情加重，（第三次上书朝廷，请求朝廷动动恻隐之心）也没有获得许可，不久，真宗皇帝亲自给公写信，希望公能继续留任，其中大略写道："爱卿只管放心调养身体，恢复元气，不要过于操心，我料想您不会有大碍，希望您贵体尽快康复，我还要仰仗您呢！"皇上对公的厚爱，真是无与伦比啊，（公病情愈重，皇上的赏赐）愈丰厚，以致公决意辞官（并请求皇上不要再随便赏赐），都没有得到皇上许可，反而督促有司供给如故。不久，皇上又让人从宫中送来许多御药，派来许多御医，并暗中叮嘱，临亲抚慰，没有一天漏空。公恭谨诚笃的胸襟，出于天性，不管宫中来人还是赠物，一定要竭力支撑病体向西叩拜，（有时还要让周围人）给自己穿上官服叩首，从来不失臣下礼节。等到公病入膏肓，弥留之际，宫中派来很多使者，左右扶持着公坐起来，公（已经说不出）话了，但（还能用手）示意，好像有所意蕴，家人不知其意，于是问道："您是不想面南而坐吗？"公点头示意，于是家人又让公面西而坐。公从染病开始到临终之际，从来没有忘记过这样的礼节啊。

唉！尽管如此，尽管皇上体恤公的心意，（多加抚慰，希望公还能）多为国家出力，奈何苍天不愿留，天命有归啊，于景德三年五月初五，逝世于东京安定坊家里，享年六十八。皇上为公哀伤叹息，追赠公为太子少师，赏赐用来办丧事的财物也增加等次，并派遣中贵人到府邸吊念，又派（近侍）守护葬礼，都不是常例啊。于当年七月二十七日归葬于郑州新郑县临洧乡抱章山旁。哎！自从太祖开国以来，公就蒙受国恩，在朝廷内外任职从未间断，威仪显赫自始至终，在生荣耀，死时显赫，世上无人可与公比肩啊。公后来被追赠开府仪同三司、太师、尚书令兼中书令、秦国公。

（夫人）冯氏（蕙心兰质），以庄重严肃著称，有缙绅之家的风范，世称"孟母"，享年八十五岁，敕封"燕国太夫人"。三个儿子，都遗传了她的优点，个个英俊帅气，魁梧伟岸，功勋卓著。长子尧叟官至枢密使、户部尚书、同中书门下平章事，出为右仆射，判河阳三城节度使。次子尧佐官至户部侍郎、同中书门下（平章事）、集贤（殿大学士），出为淮康军节度使、同中书门下平章事。（三子尧咨）摘冠甲科，官至翰林学士、龙图阁学士、工部侍郎、知开封府，出为武信军节度使、知天雄军。昔年、尧叟、尧佐都因诗文优美、学识渊博（而参与）修撰史书，尧佐、尧咨都因多才多艺、精明能干而前后出任开封知府。（只是）兄弟两的施政策略迥然不同，公也曾经任过开封知府，这京兆知府的人选，都出自陈氏一家啊。（兄弟三科）考中的进士共有八百□十九人，侄子尧封及侄孙陈渐、陈渊三榜，考中的进士又有六百七十二人，无人不拜公为前辈啊。过去年俸达到一万石的家族列举出全部的荣耀和恩惠，颍川的名门望族荀氏家族把他们的功名和声望合并起来，跟陈氏家族比较，可能都不如啊！公有五个女儿：大女嫁给了殿中丞□□，二女儿嫁给了□州支使崔保绪，三女儿嫁给了□□外郑□庆，四女儿嫁给了起居舍人□□□□，五女儿嫁给了度支郎中严诰。公有孙子十五人，都在朝为官，享受俸禄。人才众多，排班有序，人人都延续前代的风范，个个都受到皇上的赏识。今年，淮康公罢职宰相，退居郑州，修缮先人陵墓，追思慎远，树碑立传，刻石纪念。认为我王举正是陈氏外姻，耳闻目染，事实详尽，于是委托我撰写碑文，以留于山野之中。本人深怕才疏学浅，孤陋寡闻，写出的文章，只能让质朴俚俗嘲笑罢了。（不论文辞如何），主旨都是（为了纪念缅怀公）。

铭文曰：
圣贤的君主统御寰宇，贤能的臣子辅助圣主。
死后留下美好的名声，是行善得福的结果。
显赫正直的公，是魏巍太邱的后代。
以诗礼传家，致子孙优良。
为政勤勉，仁心宅厚。
治理京兆，公平理政，借鉴新宪。
公遗留的金玉良言，如同至圣先师的宏旨。
从来没有过失，笃志躬行罢了。
□□□□，□□□□。
千百年来，儿孙出众。
儿男们如何，有的是将帅，有的是宰相。
孙辈们如何，个个正直耿介，诚实守信。
《洪范》中所谓的五福，《皋陶》中崇尚的三德。
公兼而有之，既可传颂，亦可作为永恒的处事原则。
儿女婚嫁完毕，才开始营造有亭台轩榭的家园。
世人都说公是贤能正直的君子，人人都推崇公为通达事理之人。
在有生之年，还没有完成自己的宏愿，就溘然长逝。
□□□□，□□□□。
在广袤的临洧山野，在那巍峨的抱章山旁，是公魂归之所。
南望郁郁葱葱的邢山，就像见到古昔日的子产。
公同子产一样，作为勋臣，始终忧国忧民。
谁说世道变了，公和子产的高尚品德不相近吗。
树木葱茏，绿荫遍地。
瘗埋此处，祥瑞贲华，实乃逝者安息之所，
今刻石立碑，以表后辈赤诚孝心。

宝元二年岁次己卯八月庚申朔中秋日甲戌建

第二节 真宗封使

宋真宗赵恒（968—1022），宋太宗第三子，宋朝第三位皇帝，登基前曾被封为韩王、襄王和寿王，曾任开封府尹。公元997年即位，在位25年。"性好学"，曾言"书中自有黄金屋，书中自有颜如玉"。前期颇勤于政事，曾发行"交子"，是世界上最早的纸币。宋真宗颇器重陈尧叟，大中祥符五年（1012）加陈尧叟检校太傅、同平章事，充枢密使，使其集军政于一身。

一、《陈尧叟拜枢密使制》[1]

原文

密勿之地①，事机②颇烦，或兼列于槐庭③，用燮和④于鼎铉⑤。任惟要剧⑥，时所式瞻⑦，必有宏才，克膺⑧殊拜。

具官陈尧叟雄文拔俗⑨，深识造微⑩。冠⑪异等⑫于先朝，展壮猷⑬于当代。

---

①密勿之地：旧指接近皇帝，处理军事机密的处所；也指十分重要、机密的地方。密勿，机密。
②事机：古代军事术语，指在战争中用来损害敌方的计谋；犹机要，机密。
③槐庭：三公之位；亦指三公。
④燮（xiè）和：指宰相的政务。
⑤鼎铉（xuàn）：举鼎之具，亦借指鼎；指宰相。
⑥要剧：重要而繁剧；指要职；指政务烦剧的重要部门或地区。
⑦式瞻（zhān）：敬仰，景慕。
⑧克膺（yīng）：能够承当、接受。克，能够；膺，接受，承当。
⑨拔俗：超出凡俗；超越流俗。
⑩造微：达到精妙的程度。
⑪冠：超出众人，居第一位。
⑫异等：不同等级；超出一般，特等，指德才特出的人；出自《韩非子·八经》。
⑬壮猷（yóu）：伟大的谋略；《福惠全书·升迁部·四六禀启附》曰："中书二十四考，壮猷永奠乎唐基，广成千二百年，至道常陈于轩箓。"

治盘错之务，聿彰翰能；陟①严近②之司，恊宣规划。赞横汾③之吉礼④[2]，成奠玉之上仪⑤。夙夜交修，群伦⑥胥⑦仰。俾纡相印，就正使名。加帝傅之荣资⑧，进井田之采邑⑨。勖⑩增懿绩⑪，用允金谐。

补证

[1]本文见于《宋宰辅编年录》卷三，颁于宋真宗大中祥符五年（1012）九月戊子。

曾巩《隆平集》卷五记载："大中祥符五年，加平章事枢密使兼群牧使。"

李焘《续资治通鉴长编》卷七十八记载："宋真宗大中祥符五年九月戊子，以吏部尚书、知枢密院事王钦若，户部尚书、知枢密院事陈尧叟，并依前官加检校太傅、同平章事，充枢密使，签署枢密院事马知节为副使。学士晁迥草制，误削去钦若、尧叟本官，诏各存之，遂改制而行。儒臣领枢密使相，自钦若、尧叟始。"

[2]李焘《续资治通鉴长编》卷七十三记载："宋真宗大中祥符三年（1010）八月戊申，以知枢密院事陈尧叟为祀汾阴经度制置使，翰林学士李宗谔副之。尧叟权判河中府，宗谔权同知府事。枢密直学士戚纶、昭宣使刘承珪计度转运事。纶寻出知杭州，以龙图阁待制王曙代之。客省使曹利用、西京左藏库使张景宗、供备库使蓝继宗修行宫、道路。"

王称《东都事略·本纪》卷四记载："三年八月诏以来年春有事于汾阴，以陈尧叟为祀汾阴经度制置使。"

---

①陟（zhì）：晋升，进用。
②严近：谓接近尊位；指近侍。
③横汾：释义据《汉武故事》，汉武帝尝巡幸河东郡，在汾水楼船上与群臣宴饮，自作《秋风辞》，中有"泛楼舡兮济汾河，横中流兮扬素波"句，后因以"横汾"为典，用以称颂皇帝或其作品。
④吉礼：古五礼之一；指祭祀之礼。
⑤上仪：隆重的礼节。
⑥群伦：众多同类。
⑦胥（xū）：全，都。
⑧荣资：指官位俸禄。诸葛亮《黜来敏教》记载："将军来敏显言：'新人有何功德而夺我荣资与之邪？'敏年老狂悖，生此怨言。"
⑨采邑：指古代卿大夫的封邑。
⑩勖（xù）：古同勉励。
⑪懿（yì）绩：美好的业绩；优异的成绩。

译文

国家内廷军务大事，机密谋划浩繁众多，太尉、司徒、司空三公日夜奔走，宰相政务繁忙忧患。朝堂内外要职，人所敬仰，必具雄才大略之人方能胜任。

官员陈尧叟文章气势磅礴，见识博大精深，在先皇帝时就出类拔萃于朝野，在当朝其雄才大略更加凸显。治理盘根错节的政务大事，经天纬地；升迁处理内廷军机绝密，制仪谨严，预案常备。伴随皇帝祭祀泰山，宏文佳篇，高歌颂扬，完美地完成了朝廷的宏伟大典。夜以继日，日理万机，得到了朝堂内外高度赞誉。刚毅谦和相配，德才名实相符。荣升帝师，加官进爵，标杆楷模。嘉奖勉励，再接再厉，光大美德，再造佳绩；治理操劳，殚精竭虑，公正廉明，报效朝廷，由此，尊制而行，委以大任，任命陈尧叟为枢密使重臣，承担谋划军国要政职责。

二、《陈尧叟拜枢相制》[1]

原文

密勿之司，事机甚剧。尤图邦彦①，用致时雍②。乃眷③良臣，俾④复兹任。具官⑤陈尧叟识略淹该⑥，器⑦能宏远。学洞⑧典坟⑨之奥，文兼《盘》《诰》⑩之风。谨以饬⑪躬，乃人伦⑫之龟鉴⑬；敏⑭于从正，实神话之丹青⑮。

---

①邦彦：指国家的优秀人才。彦，俊彦。
②雍：古同"壅"，遮蔽，壅塞。
③眷：顾念，爱恋。
④俾，通"裨"，裨益。
⑤具官：配备应有的官员，在职、在任官员。
⑥淹该：亦作"淹赅"，博学深通；《新唐书·赵彦昭传》记载："遂力学，淹该书记。"
⑦器：才干。
⑧洞：深，朗澈。
⑨典坟：三坟五典的略语，泛指各种书籍。
⑩《盘》《诰》：《尚书》中的两篇古文，此处代指上古端庄秀雅之书。
⑪饬：谨慎，守规矩。
⑫人伦：指封建社会中人与人礼教所规定的君臣、父子、夫妇、兄弟、朋友及各种尊卑长幼关系。
⑬龟鉴：也说龟镜，龟可以卜吉凶，镜可以比美丑。比喻借鉴前事（鉴，镜子）。
⑭敏：奋勉。
⑮丹青：古人把画家称为丹青手，把优秀画家称为丹青妙手，民间则称画工为丹青师傅。丹青比植物性颜料保存时间长，不易褪色，因此，常用来比喻坚贞。

自列近司①,久倾亮节,发挥事业,庶绩咸熙②。申画③封圻④,远人率服。顷之⑤均逸⑥,盖本优贤。益彰尽瘁之诚,克协⑦畴庸⑧之举。重委枢轴⑨,仍调鼎彝⑩。往践厥官,无忘祗⑪格⑫。

补证
[1] 本文见于《宋宰辅编年录》卷三,颁于宋真宗大中祥符八年(1015)四月壬戌。

曾巩《隆平集》卷五记载:"八年复旧官职。"

李焘《续资治通鉴长编》卷八十四记载:"宋真宗大中祥符八年四月壬戌,以枢密使、同平章事寇准为武胜军节度、同平章事。以吏部尚书王钦若、户部尚书陈尧叟并为枢密使、同平章事。"

译文
国家军政大事,机密谋划极为绝密繁杂。国家急需优秀人才,严厉整治时弊。由此,朝廷征召选拔俊杰之士,委以重任。

官员陈尧叟学识渊博,品德高尚,雄才大略。学贯古今,深得精义,文风端庄典雅,深秀宏丽。事必躬亲,严谨公正,其为遵礼守法治政之楷模。奋发图强,刚正不阿,思想纯正,心志坚贞。自从荣升枢密使之后,更为高风亮节,做事干练,成就显著。勇担大任,运筹帷幄,内外平安,深得民众信服。不久,谪官另任,毫不气馁,表现极为优秀贤良。且更加地鞠躬尽瘁,精忠报国,致力于和谐完美,砥砺奋进。现重新起用,任命为枢相,担负军政要务,望其恭恭敬敬,谨遵法度,履行职责,完成大任。

---

①近司:皇帝身边的官员,内臣。指陈尧叟升为枢密使一事。
②熙:本义为曝晒、晒干;由晒(太阳照射)引申为光明、明亮。
③申画:重新划分,引申为规划。
④封圻(fēng qí):指封畿、疆土或封疆大吏。
⑤顷之:一会儿,不久,过些时候。
⑥均逸:闲散安逸,常用以指朝官外放或退隐。
⑦克协:意思是能够谐和统一。
⑧畴庸:谓选贤任用;或酬报功劳,畴,通"酬"。
⑨枢轴:机关运转的中轴,比喻中央权力机关或相位。
⑩鼎彝:古代宗庙中的祭器,上刻表彰有功人物的文字;《宋书·刘穆之传》记载:"秉德佐命,翼亮景业,谋猷经远,元勋克茂,功铭鼎彝,义彰典策。"调鼎彝,意当宰相。
⑪祗(zhī):敬,恭敬。
⑫格:法式;标准;规格。

三、《赐陈尧叟诏》[1]

原文

敕①尧叟：

省所上表②，以赴河阳恋阙③事，具悉。

卿④象纬⑤储灵，珪璋⑥挺秀⑦，出符⑧亨会⑨，入掌鸿枢⑩。正色立朝⑪，得大臣⑫之体⑬；精衷⑭奉上，有良弼⑮之称。副⑯彼民瞻⑰，居然国器⑱。而偶婴⑲疾疢⑳，愿罢钧衡㉑，朕重违㉒乃诚，聿㉓隆异㉔数，乃莅陪京㉕之镇，庶㉖谐养

---

①敕：帝王的诏书、命令。
②上表：上奏章。表，封建时代称臣子给君主的奏章。
③恋阙：留恋宫阙，旧时用以比喻心不忘君。
④卿：自中国唐代开始，君主称臣民。
⑤象纬：象纬，象数谶纬。亦指星象经纬，谓日月五星。象数，谓龟筮之类；谶纬，谓谶录图纬、占验术数之书。
⑥珪璋（guī zhāng）：玉制的礼器等。比喻高尚的人品，杰出的人才。
⑦挺秀：指秀异出众；挺拔秀丽。
⑧符：古代朝廷传达命令或征调兵将用的凭证。
⑨亨会（hēng huì）：嘉会，众美之会；举行国家祭祀大典。
⑩鸿枢：旧谓中央政权的显要之职。
⑪正色立朝：指严正执法。
⑫大臣：官职尊贵之臣。
⑬体：事物的格局、规矩；"得……体"，得体，言行恰到好处；恰当。
⑭精衷：精忠，纯洁忠贞，对国家、民族无比忠诚。
⑮良弼：辅弼，良佐。
⑯副：相配，相称。
⑰民瞻："民具尔瞻"的简称。具，通"俱"。瞻：瞻着，人人都看着你，表示地位显赫，为众人所仰望。《诗·小雅·节南山》曰："赫赫师尹，民具尔瞻。"
⑱国器：旧指可以治国的人才。
⑲婴：触，缠绕。
⑳疾疢（jí chèn）：病害。泛指疾病，弊病，毛病。
㉑均衡：平衡公正。比喻国家政务重任，或指担负国家政务重任的人。
㉒重违（zhòng wéi）：犹难违。
㉓聿：文言助词，无义，用于句首或句中。
㉔隆异：优厚异常。
㉕陪京：陪，通"倍"，背向洛阳；这里指离开京城外任。《文选·张衡〈南都赋〉》曰："陪京之南，居汉之阳。"李善注："京谓洛阳也。"
㉖庶：表示希望发生或出现某事，进行推测；但愿，或许。

素①之心。方戒途②而有期，遽③削牍④而来上，倾输⑤垦悃⑥，眷恋阙庭⑦，见爱君之愈深，宜勿药⑧之非晚。览观之际，骇叹⑨良增，故兹特诏。

补证

［1］本文见于乾隆《续河南通志》卷七十五，又见于乾隆《济源县志》卷十三，颁于宋真宗大中祥符九年（1016）。

曾巩《隆平集》卷五记载："九年以疾出为右仆射、知河阳。"

李焘《续资治通鉴长编》卷八十七记载："宋真宗大中祥符九年八月丙戌，枢密使、同平章事陈尧叟罢为右仆射。尧叟以久疾求领外任，上遣合门使杨崇勋至第抚慰，且询其意。尧叟词志恳确，乃从之。召尧叟子就赐告牒，寻命判河阳，月给实俸，岁赐公使钱百万。其河堤事令通判专领。尧叟力疾求入辞，肩舆至便殿，许其子卫尉寺丞希古扶掖而升，有诏勿拜，赐坐久之，别赍钱二百万，赐希古绯，又作诗宠其行。尧叟伟姿貌，强力，奏对明辩，多任智数，久典机密，军马之籍能周记云。"

译文

诏命陈尧叟：

览观奏章，陈尧叟以久病不愈、求领外任河阳而又表明尽忠朝廷心迹诸事，已全部知晓。

爱卿上通天文，下晓地理，真才实学，德高望重，调兵遣将，陪同祭祀，晋升朝堂，承担要职。朝廷内外，严正执法，尽心尽职，合符法度；全心全意尽责于朝廷，有忠臣良相的大美之称。不负众望，名副其实，成为支撑国家的栋梁之才。然而，不幸爱卿病痛缠身，执意辞去大任，朕对此诚意难违，虽然

---

①养素：修养并保持其本性。
②戒途：亦作"戒涂"，出发，准备上路。
③遽：急，仓猝。
④削牍（xuē dú）：古时削薄竹木成片，用以书写，有误则刮去重写，谓之"削牍"。后用以泛称书写、撰述。
⑤倾输：指把感情尽量表达出来。
⑥垦悃（kǔn）：诚恳，诚挚。
⑦阙庭：亦作"阙廷"，朝廷，亦借指京城。
⑧勿药：不服药，指病愈。
⑨骇叹：亦作"骇叹"，惊叹。

屡次托故挽留。由此,同意爱卿离京外任,期望心绪平和,保养贵体,早日康复。现今正赴任,归来必有期。不久回京,出谋划策,报效朝廷,再续奇文,尽抒挚诚,倾诉心迹。体现关爱,彰显深意,届时病体痊愈,为时不晚。览观奏章之际,惊叹倍增,因而特颁此诏。

第三节 仁宗拜相

宋仁宗赵祯(1010—1063),宋真宗的第六子,宋朝第四位皇帝。乾兴元年(1022)即帝位,时年13岁,初由太后刘娥垂帘听政,明道二年(1033)亲政,在位四十二年,是两宋时期在位时间最长的皇帝。宋仁宗天性仁孝,对人宽厚和善,喜怒不形于色。其执政期间,休养生息,国泰民安,经济繁荣,科技发达,文化昌盛。宋仁宗知人善用,因而名臣辈出,陈尧佐75岁时,被其拜为同中书门下平章事、集贤殿大学士。

一、《陈尧佐拜集贤相制景祐四年四月甲子》[1]

原文

朕纂绍丕图,亿宁中夏。审度时宰①,付畀②国钧③。维是老成④之才,允兹枚卜⑤之吉。诞扬明命⑥,敷告⑦群伦。推诚保德⑧功臣、金紫光禄大夫、行尚书户部侍郎、知郑州军州事、兼管内河堤劝农使、上柱国、颍川郡开国公、食邑

---

①时宰:时相,当朝宰相。
②付畀(bì):托付,委托。
③国钧:犹国柄。
④老成:经历多,成熟稳重。
⑤枚卜:古代以占卜法选官,因以指选用官员。
⑥明命:圣明的命令,特指帝王的命令,诏旨。
⑦敷告:布告,宣告。
⑧推诚保德:推诚、保德为朝廷赐予的"功臣号"。

四千户、食实封一千六百户陈尧佐，望重①朝端，远猷经世②。出入中外③，勤劳夙宵④。二府⑤告猷，居稽忱恂⑥之德；大邦赋政⑦，固多恺悌⑧之风。是用⑨擢正阶符⑩，参调鼎味⑪。兼荣书殿⑫之职，重锡⑬云台⑭之名。采地真封，并加异数⑮。于戏！师尹⑯之重，式副⑰民之具瞻⑱；股肱⑲之良，允谓国之同体。祗服⑳厥㉑命，勿替乃诚㉒。可特授依前行尚书户部侍郎、同中书门下平章事、集贤殿大学士、加食邑二千户、食实封四百户、仍赐推忠协谋佐理功臣㉓。

补证

[1] 本文见于《宋宰辅编年录》卷四《陈尧佐集贤相制》，又见于《宋大诏令集》卷五十三《宰相三》，颁于宋仁宗景祐四年（1037）四月甲子。

---

① 望重：名望大。
② 经世：治理国事，阅历世事。
③ 出入中外：或任职于朝廷之中，或外放为地方官。
④ 勤劳夙宵：日夜操劳。夙宵，日夜；朝夕。
⑤ 二府：宋朝中枢机构为"二府制"，即设中书和枢密院两个机构"对持文武二柄，号为"二府"。二府制的特点就是文武分权。是为了削弱相权，加强君权的重要举措。宋朝的"中书"，与唐朝的"中书门下"性质相同，是宰相办公的地方。中书之外，尚书、门下两省名号虽存，但已成外朝，不是宰相机构。
⑥ 忱恂（chén xún）：诚信。
⑦ 赋政：颁布政令，分配或处理政务。赋，通"敷"。
⑧ 恺悌（kǎi tì）：和乐平易。悌，顺从兄长。
⑨ 是用：因此。
⑩ 符：符信，古代朝廷传达命令或调兵将用的凭证，双方各执一半，以验真假。
⑪ 鼎味：鼎中美食，相传商武丁问傅说如何治理国家，傅以如何调鼎中之味回答，后以"鼎味"指国政。
⑫ 书殿：指集贤院。
⑬ 锡：赐给。
⑭ 云台：高耸入云的台阁。
⑮ 异数：特殊的礼遇。
⑯ 师尹：指各属官的首长。
⑰ 式副：符合法度、规矩。
⑱ 具瞻：为众人所瞻望，出自《诗·小雅·节南山》。
⑲ 股肱：指腿和胳膊，意辅弼。
⑳ 祗服：敬谨奉行。
㉑ 厥：助词，相当于"之"。
㉒ 勿替乃诚：不要改变其忠诚。乃诚，诚意、忠诚。
㉓ 功臣：又称"功臣号"，是唐、宋、元时期授予有功之臣的称号，明代称"功臣封号"，到清代废除。

李焘《续资治通鉴长编》卷一百二十记载："宋仁宗景祐四年四月甲子，吏部侍郎、知枢密院事王随，户部侍郎、知郑州陈尧佐，并为平章事，随加门下侍郎，尧佐守本官，吕夷简尝密荐二人可用故也。"

王称《东都事略·本纪》卷五记载："四年夏四月甲子，吕夷简、王曾、宋绶、蔡齐罢；王随、陈尧佐并同中书门下平章事；盛度知枢密院事；韩亿、程琳、石中立并参知政事；王鬷同知枢密院事。"

译文

朕继承大统，万邦安宁。审时度势，考察国相，委托重负，交付大任。选拔俊杰，唯才是举。弘扬诏旨，布告天下。推诚、保德功臣、金紫光禄大夫、行尚书户部侍郎、知郑州军州事、兼管内河堤劝农使、上柱国、颍川郡开国公、食邑四千户、食实封一千六百户陈尧佐，声望远扬，名震朝野，治国理政，深谋远虑。无论在朝堂还是在地方任职，一直勤勤恳恳、废寝忘食。朝廷内外推行大政谋略，构建诚信体系；全国颁布政令，实现儒孝天下。因此，擢正相符，执掌朝政。兼任集贤院之职，重赐朝廷殊荣。加官进爵，外赐特别恩遇。噫！担任属官之首，诚为众人所望；成为辅弼良臣，实为国家栋梁。敬奉命令，忠心耿耿。可以特授依前行尚书户部侍郎、同中书门下平章事、集贤殿大学士、加食邑二千户、食实封四百户，仍然赐予"推忠协谋佐理功臣"名号。

二、《陈尧佐罢相建节判郑州制宝元元年三月戊戌》[1]

原文

亮采①奋庸②，方委持衡③之重；避荣④逊宠，宜推从欲⑤之私。诞举徽章，孚告列位。推忠协谋佐理功臣、金紫光禄大夫、行尚书户部侍郎、同中书门下平章事、集贤殿大学士、上柱国、颍川郡开国公、食邑五千户、食实封二千户

---

①亮采：辅佐政事。
②奋庸：努力建立功业。
③持衡：持秤称物，比喻公允地品评人才。
④避荣：辞让荣华。
⑤从欲：随顺自己的意愿；服从于自己的私欲。

陈尧佐，冲和①挺质②，懿厚修身③。视履④存乎时中⑤，力学采乎古始⑥。内外更践⑦，滞荣相参⑧。间自近司，出临巨屏⑨。载图旧德⑩，擢正中阶⑪，协调台鼎⑫之和，对掌⑬神机⑭之务。遽因灾异⑮[2]，继有奏陈⑯。援汉家赐策⑰之文，徇申伯⑱于蕃之志。屡形诏谕⑲，固执⑳确衷。仍疏宠于斋坛㉑，俾兼荣㉒于将绂㉓。陪京右地㉔，姑以优贤㉕。于戏！君子得进退之宜，用符于终吉㉖；大臣无出处㉗之间，要尽于一心。往阜吾民，实均予倚。可特授检校太傅、同中书门下平章事、持节蔡州诸军事、蔡州刺史、充淮康军节度、蔡州管内观察处置等

---

①冲和：淡泊平和。
②挺质：生就的美质。
③修身：是指修养身心。
④视履：意思是表示观察其行为；察看巡行。
⑤时中：儒家谓立身行事，合乎时宜，无过与不及。
⑥古始：宇宙的原始或"道"的端始；远古；多指唐虞时代。
⑦更践：任职。
⑧相参：相互参证；相互参错；间隔。
⑨巨屏：强大的屏藩；比喻镇守一方的藩臣。
⑩旧德：先人的德泽，往日的恩德；德高望重的老臣；昔日的德行善绩。
⑪中阶：指明堂前居中的台阶；借指宰相位。
⑫台鼎：古称三公为台鼎，如星之有三台，鼎之有三足。
⑬对掌：共同掌管。
⑭神机：谓灵巧机变的谋略。
⑮灾异：指异常的自然灾害，或某些异常的自然现象。在古代被认为是由于统治者德行有失，"天"所给予的惩罚，也俗称天谴。
⑯奏陈：向帝王陈述意见、事宜。
⑰赐策：赐予策书。《汉书·齐怀王刘闳传》记载："齐怀王闳与燕王旦、广陵王胥同日立，皆赐策，各以国土风俗申戒焉。"
⑱申伯：（西周厉王至宣王时期人）炎帝部落，姜姓，原名为姜方伯，周厉王的妻舅，周宣王的母舅，申国（在今河南省南阳市）开国君主。
⑲诏谕：天子下诏令指示臣民。
⑳固执：本指坚持不懈，后多指坚持成见。《汉书·谷永传》记载："无使素餐之吏久尸厚禄，以次贯行，固执无违。"
㉑斋坛：古代帝王祭天地的场所。
㉒兼荣：加倍的荣耀。
㉓将绂（fú）：帅印。绂，同"韨"，指古代系印纽的丝绳，亦指官印。
㉔右地：西部地区，对"左地"而言。
㉕优贤：优待、礼遇贤者。
㉖终吉：最后结果会吉祥。《易经》谦卦，九三："劳谦君子，有终吉。"
㉗出处：指出仕及退隐。

使、判郑州军州、兼管内河堤劝农使、加食邑一千户、食实封四百户、改赐推诚保德翊戴功臣。

补证

[1] 本文见于《宋宰辅编年录》卷四，又见于《宋大诏令集》卷六十七《宰相十七》，颁于宋仁宗宝元元年（1038）三月戊戌。

曾巩《隆平集》卷五记载："景祐四年（1037）与王随同相，次年谏官论政事错谬，以宰相非其人，遂与王随同请罢，并除使相，尧佐判定州（郑州）。"

李焘《续资治通鉴长编》卷一百二十一记载："宋仁宗宝元元年三月戊戌朔，门下侍郎、平章事王随罢为彰信节度使、同平章事，户部侍郎、平章事陈尧佐罢为淮康节度使、同平章事、判郑州，户部侍郎、参知政事韩亿罢归本班，礼部侍郎、参知政事石中立罢为户部侍郎、资政殿学士。"

[2] 欧阳修《陈公（尧佐）神道碑并序》记载："公在相位不久，其年冬雷地震，星象数变。"

译文

辅佐政事，建立功业，在于朝廷公允地褒奖鼓励人才；辞让荣华，谦让恩宠，也在于个人清洗自己的私心杂念。罗列职官功绩名号，诚挚地告诉大家。推赞"忠协谋佐理功臣"、金紫光禄大夫、行尚书户部侍郎、同中书门下平章事、集贤殿大学士、上柱国、颍川郡开国公、食邑五千户、食实封二千户陈尧佐，冲淡平和，人品高雅，诚恳忠实，心身完美。巡行视察，处置得当，上学于古，下合于时。朝廷内外任职，张弛有度。内则重臣，外则栋梁。凭着德高望重，执掌朝政，协力调和朝堂政务，同心担当权谋机变。天地突现灾异凶兆，立即上奏负咎隐退。援引汉朝故事，表达申伯志向。屡次诏谕明示，坚持初衷不改。仍然于朝堂谦让恩宠，即使掌握大印至尊至荣。驻守陪都远地，姑且作为厚福。噫！品德高尚的人进退有度，操劳辛苦，终会吉祥；良臣无论在京还是在僻远之地，均尽心尽职。护佑我民，仰仗于公正平和。可以特意委任检校太傅、同中书门下平章事、持节蔡州诸军事、蔡州刺史、充淮康军节度使、蔡州管内观察处置等使、判郑州军州、兼管内河堤劝农使、加食邑一千户、食实封四百户，改换赐予"推诚保德翊戴功臣"名号。

第四节　永叔撰碑

欧阳修（1007—1072），字永叔，号醉翁、六一居士，吉州永丰（今江西省吉安市永丰县）人，北宋著名政治家，文坛领袖。与韩愈、柳宗元、苏轼合称"千古文章四大家"，又与韩愈、柳宗元、苏轼、苏洵、苏辙、王安石、曾巩合称"唐宋散文八大家"。他开创了一代文风，领导了北宋诗文革新运动，继承并发展了韩愈的古文理论。陈尧佐卒，翰林学士李淑奉敕起草神道碑，陈尧佐诸子以李氏所撰于其父"少推称"，请求李淑修改，李淑以已进呈皇上而不理。陈尧佐诸子遂另请欧阳修撰写，弃李淑之作而不用。

欧阳修《陈公（尧佐）神道碑铭并序》[1]

原文

颍川公既葬于新郑[2]，其子尚书主客郎中述古等七人，具公之行事①及太常之状②、祁伯之铭以来告曰："唯陈氏世有显人。我先正③文惠公，历事太宗、真宗而相今天子[3]，其出处始终之大节，可考不诬④如此。故敢请以墓隧之碑。"予为考其世次，得其所以基于初、盛于中、有于终而大施于其后者，曰："信哉！陈氏载德⑤，显晦⑥以时。其畜厚来远，故能发大而流长。"

自公五世以上，为博州⑦人。皇高祖翔，当五代时，为王建⑧掌书记，建欲帝蜀，以逆顺祸福譬之，不听，弃官遁于阆州之西水⑨，遂为西水人[4]。皇曾

---

①行事：生平事迹。
②太常之状：行状，记述死者世系、籍贯、生卒年月及生平概略的文章。
③先正：前代贤人。
④不诬：不假、不欺骗；"权势败身，诚属不诬。"
⑤载德：犹积德；施行德化；具备高尚的道德。
⑥显晦：明与暗；比喻仕宦与隐逸。
⑦博州：治所在今山东聊城县。
⑧王建：前蜀高祖，字光图，舞阳人。唐昭宗封为蜀王，唐亡后自立为蜀帝。
⑨西水：县名，宋属阆州，治今四川省南部县西水镇。

祖齐国公讳翊，皇祖楚国公讳昭汶，皇考秦国公讳省华，皆开府仪同三司、太师、尚书令兼中书令。自翔已下，三世不显于蜀[5]。至秦公①，始事圣朝，为左谏议大夫。其配曰燕国太夫人冯氏[6]。

公其次子也，讳尧佐，字希元。举进士及第[7]，累迁太常丞、知开封府录事参军。用理狱有能绩，迁府推官。以言事切直，贬通判潮州[8]。自潮还，献诗数百篇，而大臣亦荐其文学，得直史馆[9]，知寿、庐②二州，提点府界诸县公事。丁秦公忧[10]，服除，判三司都察勾院、两浙转运使③[11]，徙京西、河东、河北三路[12]，纠察在京刑狱。天禧三年，编次御试进士，坐误差其第，贬监鄂州④茶场。未至，丁燕国太夫人忧[13]。明年，河决滑州⑤，天子念非公不可塞，乃起公知滑州[14]。乾兴元年，作永定陵⑥，徙公京西转运使以办其事[15]。入为三司户部副使，徙副度支，拜知制诰，兼史馆修撰[16]，同知天圣二年贡举，知通进银台司。迁龙图阁直学士、知河南府，徙并州⑦，知审官院、开封府，拜翰林学士，兼龙图阁学士。七年，拜枢密副使。其年八月，参知政事[17]。居三岁间，凡三请罢。明道二年，罢知永兴军⑧，行过郑州，为狂人所诬。御史中丞范讽辨公无罪，徙知庐州，又徙同州⑨，复徙永兴，又徙郑州。累官至户部侍郎。景祐四年四月，召拜同中书门下平章事[18]。

公为人刚毅笃实，好古博学。居官无大小，所至必闻。其仁足以庇民⑩，智足以利物⑪，忠足以事上⑫，诚足以信于人[19]。潮州恶溪⑬，鳄鱼食人，不可近，公命捕得，鸣鼓于市，以文告而戮之，其患屏息。潮人叹曰："昔韩公

---

①秦公：即秦国公陈省华，宋太宗召为太子中允，累官左谏议大夫。
②寿、庐：寿州，治所在今安徽寿县；庐州，治所在今安徽合肥市。
③转运使：官名，经度一路财赋，监察各州官吏，并以官吏违法、民生疾苦情况上报朝廷。
④鄂州：治所在今湖北武昌。
⑤滑州：治所在今河南滑县。
⑥永定陵：宋真宗的坟墓。
⑦并州：治所在今山西太原。
⑧永兴军：治所在今陕西西安。
⑨同州：治所在今陕西大荔县。
⑩庇民：保护人民。
⑪利物：利用万物；益于万物。
⑫事上：事奉尊长。
⑬恶溪：潮州的水名，即韩江，江中有鳄鱼。

谕鳄而听①，今公戮鳄而惧，所为虽异，其能使异物丑类革化②而利人一也。吾潮三百年而得二公，幸矣！"在潮修孔子庙、韩公祠，率其州民之秀③就于学。知寿州，遭岁大饥，公自出米为糜④以食饿者，吏民以公故，皆争出米，其活数万人。公曰："吾岂以是为私惠邪？盖以令率人，不若身先而使其从之乐也。"钱塘江堤以竹笼石，而潮啮⑤之，不数岁辄坏而复理。公叹曰"堤以捍患而反病民"，乃议易以薪土。而害公政者言于朝，以为非便。是时，丁晋公⑥参知政事，主言者以黜公，公争不已，乃徙公京西⑦。而笼石为堤，数岁功不就，民力大困。卒用公议，堤乃成。河东⑧地寒而民贫，奏除石炭税，减官冶铁课岁数十万以便民，曰："转运，征利之官也。利有本末，下有余则上足，吾岂为俗吏哉！"太行山当河东、河北两路之界，公以谓晋至前世为险国，常先叛而后服者，恃此也。其在河东，凿泽州⑨路，后徙河北，凿怀州⑩路，而太行之险通。行者德公以为利[20]，公曰："吾岂为今日利哉！"河决坏滑州，水力悍⑪甚，每埽下湍激，并人以没，不见踪迹者不可胜数。公躬自暴露，昼夜督促，创为木龙，以巨木骈齿浮水上下，杀其暴，堤乃成，又为长堤以护其外。滑人得复其居，相戒曰："不可使后人忘我公。"因号其堤为"公堤"。开封府治京师，公以谓治烦之术，任威以击强，尽察以防奸，譬于激水而欲其澄也。故公为政，一以诚信。每岁正月，夜放灯，则悉籍恶少年禁锢之[21]。公召少年，谕曰："尹以恶人待汝，汝安得为善？吾以善人待汝，汝其为恶邪！"因尽纵之，凡五夜，无一人犯法者。太常博士陈诂⑫知祥符

---

①韩公谕鳄而听：唐元和十四年（819），韩愈贬官潮州，问民疾苦，知恶溪鳄鱼害民，作《鳄鱼文》以祭，鳄患止息。
②革化：改变。
③秀者：指特别优异的人。
④糜（mí）：粥；～沸（形容混乱纷扰）。
⑤啮（niè）：咬，啃；侵蚀。
⑥丁晋公：即丁谓，字谓之，苏州长洲人，机敏多智，聪明过人，累官同中书门下平章事、昭文馆大学士，封晋国公。
⑦京西：京西路，治所在今河南洛阳，辖境包括今河南、安徽、陕西、湖北部分地区。
⑧河东：河东路，治所在今山西省太原市阳曲县，其地东际常山，西逾河，南距底柱，北塞雁门，即今山西长城以南、闻喜县以北全境、及陕西葭县以北之地。
⑨泽州：治所在今山西晋城县，位居太行山南部。
⑩怀州：治所在今河南沁阳，北临泽州。
⑪悍（hàn）：勇猛，勇敢；凶暴；强劲，急暴。
⑫陈诂：字天经，晋江人，大中祥符元年（1008）进士，累官兵部员外郎。

县，县吏恶其明察，欲中以事，而诘公廉，事不可得，乃欲以奇动京师，自录事以下，空一县皆逃去。京师果宣言诘政苛暴。是时章献明肃太后①犹听政，怒诘，欲加以罪。公为枢密副使，力争之，以谓罪诘则奸人得计而沮②能吏，诘由是获免[22]。公十典大州，六为转运，常以方严清肃莅下，使人知畏而重犯法，至其过失，则多保佑之，故未尝按黜一下吏。公贬潮州，其所言事，盖人臣所难言者。

其平生奏疏尤多，悉焚其稿。其他文章，有文集三十卷，又有《野庐编》《潮阳编》《愚丘集》，多慕韩愈为文。与修《真宗实录》，又修《国史》。故事，知制诰者常先试其文辞，天子以公文学天下所知，不复命试，自国朝以来，不试而知制诰者，惟杨亿③及公二人而已[23]。公居官，不妄进取，为太常丞者十三年不迁，为起居郎者七年不迁。自议钱塘堤为丁晋公所绌，后晋公益用事，专威福，故人子弟以公久于外，多勉以进取，公曰："惟久然后见吾守。"如是十五年。今天子即位，晋公事败投海外④，公乃见召用。公初作相，以唐刘蕡⑤所对策进曰："天下治乱，自朝廷始，朝廷赏罚，自近始。凡蕡所究言者，皆当今之弊。此臣所欲言，而陛下之所宜行，且臣等之职也。"天子嘉纳⑥之[24]。公在相位不久，其年冬雷地震，星象数变。公言王随⑦位在臣上而病不任事，程琳⑧等位皆在下，乃引汉故事，以灾异自责，求罢，章凡四上。明年三月，拜淮康军节度使、检校太傅、同中书门下平章事，判郑州[25]。康定元年五月，以太子太师致仕，诏大朝会立宰相班，遂居于郑。其起居饮食，康宁如少者。后四年，年八十有二，以疾卒于家[26]。

公居家，以俭约为法，虽已贵，常使其子弟亲执贱事。曰孔子固多能鄙事⑨，作《为善箴》，以戒子孙。临卒，口占十数言，自志其墓[27]。公前娶曰

---

①章献明肃太后：即真宗刘皇后，仁宗即位，尊为皇太后，垂帘称制十一年，卒谥庄献明肃，后改谥章献明肃。
②沮：使失意，懊丧。
③杨亿：字大年，建州浦城人，西昆派首领之一，官至翰林学士、户部侍郎。
④晋公事败投海外：乾兴元年（1022）二月，仁宗即位，七月，宰相丁谓贬为崖州司户参军。
⑤刘蕡：字去华，昌平人，太和初年举贤良方正，以直言极谏著于时。
⑥嘉纳：赞许而采纳，多用于君上对臣下；《后汉书·朱晖传》记载："（晖）因上便宜，陈密事，深见嘉纳。"
⑦王随：字子正，河南府人，景祐二年（1035）拜相。
⑧程琳：字天球，博野人，官至同平章事判大名府。
⑨孔子固多能鄙事：《论语·子罕》记载："吾少也贱，故多能鄙事。"

162

杞国夫人宋氏，后娶曰沂国夫人王氏。子男十人：长曰述古，次曰比部员外郎求古，主客员外郎学古，虞部员外郎道古，大理评事、馆阁校勘博古[28]，殿中丞修古，秘书正字履古，光禄寺丞游古，大理寺丞袭古，太常寺太祝象古。秦公三子，长曰尧叟，为枢密使、同中书门下平章事，季曰尧咨，为武信军节度使，皆举进士第一及第。三子已贵，秦公尚无恙，每宾客至其家，公及伯、季侍立左右，坐客蹙踖不安①，求去，秦公笑曰："此学子辈耳。"故天下皆以秦公教子为法，且以陈氏世家为荣。公之孙四十人，曾孙二人。合伯、季之后若子、若孙、若曾孙六十有八人。女若孙、曾五十有四人[29]。而仕于朝者，多以材称于时。呜呼！可谓盛矣。铭曰：

陈氏高节，在污全洁。密德潜光，有俟而发。其发惟时，自公启之。英英伯季，踵武②偕来。相车崇崇③，武节④之雄。高幢巨毂，四世六公⑤。惟世有封，秦楚及齐，尚书中书，仪同太师。祖考在前，孙曾盈后。公居于中，伯季左右。惟勤其始，以享其终。惟能其约，以有其丰。休庸显闻，播美家邦。有远其贻⑥，有大其继。刻诗垂声，以质⑦来裔。

补证

[1]本文见于《欧阳文忠公集》卷二十，又见于《名臣碑传琬琰集》上卷十五，《黄氏日抄》卷六十一，《文编》卷五十八，《文章辨体汇选》卷六百七十一，乾隆《新郑县志》卷二十五。

[2]王举正《陈公（省华）神道碑铭并序》记载："以是年（1006）七月二十七日归□□郑州新郑县临洧乡抱章山之侧。"

曾巩《隆平集》卷五记载："四年（1044）卒，赠司空兼侍中，谥文惠，后事皆豫备，自志其墓曰：'有宋颍川生尧佐，字希元，号知余子，寿年八十二不为夭，官一品不为贱，使相纳禄不为辱，三者粗可归息于父母栖神之域矣。'"

李贤《大明一统志》卷二十六记载："陈省华墓，在新郑县北三十里。省

---

①蹙踖（cù sù）不安：局促不安。
②踵武：跟着前人脚印走。谓伯（陈尧叟）、季（陈尧咨）相继名世。
③崇崇：高貌，高大貌；谓崇高伟大；尊敬貌。
④武节：古代将帅凭以专制军事的符节；谓陈氏兄弟所任枢密使、节度使等武职。
⑤四世六公：曾祖父陈翊封齐国公，祖父陈昭汶封楚国公，父亲陈省华封秦国公，兄陈尧叟封英国公，弟陈尧咨封崇国公，本人封郑国公。
⑥贻（yí）：赠给；遗留，留下。
⑦质：古同"贽"，礼物。

华,宋人,子尧佐、尧叟、尧咨皆葬墓侧。"

嘉靖《河南通志》卷十九记载:"陈省华墓,在新郑县北三十里,省华秦国公,子尧佐、尧叟、尧咨、孙希古、学古、曾孙知俭、玄孙珦皆葬此。"

综上,陈氏四令公的坟墓俱在河南省郑州市新郑市。而明清《四川通志》《保宁府志》《南部县志》《陈氏族谱》所载,陈氏四令公等主要成员坟墓俱在南部,存疑。

[3]今天子,即宋仁宗。欧阳修撰此碑文于仁宗庆历年间,故称仁宗为"今天子"。

[4]1975年在阆中河溪乡发现的《宋故华州助教陈府君(安祖)墓志铭》记载:"其先博陵人,七世祖讳翔,在唐为并门掌书记。王建入蜀,辟为从事,为建陈逆顺,忤建意,出为阆之新井令,因弃官居西水。"

吴任臣《十国春秋》卷四十二《前蜀八》记载:"陈翔,博州人。高祖镇西川,辟翔掌书记。已而,出为新井令。梁既篡唐,高祖欲自立为皇帝,翔反复以逆顺祸福譬之。不听,遂弃官隐阆州之西水,终焉。"

陈鳣《续唐书》卷六十二记载:"陈翔,博州人。建镇西川,辟翔掌书记。已而,出为新井令。朱全忠既篡唐,建欲自立为皇帝,翔反复以顺逆祸福譬之。不听,遂弃官隐阆州之西水,终焉。"

[5]王举正《陈公(省华)神道碑并序》记载:"王父讳诩,仕蜀为遭运使。严考讳昭汶,抗志遁俗,林卧家食。"

[6]李焘《续资治通鉴长编》卷六十三记载:"宋真宗景德三年(1006)五月丙午,左谏议大夫陈省华卒。省华辩智有吏干,妻冯氏性严,训诸子尤力。尧叟既贵,孝谨益不衰。本富家禄赐且厚,然不许诸子事华侈。尧叟掌枢密时,弟尧佐直史馆,尧咨知制诰,与省华同在北省,诸孙任官者十数人,宗亲登科者又数人,荣盛无比。客至,尧叟等皆侍立其侧,客多不遑,引去。旧制,登枢近者,母、妻即封郡夫人。尧叟初拜,以父在朝,止封其妻,而母但从夫邑封。尧叟表让,朝廷以彝制,不听。省华卒既逾年,上欲褒封其母,以问王旦,旦曰:'虽私门礼制未阕,公朝降命,亦无嫌也。'乃封为上党郡太夫人,后进封滕国,年八十余尚无恙。"

[7]曾巩《隆平集》卷五记载:"尧佐,端拱元年(988)登进士第。"

张世南《游宦纪闻》卷二记载:"陈文惠公尧佐,字希元,端拱元年,举进士第十六人。"

马端临《文献通考·选举考三》记载:"端拱元年二十八人,自程宿以下，但权知诸县簿、尉。"

王辟之《渑水燕谈录》卷九记载："陈文惠公尧佐，端拱元年程宿下及第，同年二十八人。时公兄弟俱未仕，父省华为小官，家极贫。魏野以诗贺曰：'放人少处先登第，举族贫时已授官。'"

[8] 陈尧佐《戮鳄鱼文》曰："己亥（咸平二年，999）岁予于潮州建昌黎先生祠堂，作《招韩辞》。"

曾巩《隆平集》卷五记载："初，尧佐为开封府推官，以言事贬通判潮州。潮俗鄙陋，始至为修宣圣庙，作韩吏部祠堂，人始知学。有张氏子年十六，为其母浣衣恶溪，为鳄鱼所噬，尧佐慕韩吏部投文恶溪，因捕获，以文戮之于市。"

李焘《续资治通鉴长编》卷四十九记载："咸平初，太常丞陈尧佐为开封府推官，坐言事切直，贬潮州通判。潮去京七千里，民俗鄙陋，尧佐至州，修孔子庙，作韩愈祠堂，率其民之秀者使就学。时张氏子年十六，与其母濯于恶溪，为鳄鱼所噬，尧佐以谓昔韩愈患鳄之害，以文投溪中，而鳄为远去，今复害人，不可不除。卒使捕得，更为文，鸣鼓于市而戮之，潮人以比韩愈。三岁召还，献诗数百篇，大臣亦称其文学，于是，命直史馆。（欧阳修墓碑云：尧佐贬潮，其所言事，盖人臣所难言者。不知何事，当考。据尧佐集，戊戌冬贬潮州，戊戌，咸平元年也。）"

王象之《舆地纪胜》卷九十九记载："咸平中尧佐以潮州通判权守惠州，带许申同行。"

李贤《大明一统志》卷八十记载："宋陈尧佐通判潮州，修孔子庙，作韩文公祠，以风示潮人，以鳄鱼食人，命吏督渔者，网而得之，鸣鼓告其罪，戮之于市，人皆惊异。"

[9] 李颀《古今诗话》记载："陈尧佐预送朱昂玉津园诗宴，有诗云：'部吏百衔通爵里，从兵千骑过荆门。'"

李焘《续资治通鉴长编》卷四十八记载："宋真宗咸平四年（1001）五月庚辰，翰林学士朱昂致仕，赐宴玉津园，两制、三馆儒臣皆预，各赋诗饯行。"

徐松《宋会要辑稿·职官七十七》记载："四年五月，以翰林学士、吏部郎中朱昂为工部侍郎致仕。帝以昂久在左右，特加优礼。发日又赐晏于玉津园，翰林学士、侍读、侍讲学士、知制诰、三馆、秘阁官皆预，仍诏赋诗饯行。吴淑赠行诗有'汉殿夜凉初阁笔，诸官秋晚得悬车'之句，尤为中的。陈文惠公尧佐'部吏百函通爵里，送兵千骑过荆门'之篇，四十八篇皆警绝一体，朝论荣之。弟协亦同隐，皆享眉寿，家林相接，谓之诸官二疏，荆帅陈康肃尧咨表其居，为'东西致仕坊'。"

李焘《续资治通鉴长编》卷四十九记载："宋真宗咸平四年八月壬子，命直史馆。（欧阳修墓碑云：尧佐贬潮，其所言事，盖人臣所难言者。不知何事，当考。据尧佐集，戊戌冬贬潮州，戊戌，咸平元年也。）"

徐松《宋会要辑稿·选举三十二》记载："四年八月十三日，太常丞陈尧佐直史馆。"

[10] 王举正《陈公（省华）神道碑铭并序》记载："以景德三年（1006）五月丁未，颓然委化，启手足于东京安定坊之私第，享年六十八。"

李焘《续资治通鉴长编》卷六十三记载："宋真宗景德三年五月丙午，左谏议大夫陈省华卒。"

脱脱等《宋史·列传·陈省华传》记载："景德三年，卒，年六十八，特赠太子少师。"

[11] 李焘《续资治通鉴长编》卷七十三记载："宋真宗大中祥符三年（1010）四月丙辰，诏诸州司法参军，有检法不当，出入徒流已上罪者，具案以闻，经三次误错者，替日，令守选，及委长吏察举。从两浙转运使陈尧佐之请也。"

[12] 李焘《续资治通鉴长编》卷八十二记载："初，钱塘江堤以竹笼石，而潮啮之，不数岁，辄坏而复理。转运使陈尧佐曰：'堤以捍患，而反病民。'乃与知杭州戚纶议易以薪土。有害其政者言于朝，以为不便。参知政事丁谓主言者以绌尧佐，尧佐争不已。谓既徙纶扬州，五月癸未，又徙尧佐京西路。发运使李溥请复笼石为堤，数岁功不就，民力大困，卒用尧佐议，堤乃成。"

徐松《宋会要辑稿·职官六十一》记载："宋真宗大中祥符八年（1015）二月二十八日，诏河东转运使段惟几，京西转运使陈尧佐交换其任，以弟尧咨亲嫌故也。先是，尧咨知永兴军与转运使乐黄目不协，乃徙知河南府，因有是命。"

[13] 李焘《续资治通鉴长编》卷九十三记载："宋真宗天禧三年（1019）三月己卯，工部郎中陈尧佐、右正言陈执中，并夺一官。尧佐为起居郎，依前直史馆，监鄂州茶场。初，上累定考试条制，举人纳试卷，即先付编排官，去其卷首乡贯状，以字号第之，封弥官誊写校勘，始付考官定等讫，复封弥送覆考官再定等，乃送详定官启封，阅其同异，参验着定，始付编排官取乡贯状字号合之，即第其姓名差次，并试卷以闻，遂临轩放榜焉。大抵欲考校、详定官不获见举人姓名、书翰，编排官虽见姓名，而不复升降，用绝情弊。而尧佐、执中为编排官，不详此制，复改易其等级。翌日，内廷覆验，多

所同异，遂悉付中书，命直龙图阁冯元、太子右谕德鲁宗道阅视，仍召尧佐、执中洎考校、详定官对辨之，尧佐等具伏。王钦若等言：'尧佐等所犯，诚合严谴。若属吏议，其责甚重，请止据罪降黜。'从之。"

徐松《宋会要辑稿·职官六十四》记载："三年三月二十二日，工部郎中陈尧佐责起居郎，依前直史馆，监鄂州茶场。先是，定考试条制，举人纳试卷，即先付编排官，去其卷首乡贯状，以字号第之，付封弥官誊写校勘，始付考官定等讫，复封弥送覆考官再定等，乃送详定官启封，阅其同异，参验着定，始付编排官取乡贯状字号合之，则第其姓名差次，并试卷以闻，遂临轩发榜焉。而尧佐、执中不详此制，复改易其等级。翌日，内庭覆验，多所同异，遂悉付中书，命鲁宗道、冯元阅视之，具言其差互。诏宗道，召尧佐、执中洎考校详官对辨之，尧佐等具伏命。御史劾问法官定罪，宰臣等言尧佐等所犯，诚合严谴。然属吏议，其责尤重，请止据罪降黜。故有是命。"

[14] 李焘《续资治通鉴长编》卷九十六记载："宋真宗天禧四年（1020）十月己丑，以前起居郎、直史馆陈尧佐免持服，知滑州。时三司使李士衡言滑州方召徒筑堤，尧佐素干事，望专委之，故有是命。尧佐创木龙以杀水怒，堤乃可筑，既又作长堤以护之，人号为'陈公堤'。"

李贤《大明一统志》卷四记载："陈尧佐真宗时知滑州，治水有功，滑人德之，号其堤为'陈公堤'。"

王圻《续文献通考·田赋考》记载："天禧五年，水啮滑城西北。知州陈尧佐筑堤立埽，并河开支，水怒少解。"

陈邦瞻《宋史纪事本末》卷一记载："天禧五年春正月，知滑州陈尧佐以西北水坏城无外御，筑大堤，又叠埽于城北防州中居民，复就凿横木下垂木数条，置水旁以防岸，谓之'木龙'，当时赖焉。复并旧河，开枝流，以分导水势。有诏嘉奖。"

李焘《续资治通鉴长编》卷九十七记载："宋真宗天禧五年六月癸亥，诏奖知滑州陈尧佐，尧佐浚旧河，分水势，护州城有劳也。"

[15] 脱脱等《宋史·本纪·真宗三》记载："宋真宗乾兴元年（1022）二月戊午，真宗崩于延庆殿。十月己酉，葬永定陵。"

[16] 李焘《续资治通鉴长编》卷九十九记载："宋真宗乾兴元年（1022）十一月癸酉，命翰林学士承旨李维、翰林学士晏殊修《真宗实录》。寻复命翰林侍讲学士孙奭、知制诰宋绶、度支副使陈尧佐同修，仍令内侍谕以一朝大典，当谨笔削之意。"

[17] 曾巩《隆平集》卷五记载:"宋仁宗天圣七年(1029)枢密副使改参知政事。"

李焘《续资治通鉴长编》卷一百零七记载:"宋仁宗天圣七年二月丁卯,以枢密副使、给事中夏竦为参知政事,翰林学士兼龙图阁学士、右谏议大夫、权知开封府陈尧佐为枢密副使,龙图阁学士、右谏议大夫、权三司使事薛奎为参知政事。奎入谢,上谕奎曰:'先帝尝以卿为可任,今用卿,先帝意也。'"

李焘《续资治通鉴长编》卷一百零八记载:"宋仁宗天圣七年八月辛卯,枢密使张旻改山南东道节度使,参知政事夏竦加刑部侍郎,复为枢密副使,枢密副使范雍、姜遵、陈尧佐并加给事中,尧佐改参知政事。竦与夷简不相悦,故以尧佐易之。"

王称《东都事略·本纪》卷五记载:"七年二月丙寅,张士逊罢;吕夷简同中书门下平章事;夏竦、薛奎参知政事;陈尧佐枢密副使。秋八月辛卯,夏竦枢密副使;陈尧佐、王曙并参知政事。"

[18] 李焘《续资治通鉴长编》卷一百二十记载:"宋仁宗景祐四年(1037)四月甲子吏部侍郎、知枢密院事王随,户部侍郎、知郑州陈尧佐,并为平章事,随加门下侍郎,尧佐守本官,吕夷简尝密荐二人可用故也。"

王称《东都事略·本纪》卷五记载:"四年夏四月甲子,吕夷简、王曾、宋绶、蔡齐罢;王随、陈尧佐并同中书门下平章事;盛度知枢密院事;韩亿、程琳、石中立并参知政事;王鬷同知枢密院事。"

王称《东都事略·陈尧佐传》(《东都事略》卷四十四)记载:"吕夷简请老,仁宗问之曰:'卿果退,以何人代卿?'夷简曰:'知臣莫若君,惟陛下择之。'仁宗再三问之,夷简曰:'陛下欲用经纶之才,臣所不知,必欲图任老成,镇抚百度,周知天下之良苦,无如陈尧佐者。'仁宗深然之。"

[19] 此处"其仁足以庇民,智足以利物,忠足以事上,诚足以信于人"据《全宋文》增补。

[20] 陈尧佐《请平治太行山札子》云:"臣伏见太行山路窄狭,险峻异于他处,公私纲连,常有摧轮折辐之患,人畜大段费力。兼又整买去人烟少远,多是野宿,唯只润得山下幸民收贮修车物料,缓急乐取贵价。又虞贼寇惊动,即令却走行者一名,求乞修叠。臣伏觌圣朝惠民集福之利,遍于寰宇,若使官中常与施金,自然人畜受赐。况怀、泽两州常有中□秋□复出不少例□请粮□坐可以时□差使□□特降敕命下怀、泽两州,每于四处巡察,一度举行,差官相度。如有雨水冲泛妨滞车牛之处,即计工量差上□塘马勒员催部押修填

开筑，平作了毕，即画时押送，为使并不差扰修增。况本处常有山路巡检使臣，便令提辖点校，甚不费利，颇利公私。"

［21］一本有"岁以为常"四字。

［22］曾巩《隆平集》卷五记载："太常博士陈诂知祥符县，以法绳吏，吏悉遁去，章献太后怒，事下枢密院。诂连姻宰相吕夷简。有因欲诂中伤夷简者，尧佐以为罪诂则奸人得计，而能吏沮矣。诂遂获免。"

李焘《续资治通鉴长编》卷一百零七记载："宋仁宗天圣七年（1029）三月戊寅，祠部员外郎、秘阁校理陈诂知祥符县，治严急，吏欲动朝廷使罪诂，乃空一县逃去，太后果怒。而诂妻，宰相吕夷简妹也，执政以嫌不敢辨。"事下枢密院，副使陈尧佐独曰：'罪诂则奸吏得计，后谁敢复绳吏者。'诂由是获免，徙知开封县。诂辞，乃命权判吏部南曹。"

［23］欧阳修《归田录》卷一记载："国朝之制，知制诰先试而后命。有国以来百年，不试而命者才三人：陈尧佐、杨亿，及修与其一尔。"

［24］王称《东都事略·陈尧佐传》（《东都事略》卷四十四）记载此句为："朝廷惩劝，自近始。"

［25］李焘《续资治通鉴长编》卷一百二十一记载："宋仁宗宝元元年（1038）三月戊戌朔，门下侍郎、平章事王随罢为彰信节度使、同平章事，户部侍郎、平章事陈尧佐罢为淮康节度使、同平章事、判郑州，户部侍郎、参知政事韩亿罢归本班，礼部侍郎、参知政事石中立罢为户部侍郎、资政殿学士。"

王称《东都事略·本纪》卷五记载："宝元元年三月戊戌，王随、陈尧佐、韩亿、石中立罢；张士逊、章得象并同中书门下平章事；王鬷、李若谷并参知政事；王博文、陈执中并同知枢密院事。"

［26］曾巩《隆平集》卷五记载："宋仁宗庆历四年（1044）卒，赠司空兼侍中，谥文惠，后事皆豫备，自志其墓曰：'有宋颍川生尧佐，字希元，号知余子，寿年八十二不为夭，官一品不为贱，使相纳禄不为辱，三者粗可归息于父母栖神之域矣。'"

李焘《续资治通鉴长编》卷一百五十二记载："宋仁宗庆历四年十月辛卯，赠司空兼侍中，谥文惠陈尧佐卒。"

刘攽《中山诗话》记载："陈文惠尧佐以使相致仕，年八十，有诗云：'青云歧路游将遍，白发光阴得最多。'构亭号'佚老'，后归政者多效之。"

吴处厚《青箱杂记》卷八记载："本朝大官，最享年高者凡三人：曰张太傅仕逊、枢相张公昪、少师赵公概，皆寿至八十六；又二人次之：曰陈文惠尧佐，至八十二，杜祁公衍，至八十一。又一人次之，曰：富文忠公弼，寿至八十。余皆不及焉。"

[27] 乾隆《新郑县志·金石志·宋陈文惠公自撰墓碑》曰："有宋颍川生尧佐字希元，道号知余子。寿八十二不为夭，官一品不为贱，使相纳禄不为辱。三者粗可归息于秦国先公、燕国先太夫人、元兄枢密相公栖神之域。"

[28] 司马光《涑水记闻》卷三记载："博古中解元，众议喧然，作《河满子》以嘲之，流闻禁中。殿中侍御史萧定基时掌滕录，因奏事，上问《河满子》之词，定基因诵之。"

[29] 脱脱等《宋史·列传·王举正传》(《宋史》卷二百六十六) 记载："陈尧佐有女嫁参知政事王举正。此女凶悍，王举正为参政时御史李徽之弹劾说：'举正妻悍不能制，如谋国何？'"

译文

颍川公被安葬在新郑以后，他的儿子尚书主客郎中陈述古等七人，准备好了颍川公的生平事迹资料和太常写的行状、祁伯写的墓志铭，拿来告诉我说："陈家世代有显贵的人。我们的先父文惠公，侍奉过太宗、真宗，并且做了当今天子的宰相，他出处进退、自始至终的节操，都可以考核，没有欺瞒。所以敢请求作一篇神道碑铭。"我因而考核了他的家世，弄清了他怎么在开始奠定基础、在中间大为兴盛、最后有一个好结局的原委，和将恩泽广施后代的来龙去脉，说：果真如此啊！陈氏有德行，隐晦和显贵都合时宜。由于蓄积丰厚，来源深远，所以能够发展壮大并且流传久远。

文惠公的五世祖以前，是博州人。高祖父陈翔，在五代时期，担任王建的掌书记。王建想在蜀地称帝，陈翔用历史上违背形势遭灾祸、顺应形势得幸福的事例劝说王建，他没听从。陈翔便抛弃官职，来到阆州的西水县，于是成为西水人。曾祖父齐国公陈诩，祖父楚国公陈昭汶，父亲秦国公陈省华，都赠封开府仪同三司、太师、尚书令兼中书令。从陈翔以后，三代在蜀地没显贵过。到了秦国公，才开始侍奉圣朝，担任左谏议大夫。他的配偶是燕国太夫人冯氏。

文惠公是他的二儿子，名尧佐，字希元。参加进士考试考中了，积功升任太常丞、知开封府录事参军。由于审理案件有才干和功绩，升任开封府推官。后因议论政事急切直率，贬任潮州通判。从潮州回朝时，献上几百篇诗歌，同时大臣也推荐他的文学才干，获得直史馆官衔，担任寿州、庐州二州知州，提点府界各县公事。遇上父亲秦国公去世，守孝期满，担任三司都勾院判官、两浙转运使，调任京西、河东、河北三路，纠察在京刑狱。天禧三年，负责编录御试进士，因取录名单出现错误获罪，贬任监鄂州茶场。还没到任，母亲燕国太夫人去世，在家守孝。第二年，黄河在滑州决口，皇上考虑，除非文惠公，无人能堵住决口，便起用文惠公任滑州知州。乾兴元年，修建永定陵，调文惠公担任京西转运使，办理这件事情。后来调进朝廷，担任三司户部副使，又任副度支，封任知制诰，兼任史馆修撰，天圣二年担任贡举同知、通进银台司知事。升任龙图阁直学士、河南府知府，调任并州知府，担任审官院知事、开封府府尹，任命为翰林学士，兼任龙图阁学士。天圣七年，任命为枢密院副使。当年八月，任参知政事。任职三年之内，共请求免职三次。明道二年，免职，担任永兴军知军。路过郑州时，遭到狂人的诬陷。御史中丞范讽申辩文惠公无罪，调任庐州知州，又调任同州，重新调任永兴军，又调任郑州。积功任职到户部侍郎。景祐四年四月，被召见，任命为同中书门下平章事。

文惠公为人刚正坚毅，忠诚实在，爱好古道，学识广博。担任官职，无论大小，每到一处，都必定出名。他的仁德足以保护万民，他的智慧足以利用万物，他的忠诚足以事奉尊长，他的诚实足以取信于人。潮州恶溪中有鳄鱼吃人，人们不可以临近，文惠公派人捕获到了后，在街市上擂响大鼓，写了篇文章控诉鳄鱼之害，并把它处死，鳄鱼之患排除了。潮州人叹息说："以前韩愈劝谕鳄鱼，鳄鱼听从了，现在文惠公惩处鳄鱼，鳄鱼便害怕了，采取的方式虽然不同，他们能改变怪异丑恶的东西，为人民造福，却是相同的。我们潮州在三百年里得到这两位先生，真是幸运啊！"在潮州修建了孔子庙、韩公祠，引导优秀的潮州人进学校学习。任寿州知州时，遇上饥荒严重，文惠公主动拿出大米，煮成粥，供给百姓充饥，官吏和平民因为文惠公这样做，都争相拿出米来，救活了几万人。文惠公说："我难道是把这当作施舍个人的恩惠吗？这是因为命令别人干，不如亲自带头干，能使他们愉快地跟着干啊。"钱塘江的堤岸是用竹笼装石块堆成，湖水吞啮堤岸，不到几年便崩坍了，又要修筑。文惠公叹息说："修堤岸是用以捍卫百姓的生命财产，却反而给百姓带来麻烦。"于是建议改用薪柴和泥土。可是反对文惠公政事的人向朝廷进言，认为这样不好。当时，丁晋公任参知政事，支持进言者来贬斥文惠公，他争辩不过，被调任到京西。但用竹笼装石块堆堤，几年都没能成功，民力大为困乏。最后采用文惠公的建议，堤岸才修成功。河东地方寒冷，百姓贫穷，文惠公奏请免除煤炭税，减免官府炼铁税，每年共几十万，给百姓以实惠，他说："转运使是征税的官员。税有主次轻重，百姓有富余，官赋就充裕，我难道要做一个庸俗的官吏吗？"太行山在河东、河北两路的地界内，文惠公认为，晋地历来是地势险要的区域，常常有人先反叛然后才降服，就是依仗这里地势险要。他在河东时，修通泽州的山路，后来调任河北，又修通怀州的山路，从而太行山的险阻便通畅了。行路者感激文惠公给人们带来便利，文惠公说："我哪里只为今天的便利呢？"黄河决口冲毁滑州，水流湍急，水势凶猛，每次连人带补堤材料一块淹没，死了无数人。文惠公亲自来到工地，日夜督促，设计出木龙，用大木头像牙齿般重叠浮在水面，随着水流上下浮动，减弱水流的凶猛势力，堤岸才修成，又修筑长堤以保护堤岸的外部。滑州人得以恢复他们的正常生活，大家互相告诫说："不能让后人忘记我们的陈公。"因此把这座堤岸叫作"陈公堤"。开封府管理京城，文惠公认为，治理烦杂政务的办法，如果用威势去打击豪强，过分明察地防备邪恶，就好比是搅动水流来想让它澄静。所以文惠公处理政事，一概靠真诚守信。每年正月，京城夜放花灯，开封府尹便要将爱干坏事的年轻人造册登记，并监禁起来。文惠公召集那些年轻人，教育他们说："府尹把你们当作坏人来看待，你们哪里能够做好事？我把你们当作好人，你们难道还要干坏事吗？"于是把他们全部放掉，一连五个夜晚，没有一个人犯法。太常博士陈诂担任祥符县知县，县属官吏厌恶他明察秋毫，想找事中伤他，但是陈诂公正廉洁，无法找到岔子，属吏便想诬陷陈诂"为政苛狠"，用这来惊动京城，自录事官以下，空下整个县衙，全都逃走了。京城里果然广泛传说陈诂处理政事严酷暴虐。当时章献明肃太后还在坐朝执政，对陈诂很愤怒，想加以处罚。文惠公担任枢密副使，极力为他争辩，认为处罚陈诂，坏人便达到了目的，这样便打击了有才干的官员，陈诂因此得到宽免。文惠公十次掌管大州郡，六次担任转运使，常常用方正谨严来整顿部下，使人们懂得敬畏，不敢轻易违犯法令；当他们有了过失，文惠公却多方保护他们，所以从来没有查办、罢免一个下属官吏。文惠公被贬到潮州时，他所进言，都是其他臣子难以谈论的内容。

　　文惠公平生的奏疏特别多，他把那些稿子全部烧掉了。其他的文章，有文集三十卷，还有《野庐编》《潮阳编》《愚丘集》，大多追慕韩愈的风格来写文章。参与编修《真宗实录》，又编修《国史》。按惯例，担任知制诰的人常常先要考试他的文章，天子因为文惠公的文学是全国都了解的，不再叫他参加考试，宋朝开国以来，不经考试而担任知制诰的人，只有杨亿和文惠公两人。文惠公为官，不刻意追求晋升，他担任太常丞十三年没有升迁，担任起居郎七年没有升迁。自从他议论钱塘江堤岸被丁晋公指责后，丁晋公越加掌握了大权，作威作福，朋友和兄弟子侄觉得文惠公在外边很久了，劝他努力追求晋升，文惠公说："只有时间久了，才能看出我的操守。"这样又过了十五年。当今天子登位，丁晋公行事败露，被贬到海外，文惠公才被召回任用。文惠公最初担任宰相时，借用唐朝刘蕡对答策问的言论进言说："天下大治还是混乱，从朝廷开始；朝廷的奖赏和处罚，从身边开始。刘蕡所探究、议论的那些事，都是当今的弊政。这些便是臣下所想进言的内容，是陛下所应当实行的措施，而且这是我们臣子的职责。"皇上赞许并采纳了他的意见。文惠公在相位没有多久，那年冬天响雷，发生地震，天上星象多次发生变化。文惠公进言说王随职位在自己之上，但因生病没任职，程琳等人职位都在自己之下，于是他引用汉代的惯例，借用灾害变异来谴责自己，请求免职，奏章总共上了四篇。第二年三月，被任命为淮康军节度使、检校太傅、同中书门下平章事，出任郑州。康定元年五月，以太子太师官衔退休，诏令规定，在重要朝会时站在宰相行列，以后便居住在郑州。他的饮食起居，健康安宁，像年轻人一样。四年后，八十二岁，因病在家中去世。

文惠公料理家务，以勤俭节约为家规，他虽然地位显贵，却常常叫自己的子侄弟兄亲自去干低微粗鄙的体力活，他说："孔子都会干很多体力活。"他撰写《为善箴》，用以告诫子孙。临死时，随口吟出几十个字，给自己做了墓志铭。文惠公先前娶的妻子是杞国夫人宋氏，后来继娶的妻子是沂国夫人王氏。儿子十人：长子叫述古，次子以下分别是比部员外郎求古，主客员外郎学古，虞部员外郎道古，大理评事、馆阁校勘博古，殿中丞修古，秘书省正字履古，光禄寺丞游古，大理寺丞袭古，太常寺太祝象古。秦国公有三个儿子。长子叫尧叟，担任枢密使、同中书门下平章事，三子叫尧咨，担任武信军节度使，都考中进士，名列第一。直到三个儿子都显贵时，秦国公身体还很健康，每次客人到他的家中来，文惠公和兄弟都要陪着站在他的身边，座中的客人都局促不安，要求让他们离开，秦国公笑着说："这不过是学生辈罢了。"所以全国都把秦国公教导儿子的方法作为榜样，并且觉得陈家世代显贵荣耀。文惠公的孙子有四十人，曾孙有二人。连同大哥、三弟的后代，子辈、孙辈、曾孙辈共有六十八人。孙女、曾孙女有五十四人。子孙中在朝廷中做官的，大多因有才干而在当时称名。啊！可以说是满门昌盛了。

铭文说：

陈氏品节高尚，处污泥中尚能保全洁净。幽闭道德，潜藏光芒，等待时机来展露。陈氏的展露很及时，是从文惠公开始。英俊杰出的大哥、三弟，紧跟着先人的脚步前来。宰相的车驾十分高大，武将的符节威武雄壮。高高的车盖，巨大的车轮，四代之中六个国公。先世有封赠，由秦国公、楚国公到齐国公，都封赠尚书、中书，仪同三司，平章事、太师。曾祖、祖父和父亲在前面，孙子、曾孙在后面，文惠公居中间，大哥、三弟一左一右。只因一开始便勤勉，所以便享受到善终。只因勤俭节约，所以便有自己的富足。功德修明，声名显赫，在国内外传扬、赞美。陈氏留下的影响远大，后代继承的发扬光大。刻下铭诗以留下声名，给后代指明前进的目标。

第五节　赵祯赐衔

赵祯即宋仁宗，简介见本章第四节。陈尧咨由于起点高，仅数年就擢直史馆、知制诰，后历知多地，鲜有可称者，唯知永兴军时为长安百姓修过水渠，得到宋真宗诏书褒奖。然其仰仗父兄美名及政绩，豪侈不循法度，用刑惨急，数有杖死者，朝廷未予深究，止削职徙邓州，而陈尧咨不思悔改，以为人所倾害，宋真宗乃下诏斥责，历数其罪。后来陈尧咨屡降屡升，于宋仁宗朝拜武信军节度使，知河阳三城节度使。

一、《赐陈尧咨敕》[1]

原文

敕尧咨：

省所奏"永兴军城里井泉大半咸苦，居民不能得甜水吃用，臣亲自相度①府城东二里已来有水一条，名曰'龙首渠'。其水清泠甘甜，只将五七十人开一小渠引注入城，四散于街市居民门前流过，却出城壕②之内，阖郭③士庶、

---

① 相度：观察估量。考察。
② 城壕：护城河。
③ 阖郭：全城。阖，全，总共；郭，城市，此处指永兴军府城。

人民、僧道尽得甜水吃用,皆上感圣恩"事,具悉。卿干用①适时②,精心率职③。方委于藩④之任,尤资治剧⑤之才。而能相⑥厥土之高卑,究斯民之利病,靡烦庶役,潜道迅流⑦,直贯城闉⑧,俯周廛闬⑨。即荡⑩邪而难老⑪,亦播泽以无穷。矧⑫龙首之清渠,寔⑬汉京⑭之旧迹。克⑮修废坠⑯,深副倚毗⑰。阅乃奏章,遽兹推美,其于叹尚,不舍寤兴⑱!故兹奖谕,想宜⑲知悉。夏热,卿比平安好?遣书⑳,指不多及。十五日。

大中祥符七岁甲寅九月九日立

补证

[1]本文见于《金石萃编》卷一百三十,颁于宋真宗大中祥符七年(1014)六月十五日,刻石于大中祥符七年九月九日。

李焘《续资治通鉴长编》卷八十二记载:"宋真宗大中祥符七年四月辛酉,后数月,尧咨言导龙首渠入城以给民用,有诏嘉奖,因曰:'决渠济之,不若省刑以安之,乃副朕意也。'"

李贤《大明一统志》卷三十三记载:"陈尧咨知永兴军,长安地斥卤无甘泉,尧咨疏龙首渠注城中,民利之。"

---

①干用:犹言才干,办事能力。
②适时:适合时宜。
③率职:奉行职事;尽职。
④藩:封建时代称属国属地或分封的土地,借指边防重镇。
⑤治剧:谓处理繁重难办的事务。
⑥相(xiàng):察看,判断。
⑦迅流:急流。
⑧城闉(yīn):城内重门,亦泛指城郭。
⑨廛闬(chán hàn):犹廛里,指市肆商店。
⑩荡:洗涤,清除。
⑪难老:犹长寿,多用作祝寿之辞。
⑫矧(shěn):况且;亦;也。
⑬寔:通"实",确实,实在之意。
⑭汉京:指汉朝都城长安或洛阳,亦借指其他古代汉族政权的都城。
⑮克:最早见于甲骨文,本义是战胜,后引申为能力超强,胜任,完成等义。
⑯废坠:衰亡、灭绝,也指因懈怠而中止。
⑰倚毗(yǐ pí):指倚重亲近。
⑱寤兴:振奋,精力充沛。
⑲想宜:即相宜,合适,符合,合理。
⑳遣书:发信。

译文

诏奖陈尧咨：

　　翻阅奏章，陈尧咨所奏"永兴军府城，其井水多半咸涩味苦，居民饮用不到甘甜之水，臣下我亲自去观察检测，考察到离城东边二里的地方，有一条小溪，名叫'龙首渠'。溪水清澈甜润，于是召集工役五七十人，开挖了一条小渠，引水入城，分渠从各家各户门前流过，再流向护城河中，全城官吏兵士、黎民百姓、僧人道士，都能饮用到甘甜之水，都感恩于皇上"一事，我全都知道了。爱卿陈尧咨才干出众，专心政务，恪守职责，尽心尽责。刚刚接任治理边防重镇的大任，就显现出了顺利处理繁重棘手政务的才干。考察当地的地理环境条件，巡访当地黎民百姓的冷暖疾苦，征调民夫，开挖水渠，畅引甘泉，直达城内，以至全城街道、市肆、商店。若同清除身体里的邪气，就能延年益寿，撒播恩泽亦没有穷尽。何况导引龙首渠甘泉工程，实在若建设旧京城饮水工程般的浩繁。成功兴建荒废工程，大力倚重民力。阅完奏章，甚为赞赏，特别惊叹，振奋人心！由此颁诏奖励，让朝廷上下全都知晓。正值夏日酷暑，爱卿一切安好？遣派诏书，不予赘述。六月十五日。

大中祥符七年九月九日刻石

二、《龙图阁直学士工部郎中知河南府兼留守司同群牧事陈尧咨可落龙图阁学士依前工部郎中知邓州制》[1]

原文

　　朕以眷待①近臣，讲求政本②，俾藩宣③而是寄④，期条教⑤以克遵⑥。其有行或越思，事致过举⑦，必加惩艾⑧，用肃群伦⑨。具官某，早以隽才，中吾首

---

①眷待：接待；爱重款待。
②政本：为政的根本。
③藩宣：比喻卫国重臣，亦指藩国、藩镇。
④寄：委托，托付。
⑤条教：法规，教令。
⑥遵：沿着，依照，按照。
⑦过举：误加擢用；错误的行为。
⑧惩艾（chéng yì）：亦作"惩乂"，亦作"惩刈"。惩治；戒惧；谓吸取过去教训，以前失为戒。
⑨群伦：同类或同等的人们。

选,荐登清显①,聿著劳能。内阁至崇,适分②于严直;近都为大,方委于绥③临。而乃不守朝章,大招物论④。泽实无隐,伏辨⑤甚明。特示矜宽,免兹推鞫⑥。宜罢参于禁职⑦,仍移莅⑧于列城⑨。勉新令猷⑩,以补前过。可。

补证

[1] 本文见于《宋大诏令集》卷二百零四,颁于宋真宗大中祥符八年(1015)四月壬申。

李焘《续资治通鉴长编》卷八十四记载:"知永兴军、龙图阁直学士陈尧咨,好以气凌人,转运使乐黄目表陈,因求解职,诏不许。二月己卯,徙尧咨知河南府兼留守司事。上闻尧咨多纵恣不法,诏黄目察之,尽得其实。上不欲穷治,止落职,徙知邓州。"

曾巩《隆平集》卷五记载:"所为多不法,上不欲穷治,止罢学士,徙邓州。复知制诰,常为人所倾,尧叟乞示以所犯,使知上保全之意。因诏切责之,乃引谢,久之复职。"

译文

朕爱惜重臣能人,倚重凭借的是以国家军政大事为根本。褒奖大臣,托付重任,期望按照制度行事,能够谨遵法度。若有不当行为抑或过激思虑,造成贻误,必定吸取教训,以此整肃朝堂。在职官员某人,青年才俊,被我钦点状元,牵升达官,文笔高妙,精明强干。而高层决策,有严肃公正的界限,注重分寸;京畿职守,责任重大,须治理与抚慰并重。现在你却不守朝廷纲常法度,极度招致非议。事实明朗,供词确凿。为了特别彰显朝廷的宽宏大量,可免去有司问责。应该罢除其侍从官职,仍可远调外任。务必加强自勉,创建业绩,将功补过。如此方可。

---

① 清显:清要显达的官位。
② 分:分际,界限,分寸。
③ 绥(suí):本义指登车时用以拉手的绳索,引申义为安抚。
④ 物论:众人的议论,舆论。
⑤ 伏辨:表示认罪的书面供词。
⑥ 推鞫(tuī jū):审问。
⑦ 禁职:翰林院学士等宫廷文学侍从官职。
⑧ 移莅:变动地方官吏职务。
⑨ 列城:城邑;边塞城堡。
⑩ 令猷:美好的业绩。

三、《陈尧咨武信军节度使知河阳制》[1]

原文

门下①：

国家建侯②胙土③，授钺④殿邦⑤，以镇抚⑥戎麾⑦，屏翰⑧王室⑨。爰⑩议登坛⑪之拜，允资名世之才。叶是金俞，式申诞告⑫。武胜军节度观察留后、金紫光禄大夫、检校太保、使持节邓州诸军事、邓州刺史、兼御史大夫、上柱国、颍川郡开国公、食邑四千五百户、食实封一千八百户陈尧咨，学该韬略，心富经纶。早逢熙盛⑬之辰，首入英雄之縠⑭。亟升膴仕⑮，骤陟荣涂。裁成帝诰⑯之言，遍历词臣⑰之职。侍⑱中天之内阁，贰⑲文昌⑳之六官㉑。凡所践扬㉒，益

---

① 门下：门下省的别称，门下省为官署名称，魏晋至宋的中央最高政府机构之一。
② 建侯：封立诸侯；封侯建国；立功封侯。
③ 胙（zuò）土：指帝王将土地赐封功臣宗室，以酬其勋劳。
④ 授钺（yuè）：授以兵权。钺，古代一种兵器，青铜或铁制成，形状像板斧而较大。钺作为礼兵器，出现于早商，是许多贵族成年男子的陪葬品。
⑤ 殿邦：安邦定国。
⑥ 镇抚：镇守和安抚，偏指安抚。
⑦ 戎麾（róng huī）：军旗，亦借指军队。
⑧ 屏翰：屏障辅翼；保卫。
⑨ 王室：指帝王的家族，在古代也代指朝廷。
⑩ 爰：本意就是拉、引，后造"援"字表示此意。爰又假借表示于是，用做名词。爰也做助词，放在句首或句尾。
⑪ 登坛：登上坛场。古时会盟、祭祀、帝王即位、拜将，多设坛场，举行隆重的仪式。
⑫ 诞告：广泛告知。
⑬ 熙盛：兴隆，兴盛。
⑭ 縠（gòu）：目标，目的。
⑮ 膴（wǔ）仕：高官厚禄。
⑯ 诰：帝王任命或封赠的文书。
⑰ 词臣：指文学侍从之臣，为皇帝充当顾问参政的博学多识之臣，如中书舍人与翰林学士。
⑱ 侍：伺候，在旁边陪着。
⑲ 贰：又，再次。
⑳ 文昌：文昌星，在中国民间信仰中占有重要地位，作为天上星官的名字，中国民间认为它是专门管理人间读书和文上功名；中国民间信仰中主宰文章兴衰的神，在中国儒士学子心目中具有至高无上的地位。
㉑ 六官：指《周礼》中的天官冢宰、地官司徒、春官宗伯、夏官司马、秋官司寇、冬官司空，又称为六卿。隋唐以后，用以统称吏、户、礼、兵、刑、工六部尚书，大致和《周礼》六官分职相当，也统称为六官。
㉒ 践扬：亦作"践飏"，扬历。谓仕宦所经历。

彰①问望②，乃至③抚临④藩郡⑤，尹正⑥神畿⑦。剸⑧繁剧⑨而有余，振纲条⑩而不紊。寻领⑪观风⑫之任，居多⑬镇俗⑭之方。爰自帅联，总司⑮留务⑯。长万夫⑰而赋政⑱，克壮其猷⑲；趋一节⑳以来朝，增隆㉑乃眷㉒。畴兹㉓宠典㉔，久注予怀。特推进律㉕之文㉖，俾正中权㉗之节㉘。择遂宁之巨镇，遥建高牙㉙；守孟津

---

①益彰：指两个人或两件事物互相配合，使双方的能力、作用和好处得到充分展示。
②问望：名望；声望。问，通"闻"。
③乃至：连词。连接并列词语，表示事情所达到的范围，相当于"甚至"。
④抚临：抚慰过问。
⑤藩郡：指地方政府及其区域。藩，封建王朝分封的属地或属国。郡，古代的行政区划，比县小，秦汉以后，郡比县大。
⑥尹正：治事，治理。
⑦神畿：京城和京畿。畿，国都附近的地区。神，宗教指天地万物的创造者和统治者，这里指京都。
⑧剸（zhuān）：专擅，统领。
⑨繁剧：谓事务繁重之极。
⑩纲条：法纪。
⑪寻领：上任，任职。
⑫观风：观察地方民风，察看百姓疾苦。
⑬居多：意思是占多数。
⑭镇俗：抑制庸俗的世风。
⑮总司：总管，统领。
⑯留务：指留守、留台等所掌的政务。
⑰长万夫：夫，人。长，首领，统领。统领众人。另："万夫之长"，万人中的首领。
⑱赋政：赋，通"敷"。颁布政令；分配或处理政务。
⑲克壮其猷：年纪高了仍然谋划深远。克，克服；克制。壮，强壮；壮年。克壮，年纪老大了。猷，计划；谋划。
⑳趋一节：抱守节操，不变如一，忠心耿耿。
㉑乃眷：关怀。眷，思慕、宠爱。
㉒隆：深厚；程度深。
㉓畴兹：权衡。
㉔宠典：恩宠，恩典。
㉕进律：提高标志爵位的礼仪的等级。
㉖文：指礼节仪式。
㉗中权：谓中军制定谋略；指中军；指主将；中枢；司令部指主将的权势。
㉘节：礼度。
㉙高牙：大纛，牙旗；高官官衔。

之奥区①，仁颁美化②。举斯优渥③，盖示褒荣④。于戏⑤！启茅土⑥之封，既推异数⑦；为诗书之帅，无愧前良⑧。祗荷明恩⑨，勉图懿效。可特授依前检校太尉、使持节遂州诸军事、遂州刺史、兼御史大夫、充武信军节度、遂州管内观察处置桥道等使、知河阳军州事、兼管内河堤劝农使、散官、勋、封、食实封如故。

补证

[1] 本文见于《宋大诏令集》卷一百零五，颁于宋仁宗明道二年（1033）。

曾巩《隆平集》卷五记载："加留后、进武信军节度使，再知天雄军。"

王称《东都事略·列传·陈尧咨传》记载："拜武信军节度使，知澶州，复知天雄军。"

脱脱等《宋史·列传·陈尧咨传》记载："拜武信军节度使、知河阳，徙澶州，又徙天雄军。"

译文

门下省：

朝廷委派官吏，褒奖功勋，授以兵权，治理政务，目的是稳定军心民心，保卫国家与百姓。由此，群议登坛拜将，选拔俊杰贤才。朝野上下，广而告知：武胜军节度观察留后、金紫光禄大夫、检校太保、使持节邓州诸军事、邓州刺史、兼御史大夫、上柱国、颍川郡开国公、食邑四千五百户、食实封一千八百户陈尧咨，文韬武略，满腹经纶。早年喜逢盛世，一举中魁，荣攀榜首。迅速连升，贵登朝堂，高官厚禄。皇帝多次下诏迁官封爵，任遍内廷文学侍从诸职。参

---

① 奥区：腹地。
② 美化：美好的教化。
③ 优渥：本指雨水充足，此处指优厚的待遇。
④ 褒荣：褒表并给予荣誉。
⑤ 于戏："吁嚱"，表示惊异或慨叹。
⑥ 茅土：指王、侯的封爵。古天子分封王、侯时，用代表方位的五色土筑坛，按封地所在方向取一色土，包以白茅而授之，作为受封者得以有国建社的表征。后遂以"茅土"，指王、侯的封爵。
⑦ 异数：特殊的情况，例外的情形。
⑧ 前良：犹前贤。
⑨ 明恩：贤明君王的恩惠。

与高层决策，又遍当朝政要职。凡是任官履职，务必相互支持，才能彰显朝廷与个人声望，甚至处理地方政务，治理京城及近郊，均当如此。这样，处理繁杂政务就能绰绰有余，整肃法度、依制行政就会有条不紊；担当地方任何官职即能得心应手，抑止恶俗的措施也会灵活多样；一直推及到坐镇一方互为佐助、总揽政务诸事。管辖一方，应该恪守政令，老当益壮，深谋远虑；拜登朝堂，务求忠贞不二，诚挚淳厚，深得信任。掂量多重恩宠，须永记于怀。重点完善朝政法礼制度，树立官员执政威望。驻守遂宁重镇，应求屡建功勋；治理孟津腹地，务必敦风化俗。列举这些对你的优厚待遇，以明示朝廷的褒奖与恩泽。噫！创造治政辉煌的业绩，需要继续特别地努力；造就文韬武略的俊杰，必无愧于先贤楷模。恭崇恩宠，奋发诚勉，力图后效。可以特别开恩继续委任为检校太尉、使持节遂州诸军事、遂州刺史、兼御史大夫，充武信军节度、遂州管内观察处置桥道等使，知河阳军州事、兼管内河堤劝农使，散官、勋、封、食实封同原先一样。

第六节　子固传事

　　曾巩（1019—1083），字子固，建昌军南丰（今江西省南丰县）人，后居临川，北宋散文家、史学家、政治家。曾巩勤于政事，廉洁奉公，关心民生疾苦，与曾肇、曾布、曾纡、曾纮、曾协、曾敦并称"南丰七曾"。曾巩位列"唐宋八大家"，世称"南丰先生"，其文"古雅、平正、冲和"，存世有《曾巩集》《元丰类稿》《隆平集》等。其在《隆平集》卷五为陈尧佐立有传记，并附有陈尧叟传、陈尧咨传，虽然记载简略但北宋之末已行于世。

曾巩《隆平集·陈尧佐传》
（附陈尧叟传、陈尧咨传）[1]

原文
　　陈尧佐字希元，阆州人。父省华国史有传。
　　兄尧叟字唐夫，端拱二年登进士甲科[2]，太宗常询，其父省华犹在常调①，遂召用之。明年，父子同日赐绯②[3]。尧叟累擢枢密直学士，咸平四年同知枢密院事[4]。丁父忧，起复③。景德元年改签书，三年知院事[5]。大中祥符五年，加平章事枢密使兼群牧使[6]。七年罢。八年复旧官职。九年以疾出为右仆射、知河阳[7]。疾甚，求还至京。卒，年五十七，赠④侍中，谥⑤文忠。有文集三十卷。尧叟有材略⑥，多智术⑦，久典⑧枢密，军马之籍皆能记之。究心⑨群牧马政，多立条约，公私以为便。常为广西转运使，其俗有疾不服药，唯祷神。尧叟以《集验方》刻石桂州驿舍，是后始有服药者。岭外少林木、井泉，尧叟为植木道旁、凿井、置停舍，至今为利[8]。性俭素⑩，事亲至孝。母冯性严，尧叟未尝忤其意。

尧佐，端拱元年登进士第[9]，累擢知制诰、翰林学士，天圣七年枢密副使改参知政事[10]，明道二年罢。景祐四年与王随同相，次年谏官论政事错谬⑪，以宰相非其人，遂与王随同请罢，并除使相，尧佐判定州[11]。康定元年以太子太师致仕⑫，居郑州。四年卒，赠司空兼侍中，谥文惠，后事皆豫备，自志其墓曰："有宋颍川生尧佐，字希元，号知余子，寿年八十二不为夭，官一品

---

①常调：官制用语，又叫"常调官"。宋朝判、司、簿、尉及其摄官，依不同出身、任数、考数、举主员数，是否流外，升转录事参军或下州令、录，称为常调。以此法升转之官，则称常调官。范仲淹有句名言："常调官好做，家常饭好吃。"喻已甘于平淡之意。

②赐绯：赐给绯色的官服。唐宋五品、四品官服绯，后世服绯品级不尽相同。司马光《涑水记闻》卷三记载："太宗方奖拔文士，闻其（王禹偁）名，召拜右拾遗，直史馆，赐绯。"

③起复：封建时代官员遭父母丧，守制尚未满期而应召任职。

④赠：追赠，赐死者以官爵或荣誉称号。

⑤谥（shì）：古代帝王或大官死后评给的称号。

⑥材略：才能谋略。材，通"才"，才能，能力；《书·咸有一德》曰："任官惟材，左右惟其人。"略，谋略；《前汉·赵充国传》记载："百闻不如一见，臣愿驰至金城，图上方略。"

⑦智术：才智与计谋；智慧与权术。《魏书·高闾传》记载："非智术之不长，兵众之不足，乃防狄之要事，其理宜然故也。"

⑧典：主持，主管。

⑨究心：专心研究。周密《癸辛杂识后集·误书庙讳》曰："县尉不究心职事，至于格目亦忘署名，可见无状。"

⑩俭素：俭省朴素。袁宏《后汉纪·章帝纪上》曰："古之圣人惧其如此，故明俭素之道，显谦恭之义，使富者不极其欲，贵者不博其高。"

⑪错谬（miù）：错乱；错误；杂乱貌；交错纠缠。

⑫致仕：辞官退休。《汉书·平帝纪》记载："天下吏比二千石以上致仕，参分故禄，以一与之，终其身。"

不为贱，使相纳禄不为辱，三者粗可归息于父母栖神之域①矣[12]。"有文集三十卷，又有《朝阳编》《野庐编》《遣兴策》《愚丘集》。子述古、求古、学古、道古、博古、修古、履古、游古、袭古、象古。初，尧佐为开封府推官，以言事②贬通判潮州。潮俗鄙陋，始至为修宣圣庙，作韩吏部③祠堂，人始知学。有张氏子年十六，为其母浣衣恶溪，为鳄鱼所噬④，尧佐慕韩吏部投文恶溪，因捕获，以文戮⑤之于市。为两浙转运副使[13]，杭州江堤旧以竹笼石，潮涛所啮⑥，未几辄坏。尧佐议实薪土以易之，或言其不可，而丁谓执政，遂徙尧佐京西。其后堤久不成，遂用薪土。知滑州，河决，卷埽⑦不能定。尧佐乃凿木如编齿，置于湍流，随水而下，谓之木龙，遂杀水势，而堤又护以长堤，郡人谓之"陈公堤"[14]。在枢府日，太常博士陈诂知祥符县，以法绳⑧吏，吏悉遁⑨去，章献太后⑩怒，事下枢密院，诂连姻宰相吕夷简，有欲因诂中伤夷简者，尧佐以为罪诂则奸人得计，而能吏沮矣，诂遂获免[15]。尧佐工为二韵诗⑪，人多传之。性俭约，不事浮侈⑫。当未第时，同父省华及伯季访华山陈抟⑬，抟谓之曰："三子皆将相，然中子伯季所不逮⑭也。"卒如其言。

弟尧咨字嘉谟，咸平三年登进士甲科，累擢知制诰。景德三年殿试进士，

---

①栖（qī）神之域：指墓地。
②言事：古代专指向君王进谏或议论政事。
③韩吏部：即韩愈。
④噬（shì）：咬，吞。
⑤戮（lù）：杀。
⑥啮（niè）：咬，啃。
⑦埽（sào）：治河时用来护堤堵口的器材，用树枝、秫秸、石头等捆扎而成。
⑧绳：木工用的墨线，引申为标准、法则，又引申为按一定的标准去衡量、纠正。
⑨遁：逃避，躲闪；隐，消失。
⑩章献太后：宋真宗赵恒皇后，即彰献明肃皇后刘氏（968—1033），益州华阳（今四川省成都市华阳镇）人，宋朝第一位摄政的皇太后，完成宋政权从真宗时代到仁宗时代的平稳交接，为宋在仁宗时期的繁荣打下基础。常与汉吕后、唐武后并称，史书称其"有吕武之才，无吕武之恶"。
⑪二韵诗：即绝句。
⑫浮侈：浮华奢侈。
⑬陈抟（tuán）（871—989）：字图南，号扶摇子，赐号"白云先生""希夷先生"，亳州真源（今河南省鹿邑县，另说在今亳州市）人，北宋著名的道家学者、养生家，尊奉黄老之学。
⑭不逮（dǎi）：比不上；不及。

与刘几道于试卷中为密号，贬郓州①团练副使②[16]。大中祥符九年复知制诰，迁集贤院，又迁龙图阁直学士、知永兴军[17]。所为多不法，上不欲穷治，止罢学士，徙邓州。复知制诰，常为人所倾③，尧叟乞示以所犯，使知上保全之意。因诏切责④之，乃引谢⑤，久之复职[18]。仁宗即位，擢知开封府，除翰林学士、龙图学士，换观察使，知天雄军，固辞⑥，不得已，受之[19]。加留后⑦、进武信军节度使，再知天雄军。卒，年六十五，赠太尉，谥康肃。子敏古、宗古、昭古、荣古、垂古、本古、臻古。尧咨有文，著《治本十六篇》《诸宫上下编》[20]。善射，性豪侈⑧，在永兴置武库、建视草堂、开三门、筑甬道出入，用刑惨刻⑨。数陵⑩陕西转运使乐黄目，黄目请徙以避之，其事遂达于上。

补证

[1]《隆平集》是宋曾巩撰写的纪传体史书，共20卷，该书主要记载北宋太祖至英宗五朝之事，又立传284人，各以其官为类。前有绍兴十二年《赵伯卫序》。李焘作《续资治通鉴长编》，间取其说，则当时固存而不废。到元朝修《宋史》，袁桷作《搜访遗书条例》，也列有此书，以为可资援证。

[2]马端临《文献通考·选举考三》记载："二年一百八十六人，陈尧叟、曾会至得光禄丞、直使馆，而第三人姚揆，但防御推官。"

---

①郓州：京东路辖州，治须城县（今山东东平县）。
②团练副使：官名。唐朝始置，为团练使副职。五代沿置，后周世宗显德五年（958），定为准从六品。宋朝常用以安置贬降官员，无职掌。
③倾：倾轧（yà），在同一组织中互相排挤；使器物反转或歪斜以倒出里面的东西，引申为尽数拿出，毫无保留。
④切责：严词斥责。曾巩《本朝政要策·宦者》曰："继恩收蜀有功，宰相欲以为宣徽使。天子以为宦官不可令预政事，切责丞相，而置宣政使以命继恩。"
⑤引谢：引咎请罪。
⑥固辞：坚辞、再三请辞；《尚书·大禹谟》曰："禹拜稽首固辞。"
⑦留后：官名，唐代节度使、观察使缺位时设置的代理职称。玄宗时，宰相或大臣遥领节度使，节度使出征或入朝，常置留后知节度事，以后成为惯例。
⑧豪侈（chǐ）：豪华奢侈；《晋书·夏侯湛传》记载："湛族为盛门，性颇豪侈，侯服玉食，穷滋极珍。"强横放纵；《资治通鉴·唐肃宗至德元载》记载："禄山使监关中诸将，通儒等皆受制于孝哲。孝哲豪侈，果于杀戮，贼党畏之。"
⑨惨刻：凶狠刻毒；《后汉书·和帝纪》记载："今秋稼方穗而旱，云雨不沾，疑吏行惨刻，不宣恩泽，妄拘无罪，幽闭良善所致。"
⑩陵：欺侮；欺压。《礼记》曰："在上位，不陵下。"

[3] 李焘《续资治通鉴长编》卷三十一记载:"宋太宗淳化元年(990)四月乙巳,赐太子中允陈省华及其子光禄寺丞、直史馆尧叟五品服。"

脱脱等《宋史·列传·陈尧叟传》记载:"与省华同日赐绯,迁秘书丞。"

[4] 李焘《续资治通鉴长编》卷四十八记载:"宋真宗咸平四年(1001)三月辛卯,兵部侍郎、参知政事王化基罢为工部尚书。以给事中、同知枢密事王旦为工部侍郎、参知政事。枢密直学士冯拯、陈尧叟并为给事中、同知枢密院事。"

王称《东都事略·本纪》卷四记载:"四年春三月辛卯,王化基罢;王旦参知政事;冯拯、陈尧叟同知枢密院事。"

脱脱等《宋史·本纪·真宗一》记载:"三月辛卯,以参知政事王化基为工部尚书、同知枢密院事,王旦为工部侍郎、参知政事,枢密直学士冯拯、陈尧叟并为右谏议大夫、同知枢密院事。"

[5] 李焘《续资治通鉴长编》卷六十二记载:"宋真宗景德三年(1005)二月已亥,刑部侍郎、参知政事冯拯为兵部侍郎;资政殿大学士、兵部侍郎王钦若为尚书左丞;刑部侍郎、签署枢密院事陈尧叟为兵部侍郎,并知枢密院事。"

王称《东都事略·本纪》卷四记载:"三年春二月已亥,王钦若、陈尧叟并知枢密院事;赵安仁参知政事;韩崇训、马知节金书枢密院事。"

脱脱等《宋史·本纪·真宗二》记载:"景德三年二月已亥,王钦若、陈尧叟并知枢密院事,翰林学士赵安仁参知政事,枢密都承旨韩崇训、马知节并签署枢密院事。"

[6] 李焘《续资治通鉴长编》卷七十八记载:"宋真宗大中祥符五年(1012)九月戊子,以吏部尚书、知枢密院事王钦若,户部尚书、知枢密院事陈尧叟,并依前官加检校太傅、同平章事,充枢密使,签署枢密院事马知节为副使。"

王称《东都事略·本纪》卷四记载:"五年九月戊子,王钦若、陈尧叟并枢密使同平章事;马知节枢密副使;丁谓参知政事;赵安仁罢。"

马端临《文献通考·职官考十二》记载:"大中祥符五年,以知枢密院王钦若、陈尧叟同中书门下平章事,充枢密使。儒臣为枢使兼使相,自此始也。"

[7] 李焘《续资治通鉴长编》卷八十七记载:"宋真宗大中祥符九年(1016)八月丙戌,枢密使、同平章事陈尧叟罢为右仆射。尧叟以久疾求领

外任，上遣合门使杨崇勋至第抚慰，且询其意。尧叟词志恳确，乃从之。召尧叟子就赐告牒，寻命判河阳，月给实俸，岁赐公使钱百万。其河堤事令通判专领。尧叟力疾求入辞，肩舆至便殿，许其子卫尉寺丞希古扶掖而升，有诏勿拜，赐坐久之，别赍钱二百万，赐希古绯，又作诗宠其行。尧叟伟姿貌，强力，奏对明辩，多任智数，久典机密，军马之籍能周记云。"

王称《东都事略·本纪》卷四记载："九年八月丙戌，陈尧叟罢。"

脱脱等《宋史·本纪·真宗三》记载："八月丙戌，制玉皇圣号册文，以陈尧叟为右仆射。"

[8]脱脱等《宋史·列传·陈尧叟传》记载："岭南风俗，病者祷神不服药，尧叟有《集验方》刻石桂州驿。又以地气蒸暑，为植树凿井，每三二十里置亭舍，具饮器，人免渴死。"

李贤《大明一统志》卷八十三记载："陈尧叟，咸平初为广西转运使，岭外地气蒸暑，为植树道旁，凿井置亭舍，民免渴死。其俗，病者祷神不服药，尧叟以《集验方》刻石桂州驿。自是，始有服药者矣。"

以上资料中为"亭舍"，而不是"停舍"。

[9]张世南《游宦纪闻》卷二记载："陈文惠公尧佐，字希元，端拱元年（988），举进士第十六人。"

嘉靖《保宁府志》卷九记载："陈尧佐，新井人，端拱元年陈宿榜。见乡贤。"

[10]李焘《续资治通鉴长编》卷一百零七记载："宋仁宗天圣七年（1029）二月丁卯，以枢密副使、给事中夏竦为参知政事，翰林学士兼龙图阁学士、右谏议大夫、权知开封府陈尧佐为枢密副使，龙图阁学士、右谏议大夫、权三司使事薛奎为参知政事。"

李焘《续资治通鉴长编》卷一百零八记载："宋仁宗天圣七年八月辛卯，枢密使张旻改山南东道节度使，参知政事夏竦加刑部侍郎，复为枢密副使，枢密副使范雍、姜遵、陈尧佐并加给事中，尧佐改参知政事。竦与夷简不相悦，故以尧佐易之。"

王称《东都事略·本纪》卷五记载："七年二月丙寅，张士逊罢；吕夷简同中书门下平章事；夏竦、薛奎参知政事；陈尧佐枢密副使。秋八月辛卯，夏竦枢密副使；陈尧佐、王曙并参知政事。"

[11]欧阳修《陈公（尧佐）神道碑铭并序》记载："明年三月，拜淮康军节度使、检校太傅、同中书门下平章事，判郑州。"

第三章 碑传诏敕

李焘《续资治通鉴长编》卷一百二十一记载："宋仁宗宝元元年（1038）三月戊戌朔，门下侍郎、平章事王随罢为彰信节度使、同平章事，户部侍郎、平章事陈尧佐罢为淮康节度使、同平章事、判郑州。"

徐松《宋会要辑稿·职官七十八》记载："三月一日，门下侍郎、同中书门下平章事、昭文馆大学士王随罢为检校太傅、同中书门下平章事、彰信军节度使；户部侍郎、同中书门下平章事、集贤殿大学士陈尧佐罢为检校太傅、同中书门下平章事、淮康军节度使，判郑州。"

综上，陈尧佐应该是判郑州。

[12] 李焘《续资治通鉴长编》卷一百五十二记载："宋仁宗庆历四年（1044）十月辛卯，赠司空兼侍中，谥文惠陈尧佐卒。"

[13] 欧阳修《陈公（尧佐）神道碑铭并序》记载："丁秦公忧，服除，判三司都察勾院、两浙转运使。"此年为宋真宗大中祥符元年（1008）。

李焘《续资治通鉴长编》卷七十三记载："宋真宗大中祥符三年（1010）四月丙辰，诏诸州司法参军，有检法不当，出入徒流已上罪者，具案以闻，经三次误错者，替日，令守选，及委长吏察举。从两浙转运使陈尧佐之请也。"《长编》卷七十六、七十七、八十均有"两浙转运使陈尧佐"的奏章。

陈尧佐《新修大成殿记》记载："大中祥符五年（1012）岁次壬子仲春十一日，两浙诸州水陆计度转运使、直史馆陈尧佐记。"

徐松《宋会要辑稿·刑法二》记载："七年（1014）五月四日，诏两浙诸州有屠牛充膳自非通议烹宰其因缘买者，悉不问罪。状下，两浙转运使陈尧佐悉同其议，故有是诏。"

李焘《续资治通鉴长编》卷八十二记载："初，钱塘江堤以竹笼石，而潮啮之，不数岁，辄坏而复理。转运使陈尧佐曰：'堤以捍患，而反病民。'乃与知杭州戚纶议易以薪土。有害其政者言于朝，以为不便。参知政事丁谓主言者以绌尧佐，尧佐争不已。谓既徙纶扬州，五月癸未，又徙尧佐京西路。"

综上，从陈尧佐出使两浙路一直到大中祥符七年（1014）徙京西路均未称"副使"。

[14] 李焘《续资治通鉴长编》卷九十六记载："宋真宗天禧四年（1020）十月己丑，以前起居郎、直史馆陈尧佐免持服，知滑州。时三司使李士衡言滑州方召徒筑堤，尧佐素干事，望专委之，故有是命。尧佐创木龙以杀水怒，堤乃可筑，既又作长堤以护之，人号为'陈公堤'。"

李贤《大明一统志》卷四记载："陈尧佐真宗时知滑州，治水有功，滑人德之,号其堤为'陈公堤'。"

[15]李焘《续资治通鉴长编》卷一百零七记载:"宋仁宗天圣七年(1029)三月戊寅,祠部员外郎、秘阁校理陈诂知祥符县,治严急,吏欲动朝廷使罪诂,乃空一县逃去,太后果怒。而诂妻,宰相吕夷简妹也,执政以嫌不敢辨。事下枢密院,副使陈尧佐独曰:'罪诂则奸吏得计,后谁敢复绳吏者。'诂由是获免,徙知开封县。诂辞,乃命权判吏部南曹。"

[16]李焘《续资治通鉴长编》卷五十九记载:"宋真宗景德二年(1005)四月丁酉,枢密直学士刘师道责授忠武行军司马,知制诰陈尧咨单州团练副使。先是,师道弟几道举进士,礼部奏名将廷试。近制,悉糊名校等。尧咨为考官,教几道于卷中密为识号。几道既擢第,或告其事,诏落籍,永不得预举。"

脱脱等《宋史·本纪·真宗二》记载:"夏四月丁酉,枢密直学士刘师道责授忠武军行军司马,右正言、知制诰陈尧咨单州团练使,俱坐考试不公。"

徐松《宋会要辑稿·职官六十四》记载:"二年四月二十日,枢密直学士、工部郎中、权三司使刘师道责忠武军节度行军司马,仍不得签书本州岛事;右正言、知制诰陈尧咨责单州团练使。先是,师道弟几道进士,礼部奏名将预殿试。近例,糊名考较。尧咨尝为卷使,刺针眼为识验,既擢第,事泄,诏落几道名籍,永不得预举。帝含容,不复穷理,师道故求辩对,乃命东上阁门使曹利用、内侍省副都知阎承翰、兵部郎中边肃就御史台杂治之。师道坐诬罔论奏,尧咨引次前事故,有是责。"

综上,陈尧咨是被贬为单州团练副使,时间是宋真宗景德二年(1005)。

[17]李焘《续资治通鉴长编》卷八十一记载:"宋真宗大中祥符六年(1013)八月己巳,以起居舍人、知制诰陈尧咨为工部郎中、龙图阁直学士、知永兴军府。长安多仕族,子弟恃荫纵横,二千石鲜能治之。有李大监者,尧咨旧交,其子尤为强暴。一日,以事自至府庭。尧咨问其父兄宦游何方,得安信否,语甚勤至。既而让之曰:'汝不肖,亡赖如是,汝家不能与汝言,官法又不能及汝,终无耻矣。我与尔父兄善,犹骨肉,当代汝父兄训之。'乃引于便坐,手自杖之。由是,子弟亡赖者皆惕息。然其用刑过酷,有博戏者,杖讫桎梏列于市,置死马其旁,腐臭气中疮辄死。后来者系于先死者之足。其残忍如此。"

由以上可知,陈尧咨知永兴军在大中祥符六年(1013)八月。

[18]李焘《续资治通鉴长编》卷八十四记载:"知永兴军、龙图阁直学士陈尧咨,好以气凌人,转运使乐黄目表陈,因求解职,诏不许。二月己卯,

徙尧咨知河南府兼留守司事。上闻尧咨多纵恣不法,诏黄目察之,尽得其实。上不欲穷治,止落职,徙知邓州。"

李焘《续资治通鉴长编》卷八十五记载:"宋真宗大中祥符八年(1015)九月庚戌,以工部郎中、知邓州陈尧咨守本官知制诰。先是,尧咨兄枢密使尧叟因奏事,言尧咨会赦,当复龙图阁直学士。上曰:'学士清近之职,非会赦可复。'尧咨请用苏易简例,易简前自知制诰落职,未几,复为知制诰。上不许,因曰:'尧咨亦尝为知制诰,且授此职可也。'尧咨性刚戾,数被挫辱,忽忽无聊。上闻之,复以问尧叟,尧叟曰:'尧咨初不知上恩所以保佑者,自谓遭谗至此。望取原犯事尤重者切责之,使知悔惧。'遂诏尧咨曰:'卿知永兴日,所为乖当,非独用刑惨酷也。如擅置武库,建视草堂,开三门,筑甬道,出入列禁兵自卫,此岂人臣所宜!众论甚喧,不但乐黄目奏也。朕念卿母氏耆年,尧叟朝夕近侍,未欲穷究,姑示薄责,旋加甄睦。成命既出,讟言愈谨。卿曾不内省,但曰为人所倾。自今宜体国恩,改过迁善,不然,当以前后事状,尽付有司。'尧咨乃惶恐称谢。"

[19] 李焘《续资治通鉴长编》卷一百零五记载:"宋仁宗天圣五年(1027)八月丙戌,以翰林学士、兼龙图阁学士、权知开封府陈尧咨为宿州观察使、知天雄军,枢密直学士陈尧佐权知开封府。尧咨内不平,上章固辞。时太后当以双日垂帘,特用只日召见,敦谕之,不得已乃拜受。"

王称《东都事略·列传·陈尧咨传》记载:"除翰林学士、龙图阁学士,换宿州观察使,知天雄军。尧咨固辞,因自陈'以儒臣而易武守,所惜者腰无金鱼耳。'仁宗特命佩鱼,以示优恩。"

[20] 王称《东都事略·列传·陈尧咨传》记载:"尧咨著《治本》十六篇,《渚宫》上下编,与兄尧叟、尧佐同时贵显,本朝最为盛云。"

文彦博有《谢陈龙图谏议惠渚宫集启》,赞其《渚宫集》"垂诸不朽,比岘山而名高;竞以相传,致洛都之纸贵。贻之千载,勒成一家。"

译文

陈尧佐,字希元,阆州人。他父亲陈省华在本朝的国史中留有传记。

他的长兄陈尧叟,字唐夫,是宋太宗端拱二年状元,太宗皇帝曾经询问他的家世,他的父亲还是常调官,于是就征召任用他的父亲。第二年,父子同一天被赏赐绯服。陈尧叟经过多次迁升,擢升为枢密直学士,宋真宗咸平四年为同知枢密院事。父亲逝世,丁忧未满就被重新起用。宋真宗景德元年改签书枢密院事，景德三年知枢密院事。宋真宗大中祥符五年，又加官为同中书门下平章事、枢密使兼群牧使。大中祥符七年罢为户部尚书。大中祥符八年复旧官职。宋真宗大中祥符九年因病出任为右仆射、知河阳。后因病得厉害，请求调回京城。不久去世，卒年五十七岁，被追赠为侍中，谥号为"文忠"。陈尧叟著有文集三十卷。陈尧叟有才干谋略，机智圆通，长时间主管枢密院，对于军马的数量和基本情况都了如指掌。他善于研究群牧马政，定立很多条例规章，无论公事还是私事，取马都很方便。曾经为广南西路转运使，当地的风俗是有病不吃药，只向鬼神祈祷。陈尧叟于是在桂州的驿舍立石碑镌刻《集验方》，从此当地才有人服用药物来治病。南岭以南，林木很少，没有井水，陈尧叟便为百姓在道路边种植树木，开凿水井，修建驿舍，到今天仍给当地百姓带来便利。陈尧叟生活俭省朴素，对父母极尽孝道。他的母亲性情严厉，陈尧叟从来没有违抗怠慢过母亲的意愿。

陈尧佐，是宋太宗端拱元年科考进士，后经多次升迁为知制诰、翰林学士，宋仁宗天圣七年由枢密副使改任参知政事，宋仁宗明道二年被罢免。宋仁宗景祐四年与王随一同担任宰相，第二年谏官议论政事得失，认为宰相不胜其任，于是与王随同时请求罢免，后与王随并除使相，陈尧佐判定州（郑州）。宋仁宗康定元年以太子太师辞职退休，居于郑州。宋仁宗庆历四年逝世，被追赠为司空兼侍中，谥号为"文惠"，陈尧佐把自己的后事都预先准备好了，他亲自撰写的墓志铭说："大宋颍川生陈尧佐，字希元，自号知余子，寿年八十二岁不算夭折，官居一品不算鄙贱，出为使入为相享受俸禄不算屈辱，有了这三者大概可以归息在父母的墓旁了。"陈尧佐有文集三十卷，又有《朝阳编》《野庐编》《遣兴策》《愚丘集》。有子述古、求古、学古、道古、博古、修古、履古、游古、袭古、象古。当初，陈尧佐出任开封府推官，因上书进谏被贬为潮州通判。潮州处于偏远之地，民俗粗野，他到任后修建了宣圣庙，兴建了韩吏部（韩愈）祠堂，当地的人才开始喜欢学习文化。有一个十六岁的张姓少年，在恶溪里为他母亲浣洗衣服，被鳄鱼吞噬，陈尧佐仰慕韩愈曾经在恶溪里投下征讨鳄鱼的告文，最后鳄鱼遁去的传说，于是下令捕获鳄鱼后，写文章揭露鳄鱼的罪孽并在街市上杀死了鳄鱼。他出任两浙转运使时，杭州一带的江堤原来是"以竹笼石"的办法筑成的，江堤被潮汐海涛冲刷、浸蚀，过不了多久江堤就被损坏了。陈尧佐于是提议改用"下薪实土法"来筑堤，有人上书说此法不可实行，当时丁谓独掌朝政，便把陈尧佐调到京西路去了。之后，江堤很久都没有筑成，这才改用"下薪实土法"。后来陈尧佐知滑州，黄河堤决，用"卷埽"根本堵不住决口。陈尧佐于是在木头上凿孔，在孔中楔上木条，制成像牙齿一样的器具，并投于江中水流湍急之处，木具随水沉浮，陈尧佐把这种器具叫着"木龙"，这样，湍急的水势就变得平缓了，在河堤外又筑有长堤加以护卫，当地人叫作"陈公堤"。在枢密院任职的时候，太常博士陈诂出知祥符县，用法律规范官吏，那些官吏都逃走消失了，章献太后震怒，案件移交到枢密院，陈诂与宰相吕夷简有姻亲关系，有人想借陈诂案件中伤吕夷简，陈尧佐认为如果惩办陈诂就会让奸人得逞，从而打击能干官吏的积极性，陈诂于是才得到赦免。

陈尧佐善于写绝句，传阅很广。他生性俭省节约，不喜欢浮华奢侈的生活。当他还未及第时，同父亲陈省华以及大哥陈尧叟、三弟陈尧咨拜访华山道士陈抟，陈抟对他父亲说："你三个儿子都会出将入相，然而老二是老大和老三都不及的。"最后，这个预言果然应验了。

弟弟陈尧咨，字嘉谟，宋真宗咸平三年登进士甲科，经过多次提拔擢升为知制诰。宋真宗景德三年（二年）在殿试进士时，陈尧咨为考官，与刘几道在试卷中做密号，事发被贬为郓州（单州）团练副使。宋真宗大中祥符六年被起用为知制诰，到集贤院任职，又升为龙图阁直学士、知永兴军。他所做的事多不合法度，皇上也不愿彻底追究，只是罢免了他的学士头衔，改派为邓州知州。后又任知制诰，常常受到众人的弹劾，陈尧叟上书请求皇上对他违法的事予以警示惩戒，让他知道皇上对他开恩保全的用意。皇上于是下诏对他严词斥责，陈尧咨才认识到自己的错误，并引咎请罪，不久，又官复原职。宋仁宗即位后，擢升为开封府知府，以翰林学士、龙图阁学士，换宿州观察使，知天雄军，他坚决推辞，皇上不许，他不得已才接受。后又加节度留后、进封武信军节度使，再次知天雄军。死时六十五岁，被追赠为"太尉"，谥号"康肃"。他的儿子有敏古、宗古、昭古、荣古、垂古、本古、臻古。陈尧咨有文采，著有《治本十六篇》《诸宫上下编》。他善于射箭，生性强横放纵，喜欢豪华奢侈的生活，在永兴军任职时建立武库、修建视草堂、开设三道大门、修筑宽阔的甬道出入，他滥用刑法、凶狠刻毒。多次欺侮陕西转运使乐黄目，黄目被迫请求到外地任职予以躲避，这件事最终被皇上知晓。

第七节　季平修史

王称（生卒年不详），字季平，南宋眉州（今四川眉山市）人。庆元年间（1195—1200），为吏部郎中，后任承政郎、龙州知州，最后官至直秘阁。其父王赏，为南宋高宗绍兴年间实录修撰官，王称子承父业，志于修史，搜集北宋九朝事迹，加以整理、排比，编辑成一百三十卷的《东都事略》。其在列传二十七分别为陈尧叟、陈尧佐、陈尧咨立有传记。

王称《东都事略·列传·陈尧叟传》（附陈尧佐传、陈尧咨传）[1]

原文

陈尧叟，字唐夫，阆州阆中人也[2]。父省华，终左谏议大夫。尧叟举进士第一，为光禄寺丞，直史馆①，迁秘书丞。久之，为工部员外郎、广南西路转运使。其俗有疾不服药，唯祷神。尧叟以《集验方》刻石桂州驿舍②。自后，始有服药者。岭外少林木、井泉，尧叟为植木道傍，凿井，置亭舍，至今为利。代还为度支判官③，迁枢密直学士④。咸平四年拜右谏议大夫，同知枢密院事。王继英为枢密使，以尧叟佥书枢密院事⑤，迁工部侍郎。真宗幸澶渊，命

---

① 直史馆：官名，宋朝初年置，为馆职之一，任职一至二年，然后委以重任，并可超迁官阶。后亦作为特恩加授外任官。神宗元丰（1078—1085）改制罢。
② 驿舍：驿站供来往人员住宿的房屋；也泛指旅店。
③ 度支判官：三司（度支、盐铁、户部）属官，掌管全国财赋的统计与支调。"度支"原意是量入为出。度支使名下设有副使、判官等。相当于现在的国家统计局、审计署等部门，并行使财政部的部分权力。
④ 枢密直学士：官名，后唐始置，宋沿置，与文明殿（观文殿）学士并掌待从，备顾问应对，地位次于翰林学士。政和四年（1114），改称述古殿直学士。
⑤ 佥书枢密院事：官名，知枢密院事的副职。宋太宗太平兴国四年（979），枢密使曹彬随太宗征太原，始以枢密直学士石熙载签署枢密院事，为枢密院代理长官，后用为次官。后避英宗赵曙名讳，改签书枢密院事。

乘传①先赴北寨按视②戎事，许以便宜③[3]。景德中，与王钦若并知枢密院事兼群牧使。尧叟究心④群牧马政，多立条约，公私便之。从祀东封⑤，加尚书左丞。祀汾阴⑥，加户部尚书，与钦若并同平章事，为枢密使。与钦若同罢。明年，复与钦若为枢密使，以疾出为右仆射，知河阳。疾甚，求还京师。卒年五十七，赠侍中，谥曰文忠。尧叟有材用，多智术，久典机密，军马之籍皆记之。母冯氏，性严毅，尧叟事亲孝谨，未尝忤其意焉。弟尧佐、尧咨。

  尧佐，字希元。举进士，累迁太常丞⑦，知开封府录事参军，用理狱，有能绩，迁府推官。以言事切直，贬通判潮州。潮之恶溪鳄鱼食人，不可近。尧佐命捕得，鸣鼓于市，以文告而戮⑧之，鳄鱼遂息。又修孔子庙、作韩公⑨祠，潮人始知为学。于是大臣荐其文学，得直史馆。尝为两浙转运使，钱塘江堤以竹笼石，而潮啮之，不数岁辄坏，而复理。尧佐议实薪土以易⑩之，或言其不可，而丁谓执政，遂徙尧佐京西，又徙河北，又徙河东。其后，堤久不成，遂用薪土。河决滑州，卷埽不能定。尧佐乃凿木如编齿，置于湍流，随水而下，谓之木龙，遂杀⑪水势，而堤乃成。又护以长堤，郡人谓之"陈公堤"。天禧三年，编次⑫御试进士，坐⑬误差其第，贬监鄂州⑭茶场。起⑮知渭州，徙京西

―――――――

①乘传（chéng chuán）：乘坐驿车；传，驿站的马车。指奉命出使。
②按视：查看、察看。
③便宜：经过特许，不必请示，根据实际情况或临时变化斟酌处理。也说便宜从事、便宜施行。
④究心：专心研究；周密《癸辛杂识后集·误书庙讳》曰："县尉不究心职事，至于格目亦忘署名，可见无状。"
⑤东封：到泰山举行"封禅大典"，因泰山在京城开封东面，故称"东封"。
⑥汾阴：地名，在今山西省万荣县境内，因在汾水之南而名。汉武帝时曾于此得宝鼎。战国时属魏，汉始建县，唐开元十年（722）改名宝鼎县，宋改荣和县，元、明、清因之。
⑦太常丞：官名，两汉魏晋南北朝为太常寺副贰，员一人，掌管宗庙祭祀礼仪的具体事务，总管本府诸曹，参议礼制。北宋员一人，前期卿、少卿为寄禄官，置判寺官掌寺务，丞以久任礼官品阶较高者充任，理寺务，正五品。神宗元丰（1078—1085）改制后，复成为卿、少卿的佐官，从七品。
⑧戮（lù）：杀。
⑨韩公：即韩愈。
⑩易：改变。
⑪杀：消减。
⑫编次：编排次序。
⑬坐：定罪。
⑭鄂州：州、路名，隋开皇九年（589）改郢州为鄂州，治江夏（今武汉市武昌）。唐辖境相当今湖北武汉市长江以南部分、黄石市和咸宁地区，宋以后逐渐缩小。
⑮起：起复，起用。

转运使。入为三司副使①,拜知制诰,迁龙图阁直学士。知河南府,徙并州,知开封府。尧佐以谓治烦之术②,任威以击强,尽察以防奸,譬如激水而欲其澄也。故为政一以诚信,而京师治,拜翰林学士。天圣七年,除③枢密副使。陈诂知祥符县,以法绳吏,吏悉遁去,章宪明肃皇后怒[4]。事下,枢密院尧佐以为罪诂,则奸人得计,而能吏沮矣,诂遂获免,改参知政事。明道三年罢,知永兴军[5]。徙庐州,又徙同州,复知永兴军,又徙郑州,官至户部侍郎。吕夷简请老,仁宗问之曰:"卿果退,以何人代卿?"夷简曰:"知臣莫若君,惟陛下择之。"仁宗再三问之,夷简曰:"陛下欲用经纶之才④,臣所不知。必欲图任老成,镇抚百度⑤,周知⑥天下之良苦,无如陈尧佐者。"仁宗深然之⑦。景祐四年,召拜同中书门下平章事。尧佐既拜,以唐刘蕡⑧所对策进曰:"天下治乱,自朝廷始,朝廷惩劝⑨,贵自近始[6]。凡蕡之所究言者,皆当今之□。此臣所欲言,而陛下之所宜行,且臣等职也。"其年,冬雷地震,星象⑩数变。尧佐言:"王随位在臣上,而病不任事,程琳等位皆在下。"乃引汉故事,以灾异自责。明年,谏官韩琦论政事错缪,以宰相非其人,卒与王随同罢,拜淮康军节度使,同平章事,判郑州。以太子太师致仕,居于郑。四年而卒,临终,自志其墓曰:"有宋颍川先生尧佐,字希元,号知余子。年八十二不为夭,官一品不为贱,卿相纳禄不为辱。三者粗可归息于父母栖神之域矣。"赠司空、侍中,谥曰文惠。尧佐工为二韵诗,人多传之。又有《潮阳编》《野庐编》《遣兴策》《愚丘集》。性俭约,不事浮侈。未第时,同父及伯季访华山陈抟,抟谓之曰:"三子皆将相,中子,伯、季所不逮也。"[7]卒如其言。

---

①三司副使:北宋三司副长官。太平兴国元年(976)置,以员外郎以上历任河东、河北、陕西三路转运使,及淮、浙、江、湖六路发运使者充任,为三司实际负责者。
②治烦之术:治理繁杂事务的方法。
③除:任命官职。
④经纶之才:筹划、处理国家大事的人才;也指有治理国家的抱负和才能的人。
⑤镇抚百度:安抚各地,熟悉各种制度。镇抚,安抚。百度,百事;各种制度。
⑥周知:洞悉,普遍知道。
⑦深然之:深以为然。
⑧刘蕡(fén)(?—848):字去华,唐代宝历三年进士,善作文,耿介嫉恶,祖籍幽州昌平(今北京市昌平区)。太和元年(827)参加"贤良方正"科举考试时,秉笔直书《贤良方正直言极谏对策》,言宦官"谋不足以翦除奸凶,而诈足以抑扬威福",考官赞善他的策论,但不敢授以官职。后令狐楚、牛僧孺等镇守地方时,征召为幕僚从事,授秘书郎。终因宦官诬害,贬为柳州司户参军,客死异乡。
⑨惩劝:惩罚邪恶,劝勉向善。《左传·成公十四年》曰:"《春秋》之称微而显,志而晦……惩恶而劝善。非圣人谁能修之?"
⑩星象:指星体的明、暗及位置等现象。古人据以占测人事的吉凶祸福。

尧咨，字嘉谟。举进士第一，为将作监丞①，通判济州②。代还③，直史馆，累擢知制诰。殿试进士，与刘几道于试卷中为密号，贬单州团练副使。大中祥符中，复知制诰。出知荆南，迁集贤院④学士。又迁龙图阁⑤直学士，知永兴军。长安地斥卤⑥，而井泉不可食，尧咨乃疏龙首渠⑦入城，而民甚利之。然其性豪侈，置武库，建视草堂，开三门，筑甬道出入，而又惨于用刑，数以气陵转运使乐黄目⑧。黄目不能堪，请徙它路以避之。真宗以其所为不法，不欲穷治也，止罢学士，徙邓州，复知制诰，尝为人所倾。其兄尧叟，乞示所犯，使知陛下保全之意。因诏切责之，乃引谢。久之，复职，擢知开封府，除翰林⑨学士、龙图阁学士，换宿州观察使，知天雄军。尧咨固辞，因自陈"以儒臣而易武守，所惜者腰无金鱼耳。"仁宗特命佩鱼，以示优恩。改武胜军留后，拜武信军节度使，知澶州，复知天雄军。卒，年六十五，赠太尉，谥曰康靖[8]。尧咨善射，知荆南时，母冯氏问曰："古人居⑩一郡一邑，必有异政⑪。汝典郡，有何治效？"尧咨曰："荆南当冲要⑫，郊劳⑬宴饯，殆⑭无

---

①将作监丞：官名，隋始置，此后唐、五代、宋皆置，为将作监属官。
②济州：北宋京东路辖州，在今山东省菏泽市巨野县。
③代还：朝臣出任外官被调回朝廷任职。
④集贤院：官署名。
⑤龙图阁：宋代阁名。在会庆殿西偏北，连禁中，阁东曰资政殿，西曰述古殿，阁上以奉太宗御书、御制文集及典籍、图画、宝瑞之物，及宗正寺所进属籍、世谱。有学士、直学士、待制、直阁等官，学士为正三品。
⑥斥卤：盐碱地。
⑦龙首渠：位于陕西省，是中国历史上第一条地下水渠，是一引洛渠道，在开发洛河水利的历史上是首创工程，它是今洛惠渠的前身，建于西汉武帝年间。从今陕西澄城县状头村引洛水灌溉今陕西蒲城、大荔一带田地，它从地下穿过七里宽的商颜山。
⑧乐黄目（971—1027）：字公礼，江西省抚州市宜黄县黄陂镇霍源人，乐史第三子，累官右谏议大夫。
⑨翰林：官名。它的由来可以追溯到唐朝，唐玄宗时，从文学侍从中选拔优秀人才，充任翰林学士，专掌内命由皇帝直接发出的极端机密的文件，如任免宰相、宣布讨伐令等。由于翰林学士参与机要，有较大实权，当时号称"内相"，首席翰林学士称承旨。北宋时，翰林学士开始设为专职。
⑩居：治理；安置。柳宗元《梓人传》曰："居天下之人，使安其业。"
⑪异政：优异的政绩。《宋史·太祖纪一》记载："诏诸道长贰有异政，众举留请立碑者，委参军验实以闻。"
⑫冲要：军事上或交通上重要的地方，同"要冲"；《后汉书·南匈奴传》记载："连年出塞，讨击鲜卑，还复各令屯列冲要。"
⑬郊劳：郊外迎接并慰劳。《左传·昭公二年》记载："叔弓聘于晋，报宣子也。晋侯使郊劳。"
⑭殆（dài）：大概，几乎。

虚日，然稍①精于射，众无不服。"冯氏曰："汝父训汝，以忠孝俾辅国家。今不务仁政善化②，而专卒伍③一夫之技，岂汝先人之意邪！"杖而击之[9]。著《治本》十六篇，《渚宫》上下编，与兄尧叟、尧佐同时贵显，本朝最为盛云。

补证

[1]《东都事略》是纪传体北宋史，因为北宋建都开封（今属河南），称东京，故书名《东都事略》。全书130卷，起自宋太祖赵匡胤，终于宋钦宗赵桓，计《帝纪》12卷，为各代帝王在位时的大事记；《世家》5卷，记叙后妃和宗室；《列传》105卷，载各种人物共697人事迹；《附录》8卷，列举辽、金、夏、西蕃、交址的情况，没有《表》和《志》。

[2]欧阳修《尚书比部员外郎陈君（汉卿）墓志铭》记载："君讳汉卿，字师黯，世居阆中。其先博州人，因事伪蜀，为新井县令，遂留家焉。"

嘉靖《保宁府志》记载："陈省华，字善则，其先河朔人，高祖翔，令新井，因家焉，遂为阆中人。《旧志》为南部人。"

以上几则资料都说明，陈氏入蜀的一世祖为陈翔，因为到新井当县令，就在那儿安了家。

又南宋宝庆三年（1227），祝穆著《方舆胜览》卷六十七之利州路阆州条记载："陈尧叟文忠公、尧佐文惠公、尧咨康肃公皆新井人。尧叟、尧咨皆状元及第，而尧佐登宰辅，人皆谓'陈氏三公'。"

南宋嘉熙三年（1239），王象之著《舆地纪胜》卷一百八十五记载："陈尧叟、陈尧佐、陈尧咨皆新井人。"

明嘉靖《保宁府志》卷九记载："陈尧佐，新井人，端拱元年陈宿榜。见乡贤。（注：陈宿，应为'程宿'。又：道光府志载为叶齐榜。又按：《八闽通志》载：叶齐字思可。建阳人。端拱初，举进士下第，有旨复试，齐擢第一。是年，礼部放进士榜，状元程宿。）陈尧叟，尧佐兄。端拱二年省试、廷试皆第一。见乡贤。陈尧咨，尧佐弟，进士第一。见乡贤。"

---

①稍：表示程度深，相当于"颇""甚"；董解元《西厢记诸宫调》曰："姐姐稍亲文墨，君瑞博通今古。"
②善化：善于教化。《荀子·宥坐》曰："以出以入，以就鲜絜，似善化。"杨倞注："言万物出入于水则必鲜絜，似善化者使之去恶就美也。"
③卒伍：古代军队编制，五人为伍，百人为卒。此指士兵。

综上，"陈氏三公"应为"新井人"，即今四川省南充市南部县大桥镇人。

[3] 脱脱等《宋史·列传·陈尧叟传》记载："真宗幸澶渊，命乘传先赴北寨按视戎事，许以便宜。"

徐松《宋会要辑稿·兵七》记载："二十四日，晨发，极寒，左右进貂帽毳裘。帝曰：'臣下皆冒寒沍，朕不须此。'却而不御。次卫南，北戎遣使致书乞和。帝谓宰臣曰：'戎人虽有善意，国家以安民息战为念，固已详之。然彼尚率腥膻深入吾土，又河冰已合，戎马可渡，亦宜过为之备。朕已决成算，亲励全师，况狄人贪婪，不顾德义，若盟约之际，别有邀求，当决于一战，殄兹丑虏。上天景灵，谅必助顺，可再督诸路将帅速会驾前，仍命陈尧叟乘传赴澶州北寨，密谕将帅整饬戎容，以便宜从事。'"

[4] 欧阳修《陈公（尧佐）神道碑铭并序》记载："太常博士陈诂知祥符县，县吏恶其明察，欲中以事，而诂公廉，事不可得，乃欲以奇动京师，自录事以下，空一县皆逃去。京师果宣言诂政苛暴。是时章献明肃太后犹听政，怒诂，欲加以罪。公为枢密副使，力争之，以谓罪诂则奸人得计而沮能吏，诂由是获免。"

李焘《续资治通鉴长编》卷一百零七记载："祠部员外郎、秘阁校理陈诂知祥符县，治严急，吏欲动朝廷使罪诂，乃空一县逃去，太后果怒。而诂妻，宰相吕夷简妹也，执政以嫌不敢辨。事下枢密院，副使陈尧佐独曰：'罪诂则奸吏得计，后谁敢复绳吏者。'诂由是获免，徙知开封县。诂辞，乃命权判吏部南曹。"

"章宪明肃皇后"即"章献明肃皇太后"。

[5] 李焘《续资治通鉴长编》卷一百一十二记载："己未，门下侍郎、兼吏部尚书、平章事吕夷简罢为武胜节度使、同平章事、判澶州；枢密使、昭德节度使、右仆射、检校太师兼侍中张耆罢为左仆射、检校太师兼侍中、护国军节度使，判许州，寻改陈州；枢密副使、尚书左丞夏竦罢为礼部尚书，知襄州，寻改颍州；礼部侍郎、参知政事陈尧佐罢为户部侍郎，知永兴军；枢密副使、礼部侍郎范雍罢为户部侍郎，知荆南府，寻改扬州，又改陕州；枢密副使、吏部侍郎赵稹罢为尚书左丞，知河中府；尚书右丞、参知政事晏殊罢为礼部尚书，知江宁府，寻改亳州。"

脱脱等《宋史·本纪·仁宗二》记载："己未，吕夷简、张耆、夏竦、陈尧佐、范雍、赵稹、晏殊皆罢。以张士逊为昭文馆大学士，李迪同中书门下平章事、集贤殿大学士，王随参知政事，李谘为枢密副使，王德用签书枢密院事。"

陈邦瞻《宋史纪事本末》卷四记载："明道二年夏四月，吕夷简、张耆、夏竦、陈尧佐、范雍、赵稹、晏殊罢。"

综上，陈尧佐应在明道二年（1033）罢参知政事。其实，第二年（1034）为宋仁宗景祐元年。

[6]欧阳修《陈公（尧佐）神道碑铭并序》中此句为："天下治乱，自朝廷始，朝廷赏罚，自近始。"

[7]祝穆《方舆胜览》卷六十七记载："先是，三陈未第时访华山陈搏，谓之曰：'三子皆将相才，仲子，伯季不逮也。'父省华致仕闲居，宾至则三子衣金紫侍立。"

王象之《舆地纪胜》卷一百八十五记载："三陈未第时，访华山陈搏。搏谓之曰：'三子皆将相才，仲子，伯季所不逮也。'父陈省华致仕闲居，宾至则三子衣金紫侍立。""仲子"，即二儿子。

[8]曾巩《隆平集》卷五记载："卒，年六十五，赠太尉，谥康肃。"

脱脱等《宋史·列传·陈尧咨传》记载："所居栋摧，大星陨于庭，散为白气。已而卒，赠太尉，谥曰康肃。"

徐松《宋会要辑稿·礼五十八》记载："武信军节度使陈尧咨，谥康肃。"

[9]王辟之《渑水燕谈录》卷九记载："陈尧咨善射，百发百中，世以为'小由基'。及守荆南回，其母冯夫人问：'汝典郡，有何异政？'尧咨云：'荆南当要冲，日有宴集，尧咨每以弓矢为乐，坐客莫不叹服。'母曰：'汝父教汝以忠孝辅国家，今汝不务行仁化，而专一夫之技，岂汝先人之志耶！'杖之，所佩金鱼坠地。"

译文

陈尧叟，字唐夫，阆州阆中郡人。他的父亲陈省华，最终为左谏议大夫。陈尧叟是进士及第第一名，任光禄寺丞，直史馆，后擢升秘书丞。不久，被任命为工部员外郎、广南西路转运使。当地风俗，有病不吃药，只是向鬼神祈祷。陈尧叟于是把《集验方》镌刻在桂州各地的驿站，让百姓传阅。从此之后，百姓才开始用药治病。南岭以南，树木稀少，没有清洁的井水，陈尧叟就带领百姓在道旁植树，在房前打井，在各地建立驿亭，直到今天人们都觉得很便利。后来回朝廷任度支判官,擢升枢密直学士。宋真宗咸平四年被授予右谏议大夫,同知枢密院事。后来王继英为枢密使,陈尧叟改任金书枢密院事,擢升工部侍郎。宋真宗驾临澶渊,命他先乘坐朝廷专用传达命令的传车到北寨巡察军事,特许他便宜行事。宋真宗景德年间,与王钦若一起知枢密院事并兼任群牧使。陈尧叟对群牧马政工作专心研究,制定了很多条例和制度,不论公家还是私人,取马都很方便。后来,他随真宗皇帝到泰山举行封禅大典,额外加官尚书左丞。又奉命负责祭祀汾阴的具体事务,额外加官户部尚书,与王钦若一起同为平章事,擢升枢密使。不久,与王钦若一起罢免。第二年,又与王钦若一起任命为枢密使,因病任右仆射,出知河阳三城节度使。后来病很严重,请求返还东京。死时五十七岁,被朝廷追赠侍中,谥号为"文忠"。陈尧叟有才能,处事圆通,机敏智慧,他长久主管机密事务,对于军马的数量和基本情况都了如指掌。他母亲冯氏,性格严厉刚毅,陈尧叟对父母孝顺而恭谨,从未违背过他母亲的意愿。有弟弟陈尧佐、陈尧咨。

陈尧佐,字希元。进士及第,渐次升迁为太常丞,知开封府录事参军,主管诉讼官司,成绩突出,升为开封府推官。因上书指责时弊,言辞急切,被贬为潮州通判。潮州恶溪里的鳄鱼吃人,老百姓都不敢靠近。陈尧佐下令捕捉鳄鱼,捆着抬到街市上鸣鼓示众,布告鳄鱼的罪孽,最后将鳄鱼斩首,鳄鱼之祸才熄灭。他又修建了孔子庙和韩公祠,潮人才开始喜欢学习文化。有大臣向朝廷推荐他的文学才能,他才得以任直史馆。他曾经做过两浙转运使,钱塘江堤以前是采用竹笼装石头垒砌而成的,被汹涌的潮水冲击、侵蚀,没几年大堤就被破坏了而要再进行修理。陈尧佐建议改用"下薪实土法"筑堤,有人说此法不能实行,当时,丁谓在朝中执政,于是将陈尧佐改任京西路转运使,不久又改任河北路转运使,随后,又改任河东路转运使。其后,钱塘江堤久久不能修成,不得不采用"下薪实土法"。黄河在滑州决堤,用卷埽不能堵住决口,情势十分危急。陈尧佐于是在木头上凿孔,在孔中楔上木条,制成像牙齿一样的器具,并投于江中水流湍急之处,木具随水沉浮,陈尧佐把这种器具叫作"木龙",这样,湍急的水势就变得平缓了,决口才被堵住。他又在河堤外筑有护堤加以护卫,当地人叫作"陈公堤"。宋真宗天禧三年,负责编录御试进士,因取录名单出现错误获罪,贬任监鄂州茶场。后起用知渭州,再任京西转运使。入朝任三司副使,知制诰,转任龙图阁直学士。又知河南府,转知并州,知开封府。陈尧佐认为,治理烦杂政务的办法,如果用威势去打击豪强,过分明察地防备邪恶,就好比是搅动水流来想让它澄静。所以陈尧佐处理政事,一概靠真诚守信，京师的社会秩序因此安定稳固，被拜为翰林学士。宋仁宗天圣七年，任枢密副使。太常博士陈诂出知祥符县，用法律规范官吏，那些官吏都逃走消失了，章宪明肃皇后（章献明肃皇太后）震怒。案件移交到枢密院，陈尧佐认为如果惩办陈诂就会让奸人得逞，从而打击能干官吏的积极性，陈诂于是才得到赦免，陈尧佐改任参知政事。宋仁宗明道三年（二年）罢参政，出知永兴军。后又到庐州，不久又调到同州，再到永兴军，到郑州，入朝拜户部侍郎。时任宰相吕夷简请求告老，仁宗皇帝问他说："您果真退休，何人可以替代您？"吕夷简回答："没有谁比皇上您更了解臣下百工，还是您慎重选择吧。"仁宗皇帝再三询问，吕夷简说："陛下想用治国安邦的能人，我确实不知道。如果想用有谋略有谋划，阅历丰富，世事练达，能使朝廷内外安定，洞悉天下疾苦的人，谁也比不上陈尧佐。"仁宗皇帝非常赞同吕夷简的话。宋仁宗景祐四年，拜为同中书门下平章事。陈尧佐既拜，以唐代刘蕡写的对策进言说："天下大治还是混乱，从朝廷开始；朝廷的奖赏和处罚，贵从身边开始。刘蕡所探究、议论的那些事，都是当今的弊政。这些便是臣下所想进言的内容，是陛下所应当实行的措施，而且这是我们臣子的职责。"那一年，冬天响雷，发生地震，天上星象多次发生变化。陈尧佐说："王随职位在自己之上，但因生病没任职，程琳等人职位都在自己之下。"于是他引用汉代的惯例，借用灾害变异来谴责自己。第二年，谏官韩琦议论政事错乱百出，认为宰相的人选不合适，最终与王随一起被罢免，任命为淮康军节度使，同平章事，判郑州。以太子太师退隐，定居于郑州。宋仁宗庆历四年病故，临终，他自己撰写了墓志铭，说："大宋颍川先生，名尧佐，字希元，自号知余子。寿年八十二岁不算夭折，官居一品不算鄙贱，出将入相享受俸禄不算屈辱。有了这三者，大概可以安息在父母墓旁了。"追赠司空、侍中，谥号"文惠"。陈尧佐善写绝句，传阅很广。又有《潮阳编》《野庐编》《遣兴集》《愚丘集》。他生性俭省节约，不喜欢浮华奢侈的生活。当他还没及第时，曾同他父亲陈省华以及大哥陈尧叟、三弟陈尧咨拜访华山道士陈抟，陈抟对他父亲说："你三个儿子都将会出将入相，然而老二是老大和老三都不及的。"最后，这个预言果然应验了。

陈尧咨，字嘉谟。举进士第一名，授将作监丞，在济州做通判。后回朝廷任直史馆，经过多次升迁为知制诰。在殿试进士时，与刘几道在试卷中秘密作记号，被贬为单州团练副使。宋真宗大中祥符年间中，复为知制诰。出知荆南，迁升为集贤院学士。又迁升为龙图阁直学士，知永兴军。长安多盐碱地，地下井水不能饮用，陈尧咨于是疏通了龙首渠，引水入城，极大地方便了军民士商。然而他生性强横放纵，喜欢豪华奢侈的生活，在永兴军修建武库、视草堂，开设三道大门，修筑宽阔的甬道进出，而又用刑残酷，多次当面凌辱转运使乐黄目。黄目不堪忍受，被迫请求远调它路躲避他。真宗皇帝也认为他所作不合法度，但不愿彻底惩办追究他，只是罢免了他的学士头衔，转任邓州，不久又任命为知制诰，常常为人所诟病、排挤。他的长兄陈尧叟，上书皇帝请求公开他所犯下的不法行为，让他知道是皇帝保全了他。于是皇帝下诏对他进行了严厉批评，他才引咎谢罪。不久，又被复职，擢知开封府，授予翰林学士、龙图阁学士，改任宿州观察使，知天雄军。陈尧咨坚决推辞，自述说："用文职来换武官，我痛惜腰间没有'紫金鱼袋'了。"仁宗皇帝特许他佩戴'金鱼'，用来表示对他的优厚恩宠。后又改任武胜军留后，拜武信军节度使，出知澶州，后又知天雄军。死时六十五岁，追赠太尉，谥号"康靖（康肃）"。陈尧咨善于射箭，知荆南时，他母亲冯氏问他："古人治理一州一郡，都一定有优异的政绩。你治理州郡，有什么优异的地方？"陈尧咨说："荆南是交通要道、军事要冲，迎来送往，宴饮歌舞，应接不暇，几乎没有空闲，然而我箭术颇精，众人没有不佩服的。"母亲冯氏说："你父亲曾教育你要尽忠报国。你现在不以施行仁政善于教化为务，却致力于一般卒伍匹夫的技能，这难道是你先人的愿望吗！"说罢，便用拐杖痛打陈尧咨。陈尧咨著有《治本》十六篇，《渚宫》上下编，与兄陈尧叟、陈尧佐同时居高位而显扬于世，陈氏家族是本朝影响最为深远的家族。

第八节　大用立传

脱脱（1314—1356），蔑里乞氏，亦作托克托、脱脱帖木儿，字大用，蒙古族。元朝末年政治家、军事家、史学家。至元六年（1340），为中书右丞相，大改伯颜旧政，复科举取士。至正三年（1343），任都总裁官，主持编纂《辽史》《宋史》《金史》。《宋史·列传》第四十三为陈尧佐立有传记，并附有陈省华传、陈尧叟传、陈尧咨传、陈渐传。

脱脱等《宋史·列传·陈尧佐传》
（附陈省华传、陈尧叟传、陈尧咨传）[1]

原文

陈尧佐，字希元，其先河朔人，高祖翔为蜀新井①令，因家焉，遂为阆州阆中人[2]。

父省华字善则，事②孟昶③为西水④尉。蜀平，授陇城主簿，累迁⑤栎阳令。县之郑白渠为邻邑强族所据，省华尽去壅遏⑥，水利均及，民皆赖⑦之，徙楼烦令。端拱三年[3]，太宗亲试进士，伯子尧叟登甲科，占谢⑧，辞气明辨⑨，太宗顾左右曰："此谁子？"王沔以省华对[4]。即召省华为太子中允⑩，俄判

---

① 新井：即新井县，唐武德元年（618）置，属隆州，县治在今四川省南部县大桥镇新井社区。先天元年（712）为避李隆基讳，改隆州为阆州，开元二十一年（733），改州为阆中郡，唐肃宗乾德元年（758）又改郡为阆州，宋为阆州，新井县先后属之。元至元十三年（1276）属保宁府，至元二十年（1283）省新井县入南部县。

② 事：指任职、侍奉；通"仕"，指做官；《礼记·曲礼上》曰："大夫七十而致事。"

③ 孟昶：（919—965），初名孟仁赞，字保元，邢州龙冈县（今河北邢台）人，出生于太原府晋阳县（今山西太原）。后蜀高祖孟知祥第三子，后蜀末代皇帝（934—965），在位三十二年。适逢中原多故，而境内却少有战事，经济发达，人民富庶，但孟昶本人颇为奢侈淫靡。广政二十七年（964），宋太祖赵匡胤派王全斌等伐蜀。次年，孟昶降宋，被俘至京师，拜检校太师兼中书令，封秦国公。旋卒，追赠尚书令、楚王，谥"恭孝"。

④ 西水：即西水县，南朝梁武帝大同（535—546）置，县治在今四川南部县西水乡高峰村严家坝，为掌天郡治所。西魏废帝二年（553），改属金迁郡。隋开皇三年（583）属蓬州。大业三年（607），属巴西郡。隋末，县治移今四川省南部县西水镇。武德元年（618）改巴西郡为隆州，玄宗先天元年（712）为避李隆基讳，改隆州为阆州，西水县属之。元世祖至元二十年（1283）省西水县入南部县。

⑤ 累迁：谓多次迁升官职。

⑥ 壅遏：阻止，阻塞。

⑦ 赖：倚靠，仗恃。

⑧ 占谢：当面致词道谢。

⑨ 辞气明辨：言语清晰，谈吐文雅。辞气：辞采，言辞，谈吐。明辨：明确，清楚。

⑩ 太子中允：东宫官名，东汉太子属官有中允，后不置。唐太宗贞观（627—649）初改太子中舍人置，高宗永徽三年（652）改内允，旋复旧名。龙朔二年（662），改为左赞善大夫。咸亨元年（670），复置。其后以二员为额，正五品下，为左春坊次官，佐左庶子掌侍从赞相，驳正启奏。宋初用为文臣寄禄官，五品，神宗元丰（1078—1085）改制，改为通直郎。

三司都凭由司①，改盐铁判官，迁殿中丞②。河决郓州，命省华领州事。俄为京东转运使，超拜③祠部员外郎、知苏州，赐金紫。时遇水灾，省华复流民数千户，殍者悉瘗④之，诏书褒美⑤。历户部、吏部二员外郎，改知潭州。省华智辨有吏干⑥，入掌左藏库，判⑦吏部南曹，擢鸿胪少卿。景德初，判吏部铨⑧，权知⑨开封府，转光禄卿。旧制，卿监坐朵殿⑩，太宗以省华权莅京府，别设其位，升于两省五品之南。省华以府事繁剧，请禁宾友相过，从之。未几，因疾求解任，拜左谏议大夫，再表乞骸骨，不许，手诏存问⑪，亲阅方药赐之，三年，卒，年六十八，特赠太子少师。

尧佐进士及第[5]，历魏县⑫、中牟⑬尉，为《海喻》一篇，人奇其志。以试秘书省校书郎⑭知朝邑县⑮，会其兄尧叟使陕西，发中人方保吉罪，保吉怨之，诬尧佐以事，降本县主簿[6]。徙下邽⑯，迁秘书郎、知真源县⑰，开封府司录参军事，迁府推官。坐言事忤旨，降通判潮州。修孔子庙，作韩吏部祠，

---

①都凭由司：宋代三司内部具有审计职能的机构。《宋史·职官二》记载："都凭由司以判都理欠司官，兼掌在京官物支破之事。凡部支官物，皆覆视无虚谬，则印署而还之，支讫，复据数送勾而销破之。"
②殿中丞：官名，唐改殿内省为殿中省，殿中丞为其属官，殿中丞二人，从五品上。
③超拜：超级升授官职。
④瘗（yì）：掩埋，埋葬。
⑤褒美：嘉奖赞美。
⑥吏干：指为政的才干。
⑦判：除中枢官兼任地方官外，通指以高管兼任低职者。
⑧吏部铨：判吏部三铨事省称。
⑨权知：谓代掌某官职。
⑩朵殿：大殿的东西侧堂。
⑪存问：慰问；慰劳。多指尊对卑，上对下。
⑫魏县：汉高祖十二年（前195）置（治今于村），属魏郡。北宋属河北东路大名府，治今河北省邯郸市魏县北皋镇，熙宁六年（1073），县治移洹水镇（今魏县村）。
⑬中牟：即中牟县，古称圃田、牟州，汉置，北宋属开封府，治今中牟县。
⑭校书郎：官名，掌校雠典籍，订正讹误。东汉朝廷藏书于东观，置校书郎中。后魏秘书省始置校书郎，唐秘书省与弘文馆皆置，宋属秘书省。
⑮朝邑县：西魏大统六年（540）置，隶属同州。北宋属陕西路同州，治今陕西省渭南市大荔县朝邑镇。
⑯下邽（guī）：即下邽县，秦置，北宋属陕西路华州，治今陕西省渭南市东北。
⑰真源县：乾封元年（666），改谷阳为真源，载初元年（689），改真源为仙源，神龙元年（705），复为真源，同属河南道亳州。北宋属淮南路亳州，治今河南省鹿邑县。宋大中祥符七年（1014），改真源为卫真，和鹿邑同属淮南东路亳州。

以风示潮人。民张氏子与其母濯①于江，鳄鱼尾而食之，母弗能救。尧佐闻而伤之，命二吏拏②小舟操网往捕。鳄至暴，非可网得，至是，鳄弭③受网，作文示诸市而烹之，人皆惊异。

召还，直史馆、知寿州。岁大饥，出奉米④为糜粥食饿者，吏人悉献米，至振⑤数万人。徙庐州[7]，以父疾请归，提点开封府界事，后为两浙转运副使[8]。钱塘江篝石为堤，堤再岁辄坏。尧佐请下薪实土乃坚久，丁谓不以为是，徙京西转运使，后卒如尧佐议。徙河东路，以地寒民贫，仰⑥石炭以生，奏除其税。又减泽州大广冶铁课数十万。徙河北，母老祈就养⑦，召纠察在京刑狱，为御试编排官，坐置等误降官，监鄂州茶场。

天禧中，河决，起知滑州，造木龙以杀水怒，又筑长堤，人呼为"陈公堤"。初营永定陵，复徙京西转运使，入为三司户部副使，徙度支，同修《真宗实录》。不试中书，特擢知制诰兼史馆修撰，知通进银台司⑧。进枢密直学士、知河南府，徙并州。每汾水暴涨，州民辄忧扰，尧佐为筑堤，植柳数万本，作柳溪，民赖其利[9]。

召同修《三朝史》[10]，代弟尧咨同知开封府[11]，累迁右谏议大夫⑨，为翰林学士，遂拜枢密副使。祥符⑩知县陈诂治严急，吏欲罪诂，乃空县逃去，太后果怒。而诂连吕夷简⑪亲，执政以嫌不敢辨。事下枢密院，尧佐独曰：

①濯（zhuó）：洗。
②拏（ná）：牵引。
③弭（mǐ）：顺服。
④奉米：即俸米，旧时京官的俸禄，以米支给者谓之俸米。
⑤振：同"赈"，救济。
⑥仰：依赖。
⑦就养：侍奉；《礼记·檀弓上》曰："事亲有隐而无犯，左右就养无方。"
⑧通进银台司：官署名，宋置，原隶枢密院，后改隶给事中。通进司掌接受银台司所领天下章奏案牍及文武近臣奏疏进呈，以及颁布之事。银台司掌抄录天下奏状案牍事目进呈，并发付有关机构检查，纠正其违失，监督其执行。知司官二人，以两制以上充任。咸平四年（1001）置门下封驳司隶银台司。
⑨右谏议大夫：官名，秦代置谏议大夫之官，专掌论议，为郎中令之属官，掌论议，有数十人之多。北宋前期，为寄禄官，神宗元丰（1078—1085），升从四品，复专掌讽喻规谏，左隶门下省，右隶中书省。
⑩祥符：即祥符县，秦置，北宋属开封府，治今河南省开封市祥符区。
⑪吕夷简：（978—1044），字坦夫，淮南寿州（今安徽凤台）人，北宋杰出的政治家，太子太师、北宋名相吕蒙正之侄、光禄寺丞吕蒙亨之子。咸平三年（1000）登进士第，后三次拜相，以太尉致仕。庆历四年（1044）去世，年六十六，追赠太师、中书令，谥号"文靖"，后配享仁宗庙庭，绘像于昭勋阁，为昭勋阁二十四功臣之一。

"罪诘则奸吏得计，后谁敢复绳吏者？"诘由是得免。以给事中①参知政事，迁尚书吏部侍郎②。

太后崩，执政多罢，以户部侍郎知永兴军。过郑，为郡人王文吉以变事③告，下御史中丞范讽劾治，而事乃辨。改知庐州，徙同州，复徙永兴军。初，太后遣宦者起浮图④京兆城中，前守姜遵尽毁古碑碣⑤充砖甓用，尧佐奏曰："唐贤臣墓石，今十亡⑥七八矣。子孙深刻大书⑦，欲传之千载，乃一旦与瓦砾等，诚可惜也。其未毁者，愿敕州县完护之[12]。"徙郑州。会作章惠太后⑧园陵，州供张⑨甚严⑩，赐书褒谕。既而拜同中书门下平章事、集贤殿大学士。以灾异数见⑪，罢为淮康军节度使、同中书门下平章事、判郑州。以太子太师⑫致仕，卒，赠司空兼侍中，谥文惠。

尧佐少好学，父授诸子经，其兄未卒业⑬，尧佐窃听已成诵。初肄业锦屏山[13]，后从种放⑭于终南山，及贵，读书不辍⑮。善古隶八分，为方丈字，

---

①给事中：职官名，秦、汉时，无论何等官职，若加上给事中之衔称，即可出入宫庭，常侍帝王左右。魏晋时始为正官。隋代给事中一度改称为"给事郎"。唐、宋以来，居门下省之要职，掌侍从规谏。或称为"给谏""给事"。
②吏部侍郎：吏部副长官，仅次于吏部尚书，主管官吏任免、考课、升降、调动等事。班列次序，在其他各部之上。
③变事：突然发生的重大事件。
④起浮图：修建佛塔。起：建造，建立。浮图：佛塔。
⑤碑碣（jié）：碑刻的统称；方者为碑，圆者为碣，后多混用。
⑥亡（wú）：同"无"，没有。
⑦大书：特别记载或书写；"大书特书"。
⑧章惠太后：（984—1036），杨氏，益州郫县人，宋真宗的皇后，宋仁宗的养母。祖父杨瑎，父杨知俨，弟杨知信，隶禁军，为天武副指挥使。
⑨供张：供给陈设；《汉书·王尊传》记载："后上行幸雍，过虢，尊供张如法而办。"
⑩严：不放松，认真。
⑪见（xiàn）：同"现"，出现，显露。
⑫太子太师：职官名，晋时所置，太子老师之一。
⑬卒业：修毕学业；《汉书·儒林传·施雠传》记载："雠为童子，从田王孙受易，后雠徙长陵，田王孙为博士，复从卒业。"
⑭种放：（955—1015），字明逸，号云溪醉侯，河南洛阳人，父诩，宋吏部令史，后调补长安主簿。种放七岁能写文章，精于易学。不应科举，父亡随母亲隐居终南山，讲学为生，撰写的《蒙书》十卷以及《嗣禹说》《表孟子上下篇》《太一祠录》等，人们很是称许。后多次应诏，大中祥符四年（1011）正月，陪祭汾阴，被授予工部侍郎。
⑮不辍（chuò）：不停止，继续不断；《文选·扬雄·长杨赋》曰："复三王之田，反五帝之虞；使农不辍耰，工不下机。"

笔力端劲，老犹不衰[14]。尤工①诗。性俭约，见动物，必戒左右勿杀，器服坏，随辄补之，曰："无使不全见弃也。"号"知余子"。自志其墓曰："寿八十二不为夭，官一品不为贱，使相纳禄不为辱，三者粗可归息于父母栖神之域矣。"陈抟尝谓其父曰："君三子皆当将相，惟中子贵且寿。"后如抟言。有《集》三十卷，又有《潮阳编》《野庐编》《愚丘集》《遣兴集》。

尧叟②，字唐夫，解褐②光禄寺丞、直史馆，与省华同日赐绯，迁秘书丞。久之，充三司河南东道判官。时宋、亳、陈、颖民饥，命尧叟及赵况等分振③之[15]。再迁工部员外郎、广南西路转运使。岭南风俗，病者祷神不服药，尧叟有《集验方》刻石桂州驿[16]。又以地气蒸暑，为植树凿井，每三二十里置亭舍，具饮器，人免渴死。会加恩黎桓，为交州国信使。初，将命④者必获赠遗数千缗，桓责⑤赋敛于民，往往断其手及足趾。尧叟知之，遂奏召桓子，授以朝命，而却其私觌⑥。又桓界先有亡命⑦来奔者，多匿不遣，因是海贼频年入寇。尧叟悉捕亡命归桓，桓感恩，并捕海贼为谢。

先是，岁调雷、化、高、藤、容、白诸州兵，使辇⑧军粮泛海给琼州。其兵不习水利，率多沉溺，咸苦之。海北岸有递角场，正与琼对，伺风便一日可达，与雷、化、高、太平四州地水路接近。尧叟因规度⑨移四州民租米输于场，第令琼州遣蜑兵⑩具舟自取，人以为便。

咸平初，诏诸路课民种桑枣，尧叟上言曰："臣所部诸州，土风本异，田多山石，地少桑蚕。昔云八蚕⑪之绵，谅非五岭⑫之俗，度其所产，恐在安南。今其民除耕水田外，地利之博者惟麻苎尔。麻苎⑬所种，与桑柘不殊，既成宿

---

①工：善于，长于。
②解褐：谓脱去布衣，担任官职；《晋书·曹毗传》记载："安期解褐于秀林，渔父罢钓于长川。"
③振：同"赈"，救济。
④将命：奉命，传命。
⑤责：要求。
⑥私觌（dí）：私以礼物拜会出使国之国君；指私觌之礼物。
⑦亡命：意思是削除户籍而逃亡在外。泛指逃亡，流亡；指逃亡者。
⑧辇：辇车，古代用人挽拉的辎重车。
⑨规度：规划测度。
⑩蜑（dàn）兵：由南方少数民族组成的兵丁。
⑪八蚕：指一年八熟的蚕。
⑫五岭：越城岭、都庞岭、萌渚岭、骑田岭和大庾岭的总称，又称"南岭"。
⑬麻苎（zhù）：即麻苧，大麻和苎麻，引申为粗布。

根，旋擢新干，俟枝叶栽茂则刈获之，周岁之间三收其苎。复一固其本，十年不衰。始离田畴，即可纺绩。然布之出，每端止售百钱，盖织者众、市者少。故地有遗利①，民艰资金。臣以国家军须所急，布帛为先，因劝谕部民广植麻苎，以钱盐折变②收市之，未及二年，已得三十七万余匹。自朝廷克平交、广，布帛之供，岁止及万，较今所得，何止十倍。今树艺③之民，相率竞劝④；杼轴⑤之功，日以滋广。欲望自今许以所种麻苎顷亩⑥，折桑枣之数，诸县令佐依例书历为课，民以布赴官卖者，免其算税。如此则布帛上供，泉货⑦下流，公私交济，其利甚博。"诏从之。代还，加刑部员外郎⑧，充度支判官[17]。

未几，会抚水⑨蛮酋蒙令国杀使臣扰动，命尧叟为广南东、西两路安抚使⑩，赐金紫⑪遣之[18]。事平，迁兵部，拜主客郎中⑫、枢密直学士、知三班兼

---

①遗利：未尽其用的利益。
②折变：宋代谓所征实物以等价改征他物。王安石《乞制置三司条制》曰："又忧年计之不足，则多为支移折变，以取之民，纳租税数至或倍其本数。"《宋史·食货志上二》曰："（赋税）入有常物，而一时所需，则变而取之，使其直轻重相当，谓之折变。"
③树艺：种植，栽培；《周礼·地官·大司徒》曰："辨十有二壤之物，而知其种，以教稼穑树蓺。"贾公彦疏："教民春稼秋穑，以树其木，以蓺黍稷也。"
④相率竞劝：一个接一个地争相劝勉。相率，相继；一个接一个；《荀子·富国》曰："百姓诚赖其知也，故相率而为之劳苦，以务佚之，以养其知也。"竞劝，争相劝勉；《左传·昭公元年》记载："去烦宥善，莫不竞劝，子其图之。"
⑤杼轴：织布机上的两个部件，即用来持纬（横线）的梭子和用来承经（竖线）的筘，亦代指织机；指纺织。
⑥顷亩：百亩，形容面积大。
⑦泉货：钱币，货币；权德舆《序》曰："寿春刺史张镒，有名于时，一获晤言，大加赏识。暨别，镒以泉货数万为贶。"
⑧刑部员外郎：官名，隋文帝开皇六年（586）始置，为刑部头司次官，宋神宗元丰（1078—1085）改制后置为刑部属官。
⑨抚水：即抚水州，唐置羁縻州，属黔中道黔南都督府。宋改属广南西路宜州，仍为羁縻州。辖抚水、京水、多逢、古劳四县，约当今广西环江北部及贵州荔波、三都、从江等县地。治所在抚水，即今环江县北旧宜北县地。居民属"南僚"，以击铜鼓、种水稻、住"干栏"、穿花衣为特征。首领皆蒙姓，其民有区（欧）、廖、潘、吴四姓。主要为今水族及毛难、壮、侗等族先民。北宋大中祥符九年（1016），爆发以蒙承贵为首领的饥民武装大起义。失败后，宋改抚水州为安化州，改抚水县为归仁县，京水县为长宁县。
⑩安抚使：官名，为由中央派遣处理地方事务的官员。隋代曾设安抚大使，为行军主帅兼职。唐代前期派大臣巡视经过战争或受灾地区，称安抚使。宋初沿之，为诸路灾伤及用兵的特遣专使。后渐成为各路负责军务治安的长官，以知州、知府兼任。
⑪金紫：金鱼袋及紫衣，宋代的官服和佩饰，用以指代贵官。
⑫主客郎中：唐宋时礼部设以掌管少数民族及外国宾客接待之事的官员。

银台通进封驳司、制置群牧使[19]。

　　河决澶州王陵口,诏往护塞①之。遂与冯拯同为河北、河东安抚副使[20]。时中外上封奏者甚众,命与拯详定利害②,及与三司议减冗事[21]。俄与拯并拜右谏议大夫、同知枢密院事。有言三司官吏积习依违③,文牒有经五七岁不决者,吏民抑塞④,水旱灾沴⑤,多由此致。请委逐部判官检覆判决。如复稽滞⑥,许本路转运使闻奏,命官推鞫⑦,以警弛慢。乃诏尧叟与拯举常参官干敏⑧者,同三司使议减烦冗,参决滞务。尧叟请以秘书丞、直史馆孙冕⑨同领其事,凡省去烦冗文帐二十一万五千余道,又减河北冗官七十五员。

　　五年[22],郊祀,进给事中。会王继英为枢密使,以尧叟签署院事,奉秩⑩恩例悉同副使,迁工部侍郎。真宗幸澶渊,命乘传先赴北寨按视戎事,许以便宜。景德中迁刑部、兵部二侍郎,与王钦若并知枢密院事。真宗朝陵,权东京留守[23]。每裁剸⑪刑禁,虽大辟⑫亦止面取状,亟决遣之,以故狱无系囚⑬。真宗曰:"尧叟素有裁断,然重事宜付有司按鞫⑭而详察之。"因密加诏谕。

　　俄兼群牧制置使。始置使,即以尧叟为之,及掌枢密,即罢其任;至是以国马戎事之本,宜得大臣总领⑮,故又委尧叟焉。自是多立条约⑯。又著《监牧

---

①护塞(sāi):护堤堵缺口。
②利害:利益与损害;利弊;《易·系辞下》曰:"情伪相感而利害生。" 韩康伯注:"情以感物则得利,伪以感物则致害也。"
③依违:顺从和违背,指犹豫不决;遇事依违两可。
④抑塞:抑郁,郁闷;杜甫《短歌行赠王郎司直》:"王郎酒酣拔剑斫地歌莫哀,我能拔尔抑塞磊落之奇才。"
⑤灾沴(lì):指自然灾害。
⑥稽滞(jī zhì):延滞,拖延;桓宽《盐铁论·错币》曰:"择钱则物稽滞,而用人尤被其苦。"
⑦推鞫(jū):亦作"推鞠",审问。
⑧干敏:办事干练敏捷,出自《新唐书·郑元璹传》。
⑨孙冕:临江军新淦人,擢进士第,宋真宗天禧末曾守苏州。
⑩奉秩:俸禄;奉,通"俸"。
⑪裁剸(tuán):裁割,裁决。
⑫大辟:死刑,古代五刑的一种;《礼记·文王世子》曰:"刑狱成,有司谳于公,其死罪则曰某之罪在大辟。"
⑬系囚:拘禁在狱中的囚犯。《文选·张衡四愁诗·序》曰:"郡中大治,争讼息,狱无系囚。"
⑭按鞫(jū):审问。
⑮总领:统领;统管。杨恽《报孙会宗书》曰:"总领从官,与闻政事。"
⑯条约:条例,规章;司空图《唐故宣州观察使检校礼部王公行状》曰:"公举奏条约,给官缗以僦水工,自是行役不淹,人遂安逸。"

议》,述马政之重。预修国史。

　　大中祥符初,东封,加尚书左丞。诏撰《朝觐坛碑》,进工部尚书①。献《封禅圣制颂》,帝作歌答之[24]。祀汾阴,为经度制置使②、判河中府[25]。礼成,进户部尚书。时诏王钦若为《朝觐坛颂》,表让尧叟,不许。别命尧叟撰《亲谒太宁庙颂》,加特进③,赐功臣。又以尧叟善草隶,诏写途中御制歌诗刻石。

　　五年,与钦若并以本官检校太傅④、同平章事,充枢密使,加检校太尉⑤[26]。从幸太清宫,加开府仪同三司⑥[27]。未几,与钦若罢守本官,仍领群牧。明年,复与钦若以本官检校太尉、同平章事,充枢密使。尧叟素⑦有足疾,屡请告。九年夏,帝临问,劳赐⑧加等。疾甚,表求避位,遣合门使杨崇勋至第抚慰,以询其意。尧叟词志颇确⑨,优拜右仆射、知河阳。肩舆⑩入辞,至便坐⑪,许三子扶掖⑫升殿,赐诗为饯。又赐仲子希古绯服[28]。

　　天禧初,病亟,召其子执笔,口占⑬奏章,求还辇下⑭,诏许之。肩舆至京

---

①工部尚书:官职名,雅称大司空,工部长官,掌管全国屯田、水利、土木、工程、交通运输、官办工业等。
②经度制置使:官名,宋朝初年,举行大礼时或置,设副使佐之,掌大礼有关事宜。
③特进:官名,西汉末期始置,以授列侯中之有特殊地位者,得自辟僚属。南北朝为加官,无实职。唐宋为文散官之第二阶,相当于正二品。
④检校太傅:官名,宋设此官,为散官,无职事,而地位高于正职。宋代的检校官体系作为一种虚衔、加官,自检校太师至检校水部员外郎,计有十九阶检校官。元丰三年(1080)改制后,剩下检校太师、太尉、太傅、太保、司徒、司空六阶。徽宗政和二年(1112),又改为了检校太师、太傅、太保、少师、少傅、少保六阶。
⑤检校太尉:官名,宋设此官,为散官,无职事,而地位高于正职。
⑥开府仪同三司:官名。开府,指以自己的名义自置幕府与幕僚部属的行为;得授仪同三司加号者可以得到与三公一样的待遇,是隋唐至元文散官的最高官阶,从一品,一般是朝廷对有功大臣的重赐。
⑦素:向来。
⑧劳赐:慰劳赏赐。
⑨确:坚固,固定;《易·乾卦》曰:"确乎其不可拔。"
⑩肩舆:谓乘坐轿子。刘义庆《世说新语·简傲》记载:"谢中郎是王蓝田女婿,尝着白纶布,肩舆径至扬州听事。"
⑪便坐:别室,厢房。
⑫扶掖:搀扶。《汉书·王莽传下》记载:"三日庚戌,晨旦明,群臣扶掖莽,自前殿南下椒除,西出白虎门。"
⑬占:口说,口授。
⑭辇下:天子车驾附近,指京师;裴铏《传奇·裴航》记载:"航遍求访之,灭迹匿形,竟无踪兆。遂饰装归辇下。"

209

师，卒，年五十七。废朝①二日[29]，赠侍中②，谥曰文忠。录其孙知言、知章为将作监③主簿。长子师古赐进士出身，后为都官员外郎。希古至太子中舍，坐事除籍④。

尧叟伟姿貌，强力，奏对明辨，多任知数⑤。久典机密，军马之籍，悉能周记。所著《请盟录》三集二十卷。

母冯氏性严，尧叟事亲孝谨，怡声⑥侍侧，不敢以贵自处。家本富，禄赐且厚，冯氏不许诸子事华侈。景德中，尧叟掌枢机，弟尧佐直史馆，尧咨知制诰，与省华同在北省⑦，诸孙任官者十数人，宗亲登科者又数人，荣盛无比。宾客至，尧叟兄弟侍立省华侧，客不自安，多引去⑧。旧制登枢近者，母妻即封郡夫人。尧叟以父在朝母止从父封，遂以妻封表让于母，朝廷援制不许。父既卒，帝欲褒封其母，以问王旦。旦曰："虽私门礼制未阕⑨，公朝降命亦无嫌也。"乃封上党郡太夫人，进封滕国[30]，年八十余无恙，后尧叟数年卒。

尧咨，字嘉谟，举进士第一，授将作监丞、通判济州。召为秘书省著作郎、直史馆、判三司度支勾院⑩，始合三部勾院兼总之[31]。擢右正言、知制诰。崇政殿试进士，尧咨为考官，三司使刘师道属弟几道以试卷为识验。坐贬单州团练副使。复著作郎、知光州。

寻复右正言、知制诰，知荆南。改起居舍人⑪，同判吏部流内铨⑫。旧格，

---

①废朝：停止朝会，出自《三国志·魏志·刘劭传》。
②侍中：职官名。秦始置，两汉沿置，为正规官职外的加官之一。因侍从皇帝左右，出入宫廷，与闻朝政，逐渐变为亲信贵重之职。晋以后，曾相当于宰相。隋因避讳改称纳言，又称侍内。唐复称，为门下省长官，乃宰相之职。北宋犹存其名，南宋废。
③将（jiāng）作监：官署名，掌管宫室建筑、金玉珠翠、犀象宝贝和精美器皿的制作与纱罗缎匹的刺绣及各种异样器用打造的官署。
④除籍：从簿籍上除去其名，多指除去宦籍。《新唐书·宦者传上·高力士》记载："上皇徙西内，居十日，为李辅国所诬，除籍，长流巫州。"
⑤知数：道数，方法。
⑥怡声：柔和的语声；《礼记·内则》曰："及所，下气怡声，问衣燠寒。"
⑦北省：指尚书省，因尚书省在宫阙之北，故称。
⑧引去：离去；引退。
⑨阕（què）：停止，终了。
⑩勾院：官署名，宋置。三司（度支、盐铁、户部）勾院，为三司所属机构，掌审核各地上报三司的钱粮百物出纳账籍，主官为勾院判官，其下有勾覆官。三司分设盐铁、度支、户部使时，勾院亦分为三部勾院，由三部勾院判官主管。
⑪起居舍人：职官名，主修《起居注》。隋置，唐宋沿之。
⑫流内铨：宋官署名，属吏部。掌幕职、州县官以下注拟、磨勘等事。北宋初年，京官七品以下流内官员的任免、考课等，仍属吏部。

选人用举者数迁官，而寒士无以进。尧咨进其可擢①者，帝特迁之[32]。改右谏议大夫、集贤院学士，以龙图阁直学士、尚书工部郎中知永兴军。长安地斥卤，无甘泉，尧咨疏龙首渠注城中，民利之。然豪侈不循法度，敞武库，建视草堂，开三门，筑甬道，出入列禁兵自卫。用刑惨急，数有杖死者。尝以气凌转运使乐黄目，黄目不能堪②，求解去，遂徙尧咨知河南府。既而有发③尧咨守长安不法者，帝不欲穷治④，止削职徙邓州，才数月，复知制诰[33]。

尧咨性刚戾⑤，数被挫，忽忽⑥不自乐。尧叟进见，帝问之，对曰："尧咨岂知上恩所以保佑者，自谓遭谗以至此尔！"帝赐诏条⑦其事切责，乃皇恐⑧称谢。还，判登闻检院⑨，复龙图阁直学士。坐失举，降兵部员外郎。丧母，起复工部郎中、龙图阁直学士、会灵观副使⑩[34]。边臣飞奏唃厮啰⑪立文法召蕃部欲侵边，以为陕西缘边安抚使[35]。再迁右谏议大夫、知秦州，徙同州，以尚书工部侍郎权知开封府。入为翰林学士，以先朝初榜甲科，特诏班⑫旧学士蔡齐之上[36]。

---

①擢（zhuó）：提拔，提升。
②堪（kān）：忍受，能支持。
③发：揭发；使现露。
④穷治：追究事情的根源而加以处理。《史记·淮南王列传》记载："弘乃疑淮南有畔逆计谋，深穷治其狱。"
⑤刚戾（lì）：刚愎乖戾；《史记·伍子胥列传》记载："员为人刚戾忍诟，能成大事，彼见来之并禽，其势必不来。"
⑥忽忽：失意貌；《史记·韩长孺列传》记载："乃益东徙屯，意忽忽不乐。数月，病欧血死。"
⑦条：条陈，分条叙述。
⑧皇恐：惊惶，恐惧。皇，通"惶"。
⑨登闻检院：官署名，简称检院。唐垂拱二年（686）置四匦于朝堂，接受士民投书。唐后期有匦院。宋太平兴国九年（984），改匦院为登闻院，景德四年（1007）改登闻检院，隶谏议大夫。
⑩会灵观副使：宫观官名，宋真宗大中祥符九年（1016）始置，以翰林学士充任，宋仁宗皇祐五年（1053）废。
⑪唃厮啰（gū sī luō）：藏语译音，意为"佛子"，本名欺南陵温，北宋河湟地区藏族首领。大中祥符八年（1015）在宗哥城（今青海平安）建立地方政权，汉籍称唃厮啰，又称吐蕃或西蕃，辖湟水流域及今甘青藏族地区，其地当宋与高昌间重要商道，对宋定期贡马。宝元元年（1038）宋封唃厮啰为保顺军节度使，其子孙历受宋封，政权延续约百年，宋依之为牵掣西夏的力量。
⑫班：按次序排列。

换宿州观察使,知天雄军,位丞郎①上[37]。尧咨内不平,上章固辞,皇太后特以只日②召见,敦谕③之,不得已,拜命。自契丹修好,城壁器械久不治,尧咨葺完之。然须索④烦扰⑤,多暴怒,列军士持大梃⑥侍前,吏民语不中意,立至困仆。以安国军节度观察留后⑦知郓州[38]。建请浚新河,自鱼山⑧至下杷以导积水。拜武信军节度使、知河阳,徙澶州,又徙天雄军。所居栋摧,大星陨⑨于庭,散为白气[39]。已而卒,赠太尉,谥曰康肃。

尧咨于兄弟中最为少文,然以气节自任,工隶书[40]。善射,尝以钱为的⑩,一发贯其中[41]。兄弟同时贵显,时推为盛族。

子述古,太子宾客致仕;博古,笃学能文,为馆阁校勘,早卒[42]。

补证

[1]《宋史》撰修于元朝末年,全书有《本纪》47卷,《志》162卷,《表》32卷,《列传》255卷,共计496卷,约500万字,是二十五史中篇幅最庞大的一部官修史书。《陈尧佐传》为《宋史》卷二百八十四,《列传》四十三,除附有陈省华、陈尧叟、陈尧咨以外,还附有其堂侄陈渐。

[2]"陈尧佐字希元,其先河朔人。高祖翔,为蜀新井令,因家焉,遂为阆州阆中人。"这里的"阆中人"应该是"阆中郡人",而不是"阆中县人",若理解为"阆中县人",则该句为前后没有逻辑关系的病句。按元代史官的理解,当时新井县隶属于阆中郡。脱脱等《宋史·地理志·利州路》记载:"阆州,上,阆中郡,乾德四年改安德军节度,领县七:阆中、苍溪、南部、新井、奉国、新政、西水。"

---

①丞郎:尚书省的左右丞和六部侍郎的总称;尚书在左右丞之上,也称丞郎。
②只(zhī)日:单日,奇日。
③敦谕:亦作"敦喻",劝勉晓喻。
④须索:勒索;《新唐书·郑余庆传》记载:"以沙陀兵奄入其地,壁汾东,释言讨贼,须索繁仍。"
⑤烦扰:烦琐搅扰;《管子·禁藏》曰:"内无烦扰之政,外无强敌之患也。"
⑥梃(tǐng):棍棒。
⑦节度观察留后:官名,唐末、五代节度使不在本镇则置,代行节度使之职。宋初沿置,多不赴本任,用为三品武臣寄禄官。神宗元丰(1078—1085)改制,改为正四品。徽宗政和七年(1117),改名承宣使。
⑧鱼山:宋名吾山,在东平湖北的济水岸边。
⑨陨:降,落下。
⑩的(dì):箭靶的中心。

雍正《四川通志》卷二《保宁府》记载："禹贡梁州之域，春秋巴国别都，秦为巴郡。阆中县西境汉水以西为广汉郡地，建安六年，刘璋分阆中置巴西郡，晋因之。宋元嘉十二年，置北巴西郡，属梁州。梁天监八年，以北巴西置南梁州。西魏废帝三年，改曰隆州盘龙郡。隋开皇初，郡废。大业初，复曰巴西郡。唐武德元年，复曰隆州。先天二年，避讳改阆州。天宝元年，改曰阆中郡。乾元初，复曰阆州，属山南道。五代后唐天成四年，置保宁军节度。长兴中入蜀，宋亦曰阆州阆中郡。乾德四年，改曰安德军节度，属利州路。绍兴十四年，属利州东路。"

［3］李焘《续资治通鉴长编》卷三十记载："壬寅，上御崇政殿试合格举人，得进士阆中陈尧叟、晋江曾会等一百八十六人，并赐及第；诸科博平孙奭等四百五十人，亦赐及第，七十三人，同出身。"

李心传《朝野杂记》记载："陈尧叟二十九岁中状元，时为宋太宗端拱二年。"

马端临《文献通考·选举考五》记载："二年进士一百八十六人，诸科四百七十八人。省元陈尧叟，状元同。"

朱希召《宋历科状元录卷一·陈尧叟》记载："端拱二年己丑状元陈尧叟，四川阆州人。"

徐松《宋会要辑稿·选举一》记载："二年正月十一日，以知制诰苏易简、宋准权知贡举，合格奏名进士陈尧叟已下三百六十八人……初，内殿策士，例赐御诗以宠之。至陈尧叟，始易以箴。"

徐松《宋会要辑稿·选举七》记载："二年三月二十一日，帝御崇政殿试礼部奏名进士，内出《圣人不尚贤赋》《五色一何鲜诗》《禹拜昌言论》题，得陈尧叟已下百八十六人并赐及第。翌日，试诸科，得九经孙奭已下四百七十八人，并赐本科及第出身。"

综上，陈尧叟为宋太宗端拱二年（989）进士第一。

［4］李焘《续资治通鉴长编》卷三十一记载："乙巳，赐太子中允陈省华及其子光禄寺丞、直史馆尧叟五品服。先是，尧叟举进士，中甲科，占谢，词气明辨。上问宰相：'此谁子？'吕蒙正等以省华对。省华时为楼烦令，即召见，擢太子中允，于是父子又同日面赐章服。"当时吕蒙正为宰相，王沔为参知政事（副宰相）。

［5］李焘《续资治通鉴长编》卷二十九记载："先是，翰林学士、礼部侍郎宋白知贡举，放进士程宿以下二十八人，诸科一百人。榜既出，而谤议蜂

起，或击登闻鼓求别试。上意其遗才，壬寅，召下第人覆试于崇政殿，得进士马国祥以下及诸科凡七百人，令枢密院用白纸为牒赐之，以试中为目，令权知诸县簿、尉。谓枢密副使张宏曰：'朕自即位以来，亲选贡士，大者为栋梁，小者为榱桷。今封疆万里，人无弃材，日思孜孜，庶臻上理也。卿与吕蒙正等，曩者颇为大臣所沮，非朕独断，则不及此矣。'宏顿首谢。白凡三掌贡士，所取如苏易简、王禹偁辈皆知名，而罢黜者众，因致谤议。时知制诰李沆亦同知贡举，谤议独所不及。"

张世南《游宦纪闻》卷二记载："陈文惠公尧佐，字希元，端拱元年，举进士第十六人。"

嘉靖《保宁府志》卷九记载："陈尧佐，新井人，端拱元年陈宿榜。见乡贤。（注：陈宿，应为"程宿"。又：道光府志载为叶齐榜。又按：《八闽通志》载：叶齐字思可。建阳人。端拱初，举进士下第，有旨复试，齐擢第一。是年，礼部放进士榜，状元程宿。）"

徐松《宋会要辑稿·选举一》记载："端拱元年三月二十三日，以翰林学士宋白权知贡举，知制诰李沆权同知贡举，准诏令放合格进士诸科程宿已下一百二十人。"

[6] 徐松《宋会要辑稿·职官六十四》记载："四年（993）闰十月十三日，翰林侍读、左司谏吕文仲直秘阁，免侍读之职。文仲先受诏与秘书丞、直史馆陈尧叟同巡抚关右，关右民讼宦官方保言，聚敛掊克，凡献状者百余人。文仲等以其事闻，帝怒，急召保言。至，反为保言所讼。因下御史府，验问文仲等。所坐皆细事，而保言增酒榷及他事以困民受弊文仲，文吏畏慑耻与保言对，但俯伏请罪，因解职，尧叟亦罚铜免罪。既而帝知其故，复有此命。"

[7] 祝穆《方舆胜览》卷四十八记载："皇朝陈尧佐知庐州，以方严肃下。"

王象之《舆地纪胜》卷四十五记载："国朝陈尧佐知庐州，以方严肃下，使人知畏而重犯法。至其过失，多保佑之。"

光绪《重修安徽通志》卷一百四十六记载："《宋史本传》，陈尧佐，字希元，阆州人。尝知寿州，岁饥出俸米为糜粥，食饿者。吏人悉献米，至振数万人。徙庐州，以方严束下，使人知畏，而重犯法至其过失，多保佑之。"

[8] 陈尧佐为转运使，在本章第六节已补证。

[9] 李焘《续资治通鉴长编》卷一百零三记载："宋仁宗天圣三年（1025）三月丙子，徙知河南府、枢密直学士陈尧佐知并州。每汾水涨，州人

忧溺，尧佐为筑堤，植柳数万本，作柳溪亭，民赖其利。"

成化《山西通志》卷二记载："柳溪，在太原府城西一里汾堤之东。宋天圣中，陈尧佐知并州，因汾水屡涨，为筑堤，周围五里引汾水注之，四旁柳万余株。中有'伏华堂'，堂后通芙蓉洲，堤上有'彤霞阁'。每岁上巳张水戏，太守泛舟，郡人游观焉。久圮于汾水，有断碑存焉，堂阁详见后。"

[10] 马端临《文献通考·经籍考十九》记载："《三朝国史》一百五十卷，晁氏曰：'《皇朝国史纪》十卷、《志》六十卷、《列传》八十卷，吕夷简等撰。初，景德中诏王旦、先文元、杨亿等九人撰太祖、太宗两朝史，至天圣五年诏夷简、宋绶、刘筠、陈尧佐、王居正、李淑、黄鉴、谢绛、冯元加入真宗朝史，王曾监修，曾罢夷简代，八年书成，计七百余传，比之二朝实录，增者大半，事核文赡，褒贬得宜，百世之所考信云。'"

[11] 李焘《续资治通鉴长编》卷一百零五记载："宋仁宗天圣五年（1027）八月丙戌，以翰林学士、兼龙图阁学士、权知开封府陈尧咨为宿州观察使、知天雄军，枢密直学士陈尧佐权知开封府。"

徐松《宋会要辑稿·礼二十八》记载："五年七月十三日，以亲郊命宰臣王曾为大礼使，翰林学士承旨刘筠为礼仪使，翰林学士宋绶为仪仗使，龙图阁学士冯元为卤簿使，翰林学士、权知开封府陈尧咨为桥道顿递使。八月，尧咨知天雄军，以枢密直学士、权知开封府陈尧佐代。"

[12] 李焘《续资治通鉴长编》卷一百一十七记载："宋仁宗景祐二年（1035）八月辛未，诏陕西诸州前代名臣坟墓碑碣、林木，委官司常检视，从知永兴军陈尧佐之言也。初，章献遣官起浮屠于京兆城中，姜遵尽毁古碑碣为用。尧佐奏曰：'唐贤臣墓石，十且亡七八矣。始其子孙意美石善书，欲传千载，而一旦与砖甓同，诚亦可惜，其未毁者，愿敕所在完护。'"

李贤《大明一统志》卷三十三记载："陈尧佐明道中知同州，徙永兴军，有善政。初，太后遣宦者起浮图京兆城中，前守姜遵尽毁古碑碣，充砖甓用。尧佐奏，唐贤臣墓石其子孙深刻大书，欲传之千载，乃一旦与瓦砾等，诚可惜也。其未毁者，愿敕州县完护之。"

[13] 祝穆《方舆胜览》卷六十七记载："南岩，在阆中县东南五里。有曰大像山，乃南唐高士安隐居之所。太平兴国中，陈尧叟兄弟读书于此。亦曰台星岩。"

王象之《舆地纪胜·阆州·风俗形胜》记载："南岩，南唐高士安隐居之所，太平兴国中，陈尧叟、尧咨、尧佐、尧封兄弟读书于此。"

嘉靖《保宁府志》卷九记载："南岩，在锦屏之东三里。一名大象山，（按：今称大佛岩、东山园林。）乃南唐高士安隐居之所，陈尧叟兄弟读书于此。尝有紫微星见，故又名台星岩，今通呼为读书岩。下有将相堂、瑞莲池、捧砚亭。三陈书院：在读书岩前。陈尧叟、尧佐、尧咨读书处。即将相堂故址。知府李直、刘时用建，佥事杨瞻重建：堂三间，中楼石碑勒三先生爵号，以示尊仰，不忘之意。两旁翼以小斋，俾有志问学者居之。紫薇亭：在南岩上，陈尧叟兄弟读书处。御书赐名。"

综上，陈尧佐初肄业于锦屏山之东的大象山南岩。

[14] 刘攽《中山诗话》记载："陈文惠善堆墨书。与石少傅同在政府，石欲戏之。政事堂有黑饭床，长五六尺，石取白垩横堆其上，可尺余，谓公曰：'吾颇学公堆墨书。'陈闻之，甚喜。石顾小吏舁床出曰：'吾已能写口字。'陈为怅然。"

王辟之《渑水燕谈录》卷七记载："陈文惠公善八分书，变古之法，自成一家，虽点画肥重，而笔力劲健，能为方丈字，谓之堆墨，目为八分。凡天下名山胜处，碑刻题榜，多公亲迹，世或效之，而莫能及也。"

董史《皇宋书录》记载："陈文惠公善八分书，点画肥重，世谓之堆墨书。领郑州日，伶人戏以一大纸浓墨涂之，中以粉笔细书四点，问曰：'此何字也？'曰：'堆墨书田也。'公大笑。"

[15] 马端临《文献通考·国用考四》记载："宋太宗淳化五年（994），命直史馆陈尧叟等往宋、亳、陈、颍等州，出粟以贷饥民。每州五千石及万石，仍更不理纳。"

徐松《宋会要辑稿·食货五十七》记载："五年正月十六日，命直史馆陈尧叟、赵况、曾会、王纶等并内臣四人往宋、亳、陈、颍等州，出粟以贷饥民。每州五千石及万石，仍更不理纳。"

[16] 李焘《续资治通鉴长编》卷九十二记载："宋真宗天禧二年（1018）八月丁未，内出郑景岫《四时摄生论》、陈尧叟所集方一卷示辅臣，上作序，命刊板模印付合门，赐授任广南臣僚，仍分给诸道州军。"

[17] 李焘《续资治通鉴长编》卷三十七记载："宋太宗至道元年（995）正月戊申朔，德音改元。度支判官陈尧叟、梁鼎上言。"

脱脱等《宋史·志·河渠四》记载："元年正月，度支判官梁鼎、陈尧叟上《郑白渠利害》。"

陈邦瞻《宋史纪事本末》卷三记载："度支判官陈尧叟等亦言：'汉、

魏、晋、唐于陈、许、邓、颍暨蔡、宿、亳至于寿春,用水利垦田,陈迹具在……"

徐松《宋会要辑稿·食货六》记载:"太宗至道元年正月五日,度支判官梁鼎、陈尧叟言乞兴三白渠及南阳、陈、颍、寿春、沛郡、襄阳水田,复邵信臣邓艾、羊祐之制以广农作,诏光禄寺丞何亮等经度之。"

[18] 李贤《大明一统志》卷七十四记载:"谢德权,文节子,自南唐归宋,补殿前承旨。咸平初,宜州蛮叛,从陈尧叟经度,单骑入蛮境,谕以朝旨,众咸听命,累迁西染院使,知泗州。德权清苦,干事多所经画,见官吏徇私者,必面斥之,所至整肃。"

李贤《大明一统志》卷八十四记载:"陈尧叟,广西巡检使。咸平中,安辑宜蛮,真宗尝嘉其能。"

李焘《续资治通鉴长编》卷四十五记载:"宋真宗咸平二年(999)七月壬寅,陈尧叟自广南使还,上言西路诸州旱。命国子博士彭文宝往权转运司事,量所损蠲其租赋,赈饥民。(彭文宝,未见。)"

徐松《宋会要辑稿·食货五十七》记载:"真宗咸平二年七月,度支判官陈尧叟广南使还,言西路诸州旱。命国子博士彭文宝往权转运司事,宸饥民。"

[19] 李焘《续资治通鉴长编》卷四十七记载:"宋真宗咸平三年(1000)九月庚寅,始置羣牧司,命枢密直学士陈尧叟为制置使。马政旧皆骐骥两院监官专之,于是内外厩牧之事,自骐骥院而下,悉听命于羣牧司也。十月乙卯,制置羣牧使陈尧叟请令诸州有牧监处,知州、通判并兼管内羣牧事,从之。"

李焘《续资治通鉴长编》卷六十六记载:"自罢兵之后,议者颇以国马烦耗,岁费缣缯,虽市得尤众,而损失亦多。知枢密院事陈尧叟独谓:'群牧之设,国家巨防,今愚浅之说以马为不急之务,则士卒亦当遣而还农也。'作群牧议以献,勒石大名监。乙巳,置群牧制置使,命尧叟兼之。"

马端临《文献通考·兵考十二》记载:"景德四年(1007),以知枢密院陈尧叟为群牧制置使,又置群牧使副、都监,增判官为二员。凡厩牧之政,皆出于群牧司,自骐骥院而下,皆听命焉。其二院所管坊、监仍旧。诸州有牧监,知通判兼领之,诸监各置勾当官二人,又有左右厢提点,并以三班为之,其修创规制纤悉备具。其后,又诏左右骐骥院诸坊、监监官自今并以三年为满,如习知马事欲留者,群牧司保荐以闻,当徙莅他监。"

徐松《宋会要辑稿·职官二十三》记载:"景德四年八月,以兵部侍郎、知枢密院事陈尧叟兼群牧制置使,时内侍省副都知阎承翰为都监。真宗议以尧叟充使，尧叟自陈居近密之职，而与承翰联事，合选舆议。帝曰：'国马戎事之本，宜得大臣聪领，不可辞也。'自是常以枢臣领之。"

群牧制置使，宋代官名，群牧司长官，宋真宗景德四年置。以枢密使或副使兼领，不常置。凡本司牧养国马大事，则与群牧使共同签署置。

综上，此处为髃牧司髃牧使。

[20] 李焘《续资治通鉴长编》卷四十七记载："宋真宗咸平三年（1000）六月，上以大兵之后，议遣重臣巡慰两河。初命宰相张齐贤，辞不行。丁卯，命参知政事向敏中为河北、河东宣抚大使，枢密直学士冯拯、陈尧叟为副大使，发禁兵万人翼从。所至访民疾苦，宴犒官吏。（百官表云缘边宣抚使，无'大'字。）"

徐松《宋会要辑稿·礼四十五》记载："六月二十四日，参知政事向敏中为河北、河东沿边宣抚大使，枢密直学士冯拯、陈尧叟为副大使，辞宴饯于长春殿。"

[21] 李焘《续资治通鉴长编》卷四十八记载："宋真宗咸平四年（1001）正月甲申，中外官上封事者甚众，诏枢密直学士冯拯、陈尧叟详定利害以闻。"

脱脱等《宋史·本纪·真宗一》记载："四年春正月甲申，命枢密直学士冯拯、陈尧叟详中外封事。"

徐松《宋会要辑稿·仪制七》记载："四年正月十一日，诏内外官上封事者，委枢密直学士冯拯、陈尧叟详定以闻。"

[22] 李焘《续资治通鉴长编》卷四十八记载："宋真宗咸平四年（1001）三月辛卯，兵部侍郎、参知政事王化基罢为工部尚书。化基任中书，不以荫补诸子官，然能训导，皆有所立。以给事中、同知枢密事王旦为工部侍郎、参知政事。枢密直学士冯拯、陈尧叟并为给事中、同知枢密院事。"

[23] 李焘《续资治通鉴长编》卷六十五记载："宋真宗景德四年（1007）春正月己亥朔，御朝元殿受朝，德音降京畿流罪以下囚。遣工部尚书王化基乘驿诣河中祭后土庙，用大祠礼，告将朝陵也。甲辰，以知枢密院事陈尧叟为东京留守。"

王称《东都事略·本纪》卷四记载："四年春正月甲辰，陈尧叟留守京师。己未，皇帝朝谒诸陵，发京师。丙寅，奠献永安陵、永昌陵、永熙陵及诸后陵。"

脱脱等《宋史·本纪·真宗二》记载："四年春正月己亥朔，御朝元殿受朝。诏京畿系囚流以下减一等。甲辰，以陈尧叟为东京留守。"

[24] 马端临《文献通考·郊社考十七》记载:"宋真宗大中祥符元年(1008)十月癸丑,御朝觐坛大赦天下,改乾封县曰奉符,诏王旦撰《封祀坛颂》,王钦若撰《社首坛颂》,陈尧叟撰《朝觐坛颂》,改太平顶曰天平顶。先是,泰山多阴翳雷雨,及工徒升山,景气晴爽。上之巡祭也,往还四十七日,未尝遇雨雪严冬之候,景气怡和,祥应纷委,咸以为诚感昭格天意助顺之致也。"

脱脱等《宋史·志·礼七》记载:"十月癸丑,诏王旦撰《封祀坛颂》,王钦若撰《社首坛颂》,陈尧叟撰《朝觐坛颂》。"

徐松《宋会要辑稿·礼二十二》记载:"二十五日,命王旦撰《封祀坛颂》,王钦若撰《社首坛颂》,陈尧叟撰《朝觐坛颂》。"

徐松《宋会要辑稿·礼六十二》记载:"宋真宗大中祥符三年(1010)二月丙子,知枢密院陈尧叟上《泰山封禅圣制颂》,诏答之。上又以其词有规切之意,作歌以赐。"

由此可知,《朝觐坛颂》与《泰山封禅圣制颂》为不同作品。

[25] 李焘《续资治通鉴长编》卷七十三记载:"宋真宗大中祥符三年(1010)八月戊申,以知枢密院事陈尧叟为祀汾阴经度制置使,翰林学士李宗谔副之。尧叟权判河中府,宗谔权同知府事。枢密直学士戚纶、昭宣使刘承珪计度转运事。"

王称《东都事略·本纪》卷四记载:"三年八月诏以来年春有事于汾阴,以陈尧叟为祀汾阴经度制置使。"

脱脱等《宋史·本纪·真宗二》记载:"八月丁未朔,诏明年春有事于汾阴,州府长吏勿以修贡助祭烦民。戊申,陈尧叟为祀汾阴经度制置使。己酉,王旦为祀汾阴大礼使,王钦若为礼仪使。"

陈邦瞻《宋史纪事本末》卷四记载:"三年六月,河中府进士薛南及父老僧道千二百人请祀后土于汾阴。八月丁未,诏明年春有事于汾阴。戊申,以知枢密院事陈尧叟为祀汾阴经度制置使,以王旦为大礼使,王钦若为礼仪使。"

[26] 李焘《续资治通鉴长编》卷七十八记载:"宋真宗大中祥符五年(1012)九月戊子,以吏部尚书、知枢密院事王钦若,户部尚书、知枢密院事陈尧叟,并依前官加检校太傅、同平章事,充枢密使,签署枢密院事马知节为副使。学士晁迥草制,误削去钦若、尧叟本官,诏各存之,遂改制而行。儒臣领枢密使相,自钦若、尧叟始。"

王称《东都事略·本纪》卷四记载:"五年九月戊子,王钦若、陈尧叟并枢密使同平章事;马知节枢密副使;丁谓参知政事;赵安仁罢。"

马端临《文献通考·职官考十二》记载："大中祥符五年，以知枢密院王钦若、陈尧叟同中书门下平章事，充枢密使。儒臣为枢使兼使相，自此始也。"

［27］李焘《续资治通鉴长编》卷八十一记载："宋真宗大中祥符六年（1013）八月庚申朔，诏以来春亲谒亳州太清宫。"

脱脱等《宋史·志·礼七》记载："以王旦为奉祀大礼使，向敏中为仪仗使，王钦若为礼仪使，陈尧叟为卤簿使，丁谓为桥道顿递使。又以王旦为天书仪卫使，王钦若同仪卫使，丁谓副之，兵部侍郎赵安仁为扶侍使，入内副都知张继能为扶侍都监。帝朝谒玉清昭应宫，赐亳州真源县行宫名曰奉元，殿曰迎禧。"

徐松《宋会要辑稿·礼五十一》记载："十月九日，以宰臣王旦为奉祀大礼使，向敏中为仪仗使，枢密使、同中书门下平章事王钦若为礼仪使，陈尧叟为卤簿使，参知政事丁谓为桥道顿递使。以王旦为天书仪卫使，王钦若为同仪卫使，丁谓为副使，兵部侍郎赵安仁为扶侍使，入内副都知张继能为扶侍都监。诏朝谒太清宫，天下禁屠宰十日，以明年正月十四日为始。"

［28］李焘《续资治通鉴长编》卷八十七记载："宋真宗大中祥符九年（1016）八月丙戌，枢密使、同平章事陈尧叟罢为右仆射。尧叟以久疾求领外任，上遣合门使杨崇勋至第抚慰，且询其意。尧叟词志恳确，乃从之。召尧叟子就赐告牒，寻命判河阳，月给实俸，岁赐公使钱百万。其河堤事令通判专领。尧叟力疾求入辞，肩舆至便殿，许其子卫尉寺丞希古扶掖而升，有诏勿拜，赐坐久之，别赉钱二百万，赐希古绯，又作诗宠其行。尧叟伟姿貌，强力，奏对明辩，多任智数，久典机密，军马之籍能周记云。"

［29］徐松《宋会要辑稿·礼四十一》记载："陈尧叟，宋真宗天禧元年（1017）四月，辍朝二日。"

［30］李焘《续资治通鉴长编》卷六十三记载："旧制，登枢近者，母、妻即封郡夫人。尧叟初拜，以父在朝，止封其妻，而母但从夫邑封。尧叟表让，朝廷以彝制，不听。省华卒既逾年，上欲褒封其母，以问王旦，旦曰：'虽私门礼制未阕，公朝降命，亦无嫌也。'乃封为上党郡太夫人，后进封滕国，年八十余尚无恙。"

徐松《宋会要辑稿·仪制十》记载："宋真宗景德四年（1007）十一月，封兵部侍郎、知枢密院事陈尧叟母冯氏为上党郡夫人。初，冯氏从夫之故，未加郡号。尧叟父既卒至是，帝欲褒封之，以问宰臣王旦，旦曰：'虽私门礼制未阕，然公朝降命，亦无嫌也。'故有是命。"

王举正《陈公（省华）神道碑铭并序》记载："□□冯氏柔□□□□□□

□□□□以严以□，荐绅之谈，谓之孟母。年八十□□□□□□□□五岁终，□封燕国太夫人。"

欧阳修《陈公（尧佐）神道碑铭并序》记载："自翔以下，三世不显于蜀。至秦公，始事圣朝，为左谏议大夫。其配曰燕国太夫人冯氏。"

冯氏在其夫陈省华逝世后才受封，先封上党郡太夫人，卒时封燕国太夫人，不知何时封为滕国太夫人。

[31] 李焘《续资治通鉴长编》卷五十五记载："宋真宗咸平六年（1013）七月甲辰，复并三司盐铁、度支、户部勾院为一，命著作郎、直史馆陈尧咨兼判之。从尧咨所请也。"

徐松《宋会要辑稿·职官五》记载："真宗咸平六年七月，以著作郎、直史馆、判三司盐铁度支勾院陈尧咨兼判户部勾院。时尧咨上言，三部勾院可合为一，仍愿就领其事，故以命之。"

[32] 李焘《续资治通鉴长编》卷七十九记载："宋真宗大中祥符五年（1012）十月丁巳，以知制诰陈尧咨权同判吏部流内铨。旧制，选人皆用奏举乃得京官，而士有孤寒不为人知者，尧咨特为陈其功状而升擢之。"

[33] 李焘《续资治通鉴长编》卷八十五记载："宋真宗大中祥符八年（1015）九月庚戌，以工部郎中、知邓州陈尧咨守本官知制诰。"

曾巩《隆平集》卷五记载："尧咨所为多不法，上不欲穷治，止罢学士，徙邓州。复知制诰，常为人所倾，尧叟乞示以所犯，使知上保全之意。因诏切责之，乃引谢，久之复职。"

李贤《大明一统志》卷三十记载："陈尧咨真宗时知邓州，有政最吏民怀之。"

[34] 李焘《续资治通鉴长编》卷七十九记载："宋真宗大中祥符五年（1012）闰十月丁丑，谒启圣院太宗神御殿。礼毕，诏于龙图阁取太平兴国中舒州所获'志公'石以示辅臣，上作诗纪其符应，又作赞目曰'神告帝统石'。乃加谥志公曰'真觉'，遣知制诰陈尧咨诣蒋山致告。其后又加谥曰'道林真觉'，令公私无得斥志公名。"

至大《金陵新志》卷三中之中记载："遣知制诰陈尧咨致告，加宝志，谥曰'真觉大师'，作五岳观。"

徐松《宋会要辑稿·职官五十四》记载："天禧三年（1019）正月，以翰林学士盛度权管勾会灵观判官公事。是月，以玉清昭应官判官、知制诰陈尧咨为龙图阁直学士，官职如故。"

李焘《续资治通鉴长编》卷九十五记载:"宋真宗天禧四年(1020)十一月乙卯,修尚书省,命龙图阁学士陈尧咨总其事。"

徐松《宋会要辑稿·职官四》记载:"天禧四年十一月八日,诏修尚书省,以龙图阁学士陈尧咨总其事。"

陈尧咨先后作"五岳观",修过"尚书省",曾为"玉清昭应宫"判官,不知何时任过"会灵观"副使。

[35] 李焘《续资治通鉴长编》卷九十六记载:"宋真宗天禧四年(1020)闰十二月丁卯,命龙图阁学士陈尧咨为鄜、延、邠、宁、环、庆、泾、原、仪、渭、秦州路巡抚使,皇城使刘永宗副之,所至犒设官吏、将校,访民间利害,官吏能否、功过以闻。或有陈诉屈枉,经转运、提点司区断不当,即按鞠诣实,杖已下亟决遣之,徒已上飞驿以闻。仍取系囚,躬亲录问,催促论决。"

脱脱等《宋史·本纪·真宗三》记载:"闰十二月丁卯,以唃厮啰为边患,诏陈尧咨等巡抚。"

徐松《宋会要辑稿·职官五十》记载:"天禧四年闰十二月,以龙图合学士陈尧咨为鄜、延、邠、宁、环、庆、泾、原、仪、秦、渭州等路巡抚使,皇诚使刘承宗为副。时边臣言,唃厮啰作文法,窃恐为患。曹玮又言,其文法已散,必无生事,颇致异同。故遣使抚察。"

[36] 李焘《续资治通鉴长编》卷一百零五记载:"宋仁宗天圣五年(1027)二月甲戌,龙图阁学士、工部侍郎、权知开封府陈尧咨为翰林学士,仍以尧咨先朝初榜第一人,特班蔡齐上。"

徐松《宋会要辑稿·仪制三》记载:"五年二月二日,龙图阁学士陈尧咨为翰林学士,知开封府,诏位蔡齐之上,时学士有刘筠、宋绶、蔡齐、章得象,以尧咨先朝初榜状元及第,特令位齐之上。"

[37] 徐松《宋会要辑稿·仪制三》记载:"宋仁宗天圣五年(1027)八月二十六日,诏宿州观察使、知大名府陈尧咨,每契丹使经过,其座次权在丞郎之上,尧咨自翰林学士、工部侍郎特换观察使故也。"

[38] 李贤《大明一统志》卷二十三记载:"陈尧咨知郓州,建请浚新河,自鱼山至下杞以导积水。"

乾隆《泰安府志》卷十三记载:"陈尧咨,字嘉谟,阆中人,以安国军节度观察留后知郓州,建议请浚新河自鱼山至下坝以导积水之患,谥康肃。"

光绪《东平州志》卷十四记载:"陈尧咨,字嘉谟,阆中人。以安国军节度观察留后,知郓州,建议请浚新河自鱼山至下坝以导积水之患,谥康肃。"

[39] 其他史料无记载,不知真伪。

[40] 李焘《续资治通鉴长编》卷九十二记载:"宋真宗天禧二年(1018)八月乙巳,以翰林学士晁迥为册立皇太子礼仪使,命秘书监杨亿撰皇太子册文,知制诰盛度书册,陈尧咨书宝。"

可见陈尧咨书法不错。

[41] 欧阳修《归田录》卷一记载:"陈康肃公尧咨善射,当世无双,公亦以此自矜。尝射于家圃,有卖油翁释担而睨之,久而不去,见其发矢,十中八九,但微颔之。康肃公问曰:'汝亦知射乎?吾射不亦精乎?'翁曰:'无他,但手熟尔。'康肃忿然曰:'尔安敢轻吾射?'翁曰:'以我酌油知之。'乃取一葫芦置于地,以钱覆其口,徐以杓酌油沥之,自钱孔而入,钱不湿。因曰:'我亦无他,惟手熟尔。'康肃笑而遣之。此与庄生所谓解牛斫轮者何异?"

王辟之《渑水燕谈》记载:"陈尧咨善射,百发百中,世以为神,常自号'小由基'。"

李焘《续资治通鉴长编》卷一百零五记载:"尧咨善射,尝取钱为的,一发贯其中。于兄弟间最为少文,任气节。真宗尝欲授以武职,尧咨母不可,乃止。"

朱熹《名臣言行录》记载:"陈尧咨精于弧矢,自号'小由基'。"

[42] 欧阳修《陈公(尧佐)神道碑铭并序》曰:"子男十人:长曰述古,次曰比部员外郎求古,主客员外郎学古,虞部员外郎道古,大理评事馆阁校勘博古,殿中丞修古,秘书正字履古,光禄寺丞游古,大理寺丞袭古,太常寺太祝象古。"

曾巩《隆平集》卷五记载:"陈尧咨,子敏古、宗古、昭古、荣古、垂古、本古、臻古。"

陈述古、陈博古均为陈尧佐之子,而非陈尧咨之子。

译文

陈尧佐,字希元,其先辈为河朔人。高祖陈翔,为蜀阆州新井县县令,因而在那里安了家,于是为阆州阆中郡人。

他父亲陈省华,字善则,在后蜀孟昶政权任西水县县尉。后蜀归宋后,被授予陇城主簿,后经过多次迁升做了栎阳令。栎阳县的郑渠、白渠长期被临近县邑的豪强霸占，陈省华令人疏通了沟渠，使两县百姓都能享受到郑、白二渠带来的水利，栎阳县的百姓都很仰仗他，后来陈省华被调到楼烦县任县令。宋太宗端拱三年（二年），太宗皇帝亲自殿试进士，他的大儿子陈尧叟登甲科中了"状元"，要在朝堂上当面致词道谢，尧叟言辞雅正，条理清晰，太宗皇帝询问左右大臣："这是谁家的儿子？"参知政事王沔回答是陈省华的大儿子。不久，太宗皇帝召见陈省华，并任命为太子中允，不久，又命他主管三司都凭由司，后又改任盐铁判官，升迁为殿中丞。黄河在郓州段决口，太宗皇帝命令陈省华主管郓州州事。不久，又任命为京东转运使，越级升任为祠部员外郎，知苏州，并赏赐了"金印紫绶"。当年恰逢水灾，陈省华安置了数千户的流民，把饿死、淹死的人全都掩埋了，得到了皇帝的嘉奖赞美。后来陈省华又任户部、吏部二部员外郎，改知潭州。陈省华足智多谋，能言善辩，办事干练，曾入掌左藏库，还兼管吏部南曹，后擢升为鸿胪寺少卿。宋真宗景德初，兼任吏部三铨事，代掌开封府，后又转任光禄卿。有一次，真宗皇帝在崇政殿宴请群臣，按照旧例，卿、监一级的官吏只能在大殿两旁的侧房就坐，真宗皇帝因为陈省华德高望重，掌握京府大权，特意为他在两省五品之南另外设置了座位。陈省华以府事繁杂，上书要求官吏拒绝在开封府接待亲友，真宗皇帝听从了他的意见。不久，因病请求卸下官职，被任命为左谏议大夫，他又上书请求准许他退休，没有得到皇帝的批准，真宗皇帝亲自写信慰问他，并亲自为他挑选治病药方送给他。他于宋真宗景德三年去世，死时六十八岁，被追赠为太子少师。

陈尧佐进士及第，历任魏县、中牟县县尉，撰写《海喻》一篇，人们对他的志向表示惊奇。凭借秘书省校书郎的身份知朝邑县，恰逢其兄陈尧叟出使陕西，揭发宦官方保吉的罪行，方保吉怨恨他，就编造事实诬陷陈尧佐，陈尧佐被降为朝邑县主簿。移任下邽县主簿，后升任秘书郎、真源县知县，任开封府司录参军，升开封府推官。因议论朝政忤逆谕旨，降为潮州通判。在潮州时，陈尧佐修建孔子庙、韩吏部祠，以讽劝潮州人民。有一个姓张的少年与他母亲在江边浣洗衣服，鳄鱼尾随而去，吃掉了那个少年，母亲却不能救助。陈尧佐听说这件事后很伤心，命令二吏划小船拿着网前去捕捉。鳄鱼本性凶暴，一般不能网到，而这时，鳄鱼却顺服地被网住了，陈尧佐写文章布告远近，把鳄鱼当街示众，然后烹杀了它，人们都感到很惊异。

宋真宗召尧佐回朝廷，任直史馆、知寿州。当年大饥荒，陈尧佐拿出俸米做成粥供饥饿的人吃，吏人都献出粟米，赈济了几万人。移任庐州，因父亲患病请求辞官回家，任提点开封府界事，后来为两浙路转运副使（转运使）。钱塘江用竹笼装石作堤坝，堤坝第二年就毁坏了。陈尧佐请求用柴薪、泥土筑堤，这样才坚固耐久，丁谓不认同他的方法，移陈尧佐任京西路转运使，后来，堤坝久久不能筑成，终于按陈尧佐的建议实行。移任河东路转运使，因河东土地贫瘠，百姓贫困，依靠石炭为生，陈尧佐奏请朝廷免除税收。又减少泽州大广冶铁课税几十万。移任河北，因母亲年老请求就近侍养，朝廷召他纠察在京刑狱，任御试编排官，因安排等次失误被降官，任监鄂州茶场。

天禧年中，黄河决口，起用陈尧佐任滑州知州，他制造木笼以减除猛烈的水势，又修筑了长堤，人们称作"陈公堤"。因为要营造永定陵，又移任他为京西转运使，入为三司户部副使，移任度支副使，同修《真宗实录》。没有经过中书省考试，就特地提升他为知制诰兼史馆修撰、知通进银台司。晋升枢密直学士、任河南知府，转任并州知州。每次汾水暴涨，并州百姓总是忧虑，陈尧佐替他们修筑堤防，并在堤防上栽植了几万株柳树，修造了柳溪亭，这些都对老百姓带来了便利和好处。

朝廷召陈尧佐同修《三朝史》，代理弟弟陈尧咨同知开封府，累迁右谏议大夫，为翰林学士，于是授官枢密副使。祥符知县陈诂执政严厉苛刻，官吏打算加罪给陈诂，就纷纷制造逃离事件，使县衙为之一空，章献太后因此震怒；而陈诂与吕夷简连亲，吕夷简为执政大臣，因避嫌不敢争辩。案件传送至枢密院，只有陈尧佐一个人说："惩处陈诂就会使奸吏计谋得逞，以后谁还敢再约束官吏呢？"陈诂因此得以免罪。陈尧佐以给事中的身份参予朝廷政事，升任尚书吏部侍郎。

章献太后去世后，执政大臣多被免除职务，陈尧佐以户部侍郎的身份知永兴军。经过郑州，被郡人王文吉污以谋反之事，朝廷委派御史中丞范讽审核处理，事情才辨明。改任庐州知州，移任同州，又移任永兴军。当初，太后派宦官在京兆城中建造佛塔，前任长官姜遵把古碑古碣全部毁掉充作砖瓦用，陈尧佐奏说："唐代贤臣墓碑，现在已损失十分之七八了。子孙深深地镌刻大字，是想让它们传承千年，一旦与瓦砾等同，实在是可惜。那些没有被毁坏的，希望敕令州县完整保护。"移任郑州。恰逢修造章惠太后园陵，郑州供给积极，陈设讲究，宋仁宗赐书嘉奖赞誉。不久授任同中书门下平章事、集贤殿大学士。因灾异多次出现，被罢免为淮康军节度使、同中书门下平章事、判郑州。以太子太师的身份退休，去世后，赠司空兼侍中，谥号文惠。

陈尧佐从小爱好学习，父亲教授众子经书，其兄长没有完成学业，陈尧佐偷听已能背诵。最初肄业阆州锦屏山（大象山南岩），后师从种放于终南山，即使显贵后，读书也没有中断。陈尧佐善于写八分大小的古隶书，写一丈见方的大字，笔力端正遒劲，年老也不衰减。尤其工于诗歌。他性情勤俭节约，看见动物必定告诫左右侍人不要杀害，器物衣服坏了，随时就修理缝补，说："不要使它们不全而被丢弃了。"号称"知馀子"。自己写墓志说："年寿八十二不为夭折，官一品不为低贱，出将入相接受俸禄不为耻辱，有这三者，我大概可以归葬于父母的墓旁了。"陈抟曾对他的父亲说："您三个儿子都将为将相，只有二儿子显贵而且长寿。"后来果然像陈抟所说的那样。陈尧佐有《集》三十卷，又有《潮阳编》《野庐编》《愚丘集》《遣兴集》。

陈尧叟，字唐夫，自从脱去布衣，就担任光禄寺丞、直史馆，与父陈省华同一天被皇上赏赐给绯袍，后迁升秘书丞。过了不久，担任三司河南东道判官。当时宋州、亳州、陈州、颍州发生饥荒，皇帝命令陈尧叟及赵况等人分别去赈济灾民。又迁升工部员外郎、广南西路转运使。岭南的风俗，人生病了只知祈祷神灵而不吃药，陈尧叟便把《集验方》刻在桂州驿站的石碑上。又因为岭南气候炎热，他为老百姓植树、凿井，每隔二三十里就设置驿亭、驿馆，并为过往行人、旅客准备了饮用水及饮水器具，避免过路的人因中暑而死。恰逢朝廷给黎桓恩赐加封，陈尧叟被任命为交州国信使。起初，传达皇命的人将获得黎桓数千缗钱的馈赠，黎桓就责令老百姓交税，交不起税的人往往被砍断手趾、脚趾。陈尧叟知道了这件事，于是上奏朝廷征召黎桓的儿子，授予朝廷命官，但禁止朝廷传命者与黎桓私下会见。又有黎桓辖境的百姓逃亡来到广南，地方官大都藏匿着不遣返，因此海盗经常入寇州郡。陈尧叟将逃亡者全部抓捕并遣返给黎桓，黎桓感恩戴德，以抓捕打击海贼作为感谢。

起初，每年都要调动雷州、化州、高州、藤州、容州、白州各州兵马，使用辇车运送军粮渡海供给琼州。运输兵不熟悉泅渡，大多被淹死，百姓和朝廷都很苦恼。琼海北岸有递角场，正与琼州遥遥相对，如果顺风，一天就可以到达，与雷州、化州、高州、太平州四州的水路很近。陈尧叟于是规划，命令四州百姓把租米运送到递角场，命令琼州派遣蜑兵用船自己搬运，大家都认为这样很方便。

咸平初年，朝廷下令各州百姓栽种桑枣，陈尧叟上书说："我所管辖的各州，土地风俗奇特，田地里山石累累，肥沃的土地很少，很难种植蚕桑。往昔所说的'八蚕之绵'，料想不是南岭以南所能生产的，我揣度它的产地应该在安南。现在这里的百姓除了耕种水田外，能从土地上获得利益的，就只有麻苎了。麻苎的种植，与桑柘相同，它的宿根长成之后，新生的枝干立即就会高耸数尺，郁郁婆娑，茂密苍翠，等到它枝叶茂盛时就收割，一年之中可以收割三次。再保护好它的根，十年都不会衰退。一旦从田地里收割上来，晾干后即可纺布。然而麻布难以出售，每匹只售百钱，是因为织布的人多，买卖的人很少。所以土地上有未尽其用的利益，百姓的经济却很困难。我认为国家军备所急迫的，布帛最重要，于是劝勉晓喻百姓广种麻苎，官府用钱盐折变收购，不到两年，已经收到麻布三十七万余匹。自从朝廷平定交州、广州，供给的布帛，每年只有一万匹，比较现在所得到的布匹，超过十倍以上。现今以种植为业的百姓，争先恐后，争相劝勉；纺织业一天天繁盛扩大。希望从现在起允许用大面积种植的麻苎，折合成桑枣的数量，各县令按照规定的数量去督促完成这项工作，百姓拿麻布赴官府买的，就免去他们的税赋。这样，布帛向朝廷供给，钱币在民间流通，朝廷和百姓各得其所，它带来的效益就很巨大。"皇帝下诏允许陈尧叟这样的做法。调回朝廷后，陈尧叟加刑部员外郎，充任度支判官。

没过多久，恰逢抚水州少数民族首领蒙令国杀使臣引起骚乱，朝廷命陈尧叟为广南东、西两路安抚使，赐给"金印紫绶"。骚乱平定之后，升为兵部主客郎中、枢密直学士、主管三班兼银台通进封驳司、制置群牧使（騽牧使）。

黄河在澶州王陵口决口，陈尧叟受诏前往护卫堵塞。于是与冯拯一起任河北、河东安抚副使。当时朝廷内外上书的人很多，皇帝命令他与冯拯详细权衡利弊，以及与三司议论减少繁杂事务。不久与冯拯一起任右谏议大夫、同知枢密院事。有人说三司官吏以往的弊病是处理政事犹豫不决、模棱两可，有些案件长达五七年都不能裁决，官吏百姓都很郁闷，水旱灾害，天下不宁，多由此致。陈尧叟请求朝廷委派各部判官检查、核实、裁处、判决。如还有拖延耽误的，准许本路转运使上奏皇帝，命令官员审问，用来警示懈怠轻忽之人。真宗皇帝于是下诏让陈尧叟与冯拯举荐参验官员中干练敏捷的人，一同与三司使议论裁减烦琐冗长的事务，参与裁决积压的事务。陈尧叟请求与秘书丞、直史馆孙冕共同处理此事，共减省烦杂冗长的文案二十一万五千余条，又裁减河北多余官员七十五人。

宋真宗咸平五年（四年），参加了郊祀大礼，升迁为给事中。恰逢王继英任枢密使，任陈尧叟为签署枢密院事，俸禄恩例与副使相同，后迁升为工部侍郎。真宗皇帝临幸澶渊，命陈尧叟乘传车先赴北寨巡察军事，允许他便宜行事。景德年中迁升刑部、兵部二部侍郎，与王钦若一起知枢密院事。真宗皇帝朝拜皇陵，让陈尧叟任东京留守。每次裁决刑罚，即使是死刑，也能当面定案，快速做出裁决而执行，因此监狱中基本没有在押人员。真宗皇帝说："陈尧叟素来善于裁断，然而重大的事应该交给专门的机构认真审问并加以详细考察。"于是暗中下诏给陈尧叟，让他晓谕皇帝的旨意。

不久，兼任群牧制置使。开始设置群牧制置使时，就任命陈尧叟主管，等到他掌管枢密院时，就请求免除他群牧制置使的职务；而驯养国马是军事的根本，应当由朝中重臣统管，所以又委任陈尧叟兼管此事。自此，他订立了很多规章制度。他又著有《监牧议》，论述了马政的重要性。后又参与国史的修撰工作。

大中祥符初年，陈尧叟参加了"泰山封禅"的大礼，被加封为尚书左丞。奉诏撰写了《朝觐坛碑》，被晋升为工部尚书。后来他又献上《封禅圣制颂》，真宗皇帝亲自写诗唱和。祭祀汾阴时，陈尧叟被任命为经度制置使、判河中府。大礼完成后，升为户部尚书。当时皇帝下诏让王钦若撰写《朝觐坛颂》，王钦若上表让陈尧叟撰写，皇帝不许。命令陈尧叟另外撰写《亲谒太宁庙颂》，额外加封特进，赐予功臣名号。又因为陈尧叟擅长草书、隶书，下诏让他撰写祭祀途中皇帝写下的诗词歌赋并刻石留念。

宋真宗大中祥符五年，与钦若一起以本官检校太傅、同平章事，担任枢密使，加外检校太尉。随从皇帝巡幸太清宫，加官开府仪同三司。不久，与王钦若一起罢为本官，仍然主管群牧司。第二年，与王钦若以本官检校太尉、同平章事，充任枢密使。陈尧叟平常就患有足疾，屡次请求告老还乡。大中祥符九年夏天，皇上亲临府宅探视慰问，慰劳赏赐的等级都增加了。后来，陈尧叟的病很严重了，上书请求辞职，真宗皇帝派遣合门使杨崇勋到他府邸安抚慰问，并询问陈尧叟的想法。陈尧叟的言词恳切，心志坚决，皇帝优厚地授与他右仆射并知河阳三城节度使。陈尧叟乘坐着轿子入朝辞别，到厢房就坐，皇帝允许他的三个儿子搀扶着他上朝，并写诗为他饯行。又赏赐给他二儿子陈希古五品绯服。

宋真宗天禧初年，他的病非常重，就叫他的儿子执笔，口述奏章，请求回到京城，皇帝准许了他的请求。陈尧叟乘坐轿子回到东京，死时年仅五十七岁。真宗皇帝为他辍朝两天，追赠侍中，赐谥号为"文忠"。朝廷录用他的孙子知言、知章为将作监主簿。赐长子师古进士出身，后来做了都官员外郎。希古官至太子中舍，因事获罪被除去官籍。

陈尧叟长得高大魁梧，强壮有力，姿容健美，奏文清晰，条理分明，被多次委以重任，通晓治国方略。他长时间主持机密工作，国家有关军马的情况，他都能全部记住。他所写的《请盟录》有三集二十卷。

陈尧叟的母亲冯氏性格庄重严肃，陈尧叟对她孝顺而恭谨，和颜询问，小心侍奉，从不敢以地位高贵自居。他家本来富有，皇上的赏赐和俸禄又很优厚，冯氏从不许他的儿子们豪华奢侈。景德年中，陈尧叟掌管枢密院，弟陈尧佐直史馆，陈尧咨知制诰，与父亲陈省华同在尚书省任职，其他众多孙辈做官的有十多人，宗族亲戚中考中进士的又有数人，一时家族荣耀兴盛达到了极点。不时有宾客到家里拜访，陈尧叟兄弟都要伺立在陈省华身旁，来客感到局促不安，多请求速速离去。按照旧例，升迁为枢密使等近臣后，他的母亲、妻子就可封为郡夫人。陈尧叟以父亲在朝，母亲只随父亲加封，而后上表请求把自己妻子的封号让给母亲，朝廷援引祖制不允许。他的父亲逝世之后，真宗皇帝想褒奖加封他的母亲，就向宰相王旦询问。王旦说："虽然陈家服丧未满，但如果朝廷下达诏令，也没什么可避嫌的。"于是封他母亲为上党郡太夫人，后又进封为滕国太夫人，八十余岁而没有疾病，比陈尧叟晚几年才去世。

陈尧咨，字嘉谟，科举考试中状元，被授予将作监丞、作济州通判。后征召为秘书省著作郎、直史馆、判三司度支勾院，自此合并度支、盐铁、户部三部勾院由陈尧咨总管。后擢升为右正言、知制诰。在崇政殿试进士时，陈尧咨为考官，与三司使刘师道属弟刘几道在试卷中作暗号舞弊。被贬为单州团练副使。后来官复著作郎、出知光州。

不久复职右正言、知制诰，出知荆南。后改任起居舍人，同判吏部流内铨。按照旧例，被举荐选拔的人可以屡次得到迁升，但寒门素士却没有晋升的途径。陈尧咨提拔了那些可以提拔的人，真宗皇帝特别晋升了他的官职。升任右谏议大夫、集贤院学士，以龙图阁直学士、尚书工部郎中身份出知永兴军。长安多盐碱地，没有甘甜的泉水供人引用，陈尧咨疏浚了龙首渠并引水入城中，惠政颇利于民。然而他生性强横放纵，喜欢豪华奢侈的生活，不遵循国家法律制度，在永兴军打开国家武库，建立视草堂，开设三道大门，修筑宽阔的甬道，出入都让禁兵前后护卫。而又用刑残酷，多有被棍棒打死的人。曾经仗势欺人，欺凌转运使乐黄目，乐黄目不能忍受，请求远调，于是调陈尧咨知河南府。不久，又有人揭发陈尧咨在守长安时的不法行为，皇帝不想追根究底，只是罢免了他的学士头衔，远调到邓州，短短几个月，又官复知制诰。

陈尧咨性情刚愎乖戾，仕途上屡屡受挫，于是一直闷闷不乐。陈尧叟拜见皇帝，皇帝询问他，陈尧叟回答说："尧咨哪里知道皇上保护他的恩德，自以为是遭受小人的谗言才落到这个地步！"皇帝于是下诏一条条列举他做的事来责备他，他才诚惶诚恐地谢罪。陈尧咨回到京师后，判登闻检院，也恢复了龙图阁直学士。因举荐失察获罪，降为兵部员外郎。母亲去世后，服丧未满就起复为工部郎中、龙图阁直学士、会灵观副使。守边大臣急奏唃厮啰立文法召集部下想要侵略边境，陈尧咨被任命为陕西缘边安抚使。再次迁升为右谏议大夫、掌管秦州，转调到同州，以尚书工部侍郎身份掌管开封府。入朝为翰林学士，凭借先朝初榜甲科的身份，皇帝特诏旨上朝列班在旧学士蔡齐之上。

改任宿州观察使，掌管天雄军，位在丞郎之上。陈尧咨心里郁闷不平，上书坚决推辞，皇太后特以单日召见他，劝勉晓谕他，陈尧咨不得已而赴任。自从和契丹修好之后，城墙和作战器械长期得不到修整，陈尧咨率人修理完毕。但勒索搅扰百姓，加之性格粗暴易怒，他命令军士手持大棍列队伺候在前，官吏军民的言语稍不如意，立即就打倒在地。后以安国军节度观察留后的身份掌管郓州。向皇帝建议请求疏浚新河，从鱼山到下杷开挖渠道疏导积水。后授予武信军节度使、出知河阳三城节度使，又转调澶州，再转调天雄军。陈尧咨所居的房屋房梁折断，有大星降落在庭院中，消散为一股白气。不久，陈尧咨就去世了，被朝廷追赠为太尉，谥号为"康肃"。

陈尧咨在兄弟中少斯文，常常意气用事，他擅长隶书。他又善于射箭，曾经用一枚铜钱作为靶子，一箭穿孔而过。陈氏兄弟同时居高位而显扬于世，被时人推崇为盛族。

陈尧咨（陈尧佐）儿子述古，以太子宾客身份退隐；儿子博古，学养深厚，文笔很好，担任过馆阁校勘，过早去世了。

第四章　艺文征略

　　宋朝重士的国家政策和社会风气决定了显赫家族一般是融政治与学术于一体的。阆州新井陈氏以科考高第而显贵，主要成员不仅明于吏治、长于诗文，而且多才多艺、冠绝群伦。本章收集、整理了"陈氏四令公"的文、诗、书、乐、射诸方面的成就。

　　存世文章均注明出处，并进行注释，已佚文章则只注明出处；存世诗歌均加以注释和解析，已佚诗歌则在注释中加以说明；书法除陈列记载外，其手稿和碑刻尽量以图片呈现，并进行赏析；乐、射均列述记载，并加以赏析。

第一节　省华咏春

陈省华虽然生于乱世，但从小跟随父亲陈昭文力学务农，修德行善，即使科举屡被父亲阻止，也未能磨灭他酷爱诗文的心性，今尚存其诗1首。

登玉峰

四望平川独一峰，峰前潇洒是莲宫。
松声竹韵千年冷，水色山光万古同。
客到每怜楼阁异，僧言因得鬼神功。
县民遥喜行春至，鼓腹闲歌夕照中。

解析

本诗见于嘉靖《昆山县志》卷十六，又见于《全宋诗》卷三十一。据龚昱《昆山杂咏》卷上记载："陈省华精明强干，能诗会文，此为至道年间（995—997）知苏州事时所作。"该诗语言质朴简明，不仅描写了在玉峰上所见瑰丽景色，还描绘了县民游春、颂春的热闹场景，勾勒出了一幅政通人和、百姓安乐的盛世画卷。

第二节　尧叟撰颂

陈尧叟科考为状元，擅赋长文，著述丰富，宋真宗赞其"文苑昭清誉，朝端仰盛才"。四川大学整理的《全宋文》卷一百八十三收录其文14篇，蔡东洲《阆州陈氏研究》补录其文1篇，本书收录其文33篇，其中15篇原文已佚，现存原文18篇。

1. 圣人不尚贤

记载

徐松《宋会要辑稿·选举七》记载："二年三月二十一日，帝御崇政殿试礼部奏名进士，内出'圣人不尚贤'赋，'五色一何鲜'诗，'禹拜昌言'论题，得陈尧叟以下百八十六人并赐及第。"

原文

佚

2. 禹拜昌言

记载

徐松《宋会要辑稿·选举七》记载："二年三月二十一日，帝御崇政殿试礼部奏名进士，内出'圣人不尚贤'赋，'五色一何鲜'诗，'禹拜昌言'论题，得陈尧叟以下百八十六人并赐及第。"

原文

佚

3. 陈许等州垦田疏

记载

李焘《续资治通鉴长编》卷三十七记载："宋太宗至道元年（995）正月戊申朔，德音改元。度支判官陈尧叟、梁鼎上言。"马端临《文献通考·田赋考七》记载："太宗时，度支判官陈尧叟等上言。"本文又见于《宋会要辑稿·食货七》之一，《宋会要辑稿·食货六十一》之八十九，《宋史·食货志》上六，《太平治迹统类》卷三，《通鉴长编纪事本末》卷十，《宋元通鉴》卷七。

原文

伏自唐季已来，农政多废，民率弃本，不务力田，是以廪庾①无余粮，土地有遗利。臣等每于农亩之际，精求利害之本②，讨论典故，备得端倪。自

---

①廪庾（lǐn yǔ）：粮仓。
②编按：《续资治通鉴长编》此下有"必在乎修垦田之制，建用水之法"句。

陈、许、邓、颖及蔡、宿、亳至于寿春，用水利垦田，先贤圣迹具在，防埭①废毁，遂成污莱。倘开辟以为公田，灌溉以通水利，发江淮下军散卒，给官钱古牛及耕具，导达沟渎，增筑防堰，每千人给牛一头②，治田五万亩③，亩三斛，岁可得十五万斛。凡七州之间，置二十七屯，岁可得三百万斛，因而益之，不知其极矣。行之二三年，必可以置仓廪，省江、淮漕运。闲田益垦，民益饶足，乃慎选州县官吏，俾兼督其事。民田之未辟者，官为种植，公田之未垦者，募民垦之，岁登，公私各取其半④，此又敦本观农之术。汉元帝建昭中，邵信臣⑤为南阳太守，于穰县南六十里造钳卢陂，累石为堤，旁开六石门，以节水势，溉田三万顷。至晋杜预⑥，因信臣遗迹，激滍⑦、淯⑧二水以溉田万顷。魏武以任峻⑨为典农中郎将，屯田许下，得穀百万斛。晋宣王遣邓艾⑩行陈、颖以东至寿春，艾言："田良水少，不足以尽地利，宜开渠。淮北二万人，淮南三万人，且佃且守。岁小丰，常收三倍，除给费外，岁完五百万斛，六年可积三千万斛。"宣王然之，遂北并淮，自钟离而南，横石以西，尽沘

---

①埭（dài）：土坝。
②编按：《续资治通鉴长编》作"望选稽古通方之士，分为诸州长吏，监管农事，大开公田，以通水利。"
③编按：《续资治通鉴长编》此句下有"虽古制一夫百亩，今且垦其半，俟久而古制可复也"一句。
④编按：《续资治通鉴长编》作"岁登所取，其数如民间主客之例。"
⑤邵信臣：字翁卿，民诵为召父，九江寿春人，著名西汉大臣。曾历任零陵、南阳太守。在南阳任职期间，曾利用水泉兴修水利工程，组织民众开沟筑坝数十处。他与杜诗一前一后，在南阳都有惠政。时人称之为"邵父杜母"，以表达对他们的敬爱。
⑥杜预（222—285）：字符凯，京兆郡杜陵县（今陕西西安）人，魏晋时期著名政治家、军事家和学者，曹魏散骑常侍杜恕之子。
⑦滍（zhì）：滍水，古水名，即今中国河南省鲁山县、叶县境内的沙河。
⑧淯（yù）：淯水，今中国河南省白河的古称，亦作"育水"。
⑨任峻（？—204）：《三国志》载，任峻，字伯达，河南郡中牟人。东汉末年，军阀纷争，任浚说服中牟县令杨原首先发难讨伐董卓，后来曹操从函谷关以东起兵，进入中牟地界，任峻立即号召全郡跟随曹操，所以曹操任命任峻为骑都尉（统帅羽林骑兵的武官），并把自己的堂妹嫁之，曹操对任峻十分信任，后曹操又派任峻为典农中郎将（屯田官名），任峻把屯田推广到各州郡，使粮食连年丰收，解除了曹操的后顾之忧，使曹操顺利平定了军阀混战局面，统一了北方。
⑩邓艾（197—264）：字士载，义阳棘阳（今河南新野）人。三国时期魏国杰出的军事家、将领。其人文武全才，深谙兵法，对内政也颇有建树。本名邓范，后因与同乡人同名而改名。

水①四百余里，五里置一营，营六十人，且佃且守。更修广淮阳、百尺二渠，上引河流，下通淮、颍，大治诸陂于颍南颍北，穿渠三百里，溉田二万顷。自战争以来，民竞逐末，凡此遗迹，率皆荒榛②。臣等欲因其沟塍，增筑堤堰，导其水利，垦为公田。《傅子》曰："陆田命系于天，人力虽修，苟水旱不时，则一年之功弃矣。水田之制由人力，人力苟修，则地利可尽也。"矧又膏沃特甚，螟螣不生，比于陆田，又不侔矣③。

4. 集验方

记载

曾巩《隆平集》卷五记载："为广西转运使，其俗有疾不服药，唯祷神。尧叟以《集验方》刻石桂州驿舍，是后始有服药者。"《宋史·列传·陈尧叟传》载，尧叟著有《集验方》一卷。《玉海》卷六十三和《续资治通鉴长编》卷九十二证实，《集验方》乃尧叟为广西转运使时编。天禧二年（1018）七月，真宗亲自为《集验方》作序，并"命有司刊板，赐广南官，仍分给天下"。但这卷医方没有保存下来。南宋绍兴年间其曾孙陈兖任广西转运副使，亲临桂林驿，遗迹无存。内容未传下来，《宋史·艺文志》亦未著录。

原文

佚

5. 请官给纸墨写药方散付广西诸州奏

记载

李焘《续资治通鉴长编》卷四十三记载："又言：'岭表炎蒸，又多瘴疠，请官给纸墨，写摄生药方，散付诸州。'从之。" 陈尧叟于宋太宗至道元年（995），迁工部员外郎后任广南路转运使，此为陈尧叟于宋真宗咸平元年（998），任广南西路转运使所作。

原文

岭表炎蒸，又多瘴疠，请官给纸墨，写摄生药方，散付诸州。

---

①汨（zǐ）：汨水，古水名，在长沙。
②荒榛（zhēn）：杂乱丛生的草木，引申为荒芜。
③编按：万历《兖州府志》卷二十四下记载为"宋陈尧叟曰：'陆田命悬于天，人力虽修，苟水旱不时，则一年之功弃矣。水田之制由人力，人力苟修，则地利可尽也。且虫蝥之害又少于陆，水田既修，其利兼倍，与陆田不侔也。'"

6. 乞许广西以所种麻苎①折桑枣奏

记载

李焘《续资治通鉴长编》卷四十三记载："咸平元年（998）七月壬戌，先是，有诏诸路课民种桑枣，广西转运使陈尧叟上言曰。"本文又见于《宋会要辑稿·食货六十四》之杂录，《通鉴长编纪事本末》卷二十一，《古今合璧事类》外集卷二十七，《宋史·列传·陈尧叟传》，万历《广西志》卷二十四，乾隆《柳州府志》卷三十一，《粤西文载》卷四，道光《保宁府志》卷四十二，《宋代蜀文辑存》卷三。

原文

臣所部诸州，土风本异，田多山石，地少桑蚕。昔云"八蚕②之绵"，谅非五岭之俗，度其所产，恐在安南。今其民除耕水田外，财利之博者，惟麻苎耳。麻苎所种，与桑柘不殊，既成宿根，旋擢新干，俟枝叶裁茂，则刈获是闻。周岁之间，三收其苎，复因其本，十年不衰。始离田畴，即可纺绩。然布出之市，每端止售百钱，盖织者众而市者少，故地有遗利而民艰资金。臣以国家军须所急，布帛为先，因劝谕部民广植麻苎，以钱盐折变收市之，未及二年，已得三十七万余疋。自朝廷克平交、广，布帛之供，岁止及万，较今所得，何止十倍其多。今树艺之民，相率竞劝，杼轴③之功，日以滋广。欲望自今许以所种麻苎顷亩，折桑枣之数，诸县令佐依例书历为课，民以布赴官卖者，免其算税。如此，则布帛上供，泉货下流，公私交济，其利甚博。

7. 举官自代之制疏

记载

李焘《续资治通鉴长编》卷四十八记载："拯等上言。"马端临《文献通考·选举考十一》记载："真宗咸平二年（999），秘书郎陈彭年请复，诏秘书直学士冯拯、陈尧叟参详之。"

---

①麻苎：即苎麻，荨麻科苎麻属亚灌木或灌木植物。别称：（名医别录）野麻（广东、贵州、湖南、湖北、安徽）。苎麻是中国古代重要的纤维作物之一，原产于中国西南地区，苎麻较适应温带和亚热带气候。
②八蚕：谓一年八熟的蚕。
③杼轴（zhù zhóu）：织布机上用来持理纬线，使经线能穿入的器具，称为"杼"。承受经线的器具，称为"轴"。后亦指纺织机，这里指纺织。

原文

窃详往制，常参官及节度、观察、防御、刺史、少尹、畿赤令并七品以上清望官，授讫三日内，于四方馆①上表，让一人以自代，其表付中书、门下，每官阙则以见举多者量而授之。今缘官品制度沿革不同，伏请令两省御史台官、尚书省六品已上、诸司四品以上，授讫，具表让一人自代，于合门②投下，方得入谢。在外者，授讫三日内，具表附驿以闻，仍报御史台，其表并付中书、门下籍名，每阙官即取举多者以名进拟。如任用后显有器能，明着绩用，其举主特与旌酬，不如举状者，即依法科罪。如让表不到，委合门、御史台纠督以闻。其上封言事请变格法者，望自今令中书、枢密院送审刑院、刑部、大理寺详议，仍照验前后格敕，倘须至改革，即具闻奏，更委中书、枢密院详酌施行。

8. 时政记

记载

李焘《续资治通鉴长编》卷六十三记载："宋真宗景德三年（1006）五月丙午，命知枢密院王钦若、陈尧叟同修《时政记》，每次月十五日送中书。"嘉庆《四川通志》卷一百八十四《艺文志》载，《时政记》无卷数，尧叟与王钦若同撰，至今无一存留。

原文

佚

9. 群牧议

记载

李焘《续资治通鉴长编》卷六十六记载："自罢兵之后，议者颇以国马烦耗，岁费缣缯，虽市得尤众，而损失亦多。知枢密院事陈尧叟独谓：'群牧之设，国家巨防，今愚浅之说以马为不急之务，则士卒亦当遣而还农也。'作《群牧议》以献，勒石大名监。"《群牧议》不知卷数，其内容是"述马政重"，《宋史》作《监牧议》。《宋史·列传·陈尧叟传》记载："至是以

---

①四方馆：古代官署名。隋炀帝时置，以接待东西南北四方少数民族及外国使臣，分设使者四人，各自主管双方往来及贸易等事，属鸿胪寺。唐以通事舍人主管，属中书省。宋为内诸司之一。

②合门：指古代宫殿的侧门。这里是内阁之略称。

国马戎事之本，宜得大臣总领，故又委尧叟焉。自是多立条约。又著《监牧议》，述马政之重。"

原文

佚

10. 两朝国史

记载

李焘《续资治通鉴长编》卷六十六记载："宋真宗景德四年（1007）八月丁巳，诏修太祖、太宗正史，宰臣王旦监修国史，知枢密院事王钦若、陈尧叟，参知政事赵安仁、翰林学士晁迥、杨亿并修国史。"李焘《续资治通鉴长编》卷八十六记载，尧叟在大中祥符九年二月丁亥，因曾参预《两朝国史》成书上奏，而受到赏赐。

原文

佚

11. 大宋封禅朝觐坛颂并序

记载

马端临《文献通考·郊社考十七》记载："癸丑，御朝觐坛大赦天下，改乾封县曰奉符，诏王旦撰《封祀坛颂》，王钦若撰《社首坛颂》，陈尧叟撰《朝觐坛颂》，改太平顶曰天平顶。先是，泰山多阴翳雷雨，及工徒升山，景气晴爽。上之巡祭也，往还四十七日，未尝遇雨雪严冬之候，景气怡和，祥应纷委，咸以为诚感昭格天意助顺之致也。"本文又见于《山左金石志》卷十五，《泰山志》卷十六，《岱览》卷十三，《宋代蜀文辑存》卷三。

朝觐坛颂碑立于大中祥符二年（1009）七月十五日。多种有关泰山的金石资料和文献图书都录载了此文。据《金石萃编》卷一百二十七和《山左金石志》卷四十五的介绍，碑连额高一丈一尺，广四尺四寸，文三十八行，行五十四字，字径八分，行书。额题《大宋封禅朝觐坛颂并序》八字，字径三寸五分，二行，篆书。关于立碑位置，毕沅依据当地县志云："舞鹤台东为封祀坛，宋真宗所筑，封祀坛西为朝觐坛，宋真宗东封，群臣朝觐地，今改为山川坛。陈尧叟碑即在坛侧。"清修方志多云，在泰安府城南里许。宋时封禅三碑，唯王旦撰写的《封祀坛颂碑》尚存至今，尧叟《朝觐坛颂碑》及王钦若《社首坛颂碑》皆不存。

《皇宋书录》卷中称，尹熙古"工篆学，得古拨镫法，所书为一时之绝。官待诏"。

原文

封禅卤簿使、推忠协谋佐理功臣、金紫光禄大夫、行尚书左丞、知枢密院事、修国史、兼群牧制置使、上柱国、颍川郡开国公、食邑二千三百户、食实封捌佰户臣陈尧叟奉敕撰

翰林待诏、朝散大夫、国子博士同正、骑都尉臣尹熙古奉敕书并篆额

臣闻配侑①尊严，王者所以敦其孝也；朝宗觐遇，圣人所以明其礼也。又若因名山而遂封，焕先业而迹著，踵②七十二君③之遐武④，永万八千岁⑤之丕□。□辑五玉，坛宾诸侯，巍巍煌煌，事之大者。非命夫通博之士，绎蓬□□□之学，庀□□□□重九经之思，又安可藻润功德，流播徽懿⑥？臣颛蒙⑦寡闻，黯浅⑧无取，禀诏涤虑，拜手而飏⑨言，曰：

宋受天命，帝六合，子万姓，以圣继圣，垂五十载。稽神道而设教，感民生之归厚。烈祖神考，耀武振德，馨乾维⑩而张宇，尽坤倪⑪而画野。夷暴削垒，黜僭荡伪，怀生胥□，滋液玄化。上帝降鉴，昌大洪绪。崇文广武仪天尊道宝应章感圣明仁孝皇帝之御天下也，三叶⑫嗣统，重离⑬继明，恭敏而克仁，徇齐而允迪⑭。青宫主鬯，承天序而寅畏⑮；黄屋正位，奉先志而夕惕⑯。

---

① 配侑（yòu）：配食，祔祭。
② 踵（zhǒng）：追随，继承。
③ 七十二君：指上古到泰山封禅的君主。相传上古到泰山封禅者有七十二君。
④ 遐（xiá）武：前人之足迹；往古之事迹。
⑤ 万八千岁：出自徐整《三五历纪》，"天地浑沌如鸡子。盘古生在其中。万八千岁。天地开辟。阳清为天。阴浊为地。盘古在其中。一日九变。神于天。圣于地。天日高一丈。地日厚一丈。盘古日长一丈。如此万八千岁。天数极高，地数极深，盘古极长。"
⑥ 徽懿（huī yì）：美好。
⑦ 颛（zhuān）蒙：愚昧无知。
⑧ 黯（yǎn）浅：暗昧浅薄。
⑨ 飏（yáng）：同"扬"。
⑩ 乾维：天的纲维。
⑪ 坤倪（ní）：大地的边缘。
⑫ 三叶：三世。
⑬ 重离：指帝王或太子。
⑭ 允迪：认真履践或遵循。
⑮ 寅畏：恭敬戒惧。
⑯ 夕惕：至夜晚仍怀忧惧，工作不懈。

若乃敦乎要道，刑于率土，始则谨色养□□匮□□□□□□□孝之至也。郊丘者三竭，精□□献朝，□□者一郁，凄感于霜露，祀之大也。六御宸陛，精较□□，振滞淹①于韦布②，馨遹潜于岩穴。文教之隆也。再驾革辂，观省朔野，贞师律以威亮，□戎人以礼乐。武经之着□□□□□□□□□车内□□实，情达幽仄③，钦恤之深也。体玄功之藏用，为而勿有；推赤心而与物，坦然无间，诚明之广也。友于天族，敦乎教也；惠绥④耆年⑤，勉夫养也。斫雕⑥复朴，必始于宫室；劝农禁□，率先乎稼穑。昭夫俭也，黄□一□□□□□□□助编□□室务得而□谨乎授也。六职交义，百揆时序，犹复仿古无怠，论学弥益，邈览乎九皇⑦之道，毕讲乎三代之训。□庞黎献，勤恁方毂⑧。蒸蒸之德，既格于神明；生生之仁，终达于麛卵⑨。太初遂布于景气，灵台遽偃于师节。混一文□，敕载疆场，□□□□易战□措兵者也。于是，河海夷晏，岩廊穆宣。莹玄览□宅衷，操斗极而播宪。□天常，立民经。清静之乡，御乃六气⑩之辨；富寿之域，隆乎三登⑪之祥。四奥纳诚，五纬⑫遵轨，日星荐祉而欣合，草木效灵而始见。千品万类，乃纶□□□冲□□□□□□□天意若曰：振古绝德，敻⑬无与让；轶世灵契，允宜□答。繇是真介来仪，宝命申锡，抒三篇渊默之训，启万禩⑭绵长之兆。普天罄世，靡不欣戴。惟苍旻登□之佑，乃□□垂鸿之庆。□乌之祥，祇载其异，雨□□

---

①滞淹（zhì yān）：人沉抑于下而不得升进。亦指滞淹之人。
②韦布：韦带布衣，指粗陋的衣服。也借喻寒士、平民。
③幽仄（zè）：微贱；卑陋。亦指隐居之士。
④惠绥（suí）：安抚。
⑤耆（qí）年：老年人。
⑥斫（zhuó）雕：去掉雕饰。亦谓斫理雕弊之俗。
⑦九皇：传说中上古的九个帝王。
⑧方毂（gǔ）：并驾，两车并行。
⑨麛（mí）卵：幼鹿和鸟卵。泛指幼小的禽兽。
⑩六气：自然气候变化的六种现象，阴、阳、风、雨、晦、明。也指好、恶、喜、怒、哀、乐六情。
⑪三登：连续二十七年皆五谷丰收。亦借指天下太平。
⑫五纬：金、木、水、火、土五星。
⑬敻（xiòng）：远。
⑭禩（sì）：同"祀"。

觊何□□□□□□自天之秘，实获御邦之蕴。于是，洙泗①诸生，龟蒙②群彦③，发咏叹于庠塾，□讴吟于衢路。揿裳连襘④，波属麟萃。既而宰衡帏幄之辅，熊罴⑤羔雁之列，迨于千夫长、百夫长，黄冠缁衣，台背⑥儿齿⑦，相与不约而信，不谋而同。伏见□□□□□□封□□□□陛下系纂圣统，光阐丕业，立隆以为极，执契而司会，□斯成矣，□□平矣，□□和矣。昆虫草木，罔不孚矣。所宜铺鸿藻⑧而熙帝载，飞英蕤⑨而振绝礼。遵昊天之成命，慰东鲁之徯后⑩。观风□□□之业展□□□侯之□允谓□德□□锡符奉符以行事，颙颙⑪之请，不为进越。皇帝虔巩敦谕，四让不获。既而垂旒⑫深念，前席而言曰：“惟我二圣付以大宝，海内海外，悉主悉治。□怀锡羡之庆，丕冒诒翼之教。一变□□，朕何有焉！又敢款介□□告□功□□□扬耿光、奉遗懿，宣景铄，报嘉瑞。斯事□体，乃朕之志。且夫无怀已降，夷吾所记，迨建武之仪，开元之制，绵绝草具，宜削其靡，无烦民，无黩神。恭朕之礼，罔惮菲薄；奉禋⑬之容，姑务丰大。□□有□□锡厥职。”繇是□□□□□□□□□□□之说，绅汉室优游之议。顺以创制，阅嘉言于既往；修绍丕典，黜空文之无谓。既历古而肄习，乃折衷于睿圣。辅臣先事而祗命，崇岳骈日而荐瑞。醴泉愬涌，神龙倏见，灵芝三秀而络野，嘉谷合颖而充苅。星弁□液忽恍□□□□□□□□寥沈之书再降。既告庙而成礼，□□□□戒告。卿云⑭先

---
①洙泗（zhū sì）：即洙、泗二水。古时二水自今山东泗水东合流西下，至鲁国国都曲阜（今市）北，又分为二水，洙水在北，泗水在南，洙、泗之间，即孔子聚徒讲学之所。后世因以洙泗代称鲁国的文化和孔子的"教泽"。
②龟蒙：龟山、蒙山的合称。在山东新泰市南，由西北向东南，长八十余里。其西北一段名龟山，东南名蒙山。《诗·鲁颂·宫》"奄有龟蒙"，即此。
③群彦：众多才俊之士。
④揿裳连襘（jǐ shɑnɡ lián yì）：牵裙连袖。形容人多。
⑤熊罴（pí）：熊和罴，皆为猛兽。因以喻勇士或雄师劲旅。
⑥台背：同"鲐背"。指长寿老人。
⑦儿齿：幼年。
⑧鸿藻：富丽的文辞。
⑨英蕤（ruí）：艳丽的花。三国魏嵇康《琴赋》："郁纷纭以独茂兮，飞英蕤于昊苍。"犹英华。
⑩徯（xī）后：对明君的盼望。
⑪颙颙（yóng yóng）：肃敬貌，仰慕貌，凝视貌，期待盼望貌。
⑫垂旒（liú）：古代帝王贵族冠冕前后的装饰，以丝绳系玉串而成。
⑬禋（yīn）：古代烧柴升烟以祭天。诚心祭祀。
⑭卿云：即庆云。一种彩云，古人视为祥瑞。

后而触布,辽鹤翩翩而旅集。玄贶①益重,坤珍②愈出。月孟冬,日辛卯,皇帝乃辟宸居,清康衢,俨金舆锵衡之御,肃寝兕③弥龙④之制。都人山立而辰抃,□□□□□□。神捡先路,真士前道。九葩之盖,蔽寥廓⑤以徘徊;十极之音,含正始而容与。俄而常伯⑥陪乘,大丙⑦弭节,千官扈跸⑧而星拱,九龙效驾而飙举⑨。万骑杂沓,汹汹兮海运;九旗⑩缤纷,烈烈兮云布。历河沂,荣光湛乎百丈;庆岳祉,爱□□乎四萼。猛士髦□□□□庙髦轇轕⑪而弥显。周庐⑫徼道,植锻悬藂⑬。既□辟斋宫之靖冥,涤清衷于蠛蠓。云罕⑭严路,钩陈⑮抟氂。奉宝符而先置,俨宸仗而延属。大风示异,当□石而遽止;寒谷应感,将裂肤而俄燠⑯。倏忽之变,阴阳不测。皇帝于是登乔岳,升天□,□玉辇,步岩际,俯曜灵⑰于渤澥⑱,观众山之培塿。崇台冠空而崛屼⑲,翠旌周阿而捷猎⑳。辛亥吻爽,即事灵阙,登太祖以配天,奉太宗而侑享。大园轩豁,悬寓澄爽。列宿照烂于浮景,盛礼登降于□□。□□□□□□□□音谐而大乐六变,百神降而玄酒三献。萧□□用,权火高举。圭璧之序,严紫霄而有容;金石之文,凝降烟而无际。秩众灵而在下,命群官而分享。备物之盛,实列万国;锡年之祥,乃过亿世。既即次而僚币,旋复□而捡玉。盼

---

①玄贶(kuàng):上天的赏赐。
②坤珍:指大地呈现出的符瑞。
③寝兕(sì):卧着的独角犀。常画于帝王车轮上以壮威。
④弥龙:车辄末端的龙头装饰。弥,通"弭"。
⑤寥廓:高远空旷。
⑥常伯:古代君主左右的大臣。后世作为皇帝近臣的泛称。
⑦大丙:传说中的仙人名。
⑧扈跸(hù bì):随侍皇帝出行至某处。跸,指帝王的车驾或行幸之处。
⑨飙举:形容声势大。
⑩九旗:指各式军旗。
⑪轇轕(jiāo gé):同"轇轕"。纵横交错,深远貌。
⑫周庐:皇宫周围警卫值宿的庐舍。
⑬藂(fá):盾牌。
⑭云罕:旌旗。
⑮钩陈:指后宫。一种用于防卫的仪仗。
⑯燠(yù):暖,热。
⑰曜灵:太阳。
⑱渤澥(xiè):古代称东海的一部分,即渤海。
⑲崛屼(jué wù):高貌。
⑳捷猎:相接貌;参差貌。

饗□□□□□□于鸿明之报。白云起封，始氤氲①于肤寸；神光□礚，实炳蔚②而五色。翌日，回鸣銮，禅社首，礼遂毕于登降，诚乃格于上下。复本反始，二仪之气始和；执圭奉璋，肆觐之礼攸举。且夫坛遗三成，盖大□小之制，侯氏□□□君劳臣□□□□□□次，掌舍设梐，司仪辨等，卓马具礼。始眡③馆而穆穆，俄就旗而济济。皇帝乃登清坛，翳云芝，负斧扆④，明章施，胪句□□而交达，琛责述职而□平。九仪栉比，兼寓麇⑤至，航海告传圭之符，毛□庆干吕之瑞。巍□□□穹隆□□□虎之□□□□业，鸡竿竽施。籥⑥歌以咏德，佾舞⑦而象事。礼宪备成，迄无遗者。既而王公庶尹、岳牧群长胥进而言曰："夫祚德者天，合符者圣。上以大业巨封，对越景命，区域竦化，人祇胁庆。礼物具八方之产，祀□□千□□盛。□何山郭□□□献海鲽之充贡哉！父天母地之孝，于以之备；君临子事之义，于是乎尽。洋洋乎，荡荡乎，民无得而称焉。谨伏坛□，上千万寿。"帝曰："异□，豆笾⑧静嘉，器之文也；牲栓肥腯⑨，祭之饬也。非朕所以请上帝于下民之意也。□朕□荐，荐于□□；□神之□，享于惟馨。庶乎尽物首义，用缶纳□□旨无以并矣。"又曰："咨尔有方之众，明听予诰：先王克谨天戒，臣人克有常宪。肆朕祗畏，荷□况施。尔其慎厥，终一乃心。弼予夙夜之治，□□元元之命。罔忽厥□，□速于戾。"□□□□九垓□阳□□，既礼止而乐阕⑩，遽雷作而雨解。涣汗⑪兮大号，□休兮茂典。置罦⑫聿空，固犴⑬斯弛。执热者濯，居穷者遂。在逸者复，处幽者贲。员首方足，悉已□□；蠕动翾飞⑭，罔不颙跂。逸祥禽

---

①氤氲（yūn）：阴阳二气聚合之状，天地氤氲。
②炳蔚：形容文采鲜明华美。
③眡（shì）：古同"视"。
④斧扆（yǐ）：亦作"斧依"。古代帝王朝堂所用的状如屏风的器具，以绛为质，高八尺，东西当户牖之间。其上有斧形图案，故名。
⑤麇（jūn）：古同"麕"，指獐子。
⑥籥（yuè）：古代乐器，形状像笛。
⑦佾（yì）舞：指乐舞。
⑧豆笾（biān）：祭器。木制的叫豆，竹制的叫笾。
⑨肥腯（tú）：形容牲畜肥大壮硕。
⑩乐阕（lè què）：乐终。
⑪涣汗：比喻号令一发，如人之汗出不能复收，故唯有遵行。
⑫罦（fú）：一种捕鸟的网，鸟入网后，能自动将鸟罩住。
⑬犴（àn）：犴狱，古代乡亭的牢狱，引申为狱讼之事。亦作"岸狱"。
⑭翾（xuān）飞：指鸟雀飞翔。

于空阔，遂珍兽于遐□。集百灵而受职，与□□而更始。所谓□□□□景福，云行雨施，不崇朝而遍天下者也。觐之明日，摭彝章①，□先古。太常陈诗而观俗，典礼同律而考度。正班爵之上下，阅市器之良窳②，励守屏以□□，章教条而咸举。既而振皇仪而施轸；访儒宫而□□。浸仁泽于遗□，合凯□于下国。欢声□溢，□□载扬。嘉气郁葱，拥宸舆③兮归格。策勋饮至，沛□乐胥。昭德垂休，邈乎无极。皇帝于是敷睿藻，纪云阙。始则推□□□纯锡，终则让祖宗之显烈。羲画增丽，尧文睿发。□□天经而昭布，表日□而高扬。至于□□□□之□□，□祀典之清芬。上则教尊于世，次而功施于民。形褒议而流水，增徽称④而益振。焕乎宸制，镂之贞珉⑤。信阙典而咸秩，垂圣范而□□。□□哉，怀庭之道，旷而复属；盘维之基，亘而弥远。□乎，人和年登，而神降□吉。倪宽所谓帝王之盛节，抑亦曰天下之壮观。圣作物睹，不其然乎！太史臣曰："主□有圣明而不宣布，有司之过也。臣虔奉咫尺，参侍□□，□□扬厉，窃谓万一。虽不足究宣骏德，光大隆业，盖□□□，尊名□，辞炳灼于无穷，□□□□□。"谨为颂曰：

于穆我宋，受天明命。烈祖造邦，神宗继圣。灵旗指麾，洪基保定。神教诞敷，民德丕正。明明我后，集庆□□。稽古立训，惟俭是宜。群方允迪，庶汇缉熙。天纵至圣，日用焉知。上□降鉴，□□□□。双觞恭□，六□□□。周伯□□，老人效灵。干符坤珍，溢于祥经。上德不德，谦而益光。夤奉祖考，肃祗玄黄。天迪其德，盛烨洪长。真介荐至，元符屡彰。济济多士，茧茧蒸民。填衢溢郭，集于紫宸。□启伊□，武功至仁。□□伊何，□□□□。□让不获，玄章□□。□命有位，葳事岱宗。虞巡效驾，周迈宣风。八极四海，云蒸霞从。岩岩鲁詹，高轶干宇。既祓既登，以禋以旅。二圣克配，三辰散处。六变成文，□灵□□。苍璧玄酒，□□齐栗。肸蠁禋燎，飘摇钟律。翌日降□，皇祇是出。允犹翕河，百神咸秩。禅之明日，乃严坛址。于是肆觐，愍以陈仪，梐枑⑥载列，笋簴⑦攸施。俨尔珪组⑧，翼乎熊罴。王公庶尹，再拜稽首。馨□□□，上千万寿。

---

① 彝章：常典；旧典。
② 良窳（yǔ）：精粗；好坏。
③ 宸舆（chén yú）：帝王所乘车。借指皇帝。
④ 徽称：褒扬赞美的称号。
⑤ 贞珉（mín）：石刻碑铭的美称。
⑥ 梐枑（bì hù）：用木条交叉制成的栅栏，置于官署前遮拦人马。又称行马。
⑦ 簴（jù）：古代挂钟磬的架子上的立柱。
⑧ 珪（guī）组：玉圭与印绶。引申指爵位、官职。借指文武官员。

□曰钦哉，一德斯懋。元首股肱，惟尔佐佑。庆泽遂敷，宥民赦狱。涣汗涵濡，滋液渗漉。洗涤颇类，发挥亭毒。施及夭胎，罔不生育。乃程律度，乃齐日时。升拔方谷，惩艾不祗。凡百有位，以悦以□。大礼克举，□□□□。□乎哉！登灵封兮报玄功，禅厚地兮荐清衷。揭方明兮车服以庸，覃庆泽兮罘纲遂空。□圣宋之光宅兮，与黄比崇。宜乎金声之，玉振之，万斯年兮无穷。

12. 乞标定牧马地奏

记载

李焘《续资治通鉴长编》卷七十一记载："宋真宗大中祥符二年（1009）正月丙戌，群牧制置使陈尧叟言：'京东、西、河北、陕西路除系官牧地外，有逃土闲田可以放牧，而与民家接者，请官和市之，或易以沃壤，无妨其农种，仍遣官巡视标定。'诏从其请。"本文又见于《宋会要辑稿·兵二十一》之二十五，《宋会要辑稿补编》第四百一十四页。

原文

准诏旨，群牧岁息马及万则分为两监，监标牧马地，令臣等规画以闻。望下京东、京西、河北、陕西转运使并知郓州马元方，除旧系官草地外，应古来坊监旧牧、龙坊草地、系官闲田，即标立封堠[①]。其远年逃土及今闲田有与民田相接者，官利市之，或易以沃壤，无妨农种。仍令判官李克勤、田穀往来巡视，俟标定讫，本司上其劝课，请行旌赏[②]。

13. 泰山封禅圣制颂

记载

脱脱等《宋史·列传·陈尧叟传》记载："大中祥符初，东封，加尚书左丞。诏撰《朝觐坛碑》，进工部尚书。献《封禅圣制颂》，帝作歌答之。"徐松《宋会要辑稿·礼六十二》也记载："三年二月丙子，知枢密院陈尧叟上《泰山封禅圣制颂》，诏答之。上又以其词有规切之意，作歌以赐。"

原文

佚

[①]封堠（hòu）：古代划分疆界和分程记里的土墩。
[②]旌赏：表彰奖赏。

14. 谕陕州勿得擅有差役奏

记载

李焘《续资治通鉴长编》卷七十四记载："宋真宗大中祥符三年（1010）八月戊辰，陈尧叟言。"本文是陈尧叟上任祀汾阴经度制置使时所上奏折。

原文

昨将至陕州，传言稍旱，苗稼甚薄。及入境，亲见实不至此，但人虑有差役，以此为言耳。已各面谕及移牒转运司勿得擅有差役，民间闻此，皆望阙[①]欢呼，至有感泣者。

15. 请遣使臣检视行宫奏

记载

李焘《续资治通鉴长编》卷七十四记载："八月庚午，陈尧叟言：'曹利用等称陕、郑衙署，正门低小，街衢[②]窄隘。若将驻跸[③]，望别降朝旨。'上曰：'但仍其旧，勿以劳人。'"本文又见于《宋会要辑稿·礼二十八》之四十四，是陈尧叟为祀汾阴经度制置使时所上奏折，该奏上于大中祥符三年（1010）八月二十三日，诏以近硖石宽平之地建行宫，如迎銮、翔銮之制。

原文

陕州硖石县湫隘[④]，不足以驻銮驾，兼卫兵无停止之处，其行宫望特遣使臣检视。

16. 修治虢州至函谷关道路奏

记载

徐松《宋会要辑稿·礼二十八》之四十四记载："二十六日，陈尧叟等言。"此奏是陈尧叟为祀汾阴经度制置使时所上奏折，该奏上于大中祥符三年（1010）八月二十六日，帝从之。

---

① 望阙：仰望宫阙。
② 街衢（qú）：四通八达的街道。
③ 驻跸（bì）：帝王出巡时，沿途停留暂住。
④ 湫隘（jiǎo ài）：〈书〉低洼狭小。

原文

相度洪流涧移稠桑①道路，自高原经过，初上处斗峻②，寻命工开修。今自灵宝县由虢州路至函谷关，却合汉武帝庙前，道路宽平，已行修治。

17. 请辇送刍粟奏

记载

李焘《续资治通鉴长编》卷七十四记载："河东转运使、兵部郎中陈若拙请以所部缗帛刍粟③十万转输河中，以助经费，许之。"本文又见于《宋会要辑稿·礼二十八》之四十六，是陈尧叟为祀汾阴经度制置使时所上奏折，该奏上于大中祥符三年（1010）九月六日，从之。

原文

河东转运使陈若拙请以缗钱、刍粟十万，由晋、绛赴河中以助大礼。缘比奉诏旨，不得扰民。其缗帛可以轻赍④，望令辇送其刍粟，令绛州以秋税就输宝鼎县。

18. 亲谒太宁庙颂

记载

脱脱等《宋史·列传·陈尧叟传》记载："礼成，进户部尚书。时诏王钦若为《朝觐坛颂》，表让尧叟，不许。别命尧叟撰《亲谒太宁庙颂》，加特进，赐功臣。又以尧叟善草隶，诏写途中御制歌诗刻石。"徐松《宋会要辑稿·礼二十八》记载："大中祥符三年（1010）九月十九日，命王旦撰《祀汾阴坛颂》，王钦若撰《朝觐坛颂》，陈尧叟撰《亲谒后土庙颂》。初，帝以御笔写'后土庙颂'字示宰相，命陈尧叟撰此颂，王旦曰：'东封泰山铭，是御制御书，此铭非臣下可为。'帝曰：'朕更不属文，尧叟未有文字，不必如此。'既而，王钦若又上表请令尧叟撰《朝觐坛颂》，遂诏尧叟为《亲谒颂》，而帝自制配飨铭马。"

原文

佚

---

①稠桑：即今河南三门峡灵宝市函谷关镇稠桑村。
②斗峻：高且陡。斗，通"陡"。
③刍粟（chú sù）：军粮，多指供军队用的饲料和粮食。
④轻赍（jī）：方便携带的装备。

19. 熏风楼记

记载

徐松《宋会要辑稿·方域四》记载:"大中祥符四年(1011)二月,诏改河中府'克覆楼'曰'熏风楼',在市中。唐广明岁节度使王重荣败黄巢,伪将赵璋、李祥尝誓众于此,因为名。帝曰:'克复者一时之事,不若因舜都为之号,乃赐名焉,命陈尧叟为记。'"

原文

佚

20. 请导水入永安县城奏

记载

徐松《宋会要辑稿·礼三十七》之三十记载:"大中祥符四年(1011)五月七日,祀汾阴经度制置使陈尧叟言。"后诏诸陵都监江守训相度,守训言可以开修,帝以近陵寝,慎于兴工,命司天监集官定议。司天监亦称其便,始从之。

原文

永安县居民阙汲水用,若导南山下青龙涧水泉循山以入县城,可济[1]乏阙。

21. 京师徙马他所奏

记载

李焘《续资治通鉴长编》卷七十六记载:"宋真宗大中祥符四年(1011)十一月壬午,知河南府冯拯言官市刍粟,望增给其直。陈尧叟曰。"本文又见于《宋会要辑稿·食货三十七》,帝然之。

原文

增直以市,不若徙马他所。京师马旧留二万,今留七千,自余悉付外监。仍欲于七千之中更以四千付淳泽监[2],岁可省刍粟三百余万。若有给赐,朝取夕至矣。

---

[1]济:补益。
[2]淳泽监:位于今河南省中牟县境内。

22. 枢密院时政记

记载

李焘《续资治通鉴长编》卷七十八记载："宋真宗大中祥符五年（1012）六月壬戌，令枢密院修《时政记》，月送史馆。先是，枢密院月录附史事送中书，编于《时政记》。及是，王钦若、陈尧叟请别撰，许之。《枢密院时政记》始此。"

原文

佚

23. 顺祖册文

记载

徐松《宋会要辑稿·帝系一》记载："大中祥符五年（1012）闰十月十八日，中书门下与礼官等参议，请加上僖祖曰文献睿和，顺祖曰惠元睿明，翼祖曰简恭睿德，宣祖曰昭武睿圣，太祖曰启运立极英武睿文神德圣功至明大孝，太宗曰至仁应道神功圣德文武睿烈大明广孝，诏恭依仍俟上圣祖册礼毕奉上。命枢密使王钦若撰僖祖册文，陈尧叟撰顺祖册文，参知政事丁谓撰翼祖册文，宰臣王旦撰宣祖册文，向敏中撰太祖册文，王钦若撰太宗册文并书。"本文见于《宋会要辑稿·礼五十八》之十八，《太常因革礼》卷九十，《宋大诏令集》卷一百四十，《宋代蜀文辑存》卷三。

顺祖即赵匡胤曾祖赵珽。《宋史》记载，赵珽"历藩镇从事，累官兼御史中丞"。《宋会要辑稿》记载，建隆元年（960）春，赵匡胤取代后周，追尊四庙，合撰帝后谥号、陵名，其中赵珽追尊为"惠元皇帝"，庙号"顺祖"，陵曰"康陵"。

原文

伏以无疆之序，自积累以承基；祇遹①之心，仰开先而尊祖。孝之大者，礼其舍诸。故列辟之所先，大曩②籍之攸尚。恭惟顺祖惠文皇帝储精刚健，禀气中和，守素居真，含辉隐耀，冲襟③默而自运，盛德晦而弥彰。笙镛④之音，

---

①祇遹（zhī yù）：敬述。
②曩（nǎng）：以往，从前，过去的。
③冲襟（jīn）：亦作"冲衿"，旷淡的胸怀。
④笙镛（shēng yōng）：亦作"笙庸"，古乐器名。镛，大钟。

249

将从于丕变；龙蛇之蛰，固蕴于多奇。惠流千乘之邦，道冠六艺之圃。创业垂裕，仰藉于庆灵；资始守成，缅钦于燕翼。宜乎隆会昌之帝祉，受丕显①之尊名。粤以眇姿，绍②膺元历，荷贻谋于接统，成至治于洽平。巨礼交修，真游狎降。邦家袭吉，允载于发祥；典礼考言，敢忘于追远。稽合古训，浚发皇猷③，昭遗烈而益徽称，顺元展而奉恭册。谨奉玉册玉宝，加上尊谥曰顺祖惠元睿明皇帝。伏惟威神下济，福禄荐臻④，克敷鸿鉴，永庇后昆⑤。

24. 汾阴奉祀记

记载

李焘《续资治通鉴长编》卷八十三记载："宋真宗大中祥符七年（1014）十一月壬辰，户部尚书陈尧叟上《汾阴奉祀记》三卷。有诏褒答。"据嘉庆《四川通志》卷一百八十四《艺文志》，尧叟除《亲谒太宁庙颂》外另有专门记载西祀汾阴的著作《汾阴奉祀纪》三卷，大中祥符六年十一月成书上奏。

原文

佚

25. 灵津桥记

记载

徐松《宋会要辑稿·礼五十一》记载："大中祥符八年（1015）四月十五日，命王旦撰《亳州明道宫记》，向敏中撰《太清宫颂》，王钦若撰《崇真桥记》，陈尧叟撰《灵津桥记》，丁谓撰《应天府安跸桥记》，王嗣宋撰《陈留县凝祥桥记》，知亳州李迪撰《明道宫观妙亭记》。"成化《中都志》卷四记载："灵津桥，宋祥符六年，赐亳州北门外涡水桥曰'灵津'，命陈尧叟撰记。"

乾隆《颍州府志》卷二记载："灵津渡，州北门外。宋祥符六年赐亳州，北门□涡水桥曰'灵津'，命陈尧叟作记，后桥□设渡。"

原文

佚

---

① 编按：《宋大诏令集》卷一百四十中为"变"。
② 编按：《宋大诏令集》卷一百四十中为"昭"。
③ 皇猷（yóu）：帝王的谋略或教化。
④ 荐臻（zhēn）：接踵而至。
⑤ 后昆：后嗣；子孙。

26. 请盟录

记载

脱脱等《宋史·列传·陈尧叟传》记载："尧叟伟姿貌，强力，奏对明辨，多任知数。久典机密，军马之籍，悉能周记。所著《请盟录》三集二十卷。"

原文

佚

27. 景德财政记

记载

王应麟《玉海》卷四十八记载："《景德财政记》无卷数，尧叟与王钦若同撰。此书亡于何时，不可考。"

原文

佚

28. 仲由字子路卞人赠魏候今进封河内公赞

记载

乾隆《独山州志》卷四记载："仲子，名由，字子路，鲁之汴人也。性孝勇，志抗直。初见孔子，冠雄鸡冠，佩豭豚①，拔剑而舞之，曰：'古之君子，固以剑自卫乎？'孔子曰：'君子忠以为质，仁以为卫，何待剑乎。'由闻之，遂儒服，请为弟子。鲁定公八年，孔子使子路为宰，堕三都，收其甲兵，既而随孔子之卫。适宋匡人围之，子路奋戟欲战，孔子止之，命之歌，子路弹琴而歌，孔子和之三，终而围解。后随孔子之楚反卫，卫以为蒲宰，治蒲三年，孔子过之，称善者三，曰恭敬以信也、忠信以宽也、明察以断也。少年家贫，事亲常食藜藿②，为亲负米百里之外，后南游楚，积粟万钟，愿食藜藿，为亲负米而不可得，对夫子言之，泣下，子曰：'由也事亲，可谓生尽力，死尽哀矣。'生平英断果决，而勇于有为。子贡以为不侮鳏寡，不畏强御。及死于卫，孔子哭之，痛曰：'自吾有由，恶言不入于耳，贤矣哉！'唐

---

① 豭豚（jiā tún）：亦作"豭豘"，小公猪，后泛指公猪。古人佩豭豚形象之物，表示勇敢。
② 藜藿（lí huò）：〈书〉藜和藿，指粗劣的饭菜。

赠卫侯，宋封卫公，明嘉靖改称先贤仲子，国朝因之。宋陈尧叟有赞。"本文见于《山左金石志》卷十五，《阙里志》卷十七。

原文

猗欤鲁哲，义勇无俦①。独立不惧，从政惟优。钦属仁圣，勒封介丘。褒贤进号，载显英猷②。

29. 冉求字子有鲁人赠徐侯今进封彭城公赞

记载

乾隆《独山州志》卷四记载："冉子，名求，字子有。仲弓之宗族，尝仕为季氏宰，进则理其官职，退则受教圣门，其为人民多才艺，而优于牧民。故夫子许其艺可从改，但其资禀谦退，见义或不能，勇为然。当此之时，季氏旅泰山，用田赋，伐颛臾，僭礼乐，夫子皆望求，救正而激厉切责之，乃求也。卒，能承圣教，明大义，使季氏保其家以事其国，而终不陷于大恶，则皆平日劝导之力也。故孔子曰：'大夫有争臣，三人虽无道，不失其家，季氏无道极矣，然而不亡者，以冉有委路为之宰也。'子贡曰：'恭老恤幼，不忘宾旅，好学博艺，省物勤已，是冉求之行也。'孔子语之曰：'好学，则知恤孤、则惠恭、则近礼；勤，则有继尧舜笃恭，以王天下，其称之也。'曰：'宜为国老。'唐赠徐侯，宋加封任城公，明嘉靖改称先贤冉子，国朝因之。宋陈尧叟有赞。"本文见于《山左金石志》卷十五，《阙里志》卷十七，雍正《山东通志》卷十一之七，乾隆《曲阜县志》卷二十四，道光《藤县志》卷七，《曹南文献录》卷七十四，《宋代蜀文辑存》卷三。

原文

谦谦令德，少著嘉闻。敏于从政，洽以斯文。垂鸿报本，道遇明君。徽称③永锡，载扬清芬。

30. 漆徒父赞

记载

乾隆《独山州志》卷四记载："漆雕子，名徒父，字子有，家语字子文，

---

①无俦（chóu）：没有能够与之相比。
②英猷（yóu）：良谋。
③徽称：褒扬赞美的称号。

鲁人。尝仕于鲁，有治术。唐开元追封须句伯，诏从祀，宋加封高苑侯，明嘉靖改称先贤，国朝因之。宋陈尧叟有赞。"漆雕徒父，字子文，汉族，东周春秋末年鲁国人。孔子的门徒，七十二贤之一。

原文

受教圣人，服勤坟籍①。如彼时术，故能日益。元封庆成，介圭追锡。图形绘像，镂美金石。

31. 壤赤赞

记载

乾隆《独山州志》卷四记载："壤驷子，名赤，字子徒，秦人。学于圣门，执经请益，载道若无，得时而驾，领袖诸儒。唐开元追封北征伯，从祀庙庭，宋真宗加封上邽侯，明嘉靖改称先贤，国朝因之。宋陈尧叟有赞。"壤驷（sì）赤，姓壤驷，名赤，字子徒，汉族，东周春秋秦国人，孔子弟子，孔门七十二贤之一。

原文

猗欤壤驷，信而好古。驱驾咸秦，抠衣②邹鲁。言必成文，动不蹈矩。成礼介丘，追荣社土。

32. 启事

记载

《锦绣万花谷》前集卷二十五记载："陈文忠公尧叟，端拱二年状元及第。文惠公尧佐同举进士。康肃公尧咨，咸平三年殿试复第一。三人皆秦国公省华子。尧佐③登第之明年，赐绯，与父同日改秘书丞。故尧叟有启事。"此启事见于《游宦纪闻》。

原文

蟾桂④骊珠⑤，连岁昭兄弟之美；鱼章象简，同时见父子之荣。

---

①坟籍：古代圣贤所作的经史书籍。
②抠（kōu）衣：把衣服提起来，是古代表示恭敬的举动。
③编按：李焘《续资治通鉴长编》卷三十一记载："宋太宗淳化元年（990）四月乙巳，赐太子中允陈省华及其子光禄寺丞、直史馆尧叟五品服。"990年为陈尧叟登第的第二年。
④蟾（chán）桂：神话中的月里蟾蜍和丹桂，"蟾宫折桂"的略语。
⑤骊（lí）珠：古代传说中骊龙颔下的宝珠。欲取骊珠，须潜入深渊中，待骊龙睡时，才能窃得，为极珍贵的宝物。后比喻为珍贵的事物或事物的精华、文章的要旨。

33. 陈文忠公集

记载

嘉庆《四川通志》卷一百八十六记载："陈文忠公文集三十卷，陈尧叟撰。"《陈文忠公集》三十卷，不见载于他书。尧叟擅长文书，备职中枢二十余年，奏论、书信、碑铭之作必不少，亦有财力结集刊印，当有文集。然此载卷数与《宋史》所载《陈文惠公文集》同。恐清人混同，待考。

原文

佚

第三节　尧叟和韵

陈尧叟著作虽多，却无一完整书籍流传下来，唯有散存诗文。程瑞钊、史今律、郭邦万《陈尧佐诗辑佚注析》辑得其诗8首，北京大学整理的《全宋诗》卷三十七辑得其诗9首，本书录其诗10首，实存9首。

1. 果实

> 甜于糖蜜软于酥，阆苑[①]山头拥万株。
> 叶底深藏红玳瑁[②]，枝边低缀碧珊瑚。

解析

本诗见于《舆地纪胜》卷一百八十五，又见于《全宋诗》卷三十七，应为陈尧叟青少年时期的作品。陈尧叟兄弟四人曾于太平兴国元年（976）至天平兴

[①]阆苑：也称阆风苑、阆风之苑，传说在昆仑山之巅，是西王母居住的地方。在诗词中常用来泛指神仙居住的地方，或代指帝王宫苑。这里应是四川省阆中市城西的"阆苑"。宋王象之《舆地纪胜·利州东路·阆州》记载："阆苑，唐时鲁王灵夔、滕王元婴以衙宇卑陋，遂修饰宏大之，拟于宫苑，由是谓之'隆苑'。其后以'隆基'讳，改谓'阆苑'。"
[②]玳瑁（dài mào）：脊椎动物，爬行纲，海龟科。一般长约0.6米，大者可达1.6米。头顶有两对前额鳞，上颌钩曲。背面的角质板覆瓦状排列，表面光滑，具褐色和淡黄色相间的花纹。角质板可制眼镜框或装饰品；甲片可入药。

国五年（980）就读于阆中大象山南岩。该诗从色、香、味以及口感、数量等方面对果实进行了描绘。

2. 披云亭

秦关百二①山河固，陕服②城闉③控此中。
别构栋梁成爽垲④，俯观竹树立青葱。
虚檐豁敞迎朝日，曲槛萦回带晚风。
登眺自欣襟带地⑤，万方辙迹坦然同⑥。

解析

本诗见于《河南府志·宋诗纪事》卷四，又见于《全宋诗》卷三十七，作于陈省华举家北迁之后，时陈尧叟学业已成、风华正茂。此时，北宋王朝统一了大江南北，山河归一，陈尧叟环游至京都及关内关外一带，俯仰天地，山河壮美，面对百废正兴的家国，诗人意气风发，满腔热忱，挥毫赋诗，一气呵成，赞美之情勃发，全诗字里行间蕴涵了一朝登第、誓将为朝廷贡献才华的抱负。

披云亭，其地不详，或在洛阳。

3. 题义门胡氏华林书院

旌阙⑦书亭焕水乡，四时烟景似沧浪⑧。

---

①百二：《史记·高祖本纪》记载："秦，形胜之国，带河山之险，县隔千里，持戟百万，秦得百二焉。"言秦地二万人凭险足当诸侯百万，或百万之师居秦则当二百万。后常以"百二山河"喻形势险固之地。
②陕服：指陕州（今河南陕县）一带。古王畿外围，每五百里为一区划，由近至远，分作侯服、甸服、绥服、要服、荒服。任昉《齐竟陵文宣王行状》记载："沈攸之跋扈上游，称乱陕服。""攸之以荆州刺史为乱。因晋南渡后，江左以荆、扬二州为最重，比于周公、召公以陕州为界而分治之，扬州为东陕，荆州为西陕，如侯服、甸服，故称陕服。此指陕州东西的广大地区。
③城闉（yīn）：城内重门，亦泛指城郭。此代指陕州左右的众多城镇。
④爽垲（kǎi）：高爽干燥的地方。
⑤襟带地：谓山川屏障环绕，如襟如带，比喻地势险要。张衡《西京赋》有"岩险周固，襟带易守"句。
⑥万方辙迹坦然同：谓举国一统，车同轨，书同文。辙：车轮的行迹。
⑦旌阙：由官府立牌坊，赐匾额于其门第以表彰其节义行为。《宋史·孝义传》记载："胡仲尧，洪州奉新人，累世聚居至数百口，构学舍于华林山……雍熙二年，诏旌其门闾。"
⑧沧浪：汉水。此以其水清景幽比拟华林书堂前的华林水源。

玉浆①寒色连莎砌②，金障③秋阴覆草堂④。
田里从来应逊畔⑤，儿孙游戏亦成行⑥。
吾君孝理⑦风天下，谁识讴歌缀乐章。

解析

本诗由《宋诗纪事补遗》卷三引自《江西通志》，又见于《全宋诗》卷三十七，是作者路过江西义门胡氏华林书院而作，赞美胡仲尧构建学舍、聚书万卷的义举。首联与颔联描写了华林书堂的广阔原野，山清水秀，环境优美。颈联描写乡村在耕读传家理念、胡氏华林书院的影响下，人们和睦相处，一派和乐，秩序井然。尾联深化主题，直接点题，阐述朝廷推行孝理而产生了巨大的社会效果。当然，此诗也开启了宋诗直白义理阐述哲理的先河。

华林书堂，《江西通志·胜迹略》记载："胡仲尧，构学舍于华林山别墅，聚书万卷，大设厨廪以延四方游学之士。陈尧叟诗。"又名《过义门山庄》《华林书堂》。

4. 送张无梦归天台

山人⑧之所隐，临海⑨赤城⑩间。

---

①玉浆：仙人的饮料，此喻华林水。
②莎砌：莎，莎草，块根称香附子。莎砌，石缝中长满了莎草。
③金障：金色的障扇。帝王临朝或出巡的仪仗。这里指山林若金色屏障。
④草堂：旧时文人避世隐居，多名其居为草堂，如周颙的钟山草堂、杜甫的浣花草堂、白居易的庐山草堂。
⑤逊畔（xùn pàn）：犹让畔。推让共有的田界。《韩非子·难一》记载："历山之农者侵畔，舜往耕焉，期年甽亩正；河滨之渔者争坻，舜往渔焉，期年而让长；东夷之陶者器苦窳，舜往陶焉，期年而器牢。"《淮南子·原道篇》记载："昔舜耕于历山，期年而田者争硗角，以封壤肥饶相让；钓于河滨，期年而渔者争处湍濑，以曲隈深潭相予。"
⑥游戏亦成行：《史记·孔子世家》记载："孔子为儿嬉戏，常陈俎豆，设礼容。"刘向《列女传》卷一记载："孟母三迁而居学宫之傍，孟子嬉戏乃设俎豆，揖让进退。"此暗用孔、孟儿时事，言胡氏礼乐之教及于童稚，儿孙嬉戏游玩亦若雁行之有序。
⑦吾君孝理：历代帝王均提出风行天下的道德准则，大抵非"忠"即"孝"。宋之得国，不以其道，不便于倡"忠"，便竭力讲"孝"。两宋君主，除太宗外，谥号都少不了一个"孝"字。
⑧山人：山居者，多指隐士。此指张无梦。
⑨临海：宋台州临海郡，今浙江省临海县。
⑩赤城：东南名山，在浙江省天台县北六里。

天台峰峨峨，剡①水声潺潺。
绝顶一室非尘寰，忘形②终日同云间。
仙軿③每戾止④，人迹绝跻攀⑤。
沆瀣⑥挹朝味，冰雪⑦留童颜。
手持百首还元⑧诗，诗成自谓人不知，
世人得之蹈，希夷⑨自此游。
朝市皆争识形仪，承祯⑩以道遇明主。
子训⑪卖药归会稽，张君今能尽继之。
冥冥孤鸿东南飞，邈然不自烟霞期⑫。

解析

本诗由《宋诗纪事补遗》卷三引于《天台续集》，又见于《全宋诗》卷三十七。张无梦，宋道士，字灵隐，号鸿蒙子，与种放、刘海蟾为方外友。事陈希夷，多得微旨。久之，游天台，登赤城，庐于琼台观。陈尧叟虽身为朝廷重臣，却喜交天下名士，政治家的视野极为广阔。这是一首赞扬张无梦思想行

---

①剡（shàn）水：曹娥江的上游，在天台山西。
②忘形：修养高深，超乎自我，忘记了自己的形体。《庄子·让王》记载："曾子安贫乐道，天子不得臣，诸侯不得友。故养志者忘形，养形者忘利，致道者忘心矣。"
③仙軿（píng）：仙人所乘的有帷有盖的车。
④戾（lì）止：到达。《诗·周颂·有瞽》有"我客戾止，永观厥成"句。
⑤跻（jī）攀：登攀。韩愈《听颖师弹琴》有"跻攀分寸不可上"句。
⑥沆瀣（hàng xiè）：夜半之气，或谓清露。屈原《远游》有"餐六气而饮沆瀣兮，漱正阳而含朝霞"句。
⑦冰雪：比喻晶莹洁白。《庄子·逍遥游》记载："藐姑射之山，有神人居焉，肌肤若冰雪，绰约若处子。"白居易《送毛仙翁》有"肌肤冰雪莹，衣服云霞鲜"句。
⑧还元：即还源，转迷而入于悟也。柳宗元《酬巽上人赠茶》有"涤虑发真照，还源荡昏邪"句。此以"还元诗"代指张无梦的《琼台集》。
⑨希夷：无声无色，虚寂微妙。《老子》十四章有"视之不见名曰夷，听之不闻名曰希，搏之不得名曰微。此三者，不可致诘"句，说"道"不可感知。陈抟赐号"希夷先生"。
⑩承祯：唐初司马承祯，从潘师正学道，得其符箓及辟谷导引服饵之术。遍游名山后，定居天台山。武后、睿宗、玄宗多次召见，曾说睿宗治国以清静无为之道，睿宗叹曰："广成之言，即斯是也。"
⑪子训：蓟子训，东汉建安时人，传有神术，常以斗酒片脯饮啖数百人终日不尽，能令白发转黑，死者复生，后遁去不知所踪，唯见白云起从旦至暮。或有百岁翁自说尝见子训卖药于会稽市。
⑫烟霞期：南朝周颙曾隐居金陵北山（今紫金山），后又应诏出任海盐县令，期满入京，再经故地，孔稚珪撰《北山移文》，假托山神之意，驱驰烟雾前往山前阻止他入境，责备他违背了与烟霞的盟约，"使我高霞孤映，明月独举，青松落阴，白云谁侣？"

为隐逸高洁的古体诗,全诗在形式上杂言相间,不受律韵约束,笔随兴至,体制解放,给人以自由飘逸之感。全诗开放的形式与赞美张无梦冰清玉洁的内容,相得益彰,形式与内容达到了完美统一。

5. 送崇教大师南归

能名净行①达理闱②,振锡携瓶③出翠微。
恩重冕旒④曾召对,情高云鹤⑤却同归。
会思莲社⑥寰中结,杯泛潮风⑦海上飞。
不是清时未陈力⑧,便堪随去扫岩扉⑨。

解析

本诗见于《天台续集拾遗》,又见于《全宋诗》卷三十七,通过赞美崇教大师的高洁行为,来表达自己的意趣和志向。首联和颈联,均是赞扬这位大师名扬天下,朝野皆识,并受到皇上征召,大师最终"情高云鹤却同归",清净戒行,信奉受持,物我皆忘,证得佛果,深得世人崇敬。尾联述说自己愿拜崇教大师为师,随奉左右,然而生逢太平盛世,更愿意为朝廷献身,尚不能飘然高蹈于世外。全诗让赞美崇教大师高洁的德行与表达自己愿为家国出力的美好心志、出世与入世这两种世界观相得益彰,表达出这两种相去甚远的行为都在印证美好人生,殊途而同归的意蕴。

---

①净行:佛教语,谓修行。亦指清净的戒行。
②闱(wéi):古代宫室两侧的小门。古代宫室,前曰庙,后曰寝,寝两侧的小门曰闱。此指皇上。
③振锡携瓶:锡,僧所持禅杖,杖头有一铁卷,中段用木,下安铁篡,行动时锡锡作声,因称杖曰锡杖,出行曰振锡。瓶,为僧人汲、饮之器,与钵、锡均须随身携带。
④冕旒(miǎn liú):古代礼冠称冕,冕顶前端垂挂的玉珠簪缨为旒。南北朝后只有皇帝用冕,故以冕旒代指皇帝。
⑤云鹤:以云中白鹤喻人格高洁。《三国志·魏·邴原传》注引《原别传》记载:"邴君所谓云中白鹤,非鹐鹦之网所能罗矣。"此处融入了仙道腾云驾鹤的传说,故称与云鹤"同归"。
⑥莲社:东晋高僧慧远居庐山东林寺,与刘遗民、雷次宗、宗炳等十八人同修净土,寺中有白莲池,故号莲社,亦曰白莲社。
⑦杯泛潮风:传说晋宋间一僧人曾乘木杯渡水,失其名姓,人称"杯渡"。广东宝安县南九龙半岛有杯渡山,因该僧曾居此而得名。后广称僧人出行为杯渡。
⑧陈力:贡献,施展才力。
⑨岩扉:扉,门扇。岩扉,借指隐士的住处。此联说自己愿拜崇教为师,随侍左右,怎奈生逢太平盛世,无所建树,尚不能飘然高蹈。

6. 洞霄宫

回合①烟光叠翠屏，东南山水此为灵。
莺花春学蓬瀛②境，楼阁夜干牛斗星③。
古桧④森罗烧药灶⑤，彩云飘洒聚仙亭⑥。
辽天俯近归期鹤⑦，瀣谷⑧旁连骇巨溟。
紫陌红尘⑨无一点，绿毛仙骨⑩有千龄。
当时听法谈玄者，环佩锵锵拱上清⑪。

解析

本诗见于《宋诗纪事卷四·洞霄诗集》，又见于《杭州府志》，《全宋诗》卷三十七，应为陈尧叟公干于江浙期间所作。智者乐水，仁者乐山，政务繁杂之外寄情山水，拜访名胜，慕仙羡道，调节情绪，也不失为一种情趣高雅的业余生活。本诗用典频繁，但信手拈来，不露痕迹，凸显作者语言运用的高妙与知识见闻的广博。

洞霄宫，道观名，在今浙江省临安、余杭两县间，大涤、天柱山中。汉元丰时为祈祷之所，唐弘道元年建天柱观，宋祥符五年改今名。

---

①回合：环绕、围绕。
②蓬瀛（péng yíng）：蓬莱和瀛洲，神山名，相传为仙人所居之处。亦泛指仙境。
③桧（guì）：常绿乔木，木材桃红色，有香气，可作建筑材料。亦称"刺柏"。
④牛斗星：古以牛宿和斗宿为越国分野。"干"，干犯、触及之意。此句言楼极高。
⑤烧药灶：道家烧炼金石药物成丹，谓服之可以长生。大涤山有许达丹灶遗迹。
⑥聚仙亭：《洞霄图志》卷四记载："（唐）乾宁间，众闻亭上环佩之声，异香逆鼻，走报（元同）先生。先生曰：'洞天仙官朝谒北辰，今夕百灵听讲上清大法，来至是亭尔。'因名'聚仙'。陈丞相尧叟诗云：'古桧森罗烧药灶，彩云飘洒聚仙亭。'"
⑦辽天俯近归期鹤：《搜神后记》卷一记载："丁令威本过东人，学道于灵虚山，后化鹤归辽"。凡重游旧地，多用此典。周邦彦《点绛唇·伤感》有"辽鹤归来，故乡多少伤心地"句。
⑧瀣谷：昆仑山之北谷，或作巂谷、解谷。左思《吴都赋》有"梢云无以逾，巂谷弗能连"句。
⑨紫陌红尘：紫陌，帝都郊野的道路。红尘，飞扬的尘土。紫陌红尘象征热闹繁华，此兼指人寰俗世的喧嚣。
⑩绿毛仙骨：东汉王充《论衡》记载："图仙人之形，体生毛，臂变为翼，行于云，则年增矣，千岁不死。"可见早有仙人生毛之说。又老龟背甲附生绿色水藻，分披如毛，古人视作灵异，遂谓仙人之毛亦呈绿色。
⑪上清：道家的三清境之一。即天界，亦泛指仙境。

7. 妙智洞

　　　　追忆经行三十年，漫山桃李竞争妍①。
　　　　于今棠棣②花成萼③，我已童颜④射酒红⑤。

解析

本诗见于嘉靖《保宁府志》卷三，又见于《全宋诗》卷三十七，是一首忆旧诗，追忆年轻时在故乡出游的美好情景，抒发浓烈的难以排遣的乡愁，感叹时光易逝，岁月匆忙，甚感天老地荒。三十多年前，在故乡新井县，那时正值青春勃发，携学友同游于妙智洞，那时春光明媚，桃李芬芳，一遍朝气蓬勃之象，一群少年，欢声笑语，觥筹交错，风流倜傥。然而，时过境迁，时光飞逝，弹指一挥间已过三十余年，昔日少年都已步入老年，人生那些美好胜景恍若昨天，历历在目，而今都已老态龙钟，自己连喝酒也感到厌烦了。

妙智洞，嘉靖《保守府志·南部》记载："妙智洞，在县治南二十里，傍有妙智寺。陈尧叟有诗。"

8. 赓上赐谢病归韵

　　　　寅会丁昌运⑥，吁谟愧琐才⑦。
　　　　微功酬帝造⑧，迈级处公台⑨。

---

①漫山桃李竞争妍：既写实景，又含比喻。《韩诗外传》卷七有"夫春树桃李，夏得阴其下，秋得食其实"句。后以桃李实多喻所栽培荐举的人才之众。陈氏门生故吏遍天下，南宋阎苍舒《将相堂记》记载："陈省华内外孙、曾孙合一百一十人，而仕于朝皆以材称，可谓盛矣！"
②棠棣（dì）：花名，俗称棣棠，花黄色，春末开。《诗·小雅·棠棣》据说为召公燕兄弟所作，首章即以棠棣花萼灿灿并列起兴，赞兄弟情深。后以"棠棣"喻兄弟友爱。
③花成萼（è）：萼，环列花朵外部的叶状薄片。时尧叟知枢密院，尧佐直史馆，尧咨知制诰，并历清贵，故以"花成萼"为喻。
④童颜：言人老发稀。
⑤射（yì）酒红：厌喝酒。《诗·大雅·思齐》有"无射亦保"句，《周·颂清庙》有"无射于人斯"句，"射"均通"斁"，义为厌。酒红，指饮酒后面部或眼睛呈现的红色，此代喝酒。
⑥寅会丁昌运：寅，表恭敬。丁，适逢。昌，盛旺。运，气数。
⑦吁谟（xū mó）愧琐才：吁谟，远大宏伟的谋划。琐才，微小才智。
⑧帝造：帝王成就，成全。
⑨公台：汉因秦制，设三公为百官之首，尚书为中台，御史为宪台，谒者为外台，合称三台。

辞位囊封①上，逾涯宠数来②。
维藩③分圣寄，涕泗远丹台④。
旌仰宸章⑤降，降弥睿眷⑥回。
载赓诚寡和⑦，望阙几徘徊。

附：宋真宗《赐尚书陈尧叟出判河阳》

文苑昭清誉，朝端仰盛才。
嘉猷⑧厘⑨万务，奇遇列三台⑩。
勤职兴居瘁⑪，辞荣奏疏来。
畴咨⑫登百揆⑬，异数⑭冠群材。
巨任扬旌去，名藩制锦⑮回。
君臣相得意，瞻望两徘徊。

解析

本诗见于道光《南部县志》卷三十，又见于咸丰《陈氏族谱》卷一，《全宋诗》卷三十七，是答谢宋真宗、诚挚感激圣恩之意。赓韵即和韵，李焘《续资治通鉴长编》卷八十七记载："宋真宗大中祥符九年（1016）八月丙戌，枢

---

①囊封：秘密奏章。《通典》记载："梁尚书文，密事以契刀囊（钱袋）盛，封以丞相印。"
②逾涯宠数来：获得了超越极限的恩遇。
③藩：篱笆。比喻保卫中央政权的地方州郡。
④丹台：道家称神仙任地为丹台，此指宫廷。
⑤宸章：北极星所在为宸，以喻帝位，或代称帝王。宸章指皇上所作的书翰文章。苏味道《初春行宫曲宴应制》有"圣酒千钟洽，宸章七曜悬"句。
⑥睿眷：睿，明智、通达，多用以称颂皇帝。眷，顾念、器重。吕颂《谢赐冬衣表》有"绸缪睿眷，咫尺天颜"句。
⑦载赓诚寡和：载，发语词。寡和，称颂真宗的诗章曲高和寡，自己的奉和乃勉为其难。
⑧嘉猷（yóu）：治国的好规划。
⑨厘：治理。
⑩三台：参"公台"注。
⑪兴居瘁：兴居，起居，作息。瘁，困病，劳累。
⑫畴咨：访问，访求。
⑬百揆：百官。《世说新语·赏誉》下卷记载："桓温对郗超说，殷浩'有德有言，向使作令仆，足以仪刑百揆'。"此句赞尧叟为相，能广求贤才，百官进用得当。
⑭异数：特殊的技能。
⑮制锦：《左传·襄公三十一年》记载："子皮打算让尹何作县令，子产说，不可，'子有美锦，不使人学制焉。'"后因以"制锦"为称颂县令之辞。此指作地方官。

密使、同平章事陈尧叟罢为右仆射。尧叟以久疾求领外任，上遣合门使杨崇勋至第抚慰，且询其意。尧叟词志恳确，乃从之。召尧叟子就赐告牒，寻命判河阳，月给实俸，岁赐公使钱百万。其河堤事令通判专领。尧叟力疾求入辞，肩舆至便殿，许其子卫尉寺丞希古扶掖而升，有诏勿拜，赐坐久之，别赉钱二百万，赐希古绯，又作诗宠其行。"尧叟步原韵作此诗以谢。

陈尧叟因为足疾久治难愈，行动不便，实难再为君分忧，求领外任，想回到父亲所归之地，宋真宗派人抚慰并询问其意，陈尧叟言辞恳切，宋真宗才勉强同意了，并予以无微不至的关怀，赏赐巨额钱物，且赠诗一首赞赏其才华，赞扬其劳苦功高，表达惜才爱才、依依不舍之情，陈尧叟步原韵作此诗以答谢，诚挚恭敬之态以及深深的感恩之情溢于言表。

9. 诗一首

　　一榻琴书双门寺，片心泉石两林山。
　　江楼把酒云供望，秋院支筇[①]鹤对闲。

解析

本诗见于《锦绣万花谷·前集》卷二十五，又见于《全宋诗》卷三十七，是一首闲适诗。在陈尧叟日理万机的政治生涯中，难得闲居，即使拜访名胜古迹、古刹大寺、域外方家雅士、留迹自然山水，诗歌题材与内容也多与政治上的成就、国家的稳定、民族的团结有关。陈尧叟的诗歌，保存下来的本来就不多，寥寥几篇，而作为闲适诗，纯心于琴音幽林、体悟自然真性，醉心于把酒言欢、闲云野鹤，与自然合一，平白浅近，诗意淡远，此篇具有代表性。

10. 五色一何鲜

佚

解析

徐松《宋会要辑稿·选举七》记载："宋太宗端拱二年三月二十一日，帝御崇政殿试礼部奏名进士，内出'圣人不尚贤'赋，'五色一何鲜'诗，'禹拜昌言'论题，得陈尧叟以下百八十六人并赐及第。"

---

①筇（qióng）：古书上说的一种竹子，可以做手杖。

第四节 尧叟镌歌

书法为"六艺"之一，是中国传统文化的重要组成部分，也是中国特有的艺术形式。陈尧叟兄弟三人从小在母亲的严格要求下，书法渐臻纯熟，并各具特色。本书收录陈尧叟书法作品1幅。

记载

脱脱等《宋史·列传·陈尧叟传》记载："礼成，进户部尚书。时诏王钦若为《朝觐坛颂》，表让尧叟，不许。别命尧叟撰《亲谒太宁庙颂》，加特进，赐功臣。又以尧叟善草隶，诏写途中御制歌诗刻石。"

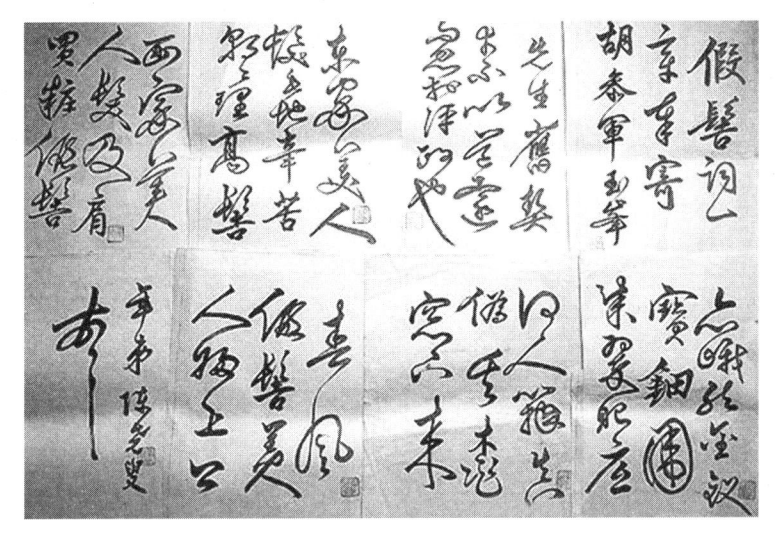

陈尧叟手迹

赏析

陈尧叟的书法老辣沉雄，醇厚内敛，笔划时而简约紧凑，时而疏朗开张，韵味古朴，气象生动。既有多位古代书法家的影子，又有一些新的探索；既有厚重浓郁的笔触，又有奔放恣肆的张扬。一唱三叹，自成风格，既有深意和激情，又有节制和韵律。

第五节　尧佐明志

陈尧佐"不试而知制诰"，在陈氏家族中最负文名，其著述虽富，却无整帙流传下来，只有散存诗文。程瑞钊、史今律、郭邦万《陈尧佐诗辑佚注析》辑得其文8篇，四川大学整理的《全宋文》卷一百九十六收录其文18篇，本书收录其文32篇，其中12篇原文已佚，现存原文20篇。

1. 傲士箴
记载

陈尧佐《独游亭记》记载："余少居长安，杜门力学，耳目视听，不喜与人接。士有造余者，必绐而却之。虽来之益勤，而拒之益坚。盖道不可苟合，颜不可妄悦。由是咎余者云云，且曰：'陈氏子傲人也，何为交焉！'余闻之，不敢逃其说，作《傲士箴》以自警。"

原文

佚

2. 海喻
记载

脱脱等《宋史·列传·陈尧佐传》记载："尧佐进士及第，历魏县、中牟尉，为《海喻》一篇，人奇其志。"

原文

佚

3. 独游亭记
记载

本文见于《永乐大典》卷五千三百四十五，又见于《全宋文》卷一百九十六。

原文

群居侣游，可以终日，而守道之士，患乎仆仆①之未能也。顺乎俯仰②，媚乎啸语，从之悔也，违之咎③也，故君子谨④独焉。《易》曰："闲邪存诚⑤。"又曰："比之匪人，凶也。"玩其占，索其象，得其象则尽其意，所谓正夫⑥一者，其静而胜乎。

余少居长安⑦，杜门⑧力学，耳目视听，不喜与人接。士有造余者，必绐⑨而却之。虽来之益勤，而拒之益坚。盖道不可苟合，颜不可妄悦。由是咎余者云云，且曰："陈氏子傲人也，何为交焉！"余闻之，不敢逃其说，作《傲士箴》以自警。后第名礼部，游宦⑩凡一纪⑪，颠顿⑫狼狈，人或听之。会余失律京府，奔命海上⑬，乃曰："不能为碌碌⑭子所知也，今万里南处，又安得其友而绝之乎？"余复之曰："夫形骸⑮之交，势利之合，盖偶而已，久而不败者几希⑯焉。如子之说，则所谓咸⑰其腓⑱，执⑲其随⑳者也。吾后帝万国㉑，家六

---

①仆仆：劳顿、繁琐的样子。
②俯仰：指一举一动。
③咎：怪罪，处分。
④谨：慎重，小心。
⑤闲邪存诚：闲，防备，禁止；约束邪念，保持诚实。
⑥正夫：正卒，常备的徒卒。《左传·襄公二十三年》记载："臧孙使正夫助之。"
⑦少居长安：脱脱等《宋史·列传·陈尧佐传》记载："初肄业锦屏山，后从种放于终南山。"
⑧杜门：〈书〉闭门。
⑨绐（dài）：欺诈。
⑩游宦：春秋战国时期士人离开本国至他国谋求官职；泛指外出求官或作官。
⑪一纪：十二年。《国语·晋语四》记载："文公在狄十二年，狐偃曰：'蓄力一纪，可以远矣。'"
⑫颠顿：颠沛困顿。
⑬失律京府，奔命海上：李焘《续资治通鉴长编》卷四十九记载："咸平初，太常丞陈尧佐为开封府推官，坐言事切直，贬潮州通判。"
⑭碌碌：平庸，没有能力。
⑮形骸（hái）：形体；多指人的躯体。《庄子·天地》有："汝方将忘汝神气，堕汝形骸，而庶几乎"句。
⑯几希：相差不多、很少。
⑰咸：全，都。
⑱腓（féi）：覆庇，倚庇。
⑲执：实行。
⑳随：跟着；顺从，任凭。
㉑万国：万邦；天下；各国。

合[①]，而圣贤事业具在方册，何往而不得其友！潮州处骆越[②]之南，实声教[③]所被，养蒙[④]复性，亦其所也，余何惧焉？"

余既至，即辟公宇之东偏右垣之隅，建小亭焉，名曰"独游"。清江照轩，叠巘[⑤]堆望，几案琴酒，轩窗图书。是独也，不犹愈于人之嗷嗷[⑥]者乎。呜呼，人非独则近乎辱，道非独则牵乎俗，所谓周而不比[⑦]者，斯人欤？余闻或者之说，不果[⑧]承命，又惧潮之民谓余悒悒[⑨]而来，而独善也，故载其说于屋壁。

4. 招韩辞

记载

陈尧佐《戮鳄鱼文》记载："己亥岁，予于潮州建昌黎先生祠堂，作《招韩辞》，载鳄鱼事以旌之，后又图其鱼，为之赞。"李焘《续资治通鉴长编》卷四十九记载："咸平初，太常丞陈尧佐为开封府推官，坐言事切直，贬潮州通判。潮去京七千里，民俗鄙陋，尧佐至州，修孔子庙，作韩愈祠堂，率其民之秀者使就学。"王象之《舆地纪胜碑目》记载："潮州《招韩辞》碑，陈文惠为韩公祠为文以招之，故名'招韩辞'。"本文见于《永乐大典》卷五千三百四十五。

昌黎先生韩愈世居颍川，常据先世郡望自称昌黎人，门人李汉代编其诗文，遂题为《昌黎先生集》，下文昌黎文公也指韩愈。

---

①六合：天下；人世间。汉贾谊《过秦论》有"吞二周而亡诸侯，履至尊而制六合，执敲扑以鞭笞天下，威振四海"句。

②骆越：古越人的一支。汉时分布在交趾、九真和合浦等郡，大抵在今广西南宁西南达今越南北部和中部，下及今广东省雷州半岛和海南省。相传周庄王时已建立文郎国。周末为蜀王子泮征服，泮自称安阳王，统辖骆越之民。汉初南越强，骆越役属于南越王赵佗。

③声教：天子的声威和教化。

④养蒙：谓以蒙昧自隐，修养正道或教养童蒙。

⑤巘（yǎn）：大山上的小山。

⑥嗷嗷（áo áo）：亦作"嗸嗸"。哀鸣声；哀号声；叫呼声；叫喊声；众口愁怨声。形容众声喧杂。

⑦周而不比：周，亲和、调合；比，勾结。关系密切，但不勾结。指与众相合，但不做坏事。

⑧不果：不成，不能实现。

⑨悒悒（yì yì）：忧郁，愁闷。忧愁郁闷的样子。

原文

祭法①："法施于民，则祀之。"②祀之之义，盖所以奖激忠义而厉③贤材也。唐元和十四年，昌黎文公愈，以刑部侍郎出为潮州刺史。至郡专以孔子之道教民，民悦其教，诵公之言，藏公之文，绵绵焉迨今知学者也。郡之下，即恶溪焉，有鱼曰鳄，陆生卵化，蛟之流也。大者仅④百尺，小者即其子孙耳。早暮城下⑤，以人为食；虽牛马羊豕，见必尾⑥之。居民怖焉，甚于虎兕。公愤其酷，乃投之牢食⑦，谕⑧以福祸，使其引去，鱼德公之言，信宿⑨大风雨，率其种类而遁。郡之上下才一舍不居⑩焉，民到于今赖之。溪东有亭址存焉，俗曰"侍郎亭"，即以公尸⑪之也。南粤大率尚鬼，而公之祠弗立，官斯民者，又曰仁乎？余由京府从事，出吏兹土，观求所然，颇得其实，且叹旧政之阙也。会新夫子庙，乃辟正室之东厢，为公之祠焉。既祠之，且招⑫之曰：

公之生而不及见之兮，惟道是师。
公之没不得而祀之兮，乃心之悲。
蚩蚩⑬烝民兮，奉实有亏。
济济多士兮，官斯者谁？
南粤之裔兮，在天一涯。

---

①祭法：《礼记》中有一篇名为《祭法》，"祭法"一句与《祭法》中"夫圣王之制祭祀也"意同。此处的意思是按照祭祀的规定。
②"法施于民，则祀之"：出自于先秦佚名所著的《展禽论祀爰居》，为《礼记·祭法》所引用。意思是被老百姓树立为楷模的人，就可以作为朝廷祭祀礼赞的对象。
③厉：磨，使锋利。
④仅：几乎，将近。
⑤早暮城下：每天潜伏在城外的水域中。
⑥尾：尾随而捕食。
⑦牢食：古代供祭祀的猪、牛、羊。牢，本义指关牲畜的栏圈，这里指各种牲畜。
⑧谕：告诉。
⑨信宿：连续两夜，谓两三日。
⑩一舍不居：一舍，古以三十里为一舍，泛指较远的距离。不居，不能停留。
⑪尸：指祭祀时供奉的神像、神主。
⑫招：招魂。在史料的记载中，招魂的仪式起源非常早。古迷信说客死在他乡的魂魄找不到归途，这个魂魄就会像他的尸体一样停留在异乡，受着无穷无尽的凄苦。他也不能享受香火的奉祀、食物的供养和经文的超度。这个孤魂就会成为一个最悲惨的饿鬼，永远轮回于异地，长久地漂泊，没有投胎转生的希望。除非他的家人替他"招魂"，使他听到那企望着他的声音，他才能够循着声音归来。死者的尸体安排就绪之后，就要举行招魂仪式。
⑬蚩蚩（chī chī）：多义词，敦厚貌或者惑乱貌，纷扰貌。也可以作为象声词。

吾道之行兮，自公之为。
苍苍海隅兮，咸阅礼以敦诗。
浩浩江湍兮，悉走①害以奔奇。
功之大者，亘古今而不衰。
德之盛者，侣轲雄而并驰。
何庙食之弗供兮，俾祀典之孔隳②。
实我生之包羞兮，亦斯文而已。
耽耽遂宇兮，孔堂之东。
俨俨盛服兮，如生之容。
辟窈窕之轩楹兮，列游夏之朋从。
陈蠲③洁之俎豆兮，奏锵洋之鼓钟。
顾丘祷之不缪兮，幸神道之来通。
庶④斯民之仰止兮，尊盛德以无穷。

5. 鳄鱼图赞

记载

陈尧佐《戮鳄鱼文》记载："己亥岁，予于潮州建昌黎先生祠堂，作《招韩辞》，载鳄鱼事以旌之，后又图其鱼，为之赞。"本文见于《永乐大典》卷五千三百四十五，又见于《全宋文》卷一百九十六。

宋真宗咸平二年（999）为己亥年。

原文

余读昌黎文公传，见鳄鱼事甚异，且未敢诚⑤其说。太岁己亥，出官海上，乃公之故郡也⑥。郡之下即大江焉。沿口而下，舟人则曰"入恶"，以其沉渊巨浪，覆⑦者相继也。江有鳄鱼，大者数丈，玄黄苍白，欣类惟错。似龙无角，如蛇有足。卵化山谷间，其卵无数，大率成鳄鱼者一二焉，余则或鼋⑧

---

①走：避开。
②隳（huī）：毁坏城墙或山头；动摇。
③蠲（juān）：除去、祛除、去掉。
④庶：众多。
⑤诚：实在，的确。
⑥乃公之故郡也：元和十四年（819），韩愈因谏迎佛骨一事被贬至潮州。
⑦覆（fù）：翻，倾倒。
⑧鼋（yuán）：大鳖；鼋鸣鳖应，喻一唱一应。

或鼍①。鳄鱼喜食人,狎②于水者每罹③害,民居畜产,亦辄尾去④。潮州旧苦此患,俗不能禁。元和中,公出刺⑤下车,文而逐之,信宿,鳄鱼遁去,郡之上下有三十里不居焉。自是州郭无之,殆今犹然。

余至郡,访其事,乃与传合,始信史氏⑥之不诬也。会蜑⑦网于渊,获始化者以献,睅目⑧利齿,见者骇焉。呜呼!貌狠而性仁者有之乎。孔子曰:"有教无类。"小人之始,不若此乎?余感公之行事,乐鱼之迁善⑨,且虑四方未之信也,乃图而赞之:

惟水之奇,有鱼曰鳄。利口剑戟,贪心溪壑⑩。猗欤⑪文公,示之好恶。鱼既化焉,人宁⑫不怍⑬?

6. 戮鳄鱼文

记载

欧阳修《陈公(尧佐)神道碑并序》记载:"潮州恶溪,鳄鱼食人,不可近,公命捕得,鸣鼓于市,以文告而戮之,其患屏息。潮人叹曰:'昔韩公谕鳄而听,今公戮鳄而惧,所为虽异,其能使异物丑类革化而利人一也。吾潮三百年而得二公,幸矣!'在潮修孔子庙、韩公祠,率其州民之秀者就于学。"本文由《宋代蜀文辑存》卷三引于《宋文鉴》,又见于《皇朝文鉴》卷一百二十五,《古今事文类聚·后集》卷三十四,《永乐大典》卷五千三百四十五,《文章类选》卷八,《三续古文奇赏》卷十九,《奇赏斋古文汇编》卷二百三十四,《文翰类选大成》卷二十,《古今图书集成·禽

---

①鼍(tuó):鼍,爬行动物,吻短,体长二米多,背部、尾部均有鳞甲。穴居江河岸边,皮可以蒙鼓。亦称"扬子鳄""鼍龙""猪婆龙"。
②狎(xiá):亲近而态度不庄重。
③罹(lí):遭受苦难或不幸。
④尾去:追随其后而衔走。
⑤出刺:出任州府长官。唐顾云《上池州卫郎中启》有"宁知出刺之邦,又是维桑之地"句。
⑥史氏:史家;史官。
⑦蜑(dàn):中国古代南方少数民族;蜑民的船。
⑧睅(hàn)目:鼓出眼睛;圆睁的眼睛。
⑨迁善:去恶为善;改过向善。
⑩溪壑(hè):溪谷;亦借喻难以满足的贪欲。
⑪猗欤(yī yǔ):叹词,表示赞美。
⑫宁:岂,难道。
⑬怍(zuò):惭愧。

虫典》卷一百三十八，雍正《山东通志》卷一百零六，道光《南部县志》卷二十五，光绪《潮州府志》卷四十一。

原文

己亥岁，予于潮州建昌黎先生祠堂，作《招韩辞》，载鳄鱼事以旌①之，后又图其鱼，为之赞。凡好事者即以授之，俾②天下之人知韩之道不为妄也。明年夏③，郡之境上，地曰万江，村曰硫黄，张氏子年始十六，与其母濯于江涘④，倏忽鳄鱼尾去，其母号之弗能救，洎⑤中流，则食之无余。予闻而伤之。且念天子圣武，王泽昭洽⑥，刑不僭⑦，赏不滥，海内海外，罔不率俾⑧，昆虫草木裕如⑨也。鳄鱼何悖⑩焉，而肆毒任虐之如是，是不可不为之思也。命县邑李公诏郡吏杨□挐⑪小舟，操巨网，驰往捕之。咸谓予曰："彼不可捕也，穴深渊，游骇浪，非人力之所能加也。"予则不然，复之曰："方今普天率土，靡不臣妾⑫。山川阴阳之神，奉天子威命，晦明风雨弗敢逾也。鳄鱼恃远与险毒兹物。律，杀人者死，今鱼食人也，又何如焉？昔昌黎文公投之以文，则引而避，是则鳄鱼之有知也，若之何⑬而逐之？姑⑭行焉，必有主之者矣。苟不能及，予当请于帝，躬⑮与鳄鱼决。"二吏既往，即以予言告之，且曰："苟无网，辄止⑯。伏⑰不能

---

①旌（jīng）：表扬。
②俾（bǐ）：使。
③明年：第二年，即咸平三年（1000）。
④江涘（sì）：江边；沿江一带。
⑤洎（jì）：及，到达。
⑥王泽昭洽：皇家的恩泽显明而周遍。
⑦僭（jiàn）：超越本分。
⑧罔不率俾：无不遵循，服从。《尚书·武成》有"华夏蛮貊，罔不率俾，恭天成命"句。
⑨裕如：形容从容不费力；丰足有余。扬雄《法言·五百》有"虽山川、丘陵、草木、鸟兽，裕如也，如不用也，神明亦末如之何矣"句。
⑩悖：逆乱，违背情理。"昆虫"以下两句意思是：众多的昆虫、草木都能遵奉天命，鳄鱼为什么独自狂悖无理呢？
⑪挐（ná）：牵引。
⑫普天率土，靡不臣妾：整个天下，四海之内，没有不是君主奴仆的。《孟子·万章上》有"普天之下，莫非王土。率土之滨，莫非王臣"句。臣、妾：男、女奴隶。
⑬若之何：怎么办？
⑭姑：暂且。
⑮躬：亲自。
⑯苟无网，辄止：如果网不得，就算了。
⑰伏：使屈服。

举①。"由是左右前后力者凡百夫，曳②之以出。缄③其吻，械④其足，槛⑤以巨舟，顺流而至。阖郡闻之，悉曰："是必妄也，安有食人之鱼，形越数丈而能获之者焉？"既见之，则骇而喜，且曰："生于世有百岁者矣。凡上下水中，或见其隆伏髣髴⑥之状，虽相远百步，尚不敢抗，今二吏捕之，犹拾芥⑦焉，实今古之所未闻也。向非⑧公之义洽于民，公之令严于吏，然自诚而不欺也，又安能歼巨害，平大怨，宣王者之威刑焉！"予始慎之，终得之，又意韩愈逐之于前，小子戮之于后，不为过也。既而鸣鼓召吏，告之以罪，诛其首而烹之。辞曰：

水之怪则曰恶兮，鱼之悍则曰鳄兮，二者之异不可度分⑨。张氏之子，年方弱兮，尾之食之，胡为虐兮？茕茕⑩母氏，俾何说⑪兮。予实命吏，颜斯怍⑫兮。害而弗去，道将索兮。夙夜思之，哀民瘼⑬兮。赳赳⑭二吏，行斯恪⑮兮。矫矫巨尾，迎而搏兮。获而献之，俾人乐兮。鸣鼓召众，舂而斲⑯兮。而今而后，津其廓⑰兮。

7. 罗浮图赞

记载

嘉靖《惠州府志》卷十六记载："《罗浮图赞》，陈尧佐，宋人，慑郡事。罗浮山，惠州之望也。按《本记》山高三千六百丈，周回五百二十七里。然罗山，一山也；浮山，即蓬莱之别岛也，尧水浮至，依罗山而止，故有'罗

---

①举：向上抬，向上托。
②曳（yè）：拉，牵引。
③缄（jiān）：封，闭。
④械：木枷和镣铐之类的刑具；此指用木枷捆绑。
⑤槛（jiàn）：圈（juàn）兽类的栅栏；槛车，此指运鳄鱼用的有栏杆的大船。
⑥髣髴（fǎng fú）：隐约，依稀；约略的形迹。
⑦拾芥（jiè）：芥，小草。拾芥，捡拾地上的小草，比喻取之极易。
⑧向非：假若不是。
⑨二者之异不可度分：恶溪与鳄鱼的不近常情，达到无法估量的程度了。
⑩茕茕（qióng qióng）：孤独无依的样子。
⑪说：同"悦"。
⑫怍（zuò）：惭愧。
⑬瘼（mò）：病，疾苦。
⑭赳赳：雄健勇武的样子。
⑮恪（kè）：恭敬，小心。
⑯舂（chōng）而斲（zhuó）：舂，撞击。斲，斩。
⑰津其廓：津，渡口；此指恶溪沿岸。廓，空阔，引申为肃清，澄净。

浮'之号焉。"本文见于《古今图书集成·职方典》卷一千三百三十一,又见于《古今游名山记》卷十三,嘉靖《惠州志·山川典》卷一百九十,《罗浮山志全编》卷十四,《罗浮志》卷九,乾隆《博罗县志》卷十三,光绪《惠州府志》卷二十三,《宋代蜀文辑存》卷三。

赞,文体的一种。四言成句,一般有韵,篇幅短小,用于赞美。

原文

罗浮山,惠州之望①也。按《本经》②云:"山高三千六百丈,周回五百二十七里。"然罗山,一山也;浮山,即蓬莱之别岛也。尧时洪水浮至,依罗山而止,故有"罗浮"之号焉。又曰"第七洞天",即此一山也。戊戌③冬,仆出官潮阳④。庚子⑤春,权牧兹郡⑥。公余命驾山下,睹二巇之异,跻⑦幽岩,步邃谷,累日弥夕,爱之忘返。乃召画工,相与立山之阳⑧,审望详示,即而图之。既成,携以归。凡见之者,虽草野渔耒⑨之子,必曰:"兹罗浮山也,一无殊焉。"噫!是亦得其真矣。虽不得流泉出云,鸣鹿啸虎,至于观寺之隐见⑩,聚落⑪之向背,左右远迩,亦梗概焉。惜其委之海隅,卓尔⑫天外,好事者有见,其亦庶⑬乎。赞曰:

惟墨之妙,惟山之肖,岂曰笔精,亦是心照。白云未封,清名空耀。嗟乎翠岑,委此遐徼⑭。

---

①望:人所敬仰的,有名的。
②《本经》:即《神农本草经》。
③戊戌:此指宋真宗咸平元年(998)。
④出官潮阳:李焘《续资治通鉴长编》卷四十九记载:"咸平初,太常丞陈尧佐为开封府推官,坐言事切直,贬潮州通判。"
⑤庚子:此指宋真宗咸平三年(1000)。
⑥权牧兹郡:唐代以来,称代理、摄守官职为权。古以牧养牲畜比喻治民,后专称州官为牧。兹郡,指惠州。
⑦跻(jī):登,升。
⑧山之阳:山南。
⑨耒(lěi):耒耜,古代指耕地用的农具,这里代指农夫。
⑩见:通"现"。
⑪聚落:村庄。
⑫卓尔:形容超群出众;特立突出的样子。
⑬庶:差不多(同见到罗浮实景一样)。
⑭遐徼(xiá jiǎo):边远之地。

8. 饥民劫窖藏粟麦事奏

记载

李焘《续资治通鉴长编》卷五十七记载:"宋真宗景德元年（1004）八月庚申，知寿州陈尧佐上言。诏并决杖黥机配牢城，为首者隶五百里外，余隶本州岛。"本文又见于《全宋文》卷一百九十六。

原文

饥民劫窖藏粟麦者，凡七十余人，以强盗计赃法当死。

9. 钱塘江堤事奏

记载

李焘《续资治通鉴长编》卷七十七记载:"宋真宗大中祥符五年（1012）春正月癸酉，杭州上奏。上从之，仍令驰驿而往，转运使更互检校。"本文又见于翟均廉《海塘录》卷三，《全宋文》卷一百九十六。

原文

浙江岸坏，渐逼州城，望遣使自京部埽①匠、壕寨赴州工役。

10. 荐周启明表

记载

李焘《续资治通鉴长编》卷七十七记载:"宋真宗大中祥符五年（1012）正月乙亥，赐处州处士周启明粟帛。东封初，启明举贤良，既罢归，遂不复有仕进意，教授弟子百余人，时号处士。于是转运使陈尧佐表其行义于朝，故赐之。"

原文

佚

11. 两浙诸州民饮博犯法乞依理区分奏

记载

李焘《续资治通鉴长编》卷七十七记载:"宋真宗大中祥符五年（1012）二月甲辰，两浙转运使陈尧上奏。上从之。"

---

① 埽（sào）：治河时用来护堤堵口的器材，用树枝、秫秸、石头等捆扎而成。

原文

部内诸州民以饮博频犯法者,有司籍其名,每有争讼,不计曲直,即重行决罚,使民无由改过。自今望令诸州察其易行自新者,依理区分,犯三次以上,情重奏裁。

12. 新修大成殿记

记载

钱谷《吴都文粹续集》卷六记载:"宋真宗大中祥符五年(1012)仲春十一日撰此文。"本文见于道光《苏州府志》卷二十六,《宋代蜀文辑存》卷三。乾隆《吴江县志》卷五十一中《吴江县新修至圣文宣王庙记》与同治《苏州府志》卷二十七中《新庙记》与此文为同一文。

原文

道济万物而万物不知其所以然①,故圣人条其教而教之。教之弗率②,而又以刑而刑之。繇是君于上,臣于中,民于下,尊卑贵贱俨如③也,故礼乐征伐自天子出。后之学者或曰吾师佛也,吾师老子也,复又有百家④之说,穿凿户牖⑤,于是教分为三流,析为九。呜呼,教果三乎,流果九乎?且未喻佛,何为也,老子何为也,言之彬彬⑥,书之云云⑦,是欲化人为善乎。果欲善也,则孔子之教化,不使人不善矣。水,济水⑧也,安得而异,曰江、曰河、曰渠、曰沟,名斯别矣,体复二乎?且夫⑨生而免乳,必讽其言,死而就木,必由其理,起居饮食,一以资之,此乃孔子之教,必不可须臾⑩而去⑪也。虽欲去之有

---

①不知其所以然:不知它究竟如何会这样的。指不了解事物的本质或事情的根底。
②率:遵循。
③俨(yǎn)如:端庄貌;宛如,好像。
④百家:指学术上的各种派别。
⑤户牖(yǒu):〈书〉门窗;门户;门派。南朝梁刘勰《文心雕龙·诸子》有"夫自六国以前,去圣未远,故能越世高谈,自开户牖"句。
⑥彬彬(bīn bīn):文雅,有教养的样子;各种不同事物配合适当的样子。
⑦云云:如此,这样。犹纭纭,纷纭;纷纷(多用于形容言语、议论多而杂)。
⑧济水:河川名。源出河南省济源县王屋山,南流注入黄河。亦称为"沈水"。
⑨且夫:连词,况且。
⑩须臾(xū yú):片刻、暂时。
⑪去:除掉,减掉。

能去之者乎？或者北其辕而聘越①，西其流而走海，盖有之矣，未见其至也。《复》②之上六："迷复③，凶。"余谓迷复之凶，又谁咎也？国家绍④千载之统，炳二圣之业，东封泰山⑤，答天之休⑥也，西祀汾壤⑦，复地之利也。而且谒见灵阙、饮觯⑧宗庙。噫，为礼之盛，有过于此者乎？为教之大，有过于此者乎？多士讨论之，圣君则成之，明白光大，垂耀永世。夫如是，则孔子之为道也，不为不尊矣，孔子之为书也，不为不信矣。王者尊之，率土⑨奉之，适其宜矣，又安从而他师焉？姑苏南门，邑曰吴江，乃钱氏武肃王⑩之所建置，疆画长洲⑪之苑，门涵震泽⑫之源。鱼盐蜃蛤⑬，既邀逐末之利⑭；诗书礼乐，遂昧好学之训。会诏下郡邑，悉焕儒庙，县令李恭、尉聂复等喜而言曰："由己而为专也，专则有悔；自命而作顺也，顺则无咎⑮。"既而，营材具工，补坏缮废。栋宇之制，遥资乎阙里⑯，俎豆之设，仰法乎太学⑰。门人侁侁⑱，书室

---

①聘越：聘，访问；越，中国古民族名，百越（亦作"百粤"）；中国周代诸侯国名，后用作浙江省东部的别称，此代指南方。
②复：易经卦名，六十四卦之一。
③迷复：指迷失不改过；糊涂不醒悟。
④绍：连续，继承；绍复（继承恢复）。
⑤东封泰山：宋真宗于大中祥符元年（1008）东封泰山。
⑥天之休：休，吉庆，美善，福禄；休咎（吉凶）。上天恩赐的吉祥、福禄。
⑦西祀汾壤：宋真宗于大中祥符四年（1011）祭祀汾阴。
⑧觯（zhì）：古代酒器，青铜制，形似尊而小，或有盖。盛行于中国商代晚期和西周初期。
⑨率土：谓境域之内。《诗·小雅·北山》有"率土之滨，莫非王臣"句。率，循。率土之滨，犹言四海之内。
⑩钱氏武肃王：吴越武肃王钱镠（852—932），字具美（一作巨美），小字婆留，杭州临安（今浙江临安）人，吴越开国国君。
⑪长洲：古苑名。故址在今江苏省苏州市西南太湖北。春秋时为吴王阖闾游猎处。
⑫震泽：太湖的别名。《尚书·禹贡》记载："三江既入，震泽底定。"
⑬蜃蛤（shèn gé）：大蛤和蛤蜊。
⑭邀逐末之利：邀，取得，希求。逐末，指经商；古以农业为本务，商贾为末务，故将经商称为"逐末"。此句大意是：当地人崇尚经商。
⑮此二句大意：（修缮儒庙）这件事儿，若任由他们自己掌握，可能就有不满意的地方；如果按上级的规划统一建造，就不会有太大的过错。
⑯遥资乎阙里：阙里，孔子的故居，位于山东省曲阜县城内，相传孔子在此授徒。此句大意是：孔庙按孔子故居的规模建造。
⑰俎（zǔ）豆之设，仰法乎太学：俎豆，俎和豆；古代祭祀时盛食物的礼器，引申为祭祀、奉祀。太学，我国古代设立在京城，用以培养人才、传授儒家经典的最高学府。此句大意是：孔庙的规章制度按太学的规章制度施行。
⑱侁侁（shēn shēn）：行进貌；往来奔走貌。

鳞鳞①，泯然之氓②，于斯改观，卓尔之士，可以弗畔③。又若罇篚④之器，县官具之，奠献⑤之数，朝文著之，虽颛蒙者⑥，视之瞭⑦焉。兹又上之化下以道，而下之奉上以礼，可以亘⑧万古流，颂声于无穷也！余窃大君之禄，被外计之寄⑨，钱刀之司，实曰己任，俎豆之化，人匪他务⑩。会按历所部，戾至⑪新宇，惟令及尉，趋而言曰："天子有命，执事不佞，庙成弗识，岁远何睹⑫，愿得正人之论，以刻泰山之石。"余闻其言而喜，当请而诺，盖喜乎播吾后锡羡垂鸿之庆，亦乐乎扬孔子垂教化民之旨，黟浅之说，孤陋是惧。或曰："三教九流之道，果何如也？"三教不二，九流归一。吾子思其异不异也。

大中祥符五年岁次壬子仲春十一日，两浙诸州水陆计度转运使、直史馆陈尧佐记。

13. 涵碧桥记

记载

李贤《大明一统志》卷三十八记载："涵碧桥，在西湖，宋朝陈尧佐为记。"成化《杭州府志》卷五十八记载："《涵碧桥记》，大中祥符五年，两浙水陆转运使，宣德郎守起居舍人，直史馆陈尧佐撰。"本文见于咸淳《临安志》卷二十一，又见于万历《杭州府志》卷四十五，雍正《西湖志》卷八，雍正《浙江通志》卷三十三，光绪《西湖志》卷八，雍正《宋代蜀文辑存》卷三。

涵碧桥，在杭州西湖孤山路中，断桥之西，又名"北山第一桥"。

---

①鳞鳞：像鱼鳞层层般排列。
②泯然之氓（méng）：泯然，辽阔貌；亦形容胸襟开阔。氓，古代称民（特指外来的）。心胸开阔之人。
③可以弗畔：畔，田地的界限；此代指种田。可以不种田（去孔庙读书了）。
④罇篚（zūn fěi）：樽，古代盛酒的器具。篚，古代盛物的竹器。
⑤奠献：指献祭品以祀死者。此代指各种礼节。
⑥颛蒙（zhuān méng）者：愚昧无知之人。
⑦了（liǎo）：明白，知道。
⑧亘（gèn）：空间和时间上延续不断。
⑨被外计之寄：被，同"披"，覆盖在肩背上。此句意为作为转运使。
⑩此二句大意是：征敛赋税，教化百姓，是自己的本职工作。
⑪戾（lì）至：到，至。
⑫睹：看见。

原文

《传》①曰："凡启塞②从时。"说者曰："门户桥道谓之启，城郭墙堑谓之塞，皆从坏时治之。斯不曰政之先、民之急乎？昔子产③听郑国之政，以乘舆④济人于溱洧⑤，孟子讥其'惠而不知为政'，且曰：'十一月徒杠⑥成，十二月舆梁⑦成，民未病涉⑧也。'"予尝反复其说，并欲告天下之为士者，勉于斯焉。

会分职漕挽⑨，观政郡邑，能焉否焉，得于兹矣。两越之郡，杭为大，郛山堞野⑩，宇秀宅异。附郭之胜，又得西湖焉。寒山鳞鳞，屏焉四合⑪；澄波瑟瑟，鉴焉中照⑫。倒万象之影，而曲直可见；湛⑬千流之注，而毫发不隐。黼黻⑭交林花之彩，律吕⑮谐谷鸟之韵。有时朝阳丽⑯梵刹之金碧，或尔夕霭⑰暝⑱城闉⑲之村落，原隰沟塍⑳，佐佑远迩㉑。其或凭高轩，写幽望，含毫者才竭

---

①《传》：即《左传》。
②启塞（sāi）：门户、道路、桥梁和城郭、护城河。《左传·僖公二十年》记载："春，新作南门。书，不时也。凡启塞，从时。"
③子产：春秋时郑大夫公孙侨的字，一字子美。郑简公十二年为卿，二十三年起执政，治郑多年，有政绩。郑声公五年卒，郑人悲之如亡亲戚。
④乘舆（shèng yú）：亦作"乘轝"，亦作"乘轝"，坐车子。
⑤溱洧（zhēn wěi）：溱水与洧水，在今河南省。
⑥徒杠：可供徒步行走的小桥。
⑦舆梁：桥梁。
⑧病涉：苦于涉水渡川。
⑨漕挽：指水运和陆运。欧阳修《陈公（尧佐）神道碑并序》记载："丁秦公忧，服除，判三司都察勾院、两浙转运使。"
⑩郛（fú）山堞（dié）野：郛，外城。堞，城上如齿状的矮墙。此句说杭州以四周的山为外城，以郊野为护城短墙。郛：古代城圈外围的大城。
⑪寒山鳞鳞，屏焉四合：鳞鳞，像鱼鳞层层排列。树木整齐的寒山像屏风一样围在四周。
⑫澄波瑟瑟，鉴焉中照：瑟瑟，碧色宝石；指碧绿色。鉴，镜子。澄碧的湖水像镜子一样照在中间。
⑬湛（zhàn）：清澈。
⑭黼黻（fǔ fú）：泛指礼服上所绣的华美花纹；绣有华美花纹的礼服。此代指穿着华美礼服的人。
⑮律吕：古代校正乐律的器具。共有十二个，从低音到高音依次奇数为"律"、偶数为"吕"，总称"六律六吕"，简称"律吕"。后也泛指音律或乐律。
⑯丽（lì）：美好、华美。
⑰霭（ǎi）：云气。
⑱暝（míng）：黄昏。
⑲城闉（yīn）：城墙拐弯处的重门。此泛言城边。
⑳原隰沟塍（yuán xí gōu chéng）：原，平原；隰，低湿之地；沟，沟渠；塍，田埂。泛指原野。
㉑迩（ěr）：近；遐迩闻名，形容名声大，"遐迩"，即"远近"。

而莫抉①，举酒者罍覆而既醉②，而万景具在，一意未得③。噫！岂清和所毓之粹，不可以言筌耶④？风雅⑤所蓄之缊⑥，不可以力探耶？何轩槛之宝，俎几之实，俯之而不能有也⑦？

湖之西南，地益嘉胜⑧，桥曰"涵碧"，寺曰"孤山"。（孤山风俗称之，今实广化寺。）亘波心之百尺，矗⑨云表于千仞，三春乐游，四民萃止⑩。惜乎桥绝弗葺，寺楼将压，居者籍乎茂草，行者病乎濡足⑪。予谓《春秋》之训即坠于地。暮春三月，时和圄空⑫，乃同太守密学戚君纶⑬方扁舟，侣嘉客，泛清风于苹末⑭，舣⑮细浪于烟外。畴兹即坏之址，挺乎必葺之议。涓吉肇事⑯，浃日⑰而华。观乎虹夭矫⑱而欲飞，鹤翱翔以始归，冠盖利往，坎窞⑲攸

---

①含毫者才竭而莫抉：含毫者，吮笔写作的人；才绝，才气贫乏、穷尽；抉，拣择。面对千奇百巧的杭州郊原之景，骚人墨客显得才力不足，不知从何下笔。
②举酒者罍（léi）覆而既醉：罍，古代一种盛酒的容器。小口，广肩，深腹，圈足，有盖，多用青铜或陶制成。把酒赏玩者倾壶干杯，烂醉不休。
③一意未得："含毫者"欲有所赋咏而不知如何立意。
④岂清和所毓（yù）之粹，不可以言筌（quán）耶：清和，以清静平和形容国家升平气象；毓，通"育"，孕育，产生；筌，捕鱼的竹器。此句大意为：莫非升平时代所育成的精英不能用语言形式来表现与阐释吗？
⑤风雅：文雅；端庄的或高雅的，尤指外貌或举止端庄的或高雅的，后世用风雅泛指诗文之事。
⑥缊（yùn）：积聚，蓄藏，包含；宽和有涵容；含蓄有余，含而不露。
⑦何轩槛（xuān kǎn）之宝，俎几之实，俯之而不能有也：轩槛，殿前栏杆；俎豆之实，祭器里所盛的肉。此句大意为：（大自然之精蕴），为什么就像殿前栏杆的宝饰和祭器里的肉一样尊贵而神圣，可望而不可及呢？
⑧嘉胜：指景色优美。
⑨矗（chù）：直立，高耸。
⑩四民萃止：《谷梁传·成元年》有"古者有四民：有士民、有商民、有农民、有工民"句；萃止，聚集，停留。
⑪濡足：沾污了脚，指被沾污。
⑫圄（yǔ）空：牢狱空着。此谓州郡治理得好，无人犯罪。
⑬戚纶：宋初隐士戚同文次子，字仲言，大中祥符三年九月以户部郎中、枢密直学士知杭州，故称"密学"。祥符七年三月徙知扬州。
⑭苹末：苹的叶尖，指风所起处。《文选·宋玉〈风赋〉》有"夫风生于地，起于青苹之末"句。后亦用为微风的代称。
⑮舣（yǐ）：停船靠岸。
⑯涓吉肇事：涓吉，选择吉祥的日子。语本晋左思《魏都赋》有"量寸旬，涓吉日，陟中坛，即帝位"句。择取吉日开工修桥。
⑰浃（jiā）日：古代以干支纪日，称自甲至癸一周十日为"浃日"。
⑱夭矫：飞腾的样子。
⑲坎窞（dàn）：坑穴，喻险境。

济，万目以之而改观，千峰于焉而增气。虽草野渔耒，莫不歌于斯、游于斯，咸乐其成也，矧①众君子乎！若夫言非文不足以垂久，桥非名不足以润色，以雅易郑②，署曰"涵碧"，盖出□□景而生乎自然也。且将图以归好事者，或思见之，当出以示。或曰："启塞之说，实由古之训；山水之乐，未达子之志。"曰："朝廷有道，区宇无事，能敏其政，又适其性，则斯人也，庶几③乎不为妄矣。"别作五言律诗一章，章四韵，刻于它石，率大雅者和，以永"涵碧"之说。

14. 重建昭庆寺记

记载

万历《杭州府志》卷四十五记载："宋转运陈尧佐重建昭庆寺记略。"

原文

佚

15. 洞霄宫鼎铭二首

记载

《古今图书集成·职方典·临安县遗迹》记载："宋学士陈尧佐授外台日，谓道士冯得之曰：'尝梦游名山，见仙人以鼎鬵相期。何敢过望？'冯曰：'学士人望所归，名列仙籍。世间富贵，何足相浼！'后果大用。造紫石巨鼎二，置祥光亭上。有铭。"

嘉庆《余杭县志》卷十七记载："宋陈尧佐鼎铭二首。"

本文见于咸淳《临安志》卷七十五，又见于《洞霄图志》卷四，《宋代蜀文辑存》卷三。

铭，一种文体。为文刻于器物之上，称述功德，表达思想，以传扬于后世。

---

①矧（shěn）：况且。
②以雅易郑：雅，雅乐，用于郊庙朝会的正乐。郑，郑声，春秋时郑地的俗乐。《论语·卫灵公》有"郑声淫"之语。此句意为用雅名换去俗名。
③庶几：表示希望的语气词，或许可以。

原文

（一）

炉之质刳①中起烟，人之体虚心养元②。不用之用，自然之然③。炉兮人兮，兹谓道焉。

（二）

山之高兮，巉巉④出云。洞之深兮，幽幽宅真⑤。鸾鹤一瞬，凫鹥百春⑥。安得而往，葆光啬神⑦。

16.《金鳌集》序

记载

李贤《大明一统志》卷七十九记载："孟宾于，字国仪，连州保安人。仕终水部员外郎，能诗，有《金鳌集》，陈尧佐为序。"乾隆《连州志》卷七记载："孟宾于，少聪颖，力学不倦，父以家贫，且宾于少兄弟，题其壁云：'他家养儿三四五，我家养儿独且苦。'宾于从乡校归续曰：'众星不如孤月明，牛羊满山畏独虎。'父奇其志。晋天福九年，登进士第。后仕湖南、江南，历水部郎中。宾于能诗，有盛唐风，致尝作公子行云：'锦衣红夺彩霞明，侵晚春游向野庭。不识农夫辛苦力，骄骢驰处麦青青。'工部侍郎李若虚观察沅、湘，宾于以诗数百篇号《金鳌集》献之，大见称赏，因拔其尤者播之朝中，声誉遂著。陈尧佐序其集。尝与同年进士李昉相友善，后昉仕宋官翰林学士，而宾于犹为南唐郎官，寄宾于诗曰：'幼携书剑别湘滩，金榜标名第

---

① 刳（kū）中：刳，从中间破开再挖空。空其中。
② 虚心养元：虚心，心无成见，不自满。养，陶冶，修养。元，元气，生命力的本原，人的精神。
③ 不用之用，自然之然：《老子》四十八章有"无为而无不为"，六十四章有"以辅万物之自然而不敢为"句。《庄子·逍遥游》以大瓠、大樗的无用之用说明了不求有功、一切顺应自然才能取得最大的成功。此二句便体现了道家清静无为的思想。
④ 巉巉（chán chán）：山势高险的样子。
⑤ 宅真：宅，居住。真，真人，神仙。
⑥ 鸾鹤一瞬，凫鹥（fú yī）百春：凫，水鸟，俗称"野鸭"，似鸭，雄的头部绿色，背部黑褐色，雌的全身黑褐色，常群游湖泊中，能飞。鹥，鸥的别称。此处以鸾鹤代指仙禽，以凫鹥代指凡鸟。
⑦ 葆光啬神：葆光，以隐蔽其光比喻才智不外露。《庄子·齐物论》曰："注焉而不满，酌焉而不竭，而不知其所由来，此之谓葆光。"啬神，爱惜精神。《后汉书·周盘传赞》有"周能感亲，啬神养福"句。

十三。昔日声名喧洛下，只今诗价满江南。'盖惜其不显荣也。后隐玉笥山，号群玉山叟，江南平，归老于乡。"

原文

如百丈悬流①洒落苍翠间，清雄奔放望之竖人毛骨，自五代诗人以来，未有过宾于者也。

17. 乞河东路自备军衣奏

记载

李焘《续资治通鉴长编》卷八十七记载："宋真宗大中祥符九年（1016）七月戊午，河东转运使陈尧佐上言。丁谓曰：'河东本无绵绢，非可筹划。此盖转运司每岁大计其数，故积羡尔。'"

原文

本路②屯兵，旧以两川辇运帛匹充衣赐，今请于本路自备。今年冬衣，计省绵绢五十余万，以为上供。

18. 请平治太行山道札子

记载

欧阳修《陈公（尧佐）神道碑并序》记载："太行山当河东、河北两路之界，公以谓晋至前世为险国，常先叛而后服者，恃此也。其在河东，凿泽州路，后徙河北，凿怀州路，而太行之险通。行者德公以为利，公曰：'吾岂为今日利哉！'"本文见于乾隆《凤台县志》卷十三，又见于《宋代蜀文辑存》卷三。

原文

臣伏见太行山路窄狭，险峻异于他处，公私纲连③，常有摧轮折辐之患④，人畜大段费力。兼又整买去⑤人烟少远，多是野宿，唯只润得山下幸民收贮⑥修

---

①悬流：从高处下注的水流，多指瀑布。
②编按：徐松《宋会要辑稿·职官六十一》记载，八年二月二十八日，诏河东转运使段惟几，京西转运使陈尧佐交换其任，以弟尧咨亲嫌故也。先是，尧咨知永兴军与转运使乐黄目不协，乃徙知河南府，因有是命。
③纲连：从唐代起转运大批货物所行的办法。
④摧轮折辐之患：辐，连结车辆和车毂的直条。此句大意：常出车祸。
⑤去：距离，差别。
⑥收贮（zhǔ）：收留保存。

车物料，缓急①乐取贵价。又虞②贼寇惊动，即令却走行者一名，求乞修叠。臣伏睹圣朝惠民集福之利，遍于寰宇③，若使官中常与④施金，自然人畜受赐。况怀、泽两州常有中□秋□复出不少例□请粮□坐可以时□差使□□特降敕命下怀、泽两州，每于四处巡察，一度举行，差官相度。如有雨水冲泛妨滞车牛之处，即计工量差上□塘马勒员催部押修填开筑，平作了毕，即画时押送，为使并不差扰修增。况本处常有山路巡检⑤使臣，便令提辖⑥点校，甚不费利，颇利公私。

19. 真宗实录

记载

李焘《续资治通鉴长编》卷九十九记载："宋真宗乾兴元年（1022）十一月癸酉，命翰林学士承旨李维、翰林学士晏殊修《真宗实录》。寻复命翰林侍讲学士孙奭、知制诰宋绶、度支副使陈尧佐同修，仍令内侍谕以一朝大典，当谨笔削之意。"天圣二年（1024）三月癸卯，成书奏御，共一百五十卷。

原文

佚

20. 三朝国史

记载

李焘《续资治通鉴长编》卷一百零五记载："宋仁宗天圣五年（1027）二月癸酉，命参知政事吕夷简、枢密副使夏竦修《真宗国史》，翰林学士宋绶、枢密直学士刘筠、陈尧佐同修，宰臣王曾提举。"宋真宗景德四年（1007），其兄尧叟受诏与王钦若、赵安仁、晁迥、杨亿等修太祖、太宗正史，王旦监修，大中祥符九年（1016）书成，凡为纪六卷，志五十五卷，列传五十九卷，目录一卷，共一百二十一卷。天圣四年（1026），尧佐受诏与吕夷简、夏竦修

---

①缓急：危急、急切需要或紧急的事情；困难的事。
②虞（yú）：忧虑。
③寰（huán）宇：犹天下。旧指国家全境，今亦指全世界。
④常与：常所与共之物。
⑤巡检：巡视；官署名巡检司，官名巡检使，省称巡检，始于五代后唐庄宗，宋时于京师府界东西两路，各置都同巡检二人，京城四门巡检各一人。又于沿边、沿江、沿海置巡检司。掌训练甲兵，巡逻州邑，职权颇重，后受所在县令节制。
⑥提辖：表示管领的意思，亦是古代官名。

真宗正史，王曾提举，天圣八年（1030）成，纪十卷，志六十卷，传八十卷，合为《三朝国史》，共一百五十卷。

原文

佚

21. 庄献明肃皇太后谥册文

记载

徐松《宋会要辑稿·礼三十二》记载："仁宗明道二年（1033）三月二十七日夜三鼓，皇太后崩于宝慈殿，迁座于皇仪殿。四月六日，太常礼院言：'准明德皇太后园陵、礼例、凶仗合用六十事。'诏增造二十事，于建隆观制造。八日，成服，群臣衰服入临，奉慰如仪。是日，攒涂于皇仪殿，群臣复进名奉慰。命宰臣张士逊撰《哀册文》，参知政事陈尧佐撰《谥册文》并书册宝，翰林学士冯元议谥号。"

原文

佚

22. 庄懿皇太后谥册文

记载

徐松《宋会要辑稿·礼三十二》记载："仁宗明道元年（1032）二月二十六日，宸妃李氏薨，攒涂于嘉庆院。三月十四日，葬于洪福禅院之西北隅。命翰林学士冯元摄鸿胪卿，与入内侍省押班卢守勤、上御药张怀德监护丧事，三司使、尚书兵部侍郎晏殊撰墓铭。二年四月十五日，诏中书门下曰：'朕哀制之中，未遑议政。皇太后谓朕曰："宸妃早事先帝，尤推懿恭，膺降诞之符，守谦冲之德。至于奉侍陵寝，聿周禫祥，归奉母仪，克勤辅佐。兴居合礼，言动有常。两朝徽音，九御承宪。淹悲沦谢，俄历岁华，权厝梵宫，未崇位号。当遵旧典，祗上尊名，别卜寝园，用光世范。况今大行太后方议山陵，宜因兹时，式便修奉。"朕仰承慈旨，惕念劬劳，怆慕之怀，夙宵罔措，敢忘燕翼，以奉诲言！宜令中书门下依先朝追荣元德皇后礼典，追崇宸妃尊谥、位号及营奉园陵。'制曰：'王者抚育黎元，务恢要道。盖孝笃于己则化之厚，感发于天则报必隆。有怀顾复之恩，爰举尊崇之典。故宸妃李氏辅佐先圣，诞育眇躬，空流彤管之音，未正星轩之位。是用顺稽旧礼，恭荐徽名，庶申创慕之思，以称劬劳之德。宜追尊为皇太后。仍令有司择日备礼奉册。'

宰臣率百官诣西上合门进名奉慰。五月八日，诏大行皇太后山陵五使、修奉都监、总管，并兼园陵之名，命翰林学士冯元议谥号，西京作坊副使张永和为园陵按行使。是后仪制同庄献明肃皇太后者，不重录。九日，命宰臣李迪撰《哀册文》并书，参知政事陈尧佐撰《谥册文》并书册宝。二十七日，翰林学士冯元请上尊谥曰庄懿皇太后。"本文见于《宋大诏令集》卷十五，又见于《全宋文》卷一百九十六。

庄懿皇太后（987—1032），宋真宗赵恒妃嫔李氏，因其曾被册封为宸妃，历史上一般称其为李宸妃，宋仁宗赵祯生母，杭州人。祖父李延嗣，仕钱氏，为金华县主簿；父李仁德，后来封为左班殿直。

原文

维明道二年岁次癸酉，九月癸亥朔，十三日乙亥，孝子嗣皇帝臣祯，伏以奉先追远①，本孝治之笃终②；迹行表功③，示礼章之荣后。故生未盛其位，则殁④有尊其称。仰惟慈覆⑤之重，早兴孺慕⑥之感，念报罔极⑦，式严追礼⑧。恭惟皇太后轩象储景，层沙证期，俪轨先朝⑨，协华椒掖⑩。行与道合，位以德升。动循珩佩⑪之音，居服保阿⑫之训。外履质约，袿裳无文⑬；中存礼闲，玩

---

①奉先追远：奉，祭祀；追，怀念；祭祀怀念先祖。
②笃终：古代送葬的礼制。
③迹行表功：根据行为表扬功绩。
④殁（mò）：死。
⑤慈覆：慈，代指慈母；覆，覆庇。
⑥孺（rú）慕：《礼记·檀弓下》记载："有子与子游立，见孺子慕者，有子谓子游曰：'予壹不知夫丧之踊也，予欲去之久矣，情在于斯，其是也夫。'"郑玄注："丧之踊，犹孺子之号慕。"后谓对父母的哀悼、悼念为"孺慕"。也谓对父母的孝敬。
⑦罔极：无穷。
⑧式严追礼：李宸妃死于明道元年（1032）二月二十六日，葬于洪福禅院之西北隅。宋仁宗于明道二年亲政后，追封为庄懿皇太后，迁葬于宋真宗永定陵之西北隅。
⑨俪（lì）轨先朝：俪，配偶，如"贤伉俪"。此指庄懿皇太后是宋真宗的配偶。
⑩协华椒掖（jiāo yè）：协，辅助；椒掖，皇后所居的宫室。《晋书·庾亮等传论》有"外戚之家，连耀椒掖，舅氏之族，同气兰闱"句。此指辅助皇后管理后宫。
⑪珩（háng）佩：各种不同的佩玉。
⑫保阿（ā）：古代抚养教育贵族子女的妇女。
⑬外履质约，袿裳无文：质，朴素，单纯。无文，没有纹饰，谓朴实无华。此句意庄懿皇太后朴素简约，衣物朴实无华。

好不饰①。兰仪玉度②,六列③以为表模;淑问晖章④,四教⑤于是领略。天隆其佑,神表惟祉,载诞孤蒙,属当统业⑥。积善有报,垂裕无疆。一纪于兹,四方用乂⑦。方期顾复,永奉恩严⑧,岂谓景命靡融,忽宾霄极⑨。悠悠苍昊,诚难谌⑩哉!况夫君临四海,母托万邦,而欢嘉未伸,音旨⑪俄隔。劬劳永感,终天曷穷⑫。顷虽荐号密宫,厝神净界⑬,礼分未称,心焉如摧⑭。今园寝告成,龟繇⑮恊吉。时宰庶尹,儒宗礼官⑯,考仪缃图,探烈彤史⑰,咸以谓纪谥之

---

①中存礼闲,玩好不饰:闲,同"娴",熟习,文雅。玩好,玩赏与爱好。饰,遮掩。此句意庄懿皇太后文雅,懂礼数,不掩饰自己的兴趣与爱好。
②兰仪玉度:玉度,娴雅优美的仪态、风度。此指庄懿皇太后仪态优美,风度高雅。
③六列:谓《古列女传》之母仪、贤明、仁智、贞顺、节义、辨通六篇。
④淑问晖章:淑问,美名;晖,晖映;章,同"彰",表明,显扬。此指庄懿皇太后贤明远扬。
⑤四教:指妇德、妇言、妇容、妇功。《周礼·天官·九嫔》有"九嫔掌妇学之法,以教九御,妇德、妇言、妇容、妇功"句。
⑥载诞孤蒙,属当(zhǔ dāng)统业:诞,生育;孤蒙,指失去父母的童蒙;属当:适逢、正当。李氏初入宫,为宋真宗宠妃刘娥的侍女,庄重寡言。真宗宠爱刘娥,想立为后,奈何刘娥家世并不显赫,又无子嗣,群臣不服。正苦恼的时候,李氏梦到仙人降生为己子。真宗与刘娥大喜,想出"借腹生子"的办法。遂让李氏侍寝,不久果然有孕。不久,生皇子,取名赵受益(后来的宋仁宗赵祯),认刘娥为母,由其抚养。
⑦一纪于兹,四方用乂(yì):一纪,十二年;乂,贤才,俊~在官。宋仁宗赵祯生于大中祥符三年(1010),于乾兴元年(1022)即位。
⑧方期顾复,永奉恩严:顾,回视;复,反复顾视,《诗·小雅·蓼莪》有"父兮生我,母兮鞠我……顾我复我,出入腹我"句,后多用以形容父母对子女的慈爱。此暗指宋仁宗欲认生母。
⑨景命靡融,忽宾霄极:景命,大命,指授予帝王之位的天命;靡融,不能调合;宾,服从、归顺;霄极,出自《周书·萧詧传》,意思是天空的最高处,高空,喻指朝廷。此暗指朝廷和庄献明肃皇太后刘娥不让宋仁宗认生母。
⑩谌(chén):相信。
⑪音旨:犹音信。
⑫劬(qú)劳永感,终天曷穷:劬劳,劳苦,苦累,特指父母抚养儿女的劳累,这里代指劬劳之恩。终天,终身,一般用于死丧永别、遗恨无穷情况,这里代指终天之恨。曷,同"何"。此句大意是:劬劳之恩永远感激,终天之恨哪有穷尽。
⑬顷虽荐号密宫,厝神净界:顷,不久前;净界,指寺院,此指洪福禅院。宋仁宗即位后,皇太后刘娥晋封李婉仪为顺容,迁往真宗永定陵守陵。明道元年二月二十六日,妃病重,太后命人晋封为宸妃,遣太医视望,册封当日薨,享年四十六岁,葬于洪福禅院之西北隅。
⑭心焉如摧:摧,伤痛;心里十分悲伤。
⑮龟繇(yáo):龟卜所得的文辞。
⑯时宰庶尹,儒宗礼官:庶尹,指百官;儒宗,儒者的宗师,汉以后亦泛指为读书人所宗仰的学者。
⑰考仪缃(xiāng)图,探烈彤史:缃,缃素,古代书写用,借指书卷;烈,同"列",列举;彤史,指记载宫闱生活的宫史。

285

法，实自宗周①，追册之仪，盖本炎汉②。敢稽往典③，虔易大名④。谨遣摄太尉、门下侍郎兼兵部尚书、同中书门下平章事、昭文馆大学士、兼修国史张士逊⑤奉册宝，上尊谥曰庄懿皇太后。伏惟明灵如在，鸿典是膺⑥，上从圣真⑦，阴佑皇序，祔飨清庙，与邦家无穷⑧。

23. 请完护唐贤臣墓石奏

记载

李焘《续资治通鉴长编》卷一百一十七记载："宋仁宗景祐二年（1035）八月辛未，诏陕西诸州前代名臣坟墓碑碣、林木，委官司常检视，从知永兴军陈尧佐之言也。初，章献遣官起浮屠于京兆城中，姜遵尽毁古碑碣为用。"

原文

唐贤臣墓石，十且亡七八矣。始其子孙意美石善书，欲传千载，而一旦与砖甓同，诚亦可惜，其未毁者，愿敕所在完护。

24. 原孝

记载

乾隆《济源县志》卷十三记载："宋《原孝》，太师陈尧佐。"本文又见于《皇朝文鉴》卷九十三，《宋元学案补遗·别附》卷一，《宋代蜀文辑存》卷三，《全宋文》卷一百九十六。

---

①宗周：指周王朝，因周为所封诸侯国之宗主国，故称。
②炎汉：因汉代以火德王，故称为"炎汉"。
③敢稽往典：敢，有勇气；稽，稽核。有勇气稽核、参考古代典礼。
④虔易大名：虔，虔诚；易，更换；大名，尊崇的名号。《逸周书·谥法》曰："是以大行受大名，细行受细名。行出于己，名生于人。"
⑤张士逊（964—1049）：字顺之，襄州阴城（今湖北老河口）人。北宋政治人物、诗人。宋太宗淳化三年（992）举进士第，为均州郧乡县（今湖北郧县）主簿，迁射洪（今属四川）令，历江南、广东、河北转运使、礼部尚书、刑部尚书、同中书门下平章事、集贤殿大学士。康定元年（1040）致仕，仁宗优诏拜太傅，进封邓国公（今河南邓县一带）。皇祐元年（1049）卒，年八十六，赠太师，兼中书令，谥文懿。张士逊曾经活跃于北宋政坛，仁宗朝曾三次拜相。张士逊是我国北宋政治舞台上有一定影响的历史人物，与陈尧佐、范仲淹、苏辙等著名文人、政坛人物都有很深的交往。
⑥鸿典是膺（yīng）：膺，接受，承当，能接受这样的大典。
⑦圣真：儒学的真谛。
⑧与邦家无穷：与，使；邦，诸侯的封国；家，大夫的封邑；邦家指国家。《诗经·小雅·我行其野》有"尔不我畜，复我邦家"。

原文

　　立身之谓道，本道①之谓孝。上自天子，下至于庶人，未有不由而立也。呜呼！为孝之道是因乎心者焉。孝有小大，性有能否，君子小人，亦各存其分也。圣人之教，布在方策②："不敢毁伤"，存其始也；"立身行道"，要其终也③。居必诚其心，游必择其方，然后谨以温凊④之礼，慎以饮食之节。起居进退，罔悖其志⑤；善事几谏⑥，劳必无怨。至于爱敬之道，乃天性也，无忽天性以慢人纪⑦，斯可锡其类⑧而不匮也。世之愚者，知其孝乎，而不知所以为也。越礼以加敬，轻生以致养，且曰："亲之疾弗瘳⑨者，子之肌可疗焉。"乃折体断股，密置于味。乃亲之寿幸⑩而未尽，而或生也，则乡里神其事，以为孝之感，乃闻之于州县，闻之于天子。官给其赐以优之，然后传之于后人，旌之于门闾⑪，率土之民向之而思其效者矣。嗟乎，风俗之移人也！而官其事者遂以之自赏，俾蚩蚩者知其室而不知其户也⑫，逾墙钻穴，而迨⑬殒乎命。且亲之忧必以疾也，非疾而自刑，是致其忧者也。子曰："毁不灭性⑭。"死生之际⑮，尚或存也。苟居疾以剥肤，由味而丧躯，则所谓陷之于不义者也。

---

①本道：正道；本根之道。
②方策：典籍；《礼·中庸》曰："文、武之政，布在方策。"
③"不敢毁伤"，存其始也；"立身行道"，要其终也：《孝经·开宗明义章》曰："身体发肤，受之父母，不敢毁伤，孝之始也。立身行道，扬名于后世，以显父母，孝之终也。"
④温凊（qìng）：冬温夏凊之省。凊，凉。《礼·曲礼上》有"凡为人子之礼，冬温而夏凊"句。冬使之暖，夏使之凉，表示儿女侍奉父母无微不至。
⑤罔悖（bèi）其志：悖，通"悖"。不违背父母的意愿。
⑥善事几谏：善事，善于侍奉；几谏，对父母的过失进行婉言规劝。《论语·里仁》曰："事父母几谏。"《集解》："几者，微也。当微谏纳善言于父母。"
⑦人纪：人之纲纪，指立身处世的道德规范。
⑧锡其类：锡，赐与；类，善。谓以善施及众人，以孝道转相教化。《诗·大雅·既醉》曰："孝子不匮，永锡尔类。"
⑨瘳（chōu）：病愈。
⑩幸：意外地得到成功或免去灾害。
⑪旌（jīng）之于门闾（lú）：旌，表扬；门闾，指乡里、里巷。
⑫俾（bǐ）蚩蚩（chī chī）者知其室而不知其户：俾，使。蚩蚩者：指平民，百姓。使老百姓知道他的居室而不知道居室的门，此暗喻使百姓知道孝亲的事却不明白行孝的方法。
⑬迨：同"逮"；及，等到。
⑭毁不灭性：《礼·丧服》曰："毁不灭性，不以死伤生也。"《孝经·丧亲》有"三日而食，教民无以死伤生，毁不灭性，此圣人之政也"句。不能因丧亲而哀伤过度以至于毁形灭性。
⑮死生之际：指父母去世之时。

禽之相食，尚曰无有，安在为人父母而食其子者乎！古之孝以感者多矣，犹是者未知觌焉①。且民之耳目，乌知所谓圣人之道在乎谕之而已。既谕之，且制之，俾为孝之民，诚其心而不诚其名，爱其生而不爱其赐，始于一邑，迨②于一郡，然后天下之民可率之以道也。斯之谓王化③之基，人伦之本，可不急乎！

25. 几铭

记载

《皇朝文鉴》卷七十三记载："几铭，陈尧佐。"本文又见于《古今事文类聚·续集》卷二十八，《山堂肆考》卷一百八十一，《渊鉴类函》卷三百八十二，《宋代蜀文辑存》卷三。

几，古人席地而坐，设于座侧以便凭倚的小桌子。

原文

亲仁可以自托，友贤可以自扶。求仁得仁，必驰必驱④。若隐几⑤以召，凭几而呼，则仁、贤斯遁⑥，厮役⑦来趋。呜呼！贤既遁，身即孤。

26. 为善箴

记载

欧阳修《陈公（尧佐）神道碑并序》记载："公居家，以俭约为法，虽已贵，常使其子弟亲执贱事，曰：'孔子固多能鄙事。'作《为善箴》以戒子孙。"

原文

佚

27. 自制墓志铭

记载

曾巩《隆平集·卷五》记载："卒赠司空兼侍中谥文惠，后事皆豫备，自

---

①觌（dì）：见到。
②迨（dài）：等到，达到。
③王化：天子的教化。
④必驰必驱：一定要尽全力效劳。
⑤隐几：倚靠着几。
⑥遁（dùn）：逃避，躲闪；隐，消失。
⑦厮役：干粗杂活的奴隶。

志其墓。"《渑水燕谈录·名臣》记载："陈文惠将终前一日，自为墓志。"本文见于司马光《涑水纪闻》，王辟之《渑水燕谈录》卷二，王称《东都事略》卷四十四，《事实类苑》卷八，《古今事文类聚·前集》卷四十六，脱脱等《宋史·列传·陈尧佐传》，《戚山卧云纪谈》，《宋代蜀文辑存》卷三。

自制墓志铭，去世前为自己撰写墓志铭。墓志铭用正方两石相合，一刻志铭，叙平生德善功烈，一题死者姓氏、籍贯、官爵，平放加盖，埋于棺前三尺，作为他年陵谷变迁之防。

原文

宋有颍川先生[①]尧佐，字希元，号知余子。寿八十二不为夭，官一品不为贱，使相纳禄[②]不为辱。三者粗可归息于父母栖神之域[③]矣。

庆历四年岁次甲申九月己未朔二十七日，乙酉进士冀上之奉太师相公治命书于石。

28. 陈文惠公文集

记载

欧阳修《陈公（尧佐）神道碑并序》记载："其平生奏疏尤多，悉焚其稿。其他文章，有《文集》三十卷，又有《野庐编》《潮阳编》《愚丘集》。多慕韩愈为文。"李焘《续资治通鉴长编》卷四十九注文："据尧佐集，戊戌冬，贬潮州。"可见，《文集》在宋已结集刊印，南宋前期此集尚存。脱脱等《宋史·列传·陈尧佐传》亦载有《文集》三十卷。

原文

佚

29. 野庐编

记载

欧阳修《陈公（尧佐）神道碑并序》记载："其平生奏疏尤多，悉焚其

---

①颍川先生：今河南许昌在汉为颍阴县，属颍川郡，晋为颍川郡治，隋改为颍川县。陈尧佐远祖曹魏陈群封颍阴侯，故以颍川先生为号。
②使相纳禄：纳禄，缴还俸禄，指辞官退休。李焘《续资治通鉴长编》卷一百二十七记载："宋仁宗康定元年（1040）五月戊辰，淮康节度使、同平章事、判郑州陈尧佐为太子太师致仕，大朝会缀中书门下班。"
③栖神之域：神灵栖息之所，即墓地。

稿。其他文章，有《文集》三十卷，又有《野庐编》《潮阳编》《愚丘集》。多慕韩愈为文。"曾巩《隆平集》卷五记载："有文集三十卷，又有《潮阳编》《野庐编》《遣兴策》《愚丘集》。"王称《东都事略·列传·陈尧佐传》记载："又有《潮阳编》《野庐编》《遣兴策》《愚丘集》。性俭约，不事浮侈。"脱脱等《宋史·列传·陈尧佐传》记载："有《集》三十卷，又有《潮阳编》《野庐编》《愚丘集》《遣兴策》。"

原文

佚

30. 潮阳编

记载

欧阳修《陈公（尧佐）神道碑并序》记载："其平生奏疏尤多，悉焚其稿。其他文章，有《文集》三十卷，又有《野庐编》《潮阳编》《愚丘集》。多慕韩愈为文。"《郡斋读书志》着录记载："《陈文惠愚丘集》二卷、《潮阳编》一卷，尧佐属辞尚古，不牵世用，喜为二韵诗，词调清警隽永。"脱脱等《宋史·艺文志》把《潮阳编》作《潮阳新编》。

原文

佚

31. 愚丘集

记载

欧阳修《陈公（尧佐）神道碑并序》记载："其平生奏疏尤多，悉焚其稿。其他文章，有《文集》三十卷，又有《野庐编》《潮阳编》《愚丘集》。多慕韩愈为文。"马端临《文献通考·经籍考六十一》记载："陈文惠公《愚邱集》，陈氏曰宋朝陈尧佐，字希元，阆州人。端拱初进士，累迁三司副使，修永定实录，擢知制诰，历韶、庐、寿、洛、并、同、雍、郑八州。景祐四年，召拜同中书门下平章事，后以太子太师致仕。年八十二卒，号知余子，谥文惠。尧佐属辞尚古，不牵世用，喜为二韵诗，词调清警隽永。集皆自有序。"

原文

佚

32. 遣兴策

记载

曾巩《隆平集》卷五记载："有文集三十卷，又有《潮阳编》《野庐编》《遣兴策》《愚丘集》。"王称《东都事略·列传·陈尧佐传》记载："又有《潮阳编》《野庐编》《遣兴策》《愚丘集》。性俭约，不事浮侈。"脱脱等《宋史·列传·陈尧佐传》记载："有《集》三十卷，又有《潮阳编》《野庐编》《愚丘集》《遣兴策》。"

原文

佚

第六节　尧佐献诗

陈尧佐"工二韵诗""自潮还，献诗百篇"，在两浙路任转运使期间遍访名山大川，留下无数佳作。程瑞钊、史今律、郭邦万《陈尧佐诗辑佚注析》辑得其诗、词、句共61首。北京大学整理的《全宋诗》卷三十七收录其诗、词、句共63首，蔡东洲《阆州陈氏研究》补录其诗5首，胡鹏《陈尧佐年谱》补录其诗10首，本书录其诗、词、句共89首（篇）。

1. 赴潮阳倅

（一）

沉醉犹难别帝州，满城春色重①淹留。
公闲预想消魂②处，望阙频登海上楼。

（二）

休把空言较短长，算来齐物③也无妨。

---

①重（zhòng）：甚，深。《礼·檀弓》有"子之苦也，壹似重有忧者"句。
②消魂：为情所感，若魂魄离散，用以形容愁苦、悲伤或欢乐到极点。
③齐物：《庄子·内篇》有《齐物论》，主张放弃一切对立和斗争，把死生、物我、是非、得失全部都等同起来。

蛮民解唱升平曲，愿领闲愁入醉乡。

解析

本诗见于《永乐大典》卷五千三百四十五，又见于《全宋诗》卷三十七，作于宋真宗咸平二年（999）。

倅，《说文》曰："副也"，古时地方各级副官称倅。

陈尧佐诗作幸存于今者，以此篇为最早。他于咸平元年（998）冬"坐言事切直"，由开封府推官远谪为潮州通判。滨海潮阳，鄙远蛮荒，烈日似火，烟瘴如炽，古人历来视为畏途。英风豪气如韩愈，一旦"夕贬潮州路八千"，尚难免凄凄惶惶，念"家何在"，悲"马不前"，沉痛地交待后事，"好收吾骨瘴江边"。陈尧佐于咸平二年春启行，独自扬鞭辞帝京，亲友举杯壮行色，频频劝饮，且曰"与尔同消万古愁"。然而，在陈尧佐胸中，愁深不可测，金杯何其浅！"沉醉犹难别帝州"。"犹"字之设，潜伏着画外音：凭借酒力尚难为别，不敢想今宵酒醒何处村，晓风残月欲断魂。更难舍满城春色，令人甚为迟留。后两句预想到潮州后，忆及汴京，频登海畔高楼遥望，青山如剑割愁肠，不知何处是帝乡，魂消神丧，那么，而今辞别，怎会不难之又难呢！

次首为同时所作，却从"难别"处一笔宕开，反而对开导他的朋友们说："不用比长较短了，庄生不是有齐物之论吗？既然万物皆相齐，那么无可无不可。走此一遭也无妨。如今四海为一，边民也懂得歌咏太平呢。但愿能将闲愁领到醉乡中去消释掉。来，喝就喝吧！"其实，自我开解，正是愁深怨重的极端表现，却比正面表达更有力。忠而贬，直而黜，若依然心平气和，反倒不正常了。

2. 游凤栖寺

十里水烟迷，禅居偶杖藜[①]。
地灵人不老，山好凤曾栖。
暑气消将尽，苔痕长欲齐。
松间何所得，泉石两三题。

解析

本诗见于《永乐大典》卷五千三百四十五，又见于《全宋诗》卷三十七，作于宋真宗咸平二年（999）。

[①] 杖藜（lí）：藜，野生植物，茎坚韧，可为杖。谓拄着手杖行走。

凤栖寺，嘉靖《广东通志初稿》卷二记载："潮州府意溪，在郡城东五里，其源发于汀赣，循梅经涛远丰政二都，合产溪之水，顺流而下，以入于海。上流有峡曰'凤栖'，两山逗隘，水澄泓，至此则奔放汹涌，实为巨浸。"凤栖寺或在其间。

陈尧佐在潮州度过了第一个夏天，时至初秋，暑气犹未全消，他索性来到滨水的凤栖寺散释冗务之倦与暑热之闷。这儿一望十里，烟波浩渺。他偶尔挺着藜杖，仿效起僧人生活来。此为首联，点明了游寺。颔联说，传闻该地曾栖息过凤凰，灵气尚存，所以人不易老，环境也清幽，苔藓长得快与阶沿相齐了。尾联为自己在松林泉石上题了几首诗而高兴。

陈尧佐诗多学白居易，本篇可为代表，清淡如水，明白如话，但有时伤于率意，略欠深度。

3. 游西湖

> 附郭[①]水连山，公余独往还。
> 疏烟渔艇远，斜日寺楼闲。
> 系马芭蕉外，移舟菡萏[②]间。
> 天涯逢此景，谁信自开颜？

附：于九流《和陈倅游西湖》[③]

> 高城连水石，对景未能还。
> 白日临流坐，清风伴我闲。
> 纵心移掉去，半醉入花间。
> 未必逢僧语，莲香已解颜。

解析

本诗见于《永乐大典》卷五千三百四十五，《全宋诗》卷三十七记为《游惠州西湖》，此实为潮州西湖。李贤《大明一统志》卷八十记载："西湖，在府治西，绵亘十余里，中有四亭，曰'倒景''云路''立翠''东啸'。"《古今图书集成·职方典·潮州府部》也有记载。

---

①附郭：紧靠城郭的郊野。《管子·度地》曰："内为之城，城外为之郭。"
②菡萏（hán dàn）：荷花。
③编按：本诗见于《永乐大典》卷二千二百六十三。于九流：民国《潮州志·职官志》记载："于九流在宋真宗咸平初知潮州军州事。"

该诗作于宋真宗咸平二年（999）或三年（1000）。首联写近郊湖山胜概无限，公暇独自出游。一个"独"字，下得凄楚而含蓄，给眼前的佳山胜水罩下了阴影一片。接着他毅然折转，着力描述境界之清幽与游赏之闲适。颔联写初出城郭，望中所见：烟淡水远，点点渔舟穿行；日斜风轻，簇簇寺楼隐现。前句道水，后句言山，画面疏朗，氛围恬静，确乎冗务之余释倦遣闷的上乘之所在。颈联则叙郊游之序，且看他芭蕉林外暂委坐骑，荷花湖上漫移舴艋，是何等潇洒而悠闲！芭蕉通体翠绿，鲜嫩欲滴；莲荷粉面微张，娇羞欲笑。绿送红迎，花团锦簇，更有那山寺浮图，欹身照影，传出几杵疏钟；鱼虫龙虾，嬉戏腾跃，揉碎一潭晚霞。置身其间，何所逊于神仙中人？然遭逢此景，是在海角天涯；只身窜迹，哪里乐事赏心！诗人结以"谁信自开颜"，从轻松愉悦的环境气氛中折回来，与首联的"独往还"相照映，流露出在看似悠闲的游赏中所负荷的沉重精神压力。

4. 题野吏亭

野吏厌公堂，开轩①出郡墙。
残花炎帝②圃，斜日尉佗③乡。
叠巘④分诸粤⑤，重城截大荒⑥。
耕桑蛮聚落，烟火汉封疆。
云势飘蓬岛，天形压夜郎。
扁舟闲得侣，嘉树远成行。
梅雨⑦千林暮，春风百草香。
人家浮浩渺，鸟道没青苍。

---

①开轩：打开门窗。
②炎帝：传说中的上古神农氏，死为南方之神。高诱《吕氏春秋·孟夏纪》注："炎帝，少典之子，姓姜氏，以火德王天下，是为炎帝，号曰神农，死托祀于南方。"
③尉佗：秦汉之交，南海尉赵佗称南越王，传五世九十三岁，汉武帝灭之，析其地为儋耳、珠崖、南海、苍梧、郁林、合浦、交阯、九真、日南九郡。
④叠巘（yán）：重叠的山峰。
⑤诸粤（yuè）：古代散居南方各地越族的总称。如汉时有闽越、瓯越、南越、骆越等。其文化特征为断发、纹身、契臂、巢居、使舟及铸铜鼓等。亦作"百粤"。这里代指南方各地，包括现在的江苏、浙江、福建、广东、广西和越南地区。
⑥大荒：极边远之处。
⑦梅雨：南方在春夏之交梅子黄熟时多阴雨，称梅雨。

爽垲①吟魂健，虚明②夏景凉。

他年重回首，牢落③愧甘棠④。

解析

本诗由《宋诗纪事》卷四引于《惠州府志》，又见于《全宋诗》卷三十七，宋真宗咸平三年（1000）作于惠州。

野史亭，李贤《大明一统志》卷八十记载："野吏亭，在府治东，宋守陈尧佐建。"嘉靖《惠州府志》卷五也记载："野吏亭，在府治东北隅。宋咸平初，州守陈尧佐建。"

这是一首五言排律。排律由律诗定格铺排延长而成，除首联、尾联外，中间全需对仗。由于受到声律和对仗的严厉束缚，常易流于板滞萎弱，而本篇开合自如，恢弘遒劲，非才高学富者不能为。

作者由京师远谪海隅，故自号野吏，自建亭并以之名亭。篇中通过登亭之所见与所思，表现出作者"不汲汲于富贵，不戚戚于贫贱"（《汉书·扬雄传》），随遇而安的旷达胸怀与对南国疆土、边地人民的热爱，反映出封建时代正直知识分子的高尚情操。

"野吏厌公堂，开轩出郡墙"，叙此行之所起。由结句的"牢落愧甘棠"观之，所谓"厌公堂"，并非懒于治事，而是倦于冗务，所以在公事之余，步出郡斋以遣兴。

这次出游，并无复杂的经过，作者接下来便以大量笔墨写望中之所见。"残花"点出节令，"斜日"道明时间。炎帝之囿、尉佗之乡，言历时久远，这是一片古老的土地，从而拉下了一条纵线。横而观之，重重叠叠的山峦、星罗棋布的城镇，将广袤的百粤之区、辽远的大荒之野，切割开来，分隔成若干小块。"叠巘"与"重城"互文见义。而如何"分诸粤"，怎样"截大荒"，是目力之所不能及的，但情虽不容，理犹可通。一"分"一"截"，把山与城写活了，让整首诗产生了立体感。那壮阔的气势，与炎帝以来的悠久历史正相表里，堪称神来之笔。"耕桑"二句亦成互文，指出此乃夷、夏之交，而早已开化，广知农桑。"云势"一联近于地理书之四至八到，却以形象出之。五彩

---

① 爽垲（kǎi）：高敞干燥之地。
② 虚明：空明。陶渊明《赴假还江陵夜行涂口》有"凉风起将夕，夜景湛虚明"句。
③ 牢落：孤寂，无所寄托。陆机《文赋》有"心牢落而无偶，意徘徊而不能掉（dì）"句。
④ 甘棠：相传周初召伯巡行南方，曾在甘棠树下休息，人们怀念他，竟爱其树而不忍伐，后遂以"甘棠"为称颂官吏政绩之辞。

祥云飘自东方的蓬莱仙岛，一抹长天直压西去的夜郎古国。句中暗含有野吏高标入云、凭栏好纵目远眺之意，也为这一小小建筑增添了神秘气氛，使读者情不自禁地将它与仙山琼阁联系起来了。上四联，"残花"道古，"耕桑"论今，"叠巇"述内，"云势"写外，均属虚笔。将野吏亭所处位置与环境勾勒出一个轮廓。

"扁（piān）舟"以下，方写其实景。龙川上、西湖里，小舟三三两两，结为伴侣。着一"闲"字，逗出了小船悠哉游哉、漫不经意的情态。而溪山上、原野里，佳木成林，一到远处就枝叶莫辨，但见一行行、一片片，青葱翠绿，令人心醉。若当梅雨连旬，则天日不开，千林晦暗，满目迷蒙，一俟雾敛云收，春风和煦，又见那蜂採新蕊，蝶戏娇花，百草散发出阵阵幽香。在浩瀚辽远的大地上，袅袅轻烟萦绕，幢幢村舍若浮。在青苍高迥的天幕下，仅通飞鸟的险绝山路渐远渐隐，终于被云影山色所吞没。刘熙载《诗概》说："山之精神写不出，以烟霞写之；春之精神写不出，以草树写之。故诗无气象，则精神亦无所寓矣。"诗喜动而不喜静，欲实而不欲虚。引入烟云草树，正是为了显现出山的气象、春的精神。

"爽垲吟魂健，虚明夏景凉。"初夏的傍晚，在这高敞、明净的亭子里，残阳如血，江山带笑，清风似水，凉爽宜人，偃仰啸歌、诗思潮涌，今夕何夕，此乐何极！

该篇十联之中，整整七联用于描绘景物。诚然，这是充分表现主题之所需，但是，若离开了人，景物便缺少了灵魂。即使纯写景、咏物的篇章，若与人的思想、精神、情感毫不相干，无论写得如何逼真，其诗篇也将失去存在的意义。此诗之"野吏"一联为起，"爽垲"一联为结，从厌厌出衙到骚兴大发，游赏的过程也就写完了。而这一情感的飞跃，不依靠中间七联的过渡是无法实现的。

"他年重回首，牢落愧甘棠。"待得时过境迁，回顾今日之乐，虽有野吏亭留作永久的纪念，却将因少有惠政而惭愧，而怅惘，而孤寂无所依。此联是全诗的尾声，却绝非多余的尾巴。没有它，这首诗就显得不完整，也不可贵。尽管作者才能特出，政绩卓著，所到之处，很快就赢得民众的拥戴，他仍不满足。"愧甘棠"之语，是他美好心灵的自然流露，使全篇思想性骤然升华，将感情的发展推向高潮。百字排律，一气呵成，不显衰飒之气，至尾声反倒愈益强劲，可见诗人之才气。

5. 韩山

侍郎亭①下草离离②,春色相逢万事非。
今日江山当日景,多情直拟问斜辉。

解析

本诗见于《古今图书集成·职方典·潮州府部》,作于宋真宗咸平四年(1001)春。

韩山,乾隆《潮州府志》卷十六记载:"韩山,在城东,旧名'双旌',其顶有三峰,形类笔架,又名笔架山。韩昌黎刺潮时,常游览于此,故名韩山,后建祠于上。宋陈尧佐、刘允、杨万里皆有韩山诗。祠左有侍郎亭,亭左有陆忠正祠,祀宋丞相陆秀夫。"韩愈尝登览,植木其上,当地人呼为"韩木"。

不同的自然景物能触发起人们不同的情感,而常被忽略的现象是:同一景象所激起的思想感情会因人因时而异。以此诗为例,当陈尧佐登上韩山之时,正值风细云闲,山青水碧,融融斜阳如镜,萋萋芳草欲滴。这一派令常人心旷神怡的明媚春光,却引发了陈尧佐"万事非"的浩叹。究其缘由,则因"今日江山当日景"。作者足踏韩山,头顶侍郎亭,当然会忆及前朝来此登览的韩愈。韩愈同陈尧佐,都怀大志,负雄才,都以忠直得咎,都自京师远谪潮阳,都于春日登此山,立此地,观此景。江山依旧,物象不殊,然而,韩愈之蒙罪,有裴度、崔群等巨僚相救援,唐宪宗旋亦悔之,春赴潮阳,当年冬就得以量移袁州,而陈尧佐从咸平元年冬被贬,至此已历二春,北还之望尚属渺茫,其不幸过韩愈远甚,怎不伤感于"万事非"呢?丰而杂的情感绞肠挂肚,真想问一问那迟迟春日:"普天率土,由你洞照,你能告诉我归期是何年吗?"可叹,"天意高难问",君心不可测。尽管"春色相逢",一似当日韩愈,斜晖鉴临古今未有不同,人生之际遇却不可同日而语。古来拟君为日。"问斜晖"以测君意,卜归期,已属无可奈何的念头了。

用乐景写深悲,以疏笔道浓愁。回环吞吐,欲露不露。对比映衬,不言自明。陈尧佐前期的诗歌创作,从本篇已显露出操纵绝句的特殊才能了。

---

①侍郎亭:在韩山上,为韩愈游览之所。因韩愈尝任刑部侍郎、兵部侍郎,官终吏部侍郎,故亭以名。元延佑中经改建更名为韩山亭。
②离离:繁盛茂密的样子。《诗·王风·黍离》有"彼黍离离,彼稷之苗"句。

6. 潮阳作

(一)

景淡花初落，寒生海上潮。
门前归北路，微雨柳垂条。

(二)

静院莺啼竹，幽阑蝶在花。
登临转惆怅，斜日两三家。

解析

本诗见于《永乐大典》卷五千三百四十五，又见于《全宋诗》卷三十七，作于宋真宗咸平四年（1001）。

陈尧佐于咸平元年（998）冬遭贬，次春启行，水陆七千里，辛苦跋涉百余日方至潮阳，三年春权守惠州，四年春末夏初作此二诗于潮阳。

二诗仅一处言情，余皆写景，妙在寓情于景，景为情语。前首的结穴在于"归北路"。勿论是见花草而伤春、望潮生而怯寒，还是蒙细雨而增愁、抚垂柳而思亲，甚至还有难以尽述的所有眼前景，一齐围绕着那北还之路而触发诗人无尽的归思。

下一首只字不言归，却是归思的一个有力旁衬。静悄悄的院落内，翠竹森森；清幽幽的栏干角，繁花簇簇。黄莺在竹梢上啼叫，圆润清脆；蝴蝶在花心里扑腾，蹁跹轻盈。风景悦目而赏心，够迷人了。诗人兴致颇浓，还想看得远点，便拾级升楼。可是，登楼一望，景况大不如前，令人兴味索然，一种失意之感立即袭上心头。是什么使他的情绪"转"得这样急呢？原来，在落日余辉笼罩下，只散布着两三户人家。衰飒，荒凉，凭什么同京都相比呢？愈是厌于此，便越发恋于彼。二诗宗旨一致，表现手法却是一直一曲，一显一隐。

这两首煅字炼句的功夫在陈尧佐诗歌中是较为突出的，尤其是动词的使用，如前首"海上潮"之"上"和次首"蝶在花"之"在"，特意挑拣介词转化而来的动态较弱的动词，反而增强了对不同动态的概括表现力，实现了别的若干个动词的共有功能，简直可以同杜甫的"身轻一鸟过"之"过"媲美了。

7. 题漳浦县厅壁

蛮烟[①]渔火接鲸波[②]，树树花枝处处歌。

[①]蛮烟：谓云贵两广之瘴气。
[②]鲸波：大鲸掀起的波涛，泛指巨浪。骆宾王《和孙长史秋日卧病》有"决胜鲸波静，腾谋鸟谷开"句。

况是^①天涯好行乐,莫叫憔悴鬓霜^②多。

解析

本诗见于《方舆胜览》卷十三,又见于《全宋诗》卷三十七,作于宋真宗咸平二年(999)至四年(1001)陈尧佐贬潮期间。

"蛮烟渔火接鲸波",起句雄劲,气象恢廓。漳浦县属福建路漳州,与潮州接壤。诗人因事来到漳浦县署,举目四望,但见烟雾蒸腾,莽莽苍苍,城南南溪上渔家冶炊的薪火或明或暗,一字排开,与山岚江雾相表里,同溯溪而来的海涛相接,顿时爆发出雄壮的声势。句中,"蛮烟"弥漫于四围山头,"渔火"萤聚于一线溪沟,一个"接"字却让读者的视线无限延伸,无限扩展,即便到了水天相接处,仍凭借想象的翅膀,随"鲸波"之起落而飞向大海深处。而一当日高烟敛,天朗气清,且看那丛丛碧树,摇曳着袅袅花枝,装点着这生机勃勃的南国海疆。人们"哀乐之心感,而歌咏之声发"(班固《汉书·艺文志》),"饥者歌其食,劳者歌其事"(何休《春秋公羊传·解诂》),或俗或雅,忽远忽近,歌呼鼓吹之声随处可闻,令人神清气爽,飘飘欲仙。十四个字,翻尽了蛮荒之地非人所居的千古陈案,使人耳目一新。以下,作者转入议论:偏处天涯,远离皇家鹰犬少,身无拘检欢悦多,更难忘这"树树花枝处处歌",正当及时行乐,怎能让百虑煎心,自毁形容呢?陈尧佐一生,每以天下国家为念,"敏于事而慎于言"(《论语·学而》),声色非其所好。"行乐"云云,松柏后凋之意也。"富贵不淫贫贱乐,男儿到此是豪雄"(程颢《偶成》)。结句"莫叫憔悴鬓霜多"是劝勉友人,也是自慰。"自古圣贤尽贫贱,何况我辈孤且直"(鲍照《拟行路难》),缘何以进退为念而加速衰老呢?

诗人事后所作的《寄题漳浦县斋》云:"漳浦从来瘴疠深",说明南方多毒气是实。福建、广南一带,经十国之乱,民不堪命,到宋太宗时才分批废除或减轻对鱼、螺蚌、鹅鸭、莲藕、枯牛骨、柴薪、地铺、水硙、社酒等的税收,宋真宗时才免除了每人必交的丁口税,可见"树树花枝处处歌"乃一时兴致之辞,难免夸饰。不过,由于诗人将旷达的情怀和高尚的节操化为对自身所遇新环境的真诚热爱,这首小诗的感人力量仍是历久不衰的。

---

① 况是:正是,适逢。
② 鬓霜:鬓发白如霜。

8. 归阙感怀

  望阙①二年余，中宵梦玉除②。
  忽闻天上诏，乍厌海边居。
  归路寻芳草，空囊③载旧书。
  君恩何以报，零泪落尘裾④。

解析

本诗见于《永乐大典》卷五千三百四十五，又见于《全宋诗》卷三十七，作于宋真宗咸平四年（1001）。

屈居潮州两年多，陈尧佐鞠躬尽瘁，政绩斐然。历代以来，供职于潮者何止百千，声名之卓著，则莫过于陈尧佐与韩愈。他对该地也产生了不薄的感情。然而百里之地，骐骥骅骝难展其足，何况无过遭贬，负屈蒙垢，所以，"望阙二年余，中宵梦玉除"，日思夜盼，梦中也期待着北还。咸平四年夏，陈尧佐奉诏返京，这无异于打开囚笼飞彩凤，他精神振奋，欣喜若狂，脱口喷出了"忽闻天上诏，乍厌海边居。归路寻芳草，空囊载旧书"两联酣畅淋漓的对句。"天上"，谓天子所居，与"海边"形成高低各趋终极的强烈对照。"忽"与"乍"义近，将生于瞬息的因果相连的两事并列推出，既显示出闻诏之惊喜，又表明了对海边之居并非素来憎厌，而是闻诏之后急欲启程之心态的变相反映。以"寻芳草"言归，其心境之轻松愉悦形于辞色，将淮南小山《招隐士》"王孙游兮不归，春草生兮萋萋"句意反用之，流露出对自己将被委以重任的信心。"空囊"标志着来得正，去得清，无铜锈以玷名节。"载旧书"意谓磨劫之余，不堕青云之志，儒雅风采，依然故我。尾联出之以温柔敦厚。归恩于君赐，视祸为天谴。蒙恩而还，感激之泪断续不止，洒落在沾满尘土的衣裾上，表明他已愉快地登程了。

9. 寄潮州于公九流

  扁舟如叶路东西，一片滩声下恶溪。
  当日亭台旧时客，相逢莫惜醉如泥。

---

①阙：前立双柱的宫门、寝门、墓门皆称阙，此指皇帝所居。
②玉除：玉石台阶。此指殿陛。
③空囊：钱袋空空，言清贫，取阮囊羞涩意。此谓为官廉正，两袖清风。
④裾：衣襟或衣袖。

解析

本诗见于《永乐大典》卷五千三百四十五,又见于《全宋诗》卷三十七,作于宋真宗咸平四年(1001)。

陈尧佐通判潮州期间,于九流为潮州知州。二人在工作上密切配合,在生活上友好亲善。陈尧佐在潮的一切建树与迅速北还,都离不开他的热情支持。咸平四年春戮鳄鱼后不久,陈尧佐即召还,同年八月直史官,于九流仍在潮州作知州,陈尧佐致函便附寄了此诗。

前两句说,恶溪之水笔直南注,两岸大道平行夹辅,溪中险滩相连。一只小船轻如柳叶,顺流下射。滩石擦底浪拍舷,水声激激风吹衣。五七舟中人,怡然自得,吟啸不绝,会心处即相视而笑。一遇嘉树美池、巧亭爽台,便舣舟登岸,尽情赏玩,班荆传酒,题咏而去。这班烟霞评委,由潮州知州于九流率队,执行主席便是通判陈尧佐,再有几位闲雅僚友、清客高士。

读至"当日"云云,我们才知道前两句是对过去的回忆。作者希望知州于公勿因自己离去而减却游兴,遇到当日共游的亭台,依旧摆酒;相逢旧时同欢的清客,一样聚饮,别寂寞了好江山,别冷落了酒肠肚。他这样讲,实际上是意识到自己的离开会使朋友们雅兴顿消,遂以此曲致歉意。他对友情的珍视和对潮阳的怀念之情,也就包含其中了。

10. 送潮阳李孜主簿

　　　　潮阳山水东南奇,鱼盐城郭民熙熙[①]。
　　　　当时为撰玄圣碑[②],而今风俗邹鲁为。

解析

本诗见于《方舆胜览》卷三十六,又见于《永乐大典》卷五千三百四十五,《全宋诗》卷三十七,作于宋真宗景德二年(1005)以后。

主簿,官名。汉至清,各级均设主簿,掌典领文书,办理事务。唐、宋县主簿为九品,乃士流初仕之官。

唐宋时代,岭南常作为犯官之贬所。若严谴至南海之滨,则相当于略减死罪一等。未有过失而派往彼处为官,是谁也不乐意的。今者李孜,供职潮阳,

---

①熙熙:温和欢乐貌。《老子》有"众人熙熙,如享太牢,如登春台"句。
②玄圣碑:《庄子·天道》以"玄圣素王"称那些具有被天下人仰慕崇拜的道德品质,而非君王的人,后来专指孔子。

位居主簿，仅为九品芝麻官，其情绪可想而知。

陈尧佐这次送行别具一格，他既不同声咨嗟，也不柔言抚慰，仅将潮阳为众人所忽略的若干长处罗列出来，便让对方欣然前往。他说："潮阳山青水绿，四季花香，自然景色为东南一奇；煮海为盐，滤洋得鱼，资源饶富，物产丰裕；人口稠密，民生康乐；风俗淳厚，文化发达。肥美为宝地，繁盛为乐土。朋友，你就高高兴兴地去吧。"

陈尧佐居潮，政绩卓著，他自己最满意的，还是修孔子庙，撰玄圣碑，兴教化，正民俗。这一战略措施，确实发生了深远的影响。宋代龚茂良《代潮州林守谢宰执》云："千里秀民，久已习韩昌黎之教；七朝故老，犹能言陈文惠之贤。"同为宋人的余崇龟《贺惠州守启》说："流风未泯，追还文惠之清规；遗迹可寻，时访坡公之旧宅。"陈尧佐诗后两句既不虚夸，亦非自负，近于写实。

本篇跳出送别诗的窠臼，高屋建瓴，以自己热爱祖国每一寸土地的高昂情绪去感染对方，从侧面道出了事在人为、男儿创业在天涯的切身体验。作者对潮阳纯作客观介绍，不加任何评议，自身的丰富情感已含蕴其中。此乃陈尧佐诗藏奇峭于平夷之一例。

11. 杭州苏长官山亭

> 诗阁城阴里，茅堂住半空。
> 钟声千寺合，树影万家同。
> 山远秋泉白，溪寒晚日红。
> 相逢吟未足，沉醉恋云中。

解析

本诗见于《古今图书集成·职方典·杭州府部》，作于宋真宗大中祥符元年（1008）至七年（1014）期间。

一位苏姓官员建亭于杭州城郊山头。此诗首联为该亭定位："城阴"，紧贴杭州也；"半空"，高踞山巅也，逐层应证了题意。"诗阁""茅堂""山亭"，三位一体，同物异名，或叙功能，或言构材，或指位置，因着眼点不同而取相应称谓，对这一建筑作了全面介绍，又避免了字面上的重复，也见出这位苏氏长官儒雅、古朴而风流。"长官"在此泛指一般官员，不一定是上司。

颔联"钟声千寺合，树影万家同"，绘出了接近闹区而地势高敞处所特有的景象。一般认为，声之缥缈，影之虚无，皆难于控捉。作者偏要因难见巧，系声捕影，遂使境界顿变清空，取景角度大异于流俗。虽有千寺错落，万家聚居，场面并不杂沓扰攘。梵钟之声相应，让人沉浸在天国的静谧氛围之中；绿树影罩万家，宛若山林隐逸的幽居。陈尧佐常常这样巧妙地于闹里取静，这也许是他早年在终南山随种放隐居的所悟所得吧。

"山远秋泉白，溪寒晚日红"，勾画远景。白与红，颜色是鲜艳的，对比是强烈的，但因白泉萦回于远山，降低了明亮度，唯觉纯净、轻柔、飘逸，遥望似一匹素练；红日临照寒溪，失去了炽热感，但见明丽、温馨、圆融，西去若一团血球。画面莹洁而不浓艳，时值秋晚而不衰飒，与全诗的气氛相浃洽。

尾联流溢出朋友相逢的喜悦和对眼前胜景的陶醉。诗酒互酬，深深迷恋于这高入云中的山亭了。与两组对句的精工新奇相较，此联显得弱一些，稍涉凑韵之嫌。这种不平衡现象，在即兴赋诗中往往是难免的。

12. 林处士水亭

城外逋翁宅，开亭①野水寒。
冷光浮荇叶②，静影浸鱼竿。
吠犬时迎客，饥禽忽上阑。
疏篱僧舍③近，嘉树鹤庭④宽。
拂砌⑤烟丝袅，侵窗笋戟攒⑥。
小桥横落日，幽径转层峦。
好景吟何极，清欢尽亦难。
怜⑦君留我意，重叠⑧取琴弹。

解析

本诗由《宋诗纪事》卷四引于《瀛奎律髓》，又见于《全宋诗》卷三十七，

---

①开亭：建亭。
②荇（xìng）叶：荇，水生植物，或称荇菜、接余、莕。紫叶白茎，嫩时可食，多生湖塘中。
③僧舍：此指孤山寺。陈天嘉初年所建，白居易《钱塘湖春行》《西湖晚归回望孤山寺赠诸客》等诗多次咏及之。
④鹤庭：林逋庭前多植梅畜鹤，故称鹤庭。客至常纵鹤为号，逋见之即归，人称"梅妻鹤子"。
⑤砌：台阶。
⑥笋戟攒（cuán）：竹笋尖如戟；密集曰攒。
⑦怜：爱慕，喜爱。
⑧重叠：重复，反复。

303

约作于宋真宗大中祥符五年（1012）。

林处士，林逋（967—1028），字君复，钱塘人，隐西湖孤山。

陈尧佐不仅是政治活动家、水利专家、诗人，还是保护文物、扶持人才的功臣。知永兴军日，他将西安许多汉唐碑碣从砖石堆中抢救出来。作转运使时，因处州处士周启明曾举贤良而无仕进意，教授弟子百余人，遂"表其行义于朝"，诏赐粟帛。他同著名的隐逸诗人杨朴有过戏剧性的交往，同魏野、林逋更是情深谊厚。

林逋生平不求名利，也并不回避与达官显宦结为道义之交、诗文之友。此篇便是陈尧佐以掌握十四州军、政、财、刑大权的两浙转运使之尊到林处士的竹篱茅舍作客时即兴而作的一首排律体诗。

首联破题。"逋翁"是对时年四十余岁的林逋处士的敬称。城外之宅，即逋翁建亭之所在。"野水寒"，言户外冷浸浸的大片水域，乃该亭所处环境，亦为命名"水亭"之由。

以下五联是对水亭的介绍。介绍的方法不是像赋那样铺张描述其内部构筑，而是先打外围，逐步收缩，层层渲染，欲露不露，最后，让描写的中心对象"千呼万唤始出来，犹抱琵琶半遮面"（白居易《琵琶行》）。

"冷光浮荇叶，静影浸鱼竿"。由首联"野水寒"生发出来，也是造访者抵亭之前首先映入眼帘的实景。荇叶、鱼竿的点缀，给水亭带来了野趣，而更奇妙的是，作者以这两种实物为受动者，让虚幻的光与影去浮之，浸之，顿使整个画面空灵起来。其光之冷、其影之静，代表着处士之宅的特征，也象征着处士的心性。

"吠犬"一联，是典型的农家客至景况，而出现在"参差十万人家"的杭州城边，就别具情韵了。这里，诗人不赞处士好客，而写吠犬迎宾；不叹主人清贫，而见群禽受饥，可见诗歌直露则寡味，婉曲则意丰。

"疏篱"二句，是在庭院中站定之后所得到的总体印象。此联之限在"近"与"宽"，二字兼统实与虚。逋翁宅离孤山寺确实很近，放鹤的庭院也不可太窄，但若两句之意蕴仅止于此，那么，就不大像诗。处士与僧道，避世之志相近，这是"僧舍近"的另一层含义。鹤，自汉刘向《列仙传》记载周灵王太子晋成仙骑鹤的传说之后，人们常以鹤指仙、道，隐士亦多好畜鹤。宋真宗祀汾阴过魏野宅，"时魏野方教鹤舞"（《古今诗话》）。"鹤庭宽"，暗指处士象鹤那样清癯而高傲、散漫而悠闲，也含有赞逋翁多交仙道高士、座无俗客之意。

"拂砌烟丝袅，侵窗笋戟攒"，可谓工笔细描。嘉宾临门，或燃香，或烹茶，烟丝缭绕，轻擦阶石。春笋丛生，尖头上指，沿阶近窗，势欲相侵。从这幅热气腾腾、生机勃勃的景象里，读者不难领略其闹中之静。烟丝漫袅，门下士无汲汲奔竞之态可知；笋戟侵窗，房中人那好竹雅趣不浅。文士多爱竹，林逋亦不例外，他《书寿堂壁》说："湖外青山对结庐，坟前修竹亦萧疏。"如果说"疏篱"二句描出了林宅之闲，那么，"拂砌"一联便重在捕捉其幽。

"小桥横落日，幽径转层峦。"对逋翁宅的描绘，刚进入细微处，作者设下此联，断然一笔荡出，伴随着移步水亭，视野顿时开张，同进入庭院前的"冷光"一联遥相呼应，只不过来时专力行路，低头唯见其水，此刻神怡兴酣，视线度桥及山。"横"之为义，既指卧波之小桥，也指夕照之斜晖。"转"字在此，将景致变成了多层次多角度的立体结构，"万壑千岩斗物华"（余靖《西岩》），"远近高低各不同"（苏轼《题西林壁》），而重重青山竞相呈现出的奇异风姿，无不幽静韶秀，令人神往。

西湖天下景，步步堪歌咏。上千年的才士隽彦为她所倾倒，退笔成山，泼墨如海，总也写不尽她的妙态妍姿。"好景吟何极，清欢尽亦难"，再度由开而合，总赞水亭，就此收束，作一个不了了之之结。"怜君留我意，重叠取琴弹"。去亭入室，寄余兴于琴弦，弹了一曲又一曲，以报答主人殷勤留客的美意。尾联照应起句的"逋翁"，回扣诗题之"林处士"。

本篇以时间之推移为主线，以空间的变换为辅线，而主线隐，辅线显，依次记叙了游览经过，却两纵两收，任情腾挪。连用六组偶句而毫无属对之苦，若滩头弄潮，一路化险为夷，身手轻捷爽利。全篇无一正面写亭之笔，均从侧面烘托渲染，而亭的形象清晰显现在我们眼前，不似隔雾看花那样模糊，倒像云里观龙，偶现一鳞半爪，其形象反觉比暴露全身者更丰满。每一句都从一个新的角度表现出一种优美的景观，又共同协调于处士居宅的幽静特征之下，其分寸掌握之准确、词语锤炼之精当，是值得借鉴的。

13. 望越亭

飒飒西风叶叶秋，谁家烟火起沧洲[①]。

[①]沧洲：指滨水之地。古时多用以称隐者所居。谢朓《之宣城出新林浦向板桥》有"既欢怀禄情，复协沧洲趣"句。李白《江上吟》有"兴酣落笔摇五岳，诗成啸傲凌沧洲"句。

乘闲不耐无机①性，拟劝渔翁直钓钩②。

解析

本诗由《宋诗纪事》卷四引于《杭州府志》，又见于《全宋诗》卷三十七，作于宋真宗大中祥符元年（1008）至七年（1014）期间。

望越亭，万历《杭州府志》卷五十记载："望越亭，在旧州治。"陈尧佐去后，亭渐破败，故庆历中将堂重建。

此诗四句，前半写景，后半言情。"飒飒"，风声，陈尧佐至望越亭凭眺，适值金风起天末，飒飒消残暑之时。高树片片叶，似酒上双颊的仙翁，颤颤巍巍，透出酣然秋意。在亭台对面、绿水那边，不知何许人家，墙头冒出了淡青色的炊烟。烟逐风斜，转瞬，在水色云影中化去。这两句中，诗人别出心裁，让小小树叶，来反映高天厚地之"秋"，而且张张叶片一齐动作，呈现出"叶叶秋"的深秋壮观。"谁"字的功能，并非有疑而问，意在借此不定代词，创造出一种虚虚实实、惝恍迷离的意境。"沧洲"二字，将此处描绘成宜于隐者栖处的清幽之地，引人动情，使人留恋，同时把视线转移到水边，为后两句设下伏笔。

"乘闲不耐无机性，拟劝渔翁直钓钩。"意谓自身本想消除机心，抛弃俗念，鱼鸟无欺，混一自然，怎奈这千山黄叶，一泓清泉，凉丝丝的落花风，轻飘飘的野户烟，逗惹得人心痒难挠，耐不住无机誓愿的约束，很想趁此清闲，垂钓于亭前，作一个烟波钓叟，自在逍遥似神仙。

然而，生于大一统的太平盛世，终不肯慕高名而置君国于不顾。寄情山水固然快活，却未免过于冷漠，"兼济天下"才是儒士之愿呀。所以，终究耐不住避世独善者那种"无机性"，打算劝人使用"直钓钩"，像姜太公那样，不钓侯王就钓相，为国为民奉献才智，一显身手，大展宏图，方不枉来人世间走此一遭。

对隐与仕的选择，在旧时代正直士人的心中常是激烈矛盾的。见官场之污浊，愤然思隐，而念及对社会的责任，又觉当仕。这种矛盾，在本篇中得到了形象的反映。

---

①无机：源于"海鸟忘机"的典故，指没有俗念，返回自然。
②直钓钩：传说姜尚微时，钓于磻溪，钩直无饵，离水三尺，周文王出猎相遇，觉得他不同凡俗，与语大悦，遂拜为相国。

14. 张公洞

空山杳杳①鸾凤②飞，神仙门户开翠微。
主人白发云满衣，松间留我谈玄机③。

解析

本诗由《宋诗纪事补遗》卷三引于《毗陵志》，又见于万历《宜兴县志》卷一，《全宋诗》卷三十七，作于宋真宗大中祥符元年（1008）至七年（1014）期间。

张公洞，在江苏宜兴县南。传张道陵居此，故名，道家七十二福地之一。

该诗起句先作环境渲染。"空山"并非山中无物，而是心中无事。有松，有云，还有灵异之鸟，何谓"空"呢？因道士寄身方外，游心于"无何有之乡，广莫之野。彷徨乎无为其侧"（《庄子·逍遥游》），故视世间为无物。"空"更有无人烟、"绝过从"之意，指出这是一个宜于修身养性的幽静所在，故云"杳杳"。"鸾凤飞"，言山中无凡品，可见此地非同寻常。由翩飞的鸾凤引至下句的"神仙门户"，恰似西王母有青鸟传信一样，且就此从容点题。

门迎青葱山色而开的神仙洞府，其主人为谁？经过前两句的气氛酝酿，已能预感到决非凡夫俗子。且看第三句中姗姗而出的正是一位鹤发童颜、瑞气拂衣的老道长。据说张公洞里磴道险滑，俯偻而下，大石离立，下笋欲落，其色苍碧，乳髓滴沥，石燕相飞击有声，奇怪万状。在这种环境里生活的老人，其身板硬朗，精神矍铄可知。他款留雅士，探讨的是玄妙深奥的义理。

这首诗重点以洞主的形象来表现张公洞的精神。由于逐层铺垫，对主人着墨不多，而形象鲜明、丰满。本篇在陈尧佐诗中非为上乘，其高明处仍是不可掩没的。

15. 国清寺

南越④第一寺，偶来心地⑤真。

---

①杳杳：深远幽暗貌。汉刘向《九叹·远逝》有"日杳杳以西颓兮，路长远而窘迫"句。
②鸾凤：《说文》记载："鸾，亦神灵之精也。赤色，五采，鸡形，鸣中五音。一谓凤之多青者为鸾。"鸾、凤均为传说中的仙禽。
③玄机：深奥玄妙的义理。张说《道家四首奉敕撰》有"金炉承道诀，玉牒启玄机"句。
④南越：指今浙江、两广一带地。秦汉之际，赵佗自立为南越武王。《史记》有《南越列传》，《汉书·两粤传》作"南粤"。今以广东为粤，浙江为越。
⑤心地：佛家认为，三界唯心，心如滋生万物的大地，能随缘生一切诸法，故称心地。唐释齐己《移居西湖作》有"只待秋声涤心地，衲衣新洗健形容"句。

却嫌桥下水，流去入红尘。

解析

本诗由《宋诗纪事补遗》卷三引于《天台续集》，又见于《全宋诗》卷三十七，作于宋真宗大中祥符元年（1008）至七年（1014）期间。

国清寺，《方舆胜览》卷八记载："国清寺，在天台县北十里。隋僧智顗梦定光告曰：'寺若成，国即清'，故名。李邕记，柳公权书额。时以济州灵岩、荆州玉泉、润州栖霞、台州国清为四绝。"（定光：定光佛，即燃灯古佛。）国清寺建于隋开皇十八年（598），为佛教天台宗开派祖师智顗所创。寺左右列五峰双洞，风光奇秀，号称东南一绝。同时，智顗被呼为智者大师，其流派大盛于唐、宋，国清寺的声威随之日升月恒。

"南越第一寺"，并未虚夸，对此宝刹，诗人慕名已久，今日偶来，兴奋而又虔诚，一瓣心香，顶礼膜拜。可是，当这朝圣者忽然注目寺侧双洞时，顿觉败兴。君看那桥下流水，生于名山圣地，尚不能洁身自好，竟匆匆奔下山头，追逐尘世繁华去了。

本篇对那些以退为进的假隐士们，无疑是绝大的嘲讽；对名噪一时的"佛门""圣者"，剖析透彻，针砭痛切，这是此诗之旨。作者所强调的是"真"。"真"即贞，即正。宋代士林颇重操守，两度国难，涌现出大批民族英烈，从宋初陈尧佐诸人的倡导已能窥出一丝端倪。刘熙载《诗概》认为："诗以往作遗世自乐语，以为仙意，不知却是仙障。仙意须如阴长生古诗：'游戏仙都，顾愍群愚'二语，庶为得之。"该篇在《国清寺》这样一个不食人间烟火的题目下，注入作者的思想感情，形象地表现其世界观，寄寓有关世风流俗的严肃褒贬，是颇得诗家三昧的。

这首诗外柔内刚。起得响亮，承得警策，转得利索，结得悠长。寥寥二十字，足当一篇洋洋洒洒的《北山移文》。

16. 智果寺

萝岩山下寺[①]，静境绝过从[②]。
芳草二三月，碧云千万峰。

[①]萝岩山下寺：《大清一统志·绍兴府》记载："罗岩山在上虞县东北七里，丹崖翠壑，雄冠群山，上有龙眼泉，亦名龙潭。"智果寺即在山下。
[②]过从：相互往来。黄庭坚《次韵德孺五丈新居病起》有"稍喜过从近，扶筇不驾车"句。

窗虚明落日，楼迥响疏钟。
恰恐重来晚，庭前记偃松①。

解析

本诗由《宋诗纪事》卷四引于《绍兴府志》，《全宋诗》卷三十七记作《智果教寺》。作于宋真宗大中祥符元年（1008）至七年（1014）期间。

宋诗人李觏有一首《遣兴》说："境入东南处处清，不因辞客不传名。屈平岂要江山助，却是江山遇屈平。"诗人的情感与才艺得自然景物之触发而形诸篇章，不应忘怀于江山之助，而林泉胜景得诗人以传名，又可说是江山的幸运了。陈尧佐宦游遍东南，若干名气不彰的佳山胜水得其品题而倍受世人青睐，正是江山之幸，本篇即其一例。

起句"萝岩山下寺"，不仅完成了点题的使命，指出寺的位置，而且将诗笔驰骋的疆域由小小智果寺拓展到莽莽萝岩山，为后边的承接赢得了较多自由。"静境绝过从"，谓该地环境静谧，不为人知，故无车马驰骤之烦，其境方能保有其静。不过，出现在这首诗中的静境，是明丽的，而不是晦暗的。

"芳草二三月，碧云千万峰"。纯以四组名词性的偏正词组排列起来，勿须动词相绾合，不用关联词弥缝其间，便觉"体裁简约，肌骨丰婀"（唐张彦远《法书要录》）。元代马致远写《天净沙·秋思》不过是这种技巧的进一步发挥而已。山中景物，目不暇接，作者单取"芳草""碧云"入诗，削去峥嵘，标举柔美，便同佛门之"静境"气氛相投。

上联着眼于山，下联再扣住寺。"窗虚明落日，楼迥响疏钟"，说寺中楼台高耸，窗前没有遮蔽，落日来照，愈觉明净；疏钟传响，听得真切。"明"与"响"用作使动，丰富了词义。

尾联结得妙极。诗人临去时担心再来天太晚而难辨门径，便以庭前一棵倒伏的松树为标识。这是偶发于自己胸中的一片戏剧性心机，十分隐微，与"碧云千万峰"的浩阔景象相匹配，竟无所抵牾，反倒相得益彰，各极其趣。倘若不这样写，尾联也用景语的话，那么，一篇之意就无所归了。同时，若一路大言说下去，无一细事相间，又会显得空疏寡味。多读杜甫律诗，就能领悟到这种大小巨细相反相成的手法的奇妙功用。"记偃松"的细节描写，还体现出诗人对此地的眷恋情怀。陆游《读近人诗》认为："琢镌自是文章病，奇险尤伤

---

①偃松：倒伏的松树，常作名胜之地古老怪木的代表。韩偓《仙山》有"一炷心香洞府开，偃松皴涩半莓苔"句。

气骨多。君看大（tài）羹玄酒味，蟹螯蛤柱岂同科？"杨万里《读张文潜诗》也说："晚爱肥仙（指体胖的张文潜）诗自然，何曾绣绘更雕镌？春花秋月冬冰雪，不听陈言只听天。"诗贵自然，但诗风自然者不多见，因其最难成功。王安石深知其甘苦，说平易流畅之作"看似寻常最奇崛，成如容易却艰辛"（《题张文昌诗后》）。陈尧佐诗风平易，本篇尤其突出，不求出处，不用典故，眼前景，口头语，任情卷舒，清新自然，若初日芙蕖。这是千锤百炼的结果。

17. 游湖上昭庆寺

　　　　　湖边山影里，静景与僧分。
　　　　　一榻①坐临水，片心闲对云。
　　　　　树寒时落叶，鸥散忽成群②。
　　　　　莫问红尘③事，林间肯④暂⑤闻！

解析

　　本诗由《宋诗纪事》卷四引于《瀛奎律髓》，又见于《全宋诗》卷三十七，作于宋真宗大中祥符元年（1008）至七年（1014）期间。

　　昭庆寺，在杭州钱塘门外，地近断桥，后晋天福元年建，名菩提院，宋太祖乾德二年（964）重修，宋太宗太平兴国七年（982）赐额"大昭庆律寺"。

　　作律诗者，往往先得联语，然后凑上首尾，是以多见颈联而少遇佳篇。宋代严羽注意到这一问题，其《沧浪诗话·诗法》云："对句好可得，结句好难得，发句好尤难得。发端忌作举止，收拾贵在出场。"就是说，发端须高浑而自然，万勿怛怩作态；收尾当清越超远，恰似空谷撞钟。陈尧佐以绝句擅名当

---

①榻：狭长而低矮的坐卧用具。
②鸥散忽成群：人一旦产生欲念，原相亲近的鸥鸟便会散而远去；人没有机心，散去的鸥鸟又会聚集拢来。《列子·黄帝》记载："海上之人有好鸟者，每旦之海上从鸥鸟游。鸥鸟之至者百数而不止。其父曰：'君闻鸥皆从汝游，汝取来吾玩之。'明日之海上，鸥鸟舞而不下也。"
③红尘：本指飞扬的尘土，用以形容繁华热闹的地方，再借指人世间。陆游《鹧鸪天》有"插脚红尘已是颠，更求平地上青天"句。
④肯：岂。李白《流夜郎赠辛判官》有"气岸遥凌豪士前，风流肯落他人后"句。韩愈《左迁至蓝关示侄孙湘》有"欲为圣明除弊事，肯将衰朽惜残年"句。
⑤暂：猝然，偶然。李白《猛虎行》曰："张良未遇韩信贫，楚汉存亡在两臣。暂到下邳受兵略，来投漂母作主人。"杜甫《人日》有"佩剑冲星聊暂拔，匣琴流水自须弹"句。

代，在律诗营中亦称作手。他这首《游湖上昭庆寺》，由于认真发端与收拾，遂使全篇浑然一气，不可以句摘。

首联固然照例破题，然而，驻足于钱塘门外西湖岸、栖霞岭下断桥头，"灯火万家城四畔"（白居易《江流夕望招容》），"淮南游客马连嘶"（温庭筠《钱塘》），何等繁华，何等绮丽，咳唾成韵，俯仰皆诗，何处不便取材，他却以"湖边山影里"开篇，色调之淡，令人咋舌。须知此题之下，半点浓腻不得，正以这淡淡一笔，方显出行家本色。人道"青山尽是绮罗情"（明黄省曾《虎邱咏》），陈尧佐却从"山影里"觅得"静景"一片。静景藏在昭庆寺山门前的树荫下，诗人希望同寺僧分享之。首联将诗题所包含的几个因素全点到了，平易妥帖。影里之静，正是佛门之静，亦即诗人心境之静。此诗基调由兹以定。"分"字下得谐趣横生，透过字面，我们似乎看到了作者同僧人往复磋商、慨然交接之状。

与僧分的静景，在下两联中得到了充分展现。"一榻坐临水，片心闲对云"与王维《终南别业》的"行到水穷处，坐看云起时"相辉映，成为写静赋闲的名句。水，随物赋形，无施不可；云，自生自灭，去留无心，其与世无争的精神博得诗人们咏叹不绝。元稹《放言五首》说："云到何方不是家"，杜牧《将赴吴兴登乐游原》说："闲爱孤云静爱僧。"辛弃疾《鹧鸪天》说："浮云出处元无定，得似浮云也自由。"陆游《孤云》说："倚栏其怪多时立，为爱孤云尽日闲。"陈尧佐此刻，在闹中取静，忙里偷闲。近观水之柔，悟水之无所竞争也就无灾无患；远望云之浮，得云之无所依傍也就无拘无束。

颔联绘出了静态的静景，颈联意在写动态的静景；颔联的主导者是作者自身，颈联则排除了人的形象；颔联着一"闲"字遂为有我之境，颈联深化一层勾出了无我之境。"有我之境，以我观物，故物皆着我之色彩；无我之境，以物观物，故不知何者为我，何者为物"（王国维《人间词话》）。黄叶飘零，鸥鸟聚散，点出时令，也写出了身边的实景，而颈联的内涵决不止于此。落叶上下听风，随遇而安，置之华屋锦茵而不以为荣，抛之泥淖腐涧亦不觉其辱，它与水、云一样不存机心，故这两联结之以"鸥散忽成群"，暗用鸥鸟忘机的典故，表明自身虽居官场，却像水、云、叶一样，不计较得失，无所谓进退，襟怀坦荡，能与鸥鸟友好相处，互不嫌猜。

尾联设为答问，显得俏皮而绝决，好像对世人宣称："切莫向我谈及那些烦人的尘世间的事，我如今在昭庆寺林间下榻，难道愿意耐性一听吗？"林间即林下，指隐者所居。南朝梁慧皎《高僧传》说竺僧朗"与隐士张忠为林下之契，每共游处。""林间"暗用此典,表明自己"耳临清渭洗,心向白云闲"(唐李昂句)。正所谓"逢人不说人间事,便是人间无事人"(杜荀鹤《赠质上人》)。

此诗浅尝似淡,慢斟细酌,始得其醇。对句如堂堂之阵,首尾以奇兵出之,中军有动静,前后相照应。四十个字,"意若贯珠,言如合璧。其贯珠也,如夜光走盘,而不失回旋曲折之妙;其合璧也,如玉匣有盖,而绝无参差扭捏之痕"(《唐音癸签》卷三)。典故均暗用,一若出诸己。篇末以反诘句作结,尤觉力沉韵远。

18. 题上虞兰芎山

岩岩①一峰千万寻②,微茫③楼阁寒云深。

巡州佐吏倚栏久,泠泠④天籁⑤清尘心。

解析

本诗见于《宋诗纪事补遗》卷三,又见于《全宋诗》卷三十七,作于宋真宗大中祥符元年(1008)至七年(1014)期间。

兰芎(xiōng)山,《大清一统志·绍兴府》记载:"兰芎山,在上虞县西北二十八里,一名兰风山……沿山之路,下临大川,皆作飞阁栏干。山有三岭,枕带长江。"

陈尧佐受丁谓排挤,心中郁郁,未尝形诸辞色,只偶尔从侧面略有流露,在这首诗中便可探消息于机微之间。

本篇说,在巍峨高峻的兰芎山上,楼阁迷蒙于寒云深处。诗人久久地倚栏独立,心静了下来,冥冥之中,他听到了一种声音。这声音,由模糊至清晰,由低微至脆响。是什么声音呢?他凝神屏息,细心辨识。哦,原来不是人弄丝竹,也不是地窍鼓风,而是自然界发出的声响,古人名之曰"天籁"。天籁出自天然,无忧无乐,无喜无愠,无偏无党,和平纯正。索性敞开心扉,迎之入来,涤瑕荡垢,为我清除心境之尘吧。

值得注意的是,他身为转运使,奉王命巡察数十州县,是皇上的重要助

---

①岩岩:高峻貌。《诗·鲁颂·閟宫》有"泰山岩岩,鲁邦所詹"句。
②寻:古代的长度单位,八尺为一寻。
③微茫:隐约模糊。陈子昂《感遇》二十七有"巫山彩云没,高丘正微茫"句。
④泠泠(líng líng):形容声音清脆。
⑤天籁:自然界的音响。《庄子·齐物论》有"女(rǔ)闻人籁而未闻地籁,女闻地籁而未闻天籁夫"句。

手,即所谓"巡州佐吏",一直兢兢业业,遍留惠政,有什么样的"尘心"需要"清"呢?再看原诗吧,他登上烟云"微茫"的"楼阁",背靠着"千万寻"之高的"岩岩一峰",却望"寒云深"而生畏,这不是"尘心"吗?传说唐明皇游月宫,因"寒气侵人……为冷气所逼"而返(见《云笈七签·神仙感遇传》),苏轼"又恐琼楼玉宇,高处不胜寒"。有畏即有私,"君子坦荡荡,小人长戚戚"(《论语·述而》),何必挂怀于"寒云深"呢?

对于宦海风涛之险恶,帝京云雨之变幻,陈尧佐感到寒心,由畏怯到厌薄。尽管他未曾退隐,到七十岁前后还几次参政,而仕与隐的矛盾一直撞击着他的心灵。本篇的"清尘心",只不过是他寻求解脱时的痛苦呻吟。

19. 江潮阻风

按部①溪山接海涛,连天风雨泊轻舠②。
沧溟③未必全胜我,潮落潮生亦自劳。

解析

本诗见于《宋诗纪事补遗》卷三,又见于《全宋诗》卷三十七,作于宋真宗大中祥符元年(1008)至七年(1014)期间。

这是一曲人定胜天的英雄赞歌。大自然的力量是巨大的,常常还是蛮横的,甚至残暴的,可是,在诗人面前逞不了威,成了嘲笑的对象。

"按部",本指对属下官吏的巡查,此处巡查的对象不是人,而是溪与山,这就把所谓不容冒犯的地母、山神、水龙王之属置于自己的管辖之下。开篇即以反客为主之术,造成大气磅礴之势。"接海涛"即遭遇江潮。定时涨落的海潮由江口上行,与诗人的小舟相遇,立即产生了惊心动魄的险况。狂涛起处,辅之以打头逆风,倾盆暴雨,铺天盖地,从上中下三路一齐杀来。诗人的乘舟恰是最禁不住风浪的"轻舠",竟如一片柳叶儿,被剧烈地颠簸,推掷,冲刷,灭顶之灾就在眼前。景况之惊险,决不亚于金戈铁马的战阵。身当其冲,是瞑目待毙呢?是丧魂失魄呢?还是拜天祷神呢?我们的诗人终不愧是

---

①按部:巡查部属。《舆地纪胜》卷一百八十五《阆州》记载:"元祐四年,提刑李公深按部至本州岛"。
②舠(dāo):刀形小船。刘勰《文心雕龙·夸饰》有"是以言峻则嵩高极天,论狭则河不容舠"句。
③沧溟:指大海。梁简文帝《昭明太子集序》记载:"若夫嵩、霍之峻,无以方其高;沧溟之深,不能比其大。"

"镇静百度"的人杰，不慌不乱，从容不迫地"泊"上轻舸，坐以观变。真所谓"一忍可以支百勇，一静可以制百动"（苏洵《心术》）。

下两句转入议论。诗人高傲地宣称："沧溟未必全胜我，潮落潮生亦自劳。"这不可一世的大海，你滥发淫威，去吓唬懦夫好了，在我面前可不一定管用。不是吗？潮头起落，其奈我何？不是徒劳吗！这是对威权的蔑视，对暴力的讥诮，显现出"仁者之勇，雷霆不移"（苏轼《祭堂兄子正文》）。不难想见，诗人吟罢，拈须颔首，发出了胜利的欢笑。苏洵《心术》云："泰山崩于前而色不变，麋鹿兴于左而目不瞬，然后可以制利害，可以待敌。"宋代阎苍舒在《将相堂记》中论陈尧佐"为人刚毅笃实，好古博学，居官无小大，所至必闻。虽为丁晋公所忌害，终不能屈。出入中外以至于相。"尧佐曾于咸平初"坐言事切直，贬潮州通判"，召回后，其刚毅之性依然如故。写《江潮阻风》之时，正值丁谓排挤、迫害最烈之日。"潮落潮生亦自劳"之语，未必只为讥讽大海而发。

20. 杭州喜江南梅度支至

（一）

淡薄交情老更浓，为君弹瑟送金钟①。
苎罗香径②无时到，姑射③仙姿在处④逢。
鸾鹤品流⑤惭晚达，烟霞门户⑥忆先容⑦。

---

①金钟：金杯。欧阳修《去思堂会饮》有"自惭白发随年少，犹把金钟劝主人"句。送金钟，即举杯劝酒之意。
②苎罗香径：《吴越春秋》卷五说越王败后，派人遍访国中美女，在苎罗乡（今浙江省诸暨县南苎萝山下）求得西施、郑旦，献给吴王。据传西施浣纱的溪边草木含香。而吴县西南有香水溪，亦说为西施浴处。
③姑射（yè）：山名，又称藐姑射、石孔山，在今山西临汾县西。《庄子·逍遥游》记载："藐姑射之山，有神人居焉。肌肤若冰雪，淖约若处子，不食五谷，吸风饮露；乘云气，御飞龙，而游乎四海之外。"又《列子·黄帝》记载："列姑射山在海河洲中，山上有神人焉，吸风饮霞，不食五谷，心如渊泉，形如处女。"
④在处：到处，随处。唐许棠《写怀》：有"在处有歧路，何人无别离"句。
⑤鸾鹤品流：传说鸾为凤凰一类的神鸟，鸾与鹤常作为仙人的坐骑。南朝宋汤惠休《楚明妃曲》记载："骖驾鸾鹤，往来仙灵。"品流指等级辈分。
⑥烟霞门户：烟霞即ți云气。沈约《桐柏山金庭馆碑》记载："吐吸烟霞，变炼丹液。"常用以指代神仙洞庭或隐士所居。唐代张蠙《长安春望》有"明时不敢卧烟霞，又见秦城换物华"句。此处用"烟霞门户"称达官显宦的府第。
⑦先容：事先致意或介绍推荐。

公余莫放西湖景,步步苍苔岸岸①松。

(二)

公望②当年最得君,画图城郭喜同群。
门前碧浪家家海,楼上青山寺寺云。
松下玉琴邀鹤听,溪边台石共僧分。
情多景好知难尽,且倒金樽任半醺。

解析

本诗见于《瀛奎律髓》卷四,作于宋真宗大中祥符元年(1008)至七年(1014)期间。

梅度支,梅询,字昌言,宣城人,宋太宗端拱二年陈尧叟榜进士,宋真宗大中祥符间知苏州,徙两浙转运副使判三司开拆司,为度支使属官,故称梅度支。

梅询前来共事,作为老朋友为他洗尘而吟诗一首,意犹未尽,复续一篇。

据题意,作者因友人的到来而"喜",开篇所叙却是什么"淡薄交情",这怪诞的一笔,令人对他那"喜"情之真伪顿生疑窦。出人意料的是,作者紧接着再度逆转,说他们间淡薄的交情居然能够"老更浓",这就越发奇了。然而,沉思细想,此处并不对立,而是辩证统一于对世态炎凉的深刻认识和极度鄙薄之中。《庄子·山木》说:"君子之交淡若水,小人之交甘若醴。君子淡以亲,小人甘以绝。"俗语说"淡淡之交得久长",陈尧佐与梅询交往不多,却在学识富赡、忠勇敢言的共同基点上互敬互重,其情"老更浓"不但可以理解,且为势所必然,故有今日客至之喜。喜客之至,摆酒接风,声乐相佐,"弹瑟送金钟"即筵宴盛况。

两联对句写得灵动而精切。"苎罗香径""姑射仙姿",一实境,一虚景,赞两浙山川的佳丽,兼夸钱塘仕女的艳冶。苎罗山下,西施遗香犹在,仅一日之程可达,故曰"无时到"。藐姑射山不在本地,但仙景幻生幻灭,仙人凭虚御风,凝思可致,意外可遇,故云"在处逢"。前句谓信而有征,后句言广而无

---

①岸岸:所有水边高地,此泛指陆地。《瀛奎律髓》作"翠翠",此据《舆地纪胜》卷二摘句。

②公望:与三公辅相的职位相称的名望。《世说新语·品藻》记王导对虞𬳶讲:"孔愉有公才(作三公的才识)而无公望,丁潭有公望而无公才,兼之者其在卿乎?"《梁书·王暕传》记载:"时文宪(王暕父俭仕齐,封文宪公)作宰,宾客盈门,见暕,相谓曰:'公才公望,复在此矣。'"

数。江南姝丽倾人国，胜景断人肠，给新到的同事以莫大的安慰。随着酒筵上欢快交谈的深入，颈联插入忆旧。梅询释褐虽晚陈尧佐一岁，但因他在吕夷简未达时曾结以恩信，又同寇准意气相投，曾向执政荐举过陈尧佐，故有"鸾鹤品流渐晚达，烟霞门户忆先容"之语，感其知遇之恩，而别尽了政治交易场合常有的浊气俗态，写得无比风流蕴藉，同颔联所酝酿的空灵氛围吻合无间。

尾联初看似劝人尽情游玩，而诗人特以"公余"为前提，乃勉励朋友既来之则安之，爱上这块地方，与自己一道忠勤职守，不辱使命。公事余暇，散闲愁于西湖之中。莫辜负上苍的这一厚赐呀！全诗从喜迎客至，介绍该地风物、畅叙多年来的交谊到预祝朋友在此生活得愉快，脉络分明，秩序井然，而这全过程穿插于"弹瑟送金钟"的盛筵之中，宴会又是"为君"而设的，这就紧扣诗题，放得开，也收得拢。

第二首主题不变，故与前首精神相通，而各有侧重。

"公望当年最得君"，久别重逢之后，常常首先想到对方最得意的一段历史，免不了脱口而出一句赞辞，但此处决非客套性的奉承，倒应看作写实。脱脱等《宋史》本传说梅询有一次在崇政殿考录进士，"真宗过殿庐，奇其占对详敏，召试中书，除集贤院……询自以为遇主知恩，屡上书陈论西北事……凡数十事，其言甚壮。帝欲命知制诰。"说他有作三公的名望，皇上很器重他，一点没有虚夸。下句说，在这美如画的杭州城里，能荣幸地和你共事，令我欣喜。因梅询作三司户部判官时，宋真宗准备用为知制诰，下一步就可能拜相了，以宰相李沉不喜欢他而受阻，并很快以"断田讼失实"为由贬谪出京。所以，尧佐这两句诗用心良苦，以"公望"提醒对方，在受挫时别忽略自身的才能与声望而足堪大用，以"最得君"让他相信前景极为光明，以"画图城郭"说明到此未见不幸，以"喜同群"让对方意识到来此觅得了知音，往后会是愉快的。陈尧佐当时为转运使，梅询为副使，陈尧佐避开工作关系而纯讲友情，便让对方觉得轻松愉悦。

"门前碧浪家家海，楼上（《舆地纪胜》作树上）青山寺寺云。"紧承"画图城郭"而来。河湖纵横交错，寺观星罗棋布，门前观海潮，山头储云雾。作者从纷繁复杂的社会现象和自然景观中单拣出最具地方特色的因素，便"状难写之景如在目前"，在历代千万支笔同写杭州的竞争中独树标帜。

"松下"一联宜与前首"公余"两句参读，针对朋友在政治上略嫌躁进之病，以闲适幽静的业余生活感染之，以清心涤虑，陶冶情操，收婉曲讽谏之效。

尾联"情多景好知难尽"，可谓对两首诗的共同总结。将情与景分开讲，二者均重，更能切题，见出作者运笔之细密。"且倒金樽"句照应前首"送金钟"，点明仍在宴间，而意随琴瑟乐，情共醇醪浓了。

21. 杭州喜李度支使至

> 湖山平生亲，松竹亦瓜葛①。
> 深期②悦情话③，跬步④成契阔⑤。

解析

本诗见于《舆地纪胜》卷二，作于宋真宗大中祥符元年（1008）至七年（1014）期间。

度支使，官名。《宋史·职官志》卷二记载："度支掌天下财赋之数，每岁均其有无，制其出入，以计邦国之用。"

一位姓李的度支使偶至杭州，旋又离去，陈尧佐写了此诗，既是迎客，又作送别。

"湖山平生亲，松竹亦瓜葛。"由题中"杭州"二字引入，因杭州为主人之所居、客人之所至。主、客双方，平生最恋湖山，连松竹也成了极要好的亲朋，真是"难医林薮烟霞癖"（前蜀释贯休《别卢使君归东阳》），"所谓泉石膏肓，烟霞痼疾者"（《新唐书·隐逸传》田游岩答唐高宗语）。杭州之湖山泉石、松竹寺观，名甲天下，美不胜收。作者早就殷切期待着这位朋友前来一道享用大自然的厚赐，欢欣愉悦地互倾衷肠。潮生潮落，花谢花开，密友终于在热望中盼到，诗人那喜悦之情无可抑止，知心话儿说不完。然而，举足之间，再作分飞计。"却告了相思回避，破题儿又早别离"（王西厢四本三折）。"此地一为别，孤蓬万里征"（李白《送友人》）。这情同亲眷的湖山与松竹，又被冷落一半。唉！"叹人生，最难欢聚易离别。""指青青杨柳，又是轻攀折。动黯然，知有后会甚时节"（寇准《阳关引》）。

作者善于制造悬念，引而不发。本篇直至结句，才以"跬步"暗示题中之

---

① 瓜葛：瓜和葛都是蔓生植物，比喻互相牵连，关系密切。蔡邕《独断》记载："四姓小侯，诸侯家妇，凡与先帝先后有瓜葛者……皆会。"
② 深期：深切地盼望。《晋书·王敦传论》有"托鱼水之深期，定金兰之密契"句。
③ 情话：知心话。陶渊明《归去来兮辞》有"悦亲戚之情话，乐琴书以消忧"句。张元干《次韵赵元功赠李季言之什》有"两会秉烛还相对，情话从渠半醉中"句。
④ 跬步：古半步。《司马法》曰："一举足曰跬，跬三尺，两举足曰步，步六尺。"贾谊《新书》记载："故墨子见衢路而哭之悲，一跬而缪千里也。"《大戴礼记·劝学》有"是故不积跬步，无以致千里"句。此处比喻时间短暂。
⑤ 契阔：离合，聚散。此偏指离散。《诗·邶风·击鼓》有"死生契阔"句。或指久别。曹操《短歌行》有"契阔谈䜩，心念旧恩"句。

"至",而相会之初已隐含别情,致使全篇字字扣人心弦,篇终而情意方浓,回味不尽。

22. 寄洪州杨太博

南昌为郡好,楼阁沈江湄①。
地暖春生早,山寒日下迟。
讼庭唯鹤立②,吟树独僧期③。
安得通官④政,烟霞共一司⑤。

解析

本诗见于《舆地纪胜》卷三十六,又见于《全宋诗》卷三十七,作于宋真宗大中祥符元年(1008)至七年(1014)期间。

杨太博,一位姓杨的太常博士,当时供职洪州(治南昌)。

起句点题,并给洪州首府南昌下一总评曰"好"。南昌城紧邻赣水,故次句曰"沈江湄"。颔联就其自然概貌坐实"为郡好",南昌地处大江之南,地暖春早,半点不虚,山高则寒,暖地犹寒,弥见其高,落日也因山高日照长而意似迟回。唐宣宗《百丈山》咏洪州大雄山曰:"日月每从肩上过,山河长在掌中观。仙花不问三春秀,灵境无时六月寒。"《文心雕龙·丽辞》认为:"言对为易,事对为难。正对为劣,反对为优。"陈尧佐此联,以"寒"对"暖",以"下"对"生",以"迟"对"早",连用三组反义词,事理迥殊而旨趣吻合,形成典型的反对。颈联又采用事对,"讼庭唯鹤立,吟树独僧期。"称赏杨太博为官能正本清源,推行教化,治洪州为仁义之邦。圣人不以听讼为难,而以使民无讼为贵。在杨太博治下,政简刑措,民无争讼,公

---

①沈江湄:沈,通"沉";没(mò)入水中,与"浮"相对。江湄,江边,水草相接处。隋炀帝《秦孝王诔》有"申威鄂渚,鞠旅江湄"句。
②讼庭唯鹤立:意谓以礼逊为国而民无讼。《尚书·大禹谟》有"刑期于无刑"句。《论语·颜渊》曰:"听讼,吾犹人也,必也,使无讼乎!"
③吟树独僧期:唐代崔斯立为蓝田县丞,官署内庭中有松、竹、老槐,斯立常在二松间吟哦诗文,"哦松""吟树"之说本此意。又,贾岛尝为僧,其《送无可上人》云:"独行潭底影,数息树边声。"祖孙登《咏风》有"带叶俱吟树,将花共舞空"句。
④通官:汉制,官二百石以下,由丞相府除授;百石以下,由郡县辟任;二百石以上官名具于丞相府,称为通官。
⑤司:主持,掌管。《史记·太史公自序》记载:"命商正重以司天。"引申为官署。李商隐《上翰林肖侍郎启》有"图书之府,鼎鼐之司"句。

堂上竟站着悠闲的仙鹤。致治多暇，日以吟诵为事，行吟处，相约会者唯有诗僧。鹤之闲、僧之静，在通常政务如织的州署中居然兼而有之，即使忠信明决如"片言可以折狱"的子路，也未能这般政清事简，必若武城子游，设礼乐之教，方可兴弦歌之治。勿论杨太博治下之洪州是否为化国，这样写，至少表达了作者对朋友的激励与期待，也代表着自身的政治理想。得春早，见日多，蒙教化，知礼乐，这光天化日之洪州，引起了作者的羡慕。他在尾联中向朋友表示：要能与你共同管理洪州山水，该多美呀！

23. 洞霄宫

（一）

一帆高挂出红尘，万仞长歌入紫云①。
莫道游仙别无侣，玉清②冠盖许同群。

（二）

谷口停骖③上翠微④，五云宫殿⑤辟金扉⑥。
不知何处朝元会⑦，却见龙鸾队仗⑧归。

（三⑨）

三天⑩封部⑪稼如云，流水清寒出洞门。

---

①紫云：祥瑞的云气。李白《古风》有"东海泛碧水，西关乘紫云"句。
②玉清：道教所称"三清"之一的清微天，是所谓最高仙境，为元始天尊（亦称天宝君）所治。陶弘景《水仙赋》有"迎九玄于金阙，谒三素于玉清"句。
③骖（cān）：同驾一车的三四马。亦泛指马车。
④翠微：轻淡青葱的山色。温庭筠《利州南渡》有"澹然空水对斜晖，曲岛苍茫接翠微"句。亦指青山；杜甫《秋兴》有"千家山郭静朝晖，日日江头坐翠微"句。
⑤五云宫殿：五色瑞云中的宫观。
⑥扉：门扇。梁元帝《秋风摇落词》："翠为盖兮玫为席，兰为室兮金作扉。"
⑦朝元会：道家参修礼拜神仙的聚会。白居易《寻郭道士不遇》有"郡中乞假来相访，洞里朝元去不逢"句。
⑧队仗：仪仗队。
⑨本诗在嘉庆《余杭县志》卷九记作《游栖真洞》。
⑩三天：道教称神仙所居的最高仙境，一曰清微天玉清境，始气所成，元始天尊（即天宝君）主之；二曰禹余天上清境，元气所成，灵宝天尊（即太上道君）主之；三曰大赤天太清境，玄气所成，道德天尊（即太上老君）主之。宋之问《登禅定寺阁》有"梵宇出三天，登临望八川"句。
⑪封部：领地，疆域。宋杨徽之《嘉州作》有"耆宿因来问封部，竹篱西畔是云南"句。

更爱林间盘石上，松花飘落羽人①樽。

（四）

娟娟红树碧峰前，为爱桃花入洞天。

偶逐霓旌②才百步，却忧人世已经年③。

解析

本诗由《宋诗纪事》卷四引于《洞霄诗集》，又见于乾隆《杭州府志》卷二十六，万历《余杭县志》卷十，《全宋诗》卷三十七录其前三首，作于真宗大中祥符五年（1012）。

洞霄宫，宋末邓牧《洞霄图志》卷一记载："兹山为大涤元盖洞天，天柱福地，在杭州余杭县南一十八里。《郡志》云：'汉武帝元封三年始建宫坛于大涤洞前，报龙简，为祈福之所。'……真宗祥符五年因陈文惠尧佐奏，改洞霄宫。"同书卷四记载："宋祥符壬子，陈文惠公尧佐典领漕职时，表奏兴修宫宇，改宫额，奉旨书'勑赐洞霄之宫'六字，堆金积玉，迥成一家体，观者异之。"成化《杭州府志》卷五十三记载："洞霄宫，在县西南一十八里，旧志云汉元封三年建。宫坛于大涤洞前，经今一千五百余年矣。宋祥符五年，陈尧佐奏改今名，赐仁和县田一十五顷，并赐钟磬法具等，岁度行童一人，应天应节设醮以祝。"

这是一组游仙诗。作者抓住进山、上山、小憩、入洞四个环节来写，各自成篇，浑为一体。既是纪实，又赋予神话色彩，表现了作者脱离尘俗、思慕仙境的思想感情，是他厌憎现实的曲折反映。

第一首写进山。诗人经由水道，风正帆饱，一路长驱，不久便来到了大涤洞元盖山下，似觉闯出尘寰进入了仙境。"一帆高挂出红尘，万仞长歌入紫云"。一联工对冠于首篇之首，感情豪迈奔放，大有顿悟解脱的痛快，不仅强化了全组诗的轻快感和透明度，而且暗用了海客乘槎达天河会牛女的故事，增

---

①羽人：飞仙。《楚辞·远游》有"仍羽人于丹丘兮，留下死之旧乡"句，王逸注："人得道身生毛羽。"王充《论衡·无形》记载："图仙人之形，体生毛，臂变为翼，行于云。"因道士好言飞升成仙，遂多称道士为羽人，或羽士、羽客。

②霓旌：用七彩虹霓作的旗帜。李颀《王母歌》有"霓旌照耀麒麟车，羽盖淋漓孔雀扇"句。

③经年：过了一年或数年。这两句化用了"天上一日，地上一年"的传说。《异苑》卷五记载："昔有人乘马山行，遥望岫里有二老翁相对樗蒲（古赌博游戏），遂下马造（走近）焉，以策注地而观之。自谓俄顷，视其马鞭，摧然已烂。顾瞻其马，鞍骸枯朽。既还至家，无复亲属，一恸而绝。"《述异记》讲王质烂柯事亦相类。

加了游仙诗的幻觉气氛。"莫道"二句，说他虽然是单独进山，却有山中道士们热心作陪。他们愿与我这个凡夫俗子为伍，看来我同仙家是有缘分的。

次首说，将车马停放在山谷口，举步朝葱茏的山头进发，但见祥云缭绕之中，金碧辉煌的宫殿大门逐一敞开，龙鸾导引的仪仗队迤逦归来，适才大概是到哪里朝元参神去了吧。此写山中所见，主要是道士的活动，却不露人影，显得如梦如幻，如镜花水月，缥缈迷离，令人神往。

第三首写山上游观，饮酒休息，作为游山全过程的一个小插曲。"三天封部稼如云"，意谓在此灵山仙境，百草丰茂，佳木如云。传说神仙不食五谷，而吃草木，但凡有生植物均为仙人之"稼"。苏轼《送乔仝寄贺君》有"结茅穷山啖松腴"句。《列仙传·卷上》记载："赤将子舆者，黄帝时人，不食五谷而啖百草花。至尧帝时为木工，能随风雨上下。"《海内十洲记》说方丈洲有"仙家数十万，耕田种芝草，课计顷亩，如种稻状。"万历《杭州府志》说洞霄宫从唐高宗时起周围就"四维壁封，千步禁樵采，为长生林"，是"三天封部稼如云"之本。"流水清寒出洞门"，山、水相得，若绿叶之扶红花。山上有水，其山便分外灵秀，何况是洞中流出的圣洁而清凉的泉水！漫山翠色是迷人的，却未若出洞寒泉之舞蹩幽姿。"更爱林间盘石上，松花飘落羽人樽"，道士应邀伴饮，本已洒脱可亲，又在林木荫翳之中，幕天席地，盘石为案，寒泉涤器，时有松花飘落酒盏，顿添无限闲趣幽情。这一首运用层递法，渐入佳境，遂变平淡为新奇。

第四首适当采用了《桃花源记》的意境，主要还是对刘、阮入天台故事的隐括。《太平广记·天台二女》讲晋时刘晨、阮肇入天台采药，被桃树引诱至山上，遇二女，邀至家，苦留半年，回家时"乡邑零落，已十世矣"。融进了这一层意思，篇末的"偶逐霓旌才百步，却忧人世已经年"，便显得很自然了，完全进入角色，假戏真做起来，似乎确已"出红尘"了。本来，伫立碧峰前，眼看前路已断，只因爱恋那烂如朝霞的一片桃花，不忍移步，这才意外发现别有洞天。游洞应为此行的高潮，诗人运笔至此却嘎然而止，留下无穷的韵外之音让读者去领略。对导引旗幡之"偶逐"，显现出忘情失态的痴迷劲，而结句的"忧"，又流露出纯真缠绵的厚道气。灵山一游，百虑涤尽，"无丝竹之乱耳，无案牍之劳形"（刘禹锡《陋室铭》），虽未即刻羽化，却已复现童心。这一组诗的创作价值在此，也是我们整理、研究它的原因。

此外，诗中数处用典，均为暗用，浑化不留其迹，这种技巧是值得称道的。而在着色上，诗人一反清朴的固有风格，连续使用红尘、紫云、翠微、金扉、红树、碧峰、霓旌等艳色，装点出富丽堂皇的神仙府第，同愉悦欣喜的游仙气氛相协调。可见语言材料，唯在人使，功夫到家，则十八般兵器无有不趁手者。

24. 题八胜寺

八胜当时不易闻，今朝停棹宛然存。
两行翠竹欹①僧槛，一派清波绕寺门。
禅寂岂分天外月，讲钟②时度水边村。
幽怀至此忘归计，不觉踌躇日已昏。

解析

本诗见于《古今图书集成·职方典·湖州府部》，作于宋真宗大中祥符五年（1012）。

八胜寺，或作八圣寺，在湖州德清县东韶村。梁武帝萧衍天监年间，青州节度使沈子真宅，某夜忽传钟盘自鸣，堂前井中放白毫光八道，俄有八龙腾空而去。子真遂舍宅建寺。寺名为梁武帝所赐。

作者曾于大中祥符五年春，以巡视属郡，由杭州经湖州至苏州。他乘船北上，在苎溪经德清县东郊时，偶闻悠扬钟声，舟子讲岸上即为八胜寺。他早年曾闻八胜寺之名，却很难知其究竟，今日乘舟造访，仿佛古貌犹存。首联用"当时不易闻"衬托出今番身临其境之机会难得。"宛然"属于想象之辞，因他并不知道古貌到底怎么样，这样写，遂变质实为空灵，为以下的落笔赢得了较大的活动余地。

中间两联重笔描绘八胜寺，但却跳出本体外，从不同角度表现其环境之迷人。竹靠栏杆，曲径通幽；清波绕寺，尘埃不到；寒月同照，禅房仍寂；讲钟越村，福音远播。离世仙境的秀美清幽也不过如此。

诗人那郁结隐秘的情怀，被外物深深触动了。尾联说，他乐此而不愿归，很想寄身八胜寺，蒲团度年，彻底摆脱尘世的烦恼，可叹王命在肩，身不由己。如此犹豫徘徊，不觉日昏天暮，一弯新月已出现在东方天际了。

---

①欹（qī）：倾斜。
②讲钟：佛寺中讲经时传出的钟声。

25. 湖州碧澜堂

苕溪①清浅霅溪②斜，碧玉③光寒照万家。
谁向月明终夜④听，洞庭⑤渔笛隔芦花。

解析

本诗由《宋诗纪事》卷四引于《湘山野录》，又见于《全宋诗》卷三十七，作于宋真宗大中祥符五年（1012）。

碧澜堂，嘉泰《吴兴志》卷十三记载："碧澜堂，在子城南一百步，霅溪之西岸。唐大中四年，刺史杜牧建。中和五年刺史孙储记云：'牧去后郡人望所建碧澜堂，若视甘棠。'本朝漕使陈尧佐、张逸俱有诗，及他篇咏刻石。"李贤《大明一统志》卷四十亦有记载。

文莹《湘山野录》卷中谓陈尧佐"老于岩廊，酝藉不减。顷为浙漕，有《吴江》诗……又《湖州碧澜堂》诗……"文莹与尧佐同时，其书录有本篇和《吴江》诗，可见二诗在当时便广为流传。杨慎《升庵诗话》卷七称此"二诗曲尽东南之景，后之作者，无复措手。"历代对这两首诗评价极高。

作者置身碧澜堂，碧澜堂在霅溪上，霅溪紧接苕溪，是时之吟咏自当首先注意到这两段溪流。苕溪波平如镜，以清彻见底而倍觉其浅；霅溪横斜欹侧，别具情韵。其实，苕、霅一也，霅斜苕亦斜，苕清霅也清。碧澜堂之得名，便由于堂前清波粼粼，青绿似玉，所以下句云："碧玉光寒照万家。"月洒澄江，江映朗月，水天一色，上下交辉。这皎洁之中透着凄冷之气的月色水光，映照着州城内外，吞噬了万家灯火，气氛静穆而寒冽。这两句曲尽碧澜堂夜景之妙，但毕竟停留在自然景观上，言尽意无余。为该诗赢得崇高声誉的主要还在后两句。

绝句之法，"宛转变化功夫，全在第三句。若于此转变得好，则第四句如顺流之舟矣"（《唐音癸签》卷三）。此诗第三句以"明月"承前，而以"谁"启后，写景中插事，由自然转向了人。"谁向月明终夜听"？水明如

---

①苕（tiáo）溪：水名，源于天目山北麓，向东北经安吉、湖州注入太湖。
②霅（zhà）溪：苕溪至湖州城南与余不溪、苎溪水合，入太湖一段称霅溪。苕、霅或统称大溪水、苕霅水，或称苕霅，沿岸风景美而幽，为游览胜地。苏轼慕之，曾特为致函名画家陈直，躬求画苕霅晓景，得画后题诗二首，有句云："作书问陈子，晓景画苕霅。"
③碧玉：此处代指澄碧的溪水。
④终夜：通宵；彻夜。
⑤洞庭：太湖的别名。左思《吴都赋》有"指包山而为期，集洞庭而淹流"句，《文选》注："王逸曰：'太湖在秣陵东，湖中有包山，山中有如石室，俗谓洞庭。'"

月,月清似水,湖州城里的千家万户,沐浴着碧玉寒光,恬静地进入了梦乡。然而,陪伴着那悄悄移动的孤月,尚有一个彻夜难眠之人。他是谁?读者要问,作者也在问。诗中未作答,也勿须回答。"谁",或许正是作者自身。问而不答,化实为虚,反而提高了语言的概括力,可以指不同身份、不同遭遇、不同心境的人,还可让读者设其身,处其地,如画面上的空白,留下了无限的想象空间。那人在做什么呢?在"听"。听什么?这就由视觉过渡到听觉,水到渠成地引出了结句的笛声。可见"宛转变化功夫,全在第三句",而句中的"向"字下得十分精审。"向"之为动,或实或虚。面向明月,注目仰望,为实向;倾向笛声,凝神谛听,为虚向,二者兼备于此。伊人之动态、神情,被这"向"字活托托地端了出来。

"洞庭渔笛隔芦花",静夜里,一阵笛声,翩绵缥缈,自太湖方向传来。循声望去,水光尽处,是一望无涯的芦苇荡。白晃晃的苇絮遮断了望眼,笛声就从那边的渔家传来。闻其声而不见其人,顿觉扑朔迷离,心头涌起莫名的愁怅。在这里,视觉的"隔",换得了神思的通。如幻似真的意境的形成,辅之以太湖别名"洞庭"的运用,使人联想到钱起的名句"流水传湘浦,悲风过洞庭。曲终人不见,江上数峰青"(《省试湘灵鼓瑟》)。渔笛所奏,之所以搅得人终夜不眠,如醉如痴,也许唐代诗人能够作答。且以李益的三首绝句为例:

《春夜闻笛》:"寒山吹笛唤春归,迁客相看泪满衣。洞庭一夜无穷雁,不待天明尽北飞。"

《从军北征》:"天山雪后海风寒,横笛遍吹《行路难》。碛里征人三十万,一时回首月中看。"

《夜上受降城闻笛》:"回乐烽前沙似雪,受降城外月如霜。不知何处吹芦管,一夜征人尽望乡。"

唐人咏笛的佳章名篇何其多,大都表现伤春悲秋、怨离思乡之情,因为流传最广的横吹曲《梅花落》《折杨柳》《行路难》等,其声情或悲伤婉转,或凄怆怨慕,正适宜于抒幽思,遣悲怀。陈尧佐以"知天命"之年万里为宦,兄弟天各一方,年近八旬老母独自留守家园,这水乡月夜,空际传声,怎不勾起他纷乱的思绪呢?

此诗通篇写景,第三句略及人事,而仍在景中。作者居然使"一切景语皆情语"(王国维《人间词话》),在眼前景中寄寓了丰富的感情。感情与音响、景色融而为一,使这首小诗疏朗空灵,含蕴不尽。"后之作者,无复措手",斯为信然。

26. 芳菲园

尽日芳菲园，不见芳菲好。
茂草与斜阳，脉脉情多少。

解析

本诗由《宋诗纪事》卷四引于《湖州府志》，《全宋诗》卷三十七记作《闲步过芳菲园》，作于宋真宗大中祥符五年（1012）。

芳菲园，《宋诗纪事》题下注："（五代吴越）钱氏时，清源门内有此园。"万历《湖州府志》卷四记载："芳菲园，清源门内，钱偡（zhǎn）舍园为寺。陈尧佐诗……"芳菲，指花草；谢朓《休沐重还道中》有"赖此盈罇酌，含景望芳菲"句。亦指花草的芳香。南朝梁顾野王《阳春歌》有"春草正芳菲，重楼启曙扉"句。

这是一首仄韵古体绝句，写作者进芳菲园观花失望而兴叹。园名芳菲，以其多植奇花异卉而得，作者慕名而来，满以为可以一饱眼福，可是，盘桓终日，竟不闻馨香，未睹花鲜，唯见杂草丰茂，斜阳欲坠。面对这一切，熟视无语，心里翻腾起感情的波涛。是后悔此行？是恨园主之怠？是怨名不符实？是叹今不如昔？是恋旧日之盛？是怜为人所弃？说不清，理不顺。这情有多少，也是无法计量的。

特为观花而不见花，确乎大扫雅兴，不过，那只值得一声苦笑，或一气长吁。其脉脉深情缘何而起呢？

《碧澜堂》和《吴江》二诗表明，陈尧佐至湖州，正值"山色浅深随夕照，江流日夜变秋声"（清宋琬《九日同诸君登慧光阁》）之时，尽管"秋尽江南草未凋"（杜牧《寄扬州韩绰判官》），却已经"菡萏香销翠叶残"（李璟《浣溪沙》）了。陈尧佐二十年前曾"为《海喻》一篇，人奇其志"（《宋史》本传），时至如今，年届五旬，霜染两鬓，平生事业半凋零，抱负未展志未伸，见芳菲园顿失芳菲，念自己无成，荒草没径，夕阳晚景，怎不嗟人之迟暮，发悲秋之幽情呢！

再深入一层，我们可以发现：芳菲园原为末代吴越国王钱俶弟钱偡家宅，后舍宅为寺。钱偡知湖州至宋太祖开宝三年（970）止，至陈尧佐游园已过四十余年。陈尧佐来游，明知此地化作佛寺，居方外之人已数十年，却仍呼其旧名"芳菲园"，并欲再睹芳菲，岂非白日见鬼吗？个中消息，不妨仍从史实中探测之。陈尧佐父陈省华原为孟蜀旧臣，蜀亡归宋，时陈尧佐三岁。至北汉亡时，陈尧佐十七岁。十多年内，群雄逐一扫灭，"城头变换大王旗"，是他耳闻目睹亲历。他不会有过多的故国之思、亡国之恸，而江山易主、盛衰兴亡之叹，是会像春秋代序、花开花落一样时时刺激着诗人那敏感的神经的。钱氏百年基业，千里江山，历三世五主，也曾创下多少烈烈轰轰的业绩。王室上下，穷奢极侈，宫馆园囿，壮丽如龙宫，也曾在吴越十三州装点出一番升平繁庶景象。一旦国不能保，王族的家宅很快就荒芜到眼前这般模样，如斜阳之沉西，若芳菲之长逝。脉脉之情，正为此也。

27. 吴江

> 平波渺渺烟苍苍，菰蒲①才熟杨柳黄。
> 扁舟系岸不忍去，秋风斜日鲈鱼乡②。

解析

本诗见于《方舆胜览》卷二，又见于《宋文鉴》卷二十七，《全宋诗》卷三十七，作于宋真宗大中祥符五年（1012）。

吴江，即吴淞江，又名松江、松陵江、苏州河、笠津，为太湖最大的支流，自湖东经吴江、昆山等县，汇合黄浦江入海。

此诗与《碧澜堂》构成姊妹篇，同为歌咏太湖一带水乡风光的名作。《碧澜堂》立足湖之南，写夜景；本篇置身湖之东，写昼景。

"平波渺渺烟苍苍，菰蒲才熟杨柳黄。"吴江，为三万六千顷震泽之出口，又当"秋水时至"，平宽浩渺，非同于苕溪之清浅。眼前，"青山欲衔半过日"（李白《乌栖曲》），四周炊烟渐起，弥漫于河床上空，在蓝天碧波之间，抹上了一道淡青色。河沿浅滩，菰蒲新熟，人们忙着采雕胡，割香蒲，男欢女悦。河堤上，婀娜多姿的杨柳，着上了金黄的富贵装，不时趁风散落几片黄叶到水面，戏耍那馋嘴的鱼虾。这两句同为景语，而各有侧重：前句放眼江面，次句扫视两岸；前句点明地域，次句强调时令；前句运用冷色，次句改用暖色；前句"渺渺""苍苍"两处迭字，次句"菰蒲"为迭韵，"杨柳"不妨看作句中韵。从描写对象及作用，到字面色彩及韵律，两句之间极力求变，但

---

① 菰（gū）蒲：两种水生植物。菰，亦名蒋，俗称茭白，可作蔬菜，其实称雕胡米，可作饭。蒲，即香蒲、甘蒲，花粉名蒲黄，入药，根、茎可食，叶可编织席、扇等。

② 鲈（lú）鱼乡：鲈鱼，太湖一带所特有的一种美味的鱼。《世说新语·识鉴》记载："张季鹰（翰）辟齐王东曹掾，在洛，见秋风起，因思吴中菰菜羹、鲈鱼脍曰：'人生贵得适意尔，何能羁宦数千里以要名爵！'遂命驾便归。"此诗据以称吴中为"鲈鱼乡"。《续温公诗话》诸本作"香"，张耒曾辨其误。

也有不变者。从内容看，两句都表现的是吴江秋景，地点不能移到别处，节候无法换作他季。就修辞手法而言，波渺渺对烟苍苍，菰蒲熟对杨柳黄，都在句中自为对。统一之中极变化之趣，错综之际见整饬之美。这是一首古绝，不拘于字声而留意修辞，故能豪而不粗，放而不肆。读来神清目爽，满口清香。

第三句为全诗的转捩点。"扁舟系岸不忍去"，正如"行者见罗敷，下担捋髭须"（《陌上桑》），禁不住美的诱惑，行船至此，日末暝而系缆，靠岸之后便舍不得离开了。"不忍去"者，既非不当去，亦非不能去，实乃不肯离去之谓也。"不忍去"的缘由，前两句固已广事铺垫，而要点还在结句。结句之中，"长风万里送秋雁"（李白《宣州谢朓楼饯别校书叔云》），"水鸟带波飞夕阳"（朱庆余《南阳》）的秋暮景色固然壮观，而最令游子动情的还在结穴之"鲈鱼乡"。晋张翰有感于"天下纷纷，祸难未已"（《晋书·文苑传》），见秋风起，思吴中菰菜、鲈鱼而毅然辞官归乡。从此，鲈鱼之声名不仅更为显扬，而且成了久宦思乡的触媒。陈尧佐去家万里，至"鲈鱼乡"而触动了乡思，却思归不得，"欲采苹花不自由"（柳宗元《酬曹侍御过象县见寄》），权将这鱼米之乡作为第二故乡，不颇为惬意么？"但使主人能醉客，不知何处是他乡"（李白《客中作》）。此诗不露痕迹地运用了张翰思乡的典故，强化了对吴中风物的眷恋之情。

吟诗作文，语欲精而意欲丰，常免不了使用典故，但以暗用为好。王士禛《池北偶谈》说："作诗用事以不露痕迹为高。"薛雪《一瓢诗话》说："作诗用事，要如释语；水中着盐，饮水乃知。"读《吴江》诗，即使不明白张翰典故，也毫无理解上的滞碍，"菰蒲""鲈鱼"之语，一若己出，一卷收千里入尺幅的金碧山水画灿然在目，而当弄清出典后，情韵之深长便更耐咀嚼。难怪此诗一出，"后人于其地立'鲈香亭'，和者计百余人，皆不及也。噫，此诗尚敢和耶"（杨慎《升庵诗话》卷七）。

28. 虎丘

（一）

云际楼台树杪①轩，孤松千尺耸平田。

---

①杪（miǎo）：树梢，末端。《南史·王元规传》记载："梁时，山阴县有暴水，流漂居宅……（元规）留其男女三人，阁于树杪，及水退，俱获全。"

危阑①逸思②微吟好，隐隐秋帆送入天。

（二）

人间灵迹③遍曾游，只欠吴门④访虎丘。
今日偶来无限感，阖闾⑤坟左剑池⑥头。

解析

本诗由《宋诗纪事》卷四引于《吴郡志》，又见于《全宋诗》卷三十七，作于宋真宗大中祥符五年（1012）。

虎丘，苏州市西北阊门外一山名，一作虎邱，原名海涌山。汉代袁康《越绝书》卷二记载："阖闾冢在阊门外，名虎丘……鱼肠之剑在焉。千万人筑治之，取土临湖口，筑三日而白虎居上，故号虎丘。"

这是两首纪游诗。作者偶至苏州，寻访虎丘剑池，被山头的奇异风光激起诗兴。篇中抒发了凭吊古迹的感慨，而不着议论，弦外之音耐人寻味。

第一首从大处下笔，泼墨成趣。"云际楼台"即指虎丘山上的云岩寺与阖闾坟。海涌山并不甚高，而兀然特立于平旷之区，便成就了它那虎视一世之概。山上的阖闾冢，经"千万人筑治之，取土临湖口"，遂成巍然高台。宋初在虎丘山寺废墟上新建的云岩寺，殿堂雄伟，千门万户，楼阁参差，各抱地势，簇拥着至陈尧佐登山时已落成五十年的七级虎丘塔，直插霄汉，遥瞰海隅。寺内外的森森古木，戴烟披雾，阅尽人世沧桑。尤其是那千尺古松，苍劲挺拔，特立于平畴之上，令人肃然起敬。作者乘兴登高，凭栏纵目，一幕幕历史的画卷油然而生，不禁轻讴漫吟，感慨万千。这勃发的诗兴，追逐那隐入天际的秋江帆影，正所谓"精骛八极，心游万仞……观古今于须臾，抚四海于一瞬"（陆机《文赋》）。

前首诗中，作者身倚高楼栏干，先从眼前摄取景象，随即拉开镜头，让视野无限扩展，情思也就随之高飘天外。在下一首中，他反其道而行，由放至收，从

---

①危阑：高楼上的栏干。阑同栏。
②远思：深远的思虑。
③灵迹：带有传奇色彩的胜地、古迹。
④吴门：苏州的别称。苏州为古吴国之都，后作吴县，城门称吴门，代指苏州。
⑤阖闾（hé lú）：亦作阖庐，即春秋吴公子光，刺王僚而自立为吴王。曾用孙武、伍员为将，"西破强楚，入郢，北威齐晋，显名诸侯"（《史记·孙子吴起列传》）。后与越王勾（gōu）践战，兵败而死。
⑥剑池：唐陆广征《吴地记》记载："秦始皇巡至虎邱，求吴王宝剑，其虎当坟而踞。始皇以剑击之不及，误中于石，其虎西走二十五里不忽失……剑无复获，乃陷成池，故号剑池。"

漫无边际的"人间"开始,运用排除法,将镜头猛力推进,迅速聚焦至一点,便将此行所访之地摆到了非常突出的地位。而"只欠"云云,道出了在造访之前,对该处便企慕已久,此行竟至于迫不及待了。若遗下这一"灵迹"不游,无疑会成为终身之憾。"今日偶来",天遂人愿,意外得到这样一个了结夙愿的机会,终于踩上了平生所美的最后一片灵迹,抚今追昔,见景伤情,感触真不少哇!立身这"阖闾坟左剑池头",会想到阖闾曾西破强楚,北威齐晋,夫差嗣立,也曾一战吞吴,再战败齐,与晋争霸于黄池,而继世枭雄,竟相继身死敌国,鼎移人手;会想到嬴政、孙权来阖闾坟前求宝剑珍异,凿地成洞,一无所获,徒遗笑柄;会想到当代皇上封泰山,祀汾阴,广建宫观,高供"天书","一国君臣如病狂然"(《宋史·真宗本纪》),较之夫差修馆娃宫的狂热有过之而无不及。"数千年往事注到心头。把酒凌虚,叹滚滚英雄谁在"(孙髯翁《昆明大观楼联》)。往事可伤今堪嗟,诗人的"无限感",尽在不言之中矣。

沈德潜《唐诗别裁》说:"七言绝句,以语近情遥、含吐不露为贵,只眼前景、口头语,而有弦外音,使人神远。"借此话作为尧佐这两首诗的评语,不是恰到好处吗?

29. 有怀杭州西湖

桥影飞虹跨碧潭,熙熙亭畔柳毵毵①。
扁舟载酒渔翁唱,记得闲过处士庵②。

解析

本诗见于《永乐大典》卷二千二百六十四,又见于《全宋诗》卷三十七,作于宋真宗大中祥符七年(1014)离两浙转运使任至仁宗天圣六年(1028)林逋去世之间。

天然秀色如杭州西湖,仍离不开人工的点缀。多桥,多亭,与自然环境搭配得恰到好处,其便利游客之基本功能早被人遗忘,似乎只为与天工斗巧,使偌大一个西湖变得典雅、精致,如同国色天香配以得体的服饰,衬出了雍容华贵的神韵。"桥影飞虹跨碧潭,熙熙亭畔柳毵毵",准确拈出最能为西湖传神的桥、亭、柳三件物事,竟让她眉眼盈盈,含春欲笑,内蓄灵秀,外露风情。

---

① 毵毵(sān):枝叶细长的样子。韦庄《古离别》有"晴烟漠漠柳毵毵,不那离情酒半酣"句。
② 处士庵:指林逋宅。作者自注云:"林君高节不仕,退隐湖上岩下。"

以下掉笔写人事。"扁舟载酒渔翁唱",为湖上概况。画舫相将,有歌酒之娱;渔歌互答,无劳苦之声,太平盛世,于此可见。"闲过处士庵"一语,归结到作者自身了。林逋与孤山的结合,正如他同梅花的缔缘,真可谓天设地造。勿论将人比物,还是以物譬人,其冷艳、孤高的精神总是那么吻合无间。林处士几乎成了寒梅与孤山的代名词。作为林逋的朋友而造访之,无疑是西湖游程中最值得一提的事。陈尧佐曾在林逋家盘桓至"小桥横落日",留下了《林处士水亭》一诗,此处以"闲过处士庵"为结,酿成了对那一段珍贵交谊的悠悠回味。

"记得"二字,与诗题的"有怀"相切,置之于结句,使我们读诗终篇才猛然省悟到此为怀旧之作,便又回头一过,所领略到的言辞表里的情韵也就丰富得多了。

30. 送王生及第归潮阳

休嗟城邑住天荒①,已得仙枝②耀故乡。
从此方舆③载人物④,海边邹鲁⑤是潮阳。

解析

本诗见于《方舆胜览》卷三十六,又见于《全宋诗》卷三十七,约作于宋仁宗天圣二年(1024),时陈尧佐同知贡举,迁枢密院直学士。

---

①天荒:边远荒僻;科考未出过及第人才,谓之"天荒"。王充《论衡·恢国》记载:"天荒之地,王功不加兵,今皆内附,贡献牛马。"这里暗用了破天荒的典故,《唐摭言》和《北梦琐言》记载:"唐代荆州每岁解送举人多不成名,号曰'天荒'。至大中四年(850)刘蜕以荆解及第,刺史崔铉特给钱七十万贯为破天荒钱,蜕谢书有'五十年来,自是人废;一千里外,岂曰天荒'句。"
②仙枝:《晋书·郤诜传》记载:"累迁雍州刺史,武帝于东堂会送,问诜曰:'卿自以为何如?'诜对曰:'臣举贤良对策,为天下第一,犹桂林之一枝,昆山之片玉。'"后即称登科为折桂,又传说月中有仙桂,此诗故以"得仙枝"代称登科。
③方舆:大地。《易·说卦》以坤为地,又为大舆,谓其能载万物,且有天圆地方之说,故称地为方舆。晋代束皙《补亡诗》有"漫漫方舆,回回洪覆"句。
④人物:人与物。《后汉书·段颎传》记载:"攻没县邑,剽略人物。"泛指有才德名望的人。苏轼《念奴娇·赤壁怀古》有"浪淘尽,千古风流人物"句。
⑤邹鲁:《庄子·天下》记载:"其在于《诗》《书》《礼》《乐》者,邹鲁之士、搢绅先生多能明之。"邹,春秋邾国,孟子故乡;鲁,周公封国,孔子故乡,均在今山东省西南部。《史记·孔子世家》记载:"生孔子于鲁昌平乡陬邑。"《索隐》记载:"孔子居鲁之邹邑昌平乡之阙里也。"古以邹鲁喻指文化昌盛之地。庾信《哀江南赋》有"于时朝野欢娱,池台钟鼓,里为冠盖,门成邹鲁"句。

李焘《续资治通鉴长编》卷四十九记载："潮去京七千里，民俗鄙陋，尧佐至州，修孔子庙，作韩愈祠堂，率其民之秀者使就学。"陈尧佐在潮州开发生产、敷扬教化的结果，改变了鄙陋的民俗，兴起了就学的风气，造就出了首批土著知识分子，其中一个王姓青年还高中进士，这首诗就是陈尧佐在京城送他及第荣归潮阳时作的。

陈尧佐为诗，往往从背面破题而入，便觉跌宕而又道逸。"天荒"一词，语义双关，既用了本义，谓潮阳边远荒僻，也用了比喻义，言彼地在此之前尚无才士科举及第。邑居"天荒"，人皆嗟叹，陈尧佐偏偏嘱其"休嗟"，一定有他的道理，于是顺理成章地引入了正题："已得仙枝耀故乡。"王某名登龙虎榜，犹如折取仙桂枝，为故乡赢得了殊荣，"天荒"已破，为何还要嗟嗟不休呢？

"方舆载人物"，三个词均用作双关语。若取本义，后两句即意为：在中华大地上，僻处海隅的潮阳从此同中原古国邹鲁并驾齐驱，再不能视作愚蛮之地了。取其引申义，则谓：潮阳自今有了高级人才，在地理书记载名人的时候，同于华夏文化发达地区，成为海边的邹鲁了。

此诗运用欲擒故纵之法，先作退步，提出潮阳原属"天荒"，可如今，"天荒"成了"海边邹鲁"，鲜明的今昔对比中，显出了令人惊愕的剧烈变化，变化的首要标志是"仙枝"为潮阳人攀得，因此，"王生及第"的意义便远远超出他个人的荣辱，而是"耀故乡"的盛事了。诗中"天荒""方舆""载""人物"诸语词都具双重涵义，细细吟赏，浅浅深深，均有所得，甚觉惬意。

31. 华清宫

百首新诗百意精，不尤①妃子只尤兵。
争如②一句伤时事，只为明皇③恃太平。

解析

本诗见于《宋文鉴》卷二十七，又见于《全宋诗》卷三十七，作于宋仁宗明道二年（1033）或景祐二年（1035）知永兴军时。

华清宫，在陕西临潼县骊山上。唐贞观十八年在此建汤泉宫，天宝六年扩建

---

①尤：指责，归罪。司马迁《报任安书》曰："动而见尤，欲益反损。"
②争如：争、曾、怎可以互换；争如即怎如，争似。此为不相同的意思。
③明皇：唐玄宗李隆基，谥号为"至道大圣大明孝皇帝"，后人多称明皇。

后更名华清宫,唐玄宗每年十月携杨贵妃到此游幸,有时到次年正月才下山。

对于导致唐帝国盛极而衰的安史之乱暴发的原因,政治家在思索,文学家也在探讨,而见智见仁,各持一端,即所谓"百首新诗百意精"。言者或持"女祸亡国"论,批评玄宗荒于酒色,亦即指责杨贵妃恃宠误国,如晚唐李约《过华清宫》:"君王游乐万机轻,一曲霓裳四海兵。玉辇升天人已尽,故宫惟有树长生。"杜牧《过华清宫》:"新丰绿树起黄埃,数骑渔阳探使回。霓裳一曲千峰上,舞破中原始下来。"另一类则诛伐安禄山的狼子野心,如各史家。陈尧佐诗前两句,将近三百年的纷纭聚讼概括无遗,然后鲜明表示,"争如一句伤时事",自己与向来咏史的眼光有别,认为杨贵妃未必贤淑,但政令不由她出;乱军罪孽深重,而贼势由玄宗养成,祸根还是在玄宗身上。唐玄宗当了四十年太平天子,前期任用姚崇、宋璟、张说、苏颋、韩休、张九龄等名相,励精图治,昌言是纳,致使"冠带百蛮,车书万里""康哉之颂,溢于八纮"(《旧唐书·玄宗纪论》),开元盛世,人比贞观。而"上晚年自恃承平,以为天下无复可忧,遂深居禁中,专以声色自娱,悉委政事于林甫"(《资治通鉴》卷二百一十六),"至于窜身失国而不悔"(《新唐书·玄宗纪赞》)。"只为明皇恃太平"之语,力辟百家,一翻旧案,单刀直入,径探祸源。时赵宋开国七十多年,文恬武嬉,歌舞升平,陈尧佐此篇,正为当代"恃太平"者戒。

32. 题华清宫朝元阁

朝元高阁迥,秋毫无隐情。
浮云忽以蔽,不见渔阳城①。

解析

本诗见于《青箱杂记》卷五,又见于《全宋诗》卷三十七,作于宋仁宗明道二年(1033)或景祐二年(1035)知永兴军时。

朝元阁,华清宫中老君殿之北为朝元阁,天宝七载十二月,传言玄元皇帝(老子)降于此,遂改为降圣阁。李商隐《华清宫》有"朝元阁迥羽衣新,首按昭阳第一人"句。

位居高高的朝元阁上,本来可以望得很远,看得很清,怎奈忽然出现一团浮云,遮蔽视线,叫人看不到北方渔阳城的动静了。这当然不是实写。不过,

---

①渔阳城:今天津蓟县,为安禄山老巢。白居易《长恨歌》"渔阳鼙鼓动地来",即指此。

事物的转化，常常妙不可言。若干互不相干的因素，要是置于同一指定环境中，便会有了内在联系。此诗仅仅提出了朝元阁和渔阳城两个相距辽远的地名，并未交待时间、人物、事件，一个庄重、严肃的政治性主题便从悠闲的形象描写中跳了出来。不加只字评析，却寓针砭于谈笑之倾。因为骊山温泉之名虽然自周、秦已显，而帝王游幸之数无过玄宗，宫观池苑之盛极于天宝，安、史一炬，可怜焦土，自是不可复振，华清宫因而被视作玄宗的代名词。惜乎，玄宗晚岁，为李林甫、杨国忠之流所蒙惑，他们"以百口百心之谗谄，蔽两目两耳之聪明"（《旧唐书·玄宗纪论》），终于引导玄宗"溺其所甚爱，忘其所戒"（《新唐书·玄宗纪赞》），至丧乱败亡而后已。"安禄山专制三道，阴蓄异志，殆将十年"，玄宗不知。及举兵反，数日之间，下河北、河东，"太原具言其状，东受降城亦奏禄山反，上犹以为恶禄山者诈为之，未之信也"（《资治通鉴》卷二百一十七）。"不见渔阳城"，为玄宗总结了沉痛的历史教训，也提醒所有后来为君者，一定要拨开"浮云"。李白《登金陵凤凰台》说："总为浮云能蔽日，长安不见使人愁。"陈尧佐此诗运用同一譬喻，而改换了角度，由望长安到长安望，由望帝君到帝君望，主题升华了。李、陈二诗，都受陆贾《新语·慎微篇》"邪臣之蔽贤，犹浮云之障日月也"句感染，在艺术上，二诗流畅洒脱，工力悉敌，李诗以清丽胜，陈诗犹觉气韵沉雄。《青箱杂记》评曰："临潼县华清宫朝元阁，题者亦多，惟陈文惠公二韵，尤为唱绝。"

33. 和①范坦诗并序

三城侍郎②寄示《留题③延庆寺》二韵诗二首。倾岁④，余肄业于此，遗景尽在。幸会之迹，首唱之序⑤详矣。谨依命攀和，但于首章增为四韵，盖浅陋之才，不觉费辞⑥，因遣稚子赞善大夫通判邠州事学古，写于此牌，以永嘉赐⑦。

---

①和：应和，跟着唱。
②三城侍郎：北魏、北齐之际，于河阳筑南城、北城、中滩城三城，故址在今河南孟县。宋置河阳三城节度使，驻孟州，辖济源县。时范坦以侍郎为三城学官，故称三城侍郎。
③留题：游览名胜时就其地题诗。陆游《客怀》有"道左忽逢曾宿驿，壁间闲看旧留题"句。
④倾岁：即顷岁，前些年，指时间过去不久。
⑤首唱之序：指范坦诗的序。诗歌唱和，先作者为首唱。
⑥费辞：多说了无用的言辞，是语句增多的谦辞。
⑦以永嘉赐：用来使美好的赠品（指范坦诗）留存永久。

（一）

清济园林接寺隅，水昏烟瞑自成图。

当年棣鄂①三冬学，今日鹡原②万里途。

道契③风云④多感激，人非丰沛⑤欠吁谟⑥。

闻君又枉行春骑，应笑溪边旧栽蒲⑦。

（二）

萤窗⑧从此极研覃⑨，坠简⑩疑文访济南⑪。

拟卜菟裘⑫邻学所，龙香⑬时爇⑭御书龛。

自注：兄长相公出牧三城，真宗皇帝赐御诗龛写寺壁。

---

① 棣鄂（diè）：《诗·小雅·棠棣》曰："棠棣之华，鄂不韡韡。凡今之人，莫如兄弟。"后喻兄弟为棣华、棣鄂，或作棣萼。《晋书·孝友传序》曰："夫天伦之重，共气分形，心睽则叶颓荆枝，性合则华承棣鄂。"

② 鹡原：《诗·小雅·棠棣》曰："脊令在原，兄弟急难。"郑《笺》曰："水鸟，而今在原，失其常处，则飞则鸣，求其类，天性也。犹兄弟之于急难。"脊令，即鹡鸰。后以鹡原指兄弟友爱。

③ 道契：以道相合。

④ 风云：《易·乾》："云从龙，风从虎，圣人作而万物睹。"意谓同类相感。后因以风云喻人的际遇，尤多指君臣相得。或作风云会、风云际会。

⑤ 丰沛：沛县丰邑。萧何、曹参故乡，萧、曹佐刘邦定基，复相继为相。

⑥ 吁谟（xū mó）：吁，大；谟，谋画。《诗·大雅·抑》曰："吁谟定命，远犹辰告。"

⑦ 蒲：香蒲，草名，丛生水际。春生嫩蒲为蒻，质柔弱，可织席。《淮南·子主术》记载："匡床蒻席，非不宁也，然民有处边城，犯危难，泽死暴骸者，明主不安也。"

⑧ 萤窗：晋代车胤家贫无油，夏夜囊萤照书，后遂称书房为萤窗。宋代汪洙《神童诗》有"学向勤中得，萤窗万卷书"句。

⑨ 研覃：研精覃思之省。精深的研究，深沉的思考。汉孔安国《尚书序》曰："遂研精覃思，博考经籍，采摭群言，以立训传。"

⑩ 坠简：古逸书。

⑪ 济南：济水之南，此指孟州。

⑫ 菟裘（tú qiú）：地名。《左传·隐公十一年》"使营菟裘，吾将老焉"注："菟裘，鲁邑，在泰山梁父县南。不欲复居鲁朝，故别营外邑。"后因称告老退休的居处为菟裘。

⑬ 龙香：香名。唐郑嵎《津阳门》："玉奴琵琶龙香拨，倚歌促酒声娇悲"，自注云："贵妃妙弹琵琶，以龙香柏为拨子。"

⑭ 爇（ruò）：燃烧。

附：范坦《留题延庆寺并序》

盟津①济源，近辅②属邑，山水之秀，最为胜异。邑西数里，有延庆精舍③，古殿山半，虚阁潭上，奇景幽致，又加胜焉。故颍川密相④以昔先中令⑤曾制锦⑥是邑，与参预二卿⑦及天雄故帅⑧俱肄业于寺。天禧中，密相谢病乞理此邦，真庙⑨美其若昼锦而归，御制赠行诗，传在屋壁，暨昆季题纪，咸列于右。予屡得游览，因成七言四韵，离为二首，留题是寺，以志其美。

（一）

烟村水寺若江湖，林麓山川入画图。

壁上熏风⑩为谁制，柄臣曾此耀归途。

（二）

寺图函虚跨碧潭，菰蒲枫柳认江南。

侍臣家世俱游此，雁序⑪题名在壁龛。

解析

本诗见于乾隆《济源县志》卷十六，又见于《全宋诗》卷三十七，作于宋仁宗景祐四年（1037）。

---

①盟（mèng）津：即孟津，古黄河渡口，近孟州。周武王伐纣，与八百诸侯会盟处。
②辅：京畿称辅。济源东近东京开封，南邻西京洛阳，故称近辅。
③精舍：僧、道修炼居住之所。
④颍川密相：陈氏远祖陈群，曹魏时封颍阴侯。颍丽县属颍川郡，晋为颍川郡治，即今许昌市。陈尧佐自志墓碑亦自称颍川先生。此指兄长陈尧叟，尧叟官至同平章事、枢密使，故称密相。
⑤先中令：指已故陈尧佐父陈省华。在陈尧佐去世的庆历四年，欧阳修为其作神道碑铭曰："……皇考秦国公讳省华，皆开府仪同三司、太师、尚书令兼中书令。"中令为称省华赠官中书令之省称。
⑥制锦：《左传·襄公三十一年》记载："子皮欲使尹何为邑……子产曰：'不可……子有美锦，不使人学制焉。大官、大邑，身之所庇也，而使学者制焉。其为美锦，不亦多乎？'"后因以制锦为称颂县令之辞。
⑦参预二卿：指陈尧佐。参预：预闻而参议其事。此谓朝政。《晋书·唐彬传》记载："朝有疑议，每参预焉。"陈尧佐排行第二，当时为同中书门下平章事，故称参预二卿。
⑧天雄故帅：陈尧佐弟陈尧咨仕至武信军节度使，知天雄军（北京大名府），于两年前去世，因称天雄故帅。
⑨真庙：赵恒庙号真宗，后来人以真庙称之。
⑩熏风：相传舜弹五弦琴唱《南风歌》曰："南风之熏兮，可以解吾民之愠兮；南风之时兮，可以阜吾民之财兮。"后以熏风喻帝王之恩泽。
⑪雁序：飞雁的行列，喻兄弟，唐苏鹗《杜阳杂编》讥宰相王涯待再从弟王沐甚薄，"无雁序之情"。

原唱为游览延庆寺而作，和韵也得从延庆寺写起。陈尧佐前首一开始就交待了该寺所处地貌及景观，忆及延庆寺与清清济水所润溉的大片园林紧密相接，烟笼寒水，幻化迷离。"接"字引视线突破了寺院围墙的局限，驰向了"水皆烟暝"的济水上下。一个"自"字，排除人力，突出了天造地设之可贵。有人说，七言的诗眼在第五字，似乎不为无见。原唱之次联讲，陈氏昆季深得皇上之眷任，极为荣耀。陈尧佐认为：今日兄弟们能各遂其志，平步青云，离不开当年的苦学，特别是在延庆寺几年的发愤攻读。君臣相得，道义相合，会龙虎，庆风云，令人感动、激发，有若萧何、曹参之遇沛公。惭愧的是，自身缺乏萧、曹的雄才大略，忝居其位而没有大的作为。这两联频频用典，显得气象凝重，与内容的严肃性密切配合。尾联写得更为巧妙，他对范坦说，得知你再一次乘着春风，枉驾去观瞻了延庆寺，看见溪边有我当年栽植的蒲草，一定会发笑吧。从两联对句的庄重氛围中解脱出来，尾联轻松而又亲切，抓住了现实，却没有忘记历史。写平凡事物，而体现着谦逊的美德。昔日手栽蒲，春溪抽绿苔。弱乃匡床席，强非构厦材。"旧栽蒲"的暗喻用法，寓庄于谐。切时，切地，切事，切情，使全诗的意境在多变之中保持完整、统一。

下一首既承接前篇，也针对范坦的第二首诗作答。他自以"欠吁谟"，而要从此精研深思，尽管已达七十五岁高龄，还准备像当年在济源延庆寺一样，萤窗苦读，必要时前往河阳三城向范坦当面求教，"奇文共欣赏，疑文相与析"（陶渊明《移居》卷一）。这还不够，更打算告老退休，前去与孟州学官比邻而居，既可随时同范先生切磋，也便于经常在宋真宗赐诗的壁龛前熏香礼拜。

忠勤之思溢于言表，谦恭之态触处可见。高居相位，越发惕虑自励。可信清代叶燮《原诗》内篇所云："我谓作诗者，亦必先有诗之基焉。诗之基，其人之胸襟是也。"

34. 寄题野吏亭二首

（一）

罗浮山[①]下郡，楼阁枕沧溟。
谁得闲中意，清风野吏亭。

---

①罗浮山：惠州西北罗山与浮山合称罗浮。传说浮山原为蓬莱别岛，尧时浮海而至，与罗山并体，为"第七洞天"。

(二)

山好曾留句，城高复创亭。

登临千万景，谁与画为屏。

解析

本诗由《宋诗纪事》卷三引于《广东通志》，《全宋诗》卷三十七记作《天圣间入参大政复寄题二章》，作于宋仁宗景祐四年（1037）前后。

第一首：前两句定位，指出野吏亭北望罗浮山洞天福地，南滨大海万顷碧波，形胜之地，气势超拔。"山下郡"，即野吏亭所在的惠州。"楼阁"，即亭体层楼。"枕"字的拟人用法，赋亭阁以居高临下之势，也与云谲波诡的大海更为亲近。下两句说，置身亭中，清风徐来，若羲皇上人。此中韵味，谁能领会到呢？

第二首说：罗浮山好，曾在那儿留有诗篇。惠州城峻，曾在城头再修亭台。亭上景象万千，看也看不够。遗憾的是，如今远离惠州，唯有遐想梦游可达。若有人摹亭为图，制作屏风，与我长为伴，那将多美呀。

苏轼《野吏亭记》云："故相陈文惠公建立此亭，榜曰'野吏'，盖孔子所谓'先进于礼乐'。老公在政府，独眷眷此邦。"此二诗通过对野吏亭的怀念，表现了诗人不以贬谪为意、不以瘴疠系心的旷逸襟怀和对惠州的深情眷恋。

35. 寄题漳浦县斋

漳浦从来瘴疠深，潮阳南去更难禁。

当时三载曾无事，不放闲愁入寸心[①]。

解析

本诗见于《永乐大典》卷五千三百四十五，又见于《全宋诗》卷三十七，作于晚年。

斋，房舍。多称书房或官厅的旁屋为斋。

陈尧佐曾于宋真宗咸平元年（998）冬谪潮州通判，咸平三年春权知惠州，此间到过紧邻潮阳的漳浦县，咸平四年夏秋之际北还。此诗为晚岁忆旧之作，驿传至漳浦县官舍题壁，故标"寄题"。

首句利用漳瘴音近，指出漳浦一带历来为传染病流行严重地区，刘孝标

---

①寸心：心位于胸中方寸之地，故称寸心。杜甫《偶题》有"文章千古事，得失寸心知"句。

《广绝交论》有"藐尔诸孤，朝不谋夕，流离大海之南，寄命瘴疠之地"句。在陈尧佐五百年前即如此说，可见"从来"云云之有据。从漳浦向西南去潮阳，更为炎热，瘴疠也就更难禁受了。这两句实以漳浦衬托潮阳，在"瘴疠深"的基础上更进一步，蓄势已足。第三句"当时三载曾无事"，被毒气包围长达三年，居然安然无恙，出于侥幸吗？有赖神灵吗？非也！消灾的秘诀是"不放闲愁入寸心"，以精神力量战胜了疠气。明代王阳明撰《瘗旅文》，同于此论，他说："瘴疠侵其外，忧郁攻其中，其能以无死乎？……自吾去父母乡国而来此，三年矣，历瘴毒而苟能自全，以吾未尝一日之戚戚也。"陈尧佐早年曾参拜陈抟，又从种放于终南山，在他的思想中，儒、道并存，两者互补。进，则"鞠躬尽力，死而后已"（诸葛亮《后出师表》）；退，则"安时而处顺，哀乐不能入也"（庄子《养生主》），如《孟子·尽心上》所云："穷则独善其身，达则兼善天下。"

36. 忆潮阳

东西楼阁与云齐，天际孤烟认恶溪①。
记得幽人旧吟处，独游亭②在野桥西。

解析

本诗见于《永乐大典》卷五千三百四十五，又见于《全宋诗》卷三十七，可能是晚岁作于开封。

大街两旁，对峙着耸入云天的高楼。作者乘兴登上最高层，痛快地眺望。环顾四周，他特别注意到一缕孤烟从天尽头冉冉升起，正对着南大街，那是潮阳方向啊。大概那就是恶溪的烟瘴吧。想到恶溪，他还记得南贬三年内曾常常独步溪畔吟诗，在淹留最多的野桥西头还特地建立了一座独游亭呢。

此诗见楼高而仰望，而登临，而四顾，睹孤烟而辨向，而忆旧，而思昔日胜游之处，记下了一连串动作，极有层次，却只用了"认""记"二字叙其现实行为。不仅思想感情，连行为动作也融入景象描写之中了。

---

①恶溪：水名，源于武夷山南段，南经汀州、上杭、潮州入海，又名鳄溪、韩江，上游为鄞江。
②独游亭：《大清一统志·潮州府古迹》记载："独游亭，在海阳（潮州治所）县东。《舆地纪胜》：陈尧佐建。"

37. 忆越州

（一）

越绝①溪山第一州，画图城郭几淹留②。
闲思禹庙③斜回首，仿佛云端见郡楼。

（二）

稽峰④倚云千仞高，澄湖⑤倒影分秋毫。
当年逸赏⑥有余意，徘徊不忍移轻舠。

（三）

抽毫欲赋东南奇，云山好景惭有遗。
平波荡漾照湖渌⑦，扁舟忆得游春时。

解析

本诗见于《舆地纪胜》卷十，又见于《宋诗纪事补遗》卷三，《全宋诗》卷三十七，作于晚年。

越州，即古会稽郡，隋初改为越州，今为绍兴市。

陈尧佐官两浙转运使时，巡视辖区，曾到过越州，那儿的奇丽风光教他终生难忘。暮年回顾平生所历，写下了这三首诗。三篇体例不一：第一首为律绝，后两首为古绝，可见并非作于一时。

第一首忆越州城。因为中心在"忆"，对昔日至彼之行踪，则仅以感叹语"几淹留"高度概括之——那是怎样的流连忘返哪！美如画图的城郭形影、百越第一州府的强烈印象，全是在"几淹留"之中形成的。亲临之时印象既深，睽离之际思念即切。后两句说，晚居北地，尝于闲中想起禹庙，悠然侧望，在那浩浩云涛之上，是不是矗立着越州城楼呢？此以"禹庙"代州城，既避免同他

---

①越绝：传世有《越绝书》，其《本事》开宗明义，说越王句践"转死为生，以败为成……其始微终能以霸，故与越专其功而有之也。"谓"绝"即断、专、独特之意。此惟据其书名称广阔的越地。唐罗邺《白角簟》有"高价不惟标越绝，冷纹疑是卧潇湘"句。
②几淹留：几，怎样的，表感叹。淹留，停留，滞留。
③禹庙：《方舆胜览·绍头府》记载："禹庙在会稽县东南七里。"
④稽峰：即会稽山，在越州东南。
⑤澄湖：即镜湖，在越州，周回三百一十里。宋人讳"敬"字，改称鉴湖。因波平如镜，湖水澄澈，又称澄湖。
⑥逸赏：清闲安乐地游观欣赏。
⑦渌（lù）：清澈。

句犯复，又抓住了地方特色。"白衣苍狗变浮云"（张元干《瑞鹧鸪》），回首仿佛见郡楼，视在疑似之间，是生活经验的艺术提炼，也是思深多幻的现实感受。

后两首，湖、山连写。第二首重在忆会稽山。那倚云雄姿，拔地千仞，临水倒影，摇曳婀娜，令人徘徊久之，舍不得移舟遽别。如此稽迟，犹然逸兴难尽。那不是山，那是多姿多态、百看不厌的巨型艺术珍品呀。此诗将千仞之高的峥嵘剑峰倒映入湖，俯仰各极其趣，已构成千古奇观，更让其影"分秋毫"，在中锋用笔之际，偶运偏锋，遂获双美，捎带画出了湖水之平静、澄澈。末句"不忍"一词，运用警世骇俗的严峻字眼，将贸然离去看作重大损失，也就反衬出稽峰之堪恋。

第三首重点忆鉴湖。诗人北去多年之后，提笔打算咏赞东南风光的奇秀，惭愧的是某些云山好景记不真切了。印象最深的是一次荡舟春游。镜面琉璃滑，微波绿绸皱，明净如光照，历历见鱼游。春水碧波，画舫闲客，神驰八荒，莫辨人间天上。诗咏鉴湖，而云"欲赋东南奇"，谓东南半壁之奇景会萃于此，再申"越绝溪山第一州"之意。"惭有遗"并非记不住，会稽山川之美，"千岩呈秀，万壑争流，草木蒙笼其上，若云兴霞蔚"（《世说新语·言语》），美不胜收，难于备述，历数佳处，难免有遗。"有遗"意味着无限，也体现出忆旧同现场临摹之别。"照"字之设，使大片澄湖产生了透明感，让越州地面顿时通灵起来。辅之以春鸟喧，春花灿，春柳绽新芽，春日融融暖。这在诗人心中能不记忆常新吗！

38. 答张顺之

有花无酒头慵举，有酒无花眼倦开。
正向西窗念萧索①，洛阳花酒一时来。

解析

本诗见于《宋诗纪事》卷四，又见于《全宋诗》卷三十七，作于宋仁宗宝元元年（1038）。

张顺之，即张士逊，字顺之，号退傅，淳化三年（992）进士，宋真宗朝拜礼部尚书、同中书门下平章事，宋仁宋朝拜太傅，封邓国公，寿八十六。

---

①萧索：萧条冷落；凄凉。晋陶潜《自祭文》有"天寒夜长，风气萧索，鸿雁于征，草木黄落"句。

《云斋广录》说陈尧佐罢相退居郑州,时张士逊知洛阳,给陈寄来了姚黄、魏紫两种名贵牡丹和酒,陈尧佐接到这特种礼品,兴高采烈,信笔写了此诗作为回书。萧统《陶渊明传》记载:"江州刺史王弘欲结识陶渊明而不得,一次,探知陶往游庐山,便托人送酒半道拦截,陶'既至,欣然便共饮酌',王弘待其半酣而至,于是缔交。陶'尝九月九日出宅边菊丛中坐,久之,满手把菊,忽值弘送酒至,即便就酌,醉而归。'"可见名士风流,自古而然。酒以浇块垒,花以提精神,所以,"有花无酒头慵举,有酒无花眼倦开"。正像岑参《行军九日思长安故园》所云:"强欲登高去,无人送酒来。"王禹偁《清明》亦曰:"无花无酒过清明,兴味萧然似野僧。"当陈尧佐面临西窗,心情抑郁,自叹凄凉之时,既无花,又无酒,头也懒于抬,眼也睁不开。正值寂寞难耐,竟有花、酒同时送到,而且是洛阳的名花、老友的陈酿,致令"老夫聊发少年狂",手舞之,足蹈之。此诗运用让步法,预设阶梯,欲扬先抑,如将弹簧压到最低处,蓄积的力量也就最强,然后突然暴发,高涨的景象是可想而知的。

39. 郑州浮波亭诗并序

建宇出于波心,开轩屹尔空际,沧涟荡漾,势若浮焉,因题曰"浮波亭"。七言短诗一章,谨其始云。

　　　　　　碧玉波光四面寒,虚空檐宇出林端。
　　　　　　尘埃未到交游绝,绕座扁舟与钓竿。

解析

本诗由《宋诗纪事补遗》卷三引于石刻,又见于《全宋诗》卷三十七,作于宋仁宗宝元元年(1038)三月罢相后。

起句写水,次句写亭,第三句写境,结句写事。

碧玉,古著名美女,晋汝南王爱妾。汝南王以宠爱之甚,特为她作了《碧玉歌》。陈尧佐因水色澄碧,莹彻如玉,称之为碧玉,又以此联系到绝代佳人的形貌,犹如称西湖为西子湖,令人对他笔下之水顿增亲切之感,骤生爱慕之心。"碧玉波光四面寒",即"建宇出于波心"之意。建亭湖心,水绕四面,湖水清冽,故云"四面寒",其概凛凛若不可犯。次句极言亭宇之高,凌虚跃空,超越树梢,赞其超凡。下句夸其绝俗。尘埃阻于四围碧波,无计可达。实境如是,但诗人本意却不在山水之间,而以"尘埃"代指人世间,后半句"交游绝"可证。罢相赋闲,息交绝游,扁舟凌波以涤虑,钓竿遣岁以清心。该诗主旨在于明志,亭即人也。

341

40. 古寺偈

殿古寒炉空，流尘暗金碧。
独坐偶①无人，又得真消息②。

解析

本诗见于《青箱杂记》卷十，又见于《全宋诗》卷三十七，作于晚年。

偈（jì），佛经中的颂词，主要分通偈和别偈两种。别偈由四个四言、五言、六言、七言或多言句组成。

宋代吴处厚《青箱杂记》卷十记载："陈文惠公亦悟性理。尝至一古寺，作偈曰……"偈辞如前。陈尧佐所悟得的性理，吴氏是由此偈中探得的，惜乎言之不详。我们今天不妨再探。

大概是因为五十余年的宦海浮沉，出为使，入为相，凤池鸾台都经过，天地间没有什么能使他产生新奇感了。陈尧佐这一天独自走进一座荒寺，入寺，主要为了参拜正殿，殿中不知供的哪一家佛，座前的香炉是冷冰冰的，可见断绝了烟火，炉中空空，灰烬全无，废弃之日久也。说此殿甚"古"，当然包括历史漫长的因素，同时也因它年久失修，不见新气象，从"寒炉空"和"流尘暗金碧"可知。殿壁和佛身上飞尘厚积，景象十分凄凉。在这破败的古殿里，或俯或仰，或环顾，或徘徊，他忽然发现，流尘剥落处，现出了金碧彩饰，尽管色泽不免暗淡，当初的辉煌光灿依然有迹可寻。这一意外发现，使诗人那敏感的神经如电击一般，不由得浑身震颤，一度失神。他率性坐将下去，顾不得尘垢盖地，虫豸横行，也不管蝙蝠掠发梢，饥鼠啮鞋帮。正好无人相扰，他整理思绪，细推物理，猝然心动，悟得了盈虚消长的自然规律，心地也就释然了。

其"消息"是怎样悟出的呢？从镏金染碧的佛像和殿堂，他想到了这古寺曾经有过一段烜赫的历史。那当儿，车马奔凑于外，香烟缭绕于内，诵咒钟磬之声不绝于耳，顶礼膜拜之徒济济于堂。一旦时移势易，便门庭冷落，车马敛迹，神案睡长虫，画梁栖枭鸟，阴风飒飒揭瓦，空炉晃晃欲飞，这同他丢掉权

---

①偶：遇，值。綦毋潜《春泛若耶溪》有"幽意无断绝，此去随所偶"句。
②消息：消亡与生息，谓一消一长，互为更替。《庄子·秋水》有"消息盈虚，终则有始"句。

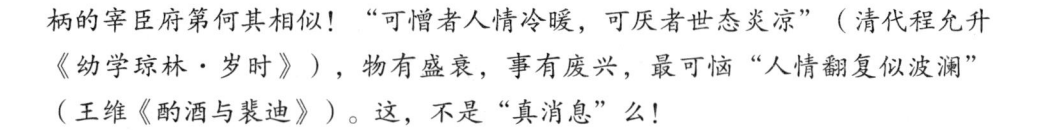

柄的宰臣府第何其相似！"可憎者人情冷暖，可厌者世态炎凉"（清代程允升《幼学琼林·岁时》），物有盛衰，事有废兴，最可恼"人情翻复似波澜"（王维《酌酒与裴迪》）。这，不是"真消息"么！

41. 无题

雨网蛛丝断，风枝鸟梦摇。
诗家零落境，采拾合如樵。

解析

本诗见于《续温公诗话·历代诗话》，又见于《全宋诗》卷三十七，写作时间不详。

这是一首论诗之诗。大概因为子侄或门生辈问及诗思之所来，后生家每欲为诗而愁材料贫乏，不能构成完整的意境，陈尧佐便以该诗作答。他说，此事不难，贵在有心。比如，见雨打蛛网而断其丝，风摇树枝而惊鸟梦，或实，或虚；或清晰，或恍惚；或单凭直觉，或兼运联想；或具体而微，或抽象而宏，都可入诗。诗人就从这些零散甚至衰败的景象中寻求题材与意境，正如樵夫打柴一样，拾零成整，积少为多，储料既丰，则密勿经纬之，惨淡经营之。如此求诗，未见其难也。他要求诗人植根于现实生活，并注意观察，正如刘勰《文心雕龙·物色》篇所云："献岁发春，悦豫之情畅；滔滔孟夏，郁陶之心凝；天高气清，阴沉之志远；霰雪无垠，矜肃之虑深；岁有其物，物有其容；情以物迁，辞以情发。一叶且或迎意，虫声有足引心。况清风与明月同夜，白日与春林共朝哉！"

42. 寄书上人

阶前春色长苔斑，避俗常闻昼掩关[①]。
一榻琴书双阙寺，片心泉石二林山。
江楼把酒云供望，松院支筇[②]鹤对闲。
谁向风骚为消息，此身元在寂寥间。

解析

本诗见于《全宋诗》卷三十七。

[①] 掩关：坐关。指佛教徒闭门静坐，以求觉悟。为期至少七天，长则不限。
[②] 筇（qióng）：古书上说的一种竹子，可以做手杖。

上人,《释氏要览·称谓》引古师云:"内有德智,外有胜行,在人之上,名上人。"自南朝宋以后,多用作对和尚的尊称。

《全宋诗》卷三十七收录的陈尧叟《诗一首》:"一榻琴书双门寺,片心泉石两林山。江楼把酒云供望,秋院支筇鹤对闲。"与陈尧佐的这首七言律诗的颔联、颈联基本一致,只有两个字不同,"双门寺"的"门"与"双阙寺"的"阙","秋院"的"秋"与"松院"的"松"不同而已,疑为同一首诗,系同一人所作。

此诗叙写双阙寺环境幽美,赞美双阙寺上人,高蹈于世外,潜心于佛门,闭门禅修,以求觉悟,而尾联的字里行间透露出诗人寂寞孤冷的心境。

43. 唐施肩吾山居有感

幽居正想餐霞客[①],夜久月寒珠露滴。
千年独鹤两三声,飞下岩前一枝柏。

解析

本诗见于孔延之《会稽掇英总集》卷五,又见于万历《绍兴府志》卷十,《全宋诗》卷三十七。

施肩吾(780—861),字东斋,号栖真子。出生于贤德施家村(今杭州市富阳区洞桥镇贤德村),唐宪宗元和十五年(820)进士,杭州第一位状元。为唐代著名诗人、道学家、民间开发澎湖第一人。青年时期曾与同乡诗友结成东林诗社。著有《西山集》十卷、《闲居诗》百余首。

施肩吾趣尚烟霞,慕神仙轻举飞升之学,诗人张籍称他为"烟霞客"。他有《秋夜山居》绝句:"去雁声遥人语绝,谁家素机织新雪。秋山野客醉醒时,百尺老松衔半月。"描写秋日里大雁的声音渐响渐远,人声也随着消失,是哪家的织机织出了像新雪一样美丽的绸缎;我这山野之人一醉醒来之时,百尺高的老松树正衔着半轮明月。"谁家素机织新雪""百尺老松衔半月",洁白幽冷的素描,妙笔生花,毫无一丝雕琢痕迹,天然而成。

在青年时代,陈尧佐曾从师于终南山种放等方外人士,深受道家思想影响。全诗着意于人迹罕至的冷寂之境:隐居在山野想着那些餐霞的人,夜晚越来越长,冷月下露珠儿正在下滴。这地方千年来只有孤独的老鹤啼叫过三两声,一棵松柏从悬岩上斜飞而来。诗中运用"幽居""月寒""珠露"等词渲染了居地的

[①]餐霞客:指修仙学道的人。

冷寒之气，用"夜久月寒珠露滴""千年独鹤两三声"等句子说明孤寂和幽冷。

44. 吴王墓

惜哉吴王墓，秦帝欲开破。
应笑埋金玉，千年贾余祸。
不特①虎迹销，已闻鲍车过，
又是骊山头，炎炎三月火。

解析

本诗见于郑虎臣《吴都文粹》卷四，又见于《全宋诗》卷三十七。

吴王，指阖闾（？—前496），一作阖庐，姬姓，名光，又称公子光，吴王诸樊之子（《左传》《世本》作吴王余眛之子），春秋末期吴国君主，军事统帅。前514年到前496年在位。前496年，吴王阖闾在与越国的槜李之战中，被越大夫灵姑浮挥斩落脚趾，重伤而死，后葬于苏州虎丘山。

这是一首怀古诗，虽是追念古代的事情，却无一丝落寞、悲观的思想情绪，反而是笑谈过往，千年诸事随风而逝，只不过现今"又是骊山头，炎炎三月火"，壮怀之气蕴涵其间，足见陈尧佐作为一位政治家的胸怀。正如明代诗人杨慎在《临江仙·滚滚长江东逝水》所说："滚滚长江东逝水，浪花淘尽英雄。是非成败转头空。青山依旧在，几度夕阳红。白发渔樵江渚上，惯看秋月春风。一壶浊酒喜相逢。古今多少事，都付笑谈中。"往事越千年，青山依旧在，不由得在诗人心头平添了几多的感慨而已，其诗慷慨悲壮，意味无穷，读来令人荡气回肠。

45. 游永明寺

附郭山光峭若烟，倚空楼殿白云巅。
孤轩半出青松杪②，颢气③疑游碧汉④边。
惜别攞⑤留风外燕，伤秋因感雨中蝉。

---

①不特：不仅；不但。
②杪（miǎo）：树枝的细梢。
③颢（hào）气：清新洁白盛大之气。
④碧汉：银河，亦指青天。隋江总《和衡阳殿下高楼看妓》有"起楼侵碧汉，初日照红妆"句。唐徐夤《鹊》有"香闺报喜行人至，碧汉填河织女回"句。
⑤攞（luó）：同"攞"，向上捋。

人家掩映藏鱼浦①,岛树扶疏②没水天。
痛饮岂同莲社客③,狂歌聊许竹林贤④。
忘形且尽尊前乐,休忆楼岩与济川⑤。

解析

本诗见于《全宋诗》卷三十七,施谔《淳祐临安志》记作《报恩光孝禅寺》。

永明寺,指建在江浙一带的永明寺,具体地点不详。

这是一首排律诗。前四句描写永明寺及其周边幽美的景色,亭台楼阁,烟雾迷蒙,视野开阔,主要写远景。中间四句拉近距离,写近景,字里行间融入了诗人的主观情绪,感时伤秋,跌宕起伏。后四句自我排遣,醉饮于青山绿水之间,不愿步入信佛之人那样自己捆绑自己的情状,而要像竹林七贤一样狂放自任,抛弃束缚,放浪形骸,悠游于山间大野,暂忘那佐君济国之事。字里行间充溢着对人生之无常、繁琐之政务以及劳形之案牍的些微厌倦。

46. 茅山清真观

平野萧条古观⑥空,森森寒树冷烟重。
城中尘事⑦知多少,谁解逍遥⑧访赤松⑨。

解析

本诗见于乾隆《镇江府志》卷五十三,应该是陈尧佐出任江浙一带所作。

---

①鱼浦(pǔ):水边捕鱼之地,渔场。
②扶疏:枝叶茂盛的样子。
③莲社客:莲社,指佛教净土宗最初的结社。莲社客,代称信佛之人。
④竹林贤:竹林七贤,指三国魏时嵇康、阮籍等竹林七贤,号竹林七僧。后因以"竹林贤"泛指幽居寺庙的僧人。
⑤济川:犹渡河。语出《尚书·说命上》:"爰立作相,王置诸其左右。命之曰:'朝夕纳诲,以辅台德。若金,用汝作砺;若济巨川,用汝作舟楫。'"后多以"济川"比喻辅佐帝王。
⑥古观:历时久远的道观建筑。
⑦尘事:旧指世俗的事务。
⑧逍遥:自由自在,不受拘束;指《逍遥游》,《逍遥游》是战国时期哲学家、文学家庄周的代表作,被列为道家经典《庄子·内篇》的首篇,在思想上和艺术上都可作为《庄子》一书的代表,主题是追求一种绝对自由的人生观,作者认为,只有忘却物我的界限,达到无己、无功、无名的境界,无所依凭而游于无穷,才是真正的"逍遥游"。
⑨赤松:常绿高大乔木。这里指赤松子,相传为上古时神仙。皎然《赤松(一作赤松涧)》曰:"缘岸蒙茏出见天,晴沙沥沥水溅溅。何处羽人长洗药,残花无数逐流泉。"均是对修仙悟道行为的一种倾慕。

游历山水,心归大野,羡慕逍遥自在的生活。唐代诗僧皎然有《宿道士观》一诗,写过关于一些"古观"的文字:"古观秋木秀,冷然属鲜飙。琼葩被修蔓,柏实满寒条。影殿山寂寂,寥天月昭昭。幽期寄仙侣,习定至中宵。清佩闻虚步,真官方宿朝。"极具异曲同工之妙。本诗前两句写茅山清真观周围的自然景色,大野萧瑟,古观荒落,寒树冷烟,一片迷离。后两句直抒胸臆,丢开凡尘之事,以修仙悟道来洗涤心灵,进入物我皆忘的佳境,正如陶渊明《饮酒·其五》中所说:"此中有真意,欲辨已忘言。"

47. 石城寺

白云楼殿翠林间,终日轩窗四面山。
却愧劳生①多事②客,清凉分得片时③闲。

解析

本诗见于乾隆《绍兴府志》卷五,宋孔延之《会稽掇英总集》卷九记为《留题宝相寺》。

石城寺,在江西上饶,位于灵山甑峰南石城台地中央,聚讲、鼠捕、甑峰、华表诸峰巍然耸立在其四周,如城如郭,故名石城。灵山佛教始于东汉建武年间,石城寺乃是灵山上著名的佛教寺庵之一。

诗人游览石城寺所作。青年时代的陈尧佐曾师从于种放等人,种放等人超然世外的方外思想,对陈尧佐一生的言行影响深远,这在陈尧佐的很多诗文中得到了一定的外露。白云缭绕,林木苍翠,殿宇高耸,临窗面对静美的群山,忘却宦海沉浮,卸下日常重负,寄情于山水,分得半日清闲,何乐而不为呢?诗意淡远,情幽意美,物我两忘,至纯至美。

48. 弄水亭

春弄溪水绿,秋弄溪水清。
此水无风时,人在天上行。
垂手祚襭荇④,移舟乱萍茎。

---

①劳生:《庄子·大宗师》曰:"夫大块载我以形,劳我以生,佚我以老,息我以死。"后以"劳生"指辛苦劳累的生活。
②多事:做多余的事;做没有必要做的事;劳累的事。
③片时:片刻,一会儿。
④祚襭荇(zuò xié xìng):祚,本意是指福,赐福,这里指保佑、保护;襭,把衣襟插在腰带上兜东西;荇,多年生草本植物,叶子略呈圆形,浮在水面,根生在水底,花黄色,蒴果椭圆形。茎可以吃,全草入药。

投杆约金鳞，鸥鸟恬不惊。
惜近时驻楫，就浅或濯缨①。
朝游苍烟破，暮归落霞明。
迟留待月上，照影玉壶冰②。
行路犹叹爱③，櫂④歌有吴声。
曾不见长夏，雨阕⑤积潦并。
大波不知际，南山堤其盈。
微风来鸣条，怒涛已喧轰⑥。
人家上山走，凫雁⑦偷余生。
还思吴水时，不畏潜浪倾。
永言鉴冰渊⑧，履险安可轻。

解析

本诗见于万历《池州府志》卷十，又见于乾隆《池州府志》卷七《山川志》。

弄水亭，在今安徽省池州市境内。古池州位于长江下游南岸，辖区大致相当于今安徽省的池州市及铜陵市部分。据《名胜志》载，明清时的池州府南门外有弄水亭，在旧桥之西，唐杜牧建。

这是一首山水诗，寓情于山水，明白晓畅，澄澈轻盈。池州弄水亭一带，一年四季山绿溪清，碧水环绕，无风之时，水面如镜，轻舟而过，如在天上滑行。小舟缓缓前行，随手可采摘荇菜，移舟扰乱鲜嫩碧绿的水生植物。杆可钓、水可濯、船可停，可歌可舞，水禽不惊，游玩嬉戏，物我两不相扰，恍如

---

①濯缨（zhuó yīng）：洗濯冠缨。《孟子·离娄上》有"沧浪之水清兮，可以濯我缨"句。后以"濯缨"比喻超脱世俗，操守高洁。先秦《沧浪歌》曰："沧浪之水清兮，可以濯我缨；沧浪之水浊兮，可以濯我足。"
②玉壶冰：壶水成冰，形容寒冷；比喻高洁清廉。
③叹爱：赞赏喜爱。
④櫂（zhuó）歌：古代巴人相互牵手边跳边唱的一种民歌。
⑤阕：停止，终了。
⑥喧轰：轰响；很大的喧哗声。
⑦凫雁：野鸭与大雁。有时单指大雁或野鸭。
⑧冰渊：《诗·小雅·小旻》有"如临深渊，如履薄冰"句。后遂以"冰渊"喻指处境危险。宋苏轼《赐安焘乞外郡不允批答》曰："而况艰难之际，一日万几，冰渊之惧，当务同济。卿练达兵要，灼知边情，寄托之深，义难引去。"明李东阳《潘公墓志铭》记载："载启手足，永辞冰渊。有穴孔深，有筑孔坚。公灵在兹，世守弗谖。"

步入桃源之境。诗歌后十二句笔锋一转,忆往昔,思如今,人生处处有险情,不比这弄水亭一带风和日丽、平和静美,两者形成鲜明的对比,但又不露痕迹,足见诗人用语之高妙。

49. 水阁

水阁春来好,泉声坐卧间。
有田皆负郭①,无树不连山。
浮世②谁轻重,清风自往还。
何当免拘束③,短棹访松关④。

解析

本诗见于李贤《大明一统志》卷五十五。

水阁,在新喻县治西,宋李谘建。

本诗为山水诗,抒发的思想情感与诗歌内容、山水景物融而为一,毫无间隙,给人一种自然天成之趣。陈尧佐与域外方家交往频繁,笃情山水,高蹈世外,老庄思想影响其一生,并不时流露于诗文之中。本诗可与陶渊明的《饮酒·其五》遥相呼应:"结庐在人境,而无车马喧。问君何能尔?心远地自偏。采菊东篱下,悠然见南山。山气日夕佳,飞鸟相与还。此中有真意,欲辨已忘言。"不同的是陶氏已处在"世外"逍遥中,而陈尧佐仅仅处于向往和渴盼之中,身不由己。陈诗也不失其冲淡、平静、悠闲的风格,表达了挣脱约束、向往自在的思想情怀,语言畅达自然。

50. 寄单牧司门通理都官二故人

春城游客气如虹⑤,满眼花枝次第⑥空。
安得休官⑦人似我,溪边对坐两渔翁。

---

①负郭:亦作"负廓",谓靠近城郭。《史记·苏秦传》记载:"且使我有洛阳负郭田二顷,吾岂能佩六国相印乎!"后因以"负郭田"为典,亦泛指良田。
②浮世:人间,人世。旧时认为人世间是浮沉聚散不定的,故称。
③拘束:限制,约束;拘谨不自然。
④松关:柴门;古关名,在阴山。
⑤气如虹:精神直上高空,穿过彩虹,形容气概极其豪壮。
⑥次第:指依次,按照顺序或以一定顺序,一个接一个地。
⑦休官:辞去官职;离休。

解析

本诗见于乾隆《曹州府志》卷十九,岁甲申时,即陈尧佐八十二岁,抒感成咏,寄单牧司门通理。

牧司,监督举发;管民政的地方官。通理,通理穴;佛学中高僧名。都官,隋唐时指刑部尚书,这里借用指代单、门二人。故人,旧交,老朋友。

春天百花盛开,游人如织,而我如今已年迈,卸去烦事,清闲在家,不问世事,每日优哉游哉,静心地垂钓于溪水之滨,颐养天年。虽是赋闲诗,清新淡雅,文辞间却不失壮阔与豪迈。

51. 八十流光又二年

八十流光①又二年,烟霞门户②喜身还。
偶寻遗爱③来东里,几送移文谢北山④。
臃肿⑤愿陪邱木老,夷犹⑥甘逐野云闲。
菱花自鉴惭无地,独向春风鬓未斑。

解析

本诗见于乾隆《曹州府志》卷十九。

八十来岁终于遂愿了青年时代的志趣,隐逸山林,回归乡野,无牵无挂,闲云野鹤,从容不迫,逍遥自在。用典贴切,文辞浅近质朴,意境疏静散淡。

52. 题萧寺门前

赭案⑦当年并命时,蒹葭⑧衰飒⑨倚琼枝。

---

①流光:指如流水般逝去的时光。
②烟霞门户:烟霞,烟雾和云霞,泛指山水、山林;烟霞门户,指辞官回乡闲居。
③遗爱:遗留仁爱,这里指一生追寻的志趣。
④几送移文谢北山:《北山移文》是孔稚珪所写的骈体文。文章一开始表彰真隐士以树立榜样,接着指出假隐士周颙的名字,并把他隐居时与出仕后截然不同的行为进行了鲜明的对比,层层揭露其虚伪本质,描绘其丑恶面目。年轻时代,陈尧佐师从种放诸人,隐逸思想对其一生影响较大。
⑤臃肿(yōng zhǒng):过度肥胖或肥大,转动不灵,这里指年已老,行动不便。
⑥夷犹:犹豫迟疑不前。也作"夷由",从容不迫。
⑦赭(zhě)案:皇帝批答公文、处理政事的赤色长桌。
⑧蒹葭(jiān jiā):荻草与芦苇。
⑨衰飒(shuāi sà):唐张九龄《登古阳云台》有"庭树日衰飒,风霜未云已"句。此指举止优雅、风度不凡的士大夫。

皇恩乞与桑榆老，鸿入高冥凤在池。

解析

本诗见于正德《光化县志》卷六。蒋一葵《尧山堂外纪》记载："张士逊与陈尧佐同时秉政，张以帝傅致政，有诗寄陈曰：'赭案当年并命时，蒹葭衰飒倚琼枝。皇恩乞与桑榆老，鸿入高冥凤在池。'"该纪把此诗录为张士逊所作。而正德（1506—1521）是明朝第十位皇帝明武宗朱厚照的年号，蒋一葵是万历二十二年（1594）的举人，此诗究竟为谁所作，存疑。

张士逊与陈尧佐两人同时拜相，同时致仕，两人不仅在工作上密切配合，在生活中也志趣相投，就像荻草与芦苇，相互依偎，相互欣赏，即使罢官归隐，也相互勉励，相互宽慰。从本诗中可以窥见二人友谊之一斑。

53. 登寺楼

晓日都门①路，春风古寺楼。
归心与吟意，自爱且迟留②。

解析

本诗见于嘉庆《长垣县志》卷十四，是一首写景咏物的五言绝句。心绪平和，诗意跳荡，"春风得意马蹄疾，一日看尽长安花"，酣畅淋漓地抒发了游兴正盛与归心似箭两相徘徊之情，明朗畅达而又别有情韵。

54. 题云泉寺壁

欲见故人面，仙踪去未还。
傍人应笑我，两目任游山。

解析

本诗见于乾隆《河源县志》卷十三，宋广业《罗浮山志会编》卷十九记作《怀古秘书》，《惠州府潮阳志》记作《怀古成之》。

故人指河源古成之。陈尧佐与古成之同登端拱元年进士，是年榜共二十八人。闻喜宴罢，谓成之曰："皇上以我辈象天上二十八宿，子南人，得与兹选，可谓荣矣。"时有异人韩泳，在旁笑曰："天地生材，何问南北，公异时

---

①都门：都，都城；门，门窗、城门。都门，就是都城的城门。
②迟留：停留，逗留。

未必不游。"成之回乡后,尧佐自潮倅移守惠州,在河源经过时,成之已死,因感旧事,追忆韩泳之言,始验。怀念之余,感叹时光荏苒,匆匆而逝。虽人已去,物已非,而诗却不着悲凉一字,尽得慨叹无限,昔日欢乐情景历历在目。

55. 送天柱冯先生

闲驰风驭恣飘飘,因失仙班①几度朝。
紫阁②旧邻秦树老,赤城③新别海山遥。
飞凫又说春经岳,叱橘曾今夜探潮。
不是桃源不归去,故人多半在烟霄④。

解析

本诗见于嘉庆《余杭县志》卷三十。

冯先生,即冯得之。万历《余杭县志》卷十记载:"冯得之,字几道,河南人。少习儒业,弃家入道,被旨住杭州洞霄宫。宋真宗锐意玄教,尽以秘阁道书出降余杭郡。俾知郡戚纶、漕运使陈尧佐选先生及冲素大师朱益谦等,修校成藏,以进号'云笈七籤'。初,诗人潘阆与先生为道义交,任泗州参军。卒,先生囊其骨归葬天柱山。钱易铭《潘墓》具载其事。"

《洞霄诗集》作见素作,李绚字见素,旧县志载此诗为陈尧佐作。《宋史·列传·李绚传》记载:"李绚(1013—1052),字公素,邛州依政人。能属文,尤工歌诗。擢进士第,再授大理评事、通判邠州。元昊犯延州,并边皆恐。邠城陴不完,绚方摄守,即发民治城,僚吏皆谓当言上逮报,绚不听。帝闻之喜,因诏他州悉治守备。还为太子中允、直集贤院,历开封府推官、三司度支判官,为京西转运使。未几,召修起居注,纠察在京刑狱。出知润州,改太常丞,徙洪州。时五溪蛮寇湖南,除湖南转运使。绚乘驿至邵州,戒诸部按兵毋得动,使人谕蛮以祸福,蛮罢兵受约束。复修起居注,权判三司盐铁勾院,复纠察在京刑狱。以右正言、知制诰奉使契丹,知审官院,迁龙图阁直学士、起居舍人、权知开封府,治有能名。绚夜醉,晨奏事酒未解,帝曰:'开

---

①仙班:天上仙人的行列,借指朝班。
②紫阁:金碧辉煌的殿阁,多指帝居;唐代曾改中书省为紫微省,中书令为紫微令,因称宰相府第为紫阁。
③赤城:指帝王宫城,因城墙红色,故称。
④烟霄:云霄,喻显赫的地位。

封府事剧，岂可沉湎于酒邪？'改提举在京诸司库务，权判吏部流内铨。初，慈孝寺亡章献太后神御物，盗得，而绚误释之，黜知苏州，未行，卒。绚疏明乐易，少周游四方，颇练世务。数上书言便宜。仁宗春秋高，未有继嗣，绚因祀高禖还献赋，大指言宜远嬖宠，近贤良，则神降之福，子孙繁衍，帝嘉纳之。性嗜酒，终以疾死。"

从《宋史》中李绚的生平事迹来看，显然达不到诗歌中的地位和级别，而同时期，同级别的宰臣王钦若以相同的题目也写过一首诗："郁萧空殿倚云霓，玉气珠辉冠紫微。暂到帝城朝斗会，却思岩窦负琴归。日奔内景乾坤静，泉漱清音杞菊肥。却到水乡深邃住，晴岚掩映簇春晖。"可见"送天柱冯先生"在当时是朝廷的一个大事件。宋末邓牧《洞霄图志》卷一记载："洞霄宫，兹山为大涤元盖洞天，天柱福地，在杭州余杭县南一十八里。"

该诗就是陈尧佐送冯得之归天柱山洞霄宫时所作。从诗歌内容与辞意来看，乐山娱水，谈仙羡道，怀念方外之友，寄托相思之情跃然纸上。

56. 寄潮州刁太傅

炎荒村落独游亭[①]，江上寒山列翠屏。
记得幽人旧吟处，梅花庭院竹青青[②]。

解析

《三阳图志》将本诗列于南宋诗人杨万里名下，疑为误，实为陈尧佐莅潮后所作。

郭春震《潮州府志》载："刁湛、许载、王汉俱大中祥符间任。""刁湛（971—1049），大中祥符年间（1008—1016），迁殿中丞知潮州（张方平《刁公墓志铭》）。"据考，宋代在潮州任官姓刁者仅刁湛一人，陈、刁二人在潮州任官，间隔不久，当有交往，且关系较好，故陈寄诗给刁就不奇怪了。不过，诗中的"太傅"不可理解，因刁湛生平并未官至太傅，不过曾"迁太常博士"（张方平《刁公墓志铭》），故颇疑为"太博"之笔误。或应称为太守，因宋有州无郡，无太守之官，然北宋有"称州为郡""州郡并称"之习，故称知州为太守。

[①]独游亭：为陈尧佐所建，其文《独游亭记》已有交代。
[②]梅花庭院竹青青：《舆地纪胜》卷一百《潮州》记载："梅花院，在倅厅，取陈文惠'梅花庭院竹青青'之句以名。"

"独游亭"为陈尧佐所建，可谓当时州城最有名气的风景物。《永乐大典》卷五千三百四十三《潮州府公署》记载："（州治官衙）东而南向有堂曰'明远'，后更为'思韩'，为文公设也。由堂之东梯城以上，有亭曰'叠翠'。其亭额，陈文惠公笔也。循亭而北，有亭曰'独游'，文惠倅郡之日，实名之，复记之。二亭相去咫尺，举目转盼，互有景物。"薛利和有《文惠公独游亭》诗云："轩槛前临一水湄，此亭谁见独游时……城东老屋今仍旧，当日高纵孰可追。"（《永乐大典》卷五千三百四十五）

全诗清丽，幽婉，文字间却也透露一丝遭贬后的沉郁之气，但不失旷达乐观之怀。

57. 观昌黎题名

唐儒抱村者，森森①高若林。
贤哉韩退之②，秀出千万寻③。
文参元化④淳⑤，道浸沧溟⑥深。
清名⑦终古⑧存，岂止浮图⑨阴⑩。

解析

本诗由《永乐大典》卷一万三千八百二十三引于《洛阳志》。

昌黎，即韩愈（768—824），唐代文学家、哲学家，字退之。唐宋散文八大家之一。河南河阳（今孟县）人，郡望昌黎，世称韩昌黎，因官吏部侍郎，又称韩吏部，谥号文，又称韩文公。三岁而孤，受兄嫂抚育，早年流离困顿，有读书经世之志。20岁赴长安考进士，三试不第。25—35岁，他先中进士，三试博学鸿词科不成，赴汴州董晋、徐州张建封两节度使幕府任职。后回京任四门博士。36—49岁，任监察御史，因上书论天旱人饥状，请减免赋税，贬阳山

---

① 森森：形容繁密。
② 韩退之：即韩愈，著有《韩昌黎集》四十卷，《外集》十卷。
③ 寻：古代一种长度单位，即伸开两臂的长度，合古代八尺。
④ 元化：指造化，天地。
⑤ 淳：质朴敦厚。
⑥ 沧溟：意为苍天、大海。
⑦ 清名：清美的声誉。
⑧ 终古：自古以来；久远。
⑨ 浮图：佛教语，梵语Buddha的音译。佛陀，佛；佛教。
⑩ 阴：通"荫"，覆蔽，庇护。

令。宪宗时北归，为国子博士，累官至太子右庶子。50—57岁，先从裴度征吴元济，后迁刑部侍郎。因谏迎佛骨，贬潮州刺史，移袁州，不久还朝，历国子祭酒、兵部侍郎、吏部侍郎、京兆尹等职。

全诗赞美韩愈一生才华横溢、政绩斐然、文道高标，字里行间蕴涵着诗人要以先贤韩愈为楷模，虽屡遭坎坷，也百折不挠，不改其志。词气慷慨激昂，明朗深秀，积极向上。

58. 送进士林从周黄程归潮二首

（一）

空弮①孤战偶无成，牢落②归心万里成。
莫向花前咏招隐③，已留文价④在神京⑤。

（二）

丹山毛羽忽伤弓⑥，归去潮阳足养蒙⑦。
自有匣中孤剑⑧在，莫将闲泪⑨洒春风⑩。

解析

此二首在《三阳图志》中合为一首。

林从周（975—1025），海阳人，宋真宗景德二年（1005）进士。为南安县簿，累官屯田员外郎，充开封府推官。痛绝私谒，得权贵书，辄投之火。后转度支员外郎，提点浙江刑狱公事……

《永乐大典》卷五千三百四十五引于《三阳图志》，署名杨万里，而林从周、黄程皆宋初人，与杨万里生活中没有交集。又雍正《广东通志》卷四记载，陈尧佐任潮州通判时曾对二人予以奖引，离任时还偕黄程进京谋试，故此

---

①空弮（quān）：空弦；司马迁《报任安书》曰："张空弮，冒白刃，北首争死敌。"弮，弩的弓弦。
②牢落：犹寥落；稀疏零落貌；零落荒芜貌。
③招隐：征召隐居者出仕；招人归隐。汉代淮南小山有《招隐士》。
④文价：文章的声价。
⑤神京：指帝都京城，出自《世祖孝武皇帝歌》。
⑥伤弓：受过箭伤的鸟，听到拉弓开弦的声音也害怕。比喻经过祸患，心有余悸。
⑦养蒙：谓以蒙昧自隐，修养正道或教养童蒙。
⑧孤剑：指一把剑，亦借指单独的武士；孤身一人。
⑨闲泪：闲愁之泪。
⑩春风：春天的和风，指人生的美好时光。

诗可能为陈尧佐所作。

这是一首送别诗，也是一首慰藉诗。友人林从周、黄程临别京城，陈尧佐赠此诗，予以慰藉与鼓励。友人远赴京都谋职，未能达到人生愿望，也许多生悲凉之慨，陈尧佐劝慰友人莫灰心丧气，应该趁人生大好韶华，积极进取，激流勇进。而退与进，两者终究都是美好的。诗意旷达，安慰劝勉之情溢于言表。

59. 题中阁二首

（一）

罗山浮山①一与邻，烟霞杳杳游真人。
劳生②此景驻不得，松根系马空逡巡③。

（二）

出门人事何营营④，松间寸晷⑤千金轻。
白云缥缈向何处，石楼中阁空题名。

解析

本诗见于宋广业《罗浮山志会编》卷十九，为山水诗。陈尧佐年轻时受种放诸方外名士的影响，一生皆不忘回归于山水之间，行动上虽未实现，但其心灵深处终有思虑，此诗文字中终有流露，从侧面也流露出对案牍劳形的倦怠。此诗写景中融入怀思，水乳交融，文字清丽，意蕴迷离。

60. 孤青观二首

（一）

秋晚闲招县大夫⑥，五云⑦深处访仙都⑧。

---

①罗山浮山：罗浮山又称东樵山，由罗山和浮山组成，位于现今惠州博罗县长宁镇境内。
②劳生：辛苦劳累的生活。《庄子·大宗师》曰："夫大块载我以形，劳我以生，佚我以老，息我以死。"后以"劳生"指辛苦劳累的生活。
③逡巡：有所顾虑而徘徊或不敢前进。
④营营：奔走劳累。
⑤寸晷（guǐ）：犹寸阴。晷，日影，借指小段时间。
⑥县大夫：县令的别称。
⑦五云：青、白、赤、黑、黄五种云色。指白云深处。
⑧仙都：指神话中仙人居住的地方，这里指风景幽美的地方。

松关何限逍遥客①，试问长生学得无。
　　　　　　　　（二）
　　簿宦②游来十载余，樗材③长是恋仙居。
　　松萝正似终南④好，只欠书堂一敝庐⑤。

解析

本诗见于宋广业《罗浮山志会编》卷十九，两首均为山水诗，叙写闲情逸致，内容大致与《题中阁二首》相同。

表面为写景述怀，实写自己政务的清苦劳累，为人为政两袖清风，来去无牵无挂，干净为人，纯正做事。写景与抒怀，两者融合，别具一格，独树一帜，可见陈尧佐文字功底的深厚以及精神意识的深邃。

61. 踏莎行

二社⑥良辰，千秋庭院，翩翩⑦又见新来燕。凤凰巢稳许为邻⑧，潇湘⑨烟暝⑩来何晚。乱入⑪红楼⑫，低飞绿岸，画梁⑬时拂歌尘⑭散。为谁归去为谁来，

---

①逍遥客：指炼丹修仙的方外人士。
②簿宦：卑微的官职。有时用为谦辞。
③樗（chū）材：喻无用之材，多用为谦词；王逢《得尚书汪公凶问》有"樗材荷推奖，思报辑遗编"句。
④终南：终南山，又名太乙山、地肺山、中南山、周南山，简称南山，位于陕西省境内秦岭山脉中段，古城长安（西安）之南，"寿比南山""终南捷径"等典故的诞生地，道教名山。陈尧佐曾游学于终南山，师从种放。
⑤敝庐：破旧的房屋、茅棚。
⑥二社：指春社与秋社，是祭祀社神（土地神）的节日。春社立春后第五个戊日，秋社立秋后第五个戊日。
⑦翩翩：轻快飞行的样子。
⑧许为邻：同意燕子来作邻居。
⑨潇湘：湘江与潇水的并称。湘江是湖南省最主要的水系，湖南的简称也是湘。而潇水是湘江最大的支流。潇湘到唐代中期，"潇湘"不单意指湘水，而是被诗人们衍化为地域名称。词中泛指南方，是燕子所来的地方。
⑩烟暝（míng）：暮霭弥漫。
⑪乱入：纷纷飞入。
⑫红楼：指富贵人家。
⑬画梁：有雕刻绘画的房梁。
⑭歌尘：梁上的尘土。据刘向《别录》载，汉代有一个叫虞公的人，善于歌唱，其歌声能震散梁上灰尘。燕子栖于画梁之上，故用歌尘指梁上尘土。

主人恩重朱帘卷[①]。

解析

本词见于《湘山野录》，又见于《全宋诗》卷一。

踏莎（suō）行，词牌名，又名《柳长春》《喜朝天》等。双调58字，仄韵。

宋释文莹《湘山野录》卷中记载："吕申公（实为吕许公夷简）累乞致仕，仁宗眷倚之重，久之不允。他日，复叩于便坐，上度其志不可夺，因询之曰：'卿果退，当何人可代？'申公曰：'知臣其若君，陛下当自择。'仁宗坚之，申公遂引陈文惠尧佐曰：'陛下欲用英俊经纶之臣，则臣所不知。必欲图任老成，镇静百度，周知天下之良苦，无如陈某者。'仁宗深然之，遂大拜。后文惠公极怀荐引之德，无以形其意，因撰《燕词》一阕，携觞相馆，使人歌之曰……申公听歌，醉笑曰：'自恨卷帘人已老。'文惠应曰：'莫愁调鼎事无功。'老于岩廊，酝藉不减。"这首词为陈尧佐感谢吕夷简"荐引之德"而作。

在春社、秋社之间的大好时光，千家庭院都飞来新燕，凤凰巢稳，并允许燕子作邻居。潇湘上烟暗日落，来得太晚，燕子纷纷飞入红楼，一会又飞向绿柳岸畔，碧水池边。画梁上的尘土不时被燕子拂落。燕子你为谁飞来又为谁飞去，情深恩重的主人，卷起珠帘，让燕子自由的飞进飞出。

本词首句中的二社指春社与秋社，这里主要指春社。词人以春天燕子的翩然来归，喻朝廷的济济人才，同时也寄寓词人对如同明媚春光的盛世的赞美与热爱。"凤凰巢稳许为邻"一句以凤凰形容邻居之巢，突出其华美与高贵，系象征手法的运用，象征朝廷恢弘盛大气象。"乱入红楼，低飞绿岸"二句，笔法细腻，体现出燕子心情的舒畅。结尾二句以主人喻吕夷简，以燕子喻自己。这种代燕子立言以表示对主人感激的象征手法，收到了极好的艺术效果。

这首词虽然格调不高，但在宋代词坛上别具艺术特色。该词以燕子自喻，有比兴，有寄托，曲笔抒深情，韵味无穷。

62. 九龙山

> 人生五马贵，山有九龙游。

解析

本句见于李贤《大明一统志》卷七十八，又见于万历《漳州府志》卷十三。

九龙山，在城北三十里，山北有九龙水，又有金溪水。

[①]珠帘卷：卷起珠帘让燕自由出入。

63. 偶成

千里好山云乍敛，一楼明月雨初晴。

解析

本句见于《青箱杂记》卷七《载酒园诗话》，又见于《宋诗纪事》卷四。《青箱杂记》记载："陈文惠未达时，尝作诗曰：'千里好山云乍敛，一楼明月雨初晴。'现此诗意，与李君异矣。然则文惠致位宰相，寿八十余，不亦宜乎。"按：李觏绝句："人言落日是天涯，望极天涯不见家。已恨碧山相掩映，碧山还被暮云遮。"魏庆之《诗人玉屑》卷四比此联作"玉壶含冰"，举为"洞彻"的典范。贺裳《载酒园诗话》卷一评此联："写酣适之景如见。"

64. 潮州召还

君恩来万里，客路出千山。

解析

本句见于《皇朝类苑》，又见于《宋诗纪事》卷四。

65. 送人越州

风樵若耶路，霜橘洞庭秋。

解析

本句由《宋诗纪事》卷四引于《类苑》。

66. 碧澜堂

争似碧澜堂上望，疏疏烟树漠汀洲。

解析

本句见于《舆地纪胜》湖州条下。

67. 送种放

供帐开天苑，传呼度国门。

解析

本句由《宋诗纪事》卷四引于《类苑》。

68. 送朱荆南

> 部吏百衔通爵里，从兵千骑过荆门。

解析

本句见于《古今诗话》，又见于《皇朝类苑》，《宋诗纪事》卷四。

宋李颀《古今诗话》记载："朱昂字举之，扬历清贵二十年，晚为工部侍郎，恳求归荆南，逾年方允……赐宴玉津园中，传旨令赋诗为送……陈文惠云……"引句如上。《宋诗纪事》作："郡吏百函通爵里，从兵千骑属櫜（gāo）鞬。"

69. 寄张太傅

> 青云歧路游将遍，白发光阴得最多。

解析

本句见于《中山诗话》，又见于《青箱杂记》卷八。

宋刘攽《中山诗话》记载："陈文惠尧佐以使相致仕，年八十，有诗云……构亭号佚老，后归政者往往多效之。"又，《青箱杂记》曰："本朝大官最享高年者凡三人，曰太傅张仕逊……皆寿至八十六；又二人次之，曰陈文惠公尧佐，至八十二……故文惠致仕以诗寄太傅曰……"

70. 句

> 相逢吟未足。

解析

本句见于《全宋诗》卷三十七。

71. 句

> 溪寒晚日红。

解析

本句见于《全宋诗》卷三十七。

72. 句

> 莫愁调鼎事无功。

解析

本句见于《全宋诗》卷三十七。

宋释文莹《湘山野录》卷中记载："文惠公极怀吕夷简荐引之德，无以形其意，因撰《燕词》一阕，携觞相馆，使人歌之……"

73. 句

门前碧浪家家海，树上青山寺寺云。

解析

本句见于《全宋诗》卷三十七。

74. 句

城中三亩宅。

解析

本句见于《全宋诗》卷三十七。

75. 句

公余莫放西湖景，步步苍苔岸岸松。

解析

本句见于《全宋诗》卷三十七。

第七节　尧佐堆墨

陈尧佐"点画肥重"的"堆墨书"，自成一体，人莫能及，为时人赞赏。本书收录其题留5则，拓图1幅，册文2篇。

刘攽《中山诗话》记载："陈文惠善堆墨书。与石少傅同在政府，石欲戏之。政事堂有黑饭床，长五六尺，石取白垩横堆其上，可尺余，谓公曰：'吾颇学公堆墨书。'陈闻之，甚喜。石顾小吏舁床出曰：'吾已能写口字。'陈为怅然。

"陈文惠公构堂号'佚老'，归政者多效之。喜堆墨书，深自矜负。善为四句诗。游长安佛寺题名，从者误侧砚污鞋。公性急，遂窒（掷）笔于其鼻，客笑失声。"

王辟之《渑水燕谈录》卷七记载："陈文惠公善八分书，变古之法，自成一家，虽点画肥重，而笔力劲健，能为方丈字，谓之堆墨，目为八分。凡天下名山胜处，碑刻题榜，多公亲迹，世或效之，而莫能及也。"

《宋史·列传·陈尧佐传》记载："善古隶八分，为方丈字，笔力端劲，老犹不衰。"

董史《皇宋书录》记载："陈文惠公善八分书，点画肥重，世谓之堆墨书。领郑州日，伶人戏以一大纸浓墨涂之，中以粉笔细书四点，问曰：'此何字也？'曰：'堆墨书田也。'公大笑。"

1. 燕誉亭

记载

"燕誉亭"，陈尧佐仕广东时所题。清人翁方纲《粤东金石略》卷五记载："'燕誉亭'三字为八分书，长宽俱一尺一寸，咸平四年夏陈文惠公书。其八分书最有名，点画浓重，世谓之堆墨书，今观此三字，信然。"咸平四年（1001）八月陈尧佐自潮州召还。潮州旧志称亭在城艮隅。然至清时已不可考，所题三字被勒于武溪深碑阴文。

2. 绍兴题名

记载

杜春生《越中金石记》卷二记载："陈尧佐题名共30字：'皇宋祠汾阴之再岁孟合中允来转运使陈尧佐书。'"刻高一尺六寸，广一尺四寸，五行，行六字，左行，正书，径三寸。宋真宗祠汾阴在大中祥符四年（1011），所谓"祠汾阴之再岁"，则为大中祥符五年。陈尧佐于元年出任两浙转运使，七年调任京西转运使。

3. 丹阳题名

记载

宋时丹阳为镇江府属县，题名在丹阳北门外观音山。韩崇《宝铁斋金石文跋尾》卷中记载："尧佐博古好学，善古隶，能为方丈大字，凡名山胜处，碑刻榜题，多公亲迹，然沧桑兵燹之余，世不多见也。""'玉乳泉'，三隶字，陈尧佐书，字径七寸，雄健古拙，从未著录。"另据《江苏金石志》卷八记载："拓本高一尺四寸，广四尺，分书一字一行，款正书。"由此可知，"玉乳泉"三大字为隶书，横排。"陈尧佐书"四字为楷书，竖排。

4. 登寺楼

记载

嘉庆《长垣县志》卷十四《艺文录下卷·诗》中，可以看到《全宋诗》失录的陈尧佐五言绝句《登寺楼》："晓日都门路，春风古寺楼。归心与吟意，自爱且迟留。"赵明诚《金石录》卷十五中还收录了该诗的碑刻拓印，碑刻的字体正是陈尧佐亲自书写的"堆墨书"。

陈尧佐墨迹

赏析

陈尧佐的书法布局大气沉稳，结体横向扩展，运笔秀美流畅，燕尾飘逸多姿。其字体风格既端庄刚正、遒劲有力，又精到细腻、一丝不苟，即使刻到了石碑上，那细细的游丝依然清晰可辨。

5. 洞霄宫

记载

邓牧《洞霄宫志》卷四记载："宋大中祥符壬子，陈文惠公尧佐典领漕职时表奏兴修官宇，改宫额。奉旨书'敕赐洞霄之宫'六字，堆金积玉，迥成一家体，观者异之。咸淳甲戌（1274）后不存矣。"大涤山位于浙江省余杭县西南十八里，山中栖真石室，为道家称为第三十四洞天，即所谓"大涤元盖之天"。其大涤洞为道教第七十二福地。据传，汉代元封三年（前112）于此洞投龙简为祈福之所。唐朝宏道初创建天柱观。宋真宗大中祥符年间，陈尧佐担任两浙转运使，游览过此山，并在大涤洞留有遗迹。

6. 庄懿皇太后谥册文

记载

徐松《宋会要辑稿·礼三十二》记载："仁宗明道元年二月二十六日，宸妃李氏薨，攒涂于嘉庆院。八日，诏大行皇太后山陵五使、修奉都监、总管，并兼园陵之名，命翰林学士冯元议谥号，西京作坊副使张永和为园陵按行使。

是后仪制同庄献明肃皇太后者，不重录。九日，命宰臣李迪撰《哀册文》并书，参知政事陈尧佐撰《谥册文》并书册宝。二十七日，翰林学士冯元请上尊谥曰'庄懿皇太后'。"

7. 皇帝受命册宝

记载

李焘《续资治通鉴长编》卷一百一十一记载："宋仁宗明道元年（1032）九月庚寅，重作宝册，命参知政事陈尧佐书皇帝受命册宝，参知政事薛奎书尊号册宝，宰臣张士逊书上为皇太子册宝，参知政事晏殊书皇太后尊号册宝，以旧册宝为宫火所焚也。既而有司言重作册宝，其沿宝法物，凡用黄金二千七百两，诏易以银而金涂之。二年正月十七日、景祐二年八月十七日可考。"

第八节　尧佐抚琴

陈尧佐早年投名师种放门下，除修养道德、钻研学术外，还苦练才艺、精通琴律，从他的诗文中可窥斑见豹。

记载

陈尧佐《独游亭记》："余既至，即辟公宇之东偏右垣之隅，建小亭焉，名曰'独游'。清江照轩，叠巘堆望，几案琴酒，轩窗图书。"

陈尧佐《林处士水亭》："城外逋翁宅，开亭野水寒。冷光浮荇叶，静影浸鱼竿。吠犬时迎客，饥禽忽上阑。疏篱僧舍近，嘉树鹤庭宽。拂砌烟丝袅，侵窗笋戟攒。小桥横落日，幽径转层峦。好景吟何极，清欢尽亦难。怜君留我意，重叠取琴弹。"

陈尧佐《杭州喜江南梅度支至》："淡薄交情老更浓，为君弹瑟送金钟。苎罗香径无时到，姑射仙姿在处逢。鸾鹤品流惭晚达，烟霞门户忆先容。公余莫放西湖景，步步苍苔岸岸松。"

解析

陈尧佐因言事切直，被贬为潮州通判。到潮后，辟地建独游亭，亭内置几案琴酒，笔墨图书。闲暇之余，或酌酒一杯，或抚琴一曲，或吟诗一首，好不惬意。

李焘《续资治通鉴长编》卷七十八记载："宋真宗大中祥符五年，钱塘人林逋，少孤力学，不为章句。性恬淡好古，不趋荣利，家贫衣食不足，晏如也。初泛游江湖间，久之，归杭州，结庐西湖之孤山，二十年足不及城市。转运使陈尧佐以其名闻，六月庚申，诏赐粟帛，长吏岁时劳问。"

《林处士水亭》即陈尧佐到林处士的竹篱茅舍作客时即兴而作的一首排律诗。诗歌除了细致刻画西湖及林处士水亭的美景外，还表达了陈尧佐对林翁深情款留的感激之情，"怜君留我意，重叠取琴弹"，他为主人弹了一曲又一曲。

陈尧佐与梅询交往不多，却在学识富瞻、忠勇敢言的共同点上互敬互重，其情"老更浓"。梅询刚到杭州就职，陈尧佐喜不自胜，连忙摆酒接风，弹琴相贺。

第九节　尧咨宏文

陈尧咨虽然在学问和品行上逊其二兄一筹，但他并非无才无能之徒。这位多才多艺的状元公亦有著述传世，据《东都事略》卷四十四记载，尧咨著有《治本》16篇，《渚宫》上、下编，均佚。四川大学整理的《全宋文》未见其文，本书收录其文8篇，现存原文2篇。

1. 观人文以化成天下

记载

徐松《宋会要辑稿·选举七》记载："真宗咸平三年三月十七日，帝御崇政殿试礼部奏名进士，内出《观人文以化成天下》赋、《崇德报功》诗、《为政宽猛先后》论题，得陈尧咨已下三百六十五人。"

原文

佚

2. 为政宽猛先后

记载

同上

原文

佚

3. 宋昭灵沈襄王庙记

记载

至大《金陵新志》卷十二下记载:"宋昭灵沈襄王庙记,陈尧咨作。"景定《建康志》卷三十三亦载:"昭灵沈襄王庙记,陈尧咨作。"

原文

佚

4. 玉虚洞记

记载

陆游《入蜀记》卷六记载:"玉虚洞在白狗峡兴山口五里许,过香溪昭君村一里余。""其绝异者,东石正圆如日,西石半规如月,予平生所见岩窦,无能及者。有熙宁中谢师厚、岑岩起题名,又有陈尧咨所作记,叙此洞本末。"

原文

唐天宝①中,猎者始得之。比②归,已夜,风急不可秉烛炬,然月明如昼,儿曹③与全师皆杖策④相从,殊不觉崖谷之险也。

5. 紫极宫崇饰奏

记载

徐松《宋会要辑稿·礼五》记载:"仁宗天圣元年(1023)九月,知秦州陈尧咨上奏。""诏从之,其妙胜院内天水池令常爱护。"

原文

秦州城中右道观名紫极宫,后为天庆观,置殿奉安圣祖像。近又奉诏于城北更修天庆观,亦有圣祖殿。其城北观元是古寿山寺,最为胜迹⑤,昨因造

---

①天宝(742—756):唐玄宗李隆基的年号,共计使用15年。
②比:及,等到。
③儿曹:儿辈。
④杖策:拄杖。
⑤胜迹:有名的古迹、遗迹。

观，标占三分之二。缘当州司有天庆观司。乞将观地依旧创寿山寺，余材木添修当州南山妙胜院。况本院有天水池，乃国家郡望，实宜崇饰①。

6. 宋修藏记
记载
嘉庆《湖南通志》卷二百零九记载："《宋修藏记》，陈尧咨撰，在胜业禅寺（《南岳总胜集》）。案陈尧咨曾以知制诰知潭州，见《宋史本传》，当在真宗时。"
原文
佚

7. 治本十六篇
记载
曾巩《隆平集》卷五记载："尧咨有文，著《治本十六篇》《诸宫上下编》②。"王称《东都事略·列传·陈尧咨传》记载："尧咨著《治本》十六篇，《渚宫》上下编，与兄尧叟、尧佐同时贵显，本朝最为盛云。"嘉庆《四川通志》卷一百八十四亦有载。
原文
佚

8. 诸宫上下编
记载
同上
原文
佚

---

①崇饰：装饰，修饰。《三国志·魏志·高堂隆传》记载："崇饰居室，士民失业。"
②编按：其他资料为《渚宫集》。

第十节　尧咨联句

崔端在《苏州四瑞联句诗序》中记载，陈省华知苏州时，陈尧咨到苏州省亲，曾与南阳茂才张君房对诗，"赓唱迭咏终宴，为联句律诗自十二韵至二十韵四章，凡五百八十言。"由此足见陈尧咨之才华，其绝非等闲之辈。然陈尧咨留下的诗文较之二兄为少，程瑞钊、史今律、郭邦万《陈尧佐诗辑佚注析》辑得其诗3首，北京大学整理的《全宋诗》卷三十七收录其诗4首，本书录其诗7首，实存5首。

1. 赠贺兰真人

偶分天命①过仙家②，松竹森森一径斜。
此地岂教尘俗爱，主人高论尽南华③。

解析

本诗见于道光《南部县志》卷三十，又见于乾隆《济源县志》卷十六、咸丰《陈氏族谱》。

贺兰真人，《宋史》有传，真宗朝著名道士，"始嵩山紫虚观，后徙济源奉仙观"。景德二年（1005）召赴阙，"真宗作二韵诗赐之，号宗玄大师"。真人，道家对修真"得道"或"成仙"之人的称谓。

毕沅《中州金石记》卷四记载："贺兰栖真敕书并诗序碑于天圣九年（1031）十月立，杨虚己行书。碑分三格：上格为敕书并诗；中格为张齐贤、陈尧咨诗；下格为序，汪仲询撰，序知县事裴德滋刻石之事也。杨虚己为当时书法家，习王羲之书，风格极似。时尧咨以右正言、知制诰为真人应召赴阙而作《赠贺兰真人》。"诗歌不仅描写了贺兰真人居处的清幽，更表达了作者对他的赞美与崇敬。

---

①天命：天神的意旨。"偶分天命"，即无意之中获此缘法。
②过仙家：来到贺兰真人修炼之所奉仙观。
③南华：庄子及其学说。唐玄宗天宝元年二月封庄周为"南华真人"，所著《庄子》，诏称《南华真经》。

2. 普济院

> 山远峰峰碧，林疏叶叶红。
> 凭栏对僧语，如在画图中。

解析

本诗由《宋诗纪事》卷七引于《会稽志》，又见于光绪《余姚县志》卷十一、《全宋诗》卷三十七。

普济院，题下原注"在余姚"，即四明山北麓。

陈尧咨的诗歌爽快明丽，平白如话，而不失诗意，这与他爽朗耿直的个性十分契合，文如其人。此诗描写了诗人与一位高僧交会于普济院，凭栏远望，秋日胜景尽收眼底，江山秀美，天清气爽，令人心旷神怡。

3. 题三桂亭

> 不夸六印满腰悬[①]，二顷仍寻负郭田[②]。
> 当日弟兄皆刷羽[③]，如今鸿雁尽摩天[④]。
> 扶疏已问新栽柳[⑤]，清浅犹寻旧漱泉[⑥]。
> 大尹今来还又去，夕阳旌旆[⑦]复翩翩。

解析

本诗由《宋诗纪事》卷七引于《陕西通志》，又见于《全宋诗》卷三十七，作于大中祥符八年（1015）二月尧咨由永兴军徙知河南府时。

三桂亭，《陕西通志》记载："在长安城南，宋谏议大夫陈公之别墅。三子尧叟、尧佐、尧咨皆登科，故亭因以名。大中祥符间，尧咨知永兴军，书诗

[①]六印满腰悬：战国时，苏秦曾联合六国抗秦，为合纵长，兼佩六国相印。
[②]负郭田：靠近城郭的田地。《史记·苏秦列传》记载："且使我有洛阳负郭田二顷，吾岂能佩六国相印乎？"
[③]刷羽：鸟类用喙梳理羽毛，喻人勤奋治学，准备腾飞。
[④]鸿雁尽摩天：鸿雁，善飞之鸟。大者为鸿，小者为雁。时陈尧叟为相，陈尧佐为转运使，陈尧咨为龙图阁直学士，故以鸿雁之高飞入云喻兄弟三人壮志得酬。
[⑤]扶疏已问新栽柳：扶疏，繁茂纷披貌。新栽柳，以三桂亭手栽绿柳喻指由他们栽培、扶持的芸芸后生。
[⑥]旧漱泉：在四川省南部县大桥镇三陈故里。此联隐含"后继有人，遂萌生急流勇退"之意。
[⑦]旌旆（jīng pèi）：即旌旆，旗帜。

于碑,至今犹存。"

陈尧咨的诗歌,与他两位兄长的诗歌相比较,更多的是字里行间透出的一股股难以抑制的爽朗豪放之气,撇开了诸多的"文气"。本诗叙写兄弟三人均不负少年时的远大理想,金榜题名,意气风发,现今都为朝廷重臣,为君王分忧担责。然江山代有人才出,自己应该急流勇退,去过少年时光那无忧无虑的生活,从侧面透露出诗人对繁琐政事的些微倦怠。

4. 草堂寺诗

□□□迹□禅关,□殿清虚桧①影间。
客□□临来此境,僧□兴废指前山。
醉闻溪溜吟怀□,坐对岚峰②世虑闲。
他日功成重游赏,烟霞③风物异尘寰。

解析

本诗见于《全宋诗》卷三十七,应是年轻未发迹之时所作。

全诗虽是写景状物之作,在草堂寺外的山间赏景游玩,品酒吟怀,放浪行迹,醉心烟霞风物、清幽佳景,但并不仅仅于此,诗人总是不忘内心的理想抱负,抒发自己一定实现远大抱负、功成名就之后,将故地重游,结语再次突出了草堂寺一带的胜景,令人流连忘返。

5. 题石牛坪

怪石巍巍④恰是牛,山中独卧几千秋。
青草齐眉难下口,牧童敲角不回头。
风吹遍体无毛动,雨打横身以汗流。
至今鼻上无绳缆,天地为栏夜不收。

解析

本诗见于咸丰《陈氏族谱》,应是陈尧咨青少年时代的作品。

该诗开阔豪放,写石牛坪的巍巍怪石,宛如石牛,横卧千秋,不吃青草,风吹无毛动,雨淋若汗流,广阔的天地是牛栏,想象奇异,不失童真,明白

---

①桧(guì):常绿乔木,木材桃红色,有香气,可作建筑材料。亦称"刺柏"。
②岚峰:雾气缭绕的山峰。
③烟霞:烟雾,云霞。泛指山水、山林。
④巍巍:高大壮观的样子。

晓畅，朗朗上口。

6. 四瑞联句诗

崔端《苏州四瑞联句诗序》记载："以进士陈公（名尧咨）与南阳茂才张公（名君房，字尹方）诗敌者也。丁酉孟夏之夕，会宿于郡斋，酒酣据席，言及四瑞，且曰：'非笔墨无以纪郡政，而颂圣德。'由是，赓唱迭咏终宴，为联句律诗自十二韵至二十韵四章，凡五百八十言。"

原诗

佚

7. 崇德报功

徐松《宋会要辑稿·选举七》记载："真宗咸平三年三月十七日，帝御崇政殿试礼部奏名进士，内出《观人文以化成天下》赋、《崇德报功》诗、《为政宽猛先后》论题，得陈尧咨以下三百六十五人。"

原诗

佚

第十一节　尧咨书宝

受到良好家风家教的影响，陈尧咨精于书法。本书收录其题留1方，书宝1幅。

1. 玉虚洞记

记载

陆游《入蜀记》卷六记载："其绝异者，东石正圆如日，西石半规如月，予平生所见岩窦，无能及者。有熙宁中谢师厚、岑岩起题名，又有陈尧咨所作记，叙此洞本末，云唐天宝中，猎者始得之。比归，已夜，风急不可秉烛炬，然月明如昼，儿曹与全师皆杖策相从，殊不觉崖谷之险也。""洞门崖石之下有一碑，记唐时洞的发现，乃陈尧咨《玉虚洞记》，为尧咨知荆南府而作。"

王象之《舆地纪胜》卷七十四记载："玉虚洞在兴山县南五十里。唐天宝五年有人遇白鹿于此山，薄而窥之，乃有洞可容千人，周迥石壁隐出异文，成龙虎之形、花木之状，日居左而圆，月居右而阙，如磨如琢若画，颜色鲜丽，不可备述，中有石座者三，莹然明月，有石乳自上滴下，结成物象，列之前后，宛若幢世，皆温润如玉，因谓之玉虚洞。三伏之际，凛若九秋，郡守奏其状，乃于洞之侧置观，御赐题额，度道士七人。"

2. 皇太子宝

记载

李焘《续资治通鉴长编》卷九十二记载："宋真宗天禧二年（1018）八月乙巳，以翰林学士晁迥为册立皇太子礼仪使，命秘书监杨亿撰皇太子册文，知制诰盛度书册，陈尧咨书宝。"

第十二节　尧咨善射

陈尧咨虽然仕宦和文学不及两个哥哥，但其箭术精湛，天下无双，人称"小由基"。

记载

欧阳修《归田录》卷一记载："陈康肃公尧咨善射，当世无双，公亦以此自矜。尝射于家圃，有卖油翁释担而睨之，久而不去，见其发矢，十中八九，但微颔之。康肃公问曰：'汝亦知射乎？吾射不亦精乎？'翁曰：'无他，但手熟尔。'康肃忿然曰：'尔安敢轻吾射？'翁曰：'以我酌油知之。'乃取一葫芦置于地，以钱覆其口，徐以杓酌油沥之，自钱孔而入，钱不湿。因曰：'我亦无他，惟手熟尔。'康肃笑而遣之。此与庄生所谓解牛斫轮者何异？"

王辟之《渑水燕谈录》记载："陈尧咨善射，百发百中，世以为神，常自号'小由基'。及守荆南回，其母冯氏夫人问：'汝典郡，有何异政？'尧咨云：'荆南当要冲，日有宴集，尧咨每以弓矢为乐，坐客罔不叹伏。'母曰：'汝父教汝以忠孝辅国家，今汝不务行仁化，而专一夫之伎，岂汝先人之志耶。'杖之，碎其金鱼。"

李焘《续资治通鉴长编》卷一百零五记载："尧咨善射，尝取钱为的，一发贯其中。于兄弟间最为少文，任气节。真宗尝欲授以武职，尧咨母不可，乃止。"

朱熹《名臣言行录》记载："陈尧咨精于弧矢，自号'小由基'。"

赏析

由基即养由基，春秋时楚国将领，中国古代著名的神射手，相传他能在百步之外射穿作标记的柳叶，也曾一箭射穿七层铠甲。"百发百中""百步穿杨"的典故都出自养由基这里。陈尧咨箭术之精湛，武艺之高超，不仅欧阳修在"卖油翁"中有交代，宋代文人文莹在《湘山野录》卷中也有佐证："真宗欲择臣僚中善弓矢、美仪彩，伴虏使射弓。时双备者惟陈康肃公尧咨可焉，陈方以词职进用。时以晏元献为翰林学士、太子左庶子，事无巨细皆咨访之。上谓晏曰：'陈某若肯换武，当授与节钺，卿可谕之。'时康肃母燕国冯太夫人尚在，门范严毅。陈曰：'当白老母，不敢自辄。'既白之，燕国命杖挞之，曰：'汝策名第一，父子以文章立朝为名臣。汝欲叨窃厚禄，贻羞于阀阅，忍乎？'因而无报。"虽然陈尧咨最终没能换成武职，但他"善弓矢、美仪彩"，确实名不虚传。

第五章　仕宦行迹

宋太宗至道三年（997），定天下为十五路，"陈氏四令公"从江南水乡到塞北边陲，从泰山之巅到大海之滨，涉足其中的陕西路、河东路、河北路、京东路、京西路、峡西路、西川路、荆湖北路、荆湖南路、淮南路、江南路、两浙路、广南西路、广南东路。一些地方行政区域，其父子还多次主政。

本章以地理志、地方志资料为主干，辅以图片、影像资料，以父子从政的时间先后为序，按宋朝行政区划，先对该区域建制沿革进行简单介绍，再罗列史料记载，最后插附现存遗迹图像。每一遗址先罗列人物，再罗列景物。同一史料，时近、级高者优先。

第一节 漱玉阆州

阆州夏属梁州,商为巴方,周属巴子国。秦灭巴后,置巴郡,治阆中(后移治江州)。东汉析为巴、永宁、固陵3郡,建安六年(201),改为巴西郡,复移治阆中,辖阆中、安汉、垫江、宕渠、宣汉、汉昌、南充国、西充国8县。东晋义熙九年(413),置北巴西郡。梁武帝天监八年(509),于北巴西郡置南梁北巴州。西魏废帝二年(553),改为盘龙郡(州、郡治阆中),改南梁北巴州为隆州。隋大业三年(607),改隆州为巴西郡。唐武德元年(618),复改巴西郡为隆州,辖阆中、南部、苍溪、奉国、仪陇、大寅、南充、相如、西水、晋城、新井、思恭12县。唐开元元年(713),为避玄宗讳,改隆州为阆州。唐天宝元年(742),改阆州为阆中郡。唐乾元元年(758),复改阆中郡为阆州。北宋沿用,宋真宗咸平四年(1001)前隶属峡西路,宋真宗咸平四年后隶属利州路,辖阆中、南部、苍溪、西水、新井、晋安、新政、奉国、歧平9县。阆州是"陈氏四令公"出生、成长、学习之地,是陈省华立室和初仕之地。

一、南充市南部县大桥镇

大桥镇,四川省南充市南部县辖镇,位于南部县城西约45公里处,为北宋阆州新井县县治。

秦末建场,西汉初(前206)置充国县,为巴郡11县之一,治地在今大桥镇东北14公里处。东汉初并入阆中县,和帝永元二年(90)复置;献帝初平四年(193),分充国县置西充国县、南充国县。建安六年(201),刘璋改原巴郡为巴西郡。南朝宋元嘉八年(431),在原巴西郡地立北巴西部郡,改南充国县为南国县、西充国县为西国县,同属北巴西郡。梁武帝天监二年(503),改南国县为南部县。天监八年(509),于北巴西郡置南梁北巴州。西魏废帝二年(553),改南梁北巴州为隆州、改北巴西郡为盘龙郡(州、郡治阆中)。隋大业三年(607),罢隆州置巴西郡。唐武德元年(618),改巴西郡为隆州,析南部、晋安2县地置新井县。唐开元元年（713），避玄宗讳改隆州为阆州，辖县不变。宋初沿袭，隶属峡西路。宋真宗咸平四年（1001），析西川、峡西路，置益、梓、利、夔4路，新井县隶属利州路阆州。

新井县是四令公出生及启蒙地。

行迹

黄廷桂《四川通志》卷二十六记载："充国故城，在县西北，汉置晋废。（《寰宇记》：充国故城，新井县东北二十八里，东北去阆州六十里，后废。）"

道光《保宁府志》卷十五记载："南部县，充国故城，在县西北。《通志》按充国县，见《汉志》，而《后汉志》作永元二年分阆中置，盖后汉初省入阆中，和帝复置也。《寰宇记》：在新井县东北二十八里，去阆州六十里，李雄乱后，遂废。"

《同治增修南部县志》卷二记载："充国故城，在县西北。（《通志》：按充国县，见《汉志》，而《后汉志》作永元二年分阆中置。盖后汉初省入阆中，和帝复置也。《寰宇记》：在新井县东北二十八里，去阆州六十里。李雄乱后，遂废。）"

万历《四川总志》卷十一记载："废新井县，阆中东七十五里，亦汉充国县地，唐置新井县，以县多盐井故名，元并入南部。"

黄廷桂《四川通志》卷二十六记载："新井废县，在县西六十里，唐置。（《旧唐志本》：汉充国县地，武德元年分南部、晋安二县置，属阆州。《寰宇记》：在州南九十里，县界有盐井，因名。宋因之，元并入南部。）"

道光《保宁府志》卷十五记载："新井废县，在县西六十里。《旧唐志》：汉充国县地。武德元年，分南部、晋安二县置。《寰宇记》：在阆州西南九十里，县界有盐井，故名。宋因之。《元志》：至元二十年，并入南部。"

《同治增修南部县志》卷二记载："新井废县，在县西九十里。（《旧唐志》：汉充国县地。武德元年，分南部、晋安二县置。《寰宇记》：在阆州西南九十里。县界有盐井，故名。宋因之。《元志》：至元二十年，并入南部。）"

王举正《陈公（省华）神道碑铭并序》记载："公讳省华，字善则，其先颍川人。妫满受封，权舆胙姓。隐耀储祉，才英间出，纷纶卓荦，熏灼方册。曾王父讳翔，唐末补并门记室，王建守益部，□□幕下。

时建恃险，□□□□□记□讽以大义，建不能用，投劾谢□，遂为□□□□□□□□□。王父讳诩，仕蜀为遣运使。严考讳昭汶，抗志遁俗，林卧家食。奕世令德，兹焉发祥，累赠俱跻极品。"

欧阳修《陈公（尧佐）神道碑铭并序》记载："自公五世以上为博州人。皇高祖翔，当五代时，为王建掌书记，建欲帝蜀，以逆顺祸福譬之，不听，弃官遁于阆州之西水，遂为西水人。皇曾祖齐国公讳诩，皇祖楚国公讳昭汶，皇考秦国公讳省华，皆开府仪同三司、太师、尚书令兼中书令。自翔已下三世不显于蜀，至秦公始事圣朝，为左谏议大夫。其配曰燕国太夫人冯氏。"

吴任臣《十国春秋》卷四十二《前蜀八》记载："陈翔，博州人。高祖镇西川，辟翔掌书记。已而，出为新井令。梁既篡唐，高祖欲自立为皇帝，翔反复以逆顺祸福譬之。不听，遂弃官隐阆州之西水，终焉。"

陈鳣《续唐书》卷六十二记载："陈翔，博州人。建镇西川，辟翔掌书记。已而，出为新井令。朱全忠既篡唐，建欲自立为皇帝，翔反复以顺逆祸福譬之。不听，遂弃官隐阆州之西水，终焉。"

《同治增修南部县志》卷十三记载："陈翔，博州人。王建镇西川，辟翔掌书记，已而，出为新井令。梁既篡唐，建欲自帝，翔反复以逆顺祸福譬之，不听，遂弃官隐阆中之西水，终焉。"

咸丰《南部县乡土志·政绩录》记载："陈翔，河朔博州人，王建镇西川，辟翔掌书记。已而，出为新井令。梁既篡唐，建欲自帝，翔反复喻以顺逆祸福，不听。遂弃官，隐阆之西水，以终，省华具后裔也。"

咸丰《蜀北陈氏族谱》记载："陈诩，字廷臣；陈昭汶，字信顺。"

嘉靖《保宁府志》记载："陈省华，字善则，其先河朔人，高祖翔，令新井，因家焉，遂为阆中人。《旧志》为南部人。"

嘉庆《四川通志》卷一百四十七记载："陈省华，其先河朔人，高祖翔为蜀新井令，因家焉。"

嘉庆《四川通志》卷一百四十记载："陈省华，以子尧佐贵，赠太子少师，秦国公。陈述古，以父尧佐贵，官至太子宾客。陈博古，以父尧佐贵，官大理评事、馆阁校勘。陈求古，以父尧佐贵，官比部员外郎。陈道古，以父尧佐贵，官虞部员外郎。"

道光《南部县志》卷十五记载："宋，陈省华，字善则，其先河朔人，祖翔为新井令，因家焉。蜀平，授陇城主簿，累迁栎阳令。县之郑白渠为邻邑强族所据，省华尽去壅遏，水利均及，民赖之。徙楼烦令。端拱二年，太宗亲试进士，子尧叟登甲科，入谢，辞气明辨，太宗顾左右曰：'此谁子？'王沔以省华对，即召省华为太子中允，俄判三司，拜盐铁判官，迁殿中丞。河决郓州，命省华领州事，俄为京东转运使，超拜祠部员外郎，知苏州，赐金紫。时遇水灾，省华复流民数千户，殍者悉瘗之，诏书褒美。历户部、吏部员外郎，改知潭州。省华有吏干，入掌左藏库，判吏部南曹，擢鸿胪少卿。景德初，权知开封府，转光禄卿。旧制，卿监坐朵殿，太宗以省华权莅京府，别设其位。省华以府事烦剧，请禁宾友相过，从之。未几，因病求解任，拜左谏议大夫。表乞骸骨，不许，手诏存问，亲阅方药赐之。三年，卒，赠太子少师。"

咸丰《南部县乡土志·耆旧录》记载："陈省华，字善则，其先河朔人，曾祖翔为新井令，因家焉。蜀平，授陇城主簿，累迁栎阳令。疏郑白渠，水利均及。端拱二年，因子尧叟登第，召为中允，判三司，改盐铁判官，迁殿中丞。河决郓州，命领州事，拜祠部员外，知苏州。遇水灾，省华复流民数千户，殍者悉瘗之，诏书褒美。景德初，权知开封府，转光禄卿。卿监坐朵殿，太宗以省华权莅京府，别设位。未几，因病求解任，上手诏存问，亲阅方药赐之。三年，卒，赠太子少师。余详《宋史列传》。"

祝穆《方舆胜览》卷六十七记载："陈尧叟文忠公、尧佐文惠公、尧咨康肃公，皆新井人。尧叟、尧咨皆状元及第，而尧佐登宰辅，人皆谓'陈氏三公'。先是，三陈未第时访华山陈抟，谓之曰：'三子皆将相才，仲子，伯季不逮也。'父省华致仕闲居，宾至则三子衣金紫①侍立。"

王象之《舆地纪胜》卷一百八十五记载："陈尧叟、陈尧佐、陈尧咨，尧叟文忠公、尧佐文惠公、尧咨康肃公，皆新井人。尧叟、尧咨皆状元及第，而尧佐登宰辅，人谓'陈氏三公'。三陈未第时，访华山陈抟。抟谓之曰：'三子皆将相才，仲子，伯季所不逮也。'父陈省华致仕闲居，宾至则三子衣金紫侍立。"

嘉靖《保宁府志》记载："陈尧佐，新井人，端拱元年陈宿榜。见乡贤。（注：陈宿，应为'程宿'。又：道光府志载为叶齐榜。又按：《八闽通志》载：叶齐字思可。建阳人。端拱初，举进士下第，有旨复试，齐擢第一。是年，礼部放进士榜，状元程宿）。陈尧叟，尧佐兄。端拱二年省试、廷试皆第一。见乡贤。陈尧咨，尧佐弟，进士第一。见乡贤。"

天启《新修成都府志》卷五十六记载："蜀士在宋世三元三人，陈尧叟、

---

①金紫：金鱼袋及紫衣，唐宋的官服和佩饰，因亦用以指代贵官。

杨寘、何涣也。亦可谓盛矣，而志不载。"

康熙《广东通志》卷十四记载："陈尧叟，字唐夫，蜀新井人。端拱二年登甲科，解褐光禄寺丞、直史馆，与父省华同日赐绯。迁秘书丞、广南西路转运使。至道中，知端州，后拜右仆射，卒赠侍中，谥曰'文忠'。"

嘉庆《四川通志》卷一百二十二记载："端拱二年己丑科陈尧叟榜，陈尧叟，阆州人，状元。"

道光《保宁府志》卷三十六记载："宋端拱元年戊子科叶齐榜，陈尧佐，阆州人，一甲十六人；端拱二年己丑科陈尧叟榜，陈尧叟，阆州人，状元。"

道光《南部县志》卷十四记载："端拱元年戊子科叶齐榜，陈尧佐；端拱二年己丑科陈尧叟榜，陈尧叟；淳化三年壬辰科孙何榜，是科始糊名分校，陈尧封、陈渐；咸平三年庚子科陈尧咨榜，陈尧咨；景德二年乙巳科李迪榜，陈师古；景祐元年甲戌科张唐乡榜，陈宗古、陈博古。"

《同治增修南部县志》卷二十三记载："陈翔，河朔人，为新井令，遂家焉。殁，葬土主庙侧。省华，其后裔也。"

道光《南部县志》卷二记载："宋陈信顺墓，在县西北九十里，坟前三石笋。陈省华及燕国夫人墓，在县西南积庆寺山下。陈尧叟墓，在县东南崟子山。陈尧佐墓，在板桥寺天马山下。陈尧咨墓，在李封观山麓，去县一百八十里。"①

《同治增修南部县志》卷二记载："陈信顺墓，在县西北九十里，坟前三石笋。"

咸丰《陈氏族谱》记载："溯其先祖多葬于新井县土主庙侧。今之石笋，即其地也。"

《陈氏历代实录》记载："唐末翔公为新井令，因家焉，追孙省华公生三子，皆显贵。瑞生三石笋，在南部县西九十里新井废县侧，自翔公为新井令，遂家于此，省华公与其子俱世守之。"

---

①编按：王举正《陈公（省华）神道碑铭并序》记载："以是年（1006）七月二十七日归□□郑州新郑县临浦乡抱章山之侧。"曾巩《隆平集》卷五记载："四年（1044）卒，赠司空兼侍中，谥文惠，后事皆豫备，自志其墓曰：'有宋颍川生尧佐，字希元，号知余子，寿年八十二不为夭，官一品不为贱，使相纳禄不为辱，三者粗可归息于父母栖神之域矣。'"李贤《大明一统志》卷二十六记载："陈省华墓，在新郑县北三十里。省华，宋人，子尧佐、尧叟、尧咨皆葬墓侧。"嘉靖《河南通志》卷十九记载："陈省华墓，在新郑县北三十里，省华秦国公，子尧佐、尧叟、尧咨、孙希古、学古、曾孙知俭、玄孙琦皆葬此。"

道光《保宁府志》卷十四记载："南部县，宋陈尧叟墓在县西北八十里，尧佐、尧咨墓皆在其旁。《县志》：尧叟墓在县东南四十里，尧咨墓在县西三十里，宋三陈母冯氏墓在县西二十里。"①

黄廷桂《四川通志》卷二十六记载："陈氏石室，在废新井县，宋陈尧叟兄弟读书处，其地有三石笋，相传三陈读书于此，平地突出此石。"

《大清一统志》卷二百九十八记载："陈氏石室，在南部县西，宋陈尧叟兄弟读书处。"

嘉庆《四川通志》卷五十一记载："陈氏石室，在县西废新井县，宋陈尧叟兄弟读书处，其地有三石笋，相传三陈读书于此，平地突出此石。"

道光《保宁府志》卷十五记载："陈氏石室，在县西废新井县，宋陈尧叟兄弟读书处，其地有三石笋，相传平地突出。川北道黎学锦题'宋三陈瑞笋处'。"

道光《南部县志》卷二记载："陈氏石室，在县西废新井县，宋陈尧叟兄弟读书处，其地有三石笋，相传平地突出，川北道黎学锦题'宋三陈瑞笋处'。"

《同治增修南部县志》卷二记载："陈氏石室，在县西废新井县。宋陈尧叟兄弟读书处。其地有三石笋，相传平地突出。川北道黎学锦题'宋三陈瑞笋处'。

"漱玉岩，在县西南九十里，古新井县旧地，即陈氏石室岩。上刊"漱玉岩"三大字。岩中题咏颇多，详《艺文》。"

《同治增修南部县志》卷二记载："龙桥，在县西九十里漱玉岩前。

"龙泉寺，在县西九十里。

"将相堂。（宋陈氏致仕建，今毁。）"

道光《保宁府志》卷十五记载："清风楼，在县东，宋蒲宗孟建，家多书，创此楼以贮之。"

《同治增修南部县志》卷二记载："清风楼，在县东，宋蒲宗孟建。家多书，创此楼以贮之。

"清风阁。（宋学士蒲宗孟积书之所，有铭曰：'寒可无衣，饥可无食，书不可一日失。'今毁。）"

道光《南部县志》卷二记载："佛耳岩，即古明月楼，在县西大桥场侧，

---

①编按：同上。

古洞络绎。"

《同治增修南部县志》卷二记载:"佛耳岩,即古明月楼,在县西大桥场侧。古洞络绎,石象森严,岩如半月形。外七小峰如星。侧有花鼓园石,鼓高丈余。进士邓作弼有句云:'七点星峰缠半月,一园花鼓枕双流。'

"金鱼山,在县西九十里。

"金鱼河,在县西九十里,宋陈母杖击金鱼处。

"金鱼桥,在县西南九十里。宋陈尧咨致仕归,母冯氏问咨:'典名藩,有何异政?'答云:'过客以儿善射。'母怒曰:'不能以孝报国,一夫之技,岂父训哉!'击以杖,堕所佩金鱼,故名。"

道光《保宁府志》卷十记载:"南部县金鱼桥,在县西南二里,宋陈尧咨致仕归,母冯氏问咨:'典名藩,有何异政?'答云:'过客以儿善射。'母怒曰:'不能以孝报国,一夫之技,岂父训哉!'击以杖,堕所佩金鱼,故名。"

《同治增修南部县志》卷二记载:"咸泉,在金鱼河畔。道光四年,桥下有人捕鱼,见一井,井口如饼,内广丈余,四围皆木板,水咸,甚深,无际。井中皆金色鱼。数百年流沙未塞,人咸叱异。古新井县,疑即以此得名与?

"虎覆山,在县西一百二十里,形似虎伏于地。"

嘉靖《保宁府志》记载:"思乡泉,在县西二十里积庆寺下。相传,陈母冯氏在汴京病甚,思饮此水,太后闻之,遣使来取,旬日而至,饮之遂愈,故名。"

《同治增修南部县志》卷二记载:"思乡泉,在县西一百二十里虎覆山腰进士坪。相传陈母在汴,思乡而病,取此泉饮之遂愈,故名。(按《郡志》,在县北十里,指古新井县言也。)"

祝穆《方舆胜览》卷六十七记载:"慈光院,寇平仲过新井——留题海棠诗:春风花杂满栏香,尽日幽吟叹异常。翻笑牡丹虚得地,玉阶闲落对君王。"

《同治增修南部县志》卷二记载:"火峰山,在县西九十里。山腰有石,长数丈,坚可取火,因名。

"三洞桥,在县西九十里。

"大桥,在县西南九十里。"

黄廷桂《四川通志》卷二十六记载:"二龙里,在废新井县,唐任畹、任畴所居。"

《大清一统志》卷二百九十八记载："二龙里，在南部县西新井废县，唐任畹、任畴所居。"

道光《保宁府志》卷十五记载："二龙里，在县西新井废县，唐任畹、任畴所居。"

《同治增修南部县志》卷二记载："二龙里，在县西新井废县，唐任畹、任畴所居。

"鼓楼山，在县西九十五里。下有丰盈铺遗址。"

黄廷桂《四川通志》卷二十六记载："谯王城，在县西新井废县之北二十里，谯纵所筑。"

道光《保宁府志》卷十五记载："谯王城，在县西新井废县北二十里，谯纵所筑。"

《同治增修南部县志》卷二记载："谯王城，在县西新井废县北二十里，谯纵所筑。"

祝穆《方舆胜览》卷六十七记载："兰登山，在新井县东二十里。相传严君平隐居于此。"

《同治增修南部县志》卷二记载："兰登山，在县西南五十里。严君平隐居此，有'朝游蓬汉，暮宿兰登'之句。山三面峻绝，俯临西江，中有君平洞，上有崇福观。"

《同治增修南部县志》卷二记载："马跑泉，在县西百二十里。相传汉桓侯经此，兵马渴甚，马于平地跑泉，因名。

"太字山，在县西一百二十里。形如太字，因名。

"清廉桥，在县西一百二十里。（前明柳边驿驿丞叶公捐廉劝修，故名。）

"四姓桥，在县西一百二十里。（以上二桥皆庠生范景华独捐培修。）

"封銮寺，在县南百里。始号伊蓝寺，宋大中祥符二年，真宗赐额勒封封銮寺。"

瑞笋堂

金鱼桥

古新井县八景图

第五章 仕宦行迹

陈翔神道碑

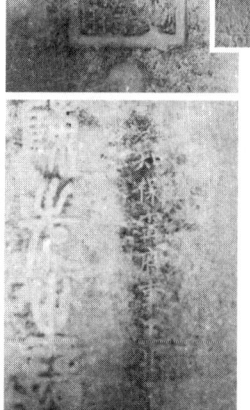

南部知县题"瑞笋处"碑

保宁知府题"宋三陈兄弟读书处"碑

漱玉岩诗碑

二、南充市南部县黄金镇

黄金镇，四川省南充市南部县辖镇，位于南部县城西南部，距县城13公里，为北宋阆州南部县富井镇。

西汉初（前206）置充国县，为巴郡11县之一。献帝初平四年（193），分充国县置南充国县，为巴郡15县之一，治今南隆镇。建安六年（201），刘璋改巴郡为巴西郡。南朝宋元嘉八年（431），在原巴西郡地立北巴西部郡，改南充国县为南国县，属北巴西郡。梁武帝天监二年（503），改南国县为南部县，仍属北巴西郡。大同中（535—546），在南部县置南部郡，仍属南梁北巴州。西魏废帝二年（553），改南梁北巴州为隆州，改北巴西郡为盘龙郡，改南部郡为新安郡，领南部1县。北周孝闵帝元年（557），南部县属盘龙郡。隋开皇三年（583），隶隆州。大业元年（605），罢隆州置巴西郡，唐武德元年（618），改巴西郡为隆州，南部县先后属之。武德四年（621），析南部、相如2县地置新城县，后避太子讳更名新政县（治今仪陇县新政镇）。其时，南部、晋安、新政、新井、西水5县均隶隆州。先天元年（712），避玄宗讳改隆州为阆州，辖县不变。宋初沿袭，宋真宗咸平四年（1001）前，隶属峡西路阆州，咸平四年后隶属利州路阆州。

南部县黄金镇为陈母冯氏娘家。

行迹

王举正《陈公（省华）神道碑铭并序》记载："□□冯氏柔□□□□□□□□□□□以严以□荐绅之谈，谓之孟母。年八十□□□□□□□□□五岁终，□封燕国太夫人。"

嘉靖《保宁府志》记载："冯氏，南部人，陈省华妻。多智术、有贤行，教子以礼法。以尧叟贵，封鄅国夫人[①]。侍内宴，误取金桃，连皮食之，太后笑曰：'当去皮。'冯对曰：'妾往年梦金桃带皮食，次子叨恩状头；前年又梦食带皮金桃，长子复叨恩状头；今季子来京应试，妾特食之，想必不失甲科。'后（后，太后）喜，取食之。宫女亦争取食之。期年，得皇子数人。时

[①] 编按：王举正《陈公（省华）神道碑铭并序》记载："□□冯氏柔□□□□□□□□□以严以□，荐绅之谈，谓之孟母，年八十□□□□□□□□□五岁终，□封燕国太夫人。"

人谓之'金桃瑞'。尧咨是岁果及第。后守荆州，冯曰：'汝典名藩，有何异政？'对曰：'州当孔道①，过客见儿善射，皆叹为小养由基。'冯怒曰：'不行仁政化民，特专一卒之技，岂尔父忠孝之训哉？'（氏）以杖击之，金鱼坠地。上闻之曰：'勿易。'以旌母德。《旧志》。"

雍正《四川通志》卷十一上记载："保宁府，宋冯氏，南部人。陈省华妻，教子谨严，以尧叟贵，封鄘国夫人。尧咨及第后守荆州归省，冯曰：'汝典名藩，有何异政？'对曰：'州当孔道，过客见儿善射，皆叹为小由基。'冯怒曰：'不行仁政化民，特专一卒之技，岂尔父忠孝训哉？'击以杖，坠其金鱼。上闻之曰：'勿易。'以旌母德。"

嘉庆《四川通志》卷一百六十九记载："宋陈省华妻冯氏，《宋史陈尧叟传》。母冯氏性严，尧叟事亲孝谨，怡声侍侧，不敢以贵自处。家本富，禄赐且厚，冯氏不许诸子事华侈。景德中，尧叟掌枢机，弟尧佐直史馆，尧咨知制诰，与省华同在北省，诸孙任官者十数人，宗亲登科者又数人，荣盛无比。宾客至，尧叟兄弟侍立省华侧，客不自安，多引去。旧志登枢近者，母妻即封郡夫人。尧叟以父在朝，母止从父封，遂以妻封表让于母，朝廷按制不许，父既卒，帝欲褒封其母，以问王旦，旦曰：'虽私门礼制未阕，公朝降命，亦无嫌也。'乃封上党郡太夫人，进封滕国，年八十余无恙，后尧叟数年卒。"

《同治增修南部县志》卷二十记载："冯氏，陈省华妻，性严。子尧叟等怡声侍侧，不敢以贵自处。家本富，禄赐且厚，冯氏不许诸子事华侈。景德中，封上党郡太夫人，进封滕国。年八十余，无恙卒。《东都事略》记载：'尧咨善射，知荆南时，母冯氏问曰："古人居一郡一邑，必有异政，汝典郡，有何治效？"尧咨曰："荆南当冲要，郊劳宴饯，迄无虚日，然稍精于射，众无不服。"冯氏曰："汝父训汝以忠孝俾辅国家。今不务仁政善化，而专卒伍一夫之技，岂汝先人之意耶？"杖而击之，所配金鱼堕地。'"

张守约《积庆院记》记载："阆之南部西二十里曰富井，环居士族，皆上党之冯也。里有院曰'积庆'，即冯氏之先所以崇奉浮图之地。冯为三陈外家，三陈为先朝鼎辅②。余自廿岁闻故父老言曰：'阆中陈氏外家之贤，人曰"慈母教子，金鱼坠地"。'初未知其详，及备员③古集，会良山令冯彦升以

---

①孔道：大道，四通八达的要道。
②鼎辅：执政的大臣，一般指宰相，泛指达官贵人。
③备员：充数，凑数。《史记·平原君虞卿列传》记载："愿君即以遂（毛遂）备员而行矣。"

居忧寄迹学馆,与处期年,纤悉①前事,因间道前事积庆所以肇基得名之由,辅臣母子教子之功,而圣恩优异,迥出等伦。至于梵刹修建,则甚称院僧海蕴之劳。余尝约游其地,而未能也。比②飞笺属③余为之记,余昔所闻,其何以辞?谨按真宗皇帝景德三年十二月,枢密文忠公奏请曰:'般若院岩麓幽奇,村落崇奉,原是臣外祖所尝,乞赐名额。'考冯氏乃文忠公之母。考乘知,文忠公外祖即彦升六世祖也。院之肇基,盖见于此。真宗既允请,遂以'积庆'赐名,仍命臣尧佐挥翰以揭额。至今奉敕之书,俨然于院。则善积而庆余者,端以表其外家也。院之得名,盖见于此也。"

嘉靖《保宁府志·艺文》记载:"《积庆院记》:阆之南部西二十里曰富井,环居士族,皆上党之冯也,里有院曰'积庆',即冯氏之先所以崇奉浮图之地。冯为三陈外家,三陈为先朝鼎辅。余自廿岁,闻故父老言曰:'阆中陈氏外家之贤人曰慈母教子,金鱼坠地。'初未知其详,及备员古集,会良山令冯彦升,以居忧寄迹学馆,与处期年,纤悉前事,因闻道前事积庆所以肇基得名之由。"

张守约《积庆院记》记载:"宋真宗咸平元年六月七日,敕降藏御书凡二十轴。"

嘉靖《保宁府志·艺文》记载:"《积庆院记》:太中祥符元年六月,降赐芝草一函,凡十一本。则圣恩优异,从可知也。"

嘉靖《保宁府志》记载:"积庆楼,在县西三十里,乃三陈母冯氏故宅。冯受封,以其宅为佛寺。咸平元年,敕降御书二十轴,因作楼以藏之。真宗赐额,尧咨撰文,岁久文蚀。"

嘉靖《保宁府志》记载:"飞凤山,在县治西三十里。因陈母冯氏居焉。

"妙智洞,在县治南二十里。傍有妙智寺。陈尧叟有诗。"

嘉庆《四川通志》卷三十一记载:"三元桥,在县西门外,县志以陈尧叟、尧咨、马涓得名,嘉定十四年(1221),知县陈闲修。"

道光《保宁府志》卷十记载:"三元桥,在西门外,以陈尧叟、尧咨、马涓得名,嘉定十四年,知县陈闲重修。"

道光《南部县志》卷二记载:"三元桥,在西门外,以陈尧叟、陈尧咨、

---

①纤悉:细微详尽。
②比:及,等到。
③属:同"嘱",嘱咐,托付。

马涓得名,嘉定十四年,知县陈闲重修。"

《同治增修南部县志》卷二记载:"三元桥,在西门外,以陈尧叟、陈尧咨、马涓得名。嘉定十四年,知县陈闲重修。

"状元桥,在西门外。马涓登第,故名。嘉定十四年,知县陈闲重修。"

嘉庆《四川通志》卷三十一记载:"流杯桥,在县北二十里,下有陈马流觞行迹。"

道光《南部县志》卷二记载:"流杯桥,在县北二十里,有陈、马流觞行迹。"

《同治增修南部县志》卷二记载:"流杯桥,在县北二十里,有陈、马流觞行迹。"

道光《南部县志》卷二记载:"流杯池,在县北二十五里,宋三陈尝集文人游咏处。"

《同治增修南部县志》卷二记载:"流杯池,在县北二十五里,宋三陈尝集文人游咏处。"

道光《南部县志》卷九记载:"乡贤祠,唐天宝进士、剑南节度使鲜于仲通;尚书左仆射、太子太傅、蓟国公鲜于叔明;宋谏议大夫、太子少师、秦国公陈省华;端拱状元、尚书右仆射、同平章事、谥文忠陈尧叟;咸平状元、翰林学士、武信军节度使、谥康肃陈尧咨;端拱进士、参知政事、同平章事、太子太师、谥文惠陈尧佐。"

积庆寺

积庆院石狮

三、南充市南部县西水镇

西水镇，四川省南充市南部县辖镇，位于南部县西北方向，升钟水库腹心地段，距县城89公里，为北宋阆州西水县县治。

南朝梁武帝大同中（535—546），置掌天郡，治西水县（南部县西河乡高峰村严家坝），领西水1县，属北巴州。西魏废帝二年（553），改南梁北巴州为隆州、改北巴西郡为盘龙郡（州、郡治阆中），将木兰、掌天2郡并入金迁郡，晋城、晋安、西水3县皆属金迁郡。隋大业元年（605），西水县因水毁，治徙彭定故宅（今西水镇境内）。唐宋沿袭。宋真宗咸平四年（1001）前，为峡西路阆州西水县治，咸平四年后隶属利州路阆州。

宋太祖乾德元年（后蜀广政二十六年，963），陈省华任后蜀西水尉。

行迹

王举正《陈公（省华）神道碑铭并序》记载："公十三而孤，端诚力学，奋节不倚，□□□□□闻其名，召为阆州西水□□□无所，遂委质焉。"

脱脱等《宋史·列传·陈省华传》记载："陈省华字善则，事孟昶为西水尉。"

李贤《大明一统志》卷六十八记载："陈省华，阆中人，智辩有吏干。初，事孟昶为西水尉，蜀平归宋，累官光禄卿，拜谏议大夫，卒赠太子少师。"

嘉靖《四川总志》卷六记载："宋陈省华，阆中人，智辩有吏干。初事孟昶为西水尉，蜀平归宋，累官光禄卿，拜谏议大夫，卒赠太子少师。"

王象之《舆地纪胜》卷一百八十五记载："西水县，《元和郡县志》云：'梁于此置，金迁戍，后周置晋安县，隋并入晋城县，武德复为晋安县。'"

李贤《大明一统志》卷六十八记载："废西水县，在府城西二十里。本秦阆中县地，后周置县，元并入南部。"

万历《四川总志》卷十一记载："废西水县，阆中西一十里，本秦旧县地，后周置县，元并入南部。"

道光《保宁府志》卷十五记载："西水废县，在县西北。《寰宇记》：在阆州西一百二十里，梁大同中，于今县西北三十五里置掌天戍，后魏废。周闵帝元年，改为西水县，以水为名。隋大业，移于今理。《舆地纪胜》：大业中，以水泛涨，徙治彭定故宅。宋因之。元省入南部。"

《同治增修南部县志》卷二记载："西水废县，在县西北。（《寰宇记》：在阆州西一百二十里。梁大同中，于今县西北三十五里置掌天郡。后魏废。周闵帝元年，改为西水县，以水为名。隋大业，移于今理。《舆地纪胜》：大业中，以水泛涨，徙治彭定故宅。宋因之。元省入南部。）"

文庙

武庙

四、南充市阆中市

阆中市，四川省南充市代管县级市，位于四川盆地北缘，嘉陵江中游。宋真宗咸平四年（1001）前，为峡西路阆州州治，咸平四年后隶属利州路。

公元前314年，秦置巴郡及阆中县，郡治阆中（后移治江州）。西汉初，析阆中县南境置安汉县。东汉兴平元年（194），益州牧刘璋分巴郡为巴、永宁、固陵3郡，阆中隶属巴郡，郡治安汉。建安六年（201），改巴郡为巴西郡，移治阆中，辖阆中、安汉、垫江、宕渠、宣汉、汉昌、南充国、西充国8县。东晋永和三年（347），巴西郡移治涪城（今绵阳）。东晋宁康元年（373），前秦占领东晋梁、益2州后，于阆中复置巴西郡。义熙九年（413），阆中再入东晋，置北巴西郡。南朝梁天监八年（509）至西魏恭帝元年（554），阆中为南梁北巴州和北巴西州、郡治。西魏废帝二年（553）改南梁北巴州为隆州、改北巴西郡为盘龙郡（州、郡治阆中）。隋开皇三年（583），阆内为隆州治。大业三年（607），改隆州为巴西郡。唐武德元年（618），巴西郡复改为隆州，阆内亦改为阆中。隆州辖阆中、南部、苍溪、奉国、仪陇、大寅、南充、相如、西水、晋城、新井、思恭12县。唐开元元年（713），为避玄宗讳，改隆州为阆州。唐天宝元年（742），改阆州为阆中郡。唐乾元元年（758），复改阆中郡为阆州。五代唐天成四年（929），于阆州置保宁军，北宋时曾置安德军，辖阆中、南部、苍溪、西水、新井、晋安、新政、奉国、歧平9县。北宋熙宁四年（1071），省晋安入西水，省歧平入奉国，阆州共辖7县。

宋太宗太平兴国元年（976），陈尧封、陈尧叟、陈尧佐、陈尧咨就读于阆中大象山南岩。

行迹

天启《新修成都府志》卷四十六记载："一曰锦屏，今阆州城南，五山峙立江南如屏，有浙间山川之妆，有读书岩乃陈尧叟兄弟读书之地。"

道光《夔州府志》序记载："一曰锦屏，今阆州城南五山峙立江南如屏，有浙间山川之状，有读书岩，乃陈尧叟兄弟读书之地。"

祝穆《方舆胜览》卷六十七记载："南岩，在阆中县东南五里，有曰大像山，乃南唐高士安隐居之所。太平兴国中，陈尧叟兄弟读书于此，亦曰'台星岩'。"

王象之《舆地纪胜》卷一百八十五记载："南岩，乃南唐高士安隐居之所。太平兴国中，陈尧叟、尧咨、尧佐、尧封兄弟读书于此。"

李贤《大明一统志》卷六十八记载："南岩，在府城南锦屏山后，一名'台星岩'。宋陈尧叟兄弟肄业之所，又城东有东岩，城北有北岩，俱去城五里。"

嘉靖《保宁府志》记载："南岩，在锦屏之东三里。一名大象山（今称大佛岩、东山园林），乃南唐高士安隐居之所，陈尧叟兄弟读书于此。尝有紫微星见，故又名'台星岩'，今通呼为'读书岩'。下有将相堂、瑞莲池、捧砚亭。"

《碑目考》记载："司马池、司马光游阆州'三陈'读书地台星岩，题'书岩'于石上。"

王象之《舆地纪胜》卷一百八十五记载："紫薇亭，即三陈布衣时所交友之地，后诸陈既晋，鲜于康肃寄诗云：'当时未识紫微星，独到渔阳访此亭。今日园林为胜地，好将前事载图经。'鲜于，即子骏之父，尝期三陈以公辅。"

李贤《大明一统志》卷六十八记载："紫薇亭，在府南南岩上。宋陈尧叟兄弟尝读书于此，御书赐名曰'紫薇亭'，鲜于至诗：'当时未识紫微星，独到渔阳访此亭。今日园林为胜地，好将前事载图经。'"

万历《四川总志》卷十一记载："紫薇亭，府治南岩山下，宋陈尧叟兄弟尝读书于此，御书赐名曰'紫薇亭'。鲜于至诗：'当时未识紫微星，独到渔阳访此亭。今日园林为胜地，好将前事载图经。'"

道光《保宁府志》卷十五记载："紫薇亭，在南崖，陈尧叟兄弟读书于此，御书赐名。"

王象之《舆地纪胜》卷一百八十五记载："将相堂，在锦屏书岩山。"

李贤《大明一统志》卷六十八记载："将相堂，在府城南台星岩，即陈尧叟兄弟读书之所，岩上刻'三相堂'字。陈抟尝谓陈省华曰：'君三子皆当将相。'淳熙中，太守吴昭夫重新之扁为'将相堂'。张浚诗：'三相当年镇庙堂，江山草木亦增光。一时主宰权衡重，千古人闻姓字香。'"

嘉靖《四川总志》卷六记载："将相堂，在府城南台星岩，即陈尧叟兄弟读书之所，上刻'三相堂'字。陈抟尝谓陈省华曰：'君三子皆当为将相。'淳熙中，太守吴昭夫重新之扁为'将相堂'。张浚诗：'三相当年镇庙堂，江山草木亦溱①光。一时主宰权衡重，千古人闻姓字香。'"

道光《保宁府志》卷六记载："将相堂，在南岩。《大明一统志》记陈尧叟兄弟读书处，岩刻'三相堂'字，淳熙中，太守吴昭夫重新之额曰'将相堂'，阎苍舒有记。"

王象之《舆地纪胜》卷一百八十五记载："捧砚亭，司马温公侍亲游三陈读书岩，题名末云司马光捧砚。"

李贤《大明一统志》卷六十八记载："捧砚亭，在南岩上，宋司马池尝携其子光游此，因赋诗命光捧砚，后遂以'捧砚'以亭。"

嘉靖《全蜀艺文志》卷六十四记载："司马池《阆中台星岩题名》：'本路运使司马池，天圣九年游台星岩，司马光捧砚。'"

万历《四川总志》卷十一记载："捧砚亭，南岩山上，宋司马池尝携其子光游此，因赋诗命光捧砚，后遂以名亭。"

嘉靖《保宁府志》记载："三陈书院，在读书岩前。陈尧叟、尧佐、尧咨读书处。即将相堂故址。知府李直、刘时用建，佥事杨瞻重建：堂三间，中楼

---

①溱（zhēn）：古同"潧"，古河名。此处疑误。

石碑勒三先生爵号，以示尊仰不忘之意。两旁翼以小斋，俾有志问学者居之。记见艺文。"

王象之《舆地纪胜》卷一百八十五记载："龙爪滩，雍熙中，阆中光圣院山下嘉陵江有龙爪生焉。未几，陈氏二元继出。元丰以来，大像山东北嘉陵江又有滩生，里人亦以龙爪名之。元祐六年，马涓果擢第一。"

嘉靖《保宁府志》记载："龙爪滩，在县南大江中。古识云：'龙爪滩生出状元。'宋雍熙中，光圣院下江内忽生一滩，陈氏二元继出。元丰间，大像寺东北江内复生一滩，里人亦以龙爪名之，马涓复擢第一。"

紫薇亭　　　　将相堂　　　　捧砚亭

重修三陈书院记石刻

第二节　入仕中原

中原，本意"天下至中的原野"，后指洛阳至开封一带黄河中下游地区，是中华文明的发祥地，是华夏民族的摇篮，是中国政治、经济、文化和交通中心。中原地区是中国建都朝代最多，建都历史最长，古都数量最多的地区，先后有20多个朝代，300多位帝王建都或迁都于此，其中十三朝古都洛阳、八朝古都开封、七朝古都安阳、夏商古都郑州均为中国"八大古都"之一。

狭义上的中原指今天的河南省，在北宋初年隶属京西路，为北宋都城开封府所在地，是全国政治、经济和文化中心，也是"陈氏四令公"发迹、归葬之地，是他们生活和工作的主要场所。

一、济源市

济源市，河南省省辖市，位于河南省西北部，黄河北岸，邻接晋城市，为北宋京西路孟州济源县治。

夏朝少康迁为国都（今济源市区西北部火车站一带）。商朝为向国、召国领地。西周、东周时期，济源先后有原、樊、向、苏、单等诸侯国。春秋战国时，先后属于郑、晋、韩、魏等国。秦置轵县。汉置轵县、波县（今裴城一带）、沁水县（今王寨一带）。三国置轵县、沁水县，属魏国河内郡。西晋沿用。北魏后分为东魏和西魏，济源东部属东魏，境内有轵、沁水2县。西部属西魏，境内设有邵郡，辖苌平县。隋开皇十六年（596），析轵县北置济源县。唐（618—907）期间，济源一带政区变化较大，屡建屡废。唐末，济源境内有济源、王屋、河清3县。其中济源属孟州，王屋、河清属河南府。北宋沿用唐末建制。

宋太宗太平兴国六年（981），陈省华知该县，陈尧叟、陈尧佐、陈尧咨随任课读。

行迹

嘉靖《河南通志》卷二十五记载："宋陈省华，字善则，阆州阆中人。太宗时为济源令，勤政施仁，惠及黎庶，后遂家焉。子尧叟、尧佐、尧咨相继登第，因立'四令祠'。"

嘉靖《怀庆府志》卷八记载："陈省华，字善则，阆中人。太宗时为济源令，勤政施仁，惠及黎庶，后遂家焉。子尧叟、尧佐、尧咨相继登第，因立'四令祠'。"

乾隆《重修怀庆府志》卷十二记载："陈省华，阆中人，济源令，温公《四令祠记》。"

嘉靖《怀庆府志》卷九记载："宋陈尧佐，字希元，先世阆中人，父省华为济源令，因家焉。尧佐举进士及第，累官户部侍郎，凡拾典大州，陆为转运使，后拜同中书门下平章事，以太子太师致仕。为人刚毅笃实，好古博学，居官无大小，所至有声。卒于家，谥曰'文惠'。陈尧咨，尧佐弟，亦举进士第一，初知光州，徙知河南府，又徙邓州，皆有惠政，寻复知制诰，历知开封、河阳。卒赠太尉，谥曰'康肃'。"

李贤《大明一统志》卷二十八记载："延庆寺，在济源县西北龙潭里，唐垂拱间建，本朝洪武中重修，其西有龙潭，潭上有'澄源阁''定庵''雪庵''四令公祠'，宋王岩叟诗：'龙影幽潭事已空，惟余翠竹混青松。路穷西北无他景，只有青山一万重。'"

乾隆《重修怀庆府志》卷五记载："延庆寺，在县西龙潭里，唐垂拱初建，明洪武间重修，寺西龙潭上有'澄源阁''定庵''雪庵''四令祠'，即陈尧叟兄弟读书处。"

李焘《续资治通鉴长编》卷八十七记载："宋真宗大中祥符九年（1016）八月丙戌，枢密使、同平章事陈尧叟罢为右仆射。尧叟带病入辞，真宗赐钱二百万，作诗宠其行。尧叟和之。及至河阳，遂将君臣离别诗刻石立碑于延庆寺。"

嘉庆《续济源县志》卷十记载："潭中有神物，有时涸水，将至夜，辄闻蛙鸣，水鸟盘旋其上，弗去，人以为异云。宋盛时，蜀人陈省华尝令济源，有惠政，因家于济。今城北里有'夜香台'，乃其妻滕国冯太夫人焚香祝嗣所，台址尚存。省华三子尧叟、尧佐、尧咨同读书龙潭寺中，后相继登甲科，父子四人接踵为将相，皆赠太师、中书令，子孙蕃茂[①]，登仕中朝，而虞部员外郎

[①] 蕃茂：繁盛。《素问·五常政大论》曰："升明之纪，正阳而治，德施周普，五化均衡……其化蕃茂。"

知俭尝构'四令祠'于寺侧,司马文正公为作记,碑刻亡矣。寺中古石刻最多,今存者,校书郎张庚所撰《省华善政录》,暨真宗皇帝送尧叟谢病归诗,而尧叟和章并刻碑阴。续建,短碣俱漫漶①,不可读矣。"

乾隆《重修怀庆府志》卷二十六记载:"龙潭寺中古石刻最多,今存者校书郎张庚所撰《济源令陈省华善政录》,真宗送尧叟谢病归诗,而尧叟和章并刻碑阴,续建短碣俱漫漶,不可读矣。"

李贤《大明一统志》卷二十八记载:"四令祠堂,在济源县西北延庆寺侧,宋陈省华尝为邑令,其子尧叟、尧佐、尧咨随侍,后父子俱赠中书令,曾孙虞部员外郎知俭建堂,肖像其中以祀之,名曰'四令',司马光作记。"

嘉靖《怀庆府志》卷六记载:"四令祠,在济源县西北龙潭里,宋济源令陈省华尝为是邑令,其子尧叟、尧佐、尧咨随侍,后父子俱赠中书令,曾孙知俭是祠祀之,宋司马光记。"

王圻《续文献通考·宗庙考》记载:"神宗熙宁中,济源县建'四令祠堂',陈省华尝为济源邑令,其子尧叟、尧佐、尧咨随侍,后父子俱赠中书令,曾孙虞部员外郎知俭建堂,肖像其中祀之,司马光有'四令祠堂记'。"

乾隆《重修怀庆府志》卷四记载:"四令堂,在延庆寺西,为陈省华父子②建。"

武亿《授堂金石文字续跋》卷九记载:"宋仁宗天圣九年(1031)四月,张庚撰写《济源县令陈公善政录》,杨虚己书石。"

毕沅《中州金石记》卷四记载:"济源县令陈省华善政录,碑文由将仕郎试秘书省校书郎、前安利军判官张庚撰,由进士杨虚己书石。立于天圣九年(1031)四月,正书。碑后列当时济源县官员将仕郎县尉王宏、将仕郎守主簿王克昌、左班殿直知县事兼兵马监押裴德滋。碑文内容略云'省华闻太夫人忧,亟解印,州民结状以留,上诏赐允,号让不获,视事如旧'。又云'受诏归阙,人怀旧惠。'"

钱大昕《潜研堂金石文跋尾》卷十三记载:"陈述古题名:'太平兴国六年,先祖太师、中书令、秦国公宰邑兹土,时孟父中令、大人太尉相公、季父太尉康肃公并肄业精舍。祥符九年,孟父中令公引罢枢相国,出判三城。天圣六年,述古倅白波漕发,与仲弟殿省丞求古师之同游。今忝运局使领之任,率

---

①漫漶(huàn):模糊不清,难以辨识。
②编按:此与其他史料不符,疑误。

龙潭牌坊　　　　　　　　　　　　　舍利塔

前淮安从事尹宗济载之、前三堂卢川令韩袭绍先专谒灵祠，复此憩止。稚子祝史知雄、知方、知白，守芸校知十以下六人侍行。时宝元己卯登高前五日。尚书金部员外郎陈述古行之题。后治平丙午岁重五日男将仕郎守孟州济源县尉知素立石。'"

宋真宗赐陈尧叟诗碑

毕沅《中州金石记》卷四记载："贺兰栖真敕书并诗序碑于天圣九年（1031）十月立，杨虚己行书。碑分三格：上格为敕书并诗；中格为张齐贤、陈尧咨诗；下格为序，汪仲询撰，序知县事裴德滋刻石之事也。杨虚己为当时书法家，习王羲之书，风格极似。贺兰真人，《宋史》有传，真宗朝著名道士，'始嵩山紫虚观，后徙济源奉仙观'。景德二年（1005）召赴阙，'真宗作二韵诗赐之，号宗玄大师'。时尧咨以右正言、知制诰。遂因真人应召赴阙而作《赠贺兰真人》。"

李贤《大明一统志》卷二十八记载："夜香台，在济源县西，宋县令陈省华妻冯氏于此夜焚香吁天[①]曰：'不求金玉富足，惟祈子孙有成。'既而，三子相继登甲科，为显官，冯封滕国太夫人。"

嘉靖《河南通志》卷二十一记载："夜香台，在济源县东北，宋县令陈省

---

① 吁（yù）天：向上天呼告。

华妻冯氏于此夜焚香吁天曰：'不求金玉富足，惟祈子孙有成。'既而，三子相继登甲科，为显官，冯封滕国太夫人。"

嘉靖《怀庆府志》卷十记载："夜香台，在济源县东北，宋县令陈省华妻冯氏于此夜焚香吁天曰：'不求金玉富足，惟祈子孙有成。'既而，三子相继登甲科，为显官，冯封滕国太夫人。"

乾隆《重修怀庆府志》卷四记载："夜香台，在县东北，按宋县令陈省华妻冯氏焚香于此，后三子尧叟、尧佐、尧咨相继登科甲，为名臣，冯封滕国太夫人。"

石棺

奉仙观

二、郑州市中牟县

中牟县，河南省郑州市辖县，位于中原腹地、黄河之滨，为北宋都城东京开封府中牟县治。

古称圃田、牟州。汉朝设中牟县，沿用至今。

中牟县宋园

宋太宗端拱二年（989），陈尧佐任该县县尉。

行迹

脱脱等《宋史·列传四十三·陈尧佐》记载："尧佐进士及第，历魏县、中牟尉，为《海喻》一篇，人奇其志。"

三、开封市

开封市，河南省地级市，简称汴，古称东京、汴京，为八朝古都，位于黄河中下游平原东部，地处河南省中东部，为北宋都城东京开封府。

夏朝（帝杼）建都开封，史称老丘。春秋时郑庄公，筑粮仓，定名启封。秦统一六国后，启封被降为浚仪县，属三川郡。汉初因避汉景帝刘启之名讳，将启封更名为"开封"。东魏天平元年（534），孝静帝设梁州，辖陈留、开封、阳夏3郡。北周武帝建德五年（576），改梁州为汴州，开封由县治改为州治。唐高祖武德四年（621），设汴州总管，唐玄宗天宝元年（742），汴州一度改为陈留郡。五代时期，后梁、后晋、后汉、后周先后定都于开封，称之"东都"或"东京"。北宋定都开封，历经9帝168年。

开封是陈氏四令公主要生活之地。

行迹

万历《开封府志》卷二十八记载："陈尧佐，字希元，阆中人。仁宗时与弟尧咨相继知开封府，皆有惠政。"

万历《开封府志》卷十五记载："名贤祠，在府治前宣化桥，祀宋开封尹钱若水、寇准、陈恕、吕夷简、吕余庆、王岩叟、范仲淹、张方平、杜衍、陈尧佐、蔡襄、毕士安、冯京、薛奎、吴奎、陈尧咨、程琳、唐介、陈省华、欧

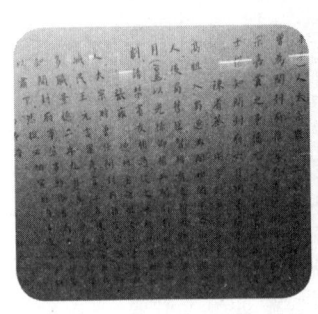

开封府知府简介

阳修，国朝王博万、信循英、孙珍，嘉靖三十九年，知府周爻建。

"仰高祠，在州治东北隅，祀唐□晋公、宋王文正公、鲁肃简公、秦国陈公、蔡文忠公、陈文惠公、晏文献公、宋文宪公、吴正肃公、宋文景公、欧阳文禹公、鲁宣靖公、贾文元公、吕正献公。"

四、洛阳市

洛阳市，古称雒阳、豫州，河南省地级市，位于河南西部、黄河中游，因地处洛河之阳而得名，为北宋京西路治所河南府。

禹划九州，河洛属古豫州地。夏朝太康、仲康、帝桀皆以斟鄩（今偃师二里头）为都。公元前1600年，商汤建都西亳（二里头遗址东北约6公里）。公元前1046年，周公在洛水北岸修建了王城和成周城，史称成王"初迁宅于成周"，称洛邑、新邑、大邑、成周、天室、中国等，亦称周南。周平王元年（前770），周平王东迁洛邑，建立东周。秦庄襄王元年（前249），秦在洛阳置三川郡，郡治成周城。汉高祖五年（前202），刘邦初都洛阳，后迁长安，改三川郡为河南郡，治洛阳。汉光武建武元年（25），刘秀定都洛阳，改洛阳为雒阳，建武十五年（39），更河南郡为河南尹。黄初元年（220），魏文帝曹丕定都洛阳，变雒阳为洛阳，设司隶校尉部。泰始元年（265），西晋代魏，仍以洛阳为都。东晋时称故都洛阳为中京，一直沿用到南朝宋武帝、宋文帝、宋明帝。太延二年（436），北魏在洛阳置洛州，太和十八年（494）孝文帝迁都洛阳。北周平齐之后，升洛阳为东京，设置六府官，号东京六府。隋开皇元年（581），在洛阳置东京尚书省；次年，置河南道行台省；三年，废行台，以洛州刺史领总监。大业元年（605），隋炀帝迁都洛阳，在东周王城以东，汉魏故城以西9公里处，新建洛阳城。同年，改洛州（东魏改司州置）为豫州，三年又改河南郡，大业十四年（618），复置洛州。唐代自高宗始仍以洛阳为都，称东都。武德四年（621），置洛州总管府。贞观元年（627），分全国为十道，洛阳属河南道。显庆二年（657）置东都。开元元年（713），改洛州为河南府。开元二十一年（733），于洛阳置都畿道。天宝年间，改东都为东京。洛州、河南府均治洛阳。唐天祐四年（907），唐室亡祚，后梁、后唐、后晋均曾定都洛阳，后汉、后周以洛阳为陪都。宋以洛阳为西京，置河南府，设"国子监"于洛阳。

宋真宗大中祥符八年（1015），陈尧咨知河南府；宋仁宗天圣二年（1024），陈尧佐知河南府。

行迹

李焘《续资治通鉴长编》卷八十四记载："知永兴军、龙图阁直学士陈尧咨，好以气凌人，转运使乐黄目表陈，因求解职，诏不许。二月己卯，徙尧咨知河南府兼留守司事。"

脱脱等《宋史·列传·陈尧咨传》记载："尝以气凌转运使乐黄目，黄目不能堪，求解去，遂徙尧咨知河南府。"

乾隆《河南府志》卷十八记载："陈尧佐，阆中人，进枢密直学士知河南。"

乾隆《河南府志》卷二十八记载："河南知府：向敏中、王曾、张士逊、寇准、陈尧佐、文彦博、丰稷、范纯仁、范纯礼、钱惟演、宋庠、吴育、狄叶；河南府推官：欧阳修、苏辙、福昌；主簿：苏轼；永宁令：赵抃金；教授：卢询元；河南路经略使：史天泽。"

隋唐洛阳城国家遗址公园明堂　　隋唐洛阳城国家遗址公园天堂

五、邓州市

邓州市，河南省直管市，位于河南省西南部，北依伏牛，南连荆襄，西纳汉水，东接宛洛，有豫、鄂、陕"三省雄关"之称，为北宋京西路邓州治所、武胜军节度。

邓州为春秋早期邓国国都。楚文王十二年（前678），楚灭邓国，置穰邑（今邓州城区穰城路一带）。楚怀王十七年（前312），韩取穰邑。秦昭王十一年（前296），秦取穰。秦昭王三十五年（前272），置南阳郡（治宛），邓州辖穰县（治今邓州内城东南隅）、山都县（治今构林古村）和邓县（辖今构林以南）3县。南北朝太和二十一年（497），北魏孝文帝迁荆州治所至穰（494，因调兵之需，徙至洛阳）。隋开皇三年（583）至唐肃宗乾元元年（758），穰城皆为州治。梁太祖开平三年（909）五月，升邓州为"宣化军节度"，治穰。后唐同光元年（923），"宣化军"改称"威胜军"，后周广顺三年（953），改称"武胜军"。北宋初，仍设"武胜军"，治穰，领穰、内乡和南阳3县。

福胜寺塔

宋真宗大中祥符八年（1015），陈尧咨知是州。

行迹

嘉靖《邓州志》卷六记载："寇准，知邓州，见良牧传；李至，武胜军节度使知州，见宦迹传；焦守节，知邓州；陈尧咨，知邓州，见宦迹传；刘筠，知邓州，见宦迹传；谢绛，知邓州，见良牧传；范仲淹，知邓州，见良牧传。"

顺治《邓州志》卷十五记载："陈尧咨，字嘉谟，阆中人。真宗时知邓州，以政最闻，吏民怀之。"

乾隆《邓州志》卷十二记载："陈尧咨，字嘉谟，阆中人，举进士第一。真宗时知邓州，以政最闻，吏民怀之。《旧志》。按《宋史》，尧咨守长安不法，帝不欲穷治，止削职，徙邓州。才数月，复知制诰。又尧咨所至，史称其豪侈不循法度，用刑惨急，须索烦扰，多暴怒，《旧志》不知所本，当据正史削去。"

六、焦作市孟州市城关镇南

孟州市，河南省焦作市下辖市，位于河南省西北部，焦作市西南隅，为北宋京西路孟州河阳三城节度使。

孟州古称孟涂国，虞舜分卫水为并州，此属并。武王伐纣会诸侯歃血于孟津，故后有盟津之称。春秋属晋，为河阳。战国属魏，为河雍。秦置河雍县。汉武置河阳县，属河内郡。新莽改河亭。东汉复河阳，三国魏、晋因之。元魏为河阳县，属河内郡，后为北中府。高齐废县为河阳关。隋开皇十六年（596），置河阳县，属河内郡。唐初属孟州。五代因之。宋初孟州置河阳三城节度使。

宋真宗大中祥符九年（1016），陈尧叟判河阳三城节度使；宋仁宗明道二年（1033），陈尧咨知河阳三城节度使。

行迹

嘉靖《河南通志》卷二十五记载："陈尧叟，字唐夫，大中祥符九年，以右仆射知河阳，临事有断，初入辞至便坐，许三子扶掖升殿，赐诗为饯。"

嘉靖《怀庆府志》卷八记载："陈尧叟，字唐夫，大中祥符九年，以右仆射知河阳，临事有断，初入辞至便坐，许三子扶掖升殿，赐诗为饯。"

康熙《河南通志》卷十四记载："陈尧叟，祥符九年，以宰相知河阳。"

康熙《河南通志》卷二十三记载："陈尧叟，字唐夫，大中祥符九年，以右仆射知河阳，临事有断，初入辞至便坐，许三子扶掖升殿，赐诗为饯。"

乾隆《孟县志》卷四记载："陈尧叟，阆中人。真宗时，以右仆射知河阳。见《本传》，入祀名宦。陈尧咨，尧叟弟，真宗时，武信军节度使，知河阳，见《本传》。"

披云亭

康熙《河南通志》卷十四记载："陈尧咨，尧佐弟，继知开封，又镇河阳。"

李贤《大明一统志》卷三十一记载："陈尧叟宅，在汝阳县东北，在城保。尧叟，宋名臣，尝寓居于此。"

嘉靖《河南通志》卷二十一记载："陈尧叟宅，在府城东北，在城保，尧叟寓此。"

康熙《河南通志》卷二十记载："陈尧叟宅，在府城东北，在城保，宋陈尧叟寓此。"

乾隆《续河南通志》卷十九记载："披云亭，宋陈尧叟有诗。"

陈尧佐《和范坦诗并序》记载："兄长相公出牧三城，真宗皇帝赐御诗宠行，尧写诗壁。"

七、滑县

滑县，河南省直管县，位于河南省北部，与濮阳、安阳、鹤壁、新乡接壤。南距郑州市130公里，为北宋京西路滑州治所。

周公次八子伯爵封于滑，为滑伯。滑伯本姬姓，后裔改为滑氏。滑氏为垒，后人增以为城，临河有台，故曰滑台城。秦汉时，滑境称白马县，隶属东郡。隋改滑州。唐宋沿用。

宋真宗天禧四年（1020），陈尧佐知是州。

行迹

康熙《滑县志》卷六记载："宋滑州知州，陈尧佐。"

正统《大名府志》卷五记载："宋陈尧佐，字希元，阆州阆中人。知滑州事，河决堤坏，公躬自暴露，昼夜提督，创为水龙以臣水，骈齿浮水上下疑其暴，堤乃成，又为长堤以护其外。滑人曰：'不可使后人忘我公。'因号其堤为'陈公堤'，即今南门外谭东有台，名曰'相公台'，即陈公所筑。"

万历《池州府志》卷九记载："陈尧佐居滑，迄今有苏堤、陈堤之号。"

康熙《畿辅通志》卷四记载："陈公堤，在滑县南门外，一曰'相公堤'，州守陈尧佐筑。"

嘉庆《浚县志》卷十二记载："五年，陈尧佐筑大堤，迭埽以护州城，复于旧河开枝流，以分导。"

同治《滑县志》卷八记载："陈尧佐，字希元，阆州人。天禧中，河决堤坏，起知滑州，昼夜督役，造木龙以杀水势，堤始得成，又筑长堤以护其外，人呼为'陈公堤'。"

嘉庆《长垣县志》卷五记载："司家坡，距城十二里，隋置匡城县于此，唐宋皆因之，有宋兴国寺至和元年陈尧佐诗石刻，今移置南关妇姑庙。

"司家坡南，得宋李迪留题妇姑庙诗，并陈尧佐、范讽登经阁诗。至和元年知县钱方作序，石刻今在南关妇姑祠，则司家坡为隋匡城。"

嘉庆《长垣县志》卷十五记载："妇姑祠诗刻，刻石高二尺四寸，宽六尺二寸，明正德乙亥，知县张治道得于司家坡之南，今在南关妇姑祠，张跋附后群公诗并墨迹。首行正书：'晓日都门路，春风古寺楼。归心与吟意，自爱且迟留。'景德三年春，因提点与侍其崇班①、乐安知县同登，直史馆陈尧佐书。右隶书，五行诗，字三行，径二寸五分，款字二行，径一寸五分。"

明福寺塔

八、郑州市新郑市

新郑市，河南省郑州市下辖市，位于河南省中部，北靠郑州，南连长葛，东邻中牟尉氏，西接新密市，为北宋京西路郑州治所。

上古称"有熊"，轩辕黄帝都于此。帝喾时，为祝融氏国。西周为郐国。公元前770年，郑国都新郑溱洧水间。公元前375年，韩哀侯灭郑，迁都于郑城，设郑县，治所在外廓城内。秦王政十七年（前230），秦灭韩，二十六年（前221），置新郑、苑陵2县，属颍川郡。汉承秦制，隶属河南郡。东汉建安十七年（212），属司隶校尉部河南尹。三国时，河南属魏。新郑、苑陵属司州河南尹。晋泰始二年（226），设荥阳郡，新郑并入苑陵县，治所苑陵，属司州荥阳郡。东魏天平初年，分荥阳郡，设广武郡，苑陵县属北豫州广武郡。北

---

①编按：陈尧佐题刻拓片为"其崇班"。

宰相陈村石碑 　　　　　　　　　　崇孝正德牌坊

齐、北周，苑陵县改属荥州。隋开皇十六年（596），复新郑县。隋炀帝大业初年，废苑陵县，并入新郑县，治所新郑，属豫州荥阳郡。唐武德四年（621），分新郑县为新郑、清池2县，属管州。唐贞观元年（627），清池县并入新郑县，治所新郑，属河南道郑州荥阳郡。五代，新郑县属郑州。宋初沿袭。宋熙宁五年（1072），废郑州，新郑县属开封府。宋元丰八年（1085），恢复郑州，新郑县改属郑州。

新郑宰相陈村为陈氏四令公归葬之地。

行迹

李贤《大明一统志》卷二十六记载："抱獐山，在新郑县北三十里，宋陈尧佐于上筑驻节台。"

万历《开封府志》卷四记载："抱獐山，在新郑县北三十里，上有驻节台，相传宋陈尧佐所筑也。"

康熙《新郑县志》卷三记载："驻节台，在抱獐山上。宋陈尧佐曾驻节于

陈尧佐自制墓碑 　　　　无字碑 　　　　石像生

宰相陈村寿字雕砖 　　　　　　　　宰相陈村石鼓 　　　宰相陈村雕砖

此，当时人有诗云：'抱獐山下人多少，尽看平津拥节旄。'"

乾隆《新郑县志》卷五记载："驻节台，旧志在抱章山上。宋陈尧佐守郑州，曾驻节于此。"

陈省华灵位　　陈尧叟灵位

陈尧咨灵位　　陈尧佐灵位

李贤《大明一统志》卷二十六记载："陈省华墓，在新郑县北三十里。省华，宋人，子尧佐、尧叟、尧咨皆葬墓侧。"

嘉靖《河南通志》卷十九记载："陈省华墓，在新郑县北三十里，省华秦国公，子尧佐、尧叟、尧咨、孙希古、学古、曾孙知俭、玄孙珦皆葬此。"

万历《开封府志》卷三十四记载："陈省华墓，在新郑县北三十里，省华秦国公，子尧佐、尧叟、尧咨、孙希古、学古、曾孙知俭、玄孙珦皆葬此。贾昌朝墓，在禹州西绫锦里，昌朝仆射封魏国公。"

康熙《新郑县志》卷三记载："十贤祠，在县北门外。记唐裴度、宋王曾、曾公亮、吕蒙正、吕公著、陈省华、陈尧佐、吴育、欧阳修、郑居中，以其墓在境内，故合祀，今废。"

第三节　坐镇陕西

陕西，东尽渑函，西包汧陇，南运商洛，北控萧关，地辖今陕西榆林市以南、山阳凤县以北全境、及山西闻喜县以南、河南陕县以西、甘肃泾原、渭川二道。宋太宗至道三年（997），置陕西路，治京兆府（今陕西长安县治），统京兆、河中、凤翔三府，及华、同、解、虢、陕、商、乾、耀、丹、延、富、坊、邠、宁、泾、原、庆、环、渭、仪、凤、阶、成、秦二十四州，保安、镇戎二军，开宝、沙苑二监。

陕西北与西夏接壤，西与吐蕃毗邻，为北宋边塞重镇，"陈氏四令公"父子曾先后镇守于此，在京兆府永兴军留有大量行迹。

一、天水市麦积区马跑泉镇

马跑泉镇，甘肃省天水市麦积区辖镇，位于楚阳山北麓，距天水市约20公里，因马跑泉而得名，为北宋陕西路秦州陇城县治。

北魏置略阳郡，治今甘肃秦安县东北陇城，后改为略阳县。隋开皇二年（582）改为河阳县，六年复名陇城县，大业初属天水郡。唐属秦州，宝应二年（763）地入吐蕃废。五代唐长兴三年（932）于归化镇复置，治今甘肃天水市附近。北宋沿袭。

宋太祖乾德三年（965），陈省华任该县主簿。

行迹

乾隆《直隶秦州新志》卷七上记载："陈省华，陇城主簿。"

乾隆《直隶秦州新志》卷十二记载："陈省华，初为陇城主簿，后封秦国公，子尧咨复知秦州。三子皆贵，秦公尚无恙，每宾客至其家，尧佐及伯季侍立左右，坐客踧踖[①]不安，求去。公笑曰：'此儿子辈尔。'后天下皆以秦公教子为法，时人荣之。"

[①]踧踖（cù jí）：恭敬而不安的样子。

陇城古城墙遗址

二、西安市临潼区栎阳镇

栎阳镇，陕西省西安市临潼区辖镇，位于西安市临潼区城区北25公里处，为北宋陕西路京兆府栎阳县治。

秦献公二年（前383），秦国迁都栎阳，历二世三十五年，治今陕西省西安市阎良区武屯镇官庄村与古城屯村之间。献公十一年（前374），置栎阳县。汉高祖五年（前202），刘邦定都古栎阳，汉高祖七年（前200），迁都长安（今西安市西北汉长安故城）。新莽元年（9），改栎阳、万年为师亭、异赤县。东汉光武帝元年（25），合师亭、异赤二县，置万年县，仍治古栎阳。北魏孝文帝太和二十二年（498）和宣武帝景明元年（500），先后分万年地置鄣县（今临潼交口）、广阳县（今临潼栎阳镇）。北周明帝二年（558），万年、鄣县并入广阳，将县治由今栎阳镇迁至古栎阳。隋文帝仁寿元年（601），因避太子杨广讳，广阳复称万年。唐武德初改万年复置栎阳，治故县西南（阎良区武屯镇）。北宋沿用。

宋太祖开宝二年（969），陈省华知该县。

行迹

嘉靖《陕西通志》卷二十记载:"陈省华,字善则,尧佐之父,初授陇城主簿,累迁栎阳令。县之郑白渠为邻邑强族所据,省华尽去壅遏,水利均及,民皆利之。"

雍正《陕西通志》卷五十三记载:"陈省华,字善则,阆中人。累迁栎阳令,县之郑白渠为邻邑强族所据,省华尽去壅遏,水利均及,民皆赖之。(《宋史·陈尧佐传》。)"

乾隆《西安府志》卷二十三记载:"宋县令,建隆元年置,其属有丞、主簿、尉。陈省华,《宋史陈尧佐传》:'省华,字善则,阆中人,累迁栎阳令。县之郑白渠为邻邑强族所据,省华尽去壅遏,水利均及,民皆赖之。'"

乾隆《临潼县志》卷五记载:"宋,陈省华,《宋史·陈尧佐传》。省华,字善则,阆中人,尧佐父也。初授陇城主簿,累迁栎阳令,县之郑白渠为邻邑张族所据,省华尽去壅遏,水利均及,民皆赖之。"

道光《重修泾阳县志》卷十三记载:"宋至道元年,从皇甫选、何亮等言,别开渠口,以通水道。(《宋史·河渠志·渠县》。)陈尧叟请遣使诸三白渠,诏皇甫选,何亮等经度,还言泾河陆深渠岸,摧废岁久,实杂致言,其三白渠灌六县田三千八百五十余顷,望令增筑堤岸,以固护之。旧设节水斗门一百七十有六,皆坏,请悉缮完渠口。旧有六石门,谓之洪门,亦圮,议复甚杂,就近别开渠口,以通水道。"

栎阳城旧址

郑国渠风景

三、西安市

西安市，陕西省省会、副省级城市，位于关中平原中部，北濒渭河，南依秦岭，八水润长安，十三朝古都，为北宋陕西路治所京兆府、永兴军节度。

西周伯姬昌（周文王）在今西安城西南营建丰京，又命子姬发（周武王）在沣水东岸营建镐京。武王灭商后，以丰镐为都。秦为都城咸阳。汉高祖五年（前202），刘邦建立西汉，定都长安（今西安城西北郊汉城）。新莽元年（9），王莽改长安为"常安"。东汉复为长安。隋开皇二年（582），隋文帝在汉长安城东南（今西安城址）营建新都大兴城。唐定都长安后，改隋大兴城为长安城，并进行了增修和扩建。唐太宗贞观八年（634），在原外郭城东北龙首原上营建大明宫，之后又不断修建城墙、城楼、兴庆宫等。五代时，后梁改京兆府为雍州，设大安府，后唐改大安府为京兆府。宋初置陕西路，治京兆府。

宋太宗太平兴国八年（983），陈尧佐于终南山拜师种放；宋太宗淳化四年（993），陈尧叟巡抚陕西；宋真宗大中祥符六年（1013），陈尧咨知永兴军；宋仁宗明道二年（1033）、景祐元年（1034），陈尧佐两度知永兴军；宋仁宗宝元二年（1039），陈尧佐判永兴军。

行迹

脱脱等《宋史·列传·陈尧佐传》记载："尧佐少好学，父授诸子经，其兄未卒业，尧佐窃听已成诵。初肄业锦屏山，后从种放于终南山，及贵，读书不辍。"

万历《宾州志》卷十四记载："卜日华，陈州人，愚按卜当作下，宋《余襄公文集》有记，宾副使。卞君墓志铭：'日华，曹州□句人，淳化四年以大理评事知宾州，军事安抚使陈尧叟奏其治绩尤著云。'今改正。"

徐松《宋会要辑稿·职官四十九》记载："太宗淳化四年二月，分遣使于诸路巡抚。工部郎中、直昭文馆韩援，考功员外郎、直秘阁潘慎修淮南；司封员外郎、直昭文馆李蘉，水部员外郎、直史馆乐史两浙；翰林侍读、左司谏吕文仲，秘书丞、直史馆陈尧叟陕西；殿中侍御史陈载，右司谏、直史馆冯起江南，皆赐缗钱以遣之。"

嘉靖《陕西通志》卷二十记载："陈尧佐，字希元，阆中人。明道中，知同州，复徙永兴军，有善政。初太后遣宦者起浮图京兆城中，前守尽毁古碑碣充砖甓用，尧佐奏敕州县完护之。徙鄆州①，所历课俱称最，后以太子太师致仕，卒。陈尧咨，尧佐之弟，知永兴军，长安地斥卤，无甘泉，尧咨疏龙首渠注城中，民利之。"

嘉靖《雍大记》卷二十三记载："陈尧佐仁宗时，知同州，复徙永兴军，有善政。初，太后遣宦者起浮屠京兆城中，前守姜遵尽毁古碑碣充砖瓦用，尧佐奏曰：'唐贤臣墓石十亡七八矣，子孙深刻大书，欲传之千载，乃一旦与瓦砾等，诚可惜也，其未毁者，愿敕州县完护之。'又知渭州，有惠政，边境安静。"

嘉靖《陕西通志》卷二十记载："陈尧咨，尧佐之弟，知永兴军，长安地斥卤，无甘泉，尧咨疏龙首渠注城中，民利之。"

嘉靖《雍大记》卷二十三记载："陈尧咨，真宗时知永兴军，长安地斥卤，无甘泉，尧咨疏龙首渠注城中，民利之。后为陕西缘边安抚使，知秦州，徙同州，皆有政绩。"

雍正《陕西通志》卷三十九记载："大中祥符七年，陈尧咨知府事，以城内井泉大半咸苦，乃相度城东二里之龙首渠，其水清泠甘洌，可五六十丈开引入城，散流廛②闬③，民咸赖之（《宋史·河渠志》）。"

雍正《陕西通志》卷五十一记载："陈尧咨，字嘉谟，阆中人。知永兴军，长安地斥卤，无甘泉，尧咨疏龙首渠注城中，利之（《宋史本传》）。"

乾隆《西安府志》卷五记载："宋《河渠志》：'大中祥符七年，陈尧咨知府事，以城内井泉咸苦，乃相度城东二里之龙首渠清甘，可五六十丈开引入城，散流廛闬，民咸赖之。'"

嘉庆《咸宁县志》卷十记载："《宋史》：大中祥符七年，陈尧咨知京兆府，以城内井泉咸苦，引龙首入城。"

嘉庆《咸宁县志》卷十六记载："《赐陈尧咨疏龙首渠勒》，大中祥符七年九月，陈尧咨行书并记在布政司署。"

元贞《类编长安志》卷六记载："龙首渠，一名浐水渠，汉书曰：'穿渠得龙骨故名龙首。'隋开皇三年，自府城东南三十里马头崆堰浐水西北流至陈秋桥，枝分为二渠，一北流经长乐坡西北灌'凝碧''积翠'西北入大明宫，

---

①编按：王称《东都事略·陈尧佐传》记载："徙庐州，又徙同州，复知永兴军，又徙郑州，官至户部侍郎。"脱脱等《宋史·列传·陈尧叟传》记载："徙郑州。"
②廛（chán）：同"廛"，古代城市平民的房地。
③闬（hàn）：里巷的门，又泛指门。

后灌太液池，五季后渠涸。宋大中祥符七年九月九日，龙图直学士、尚书工部郎中知永兴府陈尧咨奏引龙首渠入城，敕尧咨省所奏：'永兴军城井泉大半咸苦，居民不堪食用，臣亲相度城东二里有水渠曰"龙首"，其水清冷甘洌，可五六十人开渠引注入。'

嘉靖《陕西通志》卷二记载："龙首渠，今省城东南渠也。一名产水渠①，《汉书》载，此渠盖汉所穿也，按地图在黄渠北。隋开皇三年，因汉渠堰，浐水西北流三十里至大兴城东南入城，唐因隋渠导浐水至长乐坡西北分为二渠，一西入通化门西南入南内兴庆宫、龙池，又西入西内太极宫；一北入东苑至龙首殿，为龙首池，又灌'凝碧''积翠'池，又西北入大明宫，后灌太液池。五季后渠涸，唐东苑西内池俱废。宋大中祥符七年九月九日，龙图直学士、工部郎中、知永兴府事陈尧咨奏：'永兴军城井泉咸苦，居民不堪食用，臣亲相度城东二里有渠曰"龙首"，其水清冷甘洌，可开渠引注入城，散流廛闬，出纳城濠，阖城尽食甘水。'疏上，是月十五日，蒙玺书褒答，略云：'卿相厥土之高卑，究斯民之利病，潜导迅流，直贯城闉，荡邪难老，播惠无穷，矧兹龙首清渠，实唐京兆旧迹，克修废坠，深副倚毗，故兹奖谕，想宜知悉。'"

嘉靖《雍大记》卷十一记载："通济渠，自宋陈尧咨为陕西京兆尹，作龙首渠引浐水入城惠泽人弥久，迄今数百年来，水道湮塞，其民甚苦之。"

李贤《大明一统志》卷三十二记载："长乐亭，在长乐坡，宋陈尧咨守京兆时作，每有迎饯必至斯亭，尝作歌刻石亭中。"

雍正《陕西通志》卷七十三记载："宋长乐亭，在通化门外十里长乐坡。宋陈尧咨守京兆时作，每有迎饯必至斯亭，尝作歌刻石亭中。"

乾隆《西安府志》卷五十九记载："宋长乐亭，《马志》：在通化门外十里长乐坡，陈尧咨守京兆时作，每有迎饯必至斯亭，尝作歌刻石。"

嘉庆《咸宁县志》卷四记载："长乐亭，在长乐坡，宋陈尧咨守京兆时，迎饯于此，作歌刻石亭中。"

元贞《类编长安志》卷四记载："青莲堂，在省衙莲池，宋陈尧咨建，至今犹存，今为总库。"

乾隆《西安府志》卷五十八记载："青莲堂，《马志新说》曰：'堂在省衙莲池，宋陈尧咨建，今改为总库桂林亭。'"

---

①编按：其他史料作"浐水渠"。

第五章　仕宦行迹

嘉庆《咸宁县志》卷四记载："青莲堂，在省衙莲池，宋陈尧咨建，今改为总库，即今布政司署。"

乾隆《西安府志》卷五十八记载："《马志新说》亦曰：'三桂亭，在长安城南潏水之阳，宋谏议陈公别墅。三子尧叟、尧佐、尧咨同登第，故名。'"

嘉庆《咸宁县志》卷四记载："三桂亭，潏水之阳，宋陈谏议别墅。以三子尧叟等同登第故名，亦曰桂林亭。"

长安古城　　　　　　　　　　　　　　长安塔

四、渭南市大荔县朝邑镇

朝邑镇，陕西省渭南市大荔县辖镇，位于大荔县城东部14.8公里处，为北宋陕西路同州朝邑县城旧址所在地。

公元前17世纪，殷商建芮国，定都朝邑（今赵渡镇）。周平王末年（前720），大荔戎"灭铜居芮"建大荔戎国，定都王城（朝邑老城南）。周襄王十二年（前640），秦穆公出兵灭芮国。秦厉公十六年（前461），秦灭大荔戎国，置临晋县。魏武侯十二年（前385），魏掠其地，秦惠王八年（前330），魏回献秦国。北魏太和十一年（487）置南五泉县。西魏大统六年（540），将南五泉县改名朝邑县，隶属同州。隋属冯翊郡。唐武德三年（620），析置河滨县，乾元三年（760），改名河西，大历三年（768），复曰朝邑。北宋沿用。

415

宋太宗淳化二年（991），陈尧佐知该县。

行迹

嘉靖《陕西通志》卷二十记载："陈尧佐，字希元，阆中人，第进士以试秘书省校书郎，知朝邑。邑人方保吉诬以事，降徙下邽主簿。未几，迁秘书郎。"

嘉靖《渭南县志·官职传》卷一上记载："陈尧佐，字希元，阆州阆中人。父省华左谏议大夫，赠太子少师。尧佐进士及第，历魏、中牟县尉，为《海喻》一篇，人奇其志，以试秘书省校书郎，知朝邑县。会其兄尧叟使陕西，发中人方保吉罪。保吉怨之，诬尧佐以事，降徙下邽主簿。未几，迁秘书郎，知真源县。尧佐历尉、簿、令，课俱称最，累官太子太师，卒赠司空，谥文惠。"

乾隆《朝邑县志》卷三记载："陈尧佐，字希元，阆中人。以秘书省校书郎，知朝邑。会其兄尧叟佐陕西，发中人方保吉罪。保吉邑人也，怨之，诬尧佐以事，降本县主簿。"

咸丰《同州府志》卷七记载："宋，陈尧佐，朝邑令。"

咸丰《初朝邑县志·志例后录》记载："陈尧佐，阆中人。其兄尧叟发中人方保吉罪，保吉邑人也，诬尧佐，降本县主簿。"

五、渭南市临渭区下邽镇

下邽（guī）镇，陕西省渭南市临渭区辖镇，位于陕西省渭南市临渭区北部，距渭南城区28公里，为北宋陕西路华州下邽县。

战国时（前325年前后）秦置县，治今陕西省渭南市东北。其后屡有废置，西魏时，曾为延寿郡治所。

宋太宗淳化五年（994），陈尧佐任该县主簿。

行迹

嘉靖《陕西通志》卷二十记载："陈尧佐，字希元，阆中人。第进士，以试秘书省校书郎，知朝邑，邑人方保吉诬以事，降徙下邽主簿。未几，迁秘书郎。明道中，知同州，复徙永兴军，有善政。"

嘉靖《渭南县志·官职传》卷一上记载："陈尧佐，字希元，阆州阆中人。父省华左谏议大夫，赠太子少师。尧佐进士及第，历魏、中牟县尉，为《海喻》一篇，人奇其志，以试秘书省校书郎知朝邑县。会其兄尧叟使陕西，发中人方保吉罪，保吉怨之，诬尧佐以事，降徙下邽主簿。未几，迁秘书郎知真源县。尧佐历尉、簿、令，课俱称最，累官太子太师，卒赠司空，谥文惠。"

天启《渭南县志》卷六记载："陈尧佐，字希元，阆中人。父省华左谏议大夫，尧佐进士及第历中牟尉，以试秘书省校书郎知朝邑。会兄尧叟使陕西，发中人方保吉罪，保吉怨之，诬尧佐以事，徙下邽主簿。未几，迁秘书郎知真源。尧佐历尉、簿、令，课俱称最，累官太子太师，卒赠司空，谥文惠。"

嘉靖《渭南县志·明兴以来官师表二》记载："瑞泉子曰建官之制在渭南者：隋则岑之象；在唐则裴向、王源长、赵公仪、刘允济、杜玼、张敷；在宋则陆游；在元则同鹗、续俣、刘资、王显、李起岩、刘玉璞、袁允、义明理。主簿，在唐则韦憨、李尚隐；在宋则陈尧佐、杨俨仁、杨砺；在元则会州尹、周佐、屈再、王絗。县尉，在唐则杜易简、陆贽、毕绍、颜常、鲁裴冕、李绛、韦贯之、郑裔绰、郑畋、贾餗、柳公绰、刘从一、刘延佑、卫公次。"

六、永济市永济县蒲州镇

蒲州镇，山西省永济市永济县辖镇，位于中条山下，黄河岸西，为北宋陕西路河中府。

永济古称蒲坂，为上古虞舜建都之地。商属缶邦。春秋属晋。战国属魏。秦属河东郡。西汉高祖二年（前205），建蒲反县，属河东郡。新莽改为蒲城县，属兆阳郡。东汉建武元年（25），改蒲城为蒲坂县，属河东郡。北魏神䴥元年（428），置雍州。延和元年（432），改为泰州，属泰州河东郡。北周明帝二年（558），改泰州为蒲州，属蒲州河东郡。隋开皇三年（583），废郡存州，十六年（596），别置河东县，属蒲州，大业二年（606），省蒲坂县入河东县，次年改州为郡，属河东郡。唐武德三年（620），改郡为州，开元八年（720），置中都，属河中府，同年，复属蒲州。天宝元年（742），改州为郡，属河东郡。乾元二年（759），复属河中府。宝应元年（762），复为中都。元和二年（807），罢中都，复河中府治。宋承府制。

宋真宗大中祥符三年（1010），陈尧叟判河中府。

行迹

乾隆《蒲州府志》卷六记载："知河中府宋王佑、范仲淹、赵延进、朱寿昌、柴成务、宋儋年、陈尧叟、徐萃。"

马端临《文献通考·郊社考二十三》记载："昭圣、灵惠二庙并在河南永安县界。先是，陵域附山而高，帝苦乏水。景德中朝陵，车驾至则泉源濆涌①，济用无阙。诏封泉神为'昭应公'，庙曰'昭圣'。大中祥符四年，再朝陵遣官致祭以中祠礼。时祀汾阴经度制置使陈尧叟议，导徙徊泉缘山麓入邑中。明年，三陵副使江守训立庙泉侧，赐名'灵惠'。"

嘉靖《荣河县志》卷一记载："宋真宗大中祥符四年春二月，帝祭后土于汾阴，大赦。三月驻跸西京，诏雕上后土庙宜上额，为太宁正殿。先是，群臣上表请祀汾阴，帝从之。以王旦兼大礼使，王钦若为礼仪使，陈尧叟为经度使，仪同封禅。正月，奉天书发京师。是月，出潼关，渡渭河，至宝鼎县，奉祇宫，祀后土，大赦天下，文武进秩。建宝鼎县为庆成军，赐天下酺三日，大宴群臣于穆清殿而还。俱见《文献通考》。"

李贤《大明一统志》卷二十记载："薰风楼②，在蒲州治，后唐王重荣建，旧名'市楼'，宋真宗祀后土幸蒲，尝登此楼，以舜故都更今名，命陈尧叟为记。"

成化《山西通志》卷四记载："熏风楼，在蒲州城中十字街后，唐广明中王重荣建，尝誓众于此，以败赵璋，名曰'克复'。宋真宗祀后土幸蒲，登此楼，以舜故都更今名，命陈尧叟为记。"

万历《平阳府志》卷四记载："熏风楼，在城内，唐广明中王重荣建。旧名'克复楼'，宋真宗祀后土幸蒲，尝登此楼，以舜故都更今名，命陈尧叟为记。"

乾隆《蒲州府志》卷三记载："熏风楼，州志云在古城街中，唐广明中河中节度使王重荣与黄巢将战，誓众于此，后战胜建楼

熏风楼

---

①濆（fēn）涌：喷涌。
②编按：其他史料为"熏风楼"。

纪功，以'克复'名之。宋祥符四年，真宗幸河中登楼问故事，因曰：'克复者一时之事，不如以舜旧都改榜曰"薰风"。'且命陈尧叟为记、刻石，元末毁焉。"

徐松《宋会要辑稿·方域四》记载："四年二月，诏改河中府'克覆楼'曰'薰风楼'，在市中。唐广明岁节度使王重荣败黄巢，伪将赵璋、李祥尝誓众于此，因为名。帝曰：'克复者一时之事，不若因舜都为之号，乃赐名焉，命陈尧叟为记。'"

万历《平阳府志》卷十记载："真宗祥符二年九月，河决河中府白浮图村。三年八月，解州瑞盐生。盐池紫泉场，水次二十许里，不种自生，其味特佳，命屯田员外郎向敏中往祭池庙。东池水自成盐，安邑东池生盐仅半池洁白成块，晶莹异常，祀汾阴经度制置使陈尧叟继献瑞盐千七百斤，分赐近臣及诸军列校。是年，黄河清，夏竦上《河清颂》。"

七、天水市秦州区

秦州区，甘肃省天水市辖区，位于甘肃省东南部，为北宋陕西路秦州治所。

西周以前，舜封伯益于此，并赐"嬴"姓。西周时，周孝王封伯益之后非子"其地为附庸，邑之秦（即今清水、张川一带）"叫"秦地"，其后建秦国。魏文帝元年（220），置秦州。后世沿用。

宋真宗天禧五年（1021），陈尧咨知是州。

行迹

乾隆《直隶秦州新志》卷九中记载："陈尧咨，字嘉谟，阆州阆中人。父省华，字善则，曾事孟昶，蜀平授陇城主簿，后历大官，皆有名迹。尧咨工隶书，善射，举进士第一。真宗末知秦州。尧咨从子渐，字鸿渐，少以文学知名于蜀，咸平初始仕，为天水县尉。时学者罕通杨雄《太玄经》，渐独好之，著书十五篇，号《演玄》，奏之，后复调陇西防御推官，余俱详《本传》。"

光绪《甘肃新通志》卷四十九记载："秦州节度使，陈尧咨，知秦州。"

光绪《重纂秦州直隶州新志》卷九记载："军头戍秦州，陈尧咨。"

八、渭南市大荔县

大荔县，山西省渭南市辖县，位于陕西关中平原东部，渭河旁，古称同州，为北宋陕西路同州治所。

夏朝，神农氏后裔建向国。商周时期，大荔为古芮国及同国所在地。春秋时少数民族沿洛河进入此地，建立大荔戎国。秦厉公二十六年（前451）秦伐大荔，设临晋县。汉武帝时改为左冯翊，晋武帝时（265—290），更名为大荔县。以后地名变更频繁，西魏改为同州。唐天宝初年（742），曰冯翊郡，乾元三年（760），复同州。宋朝沿用同州。

宋仁宗天圣元年（1023），陈尧咨知是州；宋仁宗明道二年（1033），陈尧佐亦知是州。

行迹

嘉靖《陕西通志》卷二十记载："陈尧佐，字希元，阆中人。第进士，以试秘书省校书郎，知朝邑，邑人方保吉诬以事，降徙下邽主簿。未几，迁秘书郎。明道中，知同州，复徙永兴军，有善政。"

天启《同州志》卷七记载："陈尧佐，字希元，阆中人。明道中，自庐州徙知同州，复徙永兴军，有善政，后拜平章事、集贤殿大学士。"

咸丰《同州府志》卷七记载："陈尧佐，明道中知州。"

天启《同州志》卷七记载："陈尧咨，字嘉谟，尧佐弟，举进士第一，历谏议大夫，知同州。"

九、平凉市崆峒区

平凉市，甘肃省地级市，位于甘肃省东部，六盘山东麓，泾河上游，为陕甘宁交汇几何中心"金三角"，为北宋陕西路渭州治所。

夏为獯鬻戎狄居地。商末先后建立密、阮、共等方国。西周属周人和狁狁之地，密、阮、共等方国归周后，周文王筑灵台于今灵台县境。春秋为乌氏与义渠戎国属地。秦穆公三十七年（前623），秦伐戎，属秦。秦惠文王更元六年（前319），置泾阳、乌氏和鹑觚县。秦昭襄王二十八年（前279），置陇西郡。三十五年（前272），置北地郡。汉承秦制，汉武帝元鼎三年（前114），分北地郡置安定郡，析陇西郡置天水郡，属凉州刺史部。新莽天凤元年

（14），改天水郡为填（镇）戎郡，又分置阿阳郡，治成纪，另将乌氏县改名乌亭、月氏道改名月顺，不久即复原制。明帝永平十七年（74），天水郡改名汉阳郡。汉献帝兴平元年（194），于鹑觚县置新平郡，建安十八年（213），省凉州诸郡并入雍州。三国属魏。晋武帝泰始五年（269），分雍、凉、梁3州置秦州，太康三年（282），罢秦州并入雍州。东晋元帝永昌元年（322）复置秦州，建元十二年（376），置平凉郡（治今宁夏彭阳县）。南北朝先后隶属于北魏、西魏和北周。恭帝义宁二年（618），复置灵台县，与鹑觚县同属麟州。安定郡改为泾州，平凉县属原州。大业三年，仍属秦州，废秦州后复隶属于天水郡。唐初属关内道。玄宗天宝元年（742），属安定郡，原州改为平凉郡。乾元元年（758），改安定郡为保定郡，随后改郡为州，属县未变。德宗贞元四年（788），恢复平凉县建制，筑崇信城，置崇信军。贞元十九年（803），移原州至平凉城。元和四年（809），置行渭州于平凉，省平凉县。中和四年（884），行渭州改称渭州，仍治平凉，彰义军节度。后梁太祖开平二年（908），泾州、渭州、武州属岐。清泰二年，以安国、耀武2镇复置平凉县，初属泾州，后晋高祖天福五年（940）改属渭州。后周太祖显德五年（958），废武州，复置潘原县，改属渭州。渭州领平凉、潘原2县。宋初，沿旧制。太宗时，属秦凤路，彰化军节度。仁宗庆历元年（1041），改属泾原路。徽宗政和七年（1117），升渭州为平凉军。

宋仁宗景祐二年（1035），陈尧佐知是州。

行迹

王称《东都事略·列传·陈尧佐传》记载："天禧三年，编次御试进士，坐误差其第，贬监鄂州茶场。起知渭州，徙京西转运使。"

李贤《大明一统志》卷三十五记载："陈尧佐知渭州，有惠政，边界安静。"

嘉靖《陕西通志》卷二十二记载："陈尧佐，字希元，阆州人。知渭州，有惠政，边境赖以安。"

嘉靖《雍大记》卷二十三记载："陈尧佐仁宗时，知同州，复徙永兴军，有善政。初，太后遣宦者起浮屠京兆城中，前守姜遵尽毁古碑碣充砖瓦用，尧佐奏曰：'唐贤臣墓石十亡七八矣，子孙深刻大书，欲传之千载，乃一旦与瓦砾等，诚可惜也，其未毁者，愿敕州县完护之。'又知渭州，有惠政，边境安静。"

乾隆《静宁州志》卷四记载："渭州在山以东，德顺在山以西，为两地，而山以东无静宁地，则前世知渭州诸人当系之平凉无疑，故曰静宁非古渭州也。自一统志载宋知渭州若张纶、王尧臣、王素、陈尧佐、段少连、王沇少、尹洙、章棻、张伉、刘仲书、蔡挺、刘舜卿、吕大忠、毛渐、折可适、姚雄、卢秉、姚麟、王恩、种师道、刘昌祚二十一人于静宁。"

光绪《平凉县志》目录记载："陈尧佐，字希元，阆中人。知渭州，有惠政，边境赖以安。"

第四节　治理河朔

河朔地区，在中国古代指黄河以北的地区，大体包括今山西、河北和山东部分地区。"河北贡篚征税，半乎九州"，"河北气俗浑厚，果于战耕"，"冀州产健马，下者日驰二百里，所以兵常当天下"。

北宋时，该区域设有河东路、河北路和京东路。由于河朔地区与辽国接壤，而宋与辽的关系时好时坏，所以该地区经常遭受战乱之苦。"陈氏四令公"在这里既"上山封禅"又"下河治水"。其所辖大名府天雄军，为北宋东北屏障，陈尧咨曾两度执掌帅印。

一、邯郸市魏县北皋镇旧魏县村

北皋镇，河北省邯郸市魏县辖镇，位于魏县西南部，距县城15公里，为北宋河北路大名府魏县治。

古禹贡时属冀州，夏为观户国，周为武王少弟康叔封地。春秋先后为卫、齐、晋地。战国为魏国次都。秦始皇十九年（前228），建棘蒲县于魏域。汉高祖十二年（前195），设魏县（治今于村），属魏郡。三国属魏州魏郡。西晋属司州魏郡。北魏太和二十一年（497），析置昌乐县，属相州魏郡。隋开皇六年（586），复置魏县，属魏州。开皇十六年（596），在魏域析置漳阴县，大业初省漳阴入魏县；隋末李密取之，寻为窦建德所辖；未几，宇文化及趋魏县僭帝位，国号许。唐武德四年（621），复置漳阴县，贞观初省入魏。天宝三年（744），移治旧县庙。天宝七年（748），魏县省入昌乐县。五代属兴唐府。北宋属河北路大名府，熙宁六年（1073），县治移洹水镇（今魏县村）。

宋太宗端拱元年（988），陈尧佐任该县县尉。

行迹

正德《大名府志》卷六记载："陈尧佐，阆中人。端拱中为尉，有善政，百姓戴之如慈母。"

康熙《畿辅通志》卷十九记载："陈尧佐，阆中人。历魏县尉，天禧中，知滑州，值河水溢。尧佐躬自暴露，昼夜督促，创造木龙以杀水势，又筑长堤以护其外，人呼为'陈公堤'。"

康熙《魏县志》卷二记载："陈尧佐，字希元，阆中人。为魏县尉，有善焉，对衢民①一以诚信，百姓戴之如慈母。历通潮、惠、寿、滑四州，惠政尤多。在滑筑堤护城，人呼'陈公堤'，后知开封府。居官不妄进取，为太常者十三年，为起居郎七年之久，为丁谓所绌，谓败，乃召用。仁宗问吕申公曰：'求退，有何人可代？'申公曰：'图任老成，镇抚百姓，无如陈尧佐者。'上深然之，遂大拜。天圣中，为枢密使。景祐中，同平章事，为时名臣，今名宦祠祀焉。"

---

①衢（qú）民：市民。

魏县礼贤台

二、太原市娄烦县

娄烦县，山西省太原市下辖县，距太原市97公里，为北宋河东路岚州楼烦县治。

周王绘图有楼烦国。战国时，楼烦国为赵武灵王所破，遂归赵国，楼烦一直以郡、州、县、镇延续下来。秦始皇统一中国，设楼烦郡。西汉置楼烦县，治今朔城区夏官城村。魏晋南北朝时为牧苑。西晋末，刘琨徙楼烦县民越过陉岭重置楼烦县，县址在今原平市大阳村。北齐县废。隋大业四年（608），复置楼烦郡，辖静乐、临泉、秀容（今忻州市）3县，郡治在今宁武县宁化乡。筑楼烦城，其地址在今娄烦县境旧娄烦旧址（今汾河水库淹没区）。唐代郡废，唐武德四年（621），设宪州。唐初宪州辖楼烦、天池、玄池3处牧马监。龙纪元年（889），在宪州城增设楼烦县。五代北汉宪州与楼烦县沿唐制。北宋，楼烦改属岚州。

宋太宗端拱二年（989），陈省华知该县。

行迹

王举正《陈公（省华）神道碑铭并序》记载："□□□从宪□楼烦令。时长子尧叟举进士状元登第□□□□□□□□□气磊落。太宗临试，深所属目，因询其家世，辅臣素知公之才德，遽以名对。上曰：'见其子，知其父矣。'"

乾隆《宁武府志》卷六记载："隋阴世师楼烦太守，李渊楼烦太守，唐杨钵楼烦监牧使，宋陈省华楼烦令，郭劝宁化军判官，李宥火山军判官。"

道光《南部县志》卷十五记载："宋，陈省华，徙楼烦令。"

三、泰安市东平县州城镇

东平县，山东省泰安市辖县，位于鲁西南，西临黄河，东望泰山，为北宋京东路郓州治所。

东平，古称东原。唐虞夏商时期属徐州。西周，境内置须句、鄣、宿等诸侯国。春秋，须句属鲁，鄣属齐，宿属宋。战国时，鄣、宿为齐无盐邑。秦始设须昌县（治今埠子坡）、无盐县（治今无盐村）、张县（治今霍庄），属薛郡。西汉，增置富城、章县，与无盐县先后属梁国、济东国、大河郡、东平国

（国治无盐县宿城），须昌、寿良2县属东郡。东汉时须昌、无盐、寿张、富城、章县同属东平国。三国魏，撤章县，另4县沿属东平国（治迁寿张县治霍庄）。西晋时东平国治迁须昌城。东晋改东平国为东平郡（郡治宿城）。南北朝沿用。北齐无盐并入须昌县。北周属鲁州。隋开皇十六年（596），须昌县迁回原治，属郓州（州治郓城）。唐为郓州州治，先后为平卢、天平军节度。唐贞观元年（627），宿城并入须昌县。景龙元年（707），复置宿城县。贞元四年（788），宿城县改名东平县。太和四年（830），改东平县为天平县。太和六年（832），撤天平县并入须昌县。五代，须昌、寿张县沿属郓州。后唐同光元年（923），改须昌为须城县。宋沿袭五代。宋至道三年（997），置京东路安抚使于郓州（须城）。咸平三年（1000），河决郓州，州城浸没，遂移州、县城于五陵山前五里平原处（今州城）。宣和元年（1119），改郓州为东平府（治须城）。

宋太宗至道元年（995），陈省华知是州；宋仁宗天圣八年（1030），陈尧咨亦知是州。

行迹

王举正《陈公（省华）神道碑铭并序》记载："郓州为东夏巨屏，□□□□国家慎柬，□□公首其选而□命焉。濒河之邦，分□□□□□□□□之□□□防川□，礼义之设，所以牖民，□□□□□□何从而略焉？始乎缮完，终乃教化，事靡□素，人率蒙惠。惟苟简之弗任，顾灭裂而何有，就委京东转运使。

嘉靖《山东通志》卷二十六记载："陈尧咨，阆州阆中人。真宗时，通判济州，后为单州团练副使，复知郓州，建请浚新河自鱼山至下杷以导积水，拜武信军节度使。"

万历《兖州府志》卷三十七记载："陈尧咨，字嘉谟，阆州阆中人，举进士第一。真宗时通判济州，后贬单州团练使，复著作郎，后知郓州，建请浚新河自鱼山至下杷以导积水，拜武信节度使。尧咨于兄弟中最为少文，然以气节自任，工隶书，善射，尝以钱为的，一发贯其中。"

雍正《山东通志》卷二十五之一记载："陈尧咨，单州团练使知郓州，阆中人。"

雍正《山东通志》卷二十七记载："陈尧咨，字嘉谟，阆州阆中人。真宗时，通判济州，又为单州团练副使，又知郓州，请建浚新河自鱼山至下杷以导积水，诏从之。"

乾隆《泰安府志》卷十三记载："陈尧咨，字嘉谟，阆中人，以安国军节度观察留后知郓州，建议请浚新河自鱼山至下坝①以导积水之患，谥康肃。"

光绪《东平州志》卷十四记载："陈尧咨，字嘉谟，阆中人。以安国军节度观察留后，知郓州，建议请浚新河自鱼山至下坝以导积水之患，谥康肃。"

乾隆《泰安府志》卷三记载："吾山，县西八里，即鱼山，在大清河西岸，汉武帝瓠子歌所谓：'吾山平者也。'上有东阿王墓，其下有祠，魏曹植封东阿王，尝登鱼山，望东阿。《吴苑记》云：'陈思王游鱼山，闻岩里有诵经声，清远嘹亮，因使解音写之，为神仙之声，道士效之，作步虚声。'王建诗曰：'道士写将行气法，家童授与步虚词。'唐乾宁初，朱全忠与郓帅朱瑄军于鱼山。宋陈尧咨知郓州，开新河自鱼山至下杷以导积水，今山下尚有唐宋行迹。"

道光《东阿县志》卷三记载："吾山，在县西八里大清河西岸，即鱼山。汉武帝瓠子歌所谓：'吾山平者也。'山有东阿王墓，其下有祠，魏曹植封东阿王，尝登鱼山，望东阿。《吴苑记》云：'陈思王游鱼山，闻岩里有诵经声，清远嘹亮，因使解音写之，为神仙之声，道士效之，作步虚声。'王建诗曰：'道士写将行气法，家童授与步虚词。'唐乾宁初，朱全忠与刘郓朱瑄军于鱼山。宋陈尧咨知郓州，开新河自鱼山至下杷以导积水，今山下尚有唐宋行迹。"

鱼山

曹植墓

---

① 编按：其他史料均为"下杷"，此处疑误。

四、商丘市睢阳区

商丘市，河南省地级市，简称商、宋，位于河南省东部，为北宋京东路治所宋州。景德三年（1006），升为应天府；大中祥符七年（1014），升为南京。

汤灭夏建商，定都亳（今商丘谷熟镇西南）。周建陈国。周成王姬诵三年（前1040），微子启于商丘建宋国。周赧王二十九年（前286），齐、魏、楚三分宋地，商丘大部分属魏。魏封公子无忌于信陵（今商丘宁陵县），史称"信陵君"。秦朝商丘地境分陈郡、砀郡，砀郡治所在睢阳。汉高祖五年（前202），升砀郡为梁国，定都睢阳（今商丘睢阳区），属豫州。三国魏文帝黄初元年（220），改梁国为梁郡。后赵、前燕、前秦、后燕、后秦沿用。后秦设徐州（治今商丘睢阳区）。北魏增设谯郡（治今商丘市梁园区蒙墙寺村）。北魏永安二年（529），元颢在梁国睢阳（今商丘睢阳区）登基称帝，建元孝基，为建武帝。东魏时期，在平城（今商丘夏邑西南马头寺村）增设马头郡，废谯郡。隋开皇十六年（596）置宋州，大业三年（607），复置梁郡。唐朝武德四年（621）改宋州，治宋城县（今商丘睢阳区）。天宝元年（742），置睢阳郡，属河南道。乾元元年（758），睢阳郡复为宋州。五代梁开平三年（909），升为宣武军。五代唐庄宗同光元年（923），改为归德军。五代后周时仍为宣武军。宋初复置宋州。景德三年（1006），升宋州为应天府，属京东西路，为路治。大中祥符七年（1014），应天府诏升为南京，为北宋陪都。

宋太宗至道元年（995），陈省华任京东转运使。

行迹

王举正《陈公（省华）神道碑铭并序》记载："郓州为东夏巨屏，□□□□国家慎柬□□。公首其选，而□命焉。濒河之邦，分□□□□□□之□□□防川□，礼义之设，所以牖民，□□□□□□何从而略焉。始乎缮完，终乃教化，事靡□素，人率蒙惠，惟苟简之弗任，顾灭裂而何有，就委京东转运使。"

王圻《续文献通考·学校考》记载："应天书院，即睢阳书院，应天府乃归德府也。宋曰：'应天金曰归德。'宋祥符二年二月二十四日庚戌，诏应天府新建书院，以曹诚为□教。初，有戚同文者通五经，业聚徒百余人，许宗度、郭承范、董循、陈象舆、王砺、滕涉皆其门人。于是，诚即同文旧居建

学舍百五十间，聚书千五百余卷，愿以学舍入官，令同文、孙舜宾主之，故有是命，并赐院额。天圣三年应天府增解额三人，六年九月晏殊言请，以王洙充书院说书，从之。明道二年十月乙未，置讲授官一员。景祐二年十一月辛巳朔，以书院为府学，给田十顷。范仲淹南

宋州古城

京书院题名记：'皇帝功揭日月，泽注河汉，金革尘积，弦诵风希，睢阳先生同文赍于丘园教育为乐。祥符中，曹氏请以金三百，两建学于先生之庐，以舜宾干其裕，王渎掌其教，张吉甫领其纲。真宗嘉叹，面可其奏，盛度文其记，陈尧佐题其榜，章甫如星缝掖，如云聚学，为海淬词，为锋二十年间，羽仪台阁，盖翩翩焉。'"

五、菏泽市巨野县

巨野县，山东省菏泽市辖县，地处鲁西南大平原腹地，位于菏泽东部，因古有大野泽而得名，为北宋京东路济州治所。

西周春秋时期，巨野为武城地，鲁国西境。公元前475年，巨野属宋国。公元前286年，改属齐国。公元前220年，置昌邑县（今昌邑集一带），属砀郡。西汉中期增置巨野县和乘氏县。汉景帝中元六年（前144），昌邑、巨野属山阳国。汉武帝建元元年（前140），改山阳国为山阳郡。昌邑、巨野2县属山阳郡。汉武帝天汉四年（前97），改山阳郡为昌邑国，昌邑、巨野为其属县。汉宣帝本始元年（前73），撤销昌邑国，复为山阳郡，昌邑、巨野仍为其属。新莽元年（8），撤山阳郡，改为巨野郡，治巨野县城。东汉建武元年（25），撤巨野郡，复山阳郡，治昌邑，巨野、昌邑2县兼属山阳郡和兖州。晋武帝泰始元年（265），改山阳郡为高平国，治昌邑，巨野为其属县。南朝刘宋改高平国为高平郡。北魏太和十二年（488），乘氏县移置今菏泽市。北魏孝明帝神龟元年（518），分高平郡，置任城郡。在此期间，巨野县先后属之。北齐撤巨野县。隋开皇年间，巨野分属郓州东平郡、曹州济阴郡。开皇十六年（596），复巨野

县和昌邑县。大业二年（606），撤乘氏县入巨野县；撤昌邑县入金乡县。唐高祖武德二年（619），巨野县属郓州东平郡。唐高祖武德四年（621），在巨野县城置麟州，复置乘氏县为属县。唐高祖武德五年（622），撤麟州，复置昌邑县，与巨野同属戴州，治金乡。唐高祖武德八年（625），撤昌邑县入金乡县。贞观十七年（643），巨野县改属河南道郓州。后梁、后唐、后晋、后汉沿袭。后周太祖广顺二年（952），移济州于巨野县城，并辖郓城、任城、金乡等县。宋太祖至道三年（997），属京东路。神宗熙宁七年（1074），改属京东西路。

宋真宗咸平三年（1000），陈尧咨通判济州。

行迹

乾隆《兖州府志·职官志》记载："陈尧咨，阆中人，真宗时通判济州。"

乾隆《兖州府志·宦绩志》记载："陈尧咨，字嘉谟，阆州阆中人，举进士第一，真宗时通判济州，以气节自任，工隶书，善射。"

道光《巨野县志》卷十记载："《宋史本传》，陈尧咨，字嘉谟，阆州阆中人，举进士第一，授将作监丞，通判济州，贬单州团练副使，起至翰林学士，以安国军节度观察留后知郓州，建请浚新河自鱼山至下杷，以导积水，拜武信节度使，卒谥康肃。《旧志》赠太尉，尧咨以气节自任，工隶书，善射，兄弟同时贵显，推为盛族。"

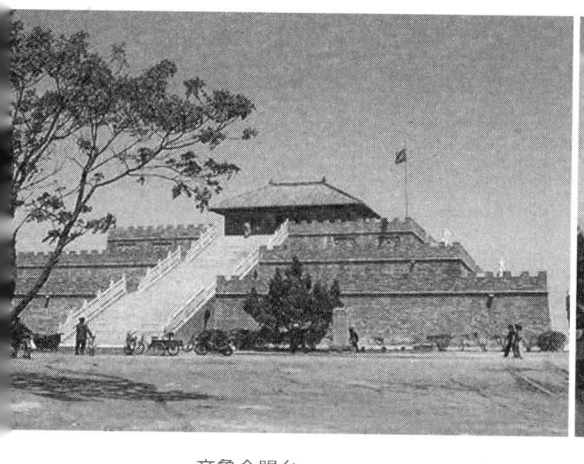

齐鲁会盟台

永丰塔

六、菏泽市单县单城镇

单县,山东省菏泽市下辖县,位于山东省西南部,苏鲁豫皖四省八县交界处,为北宋京东路单州治所。

单县古称单父,舜帝的老师单卷居住地,因而得名。周成王封少子臻于此,为单子国。春秋初期,属宋国,后为鲁国单父邑。战国初期,复属宋国。宋灭,改属齐国。秦置单父县,属砀郡。汉代三次为县侯国,一次为县王国。隋朝恢复单父县。唐末置辉州。宋初置单州。

宋真宗景德二年(1005),陈尧咨任团练副使。

行迹

康熙《单县志》卷六记载:"陈尧咨,字嘉谟,阆州阆中人,举进士第一,工草书[①],善射,世称'小由基'。真宗时为单州团练副使,后复知郓州,请浚新河自鱼山至下杷以导积水,拜武信节度使,卒谥康肃。"

乾隆《曹州府志》卷十二记载:"陈尧咨,字嘉谟,阆中人,举进士第一,通判济州,擢右正言,为殿试考官,以试卷事贬单州团练副使,后以安国军节度观察留后知郓州,浚新河导积水,拜武信节度使,知澶州,卒谥康肃。"

七、泰安市

泰安市,山东省地级市,泰山所在地,位于山东省中部,泰山脚下,城市依山而建,山城一体,为北宋京东路兖州地境。

泰安因泰山而得名。夏商为青州、徐州之地。周代分属齐鲁。秦属济北郡、东郡。西汉初设泰山郡,隶兖州刺史部,北齐改为东平郡。隋初分属济北郡、鲁郡、琅琊郡。唐隶兖州、沂州。宋隶兖州袭庆府,隶京东路。大中祥符元年(1008),升为"大都督府";乾封县更名为奉符县。

宋真宗大中祥符元年(1008),陈尧叟陪宋真宗封禅泰山。

行迹

马端临《文献通考·郊社考十七》记载:"癸丑,御朝觐坛,大赦天下,

[①]编按:其他史料为"工隶书"。

改乾封县曰奉符，配座金匮①。回日，奉置大庙本室，上作《登泰山谢天书述二圣功德铭》。初，王钦若言：'唐高宗、元宗二碑之东，石壁南向平峭，欲即崖成碑，以勒圣制。'上曰：'朕之功德，故无所纪，若须撰述，不过谢上天敷佑②，叙祖宗盛美尔。'又诏王旦撰《封祀坛颂》，王钦若撰《社首坛颂》，陈尧叟撰《朝觐坛颂》，改太平顶曰天平顶。先是，泰山多阴翳雷雨，及工徒升山，景气晴爽。上之巡祭也，往还四十七日，未尝遇雨雪严冬之候，景气怡和，祥应纷委，咸以为诚感昭格天意助顺之致也。"

康熙《泰安州志》卷一记载："朝觐坛，在州南，宋真宗东封，群臣觐地。州之风云雷雨坛，因其故址，陈尧叟撰碑颂，今在坛下，与天贶殿碑，及天齐仁圣帝碑，皆待诏尹熙古书，书法类圣教序。"

乾隆《泰安府志》卷二十八记载："《宋广生帝君赞》，宋真宗御制御书并篆额，旧在，在泰山南麓青帝观中，今无。《宋东岳天齐仁圣帝碑铭》，大中详符③元年，晁回奉敕撰，尹熙古行书并篆额，碑甚巨，在岱庙内西郦禧殿门外南向。《宋封禅朝觐坛颂》，大中祥符二年七月，陈尧叟奉敕撰，尹熙古行书并篆额，在郡城南门外里许。《宋天贶殿碑铭》，大中祥符二年十一月，杨亿奉敕撰，尹熙古行书并篆额，在岱庙内西墀，碑东面镌明天顺五年重修。《东岳庙文》，薛瑄撰，李颙篆额，陈铨行书。"

乾隆《泰安府志》卷四记载："封祀坛，泰山南五里，宋真宗筑，有王旦

| 封禅台遗址 | 泰山石刻 |

---

①金匮（guì）：亦作"金柜""金鐀"，铜制的柜，古时用以收藏文献或文物。
②敷佑：亦作"敷祐"，谓敷布德泽以佑助百姓。
③编按："大中详符"应为"大中祥符"。

颂碑。社首坛，在社首山，宋真宗禅于此，有王钦若颂碑。朝觐坛，县南，宋真宗东封群臣觐地，坛前有陈尧叟颂碑，今为山川坛。晒缨台，县东南四十五里。"

八、太原市阳曲县

阳曲县，山西省太原市辖县，位于忻州与晋中盆地之脊梁地带，为北宋河东路治所并州。

春秋属晋。战国时，析晋阳邑置狼孟，为赵邑。秦统一六国后，置狼孟县，属太原郡。西汉复置盂县。汉初，以太原郡21县和雁门郡辖县改置韩国，后改置为代国。武帝元鼎三年（前114），废除代国，复置太原郡。时狼孟县、盂县、汾阳县均属于并州刺史部太原郡。东汉建武二年（26），改太原郡为太原国，建武十四年（38），废太原国复置太原郡。西晋泰始元年（265），改太原郡为太原国。太康五年（284），复置太原郡，阳曲县、狼调县、盂县同属之。东晋废盂县，改狼调县为狼孟县。北魏废狼孟县并入阳曲县，属肆州永安郡。北周时改属肆州雁门郡。隋开皇初年，文帝改阳曲县为阳直县，十六年（596），更名为汾阳县，并分置盂县。大业初又废盂县并入汾阳县，大业末改汾阳为阳直县，移治木井城。义宁初，析阳直县置抚城县。阳直县、抚城县同属太原郡。唐武德三年（620），分阳直县地置汾阳县。七年（624），废阳直县，改汾阳县为阳曲县。贞观元年（627），洛阴县并入阳曲县。六年（632），燕然山（今蒙古国境内）一带苏农部落少数民族内迁，置燕然县，八年（634），侨置于阳曲境内（今太原西北35公里），十七年（643）并入阳曲县。唐初属并州太原郡，开元十一年（723）后属太原府。北宋太平兴国四年（979），北汉降宋，毁晋阳城，降太原府为并州军事，移并州治于县界三交寨，不久又移至榆次。七年（982），将州治迁至县南唐明镇，并迁县治于太原城西郭外。熙宁三年（1070），废平晋县入阳曲县。政和五年（1115），复置平晋县。

宋真宗大中祥符八年（1015），陈尧佐为河东路转运使；宋仁宗天圣三年（1025），陈尧佐知并州。

行迹

万历《平阳府志》卷五记载："陈尧佐为本司都运使，岁减冶铁课数十万，以便民。"

万历《平阳府志》卷六记载："陈尧佐，阆州人，真宗时为河东转运使，以地寒民贫，仰石炭以生，奏除其税，及减官冶铁课十万，以便民。"

万历《泽州志》卷十二记载："陈尧佐，阆州人，祥符中为河东转运使，泽产石炭，岁征其税，乃以'地寒民贫，仰此以给生，复令其出税，人多不堪，悉奏免之。'大奏，免官冶铁课数十万缗。凿太行之险以通道路，民咸德之，为建修路兴利碑，官至平章事、太子太师。"

同治《阳城县志》卷十八记载："宋李昭构，知泽州时，阳城冶铸铁钱。民冒山险，输矿炭，常苦其役，为奏，罢铸钱，百姓德之。又陈尧佐为河东转运使，以地寒民贫，仰石炭为生，奏除其税，今县炭价甚贱，无不思其遗爱也。"

武亿《授堂金石文字续跋》卷八记载："宋真宗大中祥符九年（1016）十二月，河东转运使尧佐上《请平治太行山道札子》。"

雍正《泽州府志》卷十七记载："名宦祠，戟门东。汉署高都长鲍昱、晋御史阳羡周处、后魏大都督前建州刺史杨标、隋司马房恭懿、建州刺史伊娄谦、唐行军总管李靖、薛国公泽州刺史长孙顺德、泽州知州杨德幹、义阳郡王泽州刺史兼泽潞节度副使李抱真、司空前泽潞节度使李抱玉、并州法曹狄仁杰、汾阳王泽潞节度使郭子仪、平章张九龄、泽州刺史岑翔、后唐潞泽裨将裴约、后梁匡国军节度使牛存节、五代泽州刺史史延韬、宋侍卫马步军副指挥领归德节度使浚仪石守信、少府监勋开国侯前泽州知州裴德裕、平章太子太师前河东转运使陈尧佐、户部尚书前泽州知州吕公儒、晋城令吕大忠……"

李贤《大明一统志》卷十九记载："邢昂墓，在晋祠南原上，昂宋太原人，高蹈不仕，司封郎中，张景俭表其墓，寇准、文彦博、陈尧佐、范仲淹皆有赠诗刻于石。"

万历《太原府志》卷二十记载："邢昂，太原人，高蹈不仕，时宰相寇准、文彦博、王随、陈尧佐、范仲淹等咸雅重之。弟协亦同隐，皆享眉寿，家林相接，谓之《诸宫》二疏，荆帅陈康肃尧咨表其居为'东西致仕坊'。"

天启《太原县志》卷一记载："邢昂墓，县西南十里，晋祠奉圣院南原上。昂，字下交，太原人。高蹈不仕。既终而葬于此。其墓有宋相寇准、文彦博、陈尧佐、范仲淹等十四人所赠之诗碑，旧在阳曲县天庆观中，今毁无迹。"

成化《山西通志》卷二记载："柳溪，在太原府城西一里汾堤之东。宋天圣中，陈尧佐知并州，因汾水屡涨，为筑堤，周围五里，引汾水注之，四旁柳万余株。中有'伏华堂'，堂后通芙蓉洲，堤上有'彤霞阁'。每岁上巳张

水戏，太守泛舟，郡人游观焉。久圮于汾水，有断碑存焉，堂阁详见后。"

万历《山西通志》卷四记载："柳溪，在府城西一里汾堤之东。宋天圣中，陈尧佐知并州，因汾水屡涨，为筑堤，周围五里，引汾水注之，四旁柳万株。中有'伏华堂'，堂后通芙蓉洲，堤上有'彤霞阁'。每岁上巳，太守泛舟，郡人游观焉。久圮于水，止有断碑尚存。"

乾隆《太原府志》卷九记载："柳溪，在县西一里汾堤之东，宋天圣中，陈尧佐知并州，因汾水屡涨，筑堤周五里，引汾水注之，环植柳万株，中有'伏华堂'，堂后通芙蓉洲，堤上有'彤霞阁'。每岁上巳，太守泛舟，郡人游观焉，久圮于水，断碑尚存。龙泉有二，一在城西一里，南流入太原县界，一在城西北百五十里静乐县界，流经卢子社至横渠合扫谷水。宋天圣二年①，夏水大涨，知太原府陈尧佐作新堤捍之，并人赖焉。"

万历《山西通志》卷四记载："龙泉有四②，一在府城西一里，南流入太原县界；一在府城西北一百五十里静乐县界，流经卢子社至横渠合扫谷水。宋天圣二年，夏水大涨，郡守陈尧佐作新堤捍之，并人赖焉。"

乾隆《太原府志》卷十记载："阳曲县，龙泉新堤，在西北一百五十里静乐县界。宋天圣二年，知太原府事陈尧佐筑。柳溪堤，在府城西一里。宋天圣中，知府陈尧佐筑，周围五里，四旁植柳数万本。"

---

①编按：李焘《续资治通鉴长编》卷一百零三记载："宋仁宗天圣三年三月丙子，徙知河南府、枢密直学士陈尧佐知并州。每汾水涨，州人忧溺，尧佐为筑堤，植柳数万本，作柳溪亭，民赖其利。"
②编按：其他资料记载"龙泉有二"。

九、德州市

德州市，古称安德，简称德，山东省地级市，位于山东省西北部、黄河下游冲积平原，为北宋河北路德州治所。

德州在夏、商时为有鬲氏（鬲国）、有穷氏，系侯国。秦置鬲县，分属齐郡、巨鹿郡、清河郡、上谷郡。北齐废鬲县。汉置安德县，分属青州平原郡、济南郡、冀州清河郡、幽州渤海郡。隋分属兖州平原郡、渤海郡、冀州清河郡、青州齐郡。唐分属河北道德州、贝州、隶州、齐州。宋初属河北路。

宋真宗天禧五年（1021），陈尧佐知滑州时，于此修筑"陈公堤"。

行迹

李贤《大明一统志》卷二十二记载："陈公堤，在德州东五里，西南接东昌府界，宋陈尧佐守滑时，筑之以障黄河，故名。"

乾隆《德州志》卷三记载："天禧五年，陈尧佐于古漯之西筑长堤，以作黄河西岸，又于堤之内，开支河，水渐归东流。"

乾隆《夏津县志》卷一记载："古堤自德州东五里，历恩县，达东昌。宋河北转运使陈尧佐所筑，以障黄河者，故名'陈公堤'。"

嘉庆《庆云县志》卷一记载："古堤，县南四十里始，自西南绵亘数郡东至海滨，或曰神禹古堤，或曰齐长城，或曰汉之金堤，或曰宋陈尧佐所筑。"

道光《冠县志》卷之一记载："鲧堤，《寰宇记》：在历亭东三十五里恩县，临清谓之陈公堤，谓宋时，河北转运使陈尧佐所筑，以障黄河。"

武城县境内陈公堤遗址

十、邯郸市大名县

大名县，河北省邯郸市辖县，位于河北省东南部，为北宋河北路大名府、天雄军节度。

春秋时为魏地。汉高祖十二年（前195），设魏郡，建元城县。三国魏文帝黄初二年（221），元城县为阳平郡治所。前燕建熙元年（360），析元城县西部建贵乡县，后废。北魏太和二十一年（497），复置贵乡县，后又省。北齐天保七年（556），省魏县及元城县入贵乡县。隋开皇六年（586），复置元城县、魏县，并析元城县，设马陵县，均属魏州。唐建中三年（782），改魏州为大名府。后梁承袭唐制，后唐同光元年（923），升魏州为东京兴唐府，改贵乡县为广晋县。后晋天福二年（937），改兴唐府为广晋府，改兴唐县为元城县。后汉乾佑元年（948），改广晋府为大名府。北宋初期，承袭前制。稍后，元城县、大名县、魏县先属河北路，后属河北东路大名府，称之为"北京"。熙宁六年（1074），大名县并入元城县。绍圣二年（1095），复置大名县。

宋仁宗天圣五年（1027）、宋仁宗至道二年（1033），陈尧咨两度知天雄军。

行迹

正统《大名府志》卷五记载："陈尧咨，字嘉谟，阆州人。举进士第一，

大名府北城门外

授将作监丞、通判济州，累官迁龙图阁学士，以宿州观察留后知天雄军。尧咨因辞由陈：'以第臣而易武守，所惜腰下无金鱼耳！'上特赐之。"

正德《大名府志》卷六记载："陈尧咨，阆州人。累迁龙图阁学士，以宿州观察使移知天雄。陛辞①自陈：'以儒臣而易武守，所惜者，腰下无金鱼耳！'上特赐以示优渥。后改判澶州，令行禁止，境内肃然。"

嘉靖《河间府志》卷十六记载："陈尧咨，阆中人，尧咨尧佐弟，咸平中进士第一，累官翰林学士，后以武信军节度使知天雄军，卒谥'康肃'。为人性刚，以气节自任，工隶书，善射，世号'小由基'。"

康熙《畿辅通志》卷十九记载："陈尧咨，字嘉谟，尧佐弟。知天雄军，自契丹修好，城壁器械久不治，尧咨葺完之。仁宗时，复知天雄。陛辞，上特赐金鱼，以示优渥，且曰：'天雄朔方会府，其文武全才不可，故命卿耳'等。改判澶州，令行禁止，境内肃然。"

咸丰《大名府志》卷十三记载："陈尧咨，字嘉谟，进士入官，以宿州观察使知天雄。修城郭器具使完整，然工役烦扰，且多暴怒，民亦苦之。徙澶州，又徙天雄而卒，赠太尉，谥康肃。尧咨以气节自任，工隶书，精射。"

十一、濮阳市濮阳县

濮阳市，河南省地级市，位于河南省东北部，黄河下游，为北宋河北路澶州治所。

春秋时期濮阳一带属卫国。公元前629年，卫成公迁都帝丘（今濮阳）。公元前242年，秦置东郡，治濮阳。隋开皇十六年（596），析濮阳县置昆吾县，析临河、内黄、顿丘各置澶渊县，省昌乐入繁水县，并复置范县。唐初，为避唐高祖李渊之讳，改澶渊县为澶水县。唐武德四年（621），置澶州，辖澶水、顿丘、观城等县。宋初沿袭，后升为开德府。

宋仁宗景祐元年（1034），陈尧咨知是州。

行迹

正德《大名府志》卷六记载："陈尧咨，阆州人。累迁龙图阁学士，以宿州观察使移知天雄。陛辞自陈：'以儒臣而易武守，所惜者，腰下无金鱼

---

①陛辞：指朝官离开朝廷，上殿辞别皇帝。

耳！'上特赐以示优渥。后改判澶州，令行禁止，境内肃然。"

嘉靖《开州志》卷五记载："陈尧咨，阆州人，以宿州观察使，移知天雄，后改判澶州，令行禁止，境内肃然。"

光绪《开州志》卷四记载："知澶州事，陈尧咨，《宋史本传》：阆中人。"

第五节　出知淮南

北宋初置淮南道，以南唐的淮南十四州为主体，领扬、泰、通、楚、滁、和、濠、庐、寿、光、蕲、黄、舒、安十四州，以及汉阳、信阳二军。太平兴国元年（976），析为东西两路。至道三年（997），复为淮南路，统扬、楚、濠、寿、光、黄、蕲、舒、庐、和、滁、海、泗、亳、宿、泰、通十七州，及建安、涟水、高邮、无为四军，利丰、海陵二监。初治楚州（今江苏淮安市），治平中徙治扬州（今江苏扬州）。辖境南至长江，东至大海，西至今湖北黄陂、红安和河南新县、光山，北逾淮水，包括江苏、安徽的淮北地区一部分和河南永城、鹿邑、郸城等。

陈尧佐曾三至庐州。

一、鹿邑县

鹿邑县，河南省直管县，古称鸣鹿、真源、苦县、谷阳、仙源，位于河南省的东部豫皖交界处，为北宋淮南路亳州真源县治。

夏商时期，境内置小诸侯国厉（lài，今鹿邑县太清宫镇），属豫州。公元前770年，周平王迁都洛邑，境内置苦（hù，今鹿邑县太清宫镇），一度名相和鸣鹿（今鹿邑县辛集镇），均属豫州陈国。周敬王四十二年（前478），楚惠王灭陈，苦又属楚。秦时，苦县属豫州陈国。西汉，苦县属兖州淮阳国。新莽时期改苦为赖陵，建武元年（25）光武帝复苦县。建安元年（196），献帝封曹操为武平侯，食邑于此，属豫州陈国。晋咸康三年（337），改苦为父阳（今鹿邑县太清宫镇），和武平属陈留郡。南北朝孝明帝正光年间改父阳为谷阳，属

438

陈留郡。隋，谷阳属豫州谯郡。开皇十六年（596），更武平为鹿邑，并移治今试量镇，属淮阳郡。大业十三年（617），农民军田黑社占据鹿邑，改鹿邑为涡州。唐武德三年（620），田黑社败，复名鹿邑。李唐时期，唐王朝认老子李耳为先祖，追封为乾元皇帝。乾封元年（666），改谷阳为真源，载初元年（689），改真源为仙源。神龙元年（705），复为真源，同属河南道亳州。宋大中祥符七年（1014年），改真源为卫真，和鹿邑同属淮南东路亳州。

宋太宗至道元年（995），陈尧佐知该县；宋真宗大中祥符七年（1014），陈尧叟陪宋真宗谒太清宫。

行迹

脱脱等《宋史·列传·陈尧佐传》记载："徙下邽，迁秘书郎、知真源县。"

清咸丰八年《陈氏族谱》记载："宋太宗至道元年（995）乙未，文惠公知亳州真源县。"

成化《中都志》卷四记载："灵津桥，宋祥符七年，赐亳州北门外涡水桥曰'灵津'，命陈尧叟撰记。"

乾隆《颍州府志》卷二记载："灵津渡，州北门外。宋祥符七年赐亳州北门外涡水桥曰'灵津'，命陈尧叟作记，后桥□设渡。"

乾隆《亳州志》卷三记载："太清东阙，题名'灵津渡碑'，宋陈尧叟撰。"

乾隆《亳州志》卷十一记载："淳化五年正月，赈亳州饥民。《太宗本纪》：'五月，宋亳数州，牛疫死者过半，官借钱令就江淮市牛。未至，属时雨沾足，帝虑其耕稼失时。太子中允武允成献踏犁，运以人力。即分命陈尧叟等，即其州依式制造给民。'"

脱脱等《宋史·列传·陈尧叟传》记载："宋真宗大中祥符七年（1014），从幸太清宫，加开府仪同三司。"

亳州太清宫

二、淮南市凤台县

凤台县，古称州来，又谓下蔡，安徽省淮南市辖县，位于淮河中游，淮北平原南缘，为北宋淮南路寿州治所。

春秋时楚灭州来国，为淮北楚之州来城。周敬王二十七年（前493），改名为下蔡。秦置下蔡县，先后隶属泗水郡、九江郡。西楚项羽立九江国，下蔡属九江国。汉高祖五年（前202），立淮南国，下蔡属淮南国。元狩元年（前128），淮南国废，改为九江郡，下蔡属九江郡。三国时，属魏国淮南郡。南北朝时，下蔡属北魏，太和十九年（485），置下蔡郡。隋开皇初郡废，下蔡属汝阴郡。唐武德四年（621），于县置涡州，武德八年（625），州废，下蔡为颖州（今阜阳）汝阴郡。五代十国，下蔡属颖州（今阜阳），南唐、后周因之。周世宗显德四年（957）三月，改寿州（今寿县），降为防御州，世宗以县难以攻克，遂将寿州移治于下蔡，并恢复其军为忠正军，原寿州为寿春县（今寿县）。北宋政和六年（1116），升寿州为寿春府，治下蔡，属淮南西路。

宋真宗景德元年（1004），陈尧佐知是州。

寿州古城门

行迹

成化《中都志》卷六记载："陈尧佐，字希元，阆州西水人。进士及第，直史馆，尝出知寿州，岁大饥，公自出米为糜，以食饿者。吏民以公故，皆争出米，活数万人。公曰：'吾岂以是为私惠耶！盖以令率人，不若身先而使之乐从也。'后相仁宗，以太子太师致仕，卒年八十二，赠司空，兼侍中，谥文惠。"

嘉庆《长垣县志》卷十五记载："陈尧佐，字希元。真宗时知寿州，岁大饥，出奉米为糜粥食饿者。吏人悉献米，至拯活数万人，见《宋史本传》。"

光绪《重修安徽通志》卷一百四十六记载："《宋史本传》：陈尧佐，字希元，阆州人。尝知寿州，岁饥出俸米为糜粥，食饿者。吏人悉献米，至振数万人。徙庐州，以方严束下，使人知畏，而重犯法至其过失，多保佑之。"

光绪《凤阳府志》卷十七记载："《宋史本传》：陈尧佐，阆中阆州人。进士及第，知寿州，岁大饥，出奉米为糜粥，食饿者。吏人悉献米，至振数万人，徙庐州。"

光绪《凤台县志》卷八记载："陈尧佐，字希元，真宗时知寿州，岁大饥，出奉米为糜粥，食饥者。吏人悉献米，至拯活万人，见《宋史本传》。"

三、合肥市

合肥市，简称庐，古称庐州、庐阳，安徽省省会，为北宋淮南路庐州治所。

合肥古为淮夷地，商朝称虎方，西周称夷虎。周时庐子国建都于此。秦始皇二十六年（前221），属九江郡。西汉高祖元年（前206），项羽在九江郡置九江王国；高祖四年，改九江王国为淮南王国。汉文帝六年（前174），改淮南王国为淮南郡；十二年，复将淮南郡改为淮南王国。汉武帝元狩元年（前122），改淮南王国为九江郡，辖合肥等县。汉武帝元封五年（前106），属扬州九江郡。东汉光武帝建武元年（25），改合肥侯国。汉献帝建安五年（200），废侯国，复县，扬州治。三国时，属魏国淮南郡，扬州治。西晋武帝太康元年（280），改九江郡为淮南郡。南朝宋置南豫州，于旧合肥县地置汝阴县，属南豫州南汝阴郡，为郡治。梁武帝天监五年（506）改属汝阴郡。梁武帝普通七年（526），以寿阳置豫州，汝阴为南豫州治。梁武帝太清元年（547），置合州，汝阴属合州汝阴郡，为州、郡治。隋文帝开皇元年（581），改合州为庐州，改汝阴县为合肥县，为州治。大业初，改庐州为庐江郡，为郡治。唐高祖武德三年（620），改庐江郡为庐州，为州治。唐太宗贞观元年（627），属淮南道庐州。唐玄宗天宝元年（742），改庐州为庐江郡，为郡治。唐肃宗乾元元年（758），又改庐江郡为庐州。后梁到后唐（907—936），属吴国庐州，昭庆军节度。后晋到后汉（936—950），属南唐庐州，保信军节度。后周时（951—960），属后周庐州，保信军节度。北宋太宗淳化四年（993），属淮南道庐州，为州治。宋太宗至道三年（997），改道为路，属淮南路庐州，为州治。宋神宗熙宁五年（1072），属淮南西路庐州，为州治，属保信军节度。

宋真宗景德元年（1004）、宋仁宗明道二年（1033）……陈尧佐三知是州。

行迹

祝穆《方舆胜览》卷四十八记载："皇朝陈尧佐知庐州，以方严肃下。"

王象之《舆地纪胜》卷四十五记载："国朝陈尧佐知庐州，以方严肃下，使人知畏而重犯法。至其过失，多保佑之。"。

光绪《重修安徽通志》卷一百四十六记载："《宋史本传》：陈尧佐，字希元，阆州人。尝知寿州，徙庐州，以方严束下，使人知畏，而重犯法至其过失，多保佑之。"

光绪《续修庐州府志》卷二十三记载："陈尧佐，阆中人。祥符中[①]，三知州事，有传。"

光绪《续修庐州府志》卷二十七记载："《宋史》：陈尧佐，字希元，阆中人。进士及第，知寿州，徙庐州，以父疾请提点开封府略事。后为两浙转运使，累迁尚书吏部侍郎，罢知永兴军，改知庐州，既而拜同中书门下事，集贤殿大学士，以太子太师致仕，卒赠司空，兼侍中，谥文惠。尧佐工为二韵诗，性俭约，见动物必戒左右勿杀，器服坏辄补之，曰：'无使不全见，弃也。'《宋史》：尧佐在真宗朝，尝三守庐州郡署，旧有'三至堂'，即其所建。"

祝穆《方舆胜览》卷四十八记载："三至堂，在州治，陈文惠公三守是邦，故名。"

李贤《大明一统志》卷十四记载："三至堂，在府治西，宋陈尧佐三守是邦，故以名堂，叶祖洽作记。"

嘉庆《合肥县志》卷十四记载："三至堂，《江南通志》在府治西，宋陈尧佐三守是邦，故以名堂。"

[①]编按：根据其他史料记载，陈尧佐自大中祥符元年至大中祥符七年一直为两浙路转运使，后因"薪土筑堤"事，调任京西转运使，再由京西转运使换河东转运使，直至天禧元年。

明月亭　　　　　　　　　　　清风阁

四、潢川县

潢川县，河南省直管县，位于河南省东南部，南依大别山，北临淮河，地处豫、鄂、皖三省的连接地带，为北宋淮南路光州治所。

潢川古为光国。春秋时为黄国。鲁僖公十二年（前648），楚灭黄，黄地入楚。秦朝潢川地属九江郡。西汉初（前206），置弋阳县，隶汝南郡。西汉末（前26），改弋阳为弋阳侯国，仍隶汝南郡。魏文帝黄初元年（220），置弋阳郡，弋阳县为郡治所。北齐武平元年（570），更名定城县，仍为弋阳郡治所（今潢川南城）。陈宣帝十一年（579），北周攻占定城，改弋阳郡为淮南郡，定城为郡治。隋开皇三年（583），废淮南郡，直属光州。大业三年（607），改光州为弋阳郡，定城属之。唐武德三年（620），改弋阳郡为光州，另置弦州，定城为治所。贞观元年（627），废弦州，定城属光州。唐玄宗至道大圣先天元年（712），光州州治由光山迁至定城。天宝元年（742），改光州为弋阳郡；乾元元年（758），复为光州。宋初沿袭。

宋真宗大中祥符元年（1008），陈尧咨知是州。

行迹

脱脱等《宋史·列传·陈尧咨传》记载："复著作郎、知光州。"

光绪《光州志》卷二记载："陈尧咨，知光州。"

第六节　节制荆湖

宋初置荆湖北路、荆湖南路，雍熙二年（985）合并为荆湖路，治江陵府（今湖北荆州市），辖境相当于今湖南全省，湖北荆山、大洪山以南，鄂州、崇阳以西，巴东、五峰以东及广西壮族自治区越城岭湘水、灌江流域。至道三年（997），以今湖南省汨罗江、洞庭湖、雪峰山为界，分为南、北两路。南路简称湖南，治潭州（今长沙市）；北路简称湖北，治江陵府（今荆州市）。

陈省华曾知潭州，陈尧咨曾镇守荆南。

一、长沙市

长沙市，湖南省省会，简称长，位于湖南省东部偏北，湘江下游和湘浏盆地西缘，为北宋荆湖南路潭州治所。

春秋战国时，属楚国。秦为长沙郡，治临湘县。西汉为长沙国都城。东汉复为长沙郡治，隶荆州。吴晋南朝，临湘析出湘西，临湘为长沙郡首邑。南朝宋以湘西置衡阳郡，隶荆州。西晋怀帝永嘉元年（307），分荆州置江州。隋开皇九年（589），改临湘为长沙县，为潭州州治。大业三年（607），改潭州为长沙郡。唐初沿袭。至德元年（758），复潭州。贞观元年（627），属江南道。开元二十一年（733），属江南西道。后唐天成二年（927），设长沙府，为楚国都城。宋至道三年（997），为荆湖南路路治。

宋真宗咸平二年（999），陈省华知是州。

行迹

王举正《陈公（省华）神道碑铭并序》记载："真庙继圣，眷乃方面，又进吏部。移□潭州，长沙奥区，列郡都会，控要荒而作翰，亘舳舻而赡国，启迪孝悌之训，尊隆清净之化，精力匪□□□□□□有矩度。"

脱脱等《宋史·列传·陈省华传》记载："历户部、吏部二员外郎，改知潭州。"

光绪《湖南通志》卷一百一十一记载："陈省华，阆中人，知潭州。"

嘉庆《湖南通志》卷二百零九记载："《宋修藏记》：陈尧咨撰，在胜业禅寺。（《南岳总胜集》）案陈尧咨曾以知制诰知潭州，见《宋史本传》，当在真宗时。"

光绪《湖南通志》卷二百七十记载："《嘉庆通志》：案陈尧咨曾以知制诰，知潭州，见《宋史本传》，当在真宗时。"

法华院

二、荆州市荆州区

荆州市，古称"江陵"，湖北省地级市，位于湖北省中南部，长江中游两岸，江汉平原腹地，为北宋荆湖北路江陵郡、荆南军节度。

五六千年前，荆州有"大溪文化"。春秋战国时属楚。楚文王元年（前689），楚国迁都于郢（今荆州区纪南城）。秦属南郡，治江陵，故常以南郡喻荆州。汉武帝元封五年（前106），设立荆州刺史部。三国魏、蜀、吴三分荆州。后归吴，治南郡。晋永和八年（352），治江陵。南北朝齐和帝、梁元帝、后梁萧铣皆以荆州为国都。开皇七年（587），并后梁，置江陵总管；二十年改为荆州总管。大业初，复称南郡。唐贞观元年（627），属山南道；开元二十一年（733），属山南东道江陵府，设荆州大都督府，至德后置荆南节度使。上元元年（760），以江陵为南都，改荆州为江陵府；次年（761）罢都。925年，荆南节度使高季称南平王，都江陵。宋置江陵郡，荆南军节度。

宋真宗大中祥符三年（1010），陈尧咨知荆南。

行迹

祝穆《方舆胜览》卷二十七记载："皇朝陈尧咨，祥符中知荆南，母冯氏问曰：'汝典郡，有何治效？'尧咨曰：'稍精于射。'母曰：'汝不务仁政，而专一夫之技。'杖而击之。"

脱脱等《宋史·列传·陈尧咨传》记载:"寻复右正言、知制诰,知荆南。"

万历《湖广总志》卷十八记载:"陈尧咨,真宗时任荆南,有传。"

万历《湖广总志》卷六十三记载:"陈尧咨,真宗时知荆南府,母冯氏问曰:'汝典名郡,有何治效?'对曰:'稍精于射。'母曰:'汝父训汝以忠孝,今不务仁政而专卒伍末技,岂汝父意耶?'以杖击之,金鱼坠地。"

光绪《湖南通志》卷一百六十三记载:"陈尧咨知荆南。"

光绪《荆州府志》卷三十一记载:"宋知江陵府,陈尧咨,嘉谟,河朔人,真宗时以右正言、知制诰任。"

李贤《大明一统志》卷六十记载:"仲宣楼,在荆门州,即当阳县城楼。汉王粲仲宣登楼作赋,有曰:'倚曲沮挟清漳。'今当阳正在沮漳之间。唐杜甫诗:'春风□首仲宣楼。'指此。今府城东南隅,亦有仲宣楼,乃五代时高季兴所建望沙楼,宋陈尧咨更此名。"

嘉靖《湖广图经志书》卷六记载:"仲宣楼,在府城东南隅。五代时高季兴所建望沙楼,宋陈尧咨更此名。"

康熙《荆州府志》卷二十二记载:"仲宣楼,在府城东南隅,凭堞结构,相传即高氏望沙楼。宋陈尧咨镇荆,易今名,按《登楼赋》注,楼在江陵,梁孝元出江陵还诗:'朝出屠羊县,久返仲宣楼。'《先贤传》云:荆州有王粲宅,则楼当在江陵。"

乾隆《江陵县志》卷二十三记载:"仲宣楼,在城东南隅,凭堞结构,列榭参差,相传高氏望沙楼,宋陈尧咨镇荆,乃易今名。东坡《荆州诗》:'朱槛城东角,高王此望沙',即此。然《登楼赋》注言,楼在江陵,梁孝元出江陵还诗:'朝出屠羊县,夕返仲宣楼。'"

祝穆《方舆胜览》卷二十七记载:"朱昂,太宗朝为翰林学士,引年请休,上以荆南故苑赐之。力辞,乃赐城东一坊为宅。是时,知制诰陈尧咨为尹,乃题坊曰'垂车'。"

脱脱等《宋史·五行志》记载:"三年二月,江陵公安县民田获稆[1]稻四百斛。八月,江陵县民张仲家,竹自根上分干,其一干又分三茎;九月,江陵府永泰寺竹出地七节,分为两茎,长丈余,知府陈尧咨以闻。四年四月,江陵府刑部郎中袁炜家圃芍药双花并蒂。(《文献通考》)。"

---

[1]稆(lǚ)生:植物落粒自生,野生。

第五章　仕宦行迹

光绪《荆州府志》卷七十五记载："祥异，《文献通考》：八月江陵县民张仲家，竹自根上分干，其一干又分三茎；九月江陵府永泰寺竹出地七节分为两茎，长丈余。知府陈尧咨以闻。"

仲宣楼

仲宣楼前

仲宣楼后

第七节 转运江浙

江浙地区，位于中国东部，长江下游，包括江苏、浙江两省。江浙地区在历史上长期属于同一政区管辖。秦时属于会稽郡（治吴县）和鄣郡（汉时改为丹阳郡）。东汉时析会稽郡为吴郡和会稽郡，分别治吴（苏州）和山阴（绍兴），东吴时又置吴兴郡（治今湖州），合称"三吴"。贞观时分天下为十道，江浙划归江南道。开元年间析为江南东道、江南西道以及黔中道，江浙与福建地区同属江南东道。五代十国时为吴越国地。宋灭吴越后夷吴越国为两浙路。

江浙地区为北宋主要经济区，经济和人口最发达。陈尧佐曾任两浙路转运使7年，遍访此地名山大川，并留下了无数行迹。

一、苏州市

苏州市，古称吴，简称苏，又称姑苏、平江等，江苏省地级市，位于江苏省东南部，长江三角洲中部，为北宋两浙路苏州治所。

商末建有"勾吴之国"。周灵王十二年（前560），吴国迁都至此。周敬王六年（前514），阖闾继位，名阖闾城。周元王三年（前473），越灭吴，归越。显王三十五年（前334），楚灭越，属楚。秦始皇二十四年（前223），建楚郡。次年，分楚郡为九江、鄣、会稽3郡。二十六年（前221），吴属会稽郡，治吴国故都（即今苏州城址），设吴县。秦二世元年（前209），秦亡，项羽自立为西楚霸王，领梁、楚等9郡。汉高祖五年（前202），项羽灭，会稽等郡为楚王封地，次年改建荆国，都吴。十二年（前197），废荆国复会稽郡，为吴国封地。文帝前元九年（前171），故鄣郡并入会稽郡，郡治一度由吴县移至故鄣（今浙江安吉县与长兴县之间），七年后复治吴县。景帝三年（前154），废吴国，复为会稽郡。元封五年（前106），会稽郡属扬州刺史。公元9年，新莽改吴县为泰德县。东汉建武元年（25），复改泰德县为吴县。顺帝永建四年（129），析郡地东北部另置吴郡，治吴县。孙皓宝鼎元年

（266），析吴郡与丹阳郡另置吴兴郡，吴、丹阳、吴兴3郡号称"三吴"。太康元年（280），吴郡属扬州刺史；四年（283），分吴县之虞乡置海虞县。东晋咸和元年（326），改吴郡为吴国，置内史行太守事。南朝刘宋武帝永初二年（421），废吴国复吴郡。宋孝武帝大明七年（463），以吴郡置南徐州。次年仍隶扬州。萧梁天监六年（507），析吴郡地置信义郡。太清三年（549），改吴郡为吴州。次年复置。陈武帝永定二年（558），割吴郡所属海盐、盐官、前京3县置海宁郡；后又割钱唐、富阳、新城等县置钱塘郡；割建德、寿昌、桐庐等县属新安郡。祯明元年（587），析扬州地增置吴州，以原属扬州的吴郡、钱塘郡等改隶吴州，于是吴州、吴郡、吴县三级治所同驻一城。隋开皇九年（589），废吴郡，易吴州为苏州。十一年（591），州、县治移至新廓。大业元年（605），复苏州为吴州，三年（607），吴州复称吴郡。唐武德四年（621），复吴郡为苏州。七年（624），州、县治迁回原址。贞观元年（627），属江南道。开元二十一年（733），属江南东道。天宝元年（742），改苏州为吴郡，乾元元年（758）复称苏州，并改隶浙西道，节度使署驻苏城。光化元年（898），为吴越国领地，改称中吴府。后梁开平三年（909），分吴县南部另置吴江县。后唐同光二年（924），升中吴府为中吴军，设节度使，领常、润等州，直至宋初未有变易。宋太祖开宝八年（975），改中吴军为平江军，隶江南道。太平兴国三年（978），吴越纳土归宋，复苏州建置，转属两浙路。

宋太宗至道元年（995），陈省华知是州。

行迹

范成大《吴郡志》卷十一记载："朝散大夫陈省华，至道初，知苏州。"

绍定《吴郡志》卷十一记载："《本朝牧守题名》，吴郡范成大撰，题名吴郡自古皆名人为守，既略编叙见牧守门，本朝郡将则题名石具焉，中更兵烬，石久不存，绍兴十五年，王晚始追辑，自至道年陈省华始，而石林先生叶梦得为之记，今录叶记于注下，而列题名于后。"

洪武《苏州府志》卷十九记载："陈省华，按国史，至道元年自京东转运使超拜祠部员外郎，知苏州，赐金紫。"

洪武《苏州府志》卷二十三记载："陈省华，字善则，阆州阆中人。历栎阳、楼烦二县令，端拱三年召为太子中允，历知郓州、京东转运使、超拜祠部员外郎，知苏州，赐金紫。时遇水灾，省华复流民数千户，殍者悉瘗之，诏书褒美。历户、吏二部员外郎，改知潭州，省华智辩有吏干，入掌左藏库，景德初拜左谏议大夫，封秦国公，卒特赠太子少师。子尧叟、尧佐、尧咨。"

正德《姑苏志》卷三十九记载："陈省华，字善则，阆中人。智辩有吏干，至道初，以祠部员外郎知苏州，赐金紫。时遇水灾，省华复流民数千户，殍者悉瘗之，诏书褒美，官终左谏议大夫。"

同治《重修苏州府志·历代郡守》记载："陈省华至道元年（995），知苏州事。"

同治《重修苏州府志》卷六十九记载："至道初，拜祠部员外郎、知苏州，赐金紫。时遇水灾，省华复流民数千户，殍者悉瘗之。诏书褒美。"

绍定《吴郡志》卷四十四记载："姑苏四瑞谓白龟、甘露、合欢芍药、双竹也。吏部员外郎陈省华守郡，四瑞并出。省华之子尧咨与张君房各赋诗，推官崔端为诗序，今见。"

隆庆《长洲县志》卷三记载："姑苏四瑞，谓白龟、甘露、合欢芍药、双竹也。时吏部员外郎陈省华守郡，其子尧咨与张君房各赋诗，推官崔端为序，故'瑞光寺'名'四瑞山房'。"

崇祯《吴县志》卷十一记载："至道中，甘露降于瑞光禅院，时有白龟，见合欢芍药、双竹，知州陈省华以四瑞闻于朝。"

朱长文《吴郡图经续记》卷中记载："虎邱云岩寺内设有御书阁和陈谏议（省华）、王翰林（禹偁）、叶少卿（参）、蒋密直（堂）真堂。"

同治《重修苏州府志》卷三十七记载："陈朝散祠在虎邱云岩寺，祀宋朝散大

双塔

寒山寺

夫、知苏州事陈省华，乾道五年建。"

民国《吴县志》卷三十五记载："陈公祠创建于宋孝宗乾道五年（1169），祀陈省华、叶参、姚宪等三位有德于民的北宋苏州守臣。"

陈伯震《陈公省华叶公参姚公宪祠堂记》记载："之所以建有此祠，是因为省华等守苏州时有德于民。"

二、杭州市

杭州市，简称"杭"，浙江省省会、副省级市，位于中国东南沿海、浙江省北部、钱塘江下游、京杭大运河南端，为北宋两浙路治所杭州。

5000年前，余杭就有"良渚文化"。周朝以前，属"扬州之域"。公元前21世纪，夏禹名"余杭"。春秋时，先属越，后属吴，越灭吴后，复属越。战国时，楚灭，归楚。秦灵隐山麓设县治，称钱唐，属会稽郡。西汉承秦制，杭州仍称钱唐。新莽时一度改钱唐为泉亭县；到了东汉，复置钱唐县，属吴郡。三国、两晋、南北朝时期，杭州属吴国吴兴郡，归古扬州。梁太清三年（549），升钱唐县为临江郡。陈祯明元年（587），又置钱唐郡。隋开皇九年（589），废郡为州，州治初在余杭，次年迁钱唐。大业三年（607），改置余杭郡。唐置杭州郡，旋改余杭郡，治钱唐。武德四年（621），改"钱唐"为"钱塘"。太宗时属江南道，天宝元年（742），复余杭郡，属江南东道。乾元元年（758），改为杭州，归浙江西道节度，州治一度在钱塘。五代十国，吴越国偏安东南，建西府于杭州，治钱塘。宋初，杭州为两浙路治所。淳化五年（994），改为宁海军节度。大观元年（1107），升为帅府。

宋真宗大中祥符元年（1008），陈尧佐任两浙转运使。

行迹

淳祐《临安志存》卷十记载："大中祥符五年，郡守戚纶与两浙转运使陈尧佐申请，遣使自京师部埽、匠、壕寨赴州，以埽岸易柱石之制。虽免水患，而众颇非其变法。七年，诏江淮发运使李溥同内供奉官卢守勤按视，复依钱氏立木积石之制，仍令守勤专掌其事。是时，水方大溢。九年，郡守马亮祷于伍员祠下。明日，潮为之，却又涨横沙数里，因以成堤。景祐中，暴风激水冲坏堤岸，郡守愈献卿凿西山石，作堤数十里，民甚便之。仁宗降诏奖谕焉。"

咸淳《临安志》卷三十一记载："大中祥符五年，郡守戚纶与两浙转运使陈尧佐申请，遣使自京师部埽、匠、壕寨赴州，以埽岸易柱石之制。虽免水患，而众颇非其变法。七年，诏江淮发运使李溥同内供奉官卢守勤按视，复依钱氏立木积石之制，仍令守勤专掌其事。是时，水方大溢。九年，郡守马亮祷于子胥祠下。明日，潮为之，却又涨横沙数里，堤遂以成。景祐中，堤复坏，两浙转运使张夏作石堤十二里。"

咸淳《临安志存》卷四十六记载："大中祥符五年，壬子，正月甲戌，纶与转运使陈尧佐言：'浙江坏岸，渐逼州城，望遣使自京师部埽、匠、濠寨赴州工役。'诏从之。令驰驿而往，命转运使更互检校，遂以埽岸易柱石之制，虽免水患，而众颇非其变法。"

咸淳《临安志存》卷八十九记载："初，钱塘江堤以竹笼石，而潮啮之，不数岁辄坏。转运使陈尧佐曰：'堤以捍患，而反病民。'乃与知杭州戚纶议易以薪土，有害其政者言于朝，以为不便。参知政事丁谓主言者，绌①尧佐，尧佐争不已。谓既徙纶扬州，癸巳，又徙尧佐京西路。发运使李溥请复笼石为堤，数岁功不就，民力大困。卒用尧佐议，堤乃成。"

成化《杭州府志》卷六十记载："初，钱塘江堤以竹笼石，而潮啮之，不数岁辄坏。转运使陈尧佐曰：'堤以捍患，而反病民。'乃与知杭州戚纶议易以薪土，有害其政者言于朝，以为不便。参知政事丁谓主言者，绌尧佐，尧佐争不已。谓既徙纶扬州，癸巳，又徙尧佐京西路。发运使李溥请复笼石为堤，数岁功不就，民力大困。卒用尧佐议，堤乃成。"

成化《杭州府志》卷三十七记载："宋陈尧佐为两浙转运使。钱塘江为患前，但笼石为堤，再岁辄坏，尧佐请下薪实土可坚久。丁谓阻之，后卒如其议。"

嘉靖《浙江通志》卷二十六记载："陈尧佐，字希元，河朔人。进士及第，历两浙转运使。钱塘江篝②石为堤，堤再岁辄坏，尧佐谓下薪实土，乃可坚久。丁谓不以为是，后卒如尧佐议。位至同中书门下平章事，卒谥文惠。"

万历《杭州府志》卷二十一记载："钱塘江潮，澎湃汹涌，震撼冲突，比之盐官势尤危峻，又都会重地防护，更切苟无塘岸以为堤防浸，所至杭城悉为川流，兹岂武肃时始筑哉，又按江塘倾决不常，在宋时特为吾杭之患，钱氏所筑之塘，至大中祥符间遂决。五年，转运使陈尧佐筑之。七年，诏江淮发运使李溥复依钱氏制专其事。九年，郡守马亮祷于子胥祠下筑之，明日，潮为之

---

①绌（chù）：同"黜"，罢免，革除。
②篝（gōu）：竹笼。

却。景祐四年,转运使张夏筑堤十二里,囚置捍江兵士。"

嘉定《镇江志》卷八记载:"甘露寺,在北固山,唐宝历中,李德裕建,以资穆宗冥福。《润州类集》:熙宁中,主僧应夫因治地获德裕所藏舍利并手记云:'创甘露宝刹,以资穆皇之冥福。'时甘露降此山,因名。乾符中,寺焚,裴璩重建。圣朝祥符庚戌,有诏再修,令转运使陈尧佐择长老居之。米芾《宝晋集》:甘露寺悼古诗序云:'寺壁有张僧繇、四菩萨、吴道子、行脚僧。元符末,为火所焚,六朝遗物扫地,李卫公祠手植桧亦焚荡,寺故重重,金碧参差,多景楼,面山背北,为天下甲观,五城十二楼不过是也。今惟存卫公铁塔、米老庵三间,故作诗悼之,有神护卫公塔,天留米老庵之句,多景楼记。'"

嘉定《镇江志》卷九记载:"清真观,去县十五里,汉元寿初建,赐额'望仙',隋大业十三年,唐天宝间复建。圣朝祥符中,改赐'清真',其大殿宝元间建,梁朝道士郗尊师养道成功,从以二虎归隐茅山良常洞,今殿前双桧乃其手植,左一株四干敷花而不实,右一株不花而实。"

嘉定《镇江志》卷九记载:"广福院,在县东北五里,《祥符图经》不载,旧曰'观音院'。圣朝天圣间,有僧来挂搭,相传以为每出缘化,则常、润、真、扬同日见之,因号四世界。后有高僧言四世界者,日光菩萨也。僧闻之即跌坐而逝。治平末,赐额为'寿圣'。隆兴中改今名,院有'玉乳泉'三字,文惠公陈尧佐书,余见井泉。"

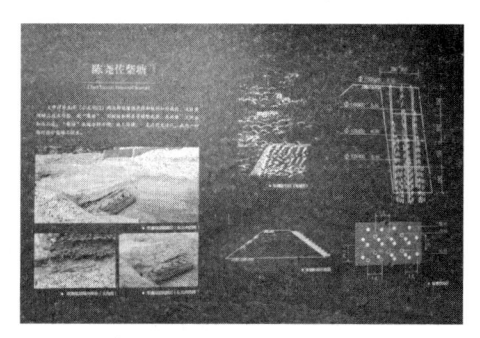

海塘博物馆陈尧佐柴塘剖析图

海塘博物馆陈尧佐柴塘模型

至顺《镇江志》卷七记载:"玉乳泉,在丹阳县观音山废寺中,井上有'玉乳泉'三字,乃陈尧佐隶书。"

隆庆《丹阳县志》卷三记载:"玉乳泉,在观音山,石阑上有陈尧佐书,张来有诗。"

乾隆《镇江府志》卷三记载:"秦始皇凿玉乳泉,在观音山,石阑上有陈尧佐书。"

韩崇《宝铁斋金石文跋尾》卷中记载:"玉乳泉,三隶字,陈尧佐书,字径七寸,雄健古拙,从未著录。尧佐博古好学,善古隶,能为方丈大字,凡名山胜处,碑刻榜题,多公亲迹,然沧桑兵燹之余,世不多见也。"

李贤《大明一统志》卷三十八记载:"昭庆寺,在府城西,宋陈尧佐诗:'湖边山影里,静景与僧分。一榻坐临水,片心闲对云。'"

乾隆《杭州府志》卷二十四记载:"白莲堂,昭庆寺僧省常,字圆净,慕庐山慧远高风,结华岩净行社,太原王文正公旦为社长,联河内向敏中、长城钱若水、东平吕佑之、吕文仲、颍川陈尧叟、安定梁灏、梁鼎、琅琊王化基、清河张去华、沛国朱昂、始平冯元、赵郡李宗锷、宏农周翰、陇西李至、广平宋湜、太原王禹偁,并省常为十八人。预社者都共一百二十三人,皆合庐山社人之数,踵故事,池种白莲,亦称白莲社。大名宋白撰莲社铭,蔡州孙何撰白莲堂记》。社诗及铭,皆久不存,惟孙何记见《宋志》。"

成化《杭州府志》卷五十三记载:"洞霄宫,在县西南一十八里,旧志云汉元封三年建。宫坛于大涤洞前,经今一千五百余年矣。唐弘道元年,潘先生建天柱观,南向,四维壁封,千步禁樵采,为长生林,中宗时赐观庄一所。后有朱法师改为北向。乾宁二年,钱武肃王与闾丘先生相度山势,复改为南向,

广福禅寺 　　　　　　　　　慈露泉

钱氏未纳土时尝改天柱宫。宋祥符五年，陈尧佐奏改今名，赐仁和县田一十五顷，并赐钟磬法具等，岁度行童一人，应天庆节设醮以祝。"

万历《杭州府志》卷一百记载："洞霄宫，在县西南一十八里，汉元封三年建。宫坛于大涤洞前。唐弘道元年，有潘先生者，于洞下建天柱观，南向，四维壁封，千步禁樵采，为长生林，中宗时赐观庄一所。后有朱法师改观为北向。乾宁二年，钱武肃王与闾丘方远相度山势，复改南向，未纳土时尝改天柱宫。宋祥符五年，陈尧佐奏改今名，赐仁和县田一十五顷，并赐钟磬法具等，岁度行童一人，应天庆节设醮以祝。"

万历《余杭县志》卷十记载："洞霄宫，在县西南一十八里上寿界，汉元封三年建。宫坛于大涤洞前，经今一千七百余年矣。唐弘道元年，潘先生建天柱观，南向，四维壁封，千步禁樵采，为长生林，中宗时赐观庄一所。后有朱法师改为北向。乾宁二年，钱武肃王与闾丘先生相度山势，复改为南向。钱氏未纳上时，尝改天柱宫。宋祥符五年，陈尧佐奏改今名，赐仁和县田一十五顷，并赐钟磬法具等，岁度行童一人，应天庆节设醮以祝。"

嘉庆《余杭县志》卷十六记载："洞霄宫，在县南十八里，汉元封三年建。宫坛于大涤洞前，唐弘道元年，本山潘先生奉敕面南建天柱观，中宗朝赐观庄一所。后有朱法师者改北向。乾宁二年，钱武肃王与闾邱先生[1]相度山势，复改南向。宋大中祥符五年，因陈尧佐奏改洞霄宫，赐仁和县田一十五顷，并赐钟磬法具等。

"钱武肃王祠有昊天阁、有郭真君祠、朱法

---

①编按：其他史料为"闾丘先生"。

天柱山

洞霄宫遗址

大涤洞

师祠、闾丘先生祠,并在昊天阁右,陈文惠公、苏文忠公祠,在翠蛟亭北。"

嘉庆《余杭县志》卷十记载:"洞霄宫内有涌泉,其水色青、黄、赤、白、碧不定(《太平寰宇记》)。深可三尺许,清冷可鉴,古诗云:'却疑三尺底,别是一壶天'。旧传吴越钱王至宫,有双鹤飞舞其上,因抚掌招之,鹤堕而泉涌,或言旧名涌泉。漕使陈尧佐因按察至焉,问羽士此何水,答曰涌泉,昔仙人抚掌而泉涌。公于是抚掌,果如其言(《咸淳志》)。"

乾隆《杭州府志》卷十九记载:"抚掌泉,一名涌泉,在洞霄宫。相传钱武肃王至宫,抚掌而泉涌,因以为名(《方舆胜览》)。宫内有涌泉,其水色即青、黄、赤、白、碧不定(《太平寰宇记》)。深可三尺许,清冷可鉴,古诗云'却疑三尺底,别是一壶天'。旧传吴越钱王至宫,有双鹤飞舞其上,因抚掌招之,鹤堕而泉涌,或言旧名涌泉。漕使陈尧佐因按察至焉,问羽士此何水,答曰涌泉,昔仙人抚掌而泉涌。公于是抚掌,果如其言。熙宁初,有物状如鲛鳗,绕栏楯间,两目如丹,时人以杖扑之,即坠入泉去。须臾,阴雾周布,一山大水自天柱源来,汹涌可畏,将垫殿堂乃止,惟捐去廊屋数间,或曰龙之怒也(《咸淳志》)。"

乾隆《杭州府志》卷二十六记载:"聚仙亭,在天柱山前,其基爽垲,俯

西湖

瞰洞霄宫最为清胜（《洞霄宫志》）。陈尧佐有《聚仙亭》诗。

"翠微亭，来贤岩东半里，有峭壁，其外旁相去犹有数尺深，入仅可容人，临坎作亭，名曰'翠微'（《咸淳志》）。陈尧佐有《登翠微亭》诗。"

嘉庆《余杭县志》卷十七记载："谷口亭，在栖真洞前，宋祥符年间建，取文惠公陈尧佐诗'谷口停骖上翠微之句'，扁其亭。

"紫石香鼎，陈文惠公尧佐尝梦游大涤山中，见仙人相顾有鼎萧之称，既大用。遂造紫石大香鼎二，置于洞前，各为铭以表其异（《咸淳志》）。宋学士陈尧佐授外台日，谓道士冯得之曰：'尝梦游名山，见仙人以鼎萧相期，何敢过望。'冯曰：'学士人望所归，名列仙籍，世间富贵何足相浼。'后果大用，造紫石巨鼎二，置祥光亭上。其一久亡，往年尚有一在亭下，而今毁矣（《旧县志》）。"

李贤《大明一统志》卷三十八记载："涵碧桥，在西湖，宋朝陈尧佐为记。"

万历《钱塘县志不分卷》纪疆记载："涵碧桥，孤山路中，宋转运陈尧佐重建。"

至正《四明续志·宋元四明六志校勘记》卷一记载："憧憧桥，府西南一里，西湖众乐堂之东。东湖桥、西湖桥，天禧五年僧蕴臻建，转运使陈尧佐立名，嘉祐中守钱君倚修，乾道五年守张津重建，仍建二亭其上，侍御王伯庠记。"

李贤《大明一统志》卷四十六记载："憧憧东西桥，在府治前，宋天禧中，转运使陈尧佐建。"

三、湖州市

湖州市，浙江省地级市，位于浙江省北部，为北宋两浙路湖州治所。楚考烈王十五年（前248），春申君黄歇徙封于此，在此筑城，始置菰城县。隋仁寿二年（602），置州治，名湖州。一直沿用到清朝末年。

宋真宗大中祥符中，陈尧佐任两浙转运使时，有题刻于此。

行迹

嘉泰《吴兴志》卷十一记载："旧学，在德清县南一百二十步。至圣文宣王殿，在县学。本朝旧有故相陈尧佐所撰碑。康定元年，命天下州县建学，遂因庙为之。建炎中经兵火，绍兴中县令杨锬重修，有大成殿、讲堂，后有职事位。两廊分四斋,故参政沈与求撰记刻石。淳□中,县令沈杞复加葺治额,吴兴郡公李彦颖书。"

嘉泰《吴兴志》卷十三记载:"碧澜堂,在子城南一百步,霅溪之西岸。唐大中四年,刺史杜牧建。中和五年刺史孙储记云:'牧去后郡人望所建碧澜堂,若视甘棠。'本朝漕使陈尧佐、张逸俱有诗,及他篇咏刻石。"

李贤《大明一统志》卷四十记载:"碧澜堂,在府子城东南,霅溪之西。唐刺史杜牧建。有杜隶书扁三大字,吴越王钱镠尝题诗于壁,宋陈尧佐有诗。"

霅溪馆

嘉泰《吴兴志》卷十八记载:"张逸《碧澜堂》、陈尧佐《芳菲园》诗,在墨妙亭,天圣九年,凌景阳八分书。东坡《六客词》,在墨妙亭,元祐六年撰。"

四、绍兴市

绍兴市,浙江省地级市,位于浙江省中北部、杭州湾南岸,为北宋两浙路越州治所。

绍夏称于越,亦称大越,简称越。春秋时建越国。秦王政二十五年(前222),定江南,降越君,置会稽郡,治吴县(今苏州)。西汉武帝元封五年(前106),受督于扬州刺史部。东汉永建四年(129),分会稽郡置吴郡。三国时,会稽郡隶属于吴,治山阴。吴太平二年(257)、永安三年(260)、宝鼎元年(266),先后分会稽郡置临海、建安、东阳3郡。晋太康二年(281),封会稽国。南朝宋永初二年(421),复设会稽郡,置东扬州。陈永定年间

（557—559），析会稽郡山阴置会稽县，2县同城而治，治山阴。隋开皇九年（589），废郡设吴州总管府，治会稽。大业元年（605），废吴州置越州，治会稽。大业三年（607），复为会稽郡。唐武德四年（621），改会稽郡为越州，治会稽，同时置越州总管府，驻会稽县。武德七年（624），改越州总管为越州都督府。景云二年（711），定为中都督府，隶属于江南道。乾元元年（758），废越州中都督府，置浙江东道节度使，驻越州。乾宁三年（896），钱镠平董昌，号越州为东府。北宋熙宁七年（1074），设两浙东路，驻越州。旋即并入两浙路，九年复分，十年复合。

宋真宗大中祥符中，陈尧佐任两浙转运使时，有题刻于此。

行迹

万历《绍兴府志》卷十记载："施肩吾宅，宋陈尧佐有诗。"

乾隆《绍兴府志》卷七十一记载："施肩吾宅，《宏治志》在山阴。宋陈尧佐有诗。"

万历《绍兴府志》卷二十一记载："智果寺，在县东北十余里。后唐清泰初建，名建福院，宋大中祥符元年改今额。宋陈尧佐有诗。"

乾隆《绍兴府志》卷三十九记载："知果教寺，陈尧佐有诗。"

乾隆《绍兴府志》卷五记载："石城寺，陈尧佐有诗。"

杜春生《越中金石记》卷二记载："陈尧佐题名：'皇宋祠汾阴之再岁，孟合中允来转运使陈尧佐书。'"

石城古刹

大佛寺

五、南京市

南京市，简称"宁"，古称金陵、建康，江苏省省会、副省级市，位于中国东部、长江下游、濒江近海，为北宋江南路治所江宁府。

新石器时代，有"北阴阳营文化"。3100年前，南京是西周周章的封地。公元前333年，楚威王熊商于石头城筑金陵邑。公元229年，吴大帝孙权在此建都，改金陵为建业（282年改建邺）。此后，东晋、南朝的宋、齐、梁、陈均相继在此建都。隋唐两代，降为润州。唐亡后，南唐定都金陵，并扩建城邑。宋开宝八年（975），降江宁府为升州，雄远军更名平南军。太平兴国二年（977），平南军更名太平军；四年（979），置广德军；七年（982），置南康军；至道三年（997），为江南路治所。天禧二年（1018），复升升州为江宁府；四年（1020），为江南东路治所。

宋真宗大中祥符五年（1012），陈尧咨出使江南。

行迹

至大《金陵新志》卷三中之中记载："瑛乃唐中书令元超八世孙，好学咏博，典藩府，其治严明，吏不敢欺。每五鼓冠带，黎明据案决事，寒暑无一日异。遣知制诰陈尧咨致告，加宝志，谥曰'真觉大师'，作五岳观。"

至大《金陵新志》卷十三下之下记载："至龙图阁，取太平兴国中，舒州所获'志公'石以示辅臣。上作诗纪其事，又作赞目曰'神告帝统石'，仍加谥志公曰'真觉'。遣知制诰陈尧咨，诣蒋山致告。其后，又加谥道林真觉。"

至大《金陵新志》卷五下记载："三山矶，在城西南七十五里。《翰府名谈》：'陈尧佐泊舟三山矶，有老叟曰："来日午时，天大风，舟行必覆，宜避之。"来日舟皆离岸，公托以事。日午，黑云起，天末，大风暴至，折木飞沙，怒涛若山，行舟皆溺。公惊叹，又见前叟曰："某江之游奕将也，公它日[①]当位宰相，固当奉告。"公曰："何以报德？"叟曰："吾本不求报，贵人所至，龙神理当卫护，愿得金《光明经》一部，乘其力薄得迁职。"公许之。至京，以金《光明经》三部遣人至三山矶投之。梦前叟曰："本止祈一部，公赐以三，今连升数职，再拜而去。"'"

[①]编按："它日"应为"他日"。

第五章　仕宦行迹

李贤《大明一统志》卷十五记载："三山矶，在繁昌县东北四十里。宋陈尧佐尝泊舟矶下，有老叟曰：'来日午，有大风，宜避之。'尧佐信其言，至期果大风暴至，行舟皆溺，尧佐独免。又见前叟曰：'某江之游奕将也，以公他日当位宰相，故相告耳。'"

嘉靖《重修太平府志》卷一记载："三山矶，在繁昌县东北金峨卞乡。宋陈尧佐尝泊舟矶下，有老叟曰：'来日午，有大风，宜避之。'尧佐信其言，至期果大风暴至，行舟皆溺，尧佐独免。又见前叟曰：'某江之游奕将也，以公他日当位宰相，故相告耳。'"

三山矶

第八节 惠泽广南

汉武帝元鼎六年（前112），岭南划分为南海、苍梧、郁林、合浦、交趾、九真、日南、儋耳、珠崖九郡。西汉末，儋耳、珠崖并入合浦郡。西汉设立"十三部刺史"，岭南九郡统归交趾部刺史巡察，后改交趾部为交州。东吴把南海、苍梧、郁林、高梁4郡（今两广大部）从交州划出，另设广州，治番禺，广州由此得名。唐初设州、县，岭南分属广州、桂州、容州、邕州、安南5个都督府（又称岭南五管），655年以后，5府皆隶于广州。唐肃宗至德六年（756），升五府经略使为岭南节度使。唐懿宗咸通三年（862），岭南道划分为东、西道。宋初在岭南置广南路，宋太宗至道三年（997），分广南路为广南东路和广南西路，广南东路简称广东，治广州，辖14州；广南西路简称广西，治桂林，辖7州。

广南当时为偏远蛮荒之地，陈尧叟曾一度任广南路转运使，并再次任广南西路转运使，广南东、西两路安抚使；陈尧佐曾通判潮州，虽时间都不长，但惠政颇多，深受当地人民爱戴。

一、桂林市

桂林市，广西壮族自治区地级市，位于广西壮族自治区东北部，为北宋广南西路治所桂州。

夏商周时期，为"百越"居住地。秦始皇始置桂林、象、南海3郡。汉元鼎六年（前111），设始安县，隶属荆州零陵郡。东汉时改属始安侯国。三国时先属蜀，后归吴。甘露元年（265），置始安郡始安县，郡县治所均在今之桂林。隋唐时属岭南桂州总管府。唐武德四年（621），李靖修城于独秀峰南。贞观八年（634），改名临桂县，属桂州始安郡。光化三年（900）始，属静江节度。五代十国时，先后属楚和南汉的桂州。宋时，前属广南西路桂州，后属静江府。

宋太宗至道元年（995），陈尧叟任广南路转运使，宋太宗至道三年

（997）析广南路为广南东路和广南西路；宋真宗咸平元年（998），陈尧叟任广南西路转运使；宋真宗咸平二年（999），陈尧叟任广南东、西两路安抚使。

行迹

正德《琼台志》卷二十一记载："宋，陈尧叟，广南西路转运使，海贼频年入寇，尧叟悉捕亡命，桓维恩[①]，并捕海贼为谢。"

正德《琼台志》卷三十二记载："宋，陈尧叟，至道间广南西路转运使，规度给州输租，息海寇。"

雍正《广西通志》卷五十一记载："宋，广南西路转运使：陈尧叟，至道初任，详名宦。"

乾隆《琼州府志》卷八记载："宋至道间，海贼频年入寇，广南西路转运使陈尧叟，宣布威德擒服。"

正德《琼台志》卷三十三记载："陈尧叟，阆州人，至道间迁工部员外郎，广南西路转运使。先是，岁调雷、化、高、藤、容、白诸州兵，使辇车粮泛海给琼州，其兵不习水利，率多沉溺，咸苦之。海北岸有递角场，正与琼对，伺风便一日可达，与雷、化、高、太平四州地水路接近。尧叟因规度，移四州民租米输于场第，令琼州遣蜑兵具舟自取，人以为便。又海贼频年入寇，尧叟悉捕亡命，桓维恩，并捕海贼为谢。"

嘉靖《钦州志》卷九记载："陈尧叟为转运使，因赐桓诏书。尧叟至如昔，诘得匿文勇之由，尽擒其男女老幼一百三十口，召潮阳镇吏付之，且戒勿加酷法。成雅得之，以状谢尧叟。桓遂上章感恩，并捕海贼二十五人，送于尧叟，且言已约勒溪峒首领，不得骚动。"

万历《琼州府志》卷七记载："陈尧叟，至道间广南西路转运使，规度给州输租，息海寇，有传。

"宋初，岁调雷、化、高、藤、容、白诸州兵，辇粮泛海接给琼州。至道间，始令郡兵辇粮海北，详《陈尧叟传》。

"宋至道间，海贼频年入寇，广南西路转运使陈尧叟，宣威德擒服。详《名宦》。"

万历《琼州府志》卷九下记载："陈尧叟，阆州人，至道间迁工部员外郎，广南西路转运使。先是，岁调雷、化、高、藤、容、百诸州兵辇粮泛海给琼州，不习水利，率多沉溺，海北岸有角场与琼对，风便一日可达，又与雷、

---

①维恩：声威和恩泽。

化、高、太平四州水路接近，尧叟因规度移四州民米输于场，令琼州蜑兵具舟自取，人以为便，又海贼频年入寇，尧叟悉捕，平之。祀于祠。"

万历《粤大记》卷九记载："陈尧叟，字唐夫，端拱二年登甲科，解褐光禄寺、直史馆，与父省华同日赐绯，迁秘书丞。久之，充三司河南东道判官，再迁工部员外郎、广南西路转运使。先是，岁调雷、化、高、藤、容、白诸州兵使运军粮泛海给琼州，其兵不习水利，率多沉溺，咸苦之。海北岸有递角场正与琼对，伺风便一日可达，与雷、化、高、太平四州水路接近，尧叟因规度移四州民米输于场，令琼州蜑兵具舟自取，人以为便。"

雍正《广西通志》卷六十四记载："先是，岁调雷、化、高、藤、容、白诸州兵，使辇军粮给琼州，其兵不习水利，率多沉溺，咸苦之。海北岸有递角场，正与琼对，伺风便一日可达，尧叟因规度，移四州民租米输于场地，令琼州遣蜑兵具舟自取，人以为便。"

王象之《舆地纪胜》卷一百零三记载："皇朝陈尧叟，字唐夫，举进士第一，为广西转运使，上言苎布所种与桑柘不殊，每端售百钱，乃劝民广殖麻苎，收布。二年已得三十七万余匹，请以苎麻充折桑柘，遂至今为利。诗下：'雨歇桂林秋更暖，瘴连梅岭月多昏。'（《宋湜送陈尧叟赴广西漕》）。'马困炎天蛮岭路，棹冲秋雾瘴江流。辛勤为国亲求病，百越中无不治州。'（《杨侃送陈尧叟》）。"

嘉靖《广西通志》卷四十一记载："陈尧叟，字唐夫，阆州阆中人。咸平初为广南西路转运使，岭南风俗，病者祷神不服药，尧叟乃集验方，刻石桂州驿，又以地气蒸暑，为植树凿井，每三二十里置亭舍，具饮器，人免渴死。时有诏诸路课民种桑枣，尧叟上言曰：'臣所部诸州，土风本异，田多山石，地少桑蚕，昔云"八蚕之绵，谅非五岭之俗。"'"

雍正《广西通志》卷六十四记载："陈尧叟，字唐夫，阆州人。累迁工部员外郎，广南西路转运使。岭南风俗，病者祷神不服药，尧叟有《集验方》刻石桂州驿。又以地气蒸暑，为植树凿井，每二三十里置亭舍，具饮器，人免渴死。会加恩黎桓，为交州国信使。初，将命者，必获赠遗数千缗，桓责赋敛于民，不堪其苦。尧叟知之，遂奏召桓子，授以朝命而却其私觌。又捕诸亡命来奔者归桓，桓感恩，亦捕海贼为谢。

"咸平初，诏诸路课民种桑枣，尧叟上言，其略以五岭之俗，田多山石地少桑蚕，惟麻苎之利所种与桑柘殊易，又国家军须所急，布帛为先，因先时劝谕部民，柠柚滋广，岁以盐钱折变收市，充溢至三十余万匹，请自今许以所种麻苎顷亩折桑枣之数，依例为课，于公私交济，诏从之。"

嘉庆《临桂县志》卷二十六记载："陈尧叟，《宋书列传》：尧叟，字唐夫，阆州阆中人，广南西路转运使。岭南风俗，病者祷神不服药，尧叟有《集验方》刻石。桂州驿又以地气蒸暑，为植树、凿井，每二三十里置亭舍，具饮器，人免渴死。咸平初，诏诸路课民种桑枣。尧叟上奏以麻苎换桑枣。"

崇祯《闽书》卷七十五记载："咸平二年，宜州溪蛮叛，命陈尧叟经度，德权从行，单骑入蛮，谕以朝旨，蛮众听命，加阁门祗候。"

雍正《广西通志》卷六十四记载："寻代还，未几，会抚水蛮酋蒙令国杀使臣扰动，命尧叟为广南东西两路安抚使。事平，迁兵部，后至右仆射，卒谥文忠。（《本传》）"

雍正《广西通志》卷五十一记载："宋，广南东西路安抚使：陈尧叟，咸平中任。"

乾隆《庆远府志》卷六记载："陈尧叟，广西巡检使，咸平中安辑宜蛮，真宗尝嘉其能。"

万历《琼州府志》卷六记载："名宦祠，在学门西，祀汉路博德、杨仆、马援，唐王义方、韩瑗、李德裕、宋庆礼、韦方质、李复、杜佑，宋周仁浚、陈尧叟、张岐、宋守之、朱初平、郭晔、任伯两、李谔、李纲、赵鼎、李光、胡铨、韩璧、周崔与之、张应科、赵与珞，元朱国宝、阔里吉思、范梈、吕统。"

乾隆《琼州府志》卷二记载："名宦祠，在泮池东，乾隆三十五年建。祀汉路博德、杨仆、马援，五代冯冼夫人，唐王义方、韩瑗、李德裕、宋庆礼、韦方质、李复、杜佑，宋周仁浚、陈尧叟、张岐、宋守之、朱初平、郭奕、任伯两、李谔、李纲、赵鼎、李光、胡铨、韩璧、周崔与之、张应科、赵与珞，元朱国宝、阔里吉思、范梈、吕统，明朱亮祖、宋希颜、李思迪、赵珇、揭稽、蔡浩、吴元、宋端仪。"

嘉庆《临桂县志》卷十五记载：

名宦祠

"名宦尚有马援、颜延之、孔戣、陈尧叟、姚希得、范成大、敬超先、陈稚升、谷永、陈临、柳宗元、陶弼、王巩、狄青等十四人；流寓尚有薛仁贵、王安中等二人；人物尚有陈元、梁嵩、唐则、蒋允济、谢洪、韦旻、毛经、周渭等八人舆图。"

二、肇庆市

肇庆市，广东省地级市，位于广东省中西部，西江干流中下游，为北宋广南东路端州治所。

秦前，肇庆属百越地。秦始皇三十三年（前214），秦平定百越，建南海郡、桂林郡及象郡。今肇庆部分地域属桂林郡、南海郡。汉武帝平定南越之后，在今高要、肇庆市区、高明和三水西部、云浮东部等地设置高要县。西汉元鼎六年（前111），地域内置8县，高要县隶属苍梧郡，交州。东汉、三国、两晋沿用，大部分属广州，少部分属交州。南北朝时期隶属苍梧郡，广州、湘州。梁天监六年（507）九月，升高要县为高要郡，并置广州都督府于高要郡。陈霸先任西江督护、高要太守期间，于557年建立了陈朝，治高要。隋开皇九年（589），省高要郡为县，置端州。隋大业三年（607），改端州为信安郡。唐开元二十九年（741），高要县隶端州。宋初沿袭。

宋太宗至道二年（996），陈尧叟知是州。

行迹

嘉靖《广东通志初稿》卷八记载："肇庆府唐郡守李绅、崔虾、司马收；宋郡守冯拯、包拯、陈尧叟、林景童、张渐、郑端义、郑起法、毛行、曹揔、王宪之、廖颙、郭祥正、冯夢炎、朱之、范德勤、李麟、翁彦。"

万历《广东通志》卷四十八记载："宋端州知军州事：潘夙，大名人，冯极，淳化年任；陈尧叟、赵元谏，至道二年任；范雍，祥符年任；贾守文，天圣戊辰任；包拯，合肥人，康定任；崔宪直，博陵人，朱显之，庆历年任；江东之，皇祐五年任；翁彦升，莆田人，进士，嘉祐庚午任；郑敦义、皇甫宗宪，治平乙巳任；蒋续，熙宁年任……"

崇祯《肇庆府志》卷四记载："宋，端州知军州事：潘夙，大名人，有传；陈尧叟，至道年任，有传；范雍，祥符年任；包拯，合肥人，康定年任，有传；冯拯，淳化年任，有传；赵元谏，至道三年任；贾守文，天圣戊辰任；崔宪直，博陵人，庆历以朝议。通判：麦仲询，庆历年任，旧志作监，军按无是官，通判称监州监郡，必通判也。"

崇祯《肇庆府志》卷十九记载："陈尧叟，字唐夫，阆中人。端拱二年，登甲科，解褐光禄寺丞，直史馆，与父省华同日赐绯，迁秘书丞。至道中，知端州。"

宣统《高要县志》卷十五记载："宋，陈尧叟，字唐夫，阆中人。端拱二年，登甲科，解褐光禄寺丞，直史馆，与父省华同日赐绯，迁秘书丞。至道中，知端州。至郡首，疏地无他植，惟产苎麻，请折数织布，以偿刍直，民便之。进枢密直学士，知三班兼银台通进封驳司，制置群牧使。"

三、潮州市

潮州市，广东省地级市，位于韩江中下游，是广东省东部沿海的港口城市，为北宋广南东路潮州治所。

潮州先民属闽族和闽越族。秦始皇三十三年（前214），取梁地置桂林、象、南海3郡。东晋咸和六年（331），析南海郡东部置东官郡；东晋义熙九年（413），分东官置义安郡。隋文帝开皇十年（590），义安郡升为州，取名"潮州"，治义安县。隋开皇十二年（592），划入福建。隋炀帝大业三年（607），复为义安郡，隶东扬州。唐武德四年（621），再次称潮州。武德五年（622），属循州总管府。唐贞观元年（627），属岭南道。唐贞观三年（629），再次划入福建，属江南道。唐垂拱二年（686），割泉州南部和潮州一小部分，置漳州。唐玄宗天宝元年（742），易潮阳郡。唐开元十年（751），改属岭南道。唐肃宗乾元元年（758），再称潮州。宋袭唐制。

宋真宗咸平元年（998），陈尧佐任潮州通判。

行迹

祝穆《方舆胜览》卷三十六记载："皇朝陈尧佐，《类苑》：'陈希元以言事切直，谪潮州通判，时潮人张氏子，濯于江边，为鳄鱼食之。公曰："昔韩吏部以文投恶溪，鳄为远徙。今鳄鱼食人，则不可赦矣。"乃命吏督渔者网而得之，因鸣鼓告其罪，戮之于市。'"

弘治《长乐县志》卷六记载："《长乐县志卷之六·人物·仕官》：陈尧佐，由进士、终朝散郎通判广州。"

光绪《海阳县志》卷三十记载："《宋史·陈尧佐传》：通判潮州，作孔子庙。"

李贤《大明一统志》卷八十记载："风俗，士笃于文，行宋苏轼、韩文公庙碑，人始知书。《图经》云：'自韩文公始，士联名桂籍。'《图经》云：'自太平兴国始，海边邹鲁。'宋陈尧佐诗：'海边邹鲁是潮阳。'

"西湖，在府治西，绵亘十余里，中有四亭，曰'倒景''云路''立翠''东啸'。宋陈尧佐有诗。

"鳄溪，在府城东，一名恶溪，东流五十里入于海。溪有鳄鱼，四足，黄身，修尾，其形如鼍[①]，举止趫疾[②]，口森锯齿，往往为人害。鹿行崖上，群鳄鸣吼，鹿必怖惧落崖，为鳄所得。唐韩愈为刺史，作文驱之，鳄徙六十里，潮人遂免此患。宋陈尧佐亦尝杀鳄。"

嘉靖《广东通志初稿》卷二记载："潮州府意溪，在郡城东五里，其源发于汀、赣、循、梅，经涛远、丰政二都，合产溪之水，顺流而下，以入于海。上流有峡曰'凤栖'，两山逗隘，水澄泓，至此则奔放汹涌，实为巨浸。《旧传》鳄鱼在此为害，故曰'恶溪'。陈尧佐戮鳄鱼后，人思之，故改今名。"

乾隆《嘉应州志》卷一记载："鳄骨潭，城东南三十五里，梅溪东流过

---

① 鼍（tuó）：爬行动物，吻短，体长二米多，背部、尾部均有鳞甲。穴居江河岸边，皮可以蒙鼓。亦称"扬子鳄""鼍龙""猪婆龙"。
② 趫（qiáo）疾：矫捷。

郑，均两山矗起，河身稍狭，里许方出口，水涨则湍急，舟不敢下。相传宋通判陈尧佐，戮鳄鱼，弃其骨于各处深渊鱼穴中以示戒，因名。《明史》讹作恶溪。"

李贤《大明一统志》卷八十记载："韩山书院，在府治西南隅。元郡守王翰建，以祀唐韩愈、赵德及宋陈尧佐，元吴澄记。"

王圻《续文献通考·学校考》记载："韩山书院，在潮州府治西南隅，元郡守王翰建，以祀唐韩愈、赵德及宋陈尧佐，吴澄记。"

乾隆《潮州府志》卷十六记载："韩山，在城东，旧名'双旌'，其顶有三峰，形类笔架，又名笔架山。韩昌黎刺潮时，常游览于此，故名韩山，后建祠于上。宋陈尧佐、刘允、杨万里皆有韩山诗。祠左有侍郎亭，亭左有陆忠正祠，祀宋丞相陆秀夫。"

乾隆《潮州府志》卷八记载："十相留声坊，在府治前新街，为唐宰相常衮、李宗闵、李德裕、杨嗣复、宋宰相陈尧佐、赵鼎、吴潜、文天祥、陆秀夫、张世杰建。"

隆庆《潮阳县志》卷十二记载："宋，许申，字维之，其先实分于许，继迁自莆，盖即故。许子文叔之裔也。始，申生而颖异，早岁能属文。陈尧佐见而奇之，大中祥符三年，举贤良方正。"

乾隆《潮州府志》卷二十八记载："宋，许申，字维之，潮阳人。少以文受知于陈尧佐，大中祥符三年，举贤良。"

韩文公祠

尧佐亭

十相留声坊

四、惠州市

惠州市，广东省地级市，位于广东省东南部、东江中下游地区，为北宋广南东路惠州，宋天禧四年（1020）前，名祯州。

秦始皇三十三年（前214），置傅罗县。汉武帝平定南越国后改称博罗县。三国吴承汉制。晋咸和六年（331），析博罗县置海丰县。晋咸康二年（336），析置欣乐、安怀2县。南朝齐永明元年（483），析置罗阳县。南朝梁天监二年（503），置梁化郡，辖欣乐、博罗、河源、龙川、雷乡等5县。梁天监六年（507），怀安县并入欣乐县、罗阳县并入博罗县。南朝陈祯明二年（588），欣乐县改归善县。隋开皇九年（589），废梁化郡置循州，治归善。隋大业三年（607），废循州，置龙川郡。唐武德五年（622），复循州，辖循、潮2州，先后隶广州总管府、广州大都督府。唐周天授元年（690），废循州，置雷乡郡。唐天宝元年（742），改雷乡郡为海丰郡。唐乾元元年（758），废海丰郡复循州。南汉乾亨元年（917），罗阳县复名博罗县；循州析置祯州，辖归善、博罗、海丰、河源等4县。宋初承唐制。宋天禧四年（1020），改祯州为惠州。

宋真宗咸平三年（1000），陈尧佐权守是州。

行迹

祝穆《方舆胜览》卷三十六记载："名宦，皇朝陈尧佐，《阆州志》载：'公以潮倅权惠守，携潮士许申偕行，舣舟于岸，新月初出才甲夜，有马骑数人，指呼甚严，云："丞相与漕使会宿于此，其或疏虞①毫发，不赦。"公与申相对惊喜，莫测其由。明日，行访其地，有姚娘庙焉。及居相位，遣人祭告。申亦任本路转运使，一如其言。'"

李贤《大明一统志》卷八十记载："姚娘庙，在博罗县东莫村，汉河平间，居民姚氏女贞淑殁，祠于此。宋陈尧佐权守惠州，携潮士许申偕行，舣舟于岸。俄有介胄②百辈，指呼甚严，云：'今夕丞相、漕使会宿于此，少有疏虞，不宥③。'尧佐异之，明日访其地，有姚娘庙。后尧佐拜相，申任本路转

---

①疏虞（yú）：疏忽，失误。
②介胄（zhòu）：铠甲和头盔；披甲戴盔；甲胄之士，武士。
③宥（yòu）：宽容，饶恕，原谅。

运使，一如其言。"

嘉靖《惠州府志》卷十二记载："宋咸平间，陈尧佐以潮倅，守惠州，携潮士许申偕行，晚舣舟于岸，舟子方击柝①。俄有骑数辈卒百余，指呼甚严云：'今夕，丞相、漕使会于此，其或疏虞毫发，不赦。'公与申相对惊喜，不知孰相孰漕。明日，行访其地，有姚娘庙。及登相位，遣人祭告，申亦任本路转运使，一一如其言。唐博士（唐庚）有诗云：'何时返栖息，谁为问姚娘。'"

乾隆《潮州府志》卷二十八记载："初，申从尧佐夜泊，闻岸上飞骑至，大呼宰相、漕使会宿于此。后尧佐大拜，申果为漕使。著有《高阳集》行世。"

嘉靖《广东通志初稿》卷十一记载："陈尧佐，字希元，阆中人。咸平初，以潮州通判，知惠州。治诚信简约，吏民化服，尝手植荔枝树于州治，人不忍伤，谓之'将军树'。"

嘉靖《惠州府志》卷十一记载："宋陈尧佐，阆中人。咸平间以潮州判摄惠事。诚信简约，吏民怀服。手植荔枝，人谓之'将军树'。"

李贤《大明一统志》卷八十记载："文惠堂，在府治旁，宋陈尧佐尝守郡，故名。有尧佐所植荔枝树。苏轼诗：'丞相祠堂下，将军大树旁。炎云骈火实，瑞露酌天浆。'默化堂，在龙川县，苏轼为循守，周彦质为名其堂，且记焉。野吏亭，在府治东，宋守陈尧佐建，并题诗其上。"

嘉靖《惠州府志》卷八记载："陈文惠堂，宋陈尧佐为州守，故名。有

芳华亭　　　　　　　　　　　惠州望野亭

---

①击柝（tuò）：敲梆子巡夜。

尧佐手植荔，苏轼诗曰：'丞相祠堂下，将军大树傍。炎云骈火实。瑞露酌天浆。'

"野吏祠，在府治东北隅。宋咸平间州守陈尧佐建。亭成，自作诗。"

嘉靖《惠州府志》卷五记载："野吏亭，在府治东北隅。宋咸平初，州守陈尧佐建，题诗其上。天圣间入参大政，复作诗二章寄题。皇祐中黄守仲通葺之，且刻诗于石，其自叙云：'故相国颖川公，咸平三年以太常丞典惠阳郡，酷爱其溪山景物，创亭于城之上，自曰"野吏"，作五言十韵律诗一章，天圣十载[1]以给事中入参大政，复作五言小诗二章寄题是亭。未几，宠加圣注正位台席时，或接宾翘馆论及奇胜，必以惠州野吏亭为称，足见相国眷恋介怀于兹矣。与夫皆贤刺宣城郡，架层构于百雉[2]，观叠嶂[3]于四垂，其尚奇之心一也。皇祐五年，仲通假守兹郡，治亭旧基，以前之三章第刊于石，庶乎末者，知亭之兴自陈相国始。绍圣初，方守子容复葺之，苏轼记其壁，曰故相陈文惠公。'

"丰湖书院，在郡城西南银冈之麓，旧为'聚贤堂'。宋淳佑甲辰州守赵汝驭建，祀陈尧佐、陈偁、苏轼、唐庚、陈鹏飞、古成之、张宋卿、留正、许申、苏过、陈瓘、陈涣，曰'十二先生祠'。后为堂，曰'晞'。是堂之上，有楼曰'第一湖山'。宝祐甲寅，州守刘克刚改为'丰湖书院'，以堂为夫子燕居，塑豫章先生之像于晞，是堂别为十二先生祠于堂之后，又于其西构六君子堂，其南辟四斋又南立三门，简生徒有志尚者讲习其中，俾州学教授兼山长事以领之。景定壬戌，州守林畔建亭于其前，曰'如沂'。元初，六君子堂、四斋、十二先生祠俱圮。"

丰湖书院

[1]编按：欧阳修《陈公（尧佐）神道碑铭并序》记载："七年八月，参知政事。"李焘《续资治通鉴长编》卷一百零八记载："宋仁宗天圣七年八月辛卯，枢密使张旻改山南东道节度使，参知政事夏竦加刑部侍郎，复为枢密副使，枢密副使范雍、姜遵、陈尧佐并加给事中，尧佐改参知政事。竦与夷简不相悦，故以尧佐易之。"
[2]百雉（zhì）：指城墙的长度达三百丈，是春秋时国君的特权。雉，古代计算城墙面积的单位，长三丈高一丈为一雉。此处借指城墙。
[3]叠嶂：亦作"叠嶂""迭嶂"，重迭的山峰。

第九节 题留多地

除了"陈氏四令公"出任、生活过的地方以外，他们游览、羁旅、题留过的地方，本节也一一列举于后。

一、题留五地

（一）四川省绵阳市三台县

三台县，四川省绵阳市辖县，位于四川盆地中偏西北部，绵阳市东南部。为北宋西川路潼川府潼川郡治。

光绪《新修潼川府志》卷二记载："在州南七里凯水上，岩皆丹色，陈尧叟有记[1]，乃八分体，下有蛙石矶，游人亦多题咏。"

（二）安徽省池州市

池州市，别名贵池、秋浦，安徽省辖市，位于安徽省西南部，北与安庆市隔江相望。为北宋江南路池州治所，陈尧佐有诗文留于此。

万历《池州府志》卷十记载："《弄水亭》一首，宋陈尧佐，春弄溪水绿，秋弄溪水清。此水无风时，人在天上行。垂手祚襟荇，移舟乱萍茎。投杆约金鳞，鸥鸟恬不惊。惜近时驻楫，就浅或濯缨。朝游苍烟破，暮归落霞明。迟留待月上，照影玉壶冰。行路犹叹爱，櫂歌有吴声。曾不见长夏，雨阕积潦并。大波不知际，南山堤其盈。微风来鸣条，怒涛已喧轰。人家上山走，凫雁偷余生。还思吴水时，不畏潜浪倾。永言鉴水渊，履险安可轻。"

（三）江西省新余市

新余市，江西省地级市，位于江西省中部偏西，浙赣铁路西段。为北宋江南路临江军新喻县治，陈尧佐有诗文留于此。

---

[1] 编按：此记大概是陈尧叟出川前，或是到西川体量公事时所作。

李贤《大明一统志》卷五十五记载："水阁，在新喻县治西，宋李咨建。陈尧佐诗：'水阁春来好，泉声坐卧间。有田皆负郭，无树不连山。浮世谁轻重，清风自往还。何当免拘束，短棹访松关。'"

（四）江苏省常州市

常州市，江苏省地级市，位于长江之南、太湖之滨，处于长三角中心地带，与上海、南京两大都市等距相望。为北宋两浙路常州治所，陈尧佐有诗文留于此。

万历《重修常州府志》卷十六记载："陈尧佐《张公洞》：'空山杳杳鸾凤飞，神仙门户开翠微。主人白发云霞衣，松间留我谈玄机。'"

（五）福建省漳州市

漳州市，福建省地级市，位于福建省东南部，东临厦门、南与广东交界，东与台湾隔海相望，是中国的"田园都市，生态之城"。为北宋福建路漳州治所，陈尧佐有诗文留于此。

李贤《大明一统志》卷七十八记载："九龙山，《郡志》：'山下有九龙水，山北又有金溪水。宋陈尧佐诗："人生五马贵，山有九龙游。"'"

万历《漳州府志》卷十三记载："九龙山，在城北三十里，山北有九龙水，又有金溪水。宋陈尧佐诗云：'人生五马贵，山有九龙游。'"

嘉庆《云霄厅志·学校》记载："学校，唐漳州郡学，无考。漳浦县学，无考。怀恩县学，无考。谨按陈文惠公请建州县表云，其本则在创州县，其要则在兴庠序。当时州县既建，庠序并兴可知。但至今学宫遗址已成圮墟，乡校旧规难征载籍，惟《考职官志》：'唐时漳州郡有文学一人，则师儒之官也。学生四十人，则在庠之士也。此外又有医学博士一人，余俱不可考。'"

二、志载三地

（一）湖北省武汉市武昌区

武昌区，湖北省武汉市辖区，位于武汉市城区东南部，武昌是由武昌区、青山区、洪山区、东湖高新区等区域组成。为北宋荆湖北路鄂州治所。

欧阳修《陈公（尧佐）神道碑铭并序》记载："天禧三年，编次御试进士，坐误差其第，贬监鄂州茶场。未至，丁燕国太夫人忧。"

万历《湖广总志》卷十八记载："宋官秩（二）：陈尧佐，尧咨兄，监鄂州茶场。"

（二）安徽省宿州市

宿州，简称"蕲"，别称蕲城、宿城，安徽省辖市，位于安徽省东北部，为北宋淮南路宿州治所。

李焘《续资治通鉴长编》卷一百零五记载："宋仁宗天圣五年（1027）八月丙戌，以翰林学士、兼龙图阁学士、权知开封府陈尧咨为宿州观察使、知天雄军。"

王称《东都事略·列传·陈尧咨传》记载："除翰林学士、龙图阁学士，换宿州观察使，知天雄军。尧咨固辞，因自陈'以儒臣而易武守，所惜者腰无金鱼耳。'仁宗特命佩鱼，以示优恩。"

脱脱等《宋史·列传·陈尧咨传》记载："换宿州观察使，知天雄军，位丞郎上。尧咨内不平，上章固辞，皇太后特以双日召见，敦谕之，不得已，拜命。"

光绪《宿州志》卷十二记载："陈尧咨，为翰林学士，授宿州观察使。"

（三）四川省遂宁市蓬溪县

蓬溪县，隶属于四川省遂宁市，位于四川盆地中部偏东，涪江中游。宋真宗咸平四年（1001）前，隶属西川路，后属梓州路，武信军节度。

乾隆《遂宁县志》卷五记载："陈尧咨，阆州人，尧叟、尧佐之弟，举进士第一，历官武信军节度使。咨以气节自任，工隶书，善射，然豪侈不循法度，用刑惨急，于兄弟中最为少文。卒赠太尉，谥康肃。"

光绪《新修潼川府志》卷二十记载："陈尧咨，《宋史陈尧佐传》：'弟尧咨，字嘉谟，举进士第一。累迁安国军节度观察留后，知郓州，拜武信军节度使，知河阳，徙澶州。'"

光绪《遂宁县志》卷一记载："陈尧咨，阆州人，尧叟、尧佐之弟，举进士第一，历官武信军节度使。咨以气节自任，工隶书，善射，然豪侈不循法度，用刑惨急，于兄弟中最为少文。卒赠太尉，谥康肃。"

三、尝至两地

（一）四川省成都市

成都市，简称蓉，四川省省会，位于四川盆地西部，成都平原腹地。宋真宗咸平四年（1001）前，为西川路治所益州，后为益州路治，宋仁宗嘉祐四年（1059），复升为成都府。

李焘《续资治通鉴长编》卷四十五记载："宋真宗咸平二年（999）八月戊寅，度支判官、兵部员外郎陈尧叟，供奉官、合门祗候陈采，户部判官、太常博士丁谓，右侍禁、合门祗候焦守节，分至西川及峡路体量公事。守节，继勋子也。（陈采，未见。）"

徐松《宋会要辑稿·职官五十二》记载："真宗咸平二年八月二十八日，命度支判官、兵部员外郎、直史馆陈尧叟，供奉官、合门祗候陈采西川体量公事；户部判官、太常博士、直史馆丁谓，右侍禁、合门祗候焦守节峡路体量公事。"

（二）内蒙古自治区赤峰市宁城县

宁城县，内蒙古自治区赤峰市辖县，位于市区南部，燕山山脉东段北缘，属于内蒙古高原与松辽平原的过渡地带。为辽国中京大定府（今县内大明城），作为辽国中、后期国都，是当时北方政治、经济、文化中心。

李焘《续资治通鉴长编》卷九十二记载："宋真宗天禧二年（1018）九月甲申，起居舍人吕夷简为契丹国主生辰使，供奉官、合门祗候曹琮副之。工部郎中、直史馆陈尧佐为正旦使，侍禁、合门祗候张君平副之。琮，彬幼子。君平，滏阳人。"

后 记

谋划经年，时历三载，在中共南部县委、县人民政府的殷切关怀和大力支持下，由政协南部县委员会编纂的《北宋陈氏四令公史述》即将付梓。全书40余万字，分概述、履历年谱、碑传诏敕、艺文征略、仕宦行迹五章，对陈氏四令公的籍贯、生平、仕宦、行迹、功过、文学、艺术进行了全面、系统的介绍。

在编纂过程中，县政协班子高度重视，专门组建编纂队伍，多次研究相关事宜，确保各项工作落实。县政协文史同仁始终全力以赴，把此次编纂工作定位于南部县文化史上的大事，对史料的收集和整理、文本的撰写和编排、图像的拍摄和处理等都兢兢业业、一丝不苟；从提纲到初稿、二审、三审、终审，每一个环节都组织相关领导、专家进行研讨和论证，集思广益、有的放矢。

在编纂过程中，我们力求旁征博引，相互印证。我们多次到西华师范大学历史文化学院检索相关史料。最久的一次，我们在蔡东洲院长办公室，宵衣旰食，连续奋战近半个月，从基本古籍库中收集了关于陈氏四令公上百万字的古籍资料，然后进行甄别、简化、标点、注解等等。除此以外，我们还通过《资治通鉴》《续资治通鉴长编》《东都事略》《东京梦华录》《方舆胜览》《舆地纪胜》《文献通考》《二十五史·宋史》《永乐大典》《廿二史考异》《全宋文》《全宋诗》以及宋元明清的各地《府州志》《县庭志》等文献资料，对相关史料进行补充、论证。

在编纂过程中，我们争取多地联动，资源共享。我们先后到大桥、西水、黄金、阆中、济源、开封、新郑、洛阳、西安、桂林、惠州、潮州、苏州、杭州等地进行史料收集、实地田野调查、图像拍摄，得到阆中市政协、济源市政协、新郑市政协、潮州市政协、广西陈氏研究会以及各地三陈后裔的支持和帮助。县党史办、县志办、县文广旅局、县文管所、县作协、县历史文化研究会、三陈历史文化研究会等单位提供了相关资料。在此，对支持、帮助我们的领导、专家、企业家及各位陈氏后裔，表示衷心的感谢。

编纂史料向为方家所为，我们学识浅陋力有不逮，深感责任压力重大，虽尽心钻研、毫不懈怠，然工程浩大、卷帙繁芜，错误疏漏在所难免，诚望大家不吝赐教。

编 者

2021年10月

图书在版编目（CIP）数据

北宋陈氏四令公史述 / 政协南部县委员会编 . —成都：四川民族出版社，2021.10
ISBN 978-7-5733-0157-4

Ⅰ.①北… Ⅱ.①政… Ⅲ.①家族—史料—汇编—南部县—北宋 Ⅳ.①K820.9

中国版本图书馆 CIP 数据核字（2021）第 219443 号

北宋陈氏四令公史述
BEISONG CHENSHI SILINGGONG SHISHU

政协南部县委员会　编

出 版 人	泽仁扎西
责任编辑	周文炯
责任印制	谢孟豪
出　　版	四川民族出版社(四川省成都市青羊区敬业路 108 号)
邮政编码	610091
设计制作	四川恒卓博雅文化传播有限公司
印　　刷	四川立杨彩色印务有限公司
成品尺寸	175mm × 250mm
印　　张	30.5
字　　数	600 千
版　　次	2021 年 10 月第 1 版
印　　次	2022 年 1 月第 1 次印刷
书　　号	ISBN 978-7-5733-0157-4
定　　价	86.00 元

著作权所有·侵权必究